人民文库 第二辑

中国近代经济史

（1937—1949）

中册（二）

刘克祥｜主编

人民出版社

第十三章

抗战后方和国民党统治区的手工业

　　抗日战争爆发后日本封锁沿海地区的交通,海外进口商品的流通通道被阻断致使后方各种商品不足,物价急涨,上海等沦陷区的商品开始大量涌入国民党统治区。随着战争的长期展开,日本逐渐加强经济封锁,对中国境内物资流通进行全面统制,尤其是严格管制从上海等租界区向重庆等国民党政府统治区的物资运送。日本政府规定从1938年10月26日起,将对上海等占领区流入国民党统治区的工业品、机械等物资进行管制。

　　1937年11月,国民党政府正式公布迁政府于重庆,国民党党部与政府中央机关各部门纷纷前往重庆、武汉、长沙等地。1938年,国民党临时全国代表大会通过并颁布《抗战建国纲领》,提出"以军需工业为中心""开发矿产,树立重工业的基础,鼓励轻工业的经营,并发展各地之手工业"的工业发展方针。国民党政府制定促进手工业生产的五条措施:第一,从技术上积极加以改良以增加生产,适应抗战期间农村需要。第二,在各县城镇设立小型铁木厂,以供应各项生产工具。第三,关于农村手工业,着由农本局尽量施放贷款,以利发展。第四,扶导组织农村手工业合作社,调剂产销。第五,农村手工业生产简易,决动员广大农村农妇一致参加生产,以加强抗战建国之经济基础。①

---

① 《政府促进农村手工业》,《银行周报》1939年第2期。

随着物价上涨,1939 年国民党政府经济部发布《非常时期平定物价及取缔投机操作办法》《日用必需品平价购销办法》等法案,成立了平价购销处。1940 年 6 月,日方加强对各海岸、边境的监视,彻底统制物资流通,甚至封锁了从广西省绕道越南到达内地的通道。1941 年,孔祥熙等人在国民党五届八中全会上提出《筹办盐糖烟酒等消费品专卖以调节供需平准市价案》,并获得通过。该提案希望专卖政策一方面能"促进生产,节制消费,调节物价,安定民生";另一方面以此"开拓税源,充裕国库",缓解战时财政危机。国民党政府颁布《国民政府财政部实施专卖共同原则》。1942 年 5 月,日本进攻云南,截断滇缅公路,1942 年进口额比 1941 年约降低 50%,物价加速上涨。① 随着物价上涨,国民党政府对物价统制逐渐加强。1942 年,行政院公布实施《加强管制物价方案》,规定以粮、盐价格作为平定一切物价的标准,实施限价政策,对物价进行全面管控。

1945 年 8 月,抗日战争胜利,9 月国共谈判正式开始进行,10 月 10 日签订《政府与中共代表会谈纪要》,但双方围绕一些现实问题的分歧远未解决。国共双方军队在通往华北的主要道路尤其是平汉路、平绥路和津浦路两侧地区发生大规模军事冲突。1946 年 1 月,国共双方签署《关于停止冲突恢复交通的命令与声明》,至当月月底除东北之外内战基本停止。1946 年,东北军事调处的努力失败后,国共双方在四平、本溪两条战线进行军事较量,6 月停战。东北停战后中原战事爆发,华东战场开始大规模战斗,全面内战爆发后华北再起战火,1946 年年底国民党将华东中共军队主力从苏皖压到山东,华东主战场从苏皖转入山东,东北平静 4 个月后南满成为主要战场。1949 年中国人民解放军从国民党统治下解放了除台湾地区之外的全部领土。

---

① 金普森、董振平:《论抗日战争时期国民政府盐专卖制度》,《浙江大学学报(人文社会科学版)》2001 年第 4 期。

第一节　手工业概况

手工业的广泛分布体现在农家副业、多种行业和与工厂数量对比中。浙江、江西等 15 省农家副业以纺织居多,其次是草鞋草绳、土砖陶器等。抗战期间从事纺织作为副业的农家数量占总农家比重自 1938 年的 1/6 提高到 1943 年的 1/3,1944—1947 年约占 1/4。1947 年国民党区上海、天津等地作坊工场数量是工厂数量的 3 倍多,作坊工场中 1/2 以上集中在上海,1/2 以上分布在纺织业、服装用品制造业和造纸印刷业。

战争期间手工业所受影响因地、因行业而异。日本全面侵华战争爆发后南昌、景德镇等地部分手工业遭到破坏,抗战期间广西、贵州手工业有所发展。抗战胜利后台湾、成都、重庆等地部分手工业有所发展,部分衰落。解放前夕湖南、天津部分手工业产量比抗战前减少。

一、手工业的广泛分布

(一) 作为农家副业的手工业

1938—1947 年浙江、江西等 15 省从事纺织作为副业的农家比重最高,其次是草鞋草绳,再次是木匠。1938—1942 年 16.4%—22.5% 的农家从事纺织副业,1943 年达 34.1%,1944—1947 年在 23.8%—26.8%。从事草鞋草绳作为副业的农家比重在 11.1%—12.8%,木匠在 5.8%—6.5%。从事土砖陶器和裁缝的农家比重接近,多在 4.5% 上下 (见表 13-1)。①

---

① 彭泽益编:《中国近代手工业史资料(1840—1949)》第 4 卷,生活·读书·新知三联书店 1957 年版,第 553 页。

表 13-1　从事各种手工业副业的农家占总农家比重(1938—1947 年)

(单位:%)

项目 年份	纺织	草鞋 草绳	土砖 陶器	烧炭 造纸	木匠	裁缝	铁匠泥匠 等
1938	16.5	11.4	4.6	0.6	6.5	4.8	0.7
1939	16.4	12.1	5.0	0.5	6.3	4.6	0.3
1940	20.1	12.5	4.6	0.6	6.4	4.6	0.8
1941	20.7	12.2	4.6	0.6	6.0	4.0	0.7
1942	22.5	12.3	4.4	0.5	6.0	4.3	0.5
1943	34.1	11.8	4.3	0.5	6.5	4.2	0.5
1944	26.8	12.8	4.0	0.2	6.2	4.0	0.3
1945	23.8	11.9	3.7	0.3	6.3	3.8	0.8
1946	23.8	11.6	3.7	0.8	5.8	3.7	0.3
1947	24.7	11.1	4.1	0.4	6.3	3.5	0.4

注:地区包括浙江、江西、湖北、湖南、四川、河南、山西、甘肃、青海、福建、广西、广东、云南、贵州、宁
　夏 15 省。

资料来源:彭泽益编:《中国近代手工业史资料(1840—1949)》第 4 卷,生活·读书·新知三联书店
　　　　1957 年版,第 553 页。

(二) 涵盖多种行业的手工业

1940 年江西 37 县手工业 25 业合计 527 家,资本 91.8 万元,平均每家资本 1742 元(见表 13-2)。其中花爆业家数最多(达 72 家),其次是针织业(50 家);黄烟业平均每家资本额最高(9877 元),再次是制糖、造纸和纺织业(均在 6100 多元)。①

————————————

① 彭泽益编:《中国近代手工业史资料(1840—1949)》第 4 卷,生活·读书·新知三联书店 1957 年版,第 328 页。

表 13-2　江西 37 县手工业统计（1940 年）

项目 \\ 行业	数量（家）	资本额（元）	平均每家资本额（元）	项目 \\ 行业	数量（家）	资本额（元）	平均每家资本额（元）
花爆	72	47480	659	藤器	15	4590	306
针织	50	21980	440	土车	15	390	26
首饰	42	25500	607	制糖	14	86200	6157
纺织	41	250090	6100	铁器	14	3340	239
造纸	33	203122	6155	黄烟	11	108650	9877
酿造	31	46100	1487	烧窑	9	5520	613
缝纫	29	14260	492	制伞	9	1320	147
木器	26	15820	608	油漆	8	810	101
榨油	20	30400	1520	泥炉	8	490	61
皮箱	17	11410	671	肥皂	6	8700	1450
制面	17	8890	523	洗染	5	3900	780
铜锡器	16	2260	141	洋烛	4	3610	903
制革	15	13000	867	总计	527	917832	1742

资料来源:彭泽益编:《中国近代手工业史资料(1840—1949)》第 4 卷,生活·读书·新知三联书店
1957 年版,第 328 页。

　　抗战前成都棉织业、铜锡器业等 16 业合计 6458 户,从业人员 3.35
万人,抗战后户数和从业人数各为 7284 户和 4.56 万人。其中毛线业、棉
织业等 10 业户数和从业人数均比抗战前增加,卷烟业、伞业等 4 业户数
和从业人数均减少,牙刷业和油绸布业户数比抗战前增加,但从业人数减
少(见表 13-3)。[①]

　　① 中国科学院经济研究所编:《三工业资料汇编(1950—1953)》,中国科学院 1954 年印
本,第 44 页。

表 13-3　抗战前后成都市手工业变动情况

项目 业别		户数（户）			从业人数（人）		
		抗战前	抗战后 （1945— 1949 年）	变动 （%）	抗战前	抗战后 （1945— 1949 年）	变动 （%）
毛线业		27	146	440.7	1000	3000	200
棉织业	织袜	152	235	54.6	304	470	54.6
	毛巾	93	210	125.8	465	861	85.2
	棉布	3000	3000	0	18000	18300	1.7
丝线绣品业		400	700	75	1600	2800	75
刀剪		95	140	47.4	376	540	43.6
木器业	家具	120	168	40	360	500	38.9
衣帽业	绣花枕	16	22	37.5	82	106	29.3
	制帽	230	270	17.4	980	1000	2
牙刷业		35	42	20	180	126	−30
油绸布业	油纸	26	30	15.4	65	60	−7.7
冶炼	锄头	98	110	12.2	294	330	12.2
酱园		260	290	11.5	1005	1065	6
毛麻 席业	草席	2	2	0	6	6	0
	刺绣	64	75	17.2	1050	8600	719
铜铁锡 器业	铜盆	900	900	0	1800	1800	0
	铁农具	95	150	57.9	275	450	63.6
	锡茶壶	45	43	−4.4	150	145	−3.3
染洗 整业	经纬	20	20	0	44	40	−9.1
	踩房	16	13	−18.8	50	35	−30
	漂房	18	18	0	48	45	−6.3
布鞋业		657	650	−1.1	5249	5193	−1.1
伞业		45	34	−24.4	111	100	−9.9
卷烟业		44	16	−63.6	44	16	−63.6

资料来源：中国科学院经济研究所编：《手工业资料汇编（1950—1953）》，中国科学院 1954 年印本，第 44 页。

抗战前重庆铁作、土布染织等 15 类手工业合计 2578 户,陶瓷、土布染织等 12 业从业人员合计 2.68 万人,抗战后土布染织、缝纫等 18 业从业户合计 5539 户,土布染织、陶瓷等 17 业从业人员合计 7.15 万人。土布染织、缝纫和毛巾针织业户数和从业人数均比抗战前增加,纸伞、皮货、手工土卷烟、铁作、国烟业户数和从业人数均减少,度量衡户数比抗战前增加,但从业人数减少。制革和玻璃业户数各自 20 户增至 358 户、4 户增至 15 户(见表 13-4)。[①]

表 13-4 抗战前后重庆市手工业变动情况

项目 业别	户数(户)			从业人数(人)		
	抗战前	抗战后 (1945—1949 年)	变动 (%)	抗战前	抗战后 (1945—1949 年)	变动 (%)
纸伞业	52	21	-59.6	154	64	-58.4
皮货业	35	18	-48.6	150	100	-33.3
手工土卷烟业	120	80	-33.3	250	150	-40
铁作业	914	754	-17.5	1828	1580	-13.6
国烟业	120	118	-1.7	900	540	-40
陶瓷业	60	60	0	10000	10000	0
窑货业	38	38	0	456	456	0
毛巾针织业	110	133	20.9	1570	1700	8.3
缝纫业	500	1200	140	1500	5000	233.3
土布染织业	576	2026	251.7	9714	48504	399.3
玻璃业	4	15	275	—	500	—
度量衡业	3	42	1300	215	128	-40.5
制革业	20	358	1690		916	
丝棉线业	—	62			35	
食糖罐头业	—	128			640	
布伞业	26	—		104	—	
铜铁锡器业	—	323			763	

---

① 中国科学院经济研究所编:《手工业资料汇编(1950—1953)》,中国科学院 1954 年印本,第 43 页。

续表

项目	户数（户）			从业人数（人）		
业别	抗战前	抗战后（1945—1949 年）	变动（%）	抗战前	抗战后（1945—1949 年）	变动（%）
电池业	—	25	—	—	418	—
洗染业		138	—	—	—	—

资料来源:中国科学院经济研究所编:《手工业资料汇编(1950—1953)》,中国科学院 1954 年印本,第 43 页。

据调查,1936 年昆明市手工业有皮业、鞋业、银首饰业、织布、染坊、铜器、打铁、钻铁、印刷等 56 业、1924 户、7209 人,资本合计 37.64 万元。1937 年小工业及小手工艺业共登记 35 业、2030 家。[①]

(三) 与工厂对比的作坊工场手工业

据 1913—1919 年《农商统计表·工厂表》显示,工场手工业[②]自 2.1 万家减至 1.02 万家,手工工场在所有工厂数中所占比重自 98.40% 略降至 96.58%,1947 年 1.08 万家,占 76.47%(见表 13-5)。[③]

表 13-5　工厂、手工工场数量(20 世纪 10 年代和 1947 年)

项目 年份	使用原动力的工厂		不用原动力的手工工场		二者总计
	（家）	（%）	（家）	（%）	（家）
1913	347	1.60	21366	98.40	21713
1915	488	2.35	20258	97.65	20746
1917	481	3.06	15255	96.94	15736
1919	360	3.42	10155	96.58	10515
1947	3312	23.53	10766	76.47	14078

资料来源:彭泽益:《近代中国工业资本主义经济中的工场手工业》,《近代史研究》1984 年第 1 期。

---

① 昆明市志编纂委员会编:《昆明市志长编》第 12 卷,1984 年印本,第 300—301 页。

② 在中国资本主义萌芽研究中,习惯将有 10 人以上的厂坊划为工场手工业,1929 年《工厂法》规定,雇用工人超过 30 人的使用发动机器的工厂,为合于工厂法的工厂,除此之外为作坊工场手工业。见吴承明:《论工场手工业》,《中国经济史研究》1993 年第 4 期。

③ 彭泽益:《近代中国工业资本主义经济中的工场手工业》,《近代史研究》1984 年第 1 期。

据全国经济调查委员会调查,1947 年国民党区上海、天津等地合于工厂法的工厂有 3312 家,作坊工场手工业有 10766 家。3312 家工厂中的58.7%在上海,其次是广州和天津,各占 8.1% 和 6.5%,三地合计占73.3%(见表 13-6),10766 家作坊工场中的 53.8%在上海,再次是天津和南京,各占 9.3% 和 7.9%,三地合计占 71%。

表 13-6　国民党区工厂和作坊工场在各地分布(1947 年)

项目 地域	总家数在各地分布(%)	工厂家数在各地分布(%)	作坊工场家数在各地分布(%)	总计(家)
南京	6.3	1.1	7.9	888
上海	55.0	58.7	53.8	7738
北平	1.9	1.5	2.1	272
天津	8.6	6.5	9.3	1211
青岛	1.3	2.9	0.8	185
重庆	4.7	2.9	5.2	661
沈阳	2.0	3.5	1.5	275
西安	0.5	0.7	0.4	69
汉口	3.3	2.6	3.5	459
广州	3.4	8.1	1.9	473
台湾	7.0	6.2	7.2	985
兰州	0.3	0.5	0.2	39
汕头	0.9	0.5	1.0	121
福州	1.3	0.5	1.5	176
昆明	0.5	0.9	0.3	66
贵阳	0.6	1.4	0.3	83
长沙衡阳	1.5	0.7	1.8	216
南昌九江	1.1	0.7	1.3	161
总计	100.0	100.0	100.0	14078

资料来源:彭泽益编:《中国近代手工业史资料(1840—1949)》第 4 卷,生活·读书·新知三联书店1957 年版,第 557 页。

　　上海作坊工场和工厂各有5793家和1945家,比率为3:1。南京、福州和衡阳作坊工场与工厂家数比率较高,各为23.7:1、9.4:1、8.4:1,贵阳、广州和青岛作坊工场与工厂比率较低,各为0.7:1、0.8:1、0.9:1(见表13-7)。

表13-7　国民党区工厂和作坊工场数量和比率(分地域)(1947年)

地域 ＼ 项目	工厂(家)	作坊工场(家)	作坊工场家数/工厂家数
南京	36	852	23.7
福州	17	159	9.4
长沙衡阳	23	193	8.4
汕头	15	106	7.1
重庆	96	565	5.9
南昌九江	24	137	5.7
天津	215	996	4.6
北平	49	223	4.6
汉口	86	373	4.3
台湾	205	780	3.8
上海	1945	5793	3.0
西安	24	45	1.9
沈阳	117	158	1.4
兰州	17	22	1.3
昆明	30	36	1.2
青岛	96	89	0.9
广州	269	204	0.8
贵阳	48	35	0.7

资料来源:彭泽益编:《中国近代手工业史资料(1840—1949)》第4卷,生活·读书·新知三联书店1957年版,第557页。

3312家工厂中的32.9%分布在纺织业,其次是化学工业和饮食品制造业,各占12.4%和9.8%,三种行业合计占55.1%,10766家作坊工场中24.9%分布在纺织业,再次是服用品制造业和造纸印刷业,各占13.9%和13.2%,三种行业合计占52%(见表13-8)。

表13-8　国民党区工厂和作坊工场在各行业分布(1947年)

项目 ＼ 分布	总家数在各业分布(%)	工厂家数在各业分布(%)	作坊工场手工业家数在各业分布(%)	总计(家)
饮食品制造业	9.8	9.8	9.8	1379
纺织业	26.8	32.9	24.9	3773
服用品制造业	12.7	8.8	13.9	1783
木材制造业	1.1	1.3	1.1	156
造纸印刷业	11.9	7.6	13.2	1669
化学工业	11.0	12.4	10.6	1553
土石品制造业	1.1	2.0	0.8	152
冶炼业	3.5	3.3	3.6	494
五金业	4.8	6.6	4.3	682
机械业	10.7	6.7	11.9	1505
电工器材制造业	2.2	3.9	1.6	303
交通用具制造业	1.9	1.4	2.1	269
杂项工业	2.6	3.4	2.3	360
总计	100.0	100.0	100.0	14078

资料来源:彭泽益编:《中国近代手工业史资料(1840—1949)》第4卷,生活·读书·新知三联书店1957年版,第557页。

纺织业中作坊工场和工厂各有2684家和1089家,比率为2.5∶1。机械业、造纸印刷业和服用品制造业作坊工场与工厂家数比率较高,各为5.7∶1、5.6∶1、5.1∶1,土石品制造业、电工器材制造业和五金业作坊工场与工厂家数比率较低,各为1.3∶1、1.3∶1、2.1∶1(见表13-9)。

表 13-9　国民党区工厂和作坊工场数量和比率(分行业)(1947 年)

项目　　　分布	工厂(家)	作坊工场(家)	作坊工场家数/工厂家数
机械业	223	1282	5.7
造纸印刷业	251	1418	5.6
服用品制造业	290	1493	5.1
交通用具制造业	47	222	4.7
冶炼业	108	386	3.6
饮食品制造业	326	1053	3.2
化学工业	410	1143	2.8
木材制造业	42	114	2.7
纺织业	1089	2684	2.5
杂项工业	112	248	2.2
五金业	217	465	2.1
电工器材制造业	130	173	1.3
土石品制造业	67	85	1.3

资料来源:彭泽益编:《中国近代手工业史资料(1840—1949)》第 4 卷,生活·读书·新知三联书店 1957 年版,第 557 页。

二、各地手工业的兴衰

抗日战争时期广西一度成为抗战大后方,外省人口涌入导致日用品需求增加,而舶来品因海港封锁难以运达,这促进了手工业的发展。1940 年广西全省手工业者约有 12 万人,据 46 县市调查统计(不包含陶瓷之乡宾阳县和纱纸之乡都安、那马和隆山 3 县),专业手工业有 2868 户,其中服装用品业最多(528 户),其次是棉纺织业和木器业(各 376 户和 337 户),铁器制造业、烟草业、制革业和藤葵草棕器业也均超过 100 户。专业手工业户主要集中在桂林(727 户)、梧州(378 户)和郁林(244 户),柳州、南宁、百色、平乐和平南在 100—199 户(5 地合计 728 户)。1944 年,日军入侵广西,南宁、柳州、桂林、梧州及交通沿线的城镇手工业全部陷入停顿。①

贵州手工业多是在各地农民就地取材、利用农闲工作以补贴家用中逐渐发展,抗战期间产量应社会需要而增加,质量较为粗糙。据1943年调查,贵州全省私营工业有97家,其中化工38家,机械28家,纺织和油脂各7家,皮革、食品、造纸印刷各4家,医药和土石各2家,橡胶1家。工厂大多集中在贵阳一地,其中一部分规模较小,仍属手工业制造,纺织业全为手工织布。② 针织业所用棉纱仰给进口,因交通不便运输费用高,成本昂贵,全省仅3家(均在贵阳),生产手巾、围巾、袜、花边等。贵阳丝织业有20家,资本一般在1000—2000元,多者8000元,制鞋业83家,资本1.26万元。贵阳年产桐油350担、漆液27担、茶油150担。③

据经济部统计处资料显示,截至1942年年底河南有民营工厂48家、湖北6家。河南民营工厂中酒精厂和卷烟厂较多,各有28家和10家,湖北6家民营工厂中有3家皂烛厂。豫、鄂2省工厂简陋,大部分制造日用必需品,几乎全用手工或简单机器制造,无动力设备。54家工厂资本额最多不超过50万元,10万元以上者河南和湖北各有4家和1家,河南各厂资本额以5000元以下和1万—5万元居多,各有21家和13家。河南2家工厂开工于1937年前,44家开工于1937年后(另2家开工年份不明),湖北6家均开工于20世纪40年代,大多是在战争期间成立。④ 战前湖北鄂城手工业33业合计478户,从业人员1122人,1949年各为248户和539人,各减少48%和52%,其中16业户数和从业人数均减少,4业户数和从业人数均增加,5业户数增加而从业人数减少。⑤

---

① 广西壮族自治区地方志编纂委员会编:《广西通志·二轻工业志》,广西人民出版社2003年版,第2、15页。
② 贵阳市志编纂委员会办公室编:《民国贵阳经济》,贵州教育出版社1993年版,第222—223页。
③ 贵阳市志编纂委员会办公室编:《民国贵阳经济》,贵州教育出版社1993年版,第77—78页。
④ 建子:《豫鄂两省民营工业之概观》,《西南实业通讯》1944年第5期。
⑤ 中国科学院经济研究所编:《手工业资料汇编(1950—1953)》,中国科学院1954年印本,第39页。

解放前湖南夏布、醴陵瓷器、纸伞、湘绣和毛笔手工业品年产量比抗战前各减少93.3%、62%、50%、20%和11.7%,蔗糖年产30.45万担,比抗战前增加27%(见表13-10)。[1]

表13-10 湖南各县数种手工业品产量统计

项目 业别	单位	抗战前年产量	解放前年产量	变动(%)
醴陵瓷器业	万担	100	38	-62.0
毛笔业	万支	3000	2650	-11.7
纸伞业	万把	800	400	-50.0
湘绣业	万件	5	4	-20.0
夏布业	万匹	150	10	-93.3
蔗糖业	万担	24	30.5	27.1

资料来源:彭泽益编:《中国近代手工业史资料(1840—1949)》第4卷,生活·读书·新知三联书店1957年版,第547页。

1933年,南昌市制革作坊有46家,流动资本自数百元到1万元不等,其中34家流动资本在2000元以下。1939年日军占领南昌后,皮革艺人大多逃亡吉安、赣州等地。抗战胜利后皮革业逐渐复兴,1946年赣州皮革制品厂(店)有19家,1949年皮革制品作坊和店铺增至44家、从业人员218人,南昌市大小制革作坊30余家、从业人员300余人,皮鞋作坊20余家、从业人员400余人,皮件作坊30余家、从业人员200余人。[2] 抗战前南昌酱油制造业多为吉安人经营,抗战后老同兴等户迁入,采用绍兴方法酿造,质量较好且资本雄厚,产量在全市私营酱油制造业中占47%,原有酱油制造业在抗战期间损失巨大,无力竞争,多改制酱菜为主。1936年酱油制造业有39户,从业人员273人,1946年各为38户和250人。[3]

---

① 彭泽益编:《中国近代手工业史资料(1840—1949)》第4卷,生活·读书·新知三联书店1957年版,第547页。

② 《江西省轻工业志》编纂委员会编:《江西省轻工业志》,方志出版社1999年版,第77页。

③ 中国科学院经济研究所编:《手工业资料汇编(1950—1953)》,中国科学院1954年印本,第126页。

　　景德镇瓷窑、坯房、彩店在战争中敌机数度轰炸下均受到重创,产量减少,加上口岸被封锁,瓷器无法出口,内地运销亦成问题,市场大大缩小(见表13-11)。1936年景德镇瓷业厂(店)2524家,1937年为3458家,1938年仅1095家,平均每家工人数自11.4人减至8.1人,1938年不足5人。1938年景德镇瓷业平均每月产值为12.5万元,比1937年的80多万元减少85%,各类厂家数量和工人数也有不同程度的减少。[①]

表 13-11　景德镇瓷业统计(1936—1938 年)

类别 ＼ 项目	1936 年	1937 年	1937 年比 1936 年变动(%)	1938 年	1938 年比 1937 年变动(%)
圆器厂(家)	582	879	51.0	152	-82.7
琢器厂(家)	653	1067	63.4	533	-50.0
匣钵厂(家)	163	138	-15.3	80	-42.0
彩红店(家)	1035	1263	22.0	308	-75.6
窑厂(家)	91	111	22.0	22	-80.2
工人数(人)	28654	27862	-2.8	5324	-80.9
平均每月产值(万元)	81.3	83.1	2.2	12.5	-85.0

　　资料来源:彭泽益编:《中国近代手工业史资料(1840—1949)》第4卷,生活·读书·新知三联书店1957年版,第330页。

　　抗战胜利后天津市织染业尚存1100余家,电力和人力织布机各4100台和1.4万台,针织电机和人力机各550台和6400台,麻丝织机2000台,实际开动的机器仅约20%,工人从过去的5万余人减至四五千人。[②] 天津社会局发出工厂开业执照5000余号,包括手工制造工厂。4000多家工厂中小型手工业及半手工业工厂占半数以上,稍有规模的工厂有1500余家。战后物价暴涨,工业制成品价格落后于原料价格和

----

　　① 彭泽益编:《中国近代手工业史资料(1840—1949)》第4卷,生活·读书·新知三联书店1957年版,第330页。

　　② 霍世奋:《天津织染工业之概况》,《河北省银行经济半月刊》1947年第3卷第8期。

工资上涨幅度,社会普遍贫困,购买力大大降低,加上交通梗塞,广大农村及县城地区的市场无法进行交易,3000 家以上小型民营工业垂死挣扎。①

台湾农村副业以织席最为有名。台中一带盛产草席,台中县员林区以北的大村草席产量在全台湾占 2/3。日本占领中国台湾后迫使农民将草园改种稻谷以获取军粮,抗战胜利后开始恢复草园,台中农户几乎每家均以此为副业。养蚕也是较为普遍的副业,台北、台中等 17 市县出产蚕丝,养蚕农民达万余人,兴盛时植桑面积超过 1100 市亩,产鲜茧 9 万余公斤,缫生丝 3000 余公斤,后在混乱动荡的局势下衰落,据 1947 年统计植桑面积仅剩 201 市亩,鲜茧产量仅 1.34 万公斤。②

台湾帽席编制较为普遍,西部自新竹至台南一带乡镇的家庭妇女一般都擅长帽席编制,据估计有 20 万人左右从事该项生产。全台湾帽子最高价值曾超过 1500 万日元,其中 80% 以上外销欧美,在中国台湾外输品中仅次于米、糖、食盐、茶和樟脑。光复前台湾外销品需送至日本神户由当地商馆决定买卖,光复后本地商人直接进行对外贸易,帽席产量逐渐增加,据估计大甲席 4 万—5 万张、大甲帽 3 万打、青林投帽 20 万打、漂白林投帽 2 万打、其他麻帽等数千打,林投席和染色林投帽处于试制阶段。台湾光复后建设厅指导成立工艺品生产推行委员会,各地县市政府协助改进设计,发展迅速。

台湾境内山地占 2/3,竹材产量大,椅、箱、帚、帘等主要竹制品大多在本地消费。1936—1939 年产额在 170 万日元左右,1940 年近 281 万日元。台湾光复后对外贸易改善,因竹材品质优良,外商订货增加,渐转向外销,1948 年上半年洋竹外销价值合 10 万美元以上,在输出品中仅次于糖、茶、水泥,居第四位。日治时代除竹帘、竹帚外竹具使用很少,光复后应市场需求竹制品范围扩大,一些高级家具以竹试制,政府协助设立新式样和新制品。

---

① 霍世奋:《天津小型民营工业当前的厄运》,《河北省银行经济半月刊》1947 年第 4 卷第 1 期。

② 曙里:《苦难重重的台湾农村》,《经济周报》1948 年第 7 卷第 25 期。

通草是台湾特产,通草纸是中国重要手工艺品之一。通草纸制造程序和所用工具简单,家庭妇女可作为副业。台湾所产通草纸80%以上运至美国供制花玩赏用。战争期间通草纸业一度遭受打击,光复后订货增加,生产逐渐恢复。通草纸加工作场多集中在新竹市,1948年同业公会有会员20余家,工人和家庭生产者合计2000余人。据估计通草纸产量约7万斤,不及最高产量(曾达15万斤)的一半。

日治时代日本政府曾通过派遣留学生赴意大利学习珊瑚加工技术、在水产讲习所作珊瑚加工讲习等方式鼓励台湾珊瑚加工业发展,产值最高曾达100万日元,随着珊瑚采取量的减少,珊瑚加工业逐渐衰落,珊瑚雕工稀少,1948年台湾全省精于此技者不足10余人,加工制作工场主要有2家。台湾盛产贝壳,贝壳加工制作工艺品大量输出美国、菲律宾、马来西亚等地,估计年产值为2亿元。

1935年,台湾出现以蛇皮制作名片夹等简单工艺品,1937年蛇皮染色成功,制作皮鞋、皮包等品。1939年日本政府自日本雇蛇皮加工技术人员到台湾推广,加工工厂达12家,产量比1935年增加约10倍。1940年,牛皮、猪皮等皮类在统制下供应不足,刺激蛇皮产量增加,大量采用蛇皮制作皮鞋、皮箱等品,月产量骤增至十数万件。南邦物产株式会社成立,雇本省技工千余名,使用机油船至南洋各地捕蛇。日本政府奖助蛇皮生产,高雄南日本渔业会社特设皮革部从事远洋捕蛇,月产20余万件,大部分输往日本。1942年后,日本加工人员大部分出征或改业,蛇皮加工业逐渐为台湾本省人独占。光复后蛇皮加工业仅剩南邦物产加工厂1家,因上海、厦门、福州等地牛皮大量流入,生产陷入停顿。1948年,随着订货的增加,台北成立2—3家蛇皮加工厂,月产蛇皮1万张,比光复初约增加10倍,但较最盛时相差甚远。

以牛角、牛骨为加工制品始于1935年,后自南洋等地输入角骨到台湾加工,大多由日本政府指定为生产纽扣,1936年台北市每月生产纽扣曾达30万个。1942年,各角骨生产者在日本政府所颁统制会社令下组成台湾工艺公司,月加工生产量曾达10万斤,为该业最盛时期,随后因南洋原料来源中断,产量骤减。光复后角骨加工业逐渐复苏,1948年仅纽扣一项月产高达 5 万余斤。①

第二节　主要手工业

　　抗战期间随着外来输入品和机制品供给的减少、军民需求的增加,棉纺织业、卷烟业和制盐业有所发展,抗战胜利后逐渐衰落。抗战期间国民党政府提倡各地发展土纱和土布生产,手工棉纺织业活跃。机制卷烟输入困难,河南、安徽等多省各地手工卷烟厂和家庭卷烟户兴起。全国盐产量减少,而四川和云南年均产量略有增加。抗战胜利后,洋纱洋布涌入、通货膨胀、原料短缺等原因导致手工棉纺织业衰落,手工卷烟在与机制卷烟竞争中失利,川盐在海盐的竞争下呈减产趋势。

　　蚕丝业和造纸业在抗战前期有所发展,在抗战后期和内战期间衰落。生丝是中国重要出口品,抗战期间国民党政府为从土产输出集中外汇,采用多种方式扶持蚕丝生产,四川生丝产量中土丝比重超过 85%。抗战后期国民党政府对生丝实行统购统销,因收购价格过低商农无利可图,产量下降,抗战胜利后随着国际市场替代品的增加,川丝产量进一步减少。抗战前期四川乐山、贵州、皖南等地手工丝织业比战前有所发展,内战期间陷入停顿。

　　制糖业和造纸业各地发展状况不尽相同。抗战爆发后,外糖和洋纸输入困难,与此同时需求增加,四川糖业和造纸业有所发展,云南和贵州等地也纷纷兴办手工纸厂。福建糖产量和纸产量比战前减少,广西糖产也不及战前。20 世纪 40 年代,川糖运输受阻,糖类专卖制度导致糖业利润微薄,蔗糖产量逐渐减少。四川铜梁、梁山等地纸价相对下降,不少纸厂停业。

　　抗战爆发后安徽、福建、江西等地茶叶产量减少,20 世纪 40 年代浙

---

　　①　《台湾手工业概况》,《台湾建设》1948 年第 1 卷第 6 期。

江省茶叶产量减少,内战期间安徽、江西浮梁茶叶产量均低于抗战前。

一、棉 纺 织 业

1938 年国民党政府迁至重庆后,农本局拨款 1000 万元成立下属法人福生庄,在上海、武汉等地购入棉花、花纱布,并将其运至后方,待产品价格波动时随时出售,以调控价格。1939 年,福生庄承办手工纺织推广工作,将增加土纱产量、改良土纱品质作为推广工作的重心。农本局自陕西等地收购棉花,分送各分支庄或办事处,由各办事处弹制成棉条后,或贷花收纱,或给花换纱,或卖花买纱,土纱收回,或给工资,或补棉条。1939 年,平价购销处成立后,协同相关机关和纱厂算定生产成本、运送费用,公示花纱布价格范围,规定所有产品需在价格范围内买卖,规定纱厂、纱户等须申请营业许可证后方可从事交易活动。1940 年福生庄成为专营花纱棉布机构。福生庄业务科内设立手纺股,统筹各推广区工作,每一推广区内分别设立福生分庄、支庄或办事处。到 1941 年福生庄在四川设立 11 个分庄,5 个支庄,42 个办事处。太平洋战争爆发后,日本加强对中国的经济封锁,后方运输更加困难,棉货供应越发紧张,市场上投机买卖盛行,花纱布价格暴涨。国民党政府将农本局改组为专营服用品棉花纱布运销调剂的机构,调解后方花纱布的供需平衡。改组后的农本局撤销福生总庄,各地福生分庄照常存在。农本局在继续此前手纺推广的同时普遍推广手织业务。收进土纱后,农本局再以一定的比例搭配机纱贷给织户,要求织户织成标准宽幅的机经土纬布,或者以纱交换,收进土布,再将棉布供应市面,用以平定物价。放花收纱、以花换纱和放纱收布及以纱换布是农本局推广手工纺织的主要方式。1942 年,经济部成立物资局加强物资直接管理,并将农本局、平价购销处及燃料管理处三处改隶该局。物资局成立后将棉纱供应之调整及棉市管制列为首要工作,负责监管后方的棉花、棉纱、花纱布市场,"奖励生产,平抑物价","以花控纱,以纱控布,以布控价"。国民党政府颁布《统筹棉纱平价供销办法》和《物资局对于直接用户请购棉纱暂行供应办法》以稳定棉纱价格。1943 年,物资局裁撤,财政部将原属经济部的农本局改组为花纱布管制局,实行对棉花、棉纱、棉布的全面管制。原料统一由政府分配,产品全部归政府收购,付给生产者的工资由政府制定。采取统购棉花、以花易纱、以纱易布、以布控价办法,在优先保证军用的前提下供给民用。

抗战期间国民党政府提倡各地发展土纱和土布生产,手工织布年产量约是机器织布的9倍。战时四川先后动员手工织布机6万台,织布3亿匹供军民需要。成都和重庆是四川棉布重要产地,织布工厂大多为家庭手工业。1942年,重庆织布机户数量比1937年增加1/3多,织机增加近2/3。1944年,成都较具规模的手工纺织工场数量比战前增加1倍多,棉布产量增加9倍。璧山布业因军需增加而活跃,遂宁土布因洋布供给减少而畅销。抗战胜利后,随着军需减少、机制布和洋布增加,不少手工织布工场作坊停业。

抗战期间湖北、安徽、江西、广西、浙江等地棉纺织业有所发展。湖北恩施、光化、谷城等地人口增加,纱布供给不足,土布需求增加。国民党政府在安徽倡导植棉纺纱,棉纺织业以手工纺织为主,1942年纺织工厂和染织工厂数量比1939年增加5.5倍。江西省兴办织布厂社和私营小织布厂,土布生产活跃。因洋布和机织布来源减少,浙江各地修整纺车重新投入使用。上海手工织布工厂多在战争中毁于炮火,太平洋战争爆发后基本停闭。无锡织布厂数量比战前增加。抗战胜利后随着洋纱洋布涌入和外来纺织品输入增加,安徽省内不少手工机坊和民生工厂停办或勉强维持生产,江西土布产量大幅减少,福建多数织布厂半开半停。浙江城市织布业和上海手工棉织业逐渐恢复。无锡、福州和广州等地因通货膨胀、纱布管制和棉纱短缺等因素,织布厂普遍减产。

1947年,全国棉纺手工业力织机和手织机合计19万台,开工率为81.5%,力织机和手织机各开工7.9万台和7.6万台。[①]

---

① 力织机10.2万台,开工率为77.1%;手织机8.8万台,开工率为86.7%。蒋乃镛:《从生产数字上看今后的棉纺织业》,《纺织建设月刊》1948年第1卷第4期。

（一）手工棉纺织业的生产特点

农民在棉纺织业生产中占据重要地位,农户从事手工棉纺织业作为副业较为普遍,城乡手工棉纺织业中乡村所占比重较高。手工棉纺织业的生产大体有代织和自产自销两种,以前者居多,生产规模通常都不大。

据四川棉作试验场 1937 年棉产调查,29 县以纺纱为副业的农户皆为棉农,仁寿、射洪、三台、遂宁和盐亭县棉产量较高,棉农中 30%—45% 以纺纱为副业,比重高于其他县,内江、隆昌、井研县皮棉产量较低,纺纱户占棉农户数比重各为 10%。① 云南各县农民十有六七织布,是农村家庭妇女闲暇或晚间副业,依靠 1 部或 3—5 部木织机从事手工生产。② 郁林和桂林分别是广西南北土布业中心,郁林土布生产多是作为农家副业的家庭手工业,桂林多为家庭工场手工业生产,除家属参加劳动外另雇工人数名。据不完全统计,1944 年贵州省有纺织户 5.8 万户,土纺纱机 15.7 万架,木织机近 7.7 万架,均为分散的农家副业。③

成都布业在最盛时期有机户 3000 余户,1942 年上期尚存 800 余户,约 1/4 在城内,3/4 在乡村。城市织户多为工厂式,每家织机自 10 余台到 100 余台不等(木制机居多,铁制机较少),利用庙宇祠堂及会馆等场所,租金既廉,地址亦宽,也不需要另建厂房,所有资本除购买织布机外皆可作为流动资金使用,营业周转灵活。工人有雇工、学徒两种,雇工分长期和短期,前者工资低,但在生产停顿时照常享受其权利,后者则随时解雇,学徒多无工资。乡村织户多为家庭式(织机多为木制),农闲时开工,少有雇工。④ 至 1944 年上期成都并无 1 家机器织布厂,织布业均为机户性质。据布业公会报告,城厢内外参加同业公会的机户有 542 家,织机约 4000 部,散落乡间的织机约 1 万—1.2 万部。⑤

----

① 方显廷:《川康棉纺织工业之固有基础》,《农本》1942 年第 57 期。
② 农本局:《棉业经济资料参考》第 12 期,1943 年油印本,第 6—7 页。
③ 贵州省地方志编纂委员会编:《贵州省志·轻纺工业志》,贵州人民出版社 1993 年版,第 406 页。
④ 《成都纱布业概述》,《农本》1942 年第 61 期。
⑤ 张圣轩:《成都工业现状及其发展途径》,《四川经济季刊》1944 年第 1 卷第 4 期。

璧山机户织机多在 6 台左右,极少的织布厂也是联合若干小机户而成或由若干小机户扩大而成。织厂多在城内自设门市部或在外埠分设字号售布,或由布商订购,小机户则与布商作纱布交易,或贷纱按场交回成品而获取工资。① 遂宁各织布工厂和机户所织布匹一部分在本地市场售予布店,由布店运向各地,另一部分为花纱布管制局代织,每匹获取工钱 3000 余元。② 解放前江阴农家织布有两种:一是自产自销;二是织放机布,包括为商业资本加工的个体手工织布者和为手工工场加工的场外雇佣劳动者。农家织布中自产自销者占 2/10—3/10,其余为织放机布。③

据 20 世纪 40 年代对重庆 173 家大织户(铁轮机在 10 架以上,或木机折铁轮机相当于 10 架以上)④的调查显示,171 家资本总额 4258.4 万元(有 2 家织户资本额不详),平均每家约 25 万元(130 家低于平均数,占 76%),平均每家织户有铁轮机 20 架(123 家低于平均数,占 72%)。⑤ 171 家织户共雇佣工人 7210 人,平均每家 42 人(114 家少于 40 人,占 67%)。173 家大织户每月从花纱布管制局领纱 33706 并,平均每家 195 并(119 家少于 200 并,占 69%)。⑥ 生产二三布的 39 家织户每月产布 19392 匹,平均每家 497 匹(22 家低于 500 匹,占 56%),生产二七布的 134 家织户每月产布 41850 匹,平均每家 312 匹(82 家低于 300 匹,占 61%)。以每匹二七布折合 1.14 匹二三布计,173 家织户每月产出二七布 5.89 匹。⑦

---

① 农本局:《棉业经济参考资料》第 3 期,1943 年油印本,第 3—5 页。

② 蒋烈光:《三十四年四月份遂宁经济动态》,《四川经济季刊》1945 年第 2 卷第 3 期。

③ 彭泽益编:《中国近代手工业史资料(1840—1949)》第 4 卷,生活·读书·新知三联书店 1957 年版,第 473 页。

④ 173 家大织户中 81 家在江北,56 家在南岸,8 家在市区,26 家设于歌乐山、柏溪等地,2 家设于璧山澄江镇(总厂在重庆)。这些织户多数成立于抗战爆发后,1938—1944 年成立 149 家(1942 年最多,有 74 家)。独资经营、股份经营、合伙经营和公营者,分别为 68 家、46 家、42 家和 17 家。

⑤ 铁轮机开工率为 63%,另 26% 停工、11% 损坏。

⑥ 其中生产二三布的 39 家织户每月领纱 8750 并(平均每家 224 并,24 家少于 200 并,占 62%),生产二七布的 134 家织户每月领纱 24956 并,平均每家 186 并(68 家少于 150 并,占 51%,95 家少于 200 并,占 71%)。生产二三布的 39 家织户每月实际需纱 16040 并,生产二七布的 134 家织户每月实际需纱 53861 并,领纱量仅占需求量的 55% 和 46%。

⑦ 张文毅:《重庆市一七三家大织户生产情况调查》,《四川经济季刊》1945 年第 2 卷第 3 期。

棉纺织业的生产以传统工具和经一定程度改良的工具为主。1939年后方各省七七纺纱机有 2.5 万架,1940 年超过 4 万架,1942 年约 6 万架,约相当于 8.4 万锭动力纺锤。四川省棉纺织推广委员会等机构负责推广七七纺纱机,1940 年四川已有 1.6 万余架,1941 年增至 3.6 万余架,1942 年约 6 万架。四川手纺车相当于 9.2 万锭动力纺锤,七七纺纱机有 6 万架,可织布 230 万匹,单锭手纺车所产棉纱可织布 220 万匹。[①] 全后方估计七七纺纱机和手纺车可供给 900 万匹棉布的棉纱,全部纱厂所能供给的棉纱至多织布 560 万匹。农户家庭大多用单锭纺纱,这一时期四川手工纺纱的工具,大部分是改良后的木质机器。[②]

抗战时期安徽棉纺织业以手工纺织为主,官办或商办的纺织工厂和民办的纺织机坊大多使用手摇、手拉、脚踩为动力的木制纺车和铁、木织机,很少有以柴油机、电动机为动力的纺织设备。1949 年安徽省手工针织纺织业大多使用木织机或铁木织机生产毛巾、袜子、帽子等,资金在50—500 元,极少雇用工人和带学徒。[③]

抗战爆发后机纱输入困难,萧山、宁波等地纱厂被占或被毁,洋布和机织布来源减少,浙江各地将单锭、多锭纺车及木结构的多订筒大纺车修整重新投入使用。余姚县有余姚式纺纱机 2000 部,可年产纱 150 万斤,多为家庭式经营。全县除 3 家织布厂外,其他均为家庭经营。织布厂使用拉式机,每厂不足 50 部,家庭使用旧式两脚踏机。[④] 1941 年年初余姚全县约有新式手拉机 700 架、旧式布机 4000 架、新式手摇纱机 400 余架。

①　除七七纺纱机外,其他改良纺纱机,大多由各地昔日土纺机加以改良,不再是纯木质,而是部分零件用铁制的半铁机。穆藕初:《内地土纱状况》,《农业推广通讯》1940 年第 2 卷第 1 期;《全川推行七七纺纱机》,《田家半月报》1941 年第 8 卷第 3 期;陈洪进:《手工纺织业的推进在全国经济建设上的意义》,《农本》1942 年第 60 期。

②　七七纺纱机以及其他新式纱机大抵不是农户购买力所能及,太平洋战争后每架纺纱机成本达 450 元,若木料再涨则每架尚超过六七百元。陈洪进:《手工纺织业的推进在全国经济建设上的意义》,《农本》1942 年第 60 期。

③　安徽省地方志编纂委员会编:《安徽省志·纺织工业志》,安徽人民出版社 1993 年版,第 130—131 页。

④　余姚式纺纱机产量较多,每日 12 小时最多产纱 70 两,但不及机纺产量 1/10。赵棣华:《发展东南农村工业刍议》,《东南经济》1941 年第 11—12 期;茅尘如:《略谈余姚土布》,《东南经济》1941 年第 1 卷第 11—12 期。

经营手拉机的多是田主,少数是以往在沪甬一带经商的商人,棉农所用均是旧式布机。手拉布机在 15 架以上者,仅有六七家。[①]

贵阳纺织业有人力铁机和人力木机两种。使用人力铁机者仅有鲁丰布厂和协兴染织工厂两家,人力铁机合计 21 架,使用人力木机者有120—130 家,多为家庭手工业,替布商纺织,仅得工资,资本最高 8 万元,最低 10 元,人力木机合计 250 架。[②] 抗战前江阴县 10.1 万台布机中,铁木机、手拉机、投梭机各占 12.6%、30%、57.4%,解放前 6.7 万台布机中三者各占 27%、42.4%、30.6%。[③]

(二) 各地的手工棉纺织业

1. 四川

抗战期间因土纱土布需求增加,四川棉纺织业有所发展。抗战胜利后因军需减少、机制布和洋布的增加、物价剧烈波动、原料短缺等因素,四川手工棉纺织业衰落。

(1)手工棉纺织业的推广

抗日战争爆发后国民党政府除严令沿海地区机器纺织厂内迁四川外,也大力提倡各地发展土纱和土布生产。战时迁至后方纱锭 277800枚,仅占原来总数的 4.9%。[④] 截至 1940 年年底内迁民营纺织工厂共97 家,迁入四川 25 家,约占 1/4。内迁工厂"因机器搬迁损耗,工人技术不精,复受空袭威胁,工作效能大减"。1941 年 7 月四川境内机器纺织厂开锭数总计 105760 枚,1945 年 165800 锭,但仍与实际需求量相差甚远。[⑤]

---

① 汤逊安:《战时余姚土布发展的经过》,《农本》1941 年第 48—49 期。

② 贵阳市志编纂委员会办公室编:《民国贵阳经济》,贵州教育出版社 1993 年版,第 69—70 页。

③ 彭泽益编:《中国近代手工业史资料(1840—1949)》第 4 卷,生活·读书·新知三联书店 1957 年版,第 474 页。

④ 彭南生、张杰:《衣荒与应对:抗战时期四川手工棉纺织推广运动的兴衰》,《湖北大学学报(哲学社会科学版)》2016 年第 3 期。

⑤ 李中庆:《抗战时期四川手工棉纺织业的暂时繁荣》,《抗日战争研究》2016 年第 3 期。

1937 年四川省政府制定提倡手工纺纱的办法,通令各市县遵办实施,该办法要求四川省已有民生工厂设置的县份,需在原厂内增设纺纱;劝令农家将旧有手摇纺纱机全部恢复利用,并以纺纱为主要副业;纺纱原料应优先使用土棉。四川省建设厅在三台仿造改良手纺机 67 部,分发资中、宜宾、泸县等 37 县督饬民间依照样式仿制推行。①

1938 年四川省建设厅提出以土纱抵补洋纱缺乏的状况,制定提倡土布办法:"(1)由省府通令全川各级行政机关,从本年春季起所有学生、教员及公务人员所制新制服,完全采用土布;(2)各地所需土布以就地购买为原则,若不能买足或卖不出时,应立即报告省府,以便设法补充;(3)推行土布成绩作为抗战期间各级学校与行政长官考绩之一;(4)函知动员委员会宣传组,尽量宣传使用土布。"②同年四川省棉纺织推广委员会成立,主要目的在于:提倡手纺织业,补充战时衣服原料需要;战时大规模机器工厂容易被轰炸,手工纺织业规模既小,且分散乡村,损失减少;倡导乡村妇女生产工作。

1938 年中国工业合作协会在汉口成立,各地设工合办事处、事务所,负责各地工合的组建和技术指导。1939 年全国先后建立了西北区、东南区、西南区和川康区 4 个办事处,随后增加晋豫、浙皖和湘桂黔共 7 个办事处。据 1942 年统计各办事处下设 72 个事务所,全盛时合作社达 3000 多个,社员 3 万余人,每月生产总值 25 万元以上。工合社规模一般较小,设备简单,生产军工民用物品。至 1939 年年底工合协会先后在四川组织成立了 464 社,纺织共 214 社,占总数的近 1/2。③

战时难民陆续涌入四川,国民党政府除组织难民进行垦务外,也将难民组织起来进行手工业生产,既补充战时生产能力不足,又解决难民就业问题。此外,宋美龄领导成立的中国妇女慰劳自卫抗战将士总会在北碚实验区创设工厂,招收当地出征军人家属从事纺织事业。抗战时期国民

① 《川省手纺织之推广》,《农业推广通讯》1940 年第 2 卷第 1 期。
② 《棉种棉纱与棉布》,《四川经济月刊》1938 年第 9 卷第 4 期。
③ 彭南生、张杰:《衣荒与应对:抗战时期四川手工棉纺织推广运动的兴衰》,《湖北大学学报(哲学社会科学版)》2016 年第 3 期。

党政府倡导成立的类似规模的手工织布工厂,遍布于四川各地,所产棉布大半均供给军需署被服厂,其余在重庆等地投入市场供给民用。

（2）手工棉纺织业的发展

国民党政府西迁重庆后,大量人口涌入,抗战前夕重庆城市人口有30余万人,1938年全市近53万人,1941年超过70万人,1943年超过90万人,1945年达125.5万人。[1] 1937—1945年四川全省人口超过4500万人。[2] 棉纺织业既要满足众多人口的消费需求,也要满足军队军被服、纱布等需求。

据四川省政府1936年调查,四川全省有47县生产土布,其中33县兼纺纱且为产棉区。据四川省建设厅1936年调查,巴县、江北等48县有97家手工织布工场,其中51家资本额在1000—6000元,最高10万元,50家工人数在10—50人,最多744人,平均每家资本额为5421元,工人56人。[3]

1935—1937年四川省有手纺纱车22.88万架,产土纱5.47万包（合2299万磅）,手织布机6.56万台（实际织布机10万台左右,以铁轮机生产率计算合为6.56万台）,产土布656万匹（以12磅布作标准产量计）,其中451万匹是使用12万包输入机纱织成。武汉、广州沦陷后机纱输入困难,1939年川康输入棉纱4.5万包,加上内迁纱厂自产机纱1万包,合计5.5万包,机纱缺口达6.5万包。土纱因皮棉产量、皮棉输入和土纺设备的限制并不足以弥补该缺口。以土纱照常供给5.5万包、自产机纱和输入机纱5.5万包计,共11万包,可织12磅布411万匹,加上川康输入棉布27万匹,共438万匹,为战时川康棉布供给量,占1935—1937年产量的66.8%。[4] 据1941年统计,四川产棉5.2万担,土棉纤维短粗、韧性

---

① 李中庆:《抗战时期四川手工棉纺织业的暂时繁荣》,《抗日战争研究》2016年第3期。

② 1937年四川全省近4711万人,1939年约4640万人,1942年4592万余人,1943年超过4600万人,1945年近4755万人。民政厅统计室:《四川人口静态之分析》,《四川统计月刊》1948年第2卷第2期。

③ 方显廷:《川康棉纺织工业之固有基础》,《农本》1942年第57期。

④ 方显廷:《川康棉纺织工业之固有基础》,《农本》1942年第57期。

不足,仅适合纺 10 支粗纱,多用于家庭手工业。①

战时四川先后动员手工织布机 6 万台,织布 3 亿匹供军民需要。后方新式纺纱机年产棉纱 6.8 万余件,木机及手纺年产棉纱达 40 余万件,机器织布年产百万余匹,手工织布达 900 万匹。抗战胜利后上海布、美国布、墨西哥布、中纺布涌入重庆市场,物美价廉,土布难以竞争,此外也面临原料不足问题,至 1947 年,原有 200 余家军布厂家、1300 余家土布厂家和 1001 家花布厂家,一半以上相继停闭。②

四川织布业集中在成都和重庆。1944 年成都城乡大小机户近万户,织机 2.5 万台,从业人员约 8 万人,规模较大的手工纺织工场(厂)(资本额少则 1.5 万元,多则 200 万元,大部分为数十万元)自战前 20 多家发展到 55 家,年产白布和花布 360 万匹,是抗战前产量的 10 倍。③ 布匹连同毛巾、袜等其他用途,成都棉纱每年用量约 500 余万斤,其中土纱和机纱各占 80% 和 20%。土纱大部分由三台、中江、遂宁等处供给,小部分就地纺制,机纱一部分由申新成都分厂供给,大部分仰给于重庆、广元和陕西等处。1945 年受物价暴涨暴跌影响,成都大多数织户破产。④ 1945—1949 年织机自 1 万台减至 2000 台,白布和花布年产量自 120 万匹减至 15 万匹。⑤

重庆市(包括南岸江北)鼎盛时期有织机 4167 台,其中木机 2274 台,占 55%,铁轮机 1893 台。1935 年织机总数减至 1953 台,其中木机减至 883 台,占 45%。抗战爆发后重庆江北一地有大小织布厂 30—40 家,其中蜀华、嘉陵、锦新、吉利生 4 家布厂规模较大、历史较长。蜀华有织布机 70 架,工人 70—80 人,嘉陵布厂有织布机 60 架,工人百余人,锦新、吉利生有织布机 20—30 架,4 家布厂均附设染厂,采用手工土法。⑥ 1937 年

① 应理仁:《四川农产工业的概况》,《经济周报》1947 年第 5 卷第 20 期。
② 《四川工矿业近景》,《西南实业通讯》(上海版)1947 年创刊号。
③ 《成都市志》编委会编:《成都市志·纺织志》,四川辞书出版社 2000 年版,第 29 页。
④ 张圣轩:《成都工业现状及其发展途径》,《四川经济季刊》1944 年第 1 卷第 4 期。
⑤ 《成都市志》编委会编:《成都市志·纺织志》,四川辞书出版社 2000 年版,第 31、39—41 页。
⑥ 《重庆江北之织布工业》,《国际劳工通讯》1939 年第 6 卷第 3 期。

重庆及近郊织布机户有 420 家,1942 年增至 576 家(其中市区自 19 家增至 27 家,南岸自 26 家增至 160 家,江北自 375 家增至 389 家),增加 37%,织布机自 1973 架增至 3238 架,增加 64%,平均每家织户有布机 5.6 架。576 家织户资本自数百元到数万元不等,多在一两千元,共有工人 9476 人,每月约需用纱 1510 件,产布 6.54 匹。[①] 棉纱陡涨后有 1—2 架木机的小布房均无法购纱而纷纷停业,停工布机有 1000 架之多。织布作坊在原料购置和成品销售方面采取合作的办法,土布原料供应合作社成立后登记布机超过 2800 架,每架出资 100 元,用以救济一般小规模布房。乡村工业合作社和信用合作社也推动手工纺织走向合作。[②] 据 1943 年调查,重庆全市大小手工织布工场有 724 家,铁轮机 5899 架,领纱 58180 并。其中 173 家铁轮机在 10 架以上(或木机折铁轮机相当于 10 架以上),布匹产量和设备具有相当规模,共有铁轮机 3438 架和木机 512 架,领纱 33706 并,铁轮机数和领纱量均占重庆全市的 58%,月产土布 6 万余匹。[③] 抗战胜利后,国民党政府迁返南京,重庆、璧山、遂宁等地因无加工军布任务,不少手工织布工场作坊停业,重庆停业者占 1/3。1947 年重庆纺织工厂有 1124 家,包括 201 家土布厂。[④]

20 世纪 20 年代璧山布业全盛时期所产平布、斜纹布、提花呢布等销售市场遍布重庆、涪陵、万县等地及黔滇一带,后因洋布畅销各地织机纷纷停工。1937 年全面抗战开始后,洋纱和洋布因沿海交通被封锁而进口困难,内地衰落的手工业得以复兴。1939 年农本局在璧山设立福生璧庄,专门办理放纱收布业务,1941 年军政部设立军需署被服厂,璧山布业再次活跃,私营机户向福生璧庄或军服厂请购或请贷机纱。织工每月至少产布 20 匹,每匹工资 20 元,超出 20 匹部分以每匹 40 元计。30 码花布工资为每匹 15 元,15 码为每匹 9 元。福生璧庄及军服厂每月供给机纱

① 彭泽益编:《中国近代手工业史资料(1840—1949)》第 4 卷,生活·读书·新知三联书店 1957 年版,第 151—152 页。
② 陈洪进:《论中国手工纺织业之经济基础及其战时趋向》,《农本》1942 年第 61 期。
③ 张文毅:《重庆市一七三家大织户生产情况调查》,《四川经济季刊》1945 年第 2 卷第 3 期。
④ 应理仁:《四川农产工业的概况》,《经济周报》1947 年第 5 卷第 20 期。

近千件,连同黑市纱和土纱,璧山每月产布 7 万匹左右。[1]

抗战后洋布供给减少,遂宁本县土布畅销省内外。1944 年曾向政府登记的纺织工厂有 18 家,资本共计 861 万元,铁机 270 架,木机 360 架。据估计,散机户有铁机 30 余架,木机 2000 架以上。1944 年各纺织工厂与散机户产布约 15 万匹,连同农户所织 14.5 万匹,合计 29.5 万匹(未计与花纱布管制局交换布匹)。[2] 1945 年 5 月,花纱布管制局缩减各织户织布数量,限制每月每机至多领洋纱承织 5 匹,各织布工厂难以维持经营。机户通常每机布(5 匹)挪出洋纱 1 并以资补贴,故在洋纱管制之外,出现洋纱黑市,价格自每斤 4 万涨到 5.5 万—5.6 万元。自织贩卖的织户工厂,因纱价和布价的不利变动而亏损。6 月承织量减至每月每机仅 3.5 匹,小织户大多无法维持,纷纷转让予大织户而另谋他业,大织户规模扩大,据估计每匹可获纯利 3000 余元。[3]

20 世纪 20 年代末,四川重庆、成都等地织袜业有较大发展(重庆织袜工场作坊 150 余家、1 万余人,手摇袜机 2200 台;成都 320 家、1000 人,手摇袜机 700 余台),20 世纪 30 年代初因市场萧条、外来袜免征地方税等不利条件,重庆和成都织袜业遭受打击,停产 120 户,失业人员超过 8000 人。抗战爆发后大后方袜子需求增加,而外地袜进川受阻,四川袜业有所发展。重庆市 5 家织袜工场手摇袜机在 100—150 台,6 家手摇袜机在 50—99 台。成都天成针织厂袜机 80 台、南充明星袜厂袜机 50 台、宜宾逐日织造厂袜机 40 台,各为川西、川北、川南最大的织袜手工业工场。这一时期四川全省年产袜约 120 万打。1943 年后大后方棉纱短缺,国民党政府要求优先织制军用白布、民用针织品只能使用土纱。重庆 60 余织袜户转产织布,另 100 余户开工率不足 20%,1945 年重庆产袜 6.3 万打,仅占 1942 年产量的 11.7%。抗战胜利后随着美货倾销,四川省内大批织袜户停业、倒闭,据 1949 年统计,重庆、成都等 10 个重点产袜县市

① 农本局:《棉业经济参考资料》第 3 期,1943 年油印本,第 3—5 页。
② 冯名书:《三十三年遂宁经济动态》,《四川经济季刊》1945 年第 2 卷第 2 期。
③ 蒋烈光:《三十四年五月份遂宁经济动态》,《四川经济季刊》1945 年第 2 卷第 4 期;蒋烈光:《三十四年六至七月份遂宁经济动态》,《四川经济季刊》1946 年第 3 卷第 2 期。

10 人以上的工场仅有 19 家(336 人),个体生产户 514 家(1603 人),重庆产袜 20 万打,成都产袜 2.8 万打,各占设备生产能力的 25% 和 9%。①

2. 湖北、安徽、江西、浙江

抗战期间纱布供不应求,机制品竞争减少,湖北、安徽、江西、浙江手工棉纺织业有所发展。抗战胜利后随着外来纺织品输入的增加,安徽、江西手工棉纺织业生产萎缩,而浙江城市织布业生产有一定程度的增加。

湖北省政府迁至恩施后人口增加,棉布供不应求,1939 年建设厅成立手纺训练所推广手纺。1940 年改为湖北省建设厅手纺织工厂,有手纺机 30 台,月产纱 1000 斤,宽铁机月产布 300 匹左右,窄木机月产布约 250 匹。城市附近织户多由省银行贷纱织布,恩施城北及附近农村多经过经纪人贷入棉花并上交土纱,每两平均工资 2 元左右。恩施动力弹花厂主要代省银行加工制絮,仅收取少量手续费,在附近乡村推广手纺,平均每月可贷花 200 余斤,收纱 200 斤。② 抗战前湖北光化县有纺户 500 户左右,抗战爆发后纱布供不应求,土纺手织逐渐发达。1941 年光化县棉纱产量 3.2 万斤、销量 1.4 万斤,1942 年上期各为 1.77 万斤、0.8 万斤,1941 年棉布产量 2.95 万斤、销量 1.7 万斤,1942 年上期各为 1.94 万斤、1.25 万斤。③ 卢沟桥事变后工业中心相对沦陷,进口品输入减少,国产代用品需求增加,谷城成为鄂北各县纺织中心,共有纺织厂七八处。在纺织工厂之外,也有不少农民家庭使用土法纺织,谷城县年产土布约 12 万匹。土纱供应鄂北各县,并行销巴东河南南阳一带。土布每匹 20 元,土纱每斤 8 元,花每斤 2.8 元。④

抗日战争爆发后安徽大片土地沦陷,外地棉纱和棉布无法输入。皖南原是安徽棉手工纺织业繁荣地区,自芜湖沦陷后,东流等地棉花为日军强购,皖南纺织业濒于绝境。安徽国民党政府倡导植棉纺纱,1940 年建

① 四川省地方志编纂委员会编著:《四川省志·纺织工业志》,四川辞书出版社 1995 年版,第 245—246 页。
② 农本局:《棉业经济参考资料》第 13 期,1943 年油印本,第 2—4 页。
③ 梁庆椿等:《鄂棉产销研究》,中国农民银行经济研究处 1944 年版,第 403 页。
④ 唐正元:《鄂北手纺织业之推广》,《农本》1942 年第 57 期。

设厅推行"一部纺车运动"以图实现民间"自种、自纺、自织",创办 3 家省营纺织工厂,1941 年成立安徽省企业公司。1939 年安徽省内设立纺织工厂和染织工厂各为 12 家和 1 家,1942 年各增至 72 家和 12 家。大别山地区积极进行生产自救,1939 年桐城、怀宁等 6 县年产土布 670 万匹、棉纱 1274 担。1944 年盱(眙)嘉(山)地区各乡成立纺织小组 267 个,各区成立纺织合作社,社员达 5880 人,纺车 3014 架,各地抗日民主政府改良纺车并开办纺织训练班。1943 年淮北根据地党委开办妇女纺织训练班,建立纺织合作社,1945 年纺纱车 5 万多架,布机 800 多架。① 屯溪隆阜设有纺织工厂和毛巾工厂,1941 年合并为 1 厂,资金 3.1 万元,木机 60 台,日产白布 45 匹。瑶溪省立皖南强民工厂有木机 20 台,日产白布 20 匹。皖南实业公司纺织厂有木机 50 台,日产白布 60 匹,另有建国工厂、旌德纺织工厂、太平平民工厂、黟县民生纺织工厂等,各厂生产能力合计每年约 8 万匹。战前调查民间土布产量约 26 万余匹,战后部分地区沦陷,部分地区停业,大体可产 10 万—15 万匹,连同各厂共约 20 万匹。皖南人口约 400 万人,平均每人仅 2 尺半。② 随着交通恢复,外来纺织品输入,安徽省内手工机坊和民生工厂无力与其竞争。③ 战时安徽有 37 县创办民生工厂,1947 年仅 18 县勉强维持,1940 年所创办的 3 家省营示范工厂除 1 家交由县办外,另 2 家于 1945 年先后停办。1948 年全省手工纺织工厂仅存 51 家(其中县营 36 家、民营 15 家),比 1942 年减少 39.8%。1949 年全省手工棉纺织近 1.3 万家,从业人员 3 万余人,年产棉布 2973 万米,其中芜湖全市仅 1100 家棉织机坊勉强维持生产,织机 2000 余架,从业工人 2000 人。④

---

① 安徽省地方志编纂委员会编《安徽省志·纺织工业志》,安徽人民出版社 1993 年版,第 6—7 页。

② 漫浓:《皖南棉纺织业》,《农六》1942 年第 57 期。

③ 芜湖土布由 20 支纱织成,因织法不同土布有不同种类,每匹 40 两到 80 两不等,以 64 两、65 两居多。据估计,64 两土布每匹成本 20312 元(并未包含学徒劳动、营业税及生材折旧),市价 20480 元,每匹土布最多赚 58 元。上海洋布每匹市价 4.7 万元(洋布每匹重 150 两,长 11 丈,土布 7.8 丈),土布并不具有优势。许力村:《垂死中的芜湖土布业》,《经济周报》1946 年第 3 卷第 5 期。

④ 安徽省地方志编纂委员会编:《安徽省志·纺织工业志》,安徽人民出版社 1993 年版,第 6—7 页。

抗日战争爆发前，安徽针织复制业已形成一定的生产规模。制袜业除在交通便利、手工业基础较好的城市如合肥、芜湖、安庆等地比较发达以外，各县城镇也有生产厂家，国民经济建设委员会安徽省分会并通令各县民生工厂添设袜科或织袜训练班分期分批由乡村各保招收艺徒，提倡农民利用农闲时间织袜。1929年芜湖邵兴记毛巾厂是当时规模较大的针织复制手工作坊，木质织机40余台、雇工50余人，使用芜湖自产棉纱从事生产，产品畅销长江中下游一带城镇。芜湖一些从事手工棉纺织的私人作坊也利用淡季兼织低档毛巾。1936年蚌埠义和布厂设6台木质手拉织机生产毛巾，日产35打。抗日战争爆发后，安徽主要交通沿线多为日伪占据，大量城市手工业者弃工从商。交通阻隔加上全国性抵制日货活动使城市针织品难以进入乡镇，这为战争后方一些城镇的针织复制业提供了发展空间。不少县镇出现手工针织户，有些发展为作坊，阜南县有小作坊4家，每家织机2—5台、工人7人左右，安庆10余家城市针织户迁至石牌镇，1940年六安县桥头集一地的针织机就超过200部，所产毛巾和袜子行销大别山区。各地纷纷兴建难民工厂生产毛巾、袜子等日常生活用品，徽州地区隆阜毛巾厂（第一难民工厂）创办于1939年，容纳难民50余人，日产毛巾400余打，南陵新生袜厂、义兴毛巾厂等6厂均兴办于此时。据1940年调查，安徽全省兴办9家巾袜业小型工厂。1940年成立的安徽省企业公司也下设针织工厂，1943—1945年年产毛巾400—530打、袜子600—950打。1949年安徽全省手工针织复制业从业户1740户（全部为个体手工业）、从业人员3387人。[①]

1939年日军占领南昌后，益元、利工、益民、立昌4家较大的织布厂（共有木织机300余台）全部被烧毁。江西省政府南迁泰和县，建设厅所辖江西兴业公司在赣南兴办织布厂、社，私营小织布厂也得到发展，仅赣州市织布厂就从1937年的6家增至1946年的22家。1945—1949年南昌市先后开办4家织布厂，铁木机共计158台。抗战期间洋纱洋布来源

---

① 安徽省地方志编纂委员会编：《安徽省志·纺织工业志》，安徽人民出版社1993年版，第130—131页。

困难,土布生产繁荣,1945 年土布年产量达 5160 万匹,其中吉安 550 万匹、新余 400 万匹、乐平 200 万匹。抗战胜利后,洋纱洋布再次涌入,棉花涨价,1948 年每匹土布劳动报酬比抗战期间减少 2/3,民间纺纱织布无利可图,土布产量大幅减少,1947 年和 1948 年土布产量各为 3850 万匹和 3270 万匹。1949 年江西省仅有 14 家小型染织厂,连同一些小作坊,纱锭 2 万余枚,铁木织机和木织机共计 2000 余台,产纱 5900 件,产布 2341 万米,棉布难以满足本省需求,主要依靠自外省购入。①

江西省第一家针织作坊开办于 20 世纪 10 年代末,1936 年手摇袜机达 120 余台,是全省最大的织袜厂,1938 年年初南昌形成以生产棉纱袜为主的织袜作坊式厂店群落,袜厂(店)30 余户,手摇袜机 600 余台。其他地县均有开办规模很小的袜厂(店)。1938 年日军占领南昌,大部分袜厂迁往赣州、吉安、南城和南丰等地,抗战胜利后袜厂回迁。1949 年江西全省有袜厂(店)100 余户,手摇袜机 1400 余台,从业人员 1200 余人,其中南昌市袜厂 32 户,手摇袜机 1000 余台,从业人员 900 余人。②

1937 年抗日战争全面爆发,嘉兴失守后杭州六一织造厂材料和动力机械设备被扫荡,萧山通惠公纱厂被轰炸停工,三友实业杭州制造厂被迫停工,1940 年宁波和丰纱厂失火被焚,1942 年日军侵占金华,大部分厂家停工或内迁。浙江省政府迁至丽水,官办布厂、省赈济委员会难民染织工厂、省手工业指导染织改进场等也迁入丽水地区云和等县继续生产。战争爆发后机纱输入困难,萧山、宁波等地纱厂被占或被毁,洋布和机织布来源减少,各地将单锭、多锭纺车及木结构的多锭筒大纺车修整重新投入使用,以补救抗战区棉纱不足的状况,土布生产重新活跃。

抗战前余姚洋布充斥,籽棉售予市镇上的花庄,去籽后运销宁海、上海,很少用于当地纺织。1939 年经济部农本局设立的福生璧庄统制收购棉花,皮花价格为每市斤 4 角 6 分至 4 角 8 分,每包 75 斤,每包加包布费

① 江西省地方志编纂委员会编:《江西省纺织工业志》,中共中央党校出版社 1993 年版,第 104、113—114 页。
② 江西省地方志编纂委员会编:《江西省纺织工业志》,中共中央党校出版社 1993 年版,第 159—160 页。

5元。1940年改由省政府委托浙江地方银行设立的大中庄统制收购,皮花价格为每市斤6角至7角5分,每包加包布费7元,均由花庄收取5%手续费转手。棉农因限价而面临亏蚀,同时海口封锁导致洋布来源减少,不少农民使用旧纺织机自纺自织以售纱或售布。土纱和土布运销不受政府统制并且免税,农民获益多于直接卖棉花,手工纱布业兴起。余姚有手纺车5.1万台,纺工13万余人,月产棉纱13万余斤,浙江各县也多设手纺机构。① 1940年浙江全省余姚式手摇纺纱机(64筒纺机)共2350部,棉筒15万筒,纺织工人约5500人(单锭及其他多锭手纺车未计入)。②

浙东、浙南后方部分县市组织难民救济会成立难民纺织部,或是出征军人家属优待委员会开办征属工厂。1941年江山县组办征属工厂备旧式纺纱机100台、织布机40台,生产人字呢、工字布、毛巾等产品,温岭、浦江、常山、象山、上虞等县均建有征属纺织示范场。兰溪县农村从事土纺者有6356人,年产值11.3万元。战时慈溪周巷镇成为浙东纱布总集散区,月产纱约60万公斤、布1200匹(每匹平均6.3米)。③ 1939年余姚每匹白布(计3丈)成本为4.32元,1940年增加82%,1941年比1940年增加56%,其中纺工成本增幅较大。白布年销量三四十万匹,每平方码售价不超过2厘。④ 浒山、周巷因交通便利逐渐成为土布收销汇集地,平均每天在2镇销售的土布约有6000匹。⑤ 战时浙江各地手工织布业各以手拉、脚踏机生产土布,从业人员有2万—3万人。⑥

1945年抗战胜利后,浙江城市织布业有所恢复。杭州布业同业公会

① 赵棣华:《发展东南农村工业刍议》,《东南经济》1941年第11—12期。

② 浙江省轻纺工业志编辑委员会编:《浙江省纺织工业志》,方志出版社1999年版,第67页。

③ 浙江省轻纺工业志编辑委员会编:《浙江省纺织工业志》,方志出版社1999年版,第4、67页。

④ 1939—1941年皮花成本分别为2.1元、3.5元、5.25元,纺工成本分别为1.05元、2.4元、4.5元,1940年和1941年各比上一年增加67%和50%、129%和88%。见茅尘如:《略谈余姚土布》,《东南经济》1941年第11—12期。

⑤ 汤逊安:《战时余姚土布发展的经过》,《农本》1941年第48—49期。

⑥ 浙江省轻纺工业志编辑委员会编:《浙江省纺织工业志》,方志出版社1999年版,第94页。

会员从 1945 年的 111 家增至 1948 年的 711 家,织机 3400 余台,其中织机 1—9 台者有 577 家,另有未加入同业公会的、织机 1—2 台的家庭作坊约 200 家,织机约 250 台。1946 年杭州染织布业有 274 家,1947 年杭州市工商联染织布业同业公会会员有 292 家,三改布机 3400 余台,日产量 3500 余匹,但至 1948 年,"322 家布厂已有十分之九向该业同业公会申请停工减机","产量不及战前的十分之一"。1947 年宁波有布厂 200 余家,织布机约 2000 台,其中脚踏机占 50%、手拉机占 20%、动力机占 30%。抗战胜利后航运畅通,温州棉布大量运销台湾,1946 年城区布厂增至 91 家。1948 年永嘉县大小布厂 134 家,织机 2281 台,从业者 4528 人,年产棉布 31 万匹。[①]

3. 贵州、云南、广西等

抗战期间贵州、云南、广西等地作为农村副业的手工棉纺织业较为突出,分布广泛。20 世纪 40 年代中后期,贵州、陕西等地手工棉纺织业逐渐萧条。

贵州地处边陲,交通梗阻外货输入不便,故民生需用多仰赖自给,包括布料。日本全面侵华战争爆发后,大量人口涌入贵州,1937 年全省总人数达 1300 万人。[②] 因地理和气候原因,贵州仅有少数县份生产数量有限的棉花,不能满足全省纺织手工业的需要。1943 年贵州农本局改为花纱布公司,从事购买土纱和洋纱换布业务。1944 年仅贵阳市有木机织布户 600 户左右,据 79 县市不完全统计,全省有纺织户 5.8 万户,年纺纱 243 万斤(折合 6696 件),年织布 316 万匹(折合 3226 万米)。[③] 抗战胜利后因改币损失,加上部分机户还乡,全省纺织户近万家,织机 1 万多架,从业者约 2 万人,解放前全省土布产量减至 2246 万米。[④]

---

①　浙江省轻纺工业志编辑委员会编:《浙江省纺织工业志》,方志出版社 1999 年版,第 4、94 页。

②　俞智法:《抗战时期贵州棉业规模经营及其原因窥探》,《农业考古》2017 年第 6 期。

③　贵州省地方志编纂委员会编:《贵州省志·轻纺工业志》,贵州人民出版社 1993 年版,第 406 页。

④　贵州省地方志编纂委员会编:《贵州省志·轻纺工业志》,贵州人民出版社 1993 年版,第 401、406 页。

贵阳纺织业使用人力铁机者仅有鲁丰布厂和协兴染织工厂两家，人力铁机合计21架，雇工63人，艺徒10人。鲁丰布厂设立于1932年，每月最高产量300匹，平均每月产量160—170匹，1937年停业清理，次年盘让他人后更名为"鲁丰工厂"，1938年10月产量约200匹，产品仅批售本市商店。利兴永工厂设立于1933年，1937年停业清理账目后盘让他人，更名为"协兴染织工厂"，每月最高产量240匹，通常在150—170匹，1938年上半年经营尚可，下半年清淡。贵阳使用人力木机者有120—130家，工人约360人，自抗战军兴后，因外货来源减少和西南人口增加，销路由疲转畅。[①]据(民国)《兴义县志》记载，兴义县织土布者百余户，年产土布约5.5万匹，除供本邑外，其余销往邻县，约200家业主从事土布经销。[②]战时沦陷区部分纺织工匠流亡至黔东南，加上种植美棉产量增加和湖、桂、川棉花输入，城镇和农村出现专业纺织户，纺织厂、纺织社增多，1938年黔东南各县共产棉布7.74万匹(19.15万银元)。1938—1942年榕江、锦屏等地设数家针织车间，配手摇针织机，抗战胜利后外省针织品涌入，1949年黄平、榕江等4县针织业仅剩6家。[③]

云南土布所用棉纱除云南裕滇两厂出品外，由外纱供给。云南衣着用布除外来阔布外，是玉溪小布。玉溪土布产量在云南省最高，全县约有织布机15万台(有10台或20台脚踏机者已为织布工厂)，织户2万户，织布工人10万余人，年销10支粗纱1.6万大件，年产土布420万匹以上，除销售各县外大量运至昆明市场。河西全县有织布机1.5万—2万台，是当地农民农闲时唯一副业，每年销纱1400大件，年产土布约25万匹，销于本县、昆明及附近各县。开远全县有织布机2万台，年销10支粗纱1300—1400大件，年产土布25万匹。蒙自全县织布机有2万—3万台，年销10支粗纱1.5万大件，年产土布26万匹，多销售邻近各县。[④]下

① 贵阳市志编纂委员会办公室编：《民国贵阳经济》，贵州教育出版社1993年版，第69—76页。

② 俞智法：《抗战时期贵州棉业规模经营及其原因窥探》，《农业考古》2017年第6期。

③ 《黔东南苗族侗族自治州志》编委会编：《黔东南州志·轻纺工业志》，贵州人民出版社2006年版，第35页。

④ 农本局：《棉业经济资料参考》第12期，1943年油印本，第6—7页。

关是滇西商业集散地之一,1934 年出现首家织布厂即同祥织布厂,有铁木机 6 部,随后有和顺布厂和益华织布厂,各有铁木机 3 部和 6 部,1937年庆和染织工厂成立,有铁木机 16 部,规模相对较大。4 家织布厂资本合计 5000 元,工人 104 人。①

民国时期广西土布手工业分布较广,遍及全省,其中郁林和桂林分别是南北土布业中心。据估计:郁林县有织户 1000 余户,每户织机 1—2架,年产土布约 20 万匹,鼎盛时期织户超过 2 万户,各种纺织机、纺毛巾机达 22.7 万台。桂林织户集中于城厢附近,织户 400 余家,织工 2000 余人,年产布匹多于郁林。抗日战争初期广西土布业有所发展,20 世纪 40年代渐趋萧条,1949 年织户和产量锐减,织户 11468 户,织工 22237 人,总产值 144541 百万元(旧币)。②

陕西为产棉区域,土布土纱产量较多,各县均为农村妇女利用闲暇纺织,设厂经营者很少。战争爆发后外货来源减少,布匹缺乏,陕西省小型棉织厂应运而兴。在纺纱方面,除各大纱厂外并无小型纱厂,农村妇女利用农暇以旧式纺车纺织,平均每人每日纺 8 支粗纱 6 两,织成土布后售于陕甘宁青各地。1944 年全省有手工工厂 900 余家,织机 1 万架左右。承织军布的织机有 50 余架,其他织机多购买民纱,织布后售于附近市场,但因棉纱来源断绝而不少停工。③ 1941 年上半年甘肃南部天水、甘谷、泰安3 县共有纺车 8.4 万台,每日产纱 1.5 万斤,织机 2.9 万台,每日产布 0.7万匹。④

4. 其他城市

上海、福建等地手工棉纺织业均在日本全面侵华战争爆发后遭到破坏。内战期间,无锡、福州、广州等地因原料价格上涨、供给短缺,外国产品倾销等因素,手工棉纺织业生产受限。

---

① 张肖梅:《云南经济》,中国国民经济研究所 1942 年版,第 20—21 页。
② 广西壮族自治区地方志编纂委员会编:《广西通志·二轻工业志》,广西人民出版社2003 年版,第 13、15、175 页。
③ 关梦觉:《陕西省纺织业之危机及其出路》,(桂林)《中国工业》1943 年第 19 期。
④ 薛瑞华:《陇南天水甘谷泰安三县手纺调查》,《农本》1941 年第 53 期。

上海纺织业自华界工厂被毁后，部分迁往内地，部分未能开工，外商工厂多继续生产。纱价自每大包 86 元涨至 128 元，棉花自每担 36 元涨至 48 元。棉纱供不应求，各织布厂、袜厂向各水木作定造摇纱车实行手工纺纱。上海市内水木作百余家，有 50 余家专门制造摇纱车，合计制造 1.5 万架。上海手工织布业工厂散居杨树浦、闸北、高昌庙、南市等地，"八一三淞沪会战"爆发后房产资财多毁于炮火，剩余 300 余家勉强支撑。战前上海周边家庭手摇织布机共有八九千台，1938 年使用者仅有 3000 台。太平洋战争爆发后上海沦陷，纱布由敌伪统制，手织业停闭，经一年半交涉后仅争取到棉布 7000 余匹、棉纱 500 余件。1940 年，一些手工棉织业原属布厂将手工棉织部分成立手工组，当时有会员 400 余家，后逐渐增至 700 余家，抗战胜利后手工组与机器染织分开，正式成立手工业棉织业同业公会，初时有会员 500 余家。手工棉织业同业公会成立后要求政府豁免营业税和发放贷款。政府对手拉脚踏机及其他机用 20 支以下纱者免征营业税，每家限贷 50 万元。截至 1946 年 11 月 20 日，手工棉织工业同业公会登记会员 1244 家，织机 5000 余部，其中 3000 余部开工，每月产布 8 万余匹、毛巾被毯 2 万余条。棉纱原料由纺管会配给，会员厂家中仅 4/10 得到实际配给，其他仍购自经销商，每小包纱和每小包线价格各高出配给价格 1 万余元和 4 万余元。1946 年 4 月，上海棉织业先后有 500 余家复业，织机 2000 余部（其中 10% 使用电力），占战前近 1/4。1948 年手工棉织业同业公会改组，会员增至 1636 家，各类布机 6900 余台。①

1935 年福建棉纺织手工作坊和工厂有 150 余家。抗日战争时期部分沿海织布厂迁往山区。抗战胜利后土布受到机织布冲击，多数织布厂半开半停，有的濒临倒闭，传统织布业（家庭式手工业作坊和个体手工业）成为手工业中较为落后的行业。福州手工纺织业所需纱布原购自市场，限价后市面棉纱绝迹。限价前，纺织生产合作社、联合社、会员社有七

---

① 彭泽益编：《中国近代手工业史资料（1840—1949）》第 4 卷，生活·读书·新知三联书店 1957 年版，第 109—110、471—472 页。

八个,限价后超过 30 个,每单位社辖有 8—10 个工场,手工纺织业依靠合作社要求配纱。中纺配纱因原料不足而停运,1948 年福州手工纺织业普遍减产 40% 以上,手工纺织业织机数量不及战时的 1/2,织机总数中超过 1/2 停工。[①] 1937 年以前福建针织业所用棉纱均从上海进货,染料来自香港等地,1937—1945 年大部分针织工厂倒闭,抗日战争胜利后福建省针织业短暂恢复,但由于外国产品倾销和内战影响,针织业基本衰落,1949 年福州手工家庭作坊和工厂仅有 67 家、工人 263 人,产值 2.9 万元。[②]

1938 年郑州振华帆布厂成立,规模较大,备织布机 67 台,工人 15 名,另有家庭织布厂 10 余户,每户 1—2 台织机,通常不雇工。其他城镇如周口、滑县等地都有不同规模的手工织布业,受战争影响不少倒闭歇业。1945 年,30 余户产袜作坊从安徽界首集迁郑州,郑州个体手工针织厂有 100 余家,1949 年年底增至 180 家,开封手工针织户 73 家、机器 225 部、从业 130 人。[③]

抗战前无锡有织布厂 10 余家,规模较大。敌伪统制时期,无锡附近地区工厂因治安和交通问题并未完全复工,上海纱布输出受到严格统制,商人或渡长江到苏北或经津浦线的蚌埠、芜湖,无锡在统制下仍可大量偷运至大后方,当时成为这一区域的棉布产销中心。抗战胜利后无锡大小布厂有 78 家,铁木机 3200 台。内战期间大型工厂将机器转移到南方,小型布厂勉强维持经营。物价动荡剧烈时小型布厂普遍采取以物易物的交易办法,以棉纱交易布匹。1947 年 1 件棉纱可掉换"条漂"布 27 匹,1948 年年初可换 30 匹,8 月布匹价格降低到 40 匹及以上可交换 1 件纱。棉布价格仅略有提高,而棉纱价格飞涨,生活必需品价格也上涨,导致一部分小型布厂被迫停工。1948 年无锡仅有 61 家布厂开工,布机 2813 台,每月

---

① 竹木:《特种萧条侵袭下的榕城》《畸形繁荣与萧条的交织》,《经济周报》1948 年第 7 卷第 22 期、第 25 期。

② 福建省地方志编纂委员会编:《福建省志·纺织工业志》,中国社会科学出版社 1999 年版,第 21、29、53 页。

③ 河南省地方史志编纂委员会编纂:《河南省志·纺织工业志》,河南人民出版社 1993 年版,第 16、159 页。

需用棉纱 4000 多件,但纱管会每月配给仅 160 件,价格高昂甚至超过黑市。① 抗战前江阴县布机合计 10.1 万台,土小布产量为 230 万匹、改良土布产量为 350 万匹,解放前布机合计 6.7 万台,土小布产量为 160 万匹、改良土布产量为 310 万匹。②

广州织布业最繁盛时期,大小手工织布厂有 900 余家,约 8000 部开机。1947 年 1 月残存不足 500 家。1947 年 2 月金融潮涨风爆发,原料工价等成本骤增导致出口土布的 400 家布厂中约 100 家倒闭,另约 300 家 9 成以上亏损。1947 年 2 月涨风发生后,政府加强纱布管制。广州每月配纱数量不及织造业(包括织布针织织巾等行业)需求量的 1/3,一些纱商在黑市抢购花纱,自上海由陆路或水路经汉口粤汉铁路转运至广州,沿途费用加上资金利润使广州纱价通常比上海高出 50%。织布和织造业成本提高、销售困难,大小布厂开机数量一再减少。荷印战争结束后,新加坡对广州布厂积存需求增加,手织土布出口免税但由于政府实行外汇管制,1947 年手织土布结汇出口费每斤需 3.5 万元,重量超过 6 斤的土布每匹缴纳结汇费 21 万元,巨额结汇费导致手织土布无法出口。1948 年政府调低结汇价,每匹须纳港币 7—10 元,而布厂所接新加坡、暹罗等地订单每匹土布利润仅在 7—10 元,无利可图情况下广州土布出口仍陷入停顿状态。在内销方面,1947 年农村谷价下跌(1946 年 1 担谷可买 1 匹布,1947 年 1.5 担谷仅能买 1 匹布),据估计 1947 年内销土布数量不及 1946 年的 1/2,织布厂产量随着农民购买力下降而减少。在原料供给少、价格高、出口和内销受阻的压力之外,手织机布厂也面临电机织土布的竞争,1947 年年末广州全市残存的 300 家手织机布厂中,不足 200 家开工,开机数量少于 3000 部。③

---

① 禾田:《挣扎于垂危边缘的小型布厂》,《经济周报》1948 年第 6 卷第 24 期;人韦:《危机重重,纱布厂面临崩溃》,《经济周报》1948 年第 7 卷第 5 期。

② 彭泽益编:《中国近代手工业史资料(1840—1949)》第 4 卷,生活·读书·新知三联书店 1957 年版,第 474 页。

③ 梁大任:《一年来的广州织布工业》,《棉业月报》1948 年第 1 卷第 3 期。

二、蚕　丝　业

抗日战争前四川生丝产量在全国占 10.6%,抗战期间上升到 64%,1947—1948 年川滇区占中国生丝产量的 18%。抗战期间国民党政府扶持蚕丝生产,四川省蚕茧和生丝由官方定价和统购。四川生丝产量以土丝为主,改良丝厂采用新法,大车房完全使用土法,农家参与缫丝比较普遍。1937—1943 年四川生丝年均产量超过 1000 吨,其中土丝占 85%,1944—1949 年生丝年均产量比 1937—1943 年减少 1/4,其中土丝占89%。1941—1942 年四川产茧量比战前增加 1 倍多,1949 年比战前减少1/4。抗战期间贵州丝产量增加。

丝织业机户生产规模较小,四川南充机户平均每户有织机 3.9 台,乐山平均每户 3.1 台,成都平均每户不足 2.5 台,西充每户不足 1.2台。20 世纪 40 年代初,乐山产绸量比战前增加,南充城乡产绸量是乐山的 2 倍多,西充机户织绸多为农家副业,1942 年产量占乐山同年产量的 1/10 左右。1944 年乐山织机数量比 1941 年减少 1/2 以上。1944 年成都丝绸业机房数量比战前减少约 1/4。抗战期间皖南手工丝纺织业一度复苏。

(一) 四川的生丝生产

日本全面侵华战争爆发后,国民党政府力求从土产输出集中外汇,以在国外采购国防建设物资和民生日用必需品,并偿还历年外债本息。1938 年国民党政府和四川省政府采取低息贷款、增加投资、实行奖励等方式扶持蚕丝生产,省政府合并成立四川省农业改进所,将蚕桑生产纳入农业改良推广统筹安排,1939 年省政府规定蚕茧和生丝由官方统一定价和统购。1936—1938 年四川全省蚕业指导所从 10 所增至 40 所,辖区育蚕户从 6620 户增至 45381 户,桑树从 60.5 万株增至 470 万株。1936—1941 年四川省推广改良蚕种量自 6 万张增至 69 万张,1942—1945 年减至 47 万—55 万张,全省产茧从 1936 年的 13 万担增至 1941

年的 26.5 万担。①

战前四川省有德合、六合等 20 家缫丝厂,丝车 6240 部,后因丝织业不景气大部分丝厂倒闭或裁并,全省缫丝设备半数以上归中央或四川省后,民营丝厂仅剩十余家。② 据估计,1943 年四川改良木机缫丝车共 17080 部(其中川北区 15650 部、川南区 1130 部、川东区 60 部、其他地区 240 部)。截至 1943 年 5 月底,三台制丝业工会登记小车丝厂共 1252 家、缫丝车 1.34 万部、缫丝工人 2.3 万余人。丝厂以丝车 4—6 部者居多,50 部丝车以上者仅 20 余家。小车丝厂发达的地方,大车丝厂几乎绝迹。③ 川南丝业以乐山为中心,以往木机铁机缫丝厂年产量约 700 关担,摇经厂年产量约 5000 担。1947 年铁机缫丝厂仅有华新、新凤翔 2 家,新凤翔未开工,华新年产 100 担左右,木机缫丝厂有 3 家,年产约百余担,小手工业摇经厂十余家,年产约 50 担。④

1937—1940 年四川生丝产量约 1200 吨,其中土丝产量在 780—1121 吨,1941—1945 年川丝年产量在 1000 吨上下,其中土丝在 768—965 吨。⑤ 太平洋战争爆发后,同盟国对生丝需求迫切,为增加生产、统一收购,1943 年政府颁布全国生丝统购统销办法,全国所产内销外销改良丝和土丝的收购运销由财政部责成贸易委员会所属的复兴商业公司统一办理。国外丝市因英美限价、国内市场因法定汇率折价所限,收购价格压低,产量锐减。川丝自管制后外销丝价由贸易委员会评价统制收购,所定官价规定在成本之外加合法利润,禁止商民自由提高,复兴公司历年收购价格低于内售市价,商农无利可图,或走私偷漏或改作他业,川丝生产逐渐衰落。

---

① 四川省地方志编纂委员会编著:《四川省志·丝绸志》,四川科学技术出版社 1998 年版,第 10、23、25 页。

② 应理仁:《四川农产工业的概况》,《经济周报》1947 年第 5 卷第 20 期。

③ 钟崇敏、朱寿仁:《四川蚕丝产销调查报告》,中国农民银行经济研究处印行 1944 年版,第 172 页。

④ 《四川工矿业近景》,《西南实业通讯》(上海版)1947 年创刊号。

⑤ 四川省地方志编纂委员会编著:《四川省志·丝绸志》,四川科学技术出版社 1998 年版,第 155—156 页。

从 1945 年起美国大量进口日本生丝,华丝基本被挤出美国市场,1946 年四川各地蚕丝机构相继撤销,市场凋敝。1949 年全省桑树 4000 万多株,养蚕县自 91 县缩至 30 多县,全省蚕茧产量自 1942 年的 23 万担减至 9.8 万担,川北地区生丝产量 252.5 吨,不及 1940 年的 1/4,全省生丝产量自 1946 年的 847 吨减至 786 吨(其中土丝产量在 700 吨左右)(见表 13-12)。[①]

表 13-12　四川厂丝和土丝产量(1937—1949 年)　　　　(单位:吨)

项目\年份	厂丝	土丝	总计	项目\年份	厂丝	土丝	总计
1937	89	1121	1210	1944	113	854	967
1938	160	1050	1210	1945	139	768	907
1939	429	780	1209	1946	114	733	847
1940	121	1088	1209	1947	131	656	787
1941	124	965	1089	1948	47	739	786
1942	131	958	1089	1949	34	752	786
1943	125	903	1028				

资料来源:四川省地方志编纂委员会编著:《四川省志·丝绸志》,四川科学技术出版社 1998 年版,第 155—156 页。

四川改良木车丝厂采用新法缫制生丝,一般为农家养蚕缫丝者或购茧小规模缫丝者。缫丝车位以三五部或十余部为一连,以手摇代动力,缫丝方法与铁机丝厂相同,所产生丝与铁机厂丝类似。另有完全使用土法缫丝的大车房,因抗战后交通困难生丝外销受限和管制问题,多改为内销,1940 年和 1941 年经营缫制细丝的厂商大多亏本,紧缩生产,缫制土丝内销相对于售与丝厂外销获利更多,故土法缫丝有复兴之势。[②] 加上 1943 年四川省政府规定蚕茧价格过低,蚕农不愿出售,多自行以土造大

<hr/>

[①]　四川省地方志编纂委员会编著:《四川省志·丝绸志》,四川科学技术出版社 1998 年版,第 11 页。

[②]　李守尧:《四川之蚕丝业概述》,《四川经济季刊》1945 年第 2 卷第 3 期。

车缫丝增加收益。土丝坊多为农家副业,茧价高则售茧,茧价低则自行缫丝。[1] 全省土造大车在最盛时期超过 3 万具。[2]

一般小丝厂多为农家副业,无须雇用技术工人,一方面买茧缫丝;另一方面到市场售丝,用售丝所得款项再进行买茧,筹集少数资本即可进行周转获取微利,并且缫丝副产品如蚕蛹和煮茧沸水可用作肥料。置有数十部改良木车的丝厂多为股东性质,有些为绸厂机户投资,有些代人缫丝,代人缫丝的丝厂除固定资本外,流动资本由委托者负担,自营者资本均为雄厚,临时资金不足则可向商业银行透支或信借。[3] 四川省蚕丝交易分预售和现售两种,小丝厂与大商贩或大绸厂间多先付 1/2—2/3 货款,后因丝市变动剧烈预售交易减少,仅预约购货优先权,现售在市场中更为普遍。

(二) 四川的丝价、制丝成本

抗战期间四川生丝的政府收购价普遍低于市场价格,差价占收购价格 1/3 以上。与 20 世纪 30 年代末相比,1943 年三台和南充制丝成本均大幅增加。三台缫丝业入不敷出,南充小车丝和场丝净成本年均增幅均高于丝价年均涨幅。

1937—1944 年四川内销丝价格自每担 800 元涨至 49 万元,1945 年达 160 万—200 万元(见表 13-13)。除 1944 年秋丝收购价高于内销价外,其他均低于内销价,1937—1942 年差价占收购价比重在 33.3%—58.8%(1941 年春丝为 22.0%),1943—1945 年有所降低。1937—1945 年生丝收购量(不包含 1940 年秋丝)合计 1 万担,差价合计 7858 万元。[4]

---

[1] 钟崇敏、朱寿仁:《四川蚕丝产销调查报告》,中国农民银行经济研究处印行 1944 年版,第 58 页。

[2] 尹良莹:《四川蚕业改进史》,商务印书馆 1947 年版,第 217 页。

[3] 钟崇敏、朱寿仁:《四川蚕丝产销调查报告》,中国农民银行经济研究处印行 1944 年版,第 149 页。

[4] 罗承烈:《四川蚕丝业》,《四川经济季刊》1944 年第 1 卷第 3 期;姜庆湘、李守尧:《四川蚕丝业》,四川省经济研究处 1946 年版,第 69—70 页。

表 13-13　四川生丝市场价格与官僚资本经营的
贸易机构的收购（1937—1945 年）

项目 年份	内销丝价格 （元/担）	政府收购价格（元/担）	差价占收购价格百分比(%)	收购数量 （担）
1937 年秋丝	800	600	33.3	20
1938 年秋丝	1200	900	33.3	760
1939 年春丝	3000	2200	36.4	1500
1939 年秋丝	4500	2920	54.1	500
1940 年春丝	8050	6000	34.2	2100
1940 年秋丝	8050	6000	34.2	—
1941 年春丝	9700	7950	22.0	600
1941 年秋丝	15000	10000	50.0	1000
1942 年春丝	54000	34000	58.8	600
1942 年秋丝	74000	69500	6.5	600
1943 年春丝	140000	137500	1.8	600
1943 年秋丝	144000	144000	0.0	370
1944 年春丝	318000	310000	2.6	500
1944 年秋丝	490000	510000	-3.9	450
1945 年春丝	2000000	1951000	2.5	400
1945 年秋丝	1600000	1424000	12.4	200

注:生丝由富华公司或复兴公司收购。
资料来源:罗承烈:《四川蚕丝业》,《四川经济季刊》1944 年第 3 期;姜庆湘、李守尧:《四川蚕丝业》,
　　　　四川省经济研究处 1946 年版,第 69—70 页。

　　抗战以前三台丝市行情以上海价格为主,抗战后以成都为主。抗战前三台小车扬返细丝价格约每百两 28 元,战时价格大幅上涨,1936—1938 年平均价格在 27—36 元,1939—1942 年自 88 元涨至 2100 元,1943年上半年达 5000 元(见表 13-14),1939—1943 年年均上涨 181%。[1]

---

　　[1]　钟崇敏、朱寿仁:《四川蚕丝产销调查报告》,中国农民银行经济研究处印行 1944 年版,第 188—190 页。

表 13-14　三台小车扬返细丝价格（1936—1943 年）

（单位：法币元/百两）

项目\年份	平均价格	最高	最低	项目\年份	平均价格	最高	最低
1936	27	35	26	1937	29	38	23
1938	36	64	26	1939	88	130	37
1940	260	380	220	1941	600	1000	300
1942	2100	3300	800	1943.1—1943.5	5000	6000	3500

资料来源：钟崇敏、朱寿仁：《四川蚕丝产销调查报告》，中国农业银行经济研究处印行 1944 年版，第 188—190 页。

1936—1938 年南充中等改良土丝年平均价格自每百关两 16 元涨至 36.4 元（见表 13-15），1939—1943 年自 67 元涨至 4172 元（年均上涨 181%）。1939—1943 年生丝价格自每市担 1071.7 元涨至 9.28 万元（年均上涨 205%）。[1]

表 13-15　南充丝价（1936—1943 年）

项目\年份	中等改良土丝平均价格（元/百关两）	生丝价格（元/市担）	项目\年份	中等改良土丝平均价格（元/百关两）	生丝价格（元/市担）
1936	16.1	—	1941	275	7760 **
1937	23.7	—			12000 ***
1938	36.4	—	1942	1460	—
1939	67	1071.7 *			
1940	152	—	1943.1—1943.6	4172	92800 ****

注：* 为年平均价；** 为丝公司春丝售价；*** 为丝公司秋丝售价；**** 为 6 月价。
资料来源：彭泽益编：《中国近代手工业史资料（1840—1949）》第 4 卷，生活·读书·新知三联书店 1957 年版，第 186—189 页。

三台缫丝主要费用包括鲜茧、人工、燃料、资本、用具和房屋 6 项，其

---

[1]　彭泽益编：《中国近代手工业史资料（1840—1949）》第 4 卷，生活·读书·新知三联书店 1957 年版，第 186—189 页。

中以鲜茧为主。1938年每市担丝生产成本为539元（鲜茧占77.9%），1943年增至7.15万元（鲜茧占82.4%）（见表13—16）。缫丝厂另有茧筋、双头茧、蚕蛹、茧皮、茧水等副产品，副产品收入约占总成本的2.8%，扣除副产品收入后1938年每市担丝净成本为524元，1943年为7万元。1943年4月上旬每市担丝价达7.68万元，缫丝有盈余，下旬跌至6.4万元，每市担丝亏损0.6万元。[①]

表13—16 三台丝生产成本（1938年、1943年）

类别 \ 项目	1938年三台每市担丝成本及构成		1943年三台每市担丝成本及构成	
	（元）	（%）	（元）	（%）
鲜茧	420.0	77.9	58905.0	82.4
人工	68.7	12.7	5766.8	8.1
燃料	28.8	5.3	3962.0	5.5
资本利息	13.8	2.6	1858.8	2.6
用具	4.6	0.9	572.0	0.8
房屋	3.1	0.6	429.0	0.6
总计	539.0	100.0	71493.6	100.0

资料来源：钟崇敏、朱寿仁：《四川蚕丝产销调查报告》，中国农民银行经济研究处印行1944年版，第190—192页。

1939年南充城区有21家小车丝厂，生产成本包括干茧、人工、燃料、资本利息和修理费等其他费用，每市担丝生产成本为643元（干茧占78%），1943年生产成本为8.8万元（干茧约占79%）（见表13—17）。净成本年均增加239%。南充厂丝总成本包括原料费用、制造费用、工资、厂务费用4项，1941年春至1942年春每市担厂丝总成本自0.64万元增至1.99万元（直接原料费用占60%—72%），1942年秋总成本达4.23万元（直接原料费用占80%）（见表13—18）。1942年秋净成本比1941年秋增加232%。1943年生丝价格比1939年提高86倍，中等改良土丝平均价格

---

① 钟崇敏、朱寿仁：《四川蚕丝产销调查报告》，中国农民银行经济研究处印行1944年版，第190—192页。

提高61倍,而小车丝净成本增加131倍。1941年丝公司秋丝售价比春丝售价提高55%,而厂丝净成本增加100%。①

表 13-17　南充小车丝生产成本(1939 年、1943 年)

项目 类别	1939 年南充小车丝成本及构成		1943 年南充小车丝成本及构成	
	(元/市担)	(%)	(元/市担)	(%)
干茧	501.7	78.0	69300	78.6
人工	77.3	12.0	8784	10.0
燃料	30.4	4.7	5700	6.5
资本利息	5.8	0.9	794	0.9
其他	27.9	4.3	3615	4.1
净成本	621.0	—	82108	—
总计	643.1	100.0	88193	100.0

资料来源:彭泽益编:《中国近代手工业史资料(1840—1949)》第4卷,生活·读书·新知三联书店1957年版,第186页。

表 13-18　南充厂丝生产成本(1941—1942 年)

项目 年份	南充厂丝总成本 (元/市担)	直接原料费用所占比重(%)	副产品 (元/市担)	净成本 (元/市担)
1941 年春	6357	60	120	6237
1941 年秋	12690	72	176	12514
1942 年春	19877	72	248	19629
1942 年秋	42310	80	701	41609

资料来源:彭泽益编:《中国近代手工业史资料(1840—1949)》第4卷,生活·读书·新知三联书店1957年版,第187页。

①　彭泽益编:《中国近代手工业史资料(1840—1949)》第4卷,生活·读书·新知三联书店1957年版,第186—189页。

（三）四川等地的丝织业

抗战前成都丝绸业机房有 300 余家、织机 1100 部,1944 年机房仅 220 家。① 成都城区丝织业机户合计 782 家、织机 1902 台,城郊机户 518 家、织机 1108 台,产绸共计 8 万匹,消费生丝 2000 担。乐山丝织业有丝厂和机户两种,丝厂约有织机 300 台,机户约 618 家、织机 1900 台。1926 年前乐山全境每年产绸约 10 万匹,后受人造丝织业竞销影响,1936 年年产降至二三万匹,1937 年约 3 万匹,抗战后年产有所增加,1941 年六七万匹,1942 年 10 万—15 万匹,生丝消费 3800 担。② 1941 年乐山全县织机有 3000 余部,1944 年仅有 1300 余部。③

抗战前南充丝织业几乎完全设在城区,抗战后为避免空袭开始迁往乡间。据 1942 年 9 月至 1943 年 2 月调查,南充织绸机户共计 534 家,其中城区 441 家、乡间 93 家。南充全县织绸机共计 2064 台,其中木机、木龙头机、铁龙头机分别占 62%、30%、8%,木机产出平绸,木龙头和铁龙头机均可织花绸。1941 年平绸和花绸产量分别为 8.6 万匹和 6.6 万匹,合计 15.2 万匹(见表 13-19),城区和乡间分别占 87.5% 和 12.5%,生丝消费 3300 担。全县丝织业工人共 3243 人,其中织工 2035 人、帮工 1208 人。南充绸价涨幅巨大,以中等木机素绸为例,1938 年 12 月每匹价格为 9.6 元,1939 年 12 月涨至 46.55 元,1942 年 12 月达 1120.5 元,1936—1942 年年均上涨 229%。④

---

① 刘敏:《三十三年四川之工业》,《四川经济季刊》1945 年第 2 卷第 2 期。
② 姜庆湘、李守尧:《四川蚕丝业》,四川省经济研究处 1946 年版,第 62、66 页;李守尧:《四川之蚕丝业概述》,《四川经济季刊》1945 年第 2 卷第 3 期。
③ 刘敏:《三十三年四川之工业》,《四川经济季刊》1945 年第 2 卷第 2 期。
④ 1936 年 1 月每匹 6.2 法币元,12 月涨至 7.3 元;1937 年自 7.5 元涨至 9.6 元;1938 年自 11 元涨至 23.4 元;1939 年自 24.75 元涨至 46.55 元;1940 年自 48.3 元涨至 110.3 元;1941 年自 115 元涨至 391.5 元;1942 年自 494.54 元涨至 1120.5 元。钟崇敏、朱寿仁:《四川蚕丝产销调查报告》,中国农业银行经济研究处印行 1944 年版,第 221、243 页。

表 13-19　南充织绸业统计(1942 年 9 月—1943 年 2 月)

项目　　　　　地区	南充城区	南充乡间	总计
机户(户)	441	93	534
织机(台)	1769	295	2064
平均每户织绸机(台)	4	3.2	3.9
1941 年产绸量(匹)	133314	19009	152323
平绸(匹)	73038	13074	86112
花绸(匹)	60276	5935	66211
1941 年丝销量(市担)	3410	543	3953
土丝(市担)	2471	414	2885
厂丝(市担)	939	129	1068

资料来源:钟崇敏、朱寿仁:《四川蚕丝产销调查报告》,中国农民银行经济研究处印行 1944 年版,第 222 页。

西充丝织业机户织绸是农家一种副业,与南充织户以织绸为主业不同。1942 年西充机户有 320 家、织机 368 台,产绸 14656 匹,用丝 234850 两(合 146.8 担),平均每台织机产绸 44.2 匹,平均每匹绸用丝 16 两。[1] 据 1945 年调查,湖绉业和丝袜业户数各为 80 户和 30 户,机台数各为 120 台和 140 台,产量各为 11.5 万匹和 1 万打。丝线业有 6 户,产值为 1.2 万两。[2]

抗战爆发后贵州成为大后方,人口骤增,贵州省政府倡导发展丝织业,丝绸织户有百余户,从业人员 200 多人。1938 年全省产丝约 10 吨,1942 年增至约 70 吨,同年贵州丝织公司开工,缫丝厂有木机 9 架,缫丝机 40 架,织绸厂有脚踏机 16 架,织机 6 架,另有并线机等 6 架,1947 年停办,至 1949 年贵州丝绸业几乎全部停顿。[3]

---

① 尹良莹:《四川蚕业改进史》,商务印书馆 1947 年版,第 338 页。
② 姜庆湘、李守尧:《四川蚕丝业》,四川省经济研究处 1946 年版,第 65 页。
③ 贵州省地方志编纂委员会编:《贵州省志·轻纺工业志》,贵州人民出版社 1993 年版,第 408 页。

抗日战争时期皖南手工丝纺织业一度复苏。绩溪设开源、大仁等4家丝厂,旌德设模范织绸厂(1939年改为皖南纺织示范工厂)。1941年安徽企业公司成立,内设屯溪丝织厂,备龙头丝织铁机10部(其中8部开工),1942年产绸合计近1000匹、平均绉70余匹、丝袜160余打,当年营业收入1.1万元,亏损达0.93万元。抗日战争结束后各厂因资金短绌、亏损严重等原因而关闭。1949年安徽手工丝绸业有261户、从业人数456人,总产值50万元。[①]

三、制　盐　业

战时长芦、山东、两淮以及河东盐区相继沦入敌手,两浙、福建、两粤等沿海盐区程度不同地遭受日军的侵略。国民党迁至重庆时,所控制主要盐产区仅剩四川、云南井盐区和东南一小部分海盐产区及交通不便的西北池盐产区。1939年1月国民党五届五中全会通过《对于财政经济交通报告决议案》,规定以民制官运商销为原则,废除食盐引岸制度。国民党五届五中全会提出经济建设"必当依于战时人民生活之需要,分别轻重,斟酌缓急,实行统制经济"。盐务部门由此制定以"民制、官收、官运、商销"为原则的盐务政策。1941年4月,国民党五届八中全会通过《筹办盐糖烟酒等消费品专卖以调节供需平准市价》提案。5月,国民党政府财政部成立国家专卖事业设计委员会,财政部盐务总局负责设计盐专卖。6月,盐务总局向四行联合办事处借款4亿元,办理官收官运盐斤,另外国家财政拨款1亿元充作官收官运基金。1942年1月国民党政府实行盐专卖,5月废除盐产销税名称,改为盐专卖利益,颁布《盐专卖暂行条例》,并陆续公布实施《盐专卖暂行条例施行细则》《收盐规则》《运盐规则》《储盐仓坨管理规则》《销盐规则》《制盐许可规则》等细则。从1943年1月起国民党政府实行限价,在此前后各地区相继实施计口授盐。

---

① 安徽省地方志编纂委员会编:《安徽省志·纺织工业志》,安徽人民出版社1993年版,第108—109页。

1944年1月国民党政府颁布《凭证计口授盐办法》，要求在户籍登记完整的各大中城市推行凭证计口授盐办法，川康、川东、川北、云南、贵州相继实施。5月，国民党五届十二中全会通过《加强管制物价方案紧要措施》议案，规定对盐生产施行津贴制度，使其价格在1944年下半年内不致再行变动，10月国民党政府公布修正后的《盐专卖条例》。1945年1月停办盐专卖。

抗日战争期间全国盐产量比战前减少1/3到1/2，四川年均盐产量比战前增加近1/4，约占全国产量的1/2，其中自贡占四川产量的1/2以上。抗战结束后川盐在海盐的竞争下呈减产趋势。抗日战争爆发后，云南省外来盐供给减少、人口增加，1940—1941年盐产量比1939年增加1/3，抗战后期盐产量减少，但高于战前。

（一） 四川盐业地位的上升

1933—1937年全国平均每年产盐4228万担（见表13-20），四川平均每年产盐734万担，占全国的17.4%，自贡平均每年产盐334万担，占四川的45.5%。1939—1943年全国盐产量减至2000多万担，1944年和1945年仅1000多万担，而四川盐产量有所增加，占全国比重自17.4%提高到40%左右，1944年和1945年超过50%。自贡盐产量占四川比重也自45.5%提高到51%—60%。①

表13-20　全国盐产量（1933—1945年）

年份＼项目	全国盐产量（万担）	四川盐产量占全国比重（%）	自贡盐产量占四川比重（%）
1933—1937年平均	4228	17.4	45.5
1939	2125	43.4	54.6
1940	2495	39.4	52.7
1941	—	—	53.6
1942	2177	42.7	51.2

---

① 赵国壮：《抗战时期自贡井盐业场商融资问题研究》，《盐业史研究》2015年第3期。

续表

项目 年份	全国盐产量 （万担）	四川盐产量 占全国比重（%）	自贡盐产量 占四川比重（%）
1943	2508	35.1	51.3
1944	1660	51.6	56.7
1945	1323	63.9	59.7

资料来源：赵国壮：《抗战时期自贡井盐业场商融资问题研究》，《盐业史研究》2015年第3期。

战前关税、盐税、统税为中央财政的主要来源，其中关税居首位，一般占全部税收的50%—60%，盐税居第二位，约占20%—30%。抗战期间盐税收入比重提高，推行盐专卖后，1942年征收14.4亿元，是关税收入的9倍多，占国税收入的32%，1944年盐税收入占到国税比重的60%。1935—1937年四川盐税收入自0.18亿元增至0.33亿元，1942年达6.36亿元，抗战期间川盐税收占全国盐税的42%—44%。[①]

（二）川盐的增产和减产

1938年四川省盐业燃料统制处改为统制委员会，直接隶属于四川省盐务局，向四联贷款500万元作为统购统销周转资金。1939年1月，四川盐务局改为川康盐务管理局，设立富荣东西两个盐场公署。川康盐务管理局由财政部担保向四联（中国、中央、交通、农民四行联合办事处）贷款1350万元，由盐务总局拨款100万元，共计1450万元作为生产贷款资金，转贷场商从事增卤、建灶以及购买原材料之需，并发放补咸、少产、淘井津贴以鼓励场商开发新井。[②]

从1938年起国民党政府为督促川盐增产，保证战时盐业经济的发展，先后采取多种鼓励增产办法：（1）明定保障办法。为保障井灶生产，特准湖北江陵、公安等28县及湖南临澧等6县为川盐专销区域，于战争结束后三年内专销川盐，所有余盐由国家收囤作为常平盐，以资保障。

---

① 鲁子健：《抗日战争时期的四川盐业》，《盐业史研究》2008年第2期。
② 曾凡英：《裕国　利民　便商：曾仰丰与抗战时期自贡盐业》，《盐业史研究》2015年第3期。

（2）办理增产贷款。（3）开放卤井。（4）鼓励开凿新井。（5）奖励推汲，实行补咸津贴和少产津贴。（6）倡导采用新的制盐工艺。扶持场商兴建枝条架晒卤台，浓缩卤水。并奖励改用平锅煎盐以节省燃料，增加产量。（7）办理推牛防疫及保险。（8）统制制盐燃料。凡使用机车推卤的各井场所需的重要材料，如钢绳、铁皮、五金材料，以及因增产所需的煤燃料，均由政府统制或统购。并由政府贷款，扶助煤商增辟新矿，开发煤源。（9）盐工缓役。[①] 川盐运务采取政府直接组织运输、招商代运、委托商运的方式。

宜沙失陷后，因运输困难自贡两场产浮于销，通过禁止开设卤井、限制盐崖淡卤补咸津贴等方式节制生产，盐工失业者增加，截至 1942 年 6 月登记失业人数达 3400 余人，另有未登记者，资中、犍为等场也因节制生产而出现盐工失业。彭水、河边、三台等场因物价飞涨，官收盐价并未随一般物价指数提高，灶商亏本减灶而导致盐工失业。[②] 至解放前夕，四川全省共有 26 个盐场，盐工共 7.48 万人，仅自贡一地失业盐工即达 4598 人。[③]

盐专卖制度实行严格官收，收购价格有时低于生产成本，损害生产者积极性，这种情况在实行食盐限价政策以后尤为突出。由于物价上涨和 1943 年年初限价政策的影响，各区场价往往低于制盐成本，制盐者亏损。1943 年 4 月，四川自流井及贡井两场官收场价，炭巴盐仅为实需成本的 33%，炭花盐仅为实需成本的 29%。[④]

1937 年四川省各盐场产盐约 707 万担，1938 年为 840 万担（见表 13-21），1939—1941 年均超过 930 万担，其中自流井场和贡井场产量合计从 300 多万担增加到 500 多万担，占总产量比重自 46.4% 提高到

① 钟长永:《抗日战争时期的四川盐业经济》,《盐业史研究》1995 年第 2 期。

② 四川省盐业工会筹备委员会编印:《四川盐工概况》,1942 年印行,第 47—48 页。

③ 四川省地方志编纂委员会编著:《四川省志·盐业志》,四川科学技术出版社 1995 年版,第 249 页。

④ 金普森、董振平:《论抗日战争时期国民政府盐专卖制度》,《浙江大学学报(人文社会科学版)》2001 年第 4 期。

54.7%。① 1942—1945 年自贡盐产量在 22.9 万—24.2 万吨,1945 年销量为 15.8 万吨,相比 1938—1944 年平均每年销量 22.7 万吨,减少 30.6%。②

表 13-21　四川盐产量(1937—1941 年)

年份＼项目	四川各盐场产量(担)	其中:自贡	
		产量(担)	所占比重(%)
1937	7070129	3278874	46.4
1938	8398979	4568399	54.4
1939	9376653	5035985	53.7
1940	9634214	5138420	53.3
1941	9615507	5257810	54.7

资料来源:四川省盐业工会筹备委员会编印:《四川盐工概况》,1942 年印行,第 13—15 页。

1938 年 1 月至 1941 年 4 月,自贡盐场实际推汲的卤井(包括岩盐井、黑卤井、黄卤井)自 57 眼增至 179 眼,月推卤量自 31.6 万担增至 87 万担,盐锅自 6333 口(火锅 6169 口,炭锅 164 口)增至 13334 口(火锅 6019 口,炭锅 7315 口),月产盐量自 28.3 万担增至 48.5 万担。③ 井盐生产能力的提高主要靠岩盐井,1941 年岩盐井数量占常推卤井的 9%,而产量占全部卤产的 52%;1938 年岩盐井月产卤量由 1938 年的 13 万余担增至 1941 年的 45 万余担。④

自 1939 年起云阳县云安盐厂及龙角、外郎等处井场共开灶 102 座,至 1945 年平均每年产盐 2.4 万吨,相比 1932—1938 年平均年产 1.8 万吨,增加 30.5%。1938 年巫溪县大宁盐场产盐 0.53 万吨,开县温汤井场

① 四川省盐业工会筹备委员会编印:《四川盐工概况》,1942 年印行,第 13—15 页。
② 1938—1944 年自贡盐销量分别为 21.88 万吨、25.55 万吨、21.71 万吨、22.63 万吨、23.92 万吨、21.4 万吨、21.98 万吨。宋良曦:《自贡盐业在抗战经济中的作用和贡献》《盐业史研究》1995 年第 3 期。
③ 宋良曦:《自贡盐业在抗战经济中的作用和贡献》,《盐业史研究》1995 年第 3 期。
④ 鲁子健:《抗日战争时期的四川盐业》,《盐业史研究》2008 年第 2 期。

产盐 0.28 万吨,奉节碛坝盐厂产盐 0.28 万吨,1939—1944 年平均年产各为 0.95 万吨、0.38 万吨、0.31 万吨。抗战前彭水郁山盐场每年产盐 0.15 万—0.2 万吨,1939 年和 1940 年各产 0.25 万吨和 0.24 万吨。万县长滩井场于 1930 年停止生产,日本全面侵华战争爆发后恢复取卤煮盐,1938—1942 年平均每年产盐 0.055 万吨,忠县涂井盐场在 1938—1944 年平均年产 0.059 万吨。①

抗战结束后川盐在海盐的竞争下呈减产趋势。自 1946 年起盐政当局对川盐施行"安定政策",核定盐价和每年产量,每年限定在 600 万市担左右。1948 年经川康盐务管理局核定川盐产量为 645 万市担,其中自流井和贡井产区各分配 314 万市担和 139.2 万市担。据川康盐务管理局统计,自贡两地盐井和盐灶情况如下:自流井场"起推"的盐岩井 14 眼,自贡两场"起推"的黄卤井 68 眼,黑卤井 74 眼,自流井场"未推"盐岩井 4 眼,黑卤井 3 眼,贡井场"未推"黑卤井 7 眼;瓦斯灶"实煎"数自流井场 2778 口,贡井场 864 口,炭灶"实煎"数自流井和贡井炭花圆锅各 234 口和 78 口,平锅各 6 口和 4 口,炭巴锅各 128 口和 298 口。火灶每日最多可产火花盐 100—200 包,炭灶每日最多可产炭花盐 150 包、炭巴盐 40 包。自贡两场黄、黑卤井减产 60%,贡场炭花、炭巴井停产 60%,瓦斯灶停产约 15%。1948 年 8 月实行限价后,盐价冻结在 7 月核价上,而制盐主要原料价格大涨,自贡两场积压盐超过 100 万市担,10 月盐价解冻后自贡、重庆、成都、贵阳等地盐价提高 82%—171%。②

（三）川盐的生产特点

川盐生产者大多未脱离农业生产,生产技术有改进,但总体上仍使用大量手工劳动。

四川井盐业中,井户、笕户和灶户是基本生产单位,灶户是盐的直接生产者。井盐生产按生产过程分为井房、笕房、灶房三部门。井房负责凿

---

① 任桂园:《抗日战争时期的三峡盐业》,《盐业史研究》2005 年第 3 期。

② 张庆天:《四川盐业危机深重》,《经济周报》1948 年第 7 卷第 17 期。

井、管理和生产,笕房负责将卤井所产卤水输到灶房,灶房负责煎烧。

自贡两场盐崖井每井每日产卤 1200 担,机车黑卤井约 700 担,牛推黑卤井约 60—100 担,牛推黄卤井约 30 担。川北盐场多为竹筒小井,据 1942 年统计,川北有盐户 9510 家,盐井 105460 眼,灶 8125 个,锅 46901 口,每户有竹筒小井数口至数十口不等,每井日产卤一般二三担,少者仅一桶或半桶,少数大井(广水井)每日每井产卤数十担。①

盐工主要有两类:一是世代相传的盐工,如自贡、犍乐场等;二是井灶附近农民兼作盐工,川东大宁、开县、奉节等场,若逢水涨卤淡,则忙事耕耘,川北各场则多于农输之暇,忙事制盐。川东和川北两区盐工多为农民,不作工时以农业为主,兼营副业较为普遍,川康区大盐场的直接盐工大多可依靠专技维持生活,间接盐工在闲班时种菜耕田或挑炭挑盐以增加收入。川北各场盐工多数未登记,据 1941 年估计,四川全省盐工有 56 万余人。据 1942 年统计,四川全省正式登记取得盐工资格的盐工有 12 万余人,其中直接盐工 9 万余人,间接盐工 3 万余人,自贡两场盐工合计约 3 万人。②

井盐汲卤技术设备有所改进,卧炉机车取代站炉机车,电气机车取代蒸汽机车。站炉机车马力为 50—100 匹,一般日汲卤 250—300 担,卧炉机车马力可达 250—300 匹,昼夜汲卤千担以上。卧炉机车先在岩盐井中使用,后逐步推广到黑卤井。1941 年后自贡岩盐井几乎全部采用卧炉机车汲卤,平均日汲卤水达到 1300 余担。20 世纪 40 年代机车汲卤在自贡盐场和犍为、乐山场广泛应用,1942 年机车汲卤占总产量的 82%。战时自贡电力工业开始发展,1941 年自贡生产第一部电动机车,1943 年有 8 眼井采用,年产卤 17 万余担,1944 年黑卤井 300 多万担的卤产中已将近一半由电气机车汲卤。③ 机器生产限于自贡、犍乐等少数地区盐场,并且

①　四川省盐业工会筹备委员会编印:《四川盐工概况》,1942 年印行,第 13—15 页;李华:《近代四川盐业生产关系的特点》,《盐业史研究》2011 年第 2 期。

②　四川省盐业工会筹备委员会编印:《四川盐工概况》,1942 年印行,第 23、28—31 页;李华:《近代四川盐业生产关系的特点》,《盐业史研究》2011 年第 2 期。

③　鲁子健:《抗日战争时期的四川盐业》,《盐业史研究》2008 年第 2 期;李华:《近代四川盐业生产关系的特点》,《盐业史研究》2011 年第 2 期。

在生产中限于采卤这个环节,在多数地区和其他环节,则仍然大量使用手工劳动。

(四) 其他

云南井盐使用锅煎土法,盐卤分配采取丁份制度。早年产盐地区多由私人或地方集资开凿盐井,凿成后按照出资多寡分配矿、卤份额,为盐业生产中的灶户,灶户后代按丁添灶,按灶设人。1931 年盐运使张冲拟定《改组各井灶户方案》,取消丁份制,实行矿卤国有,招收有实力的商人和灶户组成制盐团体,采用包课包额、自煎自办的原则办理,井场工人多为附近农民,半工半农。1937 年以前云南盐产量不超过年定额 100 万担。抗日战争爆发后,因缅甸私盐和越南私盐减少,粤盐来源断绝,川盐移销湘、鄂,加上战区扩大进入云南的人口增加,云南各井场盐产量自 1939 年的 88 万担增至 1940 年的 118 万担、1941 年的 116 万担。因抗战后期人工被征、雨季多雨导致较低井硐进水等原因,1942—1944 年盐产量自 111.5 万担减至 101.8 万担,1945 年仅 86 万担,但普遍高于抗战前数额。①

截至 1943 年 11 月,西北局实产盐 173.6 万市担,超过官方计划规定的 165 万市担,粤东区完成原定年产 270 万担,12 月中旬突破 300 万担。②

四、制 糖 业

糖品不仅是民众生活消费品,也是重要的战略物资。日本全面侵华战争爆发后,全国燃料需求剧增,而石油无法自给且石油进口受战事影响而锐减。国民党政府实施"酒精代汽油"政策。蔗糖生产的副产品糖蜜等是生产酒精的重要原料,1941 年 3 月经济部要求四川省政府严禁内江

---

① 赵小平:《抗日战争时期云南盐业发展研究》,《盐业史研究》2005 年第 3 期。
② 张立杰:《抗战后期国统区的盐政改制》,《抗日战争研究》2004 年第 3 期。

一带所产糖蜜用以制造泸酒,以维持酒精生产,供给军需。政府逐渐将糖类产品作为国家战略物资加以统制。1941年国民党政府颁布《国民政府财政部实施专卖共同原则》,1942年2月后相继颁布《战时食糖专卖暂行条例》《战时食糖专卖条例实施细则》等13种单行规章,规定食糖专卖的各项原则和具体办法。1942年11月开始,国民党政府逐步将酒精糖料的统制范围由糖蜜扩大为糖蜜、红糖、橘糖,3种糖料须由食糖专卖局按经济部要求优先配购,"非有余额不得配作别用"。为进一步保障酒精糖料的供给,食糖专卖局向酒精厂发放酒精糖料准购证,施行配给制,由酒精厂向制糖商直接洽购。从1944年6月起食糖专卖利益改征实物,7月川康专卖局撤销,糖税由税务局接办,废除专卖,糖税恢复统税制度。

抗战期间川糖产量比战前增加1—2倍,约占全国产量的1/2。1940年四川甘蔗产量比1938年增加1/4,1941—1945年年均产量减少1/8,1946—1948年年均产量比1938年增加1/8。沱江沿线县糖产量占全川的70%,多使用土法生产。1940年内江、资中等7县蔗糖产量比1938年增加1/8,1941—1945年减少1/2以上,1948年比1938年减少16%。

江西赣南是全国著名土糖产区之一。抗日战争期间赣南糖产量约相当于四川糖产量的1/2,1949年仅占抗战期间的1/10。广西多为土法制糖,20世纪30年代前期糖产量约占全国同期产量的1/8,1937—1941年比战前减少近1/3,低于赣南糖产量。1937年福建土糖产量比1936年增加1/5,1938—1941年年均产量减少2/5以上,1946—1949年年均产量比抗战前期年均产量略有增加。

（一）　四川

1939年前,四川甘蔗产区普遍存在预卖甘蔗制度,即蔗农因资金短绌在甘蔗未成熟时不得不以低价预卖甘蔗,1939年后形式上取消该制度,但蔗农经济力量薄弱,实际上仍存在预卖。1939年因雨水失调,甘蔗减产,蔗价大涨,预卖价与市价落差达5倍,蔗农请求县政府救济,当地政府召集社会团体特别是糖业同业公会与蔗农、制糖商代表等共同会议,协商评定甘蔗与糖清价格。甘蔗评价制度要求每年年末甘蔗将收获时,由当地政府召集蔗农、糖房和棚漏三方及地方机关法团代表开会,以议定该年甘蔗和糖清价格,并通令遵守,硬性规定同一价格。

川康区食糖专卖局成立后,规定蔗农和制糖商从事食糖原料及其成品生产,专卖机关按事先核定价格对成品进行收购,再由专卖机关在此价格上加入食糖专卖利益生成批发价格,向承销商和零售商发售,形成民制、官收、官运、商销的机制。专卖政策实施后,由食糖专卖局组织蔗糖评价会议,食糖专卖机关人员列席蔗糖评价会议,陈述意见,并无表决权,但《战时食糖专卖暂行条例（草案）》规定评价委员会所评议的甘蔗、糖清价格,须经财政部最终核定方能生效。食糖专卖机关将食糖收购、批发和零售价格纳入管制范围。制糖原料和糖类成品价格均由政府全面管控。

在 1943 年 1 月 15 日至 5 月的限价政策施行期间,国民党政府对食糖价格进行了严格管制。限价政策于 1 月 15 日正式实施,食糖专卖局于 14 日晚决定将糖价提高 2/3,1 月 22 日蒋介石批评糖价提高幅度太大,要求立即取消"新糖价格",继续遵行旧价,随后进一步明确指出专卖品的"出品价格,非经中央核准不得增价"。国民党政府暂时收回了专卖物品价格调整的权限。1944 年专卖政策取消后,糖品价格仍由各县评价委员会评定。[1]

---

[1]　1946 年全面内战爆发,通货膨胀严重。内江蔗农普遍采取预售方式获取部分订金作为种蔗的资本,春初预售议价多在每万市斤 14 万—16 万元,并订立成交合约,下半年砍交甘蔗时,物价已涨 1 倍以上,蔗农要求重评蔗价,组织请愿,年末内江县政府进行甘蔗评价,推翻原有私人协议价格,成交合约无效,一律评为每万市斤 30 万元。1947 年 1 月,资中县政府公布糖清价格为每万公斤 830 万元(当时白糖市价为每万公斤 2800 万元,依照糖清半价成规,每万公斤糖清议价应为 1400 万元,付糖房加工费约 300 万余元外,蔗农可得 1000 万余元),其中应付糖房所得 290 万元,蔗农得 540 万元,蔗农在付地主租金 90 万元、人工伙食和肥料等 190 万元、贷款利息 10 万元后难以维持再生产。蔗农不满评定价格而捣毁资中县政府,极低的甘蔗评价影响甘蔗种植,一些蔗农改种红苕。内江地区档案馆:《内江蔗糖档案资料选编(民国时期)》上册,内江地区档案馆 1984 年版,第 262—263、279 页;张庆天:《川糖苦味》,《经济周报》1948 年第 7 卷第 23 期。

1. 甘蔗种植

1938—1942 年(除 1941 年为 43. 16 万市亩外)四川省蔗田面积在 52 万—67 万市亩,1943—1945 年减至 29 万—36 万市亩,1946—1948 年恢复到 49 万—56 万市亩(见表 13-22)。1938 年四川甘蔗产量为 2618 万担,1939 年不足 1600 万担,减少 39%。1940 年产量较高(3291 万担),1941 年和 1942 年各比 1940 年减少 36% 和 16%。1944 年比 1943 年减少 11%。1945—1947 年甘蔗产量自 2117 万担增至 3525 万担,1948 年减至不足 2500 万担(见表 13-23)。内江、资中等 6 县蔗田面积占四川全省的 56%—69%,甘蔗产量占 60%—72%(1948 年占 56. 3%)。[1]

表 13-22　四川蔗田面积(1938—1948 年)　　　　(单位:万市亩)

地区 年份	内江	资中	简阳	资阳	威远	隆昌	四川省
1938	13. 5	13. 5	4. 8	1. 78	1. 06	0. 81	52. 16
1939	13. 75	13. 75	4. 95	3. 85	1. 08	0. 83	55. 18
1940	16. 64	14. 04	6. 92	4. 81	1. 41	1	67. 43
1941	10. 6	8. 94	5. 03	3. 07	0. 89	0. 64	43. 16
1942	15. 7	14. 1	6. 02	4. 97	1. 52	1. 01	67. 36
1943	8. 59	6. 78	3	1. 9	0. 94	0. 79	35. 78
1944	7. 6	4. 04	3. 9	1. 5	1. 4	0. 12	32
1945	5. 6	1. 4	6. 2	1. 6	2. 6	1. 1	28. 65
1946	7. 9	9	6. 2	2. 6	2. 6	1. 1	51. 7
1947	9. 65	9. 45	7. 33	2. 88	2. 72	1. 35	55. 5
1948	8. 54	7. 56	5. 86	2. 3	2. 18	1. 21	48. 95

资料来源:内江地区档案馆:《为江蔗糖档案资料选编(民国时期)》上册,内江地区档案馆 1984 年版,第 95—100 页。

---

[1]　内江地区档案馆:《为江蔗糖档案资料选编(民国时期)》上册,内江地区档案馆 1984 年版,第 95—100 页。

表 13-23　四川甘蔗产量(1938—1948 年)　　　（单位:万市担）

地区\年份	内江	资中	简阳	资阳	威远	隆昌	四川省
1938	675	675	240	189	53.06	40.5	2618
1939	412.5	412.5	148.5	115.5	32.42	24.75	1594
1940	831.9	701.9	396	240.6	70.25	49.9	3291
1941	529.8	447.1	251.7	153.3	44.7	31.8	2095
1942	661.5	540.6	241.8	171.5	53	49.9	2762
1943*	55053	43453	19230	12182	6055	5089	229302
1944*	68685	25913	25260	9772	8973	737	205182
1945	415.7	104.7	461.4	116.2	191.9	81.5	2117
1946	506.3	576.9	398	165.4	164.9	70.4	2802
1947	612.8	600.1	465.3	182.6	172.7	85.5	3525
1948	433.8	384	297.8	116.9	110.5	61.5	2496

注: * 1943 年和 1944 年单位为万市斤。

资料来源:内江地区档案馆:《内江蔗糖档案资料选编(民国时期)》上册,内江地区档案馆 1984 年版,第 95—100 页。

2. 蔗糖产量

1919 年四川糖产量占全国总产量的 75%,后因多种原因所占比重下降,但至抗日战争爆发时,仍占 44%,抗战期间川糖地位再次上升,约占全国产量的一半。[1] 台湾光复前四川糖产量约占全国的 40%—50%。[2]

抗日战争爆发后,由于日本封锁,中外交通受阻,外糖输入四川困难,加上广东、福建等省的糖不能内运,川糖市场竞争对手减少,同时国民党政府迁都重庆,人口的增加提高了糖的需求总量,此外大批厂矿迁入四川,汽油缺乏,多以酒精代替作为燃料使用,糖的副产品漏水可作为酒精原料,这些因素促使四川糖业有所发展。川糖产量自 1935 年和 1936 年的不足 100 多万市担增加到 1937 年和 1938 年的 200 多万市担,1939 年因旱灾产量减少,1940 年超过 300 万市担。川糖中一部分销售本省,其

---

[1] 内江地区档案馆:《内江蔗糖档案资料选编(民国时期)》上册,内江地区档案馆 1984 年版,第 1 页。

[2] 《四川工矿业近景》,《西南实业通讯》(上海版)1947 年创刊号。

他从产区水运至宜沙,转销两湖,盛时年销量约 300 万市担。自 1940 年 5月宜昌沦陷后四川与两湖间交通受阻,川糖逐渐下滑,1941 年产量减至200 多万市担,1942 年和 1943 年不足 200 万市担(见表 13-24)。[①]

表 13-24　四川蔗糖产量(1935—1943 年)　(单位:市担)

年份	四川蔗糖产量	年份	四川蔗糖产量	年份	四川蔗糖产量
1935	1794567	1938	2594169	1941	2209465
1936	1388989	1939	1655400	1942	1668634
1937	2193956	1940	3273303	1943	1818290

资料来源:朱吉礼:《四川蔗糖业的危机》,《四川经济季刊》1946 年第 3 卷第 1 期。

1938—1940 年内江、资中等 7 县蔗糖产量在 110 百万—189 百万市斤,1941 年和 1945 年减至 77 百万—83 百万市斤,1947 年增至 212 百万市斤,1948 年为 140 百万市斤,低于抗战前期(见表 13-25)。[②]

表 13-25　内江等 7 县蔗糖产量(1938—1948 年)　(单位:百万市斤)

地区 年份	内江	资中	简阳	资阳	威远	隆昌	仁寿
1938	60.75	60.75	21.60	17.01	2.27	2.24	2.38
1939	39.19	39.19	14.11	10.97	2.76	2.10	1.54
1940	74.87	63.17	35.64	2.17	5.62	3.99	3.15
1941	4.77	40.24	22.65	1.38	3.58	2.54	2.00
1942*	0.43	0.38	0.20	0.11	0.035	0.02	0.02
1945	49.72	4.14	26.82	1.56	0.38	0.22	—
1947**	61.28	60.00	46.53	18.26	17.27	8.55	—
1948**	43.38	38.40	29.78	11.69	11.00	6.15	—

注:* 1942 年产量数值原文如此,疑有误;** 1947 年和 1948 年产量单位为万市担。1 市担 = 100市斤。

资料来源:内江地区档案馆:《内江蔗糖档案资料选编(民国时期)》上册,内江地区档案馆 1984 年版,第 449 页;内江地区档案馆:《内江蔗糖档案资料选编(民国时期)》中册,内江地区档案馆 1984 年版,第 448、453、456、458 页。

① 朱吉礼:《四川蔗糖业的危机》,《四川经济季刊》1946 年第 3 卷第 1 期。
② 内江地区档案馆:《内江蔗糖档案资料选编(民国时期)》中册,内江地区档案馆 1984年版,第 448、453、456、458 页。

1938—1942 年(除 1941 年减至 98 万市担外)四川省白糖产量自 118 万市担增至 150 万余市担,1943—1945 年减至 69 万—81 万市担(见表 13-26)。内江、资中等 6 县白糖产量变动趋势与四川省基本相同,占四川省白糖产量比重(除 1944 年占 55%外)超过 60%。[①]

表 13-26 四川白糖产量(1938—1945 年) （单位:万市担）

年份 \ 地区	内江	资中	简阳	资阳	威远	隆昌	四川省
1938	30.65	30.65	10.81	4.04	2.41	1.84	118.40
1939	31.21	31.21	11.24	8.74	2.45	1.87	125.30
1940	37.77	31.87	15.71	10.92	3.19	2.27	153.10
1941	24.05	20.30	11.43	6.96	2.03	1.44	98.00
1942	35.60	31.92	13.66	11.27	3.45	2.30	152.90
1943	19.50	15.40	6.81	4.31	2.14	1.80	81.20
1944	17.24	8.95	9.18	3.46	0.26	3.18	76.80
1945	12.67	3.21	14.12	3.58	5.92	2.51	69.40

资料来源:内江地区档案馆:《内江蔗糖档案资料选编(民国时期)》中册,内江地区档案馆 1984 年版,第 447 页。

3. 糖价、成本和收益

内江等地糖产均沿长江下驶汇集于重庆,再分销到川东和川北各地,运销湘鄂等省也必经过重庆顺流而下,重庆是川糖最大集散地。1936 年运销重庆的白糖、水糖和橘糖各为 8.5 万担、13.6 万担、0.19 万担;1937 年各为 8.6 万担、13 万担、0.25 万担;1938 年 1—10 月各为 11.3 万担、8.5 万担、0.27 万担。1936 年白糖、水糖和橘糖每担价格各为 20.9 元、9.2 元、8.46 元;1937 年和 1938 年白糖涨至 20 元左右,水糖在 10 元左右。[②]

1936—1938 年内江白糖每万公斤平均价格在 0.34 万—0.39 万元,

[①] 内江地区档案馆:《内江蔗糖档案资料选编(民国时期)》中册,内江地区档案馆 1984 年版,第 447 页。

[②] 集散重庆的糖大体分为六种:白糖、另糖、阳糖、橘糖、橘水、冰糖。另糖和阳糖一般通称为水糖,白糖、水糖和橘糖是运销数量较大的三种糖。见李华飞:《重庆糖业的现在与将来》,《建设周讯》1939 年第 22 期。

1939 年增加近 1 倍,1940—1942 年各比上一年增加 1—2 倍,1943—1944 年各比上一年增加 2—3 倍,1945 年和 1947 年各比上一年增加 6.7 倍和 4.3 倍(见表 13-27)。从红糖、橘糖和漏水价格区间来看,上涨幅度也很大。①

表 13-27　内江白糖、红糖、橘糖和漏水价格(1936—1947 年)

(单位:万元/万公斤)

项目 年份	白糖			红糖		橘糖		漏水	
	最高*	最低*	平均*	最高	最低	最高	最低	最高	最低
1936	0.37	0.28	0.34	0.15	0.10	0.15	0.10	—	—
1937	0.44	0.28	0.39	0.16	0.12	0.21	0.15	—	—
1938	0.35	0.31	0.34	0.21	0.10	0.21	0.16	0.03	0.02
1939	1.25	0.44	0.62	0.60	0.13	0.42	0.17	0.08	0.03
1940	3.64	1.16	1.82	1.27	0.56	0.90	0.54	0.35	0.09
1941	6.89	2.61	4.13	—	—	—	—	—	—
1942	22.32	7.40	12.85	13.50	3.20	8.39	3.30	—	—
1943	75.00	23.00	49.55	36.00	11.00	—	—	—	—
1944	240.00	66.00	134.30	112.00	32.00	—	—	—	—
1945	1750	348	1027	800	200	840	210	110	35
1946	2800	1200	1885	1900	630	1300	540	140	92
1947	17500	3400	9933	6400	900	8000	800	700	110

注:* 为 12 个月价格中的最高价、最低价和平均价。

资料来源:内江地区档案馆:《内江蔗糖档案资料选编(民国时期)》下册,内江地区档案馆 1984 年版,第 605—610、629—636 页。

重庆中庄白糖价格自抗战胜利前夕的每万市斤 1200 万元涨至 1400 万元,红糖自 400 万元涨至 500 万元,数月后白糖跌至 400 万元,红糖跌至 200 万元;在集散中心市场内江,尖庄白糖自每万市斤 1100 万元涨至 1200 万元,红糖自 350 余万元涨至 500 多万元,橘糖涨至 550 万元,数月后白糖、红糖和橘糖分别跌至 320 万元、175 万元、145 万元,冰糖和糖蜜分别跌至 600 万元和 17.5 万元。1945 年年末重庆白糖价格在 700 万元

————————

①　内江地区档案馆:《内江蔗糖档案资料选编(民国时期)》下册,内汇地区档案馆 1984 年版,第 605—610、629—636 页。

左右波动,红糖和橘糖在 300 万元上下,糖价涨幅落后于其他物价。在此期间糖类成交量极低,1945 年 9 月内江白糖成交量仅 4000 公斤,红糖和橘糖也仅数千公斤,糖蜜无成交,糖类运销商自抗战胜利前夕的 250—260 家减至 50 余家。①

　　1939—1947 年内江每万公斤甘蔗的生产成本自 83 元增至 259 万多元(见表 13-28),1939—1944 年甘蔗评价基本高于生产成本,1945 年低于生产成本,1946 年甘蔗生产成本比上一年增加 1.5 倍,而评价并未随着提高。②

表 13-28　内江甘蔗生产成本估算和评价(1939—1948 年)

(单位:元/万公斤)

年份 ＼ 项目	生产成本	甘蔗评价	糖清评价
1939	83	138	2850
1940	350.4	410—440	8800—9000
1941	1114.2	1500—1600	33000—34000
1942 *	6932	9800—10000	98000—100000
1943 **	13824	13000—13500	135000
1944 **	44730	49000—50000	980000—1000000
1945	219000	190000	—
1946	543153	100000—200000	3800000
1947	2594117	—	—
1948 ***	243.5	—	7104

注:* 1942 年为资阳县生产成本估算,资中县甘蔗和糖清评价;** 1943 年和 1944 年甘蔗改良种评价另外再加价 5%;*** 1948 年以前为法币,1948 年为金元券,糖清为资中县评价。

资料来源:内江地区档案馆:《内江蔗糖档案资料选编(民国时期)》上册,内江地区档案馆 1984 年版,第 113—141、251、260—261;内江地区档案馆:《内江蔗糖档案资料选编(民国时期)》下册,内江地区档案馆 1984 年版,第 560、579、581 页。

---

　　①　朱吉礼:《四川蔗糖业的危机》,《四川经济季刊》1946 年第 3 卷第 1 期。

　　②　内江地区档案馆:《内江蔗糖档案资料选编(民国时期)》上册,内江地区档案馆 1984 年版,第 113—141、251、260—261 页;内江地区档案馆:《内江蔗糖档案资料选编(民国时期)》下册,内江地区档案馆 1984 年版,第 560、579、581 页。

1939—1943 年沱江流域每万公斤糖清的制造成本自 0.2 万元增至 25.3 万元,年均增幅 235%(同期内江糖清评价自每万公斤 0.29 万元涨至 13.5 万元,年均涨幅 48%);1944—1946 年沱江流域每万公斤糖清的制造成本自 65.83 万元增至 900 万元,年均增幅 270%(同期内江糖清评价自每万公斤 98 万—100 万元涨至 380 万元,年均涨幅 96%)。1939—1944 年沱江流域每万公斤糖清制成白糖的成本自 0.32 万元增至 67.7 万元,1945—1947 年自 412.5 万元增至 8128 万元(见表 13-29)。[1]

表 13-29 沱江流域糖清和白糖制造成本估计(1939—1948 年)

(单位:万元)

年份 \ 项目	每万公斤糖清的制造成本	每万公斤糖清制成白糖的成本
1939	0.20	0.32
1940	0.89	1.02
1941	1.73	3.83
1942	2.30	2.40
1943	25.30	26.00
1944	65.83	67.70
1945	399.80	412.50
1946	900.10	970.10
1947	4840.00	8128.00
1948*	1.21	1.46

注:*1948 年以前为法币,1948 年为金元券。

资料来源:内江地区档案馆:《内江蔗糖档案资料选编(民国时期)》中册,内江地区档案馆 1984 年版,第 473、480 页。

内江制糖采用土法,从早年的木辊人推改为石辊和畜力。1939 年,四川省农改所甘蔗试验场实验糖厂开创四川新法制糖的先例,到中国炼糖厂沱江实业公司,具属半机械化制糖。1940 年经济部中央工业试验所推广手摇离心机,离心机法出糖迅速,产品品质优于土法,白糖和漏水产量

———————————

[1] 内江地区档案馆:《内江蔗糖档案资料选编(民国时期)》中册,内江地区档案馆 1984 年版,第 473、480 页。

各为糖清的 50%和 40%,土法各为 30%。① 据 1942 年思创圣农业改进所统计,采用离心机法制糖和土法制糖每万公斤糖清的加工费各为 1.16 万元和 1.06 万元,产品收入各为 1.4 万元和 1.07 万元,纯益各为 0.24 万元和 0.01 万元。②

1940 年内江糖房加工每万公斤甘蔗的纯益与收入比率为 3.5%,漏棚加工每万公斤糖清的纯益与收入比率为 0.9%,1942 年资中等 4 县糖房纯益与收入比率在 24%—40%,漏棚在 16%—42%(见表 13-30)。③

表 13-30　内江等 5 县糖房、漏棚收入和成本(1940 年、1942 年)　　(单位:元)

项目 地区	糖房(每万公斤甘蔗)			漏棚(每万公斤糖清)		
	收入	成本	纯益/ 收入(%)	收入	成本	纯益/ 收入(%)
内江	1001.87	966.8	3.5	10734	10641	0.9
资中	10180	7726	24.1	139320	104513	25.0
简阳	12165	8015	34.1	146500	85097	41.9
资阳	13100	7836	40.2	139320	89033	36.1
威远	11600	7453	35.8	129968	109042	16.1

注:内江为 1940 年调查表数据,另 4 县为 1942 年。
资料来源:内江地区档案馆:《内江蔗糖档案资料选编(民国时期)》中册,内江地区档案馆 1984 年版,第 487、490、493、496 页。

据估计,1942 年每万市斤糖清生产成本为 7.14 万元(包含糖清 5 万元、漏棚加工费 0.65 万元和 6 个月银行利息 1.49 万元),折算后每万市斤白糖、橘糖、糖蜜成本各为 15.82 万元、7.32 万元和 4.32 万元(见表 13-31),低于政府核价,考虑到糖类制成后未能一时脱售,若加上放置时间银行利息,每万市斤亏折更多。④ 1943 年 6 月,川康区专卖机关核定的

---

① 内江地区档案馆:《内江蔗糖档案资料选编(民国时期)》中册,内江地区档案馆 1984 年版,第 323 页。
② 内江地区档案馆:《内江蔗糖档案资料选编(民国时期)》中册,内江地区档案馆 1984 年版,第 331 页。
③ 内江地区档案馆:《内江蔗糖档案资料选编(民国时期)》中册,内江地区档案馆 1984 年版,第 487、490、493、496 页。
④ 李汉文:《现阶段之四川制糖工业概况》,《西南实业通讯》1943 年第 8 卷第 1 期。

白糖收购价格为每万斤白糖14.4万元,而成本达18.6万元;橘糖6万元,成本8.6万元;糖蜜3.5万元,成本5.1万元。[①]

表13-31　糖类生产成本、政府核价和亏折(1942年)

（单位：元/万市斤）

项目\糖类	成本	政府核价	亏折	放置1个月亏折	放置4个月亏折
白糖	158200	144000	14200	21160.8	42043.2
橘糖	73200	50300	12900	16120.8	25783.2
糖蜜	43225	34800	8425	10326.9	16032.6

资料来源：李汉文：《现阶段之四川制糖工业概况》,《西南实业通讯》1943年第1期。

4. 蔗糖生产者

四川沱江沿线县是川糖重要产区,产量占全川的70%,蔗糖业多用土法,据调查,截至1941年上半期内江、资中等8县中除内江与资中合计有9家使用新法制糖的糖厂外,其他均为沿用土法制糖的糖房与漏棚。[②]在1949年前由糖房、漏棚生产的糖品仍占绝对多数。糖房、漏棚制糖工人大多来自农村(其中多数为蔗农),据1941年统计至少有11万人。[③]

沱江流域糖业经营方式大体分为三类,一是蔗农植蔗,由糖房、漏棚等制糖,主要存在于下河地区(内江以上的沱江河段为上河,以下到泸县为下河);二是自种自榨,广泛存在于上河地区;三是合作社经营,自1937年起内江、资中、资阳、简阳等县皆有蔗糖生产合作社的组织,但数量不多,如在内江,1939年合作社仅60所,每社35人,合计2100人,约占农民

---

① 覃玉荣等：《抗战时期川康区食糖专卖政策对内江糖业的影响》,《西南交通大学学报(社会科学版)》2009年第3期。

② 糖房对甘蔗进行粗加工,生产红糖、糖清。漏棚对糖清进行精加工,生产白糖和橘糖。另有冰铺,对白糖进行再加工,生产冰糖。1940年四川全省尚无机制糖厂。1941年内江新法制糖厂有7家,制糖工具采用四川甘蔗试验场所制离心机,糖清多购自糖房。离心机有手摇式和电力拖动两种,各厂多用手摇机以人力工作,自备小型发电机的糖厂转熬每次提取后的糖蜜仍使用旧式糖锅。内江地区档案馆《内江蔗糖档案资料选编(民国时期)》中册,内江地区档案馆1984年版,第402、424、499页。

③ 刘志英：《论抗战时期四川沱江流域的制糖工业》,《内江师范学院学报》1998年第3期。

总数的 2%。① 蔗农传统融资渠道有卖预货和借高利贷两种,其中以卖预货为主。沱江流域蔗农通过卖青山和预糖两种方式融资。卖青山即蔗农将未收获之甘蔗,于前一年冬或当年春季预卖于糖房,在内江、富顺、隆昌、泸县等地较为普遍。卖预糖多盛行于简阳、资阳、资中等地,蔗农据估算的蔗田面积,将所栽培甘蔗的应得糖量预卖给糖房或糖商(普通情况是大约两亩能产一千斤糖清或水糖)。

抗战期间内江、资中等地的糖房和漏棚有数千家,总体上多于战前,1940 年糖房 2600 余家、漏棚 1500 余家,1942 年糖房近 1400 家、漏棚近 800 家、糖房兼漏棚 960 余家、冰铺 20 余家,1945 年糖房 2500 余家、漏棚 1200 余家、糖房兼漏棚 239 家(见表 13-32)。②

表 13-32　内江等 7 县糖房、漏棚、糖房兼漏棚等数量(1934—1945 年)

(单位:家)

年份 \ 项目	糖房/漏棚	内江	资中	简阳	资阳	威远	隆昌	荣县
1934	糖房	794	300+	400+	—	—	—	—
	漏棚	80	200	200	—	—	—	—
1935	糖房	773	620	445	264	70		
	漏棚	773	272	3				
1936	糖房	267						
	漏棚	132						

---

① 1937 年四川省甘蔗实验场、农村合作委员会和中国银行在内江总场附近以三方协组的方式,设立蔗糖产销合作实验区,至 1937 年秋冬内江蔗糖产销合作实验区内成立合作社 33 个,社员 1699 名,植蔗 9569 亩,甘蔗生产贷款 13.4 万元。至 1938 年年底辖区内共组织合作社 42 社,社员 1930 名,植蔗 24569 亩,贷甘蔗生产抵押款 13.4 万元、加工贷款 1.8 万元。见胡丽美:《抗战时期四川内江蔗糖业的长项债务纠纷》,《内江师范学院学报》2009 年第 11 期;赵国壮:《略论近代四川沱江流域糖业经营方式》,《西华师范大学学报(哲学社会科学版)》2012 年第 6 期。

② 内江地区档案馆:《内江蔗糖档案资料选编(民国时期)》中册,内江地区档案馆 1984 年版,第 405—416、430—434 页。

续表

地区 年份　　项目	糖房/ 漏棚	内江	资中	简阳	资阳	威远	隆昌	荣县
1938	糖房	—	—	—	—	—	39	—
	漏棚	—	—	—	—	—	17	—
1940	糖房	815	530	613	622	—	23	
	漏棚	732	495	287	5			
1942	糖房	705	609	312	271	17	33	36
	漏棚	47	273	444	22	11		
	糖房兼 漏棚	548	45	324	—	35	9	—
	冰铺	17	26(4)*	2	2	—	—	—
	糖厂	4	4	—	—			
1943	糖房	—	500	260	269	—	—	5
	漏棚	—	295	180	8	—	—	—
	糖房兼 漏棚	—	—	80	24	—	—	—
1945	糖房	769	530	613	622	—	—	—
	漏棚	725	350	173	5	—	—	—
	糖房兼 漏棚	—	125	114				

注：*（4）表示有 4 家为漏棚兼冰铺。

资料来源：内江地区档案馆：《内江蔗糖档案资料选编（民国时期）》中册，内江地区档案馆 1984 年版，第 405—416、430—434 页。

（二）江西、福建、广西

江西赣南是全国著名土糖产区之一。1919 年江西年产糖 30 万担，仅次于广东和四川，居全国糖业第三位。赣南制糖业以赣州为中心，制糖多沿用旧法，数家农户组建一糖棚，蔗农兼做工人，按榨糖量分红，糖栈则专门雇糖师或工人，以时间或出货件数计工资，由栈主提供膳宿。1940年南康等8县手工制糖业有14家。① 抗日战争期间赣南糖产量为5.5万吨（110万担），大多销往湖南、湖北、安徽等省。据1946年和1947年调查，南康、宁都蔗糖产量在2.5万—3万担，赣县1万担，大庾、上犹和雩都在0.1万—0.35万担。② 1949年赣南土糖产量仅0.54万吨（10.79万担）。③

福建制糖多以家庭作坊及蔗农合作经营，规模小，分布面广。福建著名产糖地有福安等20县，早期闽糖运销全国，后因洋糖倾销而产量减少。洋糖进口关税提高后，加上海口封锁，闽糖渐见起色，1939年产量达175万担（相当于前3年产量的2.8倍）。④ 据各官厅估计，1937—1939年福建糖产量在143万—175万市担，1940—1945年自65万市担减至42万市担，1946年略增至52万市担。据农业改进处估计，1937—1941年福建糖产量自121万市担减至65万市担，1944—1946年在75万—80万市担（见表13-33）。⑤

福建土糖产量占总产糖量接近100%，1935年和1936年土糖年产量在4.4万—5万吨，1937年增至6.1万吨，1938—1941年自4.6万吨减至1.3万吨，1946—1948年回升至4万—5万吨，1949年仅1.5万吨（见表13-34）。⑥

---

① 彭泽益编：《中国近代手工业史资料（1840—1949）》第4卷，生活·读书·新知三联书店1957年版，第329页。

② 《江西各县特产调查表》，《经建季刊》1947年第3期。

③ 《江西省轻工业志》编纂委员会编：《江西省轻工业志》，方志出版社1999年版，第7页。

④ 赵棣华：《发展东南农村工业刍议》，《东南经济》1941年第1卷第11—12期。

⑤ 彭泽益编：《中国近代手工业史资料（1840—1949）》第4卷，生活·读书·新知三联书店1957年版，第345页。

⑥ 福建省地方志编纂委员会编：《福建省志·轻工业志》，方志出版社1996年版，第53页。

表 13-33　福建各县蔗糖产量估计（1937—1946 年）　（单位：万市担）

年份	各官厅估计量	农业改进处估计量	年份	各官厅估计量	农业改进处估计量
1937	144.5	121	1941	65	65
1938	143.1	97	1944	60	75
1939	175.1	80	1945	42	80
1940	65	65	1946	52	80

资料来源：彭泽益编：《中国近代手工业史资料（1840—1949）》第 4 卷，生活·读书·新知三联书店 1957 年版，第 345 页。

表 13-34　福建土糖产量（1935—1949 年）

项目　年份	土糖产量（万吨）	占总产糖量（%）	项目　时间	土糖产量（万吨）	占总产糖量（%）
1935	4.4	近 100	1941	1.3	近 100
1936	5.1	近 100	1946	4	近 100
1937	6.1	近 100	1947	5	近 100
1938	4.6	近 100	1948	4.3	近 100
1939	2.9	近 100	1949	1.5	近 100
1940	3	近 100	—	—	—

资料来源：福建省地方志编纂委员会编：《福建省志·轻工业志》，方志出版社 1996 年版，第 53 页。

据 1943 年调查，福建仙游县有糖房 549 家，分散在 27 乡，产蔗地区多为一村一糖房进行小规模生产，糖房数量多而产量低，235 家（占 42.8%）每家年产糖不足 4000 斤，91 家（占 16.6%）每家年产糖 4000—6000 斤，仅 86 家（占 15.7%）每家年产糖超过 1 万斤。[①]

广西制糖业多由手工作坊采用牛拉石辘取汁、开锅煮糖的土法制糖，压榨器有木制和石制两种，前者每日出糖 150—200 斤，后者 400 多斤。1933—1934 年广西糖产量占全国同期糖产量的 12% 左右，仅次于四川和

————————

①　福建省地方志编纂委员会编：《福建省志·轻工业志》，方志出版社 1996 年版，第 51 页。

广东,居全国第三位。湘桂铁路建成通车后农村土糖生产有所发展,1935年和1936年广西年产糖超过100万担,1937—1941年在60万—100万担(见表13-35),7年出口合计45万余担,年均出口6.5万担,比1912—1927年增加近2/3。[1] 1941年广西78县有糖榨,合计6585付,其中22县超过100付,邕宁县达869付。钦县农产除稻谷以外以蔗糖为大宗,每年产糖70万—80万斤,河池县六圩每年交易土糖2400—2800担。1941—1944年广西农事实验场推广改良土法制糖,但至1949年广西农村使用改良法者为数不多。[2]

表 13-35　广西蔗糖产量（1934—1941 年）

年份＼项目	蔗糖产量（万担）	占全国比重（%）	年份＼项目	蔗糖产量（万担）	占全国比重（%）
1934	72	12.77	1938	61.47	—
1935	108	11.84	1939	89.80	—
1936	120	12.5	1940	100.10	12.39
1937	66.55	10.19	1941	91.55	—

资料来源:许桂霞:《民国时期广西制糖业的发展》,《广西民族大学学报(自然科学版)》2007年第4期。

（三）其他

1935—1949年云南全省甘蔗种植面积保持在10万亩左右,总产24万—27万吨。1936年云南24个主要产蔗县种植甘蔗9.8万余亩,产蔗23.8万吨,年产糖2.1万余吨,炼糖使用旧法,除供本省需要外也销往邻省。[3] 土法制糖业是云南农村的重要副业,1934—1938年迤西13县、迤南15县和迤东4县合计32县平均每年产糖3700万余斤。制红糖者为

---

① 广西壮族自治区地方志编纂委员会编:《广西通志·糖业志》,广西人民出版社1998年版,第2页。

② 许桂霞:《民国时期广西制糖业的发展》,《广西民族大学学报(自然科学版)》2007年第4期。

③ 云南省地方志编纂委员会总纂、云南省轻纺工业厅编撰:《云南省志·轻工业志》第18卷,云南人民出版社1997年版,第56、58、61页。

榨房(榨蔗制成糖块),制白糖者为漏房(榨蔗熬成糖精),连同制造冰糖者均称为糖房。糖房分为自种自制、合伙榨制、专房代榨三种。自种自制是指种蔗数量较多的蔗农独资配置全套制糖工具,家属参与割榨熬制,其中也有雇请糖工者。合伙榨制是指10家或20家蔗农集资购置工具,合设糖房,工具公用,轮流制糖。专房代榨是由蔗农或商人作为制糖商,专设糖房代人榨制并收取代制费。①

民国初期贵州全省年产红糖20万—40万斤,采用土法生产。抗战期间外省大量人口入黔,食糖需求增加,与此同时食糖输入因交通梗阻而不足,1940年安龙县设立机制糖厂,当年产白糖近1.2万斤,黄糖2500多斤。内战爆发后贵州制糖业逐渐衰落,1949年全省仅产红糖1330吨。②

浙江义乌、平阳、瑞安为产糖区,年产30万担左右,据1940年调查平阳、瑞安制糖者有310余户。土法制糖压榨工具简陋,每日夜榨蔗30—40担,蔗内糖汁仅能取得50%左右,每担甘蔗制红糖10斤或次白糖5斤,糖分损耗高。少数土糖由农民自行运输贩卖,大多由客商托本地牙户作为中介向农家接洽购买。③ 1949年浙江数百家糖厂和作坊仅存60家土糖作坊。④

五、制　茶　业

茶叶是浙江的大宗特产,茶农经营茶园面积普遍较小。1938年浙江茶叶产量与1933年相比变动不大,1940—1943年平均年产量比1938年减少约1/2,茶园中荒废和掘毁占20%—60%,1946年茶叶产量仅占抗战前产量的1/4。

日本全面侵华战争爆发后茶区封锁,茶价大跌,1938—1939年安徽

---

① 彭泽益编:《中国近代手工业史资料(1840—1949)》第4卷,生活·读书·新知三联书店1957年版,第262—264页。

② 贵州省地方志编纂委员会编:《贵州省志·轻纺工业志》,贵州人民出版社1993年版,第374—375页。

③ 赵棣华:《发展东南农村工业刍议》,《东南经济》1941年第1卷第11—12期。

④ 浙江省轻纺工业志编辑委员会编:《浙江省轻工业志》,中华书局2000年版,第7页。

茶叶产量比战前减少 1/2 左右,1940 年恢复战前水平。内战期间制茶生产成本提高,1949 年安徽茶叶产量约占战前的 1/3。战前福建茶叶产量总体上低于安徽,抗战前期茶叶产量下降,1937 — 1941 年年均产量比 1934 — 1936 年年均产量减少 2/5。20 世纪 30 年代前期江西茶叶产量约相当于安徽的 2/3,浮梁是江西著名产茶县之一,占江西茶叶产量的 1/8 以上。抗战前期浮梁茶叶产量减少,1941 年产量约占 1936 年的 1/2,1947 — 1949 年年均产量比 1936 年减少 1/3。

1936 年全国茶叶出口量为 37.1 万公担,1946 年约 6.9 万公担,1947 年增至 16.4 万公担(其中台湾茶 5.9 万公担),比 1946 年增加 1 倍多,但远少于战前出口量。[①]

（一）浙江

浙江有龙井、平水、遂淳、温州四大茶区,茶业兴盛时年产茶百万担左右。浙江茶分内销和外销两类,均以绿茶为主,约占总量的 86%,外销茶中绿茶占 90%。[②] 外销茶以平水绿茶、温州红绿茶为主,1936 年平水珠茶输出 19 万余箱(每箱约 50 市斤),其中非洲 9 万箱(包括法国)、美国 7 万箱、英国 1 万箱(大半转销非洲)、印度 0.6 万箱、苏联 0.1 万箱、其他 1.37 万箱,平水产区沿山数十万居民依靠茶叶维持生计。内销茶以杭州为主要产地,销往上海、南京、北京、天津、东北等地及本省,在浙江茶叶中占据重要地位。据 20 世纪 30 年代调查,全国 22 省年人均茶叶消费量为 1.2 斤,全年消费估计量近 33 万担,浙江年人均消费 1.6 斤。[③] 1931 年"九一八事变"后东北市场滞阻,1938 年上海沦陷后浙江茶叶改从香港转口。抗战期间浙江内销茶在东北销量仅占抗战前的 10%,在其他地区濒临绝迹。[④]

---

① 彭泽益编:《中国近代手工业史资料(1840—1949)》第 4 卷,生活·读书·新知三联书店 1957 年版,第 499 页。

② 陶德臣:《近代浙江茶业述论》,《古今农业》2000 年第 1 期。

③ 《浙江省茶叶志》编纂委员会编:《浙江省茶叶志》,浙江人民出版社 2005 年版,第 6 页。

④ 陶德臣:《近代浙江茶业述论》,《古今农业》2000 年第 1 期。

1938年,财政部对外销茶叶进行统购统销,浙江省建设厅成立浙江省战时物产调整处,下设浙江省茶叶运销总办事处。1939年浙江油茶棉丝管理处在永康成立(于1940年年底撤销),内设茶叶部统筹办理茶叶产制运销及管制事宜,并在绍兴、平阳、遂安各设1所公营茶厂,中国茶叶公司奉令统筹办理全国茶叶改良产制事项,在浙江平水、遂淳两区合办数家茶厂。据浙江省油茶棉丝管理处茶叶部1939年统计,浙江全省茶厂合计315家,其中平水茶区8县164家、遂淳茶区3县51家、温处茶区8县100家。① 1940年浙江省政府颁布《浙江省茶叶管理办法大纲》,规定本省所产外销茶叶和输往外省销售者均由浙江省油茶棉丝管理处办理。1941年太平洋战争爆发,海运中断,出口贸易停顿,加上茶价下降(从以往的每担茶价抵3担米价,降至1—2担米价,1938—1941年平水区米价上涨7.3倍,茶价仅涨1.38倍),燃料价格高昂导致成本大增,茶叶产量锐减。② 浙江省茶园荒芜,茶栈、茶厂纷纷倒闭。1940—1941年平水茶区茶园荒废60%,茶园掘毁20%,温处茶区各为30%和30%,龙井茶区和遂淳茶区均各为50%和20%。③

据估计,1915—1929年(平均)浙江茶园面积为62.4万亩,1933年在52万—57万亩,1940年和1941年各为45.8万亩和59.2万亩。1915—1929年浙江平均年产茶叶25.6万担,1933年在42.6万—58.6万担,1938年50万余担,1939年64万余担(包含此前两年积压库存),1940—1943年平均年产28.7万担,1946年仅19万担(见表13-36)。④

---

　　① 《浙江省茶叶志》编纂委员会编:《浙江省茶叶志》,浙江人民出版社2005年版,第168页。

　　② 彭泽益编:《中国近代手工业史资料(1840—1949)》第4卷,生活·读书·新知三联书店1957年版,第495页;陶德臣:《近代浙江茶业述论》,《古今农业》2000年第1期。

　　③ 《浙江省茶叶志》编纂委员会编:《浙江省茶叶志》,浙江人民出版社2005年版,第75—76页。

　　④ 《浙江省茶叶志》编纂委员会编:《浙江省茶叶志》,浙江人民出版社2005年版,第72—73页。

表 13-36　浙江茶叶产量和茶园面积(1915—1947 年)

项目\\年份	茶叶产量(万担)	茶园面积(万亩)	备注
1915—1929(平均)	25.6	62.4	《新农村》第 2 卷第 1 期《中国茶叶之生产》
1933	42.6	52.2	《申报年鉴》(1934);63 县市产量
	49.1	56.7	《重修浙江通志稿》;63 县市茶园面积、41 县市产量
	58.6	—	《中国茶叶之生产》
1938	50 万担以上	—	《浙江农业》1940 年《茶叶改进专号》
1939	64.1	—	《茶叶研究》第 1 卷第 6 期
1940	27.4	45.8	《浙江农村》第 67 期;53 县市产量
1941	35	59.2	《浙江经济》第 3 卷第 2 期;53 县市产量
1940—1943(平均)	28.7	—	《中国茶讯》第 1 卷第 1 期
1946	19	—	《浙江经济》第 4 卷第 6 期;58 县市产量
1947	25.8	—	《浙江经济年鉴》;30 县市产量

资料来源:《浙江省茶叶志》编纂委员会编:《浙江省茶叶志》,浙江人民出版社 2005 年版,第 72—73 页。

　　1938—1939 年浙江省出口茶叶量自 1 万吨增至 1.3 万吨,1940 年减至 0.8 万吨,其中平水绿茶出口量三年各为 7550 吨、8700 吨、5843 吨,遂淳绿茶各为 850 吨、1400 吨、1596 吨,温区绿茶各为 900 吨、1950 吨、180 吨,温区红茶各为 750 吨、1050 吨、604 吨。[①] 平水茶叶产量和茶园面积均居浙江四大茶区之首,1941 年平水、温区、龙井和遂淳茶区茶叶产量各占浙江茶叶总产量的 38.5%、22%、19.9% 和 19.6%,茶园面积各占 35.8%、

---

　　①　《浙江省茶叶志》编纂委员会编:《浙江省茶叶志》,浙江人民出版社 2005 年版,第 343 页。

21.6%、18.4%和24.2%。[1]

抗战胜利后,茶区大多"外销断绝,内战不停,内销受阻,茶农工商,束手待毙,商况反较战时为劣"。抗战胜利一年后,华茶出口总量1万—2万箱。以平水茶为例,出口美元价折合法币约每担6万元,而茶农制毛茶每担成本约7.1万元,每担精制茶成本不低于20万元,若计入运费、利息和汇兑,每担茶外销需30万元方有微利。法属北非禁止进口,其他北非各地价格奇低,陈茶每担价格合5万元,新茶12万—13万元,远低于每担30万元的成本,外销茶叶来自1939—1941年中茶公司统购统销时期售与茶商的陈货。[2] 温州区绿毛茶平均价自1937年抗战初期的每担抵米625斤降至1946年的250斤,红毛茶自每担抵米550斤降至250斤。[3] 据估计,1946年平水茶毛茶产量4万担,温州区约产毛茶2万担,淳安区毛茶约1万担,占全国总产量的2/3,但与抗战前产量相比,仅占1/4。[4] 杭州因交通便利,临近上海,加上遂淳等地茶厂尚未恢复,茶厂逐渐发展起来。1946年茂协记自上海等地购置铁木茶机和招聘技工,扩大制茶规模,1947年上海兴化茶叶公司开设之江茶厂,上海汪裕泰茶庄在杭州分设汪裕泰茶厂,此外还有大德、复泰等5家茶厂。与1939年相比,1948年平水茶区7县茶厂数量自158家减至105家、遂淳茶区3县自51家减至12家、温州区自100家减至36家,杭州市自0家增至21家,合计自309家减至174家。[5]

浙江省茶农经营茶园规模均较小,据1942年资料记载,遂淳和温州茶区茶农所经营的茶园面积最大20亩,最小仅0.2亩,在平水茶区133

① 《浙江省茶叶志》编纂委员会编:《浙江省茶叶志》,浙江人民出版社2005年版,第74页。

② 彭泽益编:《中国近代手工业史资料(1840—1949)》第4卷,生活·读书·新知三联书店1957年版,第496页。

③ 陶德臣:《近代浙江茶业述论》,《古今农业》2000年第1期。

④ 彭泽益编:《中国近代手工业史资料(1840—1949)》第4卷,生活·读书·新知三联书店1957年版,第495、497页。

⑤ 《浙江省茶叶志》编纂委员会编:《浙江省茶叶志》,浙江人民出版社2005年版,第169、171页。

户茶农调查中仅 3 户茶农茶园面积超过 20 亩,21 户在 8.1—20 亩,98 户在 1.1—8 亩,11 户不足 1 亩,每户最多生产干毛茶 3000 斤,最少仅 30 斤,一般在 50—400 斤。①

据 1948 年资料记载,浙江 24 县茶农户数(制茶户数)为 14.3 万户,占 24 县总户数的 9.6%,其中永康县茶户最多(3.2 万户),黄岩县最少(600 户),孝丰县茶户占总户数比例最高(70.3%),东阳县最低(0.5%)。24 县合计年产茶叶 10 万余担,平均每县 4186 担,茶园总面积 19.5 万亩,平均每县 8133 亩,临安县年产茶叶最多(1.5 万担),其次是宣平县和建德县(1 万担),汤溪县最少(308 担)。②

(二) 安徽、福建、江西等

安徽省是中国茶叶最丰富的产区之一,主要分布在祁门、休宁、歙县、黟县、秋浦、太平、六安、霍县等地,祁门、休宁等地为皖南茶区,祁门以产红茶为主,其余多产绿茶,六安、霍县等地为皖西茶区,以产绿茶为主。

日本全面侵华战争爆发后,"整个茶区,又为敌人封锁,致产销阻滞,山价奇低,茶农所得,不敷成本,遂相率放弃茶园经营,甚至将茶树掘除,改种杂粮,产量锐减"③。1930—1937 年安徽全省红茶和绿茶产量在 30 万担左右,1938 年为 13.6 万余担,1939 年为 17.9 万担,比战前减少近一半。④ 1940 年安徽祁门、歙县、六安等 13 县红茶产量约 12.3 万担,绿茶 17.4 万担,合计 29 万余担。⑤ 皖南茶区如泾县马岭坑新屋里一带,战前以产茶著称,日本全面侵华战争爆发后茶价大跌,头茶自每担 40—60 元跌至 12 元,茶农严重亏折,产量减少。战前马岭坑 96 家农户,年产茶 5

---

① 《浙江省茶叶志》编纂委员会编:《浙江省茶叶志》,浙江人民出版社 2005 年版,第 77—78 页。

② 《浙江省茶叶志》编纂委员会编:《浙江省茶叶志》,浙江人民出版社 2005 年版,第 76—77 页。

③ 《茶业消息汇志》,《商业月报》1946 年第 22 卷第 6 期。

④ 施立业:《近代安徽茶业述论》,《安徽史学》1986 年第 2 期。

⑤ 龙振济:《安徽的茶叶与茶业》,《经济建设季刊》1943 年第 2 卷第 1 期。

万担,1940 年仅 300 担。① 皖西大别山区立煌、六安等县生产绿茶,战前每年产量曾达 30 万市石,2/3 运销各地,农民多依靠种茶换取粮食布匹。日本全面侵华战争爆发后,茶区封锁使产销阻滞,茶农入不敷出,不少放弃茶园改种杂粮,1945 年产量仅 3.6 万市石。② 1940 年皖西各县茶叶产量为 9 万担,1945 年减至 5 万担。③

抗战胜利后,安徽茶叶在物价飞涨、特产捐和茶叶贸易税的双层征收下生产成本提高,不少茶厂因入不敷出停止制茶。1940 年安徽茶叶耕种面积为 35 万余亩,1947 年不足 9.8 万亩。1949 年安徽省仅产茶 10.6 万担,祁门茶园抛荒面积占 61%,未抛荒的茶园中 50 年以上、衰老过时的茶树占 77%,间种杂粮的产地面积占 49%,亩产茶叶 21 斤,比抗战前减少 3/4。④

福建武夷岩茶生产经营最基层组织是在山岩厂,由包头代理岩主以包工制度栽种采制,包头主持岩茶产制,岩主以产茶量付工价,称“包价”。包工分为“大包”和“小包”,“大包”除交管茶山及制茶外,岩主提供主要产制工具,其他均由包头自理,“小包”除包头负责茶工膳食工资外,其他用具材料均由岩主提供。所有者茶庄直接监理在山岩茶厂的经营,各岩厂初制茶后交与茶庄,茶庄另雇人工进行精制和包装,分批运输茶栈出口或各茶庄自设茶叶店销售。武夷采茶工人多来自江西上饶一带,均为男工(少量为童工),各茶厂雇用采茶工人数以制茶量而定,通常成茶 1000 斤需采茶工人 19—21 人。

1934—1935 年福建省茶叶产量在 20 万担左右,1936 年达 34.5 万担,1937—1939 年减至 21 万—22.6 万担,1940—1941 年不足 1.8 万担(见表 13-37)。抗战爆发后因茶为外销品,福建省当局为管理外汇实行统制,加上交通不便转运困难,1940 年山中有 65 家采制,1941 年仅剩 50

① 施立业:《近代安徽茶业述论》,《安徽史学》1986 年第 2 期。
② 彭泽益编:《中国近代手工业史资料(1840—1949)》第 4 卷,生活·读书·新知三联书店 1957 年版,第 497 页。
③ 施立业:《近代安徽茶业述论》,《安徽史学》1986 年第 2 期。
④ 施立业:《近代安徽茶业述论》,《安徽史学》1986 年第 2 期。

家,1942 年不到 40 家。①

表 13-37　福建茶叶产量(1934—1941 年)　　　　(单位:市担)

年份	茶叶产量	年份	茶叶产量	年份	茶叶产量
1934	218930	1937	212950	1940	178184
1935	193915	1938	225770	1941	166420
1936	344930	1939	209950		

资料来源:彭泽益编:《中国近代手工业史资料(1840—1949)》第 4 卷,生活·读书·新知三联书店 1957 年版,第 336 页。

江西是中国产茶区域之一,据 1934 年江西经济委员会编《江西经济问题》记载,江西植茶面积百余万亩,产茶 20 余万担,浮梁是江西著名产茶县之一。1933 年浮梁茶产量占江西茶产量的 18.9%,1936 年占13.1%,1935—1936 年浮梁茶农户数约占全县户数的 1/6,约占农户数的1/3。1938 年以前浮梁红茶与祁门、至德等地红茶统称祁红,1938 年皖赣两省分设红茶运销委员会后,浮红开始被划为江西茶叶的单独产区。浮梁也出产绿茶,相对于红茶处于较次要的地位。据估计,20 世纪 30 年代浮梁茶山面积 5 万余亩,40 年代 3 万多亩,解放前夕 1 万—2 万亩。1933—1936 年浮梁红茶产量在 1.5 万—1.9 万担(见表 13-38),日本全面侵华战争爆发后,浮梁茶叶外销港口上海和香港先后沦陷,1937 年和1938 年各比 1936 年减少 12.5% 和 29.7%,1941 年减至 1 万担。1941 年浮梁茶农每担毛茶制茶成本为 63.29 元,高于政府规定毛茶山价(为 60元),加上茶厂在收购时多进行大秤、扣尾、扣样等盘剥,实际茶农所得茶价远少于 60 元。1947—1949 年浮梁红茶产量进一步自 0.9 万担减至不足 0.5 万担。②

---

① 彭泽益编:《中国近代手工业史资料(1840—1949)》第 4 卷,生活·读书·新知三联书店 1957 年版,第 330—336 页。

② 蔡定益:《论民国时期的浮梁茶业》,《农业考古》2011 年第 2 期。

表13-38　浮梁红茶产量(1915—1949年)　　　　(单位:万担)

年份	红茶产量	年份	红茶产量	年份	红茶产量
1915	3.3	1935	1.5	1940	1.52
1929	0.5	1936	1.92	1941	1.02
1932	1.3	1937	1.68	1947	0.9
1933	1.5	1938	1.62	1948	0.5
1934	1.5	1939	1.35	1949	0.46

注:民国初年红茶产量单位为箱,依当时每箱红茶约50斤,合0.5担;1936—1941年每箱红茶约60斤,合0.6担。

资料来源:蔡定益:《论民国时期的浮梁茶业》,《农业考古》2011年第2期。

1939年黔东南茶区11县产茶33.25吨,因战争影响,1942年作为产茶中心区的岑巩县仅产茶5.5吨。1948年岑巩等12县人工经营茶园仅130余亩,以往的数千亩茶园老化成为自然茶山,境内产茶133.65吨。[1]

六、造　纸　业

四川夹江、梁山、铜梁和广安4县纸产量占全省产量的4/5以上。抗战前手工纸在与洋纸竞争中逐渐被淘汰。1937年梁山纸产量比事变前减少2/5,铜梁开工纸槽占总数的2/3。随着洋纸供给减少,手工纸业一度复苏,夹江年产高时超过抗战前,1938—1939年铜梁白纸产量比1937年增加1/2,1939年梁山纸产量比事变前增加2/5,1940年增加2/3以上。20世纪40年代初纸价相对降低,铜梁一些纸厂停业,梁山纸产量减少,但高于抗战前。抗战前江西纸业产值呈增加趋势,日本全面侵华战争爆发后纸张成本提高,一些产纸县不少槽厂倒闭。抗战期间因外来纸减少,纸张供不应求,江西萍乡等地纸业较为发达。云南和贵州纷纷兴办手

①　黔东南苗族侗族自治州地方志编纂委员会编:《黔东南州志·轻纺工业志》,贵州人民出版社2005年版,第20页。

工纸厂。广西竹纸生产分布广泛,优质纱纸出口东南亚、美国等地。

抗战初期浙江手工纸业较为衰落,后因洋纸短缺,依靠改良土纸满足社会用纸需求,1939年产纸县县均手工纸产量和产值比1938年增加约1.5倍。浙江省抗战后方和山东省部分解放区手工纸业均有所发展。日本全面侵华战争爆发后福建纸产量波动,1937—1940年年均产量比1936年减少1/20,1941年减少近1/2,1943年约减少4/5。20世纪40年代初广东南雄手工纸业因利润低、成本高而衰落,1943年产量比1940—1942年减少3/4以上。

(一) 手工造纸业的生产特点

造纸业多为农家副业,生产规模较小,旧法制纸和改良技术并存。梁山手工造纸多为农家副业,规模不大。槽户有长槽和短槽之分,长槽全年雇工造纸,短槽仅农隙时使用家庭劳力造纸,各约占40%和60%,普通槽户以每户有二三家纸槽为多。夹江县半数及以上农户于农闲时造纸、农忙时停工,普通每一槽户纸槽很少超过5架,以手工业小作坊形式生产。槽户生产所需资金多仰赖于纸商与碱粉商等,纸商向槽户订购预货,预先付款,期满取货,预货价格较低(有的低至市价5成),槽户向碱粉商赊购实物,价格较高(有的高出市价2成以上),不少槽户在资金不足、生产成本增加时减少产量或粗制滥造以紧缩开支,或不得不中途停工。20世纪40年代初,梁山平均每家手工纸厂纸槽数最多,为3架,其次是铜梁和广安,各为2.4架和2.2架,夹江平均每厂1.5架。[①]

福建槽户有专营和副业两种,专营槽户也称长槽,纸工较多,产品丰富,副业槽户也称短槽,由农户家庭成员开槽造纸(或有雇工或没有),1939年专营槽户和副业槽户各有2388家和8427家。纸工也有专营和副业之分,1939年各有1.2万人和5.4万人。[②] 1939年福建南平塔前和石

---

① 钟崇敏:《四川手工纸业调查报告》,中国农民银行经济研究处1943年版,第15—17页。
② 彭泽益编:《中国近代手工业史资料(1840—1949)》第4卷,生活·读书·新知三联书店1957年版,第338、341页。

伏乡有 41% 的劳力农闲专事造纸业,全县 11 区中有 9 区农民兼营造纸。① 福建造纸处于家庭手工业阶段,制法墨守旧规,工具简单,资本有限,据调查,邵武等 15 县 3331 户槽户中 1814 户固定资本不足 100 元,占54.5%,资本最多的 1 户也仅 3000 元。大部分槽户原料可自给,雇工工资极低,所需现金主要用于少量的配料(石灰、洋碱等),3331 户中 1023户流动资本低于 100 元,占 31%。每槽户的纸工数以 10—11 人最为普遍(1256 户),其次是 5 人(507 户),合计占 53%。②

竹子纤维造纸是赣西北一带农户的一大副业,云南易村造土纸亦是农户的重要副业,造纸收入是填补食粮缺口的重要来源,送纸需专门技术,但并非工人的专门职业,工人有时做纸、有时下田或其他。贵州土纸均为农民农闲时采用旧法制造。广西出产纱纸和竹纸,都安纱纸纸户平均每户有纸槽 1 个,融县竹纸造纸作坊平均每家有纸槽 2 个。山东手工纸产区以农村作坊形式生产土纸。

浙江龙游、龙泉、衢州等地纷纷兴办纸业改进场、皮纸示范场,利用当地原料生产改良土纸和印刷用纸,1940 年后浙江省抗战后方社会用纸全部依靠改良纸。浙江建设厅在浙东产纸中心的龙泉设立纸业改进场,借以推动改良全省土纸,随后亦有第五区专员公署设龙游改良纸厂。浙江省纸业生产机构大体分为三种:一是政府所设的改良纸厂,省办有龙泉纸业改进场及附设于其他各地的若干所分场,区办有第五区公署及浙西行营各主办的改良纸厂,县办有十余家,各厂场规模均不大,但总产量可观。二是私人设厂或数人合办纸业生产合作社,浙江各纸区普遍设立此类合作单位和小型纸厂。三是个人槽户,其造纸仍属于家庭副业,从业者众多,多由附近改良纸厂或合作社指导改良技术及方法,产品须交纸厂或社方收买运销。③

① 南平市工商联工商史料征集委员会编:《南平工商史料》第 5 辑,1992 年,第 138 页。
② 彭泽益:《中国近代手工业史资料(1840—1949)》第 4 卷,生活·读书·新知三联书店 1957 年版,第 339—340、342 页。
③ 韦斐斌:《浙江的造纸工业》,《中国工业(桂林)》1943 年第 13 期。

(二) 手工造纸业的短暂发展

1. 四川、江西

四川省年纸产量约 2.18 万吨,夹江、梁山、铜梁和广安 4 县合计 1.8 万吨,占总产量的 80% 以上。战前洋纸比手工纸物美价廉,手工纸逐渐被淘汰,日本全面侵华战争爆发后洋纸减少,加上文化用纸需求增加,价格上涨,各地槽户(即手工造纸者)纷纷开工或增产。迷信用纸则因一般国民购买力降低而减少。如梁山,抗战前后文化用纸在纸产量中所占比重自 7% 提高到 95%,迷信用纸自 93% 下降到 5%,夹江文化用纸自 60% 提高到 85%,迷信用纸自 20% 下降到 5%,铜梁和广安也有相似变化(见表 13-39)。据 20 世纪 40 年代初调查,四川省夹江、梁山、铜梁、广安 4 县手工纸厂合计 4056 家,纸槽 8628 架,其中停工 2431 架。[①]

表 13-39 抗战前后四川各种纸产百分比

项目 地区	抗战前各种纸产比重(%)			战时各种纸产比重(%)		
	文化用纸	迷信用纸	其他	文化用纸	迷信用纸	其他
夹江	60	20	20	85	5	10
梁山	7	93	—	95	5	—
铜梁	30	67	3	52	45	3
广安	62	19	19	79	15	6

资料来源:钟崇敏:《四川手工纸业调查报告》,中国农民银行经济研究处 1943 年版,第 16—17 页。

20 世纪 40 年代初,梁山县槽户约 1165 户,全县纸槽约 3500 架。1921 年前梁山县每年产纸(黄裱)合 7 万担,1931 年前年产 14 万担,1931 年后卢沟桥事变前年产跌至 7 万担,卢沟桥事变后更跌至 4.2 万担,因外省销路断绝,1937 年销量仅 1.4 万担。1938 年夏季以后书写及印刷用纸供应困难,洋纸价格上涨且缺货,手工业逐渐推广,原业黄裱纸者大多改

---

① 钟崇敏:《四川手工纸业调查报告》,中国农民银行经济研究处 1943 年版,第 15—17 页。

制书写及新闻纸,1938 年年底黄裱纸仅四五千担,书写纸及新闻纸约 6.5 万担,1939 年出纸量约 9.8 万担,1940 年 12 万担。1941 年城市粮荒推动农村粮价上涨,而纸价并未提高,一些槽户入不敷出,加上四川机器纸厂出纸量增加影响到手工纸销路,90% 以上槽户被迫停工,当年出纸量九千多担。1942 年纸价回扬,槽户相继复工,但因纸料不足产量增加并不明显,截至 1942 年 4 月产纸 1.4 万担。①

铜梁纸年产量在民国初年为最高,约 12 万市担,其中白纸、草纸、纸壳各占 30%、67%、3%。抗战前白纸在洋纸倾销下销区缩小,草纸消费因川北旱灾而减少。1937 年铜梁全县有手工纸厂 591 家,纸槽 1363 架,其中开工 502 家、纸槽 912 架,白纸产量 2.2 万余市担(约占盛时产量的 61%),草纸 5 万余市担(约占盛时产量的 62%),纸壳约 0.32 万市担(约占盛时产量的 8%)。抗战后洋纸来源阻滞,白纸产量增加,1938 年和 1939 年年产白纸三四万市担,1940 年后粮价上涨、人工伙食增加,而纸价未能按比例提高,一些纸厂相继停业。太平洋战争爆发后,纸价因供给不足而暴涨,白纸生产有复苏之势,草纸和纸壳因纸价上涨而消费减少,产量随之减少,据估计草纸年产量约 3.2 万市担,纸壳 0.2 万市担。②

造纸业在夹江经济中占重要地位,全县年产竹料 2.4 万余吨,年产纸六七千吨,抗战后洋纸来源断绝,闽赣纸也难以运至大后方,夹江造纸业空前兴盛,年产高时约 8000 公吨。③ 抗战时期槽户约 5000 户,从业人员超过 4 万人,纸槽 2900—3500 架,常年产纸 6000—7000 吨(抗战前文化纸占 60%,染色坯纸和迷信纸占 40%,战后各为 85% 和 15%)。④ 产品运销于成都、重庆等市及陕西、云南一带。1946 年纸价骤落,仅有 400 余家

---

① 钟崇敏:《四川手工纸业调查报告》,中国农民银行经济研究处 1943 年版,第 61—67 页。

② 钟崇敏:《四川手工纸业调查报告》,中国农民银行经济研究处 1943 年版,第 107—115 页。

③ 刘自东:《三十三年夹江经济动态》,《四川经济季刊》1945 年第 2 卷第 2 期;《四川工矿业近景》,《西南实业通讯》(上海版)1947 年创刊号。

④ 四川省夹江县编史修志委员会编纂:《夹江县志》,四川人民出版社 1989 年版,第 223 页。

槽户开工,其余完全停工,减产达 2/5。[1]

江西历年来为中国手工纸产地。1934 年江西全省产纸县有 53 个,其中 44 县纸业总产值 495 万元,1935 年和 1936 年各增至 519 万元和 614 万元。1937 年后纸张成本不断上涨,弋阳、玉山、上饶县等地许多槽厂相继倒闭,土纸产量减少。1940 年江西 17 县手工造纸业有 30 余家。萍乡等地因交通阻塞,外地纸张难以流入,当地纸业较为发达,上栗爆料纸业户约 40 家,日产爆料纸超过 50 吨,芦溪、宣风仅大表纸一宗日产 10 吨以上。1947 年江西造纸业趋于没落,宜春纸产量自 1920 年的 2000 吨减至 200 吨,乐安县自 1920 年的 2500 吨减至 500 吨,其他县亦有减无增。[2]竹子纤维造纸是赣西北一带的一大副业,20 余方里内约有造纸槽 150 所,其中 26 家生产把纸,年产 1.2 万担,运销河南及长江中游沿岸。因江防告急和路上劫匪缘故,1948 年后销路渐滞,26 家中仅有两三家间歇制造成品,其他均已停闭。[3]

2. 云南、贵州、广西

抗日战争爆发后,沿海口岸封锁,外来纸受阻,纸价飞涨,云南日报向鹤庆县投资万余元法币扶持当地造纸业专造厚棉纸供印报使用。20 世纪 40 年代云南机制纸厂仅 1 家,数家私营纸厂设备简陋,仍属手工生产。农村手工纸生产有一部分从副业转化为专营手工业或联户组成工场手工业。1949 年云南全省有专营、联营手工纸作坊数 10 家,年产土纸 290 吨,机制纸厂 1 家年产 410 吨。[4]

云南易门县易村全村 54 户、235 人。易村田地窄狭,农田每年收谷 1030 石,与全村每年食用缺口达 475 石谷（按时价合 1.33 万元）。农户利用编篾器和造土纸增加收入,前者每年可增加 2270 元,后者可增加

---

① 钟古熙:《经济消息纪要》,《四川经济季刊》1946 年第 3 卷第 2 期;《四川工矿业近景》,《西南实业通讯》（上海版）1947 年创刊号。

② 《江西省轻工业志》编纂委员会编:《江西省轻工业志》,方志出版社 1999 年版,第 34 页。

③ 唐谷:《从枯竭到破产的农村经济》,《经济周报》1948 年第 7 卷第 11 期。

④ 云南省地方志编纂委员会总纂、云南省轻纺工业厅编撰:《云南省志·轻工业志》第 18 卷,云南人民出版社 1997 年版,第 148 页。

1.88 万元,各占全村亏困的 17% 和 141%。早在 20 世纪 10 年代,有四川人到易村协助本地人开设纸作坊,但所产熟料纸销路欠佳,纸作坊停工;20 年代末生料纸市场尚可,不少作坊相继成立;30 年代初作坊数目大增;40 年代易村人所开设的纸作坊共 9 家,属 20 户所有,以富农居多。据估计,易村 9 家纸作坊每年开工五六个月可造纸 11.48 万刀(1939 年 28 张纸计 1 刀)。造纸技术分舀纸和炕纸两种,每一作坊通常需要舀纸和炕纸技术工人各 1—2 人,工人每日工钱 5 角左右,纸作坊各项生产设备约值 1000 多元,作坊开工半年支出合计 1000 多元,可获利 1000 多元,得利率约 50%,高于雇工经营农田收益(年利 1 分以下)。坊主出租纸作坊得利率约 26%,租入纸作坊的利润率约 90%,故出租者甚少。①

贵州出产皮纸、草纸、毛边纸等,均为农民农闲时采用旧法制造。1919—1949 年贵州先后建成 2 家小机制纸厂,累计开工时间不足 10 年,累计产量不足千吨。抗日战争时期,国民党机关、学校、工厂纷纷内迁,纸张需求量增加。贵阳中央日报社在遵义开办造纸厂专门生产土报纸,民间也先后兴办 17 家手工纸厂。据 1947 年贵州 22 县统计(见表 13-40),年产手工纸 9088 吨(其中白皮纸 3968 吨,草纸 5120 吨)。抗战胜利后随着机关、学校和工厂的回迁,手工纸业逐渐萧条,白皮纸和草纸年产分别降至 2000 吨和 700 多吨。②

表 13-40 贵州各县产纸量概况(1947 年)

项目 地区	皮纸年产量 (万刀)	草纸年产量 (万刀)	项目 地区	皮纸年产量 (万刀)	草纸年产量 (万刀)
锦屏	20	——	赫章	10	9
印江	435.6	10	桐梓	10	9
玉屏	34.2	250	仁怀	2	10
独山	25.7	10	绥阳	3	10

① 张子毅:《"易村"的纸坊:一个农村手工业的调查》,《云南实业通讯》1940 年第 1 卷第 7 期。
② 贵州省地方志编纂委员会编:《贵州省志·轻纺工业志》,贵州人民出版社 1993 年版,第 49、53—54 页。

项目 地区	皮纸年产量 （万刀）	草纸年产量 （万刀）	项目 地区	皮纸年产量（万刀）	草纸年产量（万刀）
都匀	348.6	10	平越	10	4.5
盘县	25	240	岑巩	20	14
郎岱	30	20	镇远	10	12
镇宁	100	20	龙里	12	4.5
贞丰	3.6	15	息烽	13	50
毕节	7.9	10.5	瓮安	35	1000
织金	1.5	11	总计	1177.1	2048.5
遵义	20	379			

资料来源:彭泽益编:《中国近代手工业史资料(1840—1949)》第4卷,生活·读书·新知三联书店1957年版,第267页。

广西造纸手工业分为纱纸手工业和竹纸手工业,各以纱树皮和竹子为原料。纱纸生产主要集中在都安、隆山、那马等少数民族聚居山区县。1937年土纸出口总值桂币170多万元,洋纸输入233多万元。据1938年调查都安有15乡100村生产纱纸,纸户1111户,纸槽1117个,年产纱纸约128万斤,那马有5乡生产纱纸,纸槽564个,年产纱纸92万斤,隆山有14乡28村生产纱纸,纸户413户,年产纱纸35万斤。那马纱纸质量最佳,出口东南亚、美国等地,都安纱纸大部分远销香港和省外,隆山纱纸质量较差,销往宾阳、柳州和南宁等地。广西盛产竹子,竹纸手工业分布较纱纸广泛,其中融县最为突出,全县造纸作坊有50家,纸槽100个,年产竹纸8000担。①

3. 福建、浙江

福建省造纸业素来兴盛,1936年全省47县有手工纸纸槽1万多个,年产4.6万余吨,居全国第4位,其中文化用纸1.9万吨居全国首位。②

---

① 广西壮族自治区地方志编纂委员会编:《广西通志·二轻工业志》,广西人民出版社2003年版,第1、12—13页。

② 福建省地方志编纂委员会编:《福建省志·轻工业志》,方志出版社1996年版,第127—128页。

1937 年抗日战争全面爆发后在上海、华北一带销路受到影响,槽户数量稍有减少,1937 年福建年产纸 86 万市担,1938 年减至 62.4 万市担(见表 13-41)。日军入侵厦门后洋纸中断,加上消费量增加,福建省内纸业逐渐复兴,全省 47 县槽户共 10815 户,纸工 6.6 万余人,其中闽江流域槽户超过 5000 户,纸工超过 3.3 万人。1939 年福建产纸 88.6 万市担,随后减至 1943 年的 1.4 万市担。[①] 抗日战争胜利后,因内战使东北和中原销路受阻,通货膨胀、纸乡税收繁多和贷款利率提高使成本大增,1948 年福建全省手工纸产量仅 0.5 万吨。[②]

表 13-41　福建 47 县槽户、纸工数量和福建纸产量(1936—1943 年)

项目 年份	福建 47 县槽户数 (户)	福建 47 县纸工数 (人)	福建省纸产量 (市担)
1936	10730	64136	819740
1937	10700	63013	860450
1938	10464	59138	624050
1939	10815	66024	886210
1940	—	—	724244
1941	—	—	426138
1943	—	—	138470

资料来源:彭泽益编:《中国近代手工业史资料(1840—1949)》第 4 卷,生活·读书·新知三联书店 1957 年版,第 338、340、344 页。

　　清朝南平土纸产量居福建全省之首。1930 年福建南平造纸槽户有 734 户,纸工 2788 人。土制纸遍及各乡村,主要原料为竹、1940 年南平县全县造纸户有 800 余户,纸类产量以竹纸为大宗,粗纸年产 12 万担(每担 50 市斤以上),改良纸 3 万余刀(每刀 14 斤),棉纸 2000 余球,粗纸每担 6

---

　　① 彭泽益编:《中国近代手工业史资料(1840—1949)》第 4 卷,生活·读书·新知三联书店 1957 年版,第 338、340、344 页。
　　② 福建省地方志编纂委员会编:《福建省志·轻工业志》,方志出版社 1996 年版,第 128 页。

元(福州沦陷前每担 10 元),改良纸每刀 8 — 9 元(福州沦陷前每刀 12
元)。① 长汀县毛边纸质料良好,宜为写账所用,销路西至湘粤,南至南
洋,抗战初年全县产纸仅 2 万担,约值 200 余万元,1941 年增至 10 万担,
约值 1500 万元。长汀纸槽约 500 个,作坊 300 余所,纸业工人万余人,连
同伐竹、烧石灰、挑木炭等工人,全县 3.5 万户中 70%直接或间接与造纸
业相关。②

抗战初期浙西沦陷,浙东各海口如宁波、温州、海门等埠与外地贸易
尚未中断,洋纸可自海口输入,纸价所涨也有限,1937 年下半年至 1938
年上半年浙江手工纸业为最衰落时期。当时土纸未经改良(不适用于印
刷),内外均无销路,价格大跌,纸户关闭,产量锐减,纸工失业(浙江全省
直接和间接从事纸业的工人达数十万人)。在庆元、遂昌一带,战前南屏
纸每件市价为 6 元,1938 年跌至 3 元左右,战前遂昌南屏纸年产 3 万余
担,1938 年仅 1.2 万余担。③ 1938 年浙江新登、龙游等 31 县手工纸产量
为 243.7 万件,产值 681.7 万元,1939 年富阳、永嘉等 47 县手工纸产量为
966.5 万件,产值 1589 万元。④ 1949 年浙江省手工纸作坊 200 余家,土纸
生产不及战前 1/7,衢县土纸产量仅 2900 吨,比民国时期最高年产量
(1930 年)减少 84%。⑤

4. 河南、山东

河南省造纸业历史久远,20 世纪 30 — 40 年代仍停留在手工造纸阶
段,生产麻纸、粗纸和火纸等土纸。产区主要为密县,日产麻纸约 1900
捆,1948 年降至 900 捆左右,另有沁县、安阳、南阳等产纸区。1937 年河
南省麻纸产量 718.5 万捆,1938—1940 年不足 70 万捆,1941—1946 年最
高年产 23 万余捆,粗纸年产自 1937 年的 43.5 万斤增至 1938—1946 年

---

① 南平市工商联工商史料征集委员会:《南平工商史料》第 5 辑,1992 年,第 141 —
143 页。
② 陈瀚笙:《利贷资本与手工业》,《中国工业(桂林)》1942 年第 6 期。
③ 韦斐斌:《浙江的造纸工业》,《中国工业(桂林)》1943 年第 13 期。
④ 顾文渊等编:《浙江经济统计》,浙江地方银行总行 1941 年版,第 124—126 页。
⑤ 浙江省二轻工业志编纂委员会编:《浙江省二轻工业志》,浙江人民出版社 1998 年版,
第 15 页;浙江省轻纺工业志编辑委员会编:《浙江省轻工业志》,中华书局 2000 年版,第 47 页。

的 78 万—93 万斤,1937—1940 年火纸年产 21 万—24 万斤,1941—1946
年大多在 30 万—39 万斤(见表 13-42)。[①]

表 13-42 河南土纸年产量(1937—1946 年)

项目 年份	麻纸 (万捆)	粗纸 (万斤)	火纸 (万斤)	项目 年份	麻纸 (万捆)	粗纸 (万斤)	火纸 (万斤)
1937	718.5	43.5	21.9	1942	18	83.7	38.9
1938	68.8	78.1	23.9	1943	18.9	79.5	37.8
1939	69	77.9	22.7	1944	23.5	89.5	39.2
1940	70	77.7	21	1945	19.3	88.2	24.6
1941	14.7	93	29.9	1946	17	89.6	32.8

资料来源:河南省地方史志办公室编纂:《河南省志·造纸、印刷、包装工业志》,河南人民出版社
1993 年版,第 9—10 页。

山东手工纸产区主要分布在高青、惠民、泰安等地,以农村作坊形式
生产桑皮纸(毛头纸)、草纸、麻纸等品种。据 20 世纪 30 年代中期统计,
高青等 8 县桑皮纸年产合计 2.5 万余件,高青县年产量占 8 县总产量的
37%,手工制造桑皮纸是当地重要的家庭手工业。30 年代惠民县纸坊有
8 家,阳信县常年维持生产的纸坊有 6 家,沂水县 14 家纸坊集中在县城
西乡大匡庄,蒙阴县区纸坊近百家,临朐县自龙泉河疏导后手工纸业开始
中兴,纸坊达百余家。鲁中、鲁东和鲁西南部分解放区因革命战争需要,
手工纸生产有所发展。[②]

(三)其他

湖南手工纸纸产量高于福建和四川。1941 年湖南全省手工造纸总
产量近 181 万担,其中文书印刷类用纸、迷信类用纸、包裹杂用及特种用

---

① 河南省地方史志办公室编纂:《河南省志·造纸、印刷、包装工业志》,河南人民出版社
1993 年版,第 9—10 页。

② 山东省地方史志编纂委员会:《山东省志·一轻工业志》,山东人民出版社 1993 年版,
第 113—116 页。

纸 3 类纸各占 27.7%、62.5%、9.8%,总产值近 9949 万元,3 类纸各占 62.8%、24.2%、13%。[1] 抗战胜利后湖南原有纸槽多已损坏,新建纸槽不多,土纸供不应求,价格上涨,1947 年土纸价格涨至高峰,官堆纸每担价格折合银元 45 元。解放前国民党封锁长江,邵阳土纸无法供应江北,价格一落千丈,每担官堆纸约值三四斗米,仅及造纸成本的 1/5,整个邵阳土纸陷入绝境。[2]

在历史上徽州和池州是皖纸著名产地,纸质轻薄,讲究纸张精美,新中国成立前夕安徽造纸全靠手工操作,主要生产宣纸、大表纸等,年产各种手工纸仅数千担。[3]

粤北的南雄、始兴、连县是广东省手工造纸区,据 1941 年统计,南雄一地年可产竹纸超过 20 万担。战时洋商卷烟工业不能向国内倾销,手工卷烟逐渐发达,1942 年南雄黄烟叶产量为 3 万担,每包价格自 7 月的 650 元涨至 12 月的 1.75 万元,同时期纸价仅自 226 元(工和单报为例)涨至 550 元,贷款于手工造纸的游资转向烟叶,南雄造纸业一落千丈。同时与成品售价相比,生产者成本费用飞跃上涨,利润下降,普通纸农资金不足问题更为严峻。1943 年南雄全县手工造纸产量自 1940—1942 年的 12 万—14 万担减至 3 万担。[4]

七、卷 烟 业

日本全面侵华战争爆发后,重要烤烟叶产区山东东部、安徽北部被日伪所占,仅豫中一带幸存,卷烟生产重镇天津、上海、青岛、武汉等地沦陷。上海等地卷烟因战争和交通原因不能大量运入内地,卷烟供不应求。

---

① 彭泽益编:《中国近代手工业史资料(1840—1949)》第 4 卷,生活·读书·新知三联书店 1957 年版,第 287 页。

② 彭泽益编:《中国近代手工业史资料(1840—1949)》第 4 卷,生活·读书·新知三联书店 1957 年版,第 502 页。

③ 安徽省地方志编纂委员会编:《安徽省志·轻工业志》,方志出版社 1998 年版,第 68 页。

④ 陈信友:《南雄造纸工业的厄运》,《中国工业(桂林)》1944 年第 26 期。

1939 年国民党政府将陕、豫两省手工卷烟明令开放,准由卷户纳税贴花行销,其他各省亦准援案办理。1942 年沪、港等地卷烟禁止内销。同年烟类专卖局成立,国民党政府颁布《战时烟类专卖暂行条例》,规定烟类专卖的范围是纸卷烟、雪茄烟、熏烟叶、其他机制或仿机制的烟类以及卷烟用纸,先由川、康、鄂西区实施烟类专卖,从 7 月 1 日起分两期在全国实施。专卖局将已核定收购价格的各牌卷烟,按照各承销商平均配售,由承销商按配售的数量向制造厂商交价承购,并向专卖局照收购价格一定比例缴纳专卖利益(机制卷烟缴纳 100%,手工卷烟及雪茄烟缴纳 60%),然后逐包领贴专卖凭证。1945 年 1 月,国民党政府停止办理烟类专卖,实行烟草统税政策,裁撤烟类专卖机构,同年 4 月正式废止《战时烟类专卖暂行条例》。

日本全面侵华战争爆发前舶来卷烟在中国畅销,战争爆发后沿海工厂受到影响,而烟草产地多在后方,加上舶来卷烟输入困难,卷烟业有所发展。抗战期间美烟输入有限,抗战胜利后美国卷烟成品和原料大量输入,比国产卷烟物美价廉,不少中国烟厂陷于倒闭状况。日本全面侵华战争爆发后河南所产烟叶难以外运,多售与小卷烟厂。机制卷烟禁止内销后,河南手工卷烟厂遍布城乡,1942 年手工卷烟年产能力是机制卷烟的 30 多倍。抗战期间沦陷区不少烟厂关闭,外烟输入困难,加上商贾和难民流入安徽、江西、广西、贵州等,家庭卷烟户和手工卷烟厂兴起。外省卷烟难以进入浙江,浙江省内卷烟短缺,1940 年准许商民开办手工卷烟厂社,各地小型烟厂兴起,温州、衢州、江山、常山、金华、宁波、嵊县等地手工卷烟厂社(厂户)自数十家至百余家不等。20 世纪 40 年代手工卷烟厂坊也遍及福建全省各地。广东省也因外来卷烟短缺,各地兴起开设私人卷烟作坊。抗战胜利后,随着机制卷烟的发展和运销,手工卷烟逐渐衰落。浙江省新增一批机制、半机制和手工烟厂,半机制、手工烟厂在与机制烟厂的竞争中失利,1946 年年底大多停产或关闭。1947 年河南卷烟产量不及 1946 年的 1/2。四川不少雪茄烟厂坊倒闭,1949 年产量比抗战前期减少 1/3,重庆手工卷烟厂大部分停闭,1946 年月产量仅及盛时的 1/3。江西、云南、福建、广东等地不少手工烟厂关闭或歇业。

（一）河南、四川

1938—1945 年河南烟叶面积在 82 万—101 万市亩,产量多在 95 万—142 万市担,1937—1945 年平均每年熏烟产量为 58.8 万担(见表 13-43)。[①] 抗战胜利后,卷烟业对熏烟叶需求相对旺盛,河南熏烟叶除供当地卷烟厂和手工卷烟户之外,也大量销往外地。1946 年河南熏烟种植面积为 65.7 万亩,产量 92.1 万担,1947 年种植面积增至 85.5 万亩,但收获面积仅 76.6 万亩,产量 79.9 万担,1948 年种植面积和产量分别为 86.7 万亩和 116.5 万担。[②]

表 13-43　河南烟叶面积和产量(1938—1945 年)

项目＼年份	1938	1939	1940	1941	1942	1943	1944	1945
面积(万市亩)	94.7	91.6	101	88	81.8	82.1	90.8	91.3
产量(万市担)	110.7	135.3	172	113.6	52.1	94.6	141.8	133.2

注:烟叶面积和产量统计数字包括熏烟叶。
资料来源:陈洪友:《民国时期河南手工卷烟研究(1912—1949 年)》,南京大学 2012 年博士学位论文。

日本全面侵华战争爆发后,平汉铁路被拆撤,河南所产熏烟叶难以外运,襄城县取代许昌成为熏烟叶集散市场,熏烟叶大多售与小规模卷烟工厂。1940 年河南"用木斗以手卷制者,全省计来二万有余,每日所出烟支三千万有余"[③]。1941 年太平洋战争爆发后,沪港等外来机制卷烟禁止内销,河南手工卷烟产销畅旺,手工卷烟厂遍布城乡,1942 年河南省手摇铁机约 330 部,每部每小时可卷烟 8000 支,手工卷烟木斗约 500 部,每部每天可卷烟 2200 支,合计全年可卷烟 20 万余箱(每箱 5 万支),同时期全省

　　[①]　陈洪友:《民国时期河南手工卷烟研究(1912—1949 年)》,南京大学 2012 年博士学位论文。

　　[②]　《烟讯》1947 年第 4 期;《烟讯》1948 年第 7 期;《烟讯》1948 年第 12 期。

　　[③]　江苏省中华民国工商税收史编写组、中国第二历史档案馆编:《中华民国工商税收史料选编》第 3 辑,《货物税》(下册),南京大学出版社 1996 年版,第 2539—2541 页。

机制卷烟全年可卷烟 5800 余箱。[1] 1945 年巩县回郭镇有烟厂 37 家,手摇卷烟机数十部,1946 年长葛石固镇有烟厂 48 家,百余家手工卷烟作坊,从业人员 9000 多人。[2] 1946 年年底河南烟厂总计近 400 家,年产 13.1 万余箱,1947 年上海等地机制卷烟品质优良,充斥内地,而本省手工卷烟厂户所产卷烟质量较差,销路不振,加上原料价格上涨,社会动荡,相继停工歇业的卷烟厂有 200 多家,全年产烟 5.63 万箱,1947—1948 年洛阳、信阳等 8 区每区烟厂数量大多在二三十家,平均每家烟厂有手摇卷烟机 1—1.4 部,产量合计 5.6 万箱(见表 13-44)。1948 年年初,河南卷烟厂共 192 家,卷烟机 229 部。[3] 1949 年年初,河南省手工卷烟登记户 1476 户,年产约 17 万箱。[4]

表 13-44　河南 8 区烟厂、手摇卷烟机数量和卷烟产量(1947—1948 年)

项目 地区	1947—1948 年 烟厂数量(家)	1947—1948 年 手摇卷烟机数量(部)	1947 年产量 (万箱)
洛阳分区	29	41	1.97
南阳分区	34	42	1.14
许昌分区	20	—	0.76
郑县分区	11	13	0.43
商丘分区	25	26	0.38
开封分区	21	21	0.40
漯河分区	24	25	0.26
信阳分区	28	28	0.26

资料来源:王禹孖:《河南区卷烟产销概况》,《税务半月刊》1948 年第 3 卷第 5 期。

---

[1]　陈洪友:《民国时期河南手工卷烟研究(1912—1949 年)》,南京大学 2012 年博士学位论文。

[2]　中国人民政治协商会议巩县委员会文史资料研究委员会编:《巩县文史资料》第 13 辑,1985 年版,第 20 页;李耕五编著:《许昌烤烟发展史话》,1992 年版,第 158 页。

[3]　王禹孖:《河南区卷烟产销概况》,《税务半月刊》1948 年第 3 卷第 5 期。

[4]　河南省地方史志办公室编纂:《河南省志·烟草工业志》,河南人民出版社 1995 年版,第 34 页。

成都家庭卷烟手工业数量不少，集中在椒子街、紫东街、红布街等处。成都手工卷烟箱约有 1000 具，卷制工人 2500 人以上，普通工人每日可卷纸烟 1 条（每条 50 小包），熟练工人可卷 3 条。据估计，成都每月手卷纸烟产量约 3 万条，多销于附近各州县，使用烟叶 300 担，多运自河南和山西，部分由中江供给。① 中江工业以制造卷烟为主，大小工厂百余家，资本额最低四五万元，最高约 1000 万元，采用旧式手工方法卷制，产品运销四川全省，也有运至西安、兰州两地，每年销量约 2 万担。日本全面侵华战争爆发后，长江各流域销路断绝，中江卷烟业大受影响，20 世纪 40 年代每年均有烟厂停闲。② 以往卷烟市场除本地烟厂出品外，主要是豫烟，随后几乎全为沪烟和美烟替代，成都卷烟厂多有倒闭。③

抗战胜利后重庆市手工卷烟厂有所增加，但因外货涌进不得不降价配售，多数厂商纷纷停闭，1946 年年初全市尚存 140 家，仅 30 余家能勉强维持。④ 重庆卷烟最盛时每月产量达 1500 大箱（5 万支装），1946 年减至 500 大箱。⑤ 据统计，美国"菲利普"烟每月渝市销量 400—500 大箱，本地烟以往每箱售价 180 万元，1947 年最高仅售 100 万元左右，品质稍次者每箱约 50 万元，每箱捐税 29 万—30 万元，烟厂负担沉重，手工之烟厂全部停闭，机制工厂呈半停工状态。⑥

四川雪茄烟因原料质量高、配方独特而具有一定优势，20 世纪 30 年代末 40 年代初全省年产量最高时超过 3 万箱。20 世纪 30 年代中后期中江县雪茄烟生产进入鼎盛时期，大小厂坊超过 200 家，年产量超过 1.2 万箱。1940 年什邡县雪茄烟厂（坊）有 69 家，其中 33 家规模较大，年产 0.5 万箱。1941 年万县雪茄作坊自 1920 年 5 家增至 30 余家。20 世纪 40 年代后由于卷烟兴起、英美卷烟倾销和税负沉重等原因，不少厂坊倒闭，维持生产者大都处于半开工状态。1949 年全省仅有 30 个厂（坊）继续生

① 张圣轩：《成都工业现状及其发展途径》，《四川经济季刊》1944 年第 1 卷第 4 期。
② 邹必先：《三十四年一月份中江经济动态》，《四川经济季刊》1945 年第 2 卷第 3 期。
③ 张逸宾：《抢救当前中国卷烟工业》，《经济周报》1946 年第 3 卷第 9 期。
④ 钟古熙：《经济消息纪要》，《四川经济季刊》1946 年第 3 卷第 4 期。
⑤ 张逸宾：《抢救当前中国卷烟工业》，《经济周报》1946 年第 3 卷第 9 期。
⑥ 《四川工矿近景》，《西南实业通讯》（上海版）1947 年创刊号。

产,年产量不足 2 万箱。①

(二) 安徽、江西、湖南

日本全面侵华战争爆发后安徽省大片地区沦陷,各埠烟厂关闭,外烟入境困难。民国山东流亡政府迁驻阜阳南境,沦陷城市商贾不少云集界首,军需民用推动抗战后方卷烟业发展。抗战后方纷纷兴办手工卷烟工厂(场)、作坊,或一家一户使用木推子生产卷烟。20 世纪 40 年代手工卷烟在安徽广泛分布,1940 年阜阳城手工卷烟店铺超过 500 家,使用单人操作木推子的零星卷烟户到处可见,仅东北关就有 1300 余户,六安便门外沿河街有 20 余家手工卷烟店铺,蚌埠小卷烟厂(场)和作坊最多时达 340 家,日产卷烟 200 箱,品种超过 100 种,亳县卷烟作坊 100 多家,界首 24 家,临泉数十家。六安勤生、寿县长淮、霍山新华、立煌建国等 7 家烟厂均自使用手工木机卷烟开始。寿县长淮手工卷烟社创办于 1941 年,组织难民近 20 人使用手摇卷烟机制造,寿县县城沦陷后迁至寿东维持生产。阜阳宏达手工卷烟厂创办于 1942 年,雇用工人 20 人,使用手摇卷烟机每小时可出烟 1500 支,月产 36 万支。淮南田家菴、合肥、芜湖、安庆等地也有少量手工卷烟工厂(场)和作坊。②

江西手工卷烟始于 20 世纪 30 年代,1931 年中华苏维埃共和国临时中央政府在瑞金开办纸烟厂,以小型木机手工制作卷烟。日本全面侵华战争爆发后,沦陷区大批难民涌入江西等地,战争导致外地卷烟不能进入江西而当地烟叶无法外销,一些难民采用小型木制卷烟设备从事手工卷烟制销,仅景德镇和抚州地区家庭卷烟户就近 400 家,赣州有木锥盒子卷烟机千余架。40 年代江西境内出现手工卷烟厂,1940 年景德镇手工卷烟厂有 40 余家,从业人员 100 余人,生产牌号百余种,其中"金鸡""金狮"日产量达 200—250 条,宜春"混一天"手工卷烟店扩大生产改名为"华南兄弟烟草公司",雇卷烟工人 7—8 人,日产卷烟 20—30 条,浔阳卷烟厂

---

① 四川省地方志编纂委员会编著:《四川省志·轻工业志》,四川辞书出版社 1993 年版,第 82—83 页。

② 安徽省地方志编纂委员会编:《安徽省志·烟草志》,方志出版社 1998 年版,第 59 页。

雇用男女工人 100 余人,手工卷烟机 30 余台,日产卷烟 150 条。1942 年抚州地区手工卷烟厂有 300 余家,以临川、南城和南丰 3 县为最多。临川县城 23 家手工卷烟厂卷烟工人达数千人,南城县 20 余家卷烟厂工人近千名。抗战后期吉安市私营手工卷烟厂有 20 余家。在赣州地区以瑞金县手工卷烟最为突出,1940 年瑞金县开办卷烟厂雇工百余人手工卷制"金钟"烟,年产千余箱,1940 年、1942 年和 1945 年先后成立 3 家卷烟合作社,各有社员 7 人,(另有学徒 3 人)工人 20 人,社员 11 人。据不完全统计,1940—1945 年景德镇、新余、抚州、吉安、赣州等地开办手工卷烟厂400 余家。1945 年抗战胜利后,大批难民返乡,1946 年国民党政府财政部对个体卷烟户开始加以限制,据 1946 年部分市县统计,手工卷烟厂有172 户。1947 年后随着交通恢复,机制卷烟大量进入各地市场,加上物价飞涨,不少手工卷烟歇业,1948 年全省手工卷烟厂数量显著减少,抚州、新余、吉安、景德镇等地手工卷烟厂仅存 50 余家。[①]

　　1938 年 11 月日军侵入湖南,洋烟货源断绝,外省烟草因交通阻塞而输入困难,烟叶原料紧缺,卷烟市场供应日趋紧张。上海、南京、汉口等大城市相继失守后,大批难民涌入湖南。为求生计,一部分难民依靠带来的手工卷烟技术和手工卷烟机,以生产、销售香烟为生。随着城市人口的增加,卷烟需求量较大,手工卷烟业有所发展。长沙因人工低廉,产烟丰富且运输便利,手工卷烟业较为发达,20 世纪 40 年代约有 56 家组织完善的烟厂,仅有华昌 1 家为机器卷烟,其他均为手工。56 家卷烟工厂资金合计 3000 万元,从业工人 4 万名,日产量 40 箱,年产总值 4 亿多元。[②] 抗战胜利后,随着省外卷烟和洋烟的输入和省内机制卷烟的发展,手工卷烟逐渐衰落。

　　(三) 广西、贵州、云南

　　1933 年广西烟叶产量为 0.7 万吨,居全国第 9 位,1937 年增至 1.5

---

　　① 《江西省烟草志》编纂委员会编:《江西省烟草志》,方志出版社 1998 年版,第 65—66 页。
　　② 何培桢:《记长沙手工业出品展览会》,《贵州企业季刊》1943 年第 1 卷第 4 期。

万吨,1938—1940年在1.3万—1.4万吨,1941年高达2.8万吨,1944—1945年复减至1.4万—1.5万吨。[①] 日本全面侵华战争爆发后,随着外地难民南下至柳州、桂林等地,一些难民带来手工卷烟设备和技术,手工卷烟业发展较快。桂林作为大后方城市,1938—1944年新建烟厂41家,全市烟厂达66家,木质手工卷烟机267台,从业人员约700人,年产卷烟73万条。1938—1941年柳州手工卷烟户发展到26户,1944年增至40余户,平均每户卷烟150条左右。1940—1948年梧州手工卷烟厂近30家。手工卷烟厂资本从数万元至数十万元不等,也有高达400万元、500万元者,工人数以10—30人居多。[②] 1944年桂林、柳州等地相继沦陷后,卷烟厂纷纷迁至贵州、四川等地另谋出路。

　　抗日战争期间一方面因上海等地卷烟不能内运;另一方面逃难来黔的移民具备手工卷烟技术,就地取材使用当地烟叶原料从事手工卷烟生产以谋生,生产设备仅需木斗。1941年,贵州有手工卷烟厂社17家,多集中在贵阳,一般以10—30人方式组织生产。镇远难民卷烟厂及三穗龙溪口一带手工卷烟户约30户,每月出产卷烟五六十大箱。手工卷烟厂户产品多在当地及贵州各地行销。1943年,贵州思南设有手工卷烟厂3家,每月产量为110大箱。贵定有烟厂8家,每月产量约六七十箱;都匀有烟厂7家,每月产量约一二十箱,独山有烟厂7家,每月产量约三四十箱。遵义、安顺等地也各有烟厂六七家。贵阳烟厂多至75家。1943年,江口全县手工卷烟户有80户,使用木斗卷制,年产卷烟4000条。据调查,1943年,贵州卷烟厂户除贵州烟草公司采用机器卷制纸烟外,其余全部采用木机卷制。1944年,日军发动豫湘桂战役,侵占湘、桂及黔南一带,湖南、广西两省10余家烟厂迁入贵州。1945年,贵阳市有卷烟厂社64家,除贵州烟草公司生产机制卷烟外,华利、江华、桂林城区生产合作社、利群、南明、一中等6家烟厂使用小型卷烟机生产卷烟,该小型机采用

　　① 广西烟草行业志编纂委员会编:《广西烟草行业志·广西烟草志》,广西人民出版社2009年版,第38页。

　　② 广西烟草行业志编纂委员会编:《广西烟草行业志·广西烟草志》,广西人民出版社2009年版,第174—182页。

人力。其他卷烟厂社仍采用木斗生产。同时期,铜仁县城手工卷烟业有20户。由广西迁至毕节的荣军第十二临时教养院和第九休养院,其中部分伤残军人及其家属,成立"荣军卷烟小组",使用木斗(木推子)生产手工卷烟。带动了当地卷烟厂的发展,相继出现战友、四喜、民族、荣光等烟厂和六合卷烟社。黔西县设有乐陶、荣利、荣军第一、荣军第二、寄生、兄弟等卷烟厂,也多使用木斗生产卷烟。据统计1945年,贵州生产卷烟8000大箱,其中95%在境内销售,5%销往外省。随着贵阳物价暴跌,外来人口回乡,卷烟销量锐减。外地卷烟大量涌进贵州,贵阳各烟厂社产品销量下跌,据记载1945年年底贵阳卷烟厂社由64家减少到20余家。抗战胜利后外烟倾销,当地卷烟业逐渐衰落。①

云南手工卷烟始于民国初期,与机制卷烟同时兴起,机制卷烟生产效率高、质量好、成本低,手工卷烟逐渐被取代。1944年云南扩大烤烟种植,机制烟厂和手工卷烟厂均有增加,20世纪40年代昆明手工烟厂约15家,员工数十人,设备资产大多不超过1000元,有的为2000元或3000元。1946年卷烟生产从省城向县城发展。玉溪县手工卷烟较为突出,仅玉溪州城手工卷烟作坊就超过10家,通常自购烟叶制丝,自印烟盒,摆摊设点自销或叫卖。随着沿海和内地卷烟进入云南,以及当地机制卷烟的发展,1947年后手工卷烟日趋减少。② 鹤庆县有纸烟制造所300余家,每家日产量在3000支以上,全县每月总产量约2000万支,是当地最重要的手工业。烟草来自蒙化,烟纸为江西所产,由驮马商或纸烟制造者自下关贩运至鹤庆,卷烟工作基本全由童工完成,熟练童工每日可卷2000余支,每千支可得工资约合新币50元。③

(四) 浙江、福建、广东

抗日战争爆发后交通阻滞,烟叶销路不畅,烟价骤跌,浙江省烟叶种

① 陈洪友:《试论抗战时期贵州烟草业发展模式》,《中国社会经济史研究》2012年第3期;贵阳市志编纂委员会办公室编:《民国贵阳经济》,贵州教育出版社1993年版,第232页。

② 云南省地方志编纂委员会总纂、云南省烟草公司编撰:《云南省志·烟草志》,云南人民出版社2000年版,第186—188页。

③ 《鹤庆的手工纸烟业》,《工业生活》1944年第1卷第2期。

植面积减少,1938—1945年烟叶种植面积自战前23万—28万亩减至9.8万—12.6万亩,产量自2万吨左右减至0.8万—1万吨,仅桐乡县统计,战时损失烟叶1560吨。① 外省卷烟难以进入,省内卷烟市场货源奇缺,机制卷烟价格上涨,1940年浙江省财政厅训令各区县实施国民党政府财政部颁布的《管理手工卷烟厂暂行办法》,准许商民集资雇员设厂和组织手工卷烟厂社,各地纷纷开设以地产晒烟作主要原料的小型烟厂,全省手工卷烟厂户迅速发展起来。

浙江松阳盛产烟叶,以往烟叶多销往上海,日本全面侵华战争爆发后烟叶运输阻滞不易外销,当地提倡制造雪茄烟,所需设备和制造程序均比较简单,形成战时新兴工业。1938年浙江省农业改进所在松阳研制生产雪茄烟,并训练技工,1940年创办雪茄烟厂,年产大支20万支、小支30万支,工人最多时达100余人,同年浙东烟厂成立,年产大支20万支、小支200万支,盛时工人超过200人,另有古市(农商)联合社雪茄烟工场等10余家雪茄烟厂,工人数十人,1942年松阳县沦陷,大多烟厂先后停办。②

1940年后温州卷烟厂户多达七八十家,平阳县手工卷烟厂社有数十家,其他各县各有十余家不等,烟厂除青年协记、华比等5家进行机械半机械化生产以外,其他大多数采取手工刨丝、卷制和包装。1941年前后因交通阻塞,衢州外来烟源中断,各县纷纷筹办手工卷烟厂,1941年衢县城区设浙江省第五区区立平民工厂,由政府组织诸暨、绍兴逃荒平民向本地烟店采办烟丝手工生产卷烟,以维持生活,1942年城区又设大华、胜利、新生活工艺社等十来家卷烟厂社,农村有建成、更生等5家手工卷烟厂社,各厂日产卷烟200—400包,至1944年,江山手工卷烟厂社约有20家,抗战时期常山县也有手工卷烟厂近20家,龙游、开化各有手工卷烟厂、社若干。

抗战时期丽水成为浙江省的大后方,手工卷烟厂户增加迅速,1942—

---

① 《浙江烟草志》编纂委员会编:《浙江烟草志》,浙江人民出版社1995年版,第8—9页。
② 《浙江烟草志》编纂委员会编:《浙江烟草志》,浙江人民出版社1995年版,第139—140、150页。

1945年丽水城区成立丽阳手工卷烟厂(资本3万元、雇工50人)、公利手工卷烟社(资本2.5万元、雇工20人、木机10架、月产6箱)、联成手工卷烟社等5家,龙泉县除三松工业生产社、华新烟厂外,另有不少难民生产自救的临时手工卷烟厂,庆元县手工烟厂产品行销本县和福建松溪、政和等地,缙云县先后有手工户65家,年产卷烟300余箱。

1942年金华开始发展卷烟业,浦江为烟叶产区,手工卷烟厂户10余家,东阳、义乌、兰溪和金华县均有开设,抗战时期多数土烟丝加工坊(店)兼制手工卷烟。1943年杭州城内设3家小型烟厂,各有小卷烟车1—2部,建德县金源昌烟店原以刨制土烟丝为主、兼制少量手工卷烟,1943年发展成为资金8万多元、雇工20多人的小型手工卷烟厂(更名为"金源昌烟厂")。宁波市区新开或复业卷烟厂有10家,附近各县也出现众多机制和手工卷烟厂。台州温岭县先后有中华桦楠烟草公司手工卷烟厂、潘郎镇手工卷烟合作社等十余家,黄岩有澄江百兴手工卷烟厂等,天台有城区手工卷烟社,仙居有民生、中南手工卷烟社,临海有同心许记烟社、合泰卷烟社等。绍兴嵊县城乡相继开设手工卷烟社120余家,产品行销本县及东阳、义乌、宁波、杭州等地。①

抗日战争胜利后,烟叶生产有所恢复,1946—1947年烟叶种植面积从1945年的9.9万亩增至18万亩左右,产量自0.8万吨增至1.5万吨左右。浙江省外烤烟和省内晒烟原料采购渠道恢复,全省新增一批机制、半机制和手工烟厂,复工和新设烟厂有40余家,1945—1946年大小卷烟厂家100余家。半机制、手工烟厂以宁波郊县、温州、台州、衢州和丽水等地各县为多,各厂通常有木机5—6架,雇工5—6人,月产卷烟5万支左右。1947年后通货膨胀,经济形势恶化,烟农亏损致使产量再次下降,1948年和1949年烟叶产量再减至0.9万吨左右。随着上海英美烟公司及其他烟厂的复业和开设,所产卷烟充斥市场,在竞争中多数半机制、手工烟厂难以维持生产,于1946年年底纷纷停产。温州、衢州、台州等地各县手工

---

① 《浙江烟草志》编纂委员会编:《浙江烟草志》,浙江人民出版社1995年版,第161—163页。

烟厂大多关闭,绍兴、丽水手工烟厂全部停业或关闭,金华、兰溪两县附近24 家手工烟厂关停 19 家。1949 年浙江省内烟厂保持经常开工者仅 10余家。[1]

1934 年福建省晒烟种植面积达 18.7 万亩,年产约 28 万担,1936 年产区遍及全省 30 县,1939 年国民党政府限制游击区棉烟种植,全省烟区仅剩平和、龙溪等 9 县。1940 年全省产烟 8.2 万余担,1941 年种植面积近 11.2 万亩,产烟 26.3 万担,1942 年减少,1948 年全省烟叶产量 3.6 万吨,为民国时期最高。1934—1935 年福州市、林森、长乐和连江县先后成立手工卷烟作坊 30 余家,1937 年漳州和龙岩等地若干县市、1939 年闽东霞浦和古田等县相继发展手工卷烟业,20 世纪 40 年代手工卷烟厂、坊遍及福建全省各地。1942 年后龙岩合股经营的卷烟厂和家庭作坊式小烟厂有数十家,抗战胜利后在各种外国卷烟倾销下,大量小烟厂关闭,规模较大的烟厂也难以维持而停业。1934—1949 年福建手工卷烟厂、坊有500 余家,生产卷烟牌号千余种。[2]

20 世纪 20 年代广东出现手工卷烟作坊,其中有家庭式、3—5 人的小作坊式和 10—20 人的卷烟店铺,每天卷烟少则 8—10 条,多则 30—40条,因价格不及英美烟草公司所推销的外来卷烟的 1/3,故也有一定销路。抗日战争期间因交通受阻,外来卷烟短缺,广东各地纷纷兴起私人卷烟作坊和店铺。北江一带是广东省大后方,并占有南雄烟叶的便利条件,曲江、南雄、连县、潮汕和梅州设立烟厂约 20 家,除个别烟厂拥有少量机器设备外,其他均靠手工操作,西江地区高要、湛江和东江地区龙川等地的卷烟厂也以手工操作为主,广州地区大小土制卷烟厂有 100 多家。1930—1945 年广东土制卷烟最高年产量达 10 万箱(5 万支装)。抗战胜利后,外来卷烟随着交通的恢复流入广东,土制卷烟销路仅限于下层市民和农村,广州大小卷烟厂自抗战胜利初期的 69 家逐渐减至 10 余家,潮

---

① 张逸宾:《抢救当前中国卷烟工业》,《经济周报》1946 年第 3 卷第 9 期;《浙江烟草志》编纂委员会编:《浙江烟草志》,浙江人民出版社 1995 年版,第 2、8—9、161、163 页。

② 福建省地方志编纂委员会编:《福建省志·烟草志》,方志出版社 1995 年版,第 3—4、18、82 页。

汕、梅州一带原 50 多家卷烟厂仅存 10 多家，曲江大小卷烟厂纷纷倒闭，剩余 10 多家前途渺茫。[1]

八、手工业者工资管窥

一般青年男女，以前在乡村劳作 1 日所赚不到 1 角，战时纺纱每日可赚七八角。[2] 据对四川璧山 269 户农户调查显示，42%农户在农作之外兼营副业，其中 49 户从事织布。花纱局和军需署被服厂发放棉纱令民众代织，按尺给以工资，1944 年 7 月花纱局每匹布工价为 500 元，被服厂为 400 元。49 户中 27 户向花纱局领纱织布、22 户为被服厂织布，工人合计 189 人，平均每人年织布收入 5.1 万元。多数机户仅备织布机一两架，利用自家劳力领纱织布增加家庭收入，少数几家雇用工人。27 家花纱局机户共有工人 70 人，一年收入 337.9 万元，平均每家工人数和收入各为 2.6 人和 12.5 万元。22 家机户共有工人 119 人，一年收入 623 万元，平均每家工人数和收入各为 5.4 人和 28.3 万元。[3] 浙江平阳土布生产者是农村家庭妇女，产量高者平均每天可织布 7 丈，四五天可织成 1 筒，每筒工资 2 元。纺纱每天大约可赚 4 角。[4]

四川盐工多由雇主供给伙食，工资较低，战前从数元到二三十元不等。抗战爆发后财政部盐务总局为动员四川省盐工增产，规定盐工工资除工程师、管事、山匠及柜房职员由井户核定外，工人工资支付标准统一由盐务局核计，计入成本，井灶主按所核数目按月发放。随着物价上涨，盐场加发津贴，自贡两场发放平价米贴。各盐场盐工工资高低悬殊，川康区自流井、贡井、犍为、乐山等场在资方发放津贴之外，盐工每月工资自 30 元到 196 元不等，普通为 50—100 元，资中、井仁、大足等场自 20 元到

---

① 广东省地方史志编纂委员会编：《广东省志·烟草志》，广东人民出版社 2000 年版，第 120—121 页。

② 穆藕初：《内地土纱状况》，《农业推广通讯》1940 年第 2 卷第 1 期。

③ 童润之：《璧山附郭四乡区农村社会经济状况调查》，《四川经济季刊》1945 年第 2 卷第 1 期。

④ 寄遥：《浙南平阳手工纺织的再生》，《农本》1941 年第 51 期。

150 元不等,普通为 30—60 元,川东区各场由资方提供津贴的盐工每月工资高则 150 元,低则 25 元,普通为 50—70 元,不发放津贴的盐工高则 225 元,低则 32 元。① 福建武夷采茶工人工资规则严密,以工作效率分级制订,以 1940 年碧石岩 14 工人为例,除膳食全春净得工资额在 9—16 元不等(当年米价为每元 5 斤)。② 纸工工资因地域、职务和技术而异,并随物价变动。以 1943 年 12 月邵武县为例,所有纸工除由槽户提供膳食外,扛尾与杂役每月 100—150 元,扛头、踏料与焙纸每月 200—350 元。③

---

①　四川省盐业工会筹备委员会编印:《四川盐工概况》,1942 年印行,第 28—31 页。

②　彭泽益编:《中国近代手工业史资料(1840—1949)》第 4 卷,生活·读书·新知三联书店 1957 年版,第 334—335 页。

③　彭泽益编:《中国近代手工业史资料(1840—1949)》第 4 卷,生活·读书·新知三联书店 1957 年版,第 343 页。

第十四章

抗日战争后方和
国民党统治区的交通业

在 1937 年"七七事变"中国奋起全面抗战之前,除东北地区以外的新式交通运输和邮电通信各业均有不同程度的发展。[1] 然而,这样的交通基础仍然十分薄弱,不足以应对日本军国主义发动的更大规模的侵华战争。

早在"九一八事变"发生伊始,国民党政府在交通方面即有所应对。如在铁路方面,建筑新路、整顿旧路、整理旧债、筹措新债。新路建设以长江以南为主,兼及西南、西北地区。完成株洲至韶关段,打通粤汉铁路,并与广九铁路接轨;兴建浙赣、苏嘉、沪杭甬铁路和钱塘江大桥以及淮南、江南铁路,构筑国民党统治中心的交通网,并与筹备中的西南地区铁路连接,便于运输和后撤;续建陇海铁路,建筑同蒲铁路,开启西部、西北后方的铁路建设。又仓促兴建京赣、成渝、湘黔铁路,为军民撤往西南后方做准备,未及完工日本侵略者已大举入侵。

日本发动全面侵华战争初期,以铁路为对象,疯狂破坏、切断、封锁中国铁路交通。日军完全夺占北宁、平绥铁路后,又沿平汉、津浦铁路南侵,

---

[1] 刘克祥、吴太昌主编:《中国近代经济史(1927—1937)》第四章"交通运输和邮电通信业",人民出版社 2010 年版。

在淞沪与中国军队主力激战,封锁海口,沿京沪、沪杭、浙赣铁路和陇海铁路分头西进。所到之处,中国铁路遭到严重破坏,华北、东南沿海进口物资运输线被切断。而中国方面建成黄埔港支线,使粤汉和广九铁路相接,大批物资从广州、香港北运,支持抗战。

1938年9月,日军同时进攻武汉、广州,控制粤汉铁路两端,并切断平汉铁路南段。国民党政府一方面利用中国香港、越南海防航线和滇越铁路输入物资;另一方面加紧建设公路干线,并将西南、西北各主要公路干线提高标准,加以改善。赶筑甘肃新疆公路,续建西兰、川陕公路,便利中苏易货贸易,尤其是苏联军用物资的大量输入;兴建滇缅公路通达缅甸,完成湘桂公路连接越南,以维持国际交通。铁路方面则在武汉、广州抗战正酣之时,湘桂铁路衡阳至桂林段建成通车。同时,桂越公路高平至田东联络线完工,滇越公路也在赶筑。

武汉、广州沦陷后,日本侵略者加强了封锁。1940年6月,日本乘法国败于纳粹德国之机,占领越南海防,破坏滇越铁路运输。中国改由缅甸仰光进口物资,改善滇缅公路,赶筑滇缅铁路,并利用浙赣铁路部分路段通往东南沿海。1941年12月8日太平洋战争爆发,中国香港、新加坡相继沦陷,仰光告急。国民党政府不得不筹划建设中国印度交通。1942年3月仰光沦陷后,西南陆路交通全部中断,中国乃开辟中印空中运输线,使险象环生的驼峰航线成为支持抗战的国际交通生命线。1945年1月,中国远征军浴血奋战恢复滇缅公路全线,西南方向陆路国际交通终于恢复。

在这一过程中,西南、西北交通网的建设,对持久抗战发挥了重大作用。在全面抗战初期,国民党政府动员各铁路和长江轮船全力军运,同时抢运战区人员、物资、企业至为地,在后方恢复生产。南京、武汉相继沦陷,广大东部地区原有交通线路和器材遭受严重损失。国民党政府被迫西迁重庆,西南、西北地区成为国民党统治的军事政治经济中心。为适应战争和后方民生的需要,国民党政府大量投资,增修新的交通线路,补充各类器材,在交通素不发达的西南、西北地区发展新式交通业。如铁路方面,赶筑湘桂铁路,完成衡阳至桂林、桂林至柳州两段;南宁至镇南关段完成一段,不久自行拆毁。黔桂铁路则完成柳州至都匀段。赶筑滇缅、川滇两条铁路，川滇（叙昆）路昆明至沾益段建成通车；而滇缅路已完工程不久就自行拆毁。西北方面，赶筑陇海铁路宝鸡至天水段干线、咸阳至同官（今铜川）煤运支线。公路方面，则在缺乏水运和铁路的西南、西北发展公路运输。首先是承担国际交通和军事运输重任的港粤、滇缅、河岳（东河至岳墟）、滇越、西祥（西昌至祥云）等线，以及中印公路的修建；其次是国内省际联络线，如川湘路川段、川滇东路、川中公路、乐西（乐山至西昌）公路，以及天双（天水至双石铺）等公路的修建；最后是各省已建成公路的改善。

而旧式交通方式如驿运、木船等，也发挥了重要作用。

除了水陆运输，大后方航空运输也有发展。全面抗战开始，沿海和华北航线均告中断，中国和欧亚—中央两家航空公司先以武汉为中心，开辟武汉至香港航线；继而以重庆为中心，开辟重庆至香港、重庆至昆明、昆明至河内、昆明至仰光、昆明至印度等航线，力推国际航线不断。还与苏联合作开辟中苏航线。缅甸沦陷后，中国航空公司冒险开辟驼峰航线。

大后方邮政电信业对持久抗战亦有贡献。建设西南、西北电信网，电报以有线电报为主，多供军用；无线电报为辅，多为民用。长途电话也以有线为主。国际通报则全靠无线。增开通海邮路，自备汽车运输邮件，增加邮差邮路，增设局所，创办军邮。

1945 年 1 月中缅公路打通，交通部门为配合军事反攻，实施紧急修复公路、铁路和电信计划，成立铁路总队、电信总队和随军新闻电台等；同时修理招商局江轮，拨款协助民生公司打捞、修理轮船；又拨专款建造大批木船，增强长江水运力量。[①]

后方军民，包括海外华人华侨，都为交通抗战作出了贡献，甚至牺牲了生命。与此同时，国民党政府国家垄断资本发展成为后方新式交通建设和运营的主体。

1945 年 8 月抗战胜利后，接收日伪交通，办理复员运输，修复和新建交通线路摆上日程。然而，国民党政府在美帝国主义支持下挑起内战，中

---

① 俞飞鹏：《十五年来之交通概况》，国民党政府交通部 1946 年印行，第 1—5 页。

国共产党领导人民发起解放战争。战火纷飞，交通建设乏善可陈。在战争初期的复员运输兴盛一时之后，商营运输有所恢复和发展。但很快内战爆发，运输则以军运为主，商营运输陷入衰落。

因此，相比较而言，国民党统治区在全面抗日战争和解放战争前后两个时期，反倒是全面抗战时期的交通业有所发展。

第一节　抗日后方国民党政府 交通统制的确立

战时交通，无疑以军事运输为主。其建设和运营，主要服务于战争需要；其次还要兼顾地方经济和民生的需求，即所谓抗战与建国并举。兵马未动粮草先行。战时所需物资，全赖交通才能发挥作用。而在特殊的战争环境下，如何发挥交通的作用，是摆在仓促应战的国民党政府面前的难题。国民党政府全面实施统制经济，交通业也不例外。

全面抗战爆发，国民党统治区被迫转入战时体制。作为国民党政府的战时经济统制政策的重要组成部分，交通统制是通过各项政策、措施体现出来的。正如曾任交通部部长的张嘉璈总结说，"战时的交通管理政策，则是按照国防计划，在强制实行的环境中，以争取战争的胜利为目的。所以战时交通管理，必须使交通各部门各单位在统一的意志指挥下，调度灵活，步伐一致"，体现出一种"统制"的精神。所谓"统"，他认为其意义"是使各种不同的甚至相反的事事物物，有计划地统一起来，组织起来"；"制"的意义，"就是利用组织统一的方式而发生一种力量，更进一步来运用这种力量"。他强调，"战时交通一定要在这种有计划有组织而统一的管理之下"，完成交通"对于全国总动员的任务"[1]。国民党政府交通部在

---

① 　张嘉璈：《战时交通问题》，见国民党中央训练团党政训练班编：《中央训练团党政训练班讲演录》，中央训练团1940年印行，第5—6页。

抗战末期总结说，"交通在战时所负唯一任务，厥为配合军事，把握时机，加强军民运输与通讯，以争取胜利"①。

简言之，交通统制就是从规划、建设到运营，均由国家权力机构统一组织、集中领导、有计划进行，强制性比平常更加突出。具体方式就是以国营为主。它不以经济效益为主要目标，而是服从国家战略目标，绝对服从抗战军事的需要，最高目的就是夺取战争胜利。这也是一些国家战时的通常做法。由于交通更具有公共品的特性，尤其需要全国一盘棋规划、组织、建设和运营，统制的特色也更加突出。正如时人所分析的，与和平时期不同，战时交通统制更具有强制性，以军事第一为原则；凡有违背，即遭取缔。②

由于国民党政府一直秉承"攘外必先安内"的方针，各方面并未做好抗击日本侵略的准备。"九一八事变"后，国民党政府将中国共产党和工农红军视作心腹大患，全力"围剿"。相当一部分的交通建设也是围绕这一目标进行的。1934年10月，中央红军开始长征，一年后胜利到达陕北。其间，国民党政府自认为大规模的"剿共"行动告一段落③，一方面继续派兵"围剿"红军；另一方面迫于中国各界要求团结抗战及日本帝国主义步步进逼的压力，也不得不有所准备。《1935年度防卫计划大纲》提出："为抵制强暴，使敌难以达其速战速决之目的起见，集合国军实力坚固占领预定之阵地，以消耗之战略，行逐次之抵抗，将全国形成若干防卫区及核心，俾达长期抗战之要求。"④1936年的国防计划大纲，提出以四川为作战总根据地。交通方面，也不得不有所调整。

1935年6月，公路委员会举行会议，微调公路建设的目标。一方面，公路建设要继续满足"围剿"中国工农红军的需要；另一方面，也兼顾经

①　中国第二历史档案馆编：《中华民国史档案资料汇编》第5辑第2编，财政经济(10)，江苏古籍出版社1997年版，第108页。

②　王沿津：《战时交通政策》，独立出版社1940年印行，(台北)"中央"文物供应社1976年影印版，第29页。

③　吴相湘编著：《第二次中日战争史》上册，(台北)综合月刊社1973年版，第286页。

④　张明楚、张同新等：《在历史的漩流中——抗战时期的国民政府》，广西师范大学出版社1996年版，第25页。

济和工程的需求,同时也有应对日本入侵危机加剧的意图。改善原有公路,增筑联络公路,提高主要公路工程标准,成为公路建设的主要任务。①

　　然而,国民党政府对日抗战的准备工作,显然也是十分仓促的,并未做好对日抗战的准备。②

　　1936 年 7 月 10 日至 14 日,国民党召开第五届二中全会,决定组织国防会议,其成员包括与交通有关的航空委员会委员长、行政院所属交通部部长、铁道部部长。③ 1937 年 3 月在五届三中全会上又重设国防委员会为全国国防最高决定机关,交通、铁道两部为其下辖部门。同时亦保留国防会议。这样,国民党政府在仓促之间,也进行了一些抗战准备工作。同时,国民党政府还企图"剿灭"工农红军,只是因为西安事变发生而未能得逞。

　　西安事变和平解决后,国民党有保留地接受了中国共产党关于国共两党合作抗日的条件。国共合作、一致抗日的局面初步形成。1937 年"七七事变"后的 8 月 11 日,国民党中央政治委员会第五十一次会议决定设立"国防最高会议",为全国国防最高决定机关,各部部长均参加。原中政会所属财政、经济、交通等专门委员会均由国防最高会议节制。④同时,国民党中常会召开秘密会议,决定自 8 月 12 日起全国进入战时状态。国民党政府的最高决策机制也开始向战时体制转变。⑤ 同年 10 月,在军事委员会下又增设农业、工矿和贸易三个调整委员会,并由三会联合组织水陆运输联合办事处。

　　南京沦陷后,国民党政府西迁武汉、重庆,机构又有调整。1938 年 1 月,全国经济委员会撤销,实业部改组为经济部,为主管全国经济行政事务的最高机关。撤销铁道部,其管理经营的铁路事业划入交通部;同时,

---

① 俞飞鹏:《十五年来之交通概况》,国民党政府交通部 1946 年印行,第 1 页。
② 国民党要员陈诚在给妻子的信中承认,"对日虽决定抵抗,但毫无准备也"。见金冲及:《七七事变前蒋介石对日政策的演变》,《近代史研究》2014 年第 1 期。
③ 章伯锋、庄建平主编:《抗日战争》第 1 卷,四川大学出版社 1997 年版,第 966—967 页。
④ 章伯锋、庄建平主编:《抗日战争》第 1 卷,四川大学出版社 1997 年版,第 968、969 页。
⑤ 吴景平、曹振威:《中华民国史》第 9 卷,中华书局 2011 年版,第 26 页。

全国经济委员会管辖的公路处并入交通部,改组为公路总管理处,连同军委会所辖水陆运输联合办事处,均划归交通部。交通部职能扩大,负责规划、建设、管理和经营全国国有铁路、公路、电信、邮政、航政事业,对公有及民营交通事业有监督之责,先后设有秘书、参事、技术诸厅,总务、人事、财务、路政、材料、邮政、电信、航政等司,会计处、统计处、公路总管理处,以及各委员会、电信总局、邮政总局、公路运输总局等。① 同时,作为战时最高统帅部的军事委员会,下设后方勤务部,负责交通运输、通信、补给等项事务;设航空委员会,指导航空运输和飞机、飞行器材的购买。

1938 年 3 月 29 日,国民党临时全国代表大会召开②,4 月 1 日通过《抗战建国纲领决议案》,确立抗战与建国并举的方针,提出"经济建设应以军事为中心","实行计划经济,奖励海内外人民投资,扩大战时生产";"整理交通系统,举办水陆空联运,增筑铁路公路,加辟航线"。③ 同时,大会还通过了《非常时期经济方案》。关于交通运输,提出"发展交通便利运输。1. 国内交通线路应加速添设。如铁路方面——湘桂铁路、川滇铁路、成渝铁路、咸阳至甘肃段等。公路方面——兰州经天水、南郑至老河口各段、陕甘新宁青各干线、川湘段、川滇段等。水道方面——改善旧水道,多辟内河航线,使与铁路公路联络等。2. 国际交通线路开辟扩充。铁路方面——镇南关至安南段、昆明至安南段、新疆通中亚等。公路方面——昆明至缅甸段。电信方面——在重庆、成都、昆明设强大电台。航空方面——开辟兰州经迪化到达边境以与苏联航线相联,开辟昆明到缅甸和仰光航线,以与英国欧亚航线相联"④。

---

① 与交通行政管理直接相关的有:路政司掌管铁路行政;电政司掌管电报、电话、广播和电气交通的经营及公私电气交通业的监督;航政司掌管水运、航空行政;邮政总局掌管全国邮务行政,经营邮政业务、邮政储蓄和邮政汇兑等事项;公路总管理处掌管全国公路行政。公路运输总局成立于 1939 年 8 月,掌管全国公路运输和联运业务。见王沿津:《战时交通政策》,独立出版社 1940 年印行,(台北)"中央"文物供应社 1976 年影印版,第 49—50 页。

② 大会开幕式在重庆举行,各项正式会议则在武汉举行。

③ 陆仰渊、方庆秋主编:《民国社会经济史》,中国经济出版社 1991 年版,第 519—520 页。

④ 秦孝仪主编:《中华民国经济发展史》,(台北)近代中国出版社 1983 年版,第 608—611 页。

1938 年 10 月，广州、武汉相继失陷，抗日战争进入艰苦的战略相持阶段。国民党政府机构不得不又做调整。1939 年 1 月 28 日国民党五届五中全会改组国防最高会议，以国防最高委员会"统一党政军之指挥，并代行中央政治委员会之职权"，设委员长一人，以国民党总裁任之；各部部长、航空委员会主任列为执行委员。① 这样，党政军合一、统一指挥的国防最高委员会就成为战时最高决策兼执行的中枢机关。

1940 年 1 月，行政院设水陆运输联合委员会，同年 9 月又改为水陆运输设计委员会，由交通部部长任主任委员。同年 10 月，根据国民党五届七中全会的精神成立中央设计局，隶属于国防最高委员会，掌管全国政治、经济建设计划和预算之设计与审议。同年 12 月，行政院设立"经济会议"，由行政院长及军委会有关部委负责人组成，以蒋介石为主席，每周开会一次，讨论有关经济政策事宜，内设秘书处，为经济会议的办事处。政府战时经济的一切设施均由经济会议审定，其议决案以行政院命令行之。下设政务、粮食、物资、运输、金融、贸易、合作、调查、检察、军事共 10 组，以分理各项经济事务。

1941 年 3 月，国民党五届八中全会在重庆召开，通过了《积极动员人力物力财力确立战争经济体系案》，并制定《战时经济体系基本纲领》。进一步强化了以统制为核心的战时经济体系。②

1941 年 12 月 15 日，国民党召开五届九中全会，通过了《加强国家总动员实施纲领案》，指出要借太平洋战争爆发的机遇，"与各友邦并肩勠力""把握时机"。③ 决议提出五项要求，并据以制定《加强国家总动员实施纲领》。国民党党政军机构也据此做了微调。

1942 年 4 月，"经济会议"改为"国家总动员会议"，成为综理、推动国家总动员事宜的最高统制机构，下设秘书、总务、物资（审议）、检察等处

---

①　章伯锋、庄建平主编：《抗日战争》第 1 卷，四川大学出版社 1997 年版，第 971—972 页。

②　秦孝仪主编：《中华民国经济发展史》，（台北）近代中国出版社 1983 年版，第 612—613 页。

③　荣孟源主编：《中国国民党历次代表大会及中央全会资料》下册，光明日报出版社 1985 年版，第 745—746 页。

(厅),分掌有关事务。

通过一系列举措,战时经济体制艰难运转;交通机构也屡加调整,交通统制得以落实。

公路交通方面,设置专门机构,负责公路建设的管理。制定法规,加强对公私汽车运输的管制。全面抗战爆发之初,公路交通仍由全国经济委员会公路处管理,前线运输则由军事委员会后方勤务部负责[①]。1938年1月,国民党政府全面转入战时体制,调整中央机关,撤销全国经济委员会和公路处,交通部与铁道部合并组成交通部,下设公路总管理处,主管公路工程、运输和监理业务[②];同时军事委员会后方勤务部将运输处汽车部分划出,成立汽车管理处,负责全国汽车兵团的指挥。

1939年8月,原属公路总管理处管辖的全国运输业务划出,另设运输总局,主管全国各省汽车运输业务或特约业务[③],而公路总管理处则专管工程与监理。但各自为政现象仍很突出。而汉广相继沦陷后,通往越南、缅甸的国际运输显得更加重要。根据美国来华考察专家的建议,拟仿照美国运输公司制度,设商业化机构办理运输业务,于1940年元旦正式成立"国民政府特许中国运输股份有限公司",经营西南公路客货运输和

---

① 业务机构有:1937年9月、10月,全国经委会先后设西南各省公路联运委员会和西北公路运输处,具体负责西南、西北各省公路运输,于迪化(今乌鲁木齐市)设中央运输委员会负责接运苏联援华物资;军委会则于广州设西南进出口物资运输总经理处(简称"西南运输处"),负责接运英美等国援华物资。其后,这些机构又有调整。1937年年底,西南各省公路联运委员会改组为西南公路运输总管理处(处长薛次莘);西北公路运输处与西北国营公路管理局合并组成陕甘运输管理局。西南进出口物资运输总经理处不久改称为军事委员会西南进出口物资运输总经理处,对外称兴运公司,又名西南运输公司,1941年年底撤销。见龚学遂:《中国战时交通史》,商务印书馆1946年版,第20页;周一士编著:《中华公路史》上部,(台北)商务印书馆1984年版,第245—247页。作者周一士曾任江苏省公路局副局长。

② 交通部公路总管理处由原经委会公路处改组而来,职掌业务为全国公路工程、运输和监理,1938年1月设于汉口,7月迁往重庆,处长赵祖康。1941年,该处并入军委会运输统制局,改组为公路工务总处。见周一士编著:《中华公路史》上部,(台北)商务印书馆1984年版,第242页。

③ 交通部公路运输总局职责为统筹办理各省干路及特约运输业务,1939年8月设于重庆,局长由交通部部长张嘉璈兼任(一说局长为潘光炯,见龚学遂:《中国战时交通史》,商务印书馆1946年版,第32页),外设各路运输局、驿运总管理处、中国运输公司、资源委员会运务处等。

国际贸易运输。股本定为 5000 万元,营业期限 30 年,设董事会,由交通部部长张嘉璈亲任董事长,陈延炯任总经理,共有客货汽车 1400 余辆。1941 年 7 月改隶军委会交通统制局,董事会解散,改为官办。此时能用的汽车只有 300 余辆,仅能维持客运,货运全部停顿。1943 年 4 月公司结束业务,设备移交西南公路管理局①。

　　1940 年,国民党政府召开运输会议,认为运输与工程分立,不适应战时需要,乃于 1940 年 4 月由军事委员会设立交通统制局,统一管理全国所有交通运输事业,并于 1941 年 7 月将交通部公路总管理处和公路运输总局及下属公路机构全部并入该局。② 1942 年年初,滇缅交通遭日军截断,承担滇缅公路运输的车辆转为接运通过驼峰航线空运来的物资。1943 年 3 月又撤销交通统制局,复设交通部公路总局,统管全部公路事务。③

　　1944 年 10 月,美国方面以美中联合作战任务艰巨,待运军品数量日多,向蒋介石递交《236 号备忘录》,建议对运输采取统一和集中的管理;同时提交《陆上国际运输改善建议书》,提出具体建议七条,如统一机构、规定运量、管理司机、改良待遇、剔除积弊、奖掖商车和利用外才。经军政、交通、后勤三部和运输会议会商办法,提交方案,建议与美军合作实施。④ 国民党政府乃于 1945 年 1 月改组运输管理

　　① 简称"中国运输公司",1940 年元旦成立,由交通部川桂公路运输局与财政部贸易委员会复兴商业公司运输部合并,交通部川滇公路管理处所属运输业务并入组成(龚学遂:《中国战时交通史》,商务印书馆 1946 年版,第 20—24 页)。
　　② 军事委员会交通统制局为统管全国运输的最高机构,1940 年 4 月设于重庆,主任由军委会参谋总长何应钦兼任,副主任由交通部部长张嘉璈和后方勤务部部长俞飞鹏分别兼任。1941 年 7 月交通部公路总管理处和公路运输总局及下属公路机构全部并入该局。1942 年 12 月该局撤销,公路交通仍由交通部公路总局接管,直属军委会。中国国民党中央委员会党史委员会编印、秦孝仪主编:《中华民国重要史料初编·对日抗战时期》第 4 编,战时建设(3),中国国民党中央委员会 1988 年印本,第 943—945 页;龚学遂:《中国战时交通史》,商务印书馆 1946 年版,第 33 页;西南地区文史资料协作会议编:《抗战时期的西南交通》,云南人民出版社 1992 年版。
　　③ 交通部公路总局 1943 年 3 月设于重庆,交通部部长曾养甫兼局长,赵祖康、龚学遂为副局长。下辖西北公路、川滇东路、川滇西路、滇缅公路、西南公路等运输局,川陕联运汽车管理处、川湘鄂区汽车联运处、东南办事处、重庆公共汽车管理处、各省公路局等机构。
　　④ 龚学遂:《中国战时交通史》,商务印书馆 1946 年版,第 50—52 页。

机构,设军事委员会战时运输管理局,统一管理铁路、公路、水运、空运、驿运等业务。①

为加强战时运输的管理,落实运输统制,多项法规相继出台。国民党军事委员会于 1939 年的八九月间设立军事运输总监部及运输总司令部,并于 11 月公布《战时公路军事运输条例》及《战时公路运输实施规则》②,规定战时公路运输由运输总司令部统筹办理,所有中央及各省公路局,以及公私汽车运输机构的军事运输事宜,均受运输总司令部指挥监督。还规定军事运输所用车辆,应由运输总司令部尽先在军事机关车辆中调拨。如不敷应用,再就下列各项车辆,通知各主管机关斟酌情形分别调拨或征用:(1)交通部所辖各公路管理局及运输局所属的运输车辆;(2)各省市所辖各公路局所属的运输车辆;(3)政府附属机关所属的运输车辆;(4)公私团体或私人所属的车辆。第(1)项为中央直属运输机构车辆,其余为公营和商营车辆。还规定,所调车辆在运送军品完成后,应立即发还各原有机关自行使用或营业。征用商营汽车,由公路运输总局或各管辖机关代为执行。

1942 年 1 月,军事委员会颁布《运输统制局管制商车办法》。之后,运输统制局又制定公布《各路所、管制站管制公商车辆办法》和《汽车商业同业公会的组织规定》。1943 年 2 月,交通部公路总局为控制商营汽车,在重庆设立全国商车指导委员会,并在昆明、宝鸡、兰州、衡阳和贵阳设置分会。全国商车指导委员会由交通部负责公路运输的官员龚学遂兼主任委员,政府有关机关及规模较大的汽车运输公司派人参加,各地分会的主任委员,由各地公路机构主管官员兼任,加强对各地商营汽车业的控制。同年 9 月,交通部公布《公路商车联营处组织办法》及《公路商车联

---

① 军事委员会战时运输管理局成立于 1945 年元旦,交通部部长俞飞鹏兼局长,次长龚学遂兼副局长,美军副参谋长麦克鲁上校兼副局长,马罗上校任助理副局长。外部机构有:西北公路管理局(设于兰州)、西北公路管理分局(设于汉中)、西南公路管理局(设于贵阳)、西南公路管理分局(设于芷江)、川滇东路管理局(设于毕节)、川滇西路管理局(设于昌都)、川康公路管理局(设于雅安)、川陕公路管理局(设于遂宁)、川湘公路管理局(设于重庆)、四川公路管理局(设于成都)、本局云南分局(设于昆明)和本局东南分局(设于宁都);各分局和管理局附设军运参谋室。该局于抗战胜利后的 1945 年年底结束。

② 中国公路交通史编审委员会编:《中国公路运输史》第 1 册,人民交通出版社 1990 年版,第 526—531 页。

合营运处所属车辆管理办法》。同年 12 月,交通部公路总局又公布《调整并加强汽车运输各业同业公会组织实施办法》及《调整商车办法》。在《公路商车联合营运处所属车辆管理办法》中,对商车的管理提出了具体要求,主要有:(1)设有联营处地点的所有商车,均应登记。登记的商车经联营处检验合格后,发给联合营运证,指定半数商车为公服务;半数自由营运。(2)为公服务及自由营运的商车,由公路总局视实际情形以命令指定行驶区域。(3)为公服务的商车,由调配机关支配使用;自由营运的商车,由联营处在指定联营区域内自由调用。但在军、公运输紧急时,自由营运的车辆,应优先装运军、公物资。(4)商车运费遵照交通部规定的运费率计算。为公服务商车的运费,由调配机关代收,统付商车所属联营处转发;自由营运商车的运费,由联营处向货主代收。(5)商车所需燃料、配件等,由联营处呈请政府按官价协助;并准联营处设厂制造。(6)商车所有司机、技工的派遣、管理及车辆的修理,概归联营处负责办理。

除了明文规定的管理办法之外,在运输需要时,也采用临时的紧急动员办法。如 1944 年西南进出口物资督运委员会为督导接运美援物资,决定动员当时贵阳的 1000 余辆商车运输。临时动员也有规可依。如规定:(1)凡故意规避服务的商车,经查确实,即扣除请领轮胎的权利。规避一日者,酒精车与柴油车应扣除行驶里程 70 公里、木炭车 50 公里,以作为每月请领材料时核算里程的参证。(2)凡报修的商车,小修限 3 天,大修限 10 天以内修竣。特殊情形者,经检验后另行核定。(3)凡参加美援物资运输的车辆,无论行程多少,均可价购材料 3000 元,后又放宽发给。自 1944 年 10 月 20 日起,每吨公里补贴运费 15 元,使一般商车得以维持,不致影响运输效率。1944 年 12 月,公路总局又颁发《战时限制车辆越区行驶办法》,以防止营运车辆自由营业。战时公路运输对商营汽车的管制,每变动一次管理体制或公布一种办法,管制也就愈加严格。这种状况,一直延续到抗日战争结束时为止。①

---

① 中国公路交通史编审委员会编:《中国公路运输史》第 1 册,人民交通出版社 1990 年版,第 256—258 页。

在上述行政和业务管理机构外，尚有若干存在时间不长的机构，如水陆运输联合委员会、水陆运输设计委员会、运输总司令部、军事运输总监部、运输会议、水陆空联运委员会、西南进出口物资督运委员会等。[①]

铁路交通方面，也成立专门机构，落实统制政策。铁路交通的统制与管制有所不同。国营铁路线，原本都是分线设立管理机构。军事部门为实现铁路军运的贯通，所有军品运输所需的车辆及数量，由执行军运者通知相关铁路局筹拨。凡属军运车辆，都由军事部门监督指挥，不属军运车辆，仍由路局管理，军事部门原则上不加干预，这就是所谓的管制。但在必要时，铁路停办一切本身业务，全部员工和材料、工具一律用于办理军运，这就是所谓的统制。此时，各级军运机构一律按军事组织、军事管理；所需人员，大部分也要调用路局员工。[②]

"七七事变"后的1937年8月，国民党政府军事委员会在河南郑州设铁道运输司令部，由后方勤务部和军政部指挥；又在长江以北的郑州和以南的湖南株洲分别设调度总所（又名联合调度所），直属铁道运输司令部；以铁路线为单位，每一线路均设线区司令部，执行各路军运；线区司令部在各路车务段或运务段所在地设车站司令办公处。[③] 铁道司令部因战局变化多次迁址。1938年6月迁至武汉，10月武汉沦陷，长江以北铁路大部分沦入敌手，军运逐渐转入公路，铁道司令部迁至衡阳。1939年8月，改组为运输司令部，设于重庆，兼管公路和水道军运。1940年9月，又恢复为铁道运输司令部，公路和水道军运划归后方勤务部主管。1943年2月，又改组为铁道运输处，也隶属于后方勤务部。1944年年底，该处裁并入战时军委会运输管理局，原线区司令改为军运参谋，由各路局长统一指挥。

除设置军运机构，还有相应的法规和具体安排。中国铁路以国有国

---

① 周一士编著：《中华公路史》上部，（台北）商务印书馆1984年版，第261—264页。

② 龚学遂：《中国战时交通史》，商务印书馆1946年版，第147页。

③ 中国第二历史档案馆编：《中华民国史档案资料汇编》第5辑第2编，财政经济（10），江苏古籍出版社1997年版，第59页；龚学遂：《中国战时交通史》，商务印书馆1946年版，第157页。运输司令部内设运输、工务、总务、警务4个处；线区司令部内设运务处和总务处；车站司令办公处内设车务、工务和机务3个股。

营为主,早在 1930 年即已公布实施的《铁道军运条例》,对军运即有多项优惠措施。① 全面抗战开始后,1937 年 8 月军事委员会公布《战时铁道运输条例》《战时铁道运输实施规则》《战时铁道警备规则》,并经多次修订。1940 年又制定《战时铁道运输军用物资暂行办法》,与上述几项法规一并实施。②

新路的筹划和建设,亦有规定。1938 年 6 月交通部颁布《交通部新路工程处章程》,规定由该处主办新路建设的一切事务,由交通部派员综理处务,监督指挥所属职员。各铁路的视察、技术事项的办理和审核,均由该处派工程技术人员进行。③ 各段铁路的施工,由交通部设工程局、处负责。通往西南大后方的湘桂铁路对于撤退人员和物资及具战略意义,1938 年 2 月颁布条例,成立湘桂铁路股份有限公司,负责建筑和经营湖南衡阳至柳州的铁路干支线及其附属事业、铁路沿线附带有关事业,建筑和经营其他铁路路线。④ 1938 年年初,还成立川滇铁路股份有限公司,建设昆明至叙府铁路干支线及其附属事业、铁路沿线附带有关事业,建筑和经营其他铁路路线。⑤ 1939 年 6 月,为筹备修建滇缅铁路,成立督办滇缅铁路公署。

轮船航运方面,也因应战时需要,从行政管理、人员培训、船运业务管理等方面加以调整。自清末兴办洋务新政,筹办轮运,政府并无专管航政的行政机构,而是委毛海关总税务司兼管。1930 年,国民党政府公布航政局组织法,正式设立航政局。1931 年秋,在上海、天津、哈尔滨和汉口设 4 个航政局,并在船舶众多的重要港口设办事处,分别办理船舶的丈

---

① 如规定与军品直接有关的运输,使用乙种运照,半价记账;间接有关的,用甲种运照,半价付现。满 20 人以上的正式军队,用乙种车照,半价记账;不满 20 人的,用甲种车照,半价付现。见龚学遂:《中国战时交通史》,商务印书馆 1946 年版,第 159 页。

② 龚学遂:《中国战时交通史》,商务印书馆 1946 年版,第 159—160 页。

③ 国民党政府交通部参事厅编:《交通法规汇编补刊》上册,大东新兴印书馆 1940 年版,第 101 页。

④ 国民党政府交通部参事厅编:《交通法规汇编补刊》上册,大东新兴印书馆 1940 年版,第 103 页。

⑤ 国民党政府交通部参事厅编:《交通法规汇编补刊》上册,大东新兴印书馆 1940 年版,第 110 页。

量、检查、登记，船员的考验、监督等事务。"九一八事变"发生后，哈尔滨航政局停办。1936 年增设广州航政局。[1] 1937 年"七七事变"后，华北、华东地区很快沦陷，上海、天津两处航政局被迫停办。次年武汉、广州失陷后，汉口、广州航政局分别迁至重庆、梧州。原四川省川江航务管理处裁撤，迁至重庆的原汉口航政局改组为长江区航政局，并在四川各地和川、鄂、湘、赣、苏、皖等省设办事处。迁至梧州的广州航政局于 1943 年改组为珠江区航政局，管理广东、广西航政，而广西省航务管理局改为广西船舶管理处，双方业务各有侧重。[2]

对航运业务的管理措施，也有相应调整。1937 年 9 月，交通部训令各航运机关和地方当局、私人船业公司和内河船业，联合组成办事处，合作办理处置和分配船只以应各种需要、布置航行程序、供给军事运输所需船只、供给装运煤及其他货物船只、分配各船业公司码头和栈房、划一水脚价格、供给船用煤、处理船务技术及商业上的合作和调整。

商船的重要船员，原来多雇佣外国人，本国船员也大多由舵工机匠逐渐升任，缺乏严格规范的管理。1929 年，交通部制定船员检定章程，设检定委员会，办理船员检定工作。1932 年重新颁布船员检定章程规定，在超过 20 总吨的中国轮船上担任驾驶员或轮机员，均须检定合格，发给证书；船员检定合格后，才能发给或换发证书。1934 年 6 月，正式实施船员检定章程，并颁布施行细则。1935 年又合并修订为更为简明易行的船员检定暂行章程，以便实施。[3]

中国沿海和长江航运，除外国船只外，大多由轮船招商局承担。抗战开始不久，招商局沿海航运被迫停办，而长江航运需求猛增。交通部为适应战时需要，饬令招商局设法调动船只增加长江航运，组织长江航业联合办事处[4]，代行总局职权，发展并管理长江水道交通。还要求招商局增加

---

① 俞飞鹏：《十五年来之交通概况》，国民党政府交通部 1946 年印行，第 38 页。

② 广西壮族自治区地方志编纂委员会编：《广西通志·交通志》，广西人民出版社 1996 年版，第 375 页。

③ 俞飞鹏：《十五年来之交通概况》，国民党政府交通部 1946 年印行，第 38 页。

④ 中国第二历史档案馆编：《中华民国史档案资料汇编》第 5 辑第 2 编，财政经济（10），江苏古籍出版社 1997 年版，第 47 页。

定期航运,缩短航行时间;增加内河船只,办理铁路水道联运、公路水道联运。

航空运输、邮政电信的管理,也适应交通统制的要求而有调整。交通行政管理机构变动频繁,时而归政府行政机构管理,时而由军事部门统辖。这固然是因应战时之需,但也表明战时运输体制十分混乱,无法一以贯之地实行统一指挥、管理;政出多门甚至彼此倾轧的现象始终存在;私人通过交通牟利发匮难财的情形也屡禁不止。

第二节　抗日后方的航运业

1937 年日本发动全面侵华战争后,中国的铁路运输多已中断,大部分公路也落入敌手。西南地区虽然有少数公路,但因汽油缺乏亦运量有限。至于中国空运,更是落后,运量极少。因此在战事由东向西推进时,东部地区大量工厂、机关、人员的西迁都依赖贯穿东西部的长江和轮船运输,也因此,长江中上游的运输显得特别重要。但招商局和三北轮埠公司的大批江海轮船,有的被征用沉江御敌,有的转售给外商,有的被敌人炸毁或缴获,损失惨重。

招商局虽为当时中国最大的国营航运企业,拥有巨大的江海轮船共计 8 万余吨,但保存下来并撤往长江上游地区的轮船只有 17 艘,而能在长江上游终年营运的不过 5 艘中型轮船,计 1802 吨。

在民营轮船公司中,三北轮埠公司退入川江的 16 艘轮船多数吨位大、吃水深,只有少数加入川江航行;华强公司和合众公司在川江航行的船舶也只有几艘小轮,力量微弱。① 而卢作孚 1925 年在重庆创建的民生公司一直致力于发展川江航运。该公司创办时只有 20000 元资本(实收资本仅 8000 元),仅有一条 73.6 吨位的小火轮,但仅用十年时间就垄断

---

①　凌耀伦主编:《民生公司史》,人民交通出版社 1990 年版,第 173 页。

了川江航运,成为民国时期最大的民营航运企业,在长江的实力接近国营的轮船招商局。抗战爆发时,民生公司能在长江上游航行的轮船有46艘,计18700余吨。而且民生公司的轮船在抗战初期未被征用,在沪轮船也在江阴封锁前驶回长江,且廉价收购了部分其他流散轮船公司的轮船,实力增强;再加西撤到大后方的很多人才被民生公司招聘,内外管理得以改善。① 因此,民生公司成为抗战期间国民党统治区最重要的交通支柱企业。

抗战初期,国民党政府企图吞并民生公司,欲将其全部船只交给军政部,由运输司令部掌管分配军差和航运。面对这种形势,一方面民生公司及时提出了"为抗战服务,军运第一"的经营方针,决定对船舶的调配完全服从于支前军运和撤退抢运的需要,并毅然采取大幅度降低运价的措施。1938年和1939年运输器材每吨运费60—80元,只及当时外商轮运的1/4—1/5。公差运费更低,按国民党政府规定,运输兵工器材只收30—37元,其他公物收40元,难童、难民免费运输,伤兵运送只收半费。② 另一方面,民生公司又通过铁道部部长张公权等在军政部部长何应钦面前游说,从而避免了被政府吞并的危险。③

民生公司承担了抗战时期主要的撤退抢运工作。1937年冬,民生公司抢运金陵兵工厂器材2000吨至重庆。12月15日,民生公司与兵工署签订了抢运汉口器材的合同。民生公司派"民本"等6艘轮船担任汉宜段抢运;调派"民主"等6艘轮船担任宜渝段抢运,共用两个月时间全部运完。至1938年4月底,共计抢运撤退物资12900余吨。1938年10月25日,武汉失守后,大约12万吨的待运物资和3万多人员滞留在宜昌,遭到日机轰炸。英、法等外轮趁机抬高运价2倍至3倍。为了加速物资和人员的撤退,总经理卢作孚亲赴宜昌指挥抢运,充分应用1936年开创的"三段航行"法,采取分段运输的办法,加快物资和人员的撤退,并研究出30吨重型机器的起卸方法,仅用40天时间,抢在枯水季节之前将滞留

---

① 凌耀伦主编:《民生公司史》,人民交通出版社1990年版,第205页。

② 凌耀伦主编:《民生公司史》,人民交通出版社1990年版,第259页。

③ 凌耀伦主编:《民生公司史》,人民交通出版社1990年版,第174页。

宜昌的全部人员和重要军工器材运入四川。民生公司在宜昌的抢运量相当于1936年全年的运量,不仅完成了国民党政府的内迁任务,而且为抗战后期大后方工业的发展提供了物质基础。因此,1938年年末的宜昌撤退抢运被喻为"中国实业上的敦刻尔克"①。

1939年9月,日军进犯长沙,湘桂兵工厂的第1厂、第2厂及第41厂共计30000吨器材和兵工署的41厂计2000吨器材撤退到宜昌,由民生公司轮船抢运入川。1940年上半年,又抢运了16000多吨。1940年6月12日宜昌失守后,民生公司又冒着极大的风险,在接近敌人的平善坝、南沱、三斗坪一带抢运了达24800余吨的兵工器材。② 此外,在1938年,民生公司运送出川到前线的部队和壮丁人数共达30余万人,到1940年年底共运出110余万人。到1945年抗战胜利时为止,民生公司运送出川的部队和壮丁人数共达2705000人,弹药武器等30余万吨。③ 同时,民生公司还运送了大量军粮和食盐供应前线,共运出军粮116000多吨。④

抗战时期,民生公司的人员和财产虽然遭受了严重的损失,但公司的航运业务却取得了巨大发展。最显著的表现为轮船数量和吨位不断增加。1937年民生公司只有船舶46艘,其中以油为燃料的船只30艘,以煤为燃料的船只16艘。1938年增加为71艘,计23358总吨。1939年,长江中下游地区沦陷,许多小船驶到宜昌无力入川,民生公司趁机购入60多艘,再加上新造17艘、购海关船4艘,船舶总数达到137艘,计36000多总吨。但在宜昌购买的小船中,有20多艘不适合在川江行驶,故民生公司对其进行了拆装改造,因此到1939年,船舶实际为116艘,共计30426总吨。1940年由于战争中的损失及其他因素,船舶数量下降到85艘,计25000总吨。从1940年至1945年,每年都有增有减,平均总数仍略有增加。抗战时期,民生公司船舶由1937年的46艘增加到1945年的

① 凌耀伦主编:《民生公司史》,人民交通出版社1990年版,第183页。
② 凌耀伦主编:《民生公司史》,人民交通出版社1990年版,第180—183页。
③ 凌耀伦主编:《民生公司史》,人民交通出版社1990年版,第176页。
④ 凌耀伦主编:《民生公司史》,人民交通出版社1990年版,第206页。

85 艘,增长了将近 1 倍;总吨位由 18000 多吨增加到 26000 余吨,增长了 39%①(见表 14-1)。尤其值得注意的是,在民生公司的 85 艘船只中,98%(82 只)都是国内船厂建造的,其中民生机器厂制造了 21 艘,占自造船只的 25.6%,说明抗战时期中国的民族造船工业发展迅速,而且民生机器厂制造川江轮船的能力已有了相当水平。②

表 14-1 民生公司战时船舶增减统计(1937—1945 年)

项目 年份	船舶(艘)			吨位 (吨)	功率 (马力)
	燃油船	燃煤船	总计		
1937	30	16	46	18718	—
1938	39	32	71	23358	44458
1939	40	76	116	30426	51935
1940	29	56	85	25281	42234
1941	30	58	88	26339	42764
1942	28	63	91	26274	45861
1943	30	66	96	26309	49733
1944	24	63	87	25230	51636
1945	22	63	85	25781	51878

资料来源:《简讯》1946 年第 876 期;民生公司档案,见凌耀伦主编:《民生公司史》,人民交通出版社 1990 年版,第 203 页。

随着船舶的增加,客货运量及收入也在不断增加。年客运人数由 1936 年的 41 万余人次增加到 1945 年的 480 余万人次,增加了将近 11 倍;货运从 1936 年的 8 万吨增加到 1945 年的 16 万余吨,增加了 1 倍以上(见表 14-2)。

① 凌耀伦主编:《民生公司史》,人民交通出版社 1990 年版,第 202 页。
② 凌耀伦主编:《民生公司史》,人民交通出版社 1990 年版,第 204 页。

表 14-2　民生公司战时客货运输情况统计(1936—1945 年)

项目 年份	运输量		运输收入				
	客运(人)	货运(吨)	客运收入(元)		货运收入(元)		收入总计(元)
			金额	占比(%)	金额	占比(%)	
1936	410000	80000	1383812	20.0	5512859	80.0	6896711
1937	520000	100000	1797418	20.9	6808456	79.1	8605874
1938	800000	140000	3380764	30.8	7599496	69.2	10980260
1939	1500585	150000	3882265	26.0	11048195	74.0	14930460
1940	1588964	160000	6180486	28.1	15845140	71.9	22025626
1941	1695888	170000	12690097	32.9	25869878	67.1	38559975
1942	2852859	167382	44667892	34.5	85055473	65.5	129723365
1943	3366166	166683	120940476	33.3	242662486	66.7	363611962
1944	4965946	167370	420788104	41.5	593000760	58.5	1013798864
1945	4884246	167540	2147870783	38.0	3510289630	62.0	5658160413

资料来源:《简讯》1946 年第 879—880 期,民生公司档案;《业务》第 4 页、《财务》第 105 页,长航档案,转据凌耀伦主编:《民生公司史》,人民交通出版社 1990 年版,第 204 页改制。

　　抗战时期,民生公司的航线局限于长江中上游的主流和支流。日军侵占宜昌之后,只剩下川江的几条短途航线。唯一较长的是重庆至三斗坪航线,但民生公司在这条航线主要承担军运,运费极低。为了增加公司收入,民生公司在抗战时期增辟了多条新航线,并冒着极大的危险,在金沙江、乌江、澜沧江、赤水河及岷江、嘉陵江上游河段进行了试航与考察。此外,民生公司丕与国民党政府交通部川滇公路管理处、西南运输处、战时生产局等部门合作,开展了川陕、川滇、川湘等水陆联运和水空联运,对保证战时国际进出口运输,支援抗日战争及后方建设发挥了重要作用。[1]

---

　　[1]　凌耀伦主编:《民生公司史》人民交通出版社 1990 年版,第 190—202 页。

　　根据陪都建设计划委员会公布的抗战时期川江轮船航运业统计:1939 年共有轮船 160 艘,70401 总吨,其中民生公司有轮船 116 艘,30400 总吨,占川江轮船总吨位的 43%;招商局 17 艘,23894 总吨,占 34%;三北公司 16 艘,12418 总吨,占 17.6%;强化公司 2 艘,1746 总吨,占 2.5%;合众公司 9 艘,1943 总吨,占 2.7%。但招商局和三北公司大多数轮船的吨位和设备不适应长江上游的水文条件,所以在实际参加川江营运的轮船中,民生公司占 85% 以上,经营航线及营业区域遍及川江、岷江、涪江、嘉陵江、金沙江和乌江,非其他公司所能企及。①

　　抗战时期民生公司一方面开拓后方航运,另一方面扩大附属企业,广泛投资产业。1928 年创建的民生机器厂在抗战时期拥有先进的设备和强大的技术力量,能修造航行川江的各种船舶,制造后方需要的蒸汽机和各种生产设备,成为大后方最大的民营机器厂。与民生机器厂齐名的恒顺机器厂,最大的民营钢铁厂——渝鑫钢铁厂,最大的煤炭基地——天府矿业公司,最大的染织厂——大明染织厂等都为民生公司所控制。其他如贸易、保险、建筑、食品、新闻等 70 多个单位都有民生公司的投资。投资总金额最高达到公司股本额的一半以上,从而使民生公司成为一个以航运为中心,同时拥有机械、冶炼、煤炭、贸易、保险、纺织、食品等企业的巨大实业公司,职工增加到 7000 余人,形成了一个大后方巨大的民生资本企业集团,实力和影响遍及四川和西南。②

　　然而,由于航线缩短,公差运输繁重和运费太低,而物价燃料器材上涨,支出急剧增加,民生公司在航运上亏损严重。公司纯利从 1936 年的 44 万余元降到了 1938 年的 35 万余元,到 1939 年账面出现了第一次亏损,自此连年亏损。幸亏民生公司的附属事业年年盈利,才弥补了航运亏损的很大部分(见表 14-3)。

---

①　凌耀伦主编:《民生公司史》,人民交通出版社 1990 年版,第 205—206 页。

②　凌耀伦主编:《民生公司史》,人民交通出版社 1990 年版,"绪论"第 10—11 页。

表 14-3　民生公司战时损益情况（1936—1945 年）　（单位:法币元）

年份 项目	收入	支出	纯利	纯损
1936	8237453	7796872	440581	—
1937	9973874	9623851	350023	—
1938	12436508	12085768	350740	—
1939	15816199	16181415	—	365216
1940	12593272	12747802	—	154530
1941	3689931	3762854	—	72923
1942	4953905	5021489	—	67584
1943	4837192	4910530	—	73338
1944	3020936	3047837	—	26901
1945	5662368	5636662	25706	—

资料来源:凌耀伦主编:《民生公司史》,人民交通出版社 1990 年版,第 258 页。

　　国民党政府也通过减免税收、贷款和补贴等方式,给予民生公司财务困难一些帮助。首先,民生公司以支持抗战运输和公司连年亏损为由,要求政府减免税款。1938 年以前,民生公司的税务约占收支的 2%,1939 年收入多于 1938 年,但税收总额反而由 25 万余元减少到 17 万余元,减少了 81000 余元,仅占总支出的 1%。[①]　其次,民生公司向中央银行、中国银行、交通银行、中国农业银行及中央信托局、邮政储金汇业局申请到大量低息贷款。从 1941 年至 1945 年,民生公司获得各种贷款达 5.5 亿元之巨,折合战前币值约 170 余万元。再者,民生公司还以公差运价太低、船舶被炸,以及经济亏损严重为由,从政府处获得了较多补贴,补充款数折合战前币值达 280 余万元法币,以及 74546 美元。[②]　基本保障了抗战时期大后方的交通运输任务。

　　值得注意的是,搬迁到重庆的南京政府航运业政策的变化,尤其是主张发展国家资本的政策在战争期间和战后的趋势越来越明显。国家资本

①　凌耀伦主编:《民生公司史》,人民交通出版社 1990 年版,"绪论"第 261—262 页。

②　凌耀伦主编:《民生公司史》,人民交通出版社 1990 年版,"绪论"第 266—269 页。

一直在中国的交通运输业中占有垄断地位,这是历届政府借外债修建铁路和电信设施的结果。国民党政权对于中国航运业的发展也一向主张国营。孙中山在民生主义第一讲中即表明,轮船与火车、邮电等交通事业,概应由政府办理,以期运输迅速,交通灵便。若由私人办理,不仅财力不足,且易发生垄断之弊。[①] 1923 年发布的《中国国民党政纲》又规定:"企业之有独占性质者,及为私人之力所不能办者,如铁道航路等,当由国家经营之。"在 1931 年通过的《国民政府训政时期临时约法》中,则有"国家应创办国营航业,并对于民营航业予以奖励及保护"的规定。[②] 受到 1929 年爆发的世界经济大萧条的影响,国民党政府在 20 世纪 30 年代加强了经济统制,1932 年招商局的国有化即为显著例证。1932 年 10 月,财政部部长宋子文在呈交行政院的文件中表示,招商局收归国营的目的是"俾便澈底规划,造成近代企业,以维航政,而利国家及人民"[③]。宋子文所说的有利国家及人民的航政,即孙中山所谓的节制私人资本,发展国家资本。基本上,自从国民党政府宣布招商局改归国营,完成收购商股起,该局的性质已完全变成交通部属下的一个业务机关,亦是负责执行政府航业政策的机构。但因鸦片战争以来,中国内河和沿海的航权旁落,加上远洋航运尚不发达,所以国民党政府在战前并未制定明确的航业政策,抗战时期更是无暇顾及。[④]

抗战结束前夕,航权的收复为国民党政府制定战后航业政策奠定了基础。从 1915 年开始,中国已经陆续从 11 个国家收回了内河航行权和沿海贸易权。1943 年 1 月 11 日签订的《中英新约》和《中美新约》废除了英美在华领事裁判权及其他旧有特权,国民党政府完全收回与航运业相关的沿海贸易权、内河航行权和引水权等主权,并收购英美在华船舶栈

① 《徐学禹草拟"关于我国战后航业政策草案之补充说明"》,1944 年 1 月 18 日,(台北)国史馆藏国民政府档案,工业建设(八),典藏号:001-112000-0008,入藏登录号:001000006810A。

② 中国商船驾驶员总会编纂组编印:《战后中国航业建设问题》,1943 年版,第 105 页。

③ 王洸:《中国水运志》,中华大典编印会 1966 年版,第 211 页。

④ 熊大惠:《各国最近航业政策之分析与我国战后航业政策之研讨》,《交通建设》1945 年第 2 期,第 22—26 页。

埠。战时继续航行于川江的英籍商轮于新约生效之日停航。英美在华轮船,自 1943 年 5 月 20 日起全部停止行驶。①

第三节 抗日后方的公路交通

公路交通包括公路建设和公路运输两方面的内容。中国公路交通兴起于民国初年,到 1937 年,全国公路总里程约 113819 公里②,初步形成全国公路交通网。但大约只有 35% 的公路铺有路面。③ 另据不完全统计,1937 年全国有各类汽车 68917 辆④,其中营业汽车 28503 辆,总收入约17806 万元。⑤ 驿运则是利用人畜力等传统运输工具服务于抗战的方式。1937 年"七七事变"爆发,中华民族奋起全面抗战。兵马未动粮草先行,战时交通的地位极为重要。大后方铁路里程短少,水运又素不发达,公路运输便成为后方交通运输的中心。为保障战时人员、物资运输的畅通,国共两党都采取诸多措施,推进公路建设和运输。

在大后方,公路建设是战时国民党政府在交通运输业投资最多的部

① 《航权之收回及战后五年水运建设计划——摘自〈十五年来之交通概况〉第四章〈水运〉》,《粤汉半月刊》1947 年第 2 期,第 7—10 页。

② 中国公路交通史编审委员会:《中国公路史》第 1 册,人民交通出版社 1990 年版,第198 页。其中,除黑龙江、吉林、辽宁外的关内各省公路里程为 97313 公里。这是根据各省公路史资料统计而得的最新数据。国民党政府交通部档案《交通部历年各省可通车公路里程表》记载为 110952 公里。见中国第二历史档案馆编:《中华民国史档案资料汇编》第 5 辑第 1 编,财政经济(9),江苏古籍出版社 1994 年版,第 290—292 页,但该表东北等省区的统计系 1934 年数据,不能反映 1937 年情形。

③ 龚学遂:《中国战时交通史》,商务印书馆 1946 年版,第 8 页。作者龚学遂曾于 1938 年2 月任军委会西南进出口物资运输总经理处副主任,1943 年任交通部公路总局副局长,1945 年又以交通部次长身份兼任军委会战时运输管理局副局长。

④ 中国第二历史档案馆编:《中华民国史档案资料汇编》第 5 辑第 1 编,财政经济(9),江苏古籍出版社 1994 年版,第 290 页。

⑤ 刘克祥、吴太昌主编:《中国近代经济史(1927—1937)》,人民出版社 2012 年版,第1333 页。

门,所占比重高达 56%①,国民党国家资本运输业(官营汽车运输)迅猛发展。公路交通建设的重点是改善后方公路、建设连接国际通道的西南、西北公路交通网;除了战场运输,公路运输的主要任务则是出口国内物产以换取外汇、输入国际物资以供抗战之需;省际交通运输则着眼于抗战与建设并举。在这一过程中,广大公路交通的建设者和运输者、沿线民众、爱国华侨,无不付出了卓越努力和重大牺牲。

一、以国际运输通道为中心的战时公路建设

1937 年,全国(包括东北)公路总里程约 113819 公里。其中,关内有 97313 公里。全面抗战开始后,急需改善旧路,赶筑新路,构建公路网,公路建设成为战时交通的重要任务。

为争取抗战胜利,中国军民一方面在抗战前方既破坏又抢修公路,以迟滞日军进犯、便利我军作战和人员、物资撤退;另一方面在西北、西南和中南部分地区大规模新建公路,改善旧路,加强养护,营建后方交通基地;建设重点是打通外国物资供给线,促进国内物产出口,维持国际运输通道。大体可分为三个阶段:"七七事变"全面抗战至汉广失陷为第一阶段,主要任务为紧急抢修前线军用道路,便于军队调动和人员、物资撤退;改善和修建粤港、西北、西南方向的国际交通线,以利物资进出口,滇缅公路的建设即为典型。汉广失陷至滇缅之战为第二阶段,重点为兴建西南、西北大后方公路和省际公路,整修和改善国际交通线,构建大后方公路交通网络,落实抗战与建国并举战略,以利持久抗战。滇缅之战至日军投降为第三阶段,继续公路的改善、整修和续建。

1937 年至 1940 年,为支援前方军事行动,国民党政府紧急抢修、改善军用公路约 3600 公里,遍及苏、浙、皖、赣、闽、鲁、豫、冀、晋、湘、鄂 11 个省。

---

① 根据俞飞鹏编的《十五年来之交通概况》第 102 页表计算。国民党政府交通部 1946 年印行。

国际交通线的建设在抗战中更是发挥了重要作用。国际交通线的建设是在激烈的封锁、反封锁中进行的。"七七事变"后,日本侵略者一面展开疯狂的军事进攻,一面加强对中国的封锁,试图切断中国与外部世界的联系和战略物资的供应。日本以海军封锁中国全部海岸线,于 1937 年8 月宣布禁止中国船只在长江下游、东南沿海航行;9 月,又将禁区扩大到北起秦皇岛、南到印支边界的中国沿海地区(青岛和第三国的"租借地"除外);12 月,青岛也遭封锁。沿海仅有澳门、香港和广州湾未被封锁。[①]日本还以空军轰炸国际铁路、公路、海港、飞机场,追炸列车、汽车、船舶,击落中国飞机。[②] 于是,战争开始后,在日本的严密封锁下,中国通往外界的陆路交通线路寥寥无几,在 1938 年年底滇缅公路开通之前,由苏联阿拉木图经中国新疆伊犁、迪化(今乌鲁木齐市)、哈密至兰州的西北公路,从法属印度支那经滇越铁路连接中国的通道,香港连接广东的通道,就成为打破封锁的重要环节。也即,西北、西南、粤港方向的公路建设,就成为争取外援的重要国际交通线。缅甸沦陷后,滇缅公路遭截断,西南方向则需开辟新的国际交通线,西北方向也需要改善或新开交通线。

具体而言,国民党政府首先在华南方面对广九、湘粤、湘桂等公路施以改善工程,以扩大香港与内地之间的运输能力;在西北方面,对西(安)兰(州)、甘(肃)新(疆)、霍迪、川陕公路开展续建、整修、改善工程,以便衔接苏联陆路交通线,承运援华物资;在西南方面,修筑桂越、滇缅、中印公路,构成经越南、缅甸和印度的进出口物资运输线路。为打通国际线路与后方各省的联络,又修建省际干线公路,各路初步连成一气。有几项重大工程在国际交通中发挥了重要作用。

首先是修建和改善西北地区公路。

1937 年 8 月,中苏签订《互不侵犯条约》。苏联还同意以易货贸易方式向中国提供军事物资,1938 年和 1939 年先后订立三次贷款协定,约为2.5 亿美元。利用这些贷款,中国从苏联购买大批军事物资。因此,由西

---

① 张俊义、刘智鹏主编:《香港与内地关系研究》,南京大学出版社 2015 年版,第 95 页。

② 徐万民:《战争生命线——国际交通与八年抗战》,广西师范大学出版社 1995 年版,第29 页。

安至新疆中苏边境的交通极为重要。但全面抗战爆发之前，西北地区仅着手西（安）兰（州）公路、西（安）汉（中）公路的建设。其中，西汉公路在蒋介石严令之下降低标准加紧修建，已于1936年勉强通车。全面抗战开始后，打通与苏联的交通，已成燃眉之急。国民党政府加紧修通西兰公路、甘新公路、迪霍公路，直达中苏边境，方便与苏联易货；修建川陕公路，将西北、西南连成一气，方便军事物资进入以重庆为中心的大后方。西兰公路，自西安至兰州全长704公里。甘新公路，其中甘肃段（红城子至猩猩峡）长1106公里；新疆段南线由迪化经达坂城、吐鲁番、七角井、哈密至猩猩峡813公里。迪霍公路，自迪化（今乌鲁木齐）至霍尔果斯（霍城）全长655公里。川陕公路，四川段（成都至七盘关）长420公里；陕西段（七盘关至西安）长573.5公里。这几条公路，有的在"七七事变"抗战前已经通车，加以整修；有的为新建，1939年7月全部贯通。西北公路网的建设，便利苏联物资进入中国西北，成为一条重要的国际陆路运输线。

其次是整修和新建西南地区公路，主要目的是连接与越南、缅甸和印度的交通，也是为了便于物资的进出口，特别是军事物资的输入。黔桂公路、河岳公路、滇缅公路、中印公路的建设，就是这一战略目标的重要环节。

黔桂公路由贵阳起，至河池止，全长390公里，早在1934年春即已通车，但路况极差，雨天无法行车，经整修，1939年3月初步完工。该路在车河与河岳公路连接。河岳公路起自广西省南丹县车河，至岳圩以南的中越边界，全长487公里，至1940年2月中旬各段大部完工。这一新线的开辟，有利于储存在越南的军用物资运回国内。

滇缅公路，即今昆畹公路，其东段原名"镇西干线"，由昆明起经安宁、禄丰、楚雄、镇南（今南华）、祥云、弥渡、凤仪至下关，全长411.6公里，已于1935年修通。其中，昆明至禄丰段104公路铺有泥结碎石路面，禄丰至下关段多为土路，多处达不到标准。1936年由云南省禄凤段工程分处继续改善并加铺路面。

1937年8月，国民党政府拨款320万元，由云南省负责赶修滇缅公路，以备在日军封锁全部海岸出口后，能有一条经由缅甸仰光出海的交通线。10 月,国民党政府与云南省和缅甸政府先后商定,由云南省政府主持修建下关至畹町段,境外腊成至畹町段由缅甸政府修建。次年 1 月,云南省公路总局在保山设总工程处,同时,经委会公路处派出管理和技术人员进驻工地协助抢建,各县、区、乡长亲临工地督战。下畹段新线由下关经漾濞、保山、龙陵、芒市至畹町,全长 547.4 公里,于 1937 年 11 月开工。在 1938 年前后,每天有筑路民工和包工 5 万多人,最多时达 20 万人(含昆明至下关段改善工程),至 1938 年 8 月底仅 9 个多月时间,完成土方 1100 多万立方米,石方 110 万立方米,小桥涵 1700 多座和部分路面工程,实现昆明至畹町全线 959 公里初步通车,创造了令人惊叹的筑路速度。[①]

1939 年 1 月,交通部滇缅公路运输管理局接管滇缅公路的改善和未完工程及汽车运输,将全路分为 7 个总段、26 个分段,除建立养路道班(以 10 公里为一班,修建一个道班房)负责路基和路面的维修及清理小塌方等工作外,主要是续建未完成的大中桥梁和芒市(潞西)至畹町间 86.4 公里路面工程,以及清除坍方和增设标志等。大中桥梁由包商修筑,土方工程(路基、便道和清除坍方)和泥结碎石路面则征用民工修建。

滇缅公路通车不久,日交通量即达 800 辆,原有泥结碎石路面不能适应运输要求,从 1940 年 7 月起,在昆明至碧鸡关段试铺沥青路面 14.6 公里,效果良好。遂于次年 2 月,在畹町至龙陵段加铺柏油路面 135.4 公里,在保山附近铺筑 4 公里,在下关附近铺筑 3 公里。1942 年 6 月,日军侵占缅甸,逼近怒江西岸,路面工程被迫停顿。

抗战期间,滇缅公路在国际援助物资的运输中,发挥了很大作用。自 1939 年 2 月至 1941 年 12 月,共运入外援物资 221567 吨。1942 年元旦至 2 月 20 日,战局紧张,空袭频繁,仰光告急。在此紧急情况下,滇缅公路在 50 天中仍抢运物资 52000 吨;1942 年 2 月仰光失守,6 月日军占领缅甸全境,中缅公路交通中断。援华物资改由中印缅航空运输。滇缅公路

---

①　云南省地方志编纂委员会编:《云南省志·交通志》,云南人民出版社 2001 年版,第 108 页。

承担陆路转运。1945年1月,保山—密支那—列多公路通车,滇缅公路与中印公路连通。至抗日战争胜利,在不到半年的时间内运送物资5万余吨。①

1940年冬,日军为切断中国西南方向的国际通道,阻止援华物资运输,派飞机轰炸滇缅公路惠通桥和功果桥。国民党政府决定另辟蹊径,修建中印公路,由交通部派员勘测。1941年太平洋战争爆发,盟军组成中缅战区,在缅甸开展联合作战,修建中印公路更加迫切地提上日程。1942年2月,经多次勘测,决定修建由滇缅公路上的龙陵经腾冲、缅甸密支那至印度列多的公路线,与印度境内铁路相接。不久缅甸沦陷,5月4日龙陵失守,滇缅公路被切断,中国远征军被迫撤退,已入缅的筑路员工6000多人也被日军隔断,被迫绕道步行,历尽艰辛才返回国内。当年圣诞节撤往印度的中国远征军工兵独立团,配合驻印美国工兵团抢修列多至密支那公路(简称列多公路,长434公里),为反攻做准备。1943年12月,施工难度最大的印度列多至缅甸新背洋的一段公路完成,到次年秋终于打通列多公路。

1944年2月,为反攻缅甸,打破日军封锁,滇缅公路工务局筹建中印公路北线的保(山)密(支那)公路。该路从云南省保山县大官市滇缅公路690公里处起,经腾冲、37号中缅国界桩(长234公里),进入缅境密支那宛貌止(长133公里),全路长367公里,可连接仰光铁路与列多公路。由保山至列多公路全长1511公里,被称为"史迪威公路"。中印公路南线则在缅甸境内,由滇缅公路终点畹町经八莫至密支那,长337.9公里。中印公路穿越原始森林和蛮荒地带,人迹罕至,瘴疠为患,工程之艰巨和给养供应之困难较其他公路建设工程更甚。日本投降后,中美租借法案终止,中印公路军运随之停顿。加之经费短缺,中印公路竟因缺乏养护、

---

① 云南省地方志编纂委员会编:《云南省志·交通志》,云南人民出版社2001年版,第108页;中国公路交通史编审委员会编:《中国公路史》第1册,人民交通出版社1990年版,第297—300页;西南地区文史资料协作会议编:《抗战时期西南的交通》,云南人民出版社1992年版,第1—121页;贾国雄:《抗战时期滇缅公路的修建及运输述论》,《四川师范大学学报(社会科学版)》2000年第2期。

年久失修而荒废。①

　　上述西北、西南地区国际交通线的构建，在持久抗战中发挥了重要作用。

　　在西南地区，还有三条联络各省的省际公路，与上述国际交通干线连接成网。一是由昆明经贵阳至重庆的昆渝公路，长1139.7公里，以贵阳为中心，北通重庆，西接昆明，东至沅陵，南下柳州、桂林，是西南地区省际交通的大动脉。二是由成渝公路上的隆昌经泸州、叙永至云南宣威、沾益的川滇东路，长791.56公里，从滇缅公路进口的物资均经此路转运至四川、陕西等地，物资到泸州后，即可顺长江而达重庆，大多重要军用物资、工矿器材都取道该路，比经由贵阳缩短200—300公里②。三是由滇缅路的祥云附近转北经兆安、西昌至乐山的川滇西路，长1073公里，沟通了川康和云南之间的交通，可接运来自滇缅公路的物资，直达四川腹地。

　　连接各省的公路工程还有：（1）衡阳至宝庆、洞口至榆树湾两条公路，共长248公里，缩短了东南各省与西南之间的运输线路；（2）贺县至连县公路，全长150公里，为粤桂间要道；（3）安康至白河、安康至南郑两条公路，共长525公里，是沟通陕南鄂北间交通的重要公路；（4）宝鸡至平凉公路176.8公里，是川甘两省不经过西安的另一条捷径；（5）天水至双石铺公路，长231.3公里，为西兰公路通川陕公路的要道；（6）西乡至重庆的汉白公路587公里，实际修通重庆至万源段424公里，是重庆至陕西襄城的最便捷路线。

　　滇缅战役之后，西南国际陆路交通已经完全断绝。为开辟西北国际运输通道，公路建设的重点又移至西北地区，修建了青藏、康青两条公路。

　　青藏公路自青海西宁至三树，全长827公里，是西北地区通往西藏和

①　中国公路交通史编审委员会编：《中国公路史》第1册，人民交通出版社1990年版，第300—303页；中国第二历史档案馆编：《中华民国史档案资料汇编》第5辑第2编，财政经济（10），江苏古籍出版社1997年版，第369—371页；西南地区文史资料协作会议编：《抗战时期西南的交通》，云南人民出版社1992年版，第56—108页。

②　云南省地方志编纂委员会编：《云南省志·交通志》，云南人民出版社2001年版，第109页。

西康的交通要道，1944 年 9 月底竣工通车。康青公路自康定至青海歇武，与青藏线相接，全长 793 公里，1944 年 10 月竣工，但质量极差，以至于日久废弃。

此外，还有若干公路的兴建和改善。

抗战期间的 1938—1944 年，国民党政府在后方新建公路 11675 公里，改善公路 88905 公里（见表 14-4）；1937—1945 年共新建公路 14331 公里，修复公路 12576 公里，对公路进行改善工程的总里程约为 10 万余公里。[①]

表 14-4　抗日后方公路新建和改善里程统计（1938—1944 年）

（单位：公里）

项目＼年份	1938	1939	1940	1941	1942	1943	1944	总计
新建里程	973	2583	949	2616	755	1571	2228	11675
改善里程	5584	9802	9313	11887	15347	16666	20306	88905

资料来源：中国第二历史档案馆编：《中华民国史档案资料汇编》第 5 辑第 2 编，财政经济（10），江苏古籍出版社 1997 年版，第 114 页。

这些公路建设工程，对于西南和西北地区公路交通网的形成，对于战时物资运输以及后方经济的维持发挥了明显的作用。但这些公路，大多等级不高，"仅做到近似丙等标准，无法行驶高速度汽车"[②]；与国土面积相比，简直不成比例。

二、战时公路运输

全面抗战期间，国民党统治区的公路通车里程较战前全国通车里程大为减少，1937 年全面抗战前夕，国民党政府统治地区公路通车里程为

---

①　俞飞鹏：《十五年来之交通概况》，国民党政府交通部 1946 年印行。另据中国公路交通史编审委员会编的《中国公路史》第 1 册记载，1938 年至 1945 年新增公路 12737 公里（人民交通出版社 1990 年版，第 279 页）。

②　中国第二历史档案馆编：《中华民国史档案资料汇编》第 5 辑第 2 编，财政经济（10），江苏古籍出版社 1997 年版，第 417 页。

109500 公里,到 1942 年滇缅路失守后公路里程仅为 53000 公里,尚不及战前的 1/2。如前所述,战时后方公路都是仓促建成,交通环境一般也比较恶劣,尽管进行了大量的改善工程,多数公路路面状况依然较差,加上敌机对交通线的轰炸骚扰,车辆损毁很快,而新车辆和交通器材的进口、补充又很困难,汽车登记数较战前也大幅减少。民用车辆由 1936 年年底的 62000 辆下降到 1944 年年底的 32484 辆,仅及战前的 52.4%。在上述登记车辆中,自用客车占了很大比例,货车很多也为政府机构和国营企业所有(如资源委员会等都辖有庞大的汽车运输队)。据有关资料记载,1944 年后方营业性车辆共 7321 辆,只占后方登记车辆总数的 22.6%,其中国营公路运输机构(交通部公路总局各直辖运输处)拥有车辆 4498 辆,占营业性车辆的 61.4%,私人营业车辆 2823 辆,占 38.6%。① 这些营业性车辆的完好率也很低,如 1944—1945 年,营业性车辆的完好率只在40%—60%(客车完好率稍高),因此战时后方公路运输量难以提高,且很不稳定。在这一过程中,粤港、西南、西北等方向的国际运输,国营企事业单位、地方公营、民间商营和海外华侨,都在全面抗战的公路运输中发挥各自的作用;很多员工甚至牺牲了生命。表 14-5 为 1937—1945 年抗日后方各类民用汽车、驾驶员、技工数量统计。

表 14-5　抗日后方各类民用汽车、驾驶员、技工
数量统计(1937—1945 年)

(单位:汽车:辆;驾驶员、技工:人)

项目 年份	自用 客车	营业 客车	货车	邮车	特种车	机器 脚踏车	汽车 总计	驾驶员	技工
1937	36143	10837	17655	—	—	4282	68917	—	—
1938	18040	2489	15423	—	—	832	36784	—	—
1939	7951	1984	12776	—	—	67	22778	—	—
1940	2421	1593	11829	338	232	16	16429	24441	951
1941	3813	1623	15577	209	378	36	21636	27735	4164

① 国民党政府交通部统计处编:《交通部统计年报》,国民党政府交通部 1944—1945 年合订本。

续表

项目\年份	自用客车	营业客车	货车	邮车	特种车	机器脚踏车	汽车总计	驾驶员	技工
1942	4732	1910	22755	567	393	83	30440	33260	6552
1943	4967	2085	23642	401	648	90	31833	36444	7608
1944	5179	2146	24000	407	658	94	32484	40798	7801
1945	5337	2314	25178	407	698	101	34035	41657	8005

资料来源:1937 年统计数据根据中国第二历史档案馆编:《中华民国史档案资料汇编》第 5 辑第 3 编,财政经济(7),凤凰出版社 2000 年版,第 348 页;其他年份根据国民党政府交通部公路总局编:《公路统计年报》1946 年(见张研、孙燕京主编:《民国史料丛刊》第 623 册,大象出版社 2009 年版,第 223、232 页)。上海市及军车未计入。

(一) 国际通道的战时运输

中国近代工业落后,各种物资、设备大多仰赖进口。全面抗战开始后,对外依赖更加严重。不仅生产设备、交通工具、医药用品的需求大增,军用物资、航空器材的需要更是猛增且迫切。这样,国际运输越加重要。国外物资进口原本依赖海运,天津、上海、香港分别为北、中、南三大商埠,以上海港吞吐量最大。自天津、上海失陷后,国际运输海上通道只剩香港一地,其余皆为陆路。

重要的国际运输线,主要分布在粤港、西南和西北三个方向。粤港线,以广九、粤汉铁路为主,以水路、公路为辅。广州失陷后,此线停顿。

西南方向,有中越线、中缅线和中印线。中越线包括滇越、桂越两线,于 1938 年 10 月开始运输,由中国香港运至越南海防,改经滇越铁路而远达昆明。桂越线从越南海防至同登,以汽车经中国镇南关运至南宁,或至龙州改水运至南宁。1940 年 9 月越南沦陷,两线全部中断。中缅线是全面抗战以来历时最久、规模最大的陆路运输线,但自 1938 年 12 月起至 1942 年夏,腊戍、畹町、遮放相继沦陷,此线运输受阻,直至断绝。中印线在抗战后期发挥了重要作用。除中印空运线("驼峰运输"),中印公路即"史迪威公路"于 1945 年年初全线打通,成为车辆、物资进口的通途。中印之间的管道运输,亦发挥作用。

西北方向,即陕、甘、新线,1939 年 7 月通车后,成为西北地区唯一的国际通道，以中苏贸易为主，易货贸易兴盛。苏德战争爆发后，运输陷入停顿。这几条国际运输线，先后由不同的机构承担。

着眼于国际运输的办理，1937 年 10 月，国民党军事委员会在广州设置准军事机构"西南进出口物资运输总经理处"（以下简称"西南运输处"），以进口军用品为主要业务。广东地方官曾养甫、宋子良先后兼任或担任主任，在香港、河内、桂林、长沙等地先后视情况设办事处，广州沦陷前，总处于 9 月迁至昆明。内部机构亦有多次改组、调整，员工总数曾多达 2 万人，汽车约 3000 余辆。初期运输线路，一为经香港至广州；一为经海防至镇南关。国内则有同（登）衡（阳）、衡（阳）常（德）等 7 条线路。1938 年年底广州沦陷后，开辟滇缅公路，中缅运输线担当大任。在日军入侵东南亚期间，多名职员以身殉职，被赞为"西南精神"。1941 年年底，该处撤销，业务和设施分别移交给川滇东路运输局、中国运输股份有限公司、中缅运输总局。

西南运输处成立之初，为便于国际运输，对外称"兴运公司"，于 1937 年 11 月从南宁出发，开始运输业务。后编为若干大队、中队，且屡有改编、调整。1938 年间，广九、粤汉两铁路屡遭日军轰炸、破坏，由港、粤入口物资，常有积压。5 月，先后成立广九、广乐（昌）两个临时运输段，装载货物，由公路运输，绕过被炸铁路，再与铁路衔接。10 月间，日军为策应武汉战场，在大鹏湾登陆。中国存放在港粤一带的物资亟待抢运。运输处选择重要物资先运，仓库存货用船运往梧州。广州芳村、花地等地的物资通过船运，市区仓库物资则通过汽车运输；另有一批物资以船运至英德，再转火车。汽车修理所机器设备通过汽车运输，一般人员则分别通过水路、陆路向梧州、乐昌撤退，至广州沦陷前夕的 10 月 19 日，全部疏散完毕。

香港分处自 1938 年 2 月开始办理进出口物资运输。铁路运输所需车辆，多由粤汉铁路供给，也向广九铁路借用。铁道运输总司令部计划每天调拨列车 3 列，装运 1000 吨，到 10 月仅运入物资 13 万吨，军品运入更少，其余为五金、材料、油料、机件等。水路运输主要通过港粤、港梧线，均为五金电料等普通货物，轮船运量有限，每月不过千吨。价廉速快的广九铁路，装运物资更多。广州沦陷后，进出口物资改由轮船运至越南海防和缅甸仰光,再转汽车运入国内。海防线于 10 月起开运,但限于普通货物。滇缅线除运输本处所需车辆、设备,还租用轮船,运送军品 3000 多吨。两年来运入物资约 16000 吨。中国香港至欧洲的出口货物,则交英、俄籍轮船运输,主要为钨砂、生锑、锡锌等矿产品,平均每月一次,历时 10 个月共运出矿产 12640 吨。公路运输,则利用进口新车驶入内地,随时配运,但因汽车运输未受重视,半年多时间,驶入新车 1701 辆,带运货物仅 600 余吨,随广州失陷而终止。香港分处也于 1939 年 2 月关闭。

在广州沦陷之际,运输处在新加坡设分处,以便接转自香港疏散和承收向欧美订购的物资,拨运仰光。1939 年 6 月将工作范围扩大至荷属东印度群岛一带,主要负责提运滞留在荷属各地德国轮船运来的中国进口物资,经 3 次调查督运,因欧洲大战爆发搁置,中途无法提货问题,大半解决。1940 年 11 月,新加坡分处转移至菲律宾。

河内办事处设于 1937 年 10 月下旬,1938 年 3 月改为分处。同年 5 月移至海防,开辟三条运输线路:一由海防用铁路经河内直至昆明(即滇越铁路);二由海防用铁路至同登转桂越公路至镇南关达南宁;三由同登经桂越公路至龙州转水运至南宁。

粤港线阻断后,西南进出口物资只有从越南的海防转口最为经济。法属越南殖民政府政策多变,导致运输不畅。全面抗战开始之时,越南殖民当局强令,凡在 1937 年 7 月 13 日之后在欧洲购买,或在 8 月 15 日之后由欧洲运出的中国军火,一律不得通过越南。因此,该处除运输法国进口的军品、飞机外,仅运过苏联进口物资 2900 余吨。苏联物资到达时,正值 1938 年元旦,越南殖民当局尚未接到入口命令,中方不得不赶赴海外,与苏联船主协商,在报关单上加注"此系他轮于 8 月 13 日由黑海运出,本轮于 9 月由波罗的海转运而来",送交殖民当局核实,才获准入口。但卸货未达半数,法国内阁改组,政策突变,严令"寸土分流不得通过"。几经交涉,至 3 月,中方才获准另外雇船,沿海以船运至中国东兴港登陆。1938 年 1 月,越南殖民当局曾允许中方免费通过 1000 辆汽车,后来仅允许湘桂、黔桂两铁路公司转运数十辆柴油车。广州失陷后,各机关车辆由香港转至越南。11 月初法方放行 6 辆卡车,但法国政府慑于日本的压力,下令禁止,凡军用车、救护车均不得通过。经再三交涉,仅放行救护车,仍禁止卡车通行。中方联络地方知名绅商向法方施压,殖民政府这才改停运为收税,意为商用车辆可以通行。最初,限每月百辆,不久放开限制,但只可夜间零散开行,不准组成车队,实为变相限制。此外,原来不限制运输金属材料和机器,后因军用材料经过渐多,法国政府又命海关,"凡制造军械所用机器及发动机,概不得通过",殖民政府则断章取义,对普通机器也不许通行,导致停运两个多月。中方致电请驻法大使向法国政府提出质询,并请河内商会会长前往巴黎疏通,又借当地同情中国的舆论,到1939年2月上旬,法方才将原禁令改为"凡非制造军械所用之机器及发动机,均准通过"。也即,限于普通货物运输。

广州沦陷,粤港线中断,西南方向的国际运输,全靠中越、中缅两线。在中越线上,同登至衡阳公路运输极为重要。但衡阳位于粤汉铁路中段,两端已被敌占,致使同衡线丧失重要性,进口物资只能由同登过镇南关,经南宁、柳州转往贵阳、重庆,或运至广西境内存放。1939年11月,日军在广西登陆,运存同登物资暂停内运。不久,日军侵占南宁,切断桂越线,并有进袭龙州、凭祥、宁明一带运存物资的意图。运输处将出口的钨、锑、桐油抢运至越南境内,又将龙州等地一部分物资再出境入越,存于凉山、同登、海防等地仓库,另一部分物资则雇人力挑运至田东。日军于12月下旬进逼镇南关、龙州,毁坏物资约400吨。

桂越线从那岑至岳圩,里程约220公里,法属越南殖民政府同意西南运输处用200辆汽车编为6队通行,每天开行2队。因路况不佳,验关耗时,往返至少需要3天。每队用车33辆,载重60吨,每月运量3600吨。岳圩至田东对岸的福昌镇约180公里,受空袭影响,往返亦需3天,维持同等运量,需配车200辆。至福昌镇渡河后,由田东至车河接黔桂线,或由田东至安顺接黔滇线。不料,殖民政府于1940年6月20日宣告停止中方一切运输。此时,中方存放在海防的物资尚有8万吨。同年9月23日,日军从镇南关入侵越南,越南很快沦陷,中越交通彻底中断,中方在河内和海防损失物资32270吨。

全面抗战初期,因粤汉路阻断,而桂越、滇越线只能转运普通货物,军用物资主要依赖中缅线运输。1938年春,西南运输处意识到此线军运的重要性,于2月设昆明分处,筹办缅甸境内的接运工作,3月又设缅甸分处,筹办运输。同年10月,苏联船只运送数船军用物资来华,恰逢粤汉铁路中断,越南各港口又禁止中国军品上岸,不得已,乃将船只改驶仰光,于11月抵达。宋子良率员自香港赴仰光接运,总处亦派员携带宪兵,由施工中的滇缅公路抵达中缅边境芒市,这也是国民党中央军第一次进入滇缅边境。同年12月,宋子良押送苏联军品沿滇缅公路抵达昆明,这也是滇缅公路的首次运输。尽管运量不大,却打破了广州沦陷后日军对中国的严密封锁,振奋了中国军民的精神。

中缅之间,以缅甸港口仰光为起点,中国云南昆明为终点,有三条运输线:第一条为仰光经铁路至腊戍转公路至中国畹町,接滇缅公路;第二条为仰光沿伊洛瓦底江(怒江)至八莫,转公路至畹町接滇缅公路;第三条为仰光沿公路直至畹町接滇缅公路。第一条为主要运输线。仰光至腊戍铁路长885公里,火车行程2天。腊戍至畹町公路长187公里,包括装卸行程也需2天。腊畹公路缅境终点为九谷,与中国畹町隔河相望。因畹町在国境线上,不宜存转物资,于是缅方汽车须进入中国境内38公里遮放装卸货物。

仰光至腊戍铁路,每月可运物资1万—1.5万吨。公路运输,初期利用甚少,即使新车进口,也多用火车运至腊戍,再驾驶进入中国。1940年下半期美国租借法案汽车大批到港,火车运力有限,这才改由仰光至昆明直达汽车内运。

腊戍为铁路、公路转运中枢。缅甸铁路每月运达货物万吨以上,而由腊戍内运,仅依赖少量汽车。火车可载40吨运入,汽车运出仅为3吨,整卸零运,吐纳极不平衡,导致腊戍存货有增无减。最初租用的商车,为印度、缅甸人和华侨的零星组织,没有契约,视运价承接,导致运力微弱且不稳定。1939年春,仰光分处与维得尼斯公司(S. Vertannes)签订合同,由对方供给新车200辆,承担腊戍至国境段运输,运量大增。但行驶半年,车辆损坏殆尽。此时传来缅方禁运消息,货物急需内运,运输处调集国内1个汽车大队入缅,又在缅甸用新车组建4个中队,后合组为华侨第二大队,全力抢运。1940 年 7 月 18 日,缅方开放禁令,运输处为加强运力,冬季在仰光与华生公司和华侨公司签订合同,华生公司提供 300 辆车,华侨公司提供 100 辆车,专运物资;同时又商请缅方,在腊戍成立车辆统制所,由缅甸商车 200 辆运货,自腊戍运至中国遮放,以往返行程 3 天计,每天提供汽车 66 辆。1941 年年初,华生公司、华侨公司开始运输,缅甸车辆统制所供给车辆也都到位,从腊戍内运物资量大增,平均每月可达万吨以上,与铁路运量勉强衔接。

西南运输处原计划利用仰光至八莫的伊洛瓦底江水运,作为辅助路线,增加运量,未成,支处随即撤销。1939 年 5 月,为尽可能利用这条辅助路线,由仰光开始,水运物资至八莫,再转至国内。之后运量渐增。自仰光至八莫航道长 1404 公里,水运行程 14 天,运价低于铁路。在仰光铁路运力不足时,水运可资补充,由伊洛瓦底江轮船公司托运,最高运量曾达每月 2000 余吨。

滇缅路国内段自畹町至昆明 959 公里,经横断山脉,跨越怒江、澜沧江、漾濞江,有惠通桥、功果桥和漾濞桥衔接。1940—1941 年,敌机多次轰炸惠通、功果两桥。中国护桥人员奋力抢修,维持通行。当时的运输原则是,尽量将物资运至功果桥以东,再逐步疏运。

在 1939 年间,公路运输以贵阳一带为中心,滇缅线行车不多,冬季还可调车支援广西运输。1940 年,越南海防紧张,运输中断,国际运输中心移至昆明。1940 年春,西南运输处抽调大批车辆去桂越线抢运,滇缅线运力减弱,腊戍、遮放、保山等地仓库物资告满,续来物资只好露天堆存。在遮放有交通部筑路用烈忾炸药数百吨露天存放,因气温太高,于 4 月 12 日发生炸药自燃爆炸事故,引起大火,仓库物资全被烧毁,员工、居民死亡 40 余人。这就是抗战时期储运工作中著名的"遮放大火"。

英国长期对日本采取绥靖政策,在日本的要求下,于 1940 年 7 月 18 日在东京签订《英日协定》,承诺关闭滇缅线运输三个月,禁止军械、弹药、汽油、汽车和铁路交通器材运入中国,严重影响中国抗战。在封锁生效之前,西南运输处提前将行驶于湘、桂、黔等省车辆调入滇缅线,同时就地征用军、公车辆抢运油料及缅境物资,并派四个大队约 800 辆汽车进入缅境腊戍接运。至 7 月 18 日中缅交通关闭前 7 天就运入国内物资 7215 吨。关闭滇缅线的行径引起中国和全世界人民的关注和反对,苏、美先后予以指责,英国人民也要求重开。在此期间,日本加入德意轴心,威胁缅、印及太平洋英国属地。英国权衡利弊,三个月期满,于 10 月 18 日重新开放中缅交通。于是,滇缅公路运输也进入新的高峰,10 月即运入国内物资 329 吨,全年共运入 61394 吨,平均月运 5116 吨。

由缅入境物资的运输,国民党政府指定西南运输处为唯一办理机构。国内接运,则各听其便。大部分运力用于兵工署物资的运输,根据轻重缓急分别运至保山、下关、昆明,然后再向东转运。各机关零星物资,则由边境直运昆明。滇缅路在滇越线通车时期,除运输处的车辆外,很少有其他车辆行驶。滇越线中断后,军、公、商车辆蜂拥而至滇缅线。1940 年 10 月,运输统制局设昆明办事处,管理这类车辆。1941 年 5 月,中、美、英三方合组滇缅公路运输工程监理委员会,规定在滇缅路行驶的商车,必须全部运输军、公物资。于是,每月运抵昆明的物资大增。而进出口物资,也多由商车承运。保山以西出口运输,因租用缅甸商车时,已支付来回双程运费,仍由西南运输处统制。

西南运输处所承办的国际运输,自 1937 年 10 月成立起,至 1941 年 12 月结束,历时 4 年 3 个月。1937 年的 3 个月运量不大;香港、武汉一线在 1938 年的 10 个月中运入物资 106143 吨;桂越、滇越线在 1938 年的 4 个月中运入 3225 吨,1939 年运入 20529 吨,1940 年的 6 个月中运入 17697 吨。滇越线在 1939 年的 11 个月中运入 27980 吨,1940 年运入 61394 吨,1941 年运入 132193 吨,合计 369161 吨,其中,1/3 为油料,军品不过 7 万吨而已。[①]

1942 年 1 月中缅运输总局成立后,把国外机构改称中缅运输公司(即该局仰光分局),由俞飞鹏兼总经理;另派外交部驻缅印代表沈士华、陈桐涛为副总经理。仰光军事紧张,外来船舶改驶印度,又先后在印度东岸加尔各答和西岸卡拉奇(今属巴基斯坦,下同)成立办事处。中缅运输

①　龚学遂:《中国战时交通史》,商务印书馆 1946 年版,第 85—99 页。

总局除接管滇缅公路运输工程监理委员会及西南运输处国内外业务外，还成立川滇西路运输局，以加强国际运输的接转。

1941年12月，太平洋战争爆发，中国香港、新加坡相继被日本占领，缅甸海运处于日军威胁之中。这时日军已从泰国侵入缅甸东南的毛淡棉，仰光岌岌可危，英缅军事运输紧张，缅甸境内铁路、公路、水运的运输工具都不敷用，影响中国存仰光物资的内运。

1942年年初，美国租借法案内的汽车大批运到仰光，中缅运输总局成立"接车委员办事处"驻仰光，先后接收新车3665辆。铁路运送不及，只能载货循仰腊公路内驶。当时，内地司机缺乏，成为突出问题。这时缅甸已进入战争状态，仰光在日机空袭下，居民疏散，难以招雇印缅人员，只招到华侨729人，并抽调原在腊戍畹町段的华侨大队司机，组成仰光接车队和腊戍接车队，分别在仰腊段和腊畹（遮放）段接运新车。仰光撤退前，这一接车任务全部完成。

当时存放在仰光的物资共约70900吨，实需内运50600吨。1942年元旦至2月20日仰光撤退前又新到美国租借法案物资8船共15800吨，连原有物资共需内运66400吨；经1月运出15400吨，2月运出17700吨，将底盘、车身装配成内驶车辆14200吨，各机关自行运出4600吨，合共运出近52000吨。在这战局紧张、空袭频繁、人心浮动、工人星散、装卸迟缓、运具缺乏的情况下，50天内抢运大量物资，成为滇缅线运量的最高峰。之所以获得这样巨大的结果，主要是中缅运输总局成立时，对西南运输处国外机构和人员未加变动，得能驾轻就熟，迅赴事功。

1942年2月，日军自毛淡棉向勃固（Pegu）推进，准备切断仰光退路。这时，中国军队出国远征，中缅运输总局兼办兵站，调集国内外车辆运送两个军出国。参战车辆进则输送部队，退则抢运物资，随到随卸，随装随开，夜以继日，完成了抢运物资和送出部队的双重任务。

1942年2月，仰光失守，仰腊铁路停运。中国远征军与日本军在曼德勒地区相持。中缅运输总局组织车辆将存腊物资抢运至遮放。不料战局急转直下，4月下旬日军占领腊戍。中国存腊物资万余吨自行破坏，人员撤至遮放。遮放是中缅运输线的中转站，设有中缅运输总局的遮放总站,兼办兵站供应。滇西作战部队总部也在遮放,部队的装备、人员、车辆及内运物资的车辆、人员都集中在这条公路上,秩序混乱,运输困难。5月1日,日军进至畹町对岸的缅境九谷,形势更急,存放畹町、遮放、芒市三地的器材4万余吨,油料3万余吨,于5月2日至4日不得不自行破坏,仅在芒市抢出物资约百车左右,人员随军后撤。遮放、龙陵间85公里,后撤军民颇多,大小车辆和军车、战车不下数千,壅塞于途,虽力图疏通,但十分困难。

1942年5月4日晨退至龙陵,日军随之而进,中国运输人员仍继续抢运后撤。军方将龙陵木桥数座破坏,以阻敌追。不料日军另沿畹遮间僻径于5日晨窜至龙陵以东76公里怒江西畔的惠通桥侧,阻断滇缅线上军民的东退归路。这时惠通桥东西两岸人流、车流乱成一片,虽有破桥措施,为营救桥西人车,护桥部队竭力阻击,掩护东撤。日军在桥西高地开炮狂轰,军民伤亡惨重。上午10时,中国军队只得将桥炸断,依赖怒江天险,阻敌东进。这时桥西尚有汽车500余辆,人车绵延数十里,前有怒江,后有追兵,火光冲天。许多滇缅路西段职工以及由缅撤退华侨,惨遭日军杀害;车辆和仓库储存物资全部损失,日军搬不走的便纵火焚烧。江东的保山经敌机5月3日、4日两日狂炸,一片废墟。中国后援部队赶到,严守桥东,与敌隔江对峙,保山得以保全。至此,滇缅公路只余保山至昆明668公里。

在仰光进入军事状态时,港口不能再用,美国来船改驶印度加尔各答卸货。以后战局日紧,又改在西岸港口卡拉奇卸船,由中、美、英三方在加尔各答、卡拉奇及孟买三处联合办理运转存储。缅甸、滇西相继被日本占领,美援物资改经印度。办理国际运输的中缅运输总局已完成历史任务,于1942年8月10日撤销。①

---

① 龚学遂:《中国战时交通史》,商务印书馆1946年版,第99—102、104—105页;黄恒蛟主编:《云南公路运输史》第1册,古代道路运输·近代公路运输,人民交通出版社1995年版,第128—141页;贾国雄:《抗战时期滇缅公路的修建及运输述论》,《四川师范大学学报(社会科学版)》2000年第2期;中国人民政治协商会议云南省委员会文史资料委员会编:《云南文史资料选辑》第37辑,云南人民出版社1989年版;夏兆营:《论抗战时期的西南运输总处》,《抗日战争研究》2003年第3期;黄菊艳:《战时西南运输档案史料》,《档案与史学》1996年第5期;陶子厚:《抗战时期的西南运输总处》,《民国档案》1996年第2期。

1942 年 2 月仰光失陷后,中国出海通道,全被阻塞。外援物资,无法运入。乃电商美国政府,请拨给运输飞机 100 架,并配备油料、配件和飞行修理等技术人员,担任中印缅境航空运输。获美国政府同意。中、美、英三方为此在印会商,决定派 75 架运输飞机由美军供应部直接指挥,以运力半数运驻华美军补给品,其余半数运中国空军器材及兵工物资;另派 25 架运输飞机交由中国航空公司专运中方电讯、医药、工业、交通等器材。航线原以印度东北铁路终点萨地亚(Sadiya)附近的丁江为起点,以缅甸的密支那、八莫、垒允,或中国的云南驿等处为终点,并由英方在密支那、丁江赶筑机场 3 所,八莫 1 所。甫经开运,缅境被日军侵占,改由印度飞越喜马拉雅山脉直抵昆明(此即艰苦卓绝的"驼峰运输")。后又增加成都、宜宾、泸县 3 个终点。中国航空公司飞机最多时有 50 架。飞丁昆、丁宜、丁泸 3 条航线,月最高输入量可达 2400 吨。

中美双方由印空运进口物资,商定飞机到场,需立即装卸,不能延误。除美军自卸者外,主要由中方装卸并备车承担机场内飞机、仓库之间的短途接运或机场外长途转运任务。这一陆空联运业务,是中国战时运输的一种创新方式。开始承担这项任务的是中缅运输总局。1942 年 5 月 17 日,中缅运输总局在昆明巫家坝机场成立昆明空运物资接转站,配车 2 辆,行驶于停机坪至仓库之间。5 月、6 月两月共接运 57 吨,为空运接转的开始。后因飞机渐多,随之汽车增至百余辆。自 1942 年 6 月至 1943 年 9 月共接运物资 8348 吨,其中中国航空公司运入 7229 吨,美军运入 1119 吨。

1943 年夏秋间,成都机场建成。交通部公路总局筹建成都空运接转处,下设广汉、双流、新津、邛崃等接转所,具体办理中印空运物资机场内外汽车接转任务。

1945 年 1 月军事委员会战时运输管理局成立后,除滇缅公路运输局原承担的机场空运接转任务由新成立的云南分局承办外,随着战局进展,其他公路管理局也都承担空运接转任务。这项业务至 1945 年 12 月底结束。

中印公路有南北两线:北线即原线,自印度阿萨姆(Assam)邦东北铁路终点列多(Ledo,当时或译雷多)经缅甸新背洋、密支那东越中缅国境至腾冲、保山接滇缅公路至昆明;南线则由密支那南向八莫、南坎进入中国畹町,循滇缅公路至昆明。北线长 1568 公里;南线长 1731.3 公里。

中印公路自 1943 年 1 月开始至 1945 年 1 月修通。在中印公路通车之前,1944 年 10 月 25 日美国驻中缅印军总司令史迪威建议,从密支那至昆明公路初期运输业务由美军统一管理。中国政府接此建议后,即由当时的最高运输决策机构——军事委员会运输会议与有关各部研究,拟具《中印公路运输管理纲要草案》甲、乙两案,于 11 月 8 日经蒋介石批准照乙案办理。内容是公路初步修通时先由美军主办,滇缅公路局协助;至工程完成时按甲案中美合作办理。几经周折,至 1945 年 3 月,美方始同意在中国境内者由中国办理,中、美双方合作事宜,由中美双方合作办理。战时运输管理局设云南分局,将中印公路(中国段)划分为:昆明至下关,下关至保山,保山至畹町,畹町至 37 号界桩(即国界),弥渡至吴家寨等五段管理。其运输业务,以中美军运、政府进出口物资,及政府核准的民生必需品为限。由云南分局发给特别通行证的货车,才准整队进入此线。任何机关不得在中印公路沿线设立厂、站。有关车辆的急救、保养工作,均由云南分局负担。凡出入国境人员,除运输人员及作战部队外,均按出入国境办法办理。

1945 年 1 月 16 日,中印公路全线通车。第一批车队于 1 月 12 日由列多出发,由主修列多至密支那间公路的美军皮可少将领队,以两辆摩托车为前导,继以货车,上绘巨箭,写有"中国生命线列多公路之第一次车队"字样。先锋车 6 辆,货车 127 辆,蜿蜒两英里(约合 3.2 公里),司机包括中美两国人员。16 日抵密支那,2 月 1 日和 4 日先后抵达昆明。至1945 年 8 月抗日战争胜利为止,通过中印公路运入的物资,共约 5 万余吨。多系美军装备,仅有一小部分供应中方军需。载运这些军事装备的车辆共 1 万余辆。事实上从 6 月起,缅甸进入雨季,塌方水毁,道路阻滞,闻名世界的"中印公路"实际使用仅为半年。

汽车运输的关键是汽油。1942 年 2 月滇缅线中断,后方汽车主要改用酒精,但产量有限;改烧木炭或植物油,困难亦多。以致大批车辆停驶,给军事、经济带来巨大损失。

抗战时期，中国仅玉门油矿产油，距重庆 2565 公里，以当时两吨半的汽车运油，往返一次，本车即耗去两吨，实际运到半吨，或是运来 5 车，只剩 1 车。汽油供不应求，主要依靠进口。1939 年年初，向美订购物资 165835 吨，汽油、润滑油就占 11710 吨，约占 71%。滇缅线开通时，除内驶新车本身所耗燃料以外，共运进汽油等油料 20 余万吨。说明对汽油的需要量非常之大。

1943 年 8 月，同盟国首脑魁北克会议决定修筑自印度加尔各答起至昆明的中印油管。同年 12 月工程开始，印缅境内由美国陆军建筑队担任铺设油管工程，中国境内则由中美双方合作。

中印油管越"驼峰"进入中国。在中国境内线路大致与中印公路相同。油管直径 4 英寸（约 10 厘米），每节长 20 英尺（约 6.1 米），自 1944 年 3 月全线动工铺设，次年 4 月油管通至昆明。自加尔各答经丁江、列多、密支那、八莫至昆明约 3000 公里。其间畹町沿滇缅公路铺至昆明这段管线，裁弯取直，比公路里程缩短 1/3，计长 690 公里。管路运输与公路运输互相配合，无论是工程、运输、管理或使用都取得良好效果。1945 年 4 月又将油管延伸至曲靖、沾益、呈贡、陆良等地，管路伸长 280 公里，供应各地机场美军用油。中印油管国内段通油后，输入中国的油料，据统计自 1945 年 4 月起，每月平均输油 1 万余吨。至同年 11 月停止输油，共输入 10 万余吨。油管半年的运量相当于滇缅公路一年半的油料运量。[①]

西北方向的公路运输，对抗战发挥了重大作用。早在全面抗战爆发前夕，苏联表示愿给中国贷款及军火援助。1937 年 8 月 21 日，中苏两国签订《互不侵犯条约》，随即又在南京签订《贷款协定》和《贸易条约》。根据《贷款协定》，苏联先后提供给中国 2.5 亿美元易货借款，均用于中国向苏联"购买苏联制造之工业商品及工业设备"，中国以苏联所需要的

---

① 龚学遂:《中国战时交通史》，商务印书馆 1946 年版，第 102—104、106—117 页；西南地区文史资料协作会议编:《抗战时期西南的交通》，云南人民出版社 1992 年版，第 411—418 页；中国公路交通史编审委员会编:《中国公路运输史》第 1 册，人民交通出版社 1990 年版，第 285—286 页。

"物产品与原料品偿还之",以钨、锡、汞、锑、锌、桐油等战略物资和羊毛、生皮、丝、鬃、茶等商品,以偿还贷款。① 这项援华贸易往返运输,由苏联外贸机构汽车和中国政府组织特运汽车共同承担。全国经济委员会在兰州设立西北公路运输处,"专司国际运输及军运事宜",便于接受苏联援华物资。不久改为陕甘运输管理局。又在新疆设"中央运输委员会",以盛世才为首,以苏联专家为干部,承运苏联援华军用物资。②

双方易货运输,初期除通过港口,还通过新疆运往兰州交接。③ 1937年下半年已辟有自兰州经迪化至霍尔果斯的公路线,以转运甘肃、青海、宁夏等省出口苏联的皮毛。同年冬起,苏联即派汽车从苏境经霍尔果斯、迪化到达兰州,运送按照《贷款协定》供应的第一期、第二期两期军用物资。当时有部分出口苏联物资,还由香港海运。1938年10月,南部沿海地区相继沦陷,海上交通全被切断。苏联援华物资及贸易运输,也由香港海运转向甘新公路,经新疆进出。1939年6月《中苏通商条约》签订后,苏联在兰州设商务代办处,办理移交苏联武器、验收中国商品事宜。中国代办对苏出口业务的各大公司也都在兰州设办事机构,经营来自西北五省的畜牧农产品及其他地区的钨、锑、桐油、茶叶、丝、猪鬃等物资的出口。

霍尔果斯至兰州(里程)长2700余公里,苏方在沿途设置储油站、转运站及仓库,并整修路面。中央运输委员会下设10个接待站,接待苏联过往车辆、人员。运输由苏方外贸机构汽车与中方西北公路运输管理局汽车承担。西北公路运输管理局在猩猩峡以东的甘肃境内也与中国新生活运动委员会服务处共同在公路沿线设置接待站,接待苏方车辆、人员。1940年3月中苏双方改在猩猩峡交接,中方仍由西北公路运输管理局接运。从1942年起因太平洋战争、苏德战争,国际关系发生变化,中苏贸易逐渐衰退,至同年年末,中国政府与苏联通过新疆的易货贸易,几乎完全

---

① 中国第二历史档案馆编:《中华民国史档案资料汇编》第5辑第2编,财政经济(2),江苏古籍出版社1997年版,第607、608页。

② 龚学遂:《中国战时交通史》,商务印书馆1946年版,第10页。

③ 孙科:《中苏关系》,中华书局1945年版,第15—18页。

停顿,甘新国际运输线也随之冷落。①

(二) 战时国营和商营汽车运输

除了国际公路运输,后方公路运输也至关重要。由于国民党政府实行统制经济,国营公路运输获得快速发展的机遇。其中,国民党中央政府直属公路运输和机关厂矿自办运输发挥了重大作用。

"七七事变"前后,中央直属公路运输各机构的货运汽车,从仅有西北公路管理局的 124 辆,迅猛发展到遍布后方八九个运输局的近 5000 辆。1938 年后成立的交通部西南、西北和滇缅公路运输管理局,以及 1941 年组建的川滇东路、川滇西路运输局,这五个中央直属公路运输机构经营的国内运输线如下。

西南公路运输,营运路线以贵阳为中心,跨贵州、云南、四川、广西和湖南五省(区),共长 2355 公里,拥有 5 条营运路线:筑渝线(贵阳至重庆)长 488 公里;筑金线(贵阳至金城江)长 441 公里;筑晃线(贵阳至晃县)长 389 公里;晃郑线(晃县至郑家驿)长 375 公里;筑昆线(贵阳至昆明)长 662 公里。有货车 1075 辆,客车 164 辆,其他车辆 101 辆,共计1340 辆。但大部分车辆车况差,能行驶的客货车仅有 300 余辆。

西北公路运输,营运路线以兰州为中心,跨越甘肃、陕西、新疆、宁夏、青海、四川、湖北、绥远八省,共长 5113 公里,拥有 7 条营运路线:兰哈线(兰州至哈密)长 1390 公里;兰西线(兰州至西安)长 719 公里;兰广线(兰州至广元)长 943 公里;兰宁线(兰州至西宁)长 236 公里;襄白线(襄城至白河)长 546 公里;宝广线(宝鸡至广元)长 444 公里;平陕线(平凉至陕坝)长 835 公里。运输局有货车 911 辆,客车 138 辆,其他车辆 20辆,共计 1069 辆,但能行驶的汽车仅 300 余辆。

滇缅公路运输,营运路线由昆明至畹町,全长 959 公里,有货车 743辆,客车 26 辆,共计 769 辆。但只有 377 辆能行驶。

---

① 龚学遂:《中国战时交通史》,商务印书馆 1946 年版,第 117 页;中国公路交通史编审委员会编:《中国公路运输史》第 1 册,人民交通出版社 1990 年版,第 289—290 页。

　　川滇东路运输局,营运路线为泸州至曲靖,全长 747 公里。至 1944 年年底,拥有营运汽车 813 辆(其中客车 3 辆),只有 290 辆可用。

　　川滇西路运输局,营运路线全长 1234 公里,包括内江至乐山,长 203 公里;乐山至西昌,长 517 公里;西昌至镇南,长 514 公里。至 1944 年 3 月,拥有各种汽车 111 辆,但只有 69 辆可用。①

　　以上五个中央直属公路运输机构,在 1944 年前后有营运路线 10408 公里,汽车 4102 辆。国民党政府中央直属公路运输客货运输量见表 14-6。

表 14-6　国民党政府中央直属公路运输
客货运输量统计(1937—1945 年)

项目 年份	客运		货运		总计	
	千人	千人公里	千吨	千吨公里	折合千吨	折合千吨公里
1937	6245	1080524	54	31464	679	139516
1938	1432	247770	49	28571	192	53348
1939	1441	197496	39	22718	183	42467
1940	916	159173	36	21936	128	37853
1941	484	74443	347	189205	396	196649
1942	372	71021	324	189166	361	196268
1943	3875	179724	324	153635	711	171608
1944	4357	196937	408	146691	844	166385
1945	1445	313084	650	173601	794	204910

注:折合千吨、折合千吨公里系以客运 10 人折合货运 1 吨,10 人吨公里折合 1 吨公里。
资料来源:千人公里、千吨公里、折合千吨公里据中国公路交通史编审委员会编:《中国公路运输史》
　　　　第 1 册,人民交通出版社 1990 年版,第 239 页;其余据 1944 年和 1945 年国民党政府交通
　　　　部公路总局:《公路统计年报》。

　　统计表明,"七七事变"前公路运输以客运为主。"七七事变"后的初期,人员向后方疏散,客运也占较大比例。从 1938 年开始,客运量大幅减少。1945 年抗战胜利,客运量稍有回升。货运量的增加,主要是军运带

---

　　①　中国公路交通史编审委员会编:《中国公路运输史》第 1 册,人民交通出版社 1990 年版,第 238—239 页。

来的。客货运量统计都包括军事运输。具体情况如下。

西南运输处虽以国际运输业务为主,但也统筹办理国内运输。1938年3月扩展统筹范围,划分运输线为7个运输段。除同登至衡阳一段为国际运输线外,其余均为国内重要运输要道。衡阳至常德、昆明至贵阳、贵阳至柳州、贵阳至常德、贵阳至重庆、重庆至常德6个运输段,其下都设有分支处,主要承担兵工署、航委会的油料和零件,也运输其他军事部门的军品。至1941年10月底撤销,运输工作移交其他机构。

1939年8月1日,川桂公路运输局接管西南局原有各总段办事处,设贵阳、重庆、昆明、沅陵、柳州、南川6个区办事处,调整各线站务,重新规定各站等级,以海棠溪为陪都重庆的门户,贵阳为该路中心,分设长沙、昆明、柳州、南川等特等站;以后方交通重镇或国际线路枢纽为一等站,共有8处;其他二等、三等和代办站约有百处,总共有135站。主要承担后方客货运输,初期五个月运送旅客24.4万人,行李包裹108万公斤,货运重量近786万吨。

中国运输公司于1940年1月承接川桂公路运输局的业务,客运变化不大,货运最初以承运复兴公司的出口桐油为主,其次为资源委员会的钨、锑;进口则为军政部交通司航空委员会和交通部等机构的材料、油料。1941年改隶运输统制局之后,每月的运输计划,均根据统制局命令而行,以运送军用物资为主,空回车运输食盐和钨、锑等物资。运输公司前期重视客运,但每月亏损百万以上;后期隶属统制局后,成为半军事性质运输机构,出口为换汇物资,进口为抗战军品,客运业务寥寥无几。但仍然亏损不止,无以为继,遂并入西南公路运输局。

1939年8月,公路运输总局成立后,办理川桂、川陕两路的特约交通车,行驶于重庆至桂林、重庆至宝鸡间。鉴于各路车少客多,运力不足,制定运货汽车通行公路附搭旅客办法,并令各路局利用公、商回空车辆,尽量疏散物资,以增加出口贸易。川陕间军车缺乏,由西北公路局调拨苏联进口车30辆协助军运;沿线宿站过少,乃委托中国旅行社在梓潼、广元、汉中筹设招待所,在川康滇三省干线兴办驿运,使物畅其流;在重庆贵阳线试办客货车司机分段行驶,所有客货车司机,均在宿站调换。11月南宁、龙州失守,由川桂路运输局协运同登、龙州一带物资,并加紧筹办田东至河池、昆明至老街驿运,开办兰州至猩猩峡驼运。

1940年6月、7月越、缅先后禁运;10月缅禁重开。总局全力抢运昆明存货,疏往内地。滇缅线内交通部材料,由中国运输公司和西南运输处调车200辆,承运700吨,限期完成。同时,还筹办川中公路客运,协助第六战区兴办川鄂交通。1941年,举办川陕联运。1941年7月,国民党政府统一运输机构,公路运输总局并入运输统制局运务总处。①

运输统制局办理运输,急于谋求大量进出口运输,将各公路划分为国际和进口与国内转运线,按照需要分配运量。国内线划分为川滇东路(昆明至泸州)、筑柳线(贵阳至柳州)等包括部分水路、铁路在内的15条线路。又整顿后方客运,规定每一公路线每天维持对开客车2次,递加至5次;特约交通车辆在繁忙路段必须负责畅行,并注意开行时间准确。1941年1月,为加强军、公运输,兼顾商运,规定抢运军品期间,登记各地商车,划分区段,发证通行,每4次内须先运军品2次,第3次准运商货,第4次准运自用汽油,如此周而复始。还限制军车运输各机关和合作社物品,减少弊端;商车登记后,规定行驶路线,轮流为公服务,运输吨位渐增。照章服务至10月底的,计有云南区548辆、贵阳区960辆、重庆区567辆、成都区496辆,共2571辆。

1941年7月,运输统制局接管交通部公路运输总局和公路总管理处及其各线公路运输工程机构。西南公路则以中国运输公司为基础,办理重庆、贵阳、昆明等地客货运输,以运输局专门负责军品运输;1943年4月中国运输公司并入西南公路运输局,规模变大。但越南、缅甸禁运后,油料短缺严重,各路客运班车运营困难,尽量以军、公、商货车附搭旅客救急。后因川康、川滇靠近陪都,班车供不应求,且缺乏衔接,乃办理川康和川滇东路旅客联运;并加强各路客运。如川、陕、甘间公路旅客运输须与陇海铁路联络,重庆、贵阳、昆明、畹町各路客运须与叙昆铁路昆曲段联络,贵阳柳州线客运及衡阳鹰潭线直达客运,须与黔桂、湘桂、粤汉和浙赣

① 龚学遂:《中国战时交通史》,商务印书馆1946年版,第117—124页。

等铁路联运。还规定抢运期间,每月运入民生必需品 1500 吨。在 1942 年滇缅路封锁后,公、商车辆必须以一半吨位运输生活必需品。

公路总局接管各公路运输后,公路运输进入最为艰苦、繁重时期。国际运输线均遭封锁,国内存料日渐耗尽,车辆残破加剧,配件购置和制造两难,运输任务却日益繁重。在这样的艰苦条件下,总局承担了几次重大运输任务。第一次为 1943 年 9 月运送急需军品 4000 吨至西北,由重庆起运 2800 吨,由成都、宝鸡等地起运 1200 吨,均为各战区弹械和通信器材,历时 4 周,全部完成。第二次为 1944 年 6 月衡阳困守之时,奉令在 10 天内调集 400 辆车,由重庆运载经济军需品至独山,接济湘、桂前线。第三次为继续征用 600 辆车,由重庆装运紧急军需品 1800 吨,赶赴独山转湖南;运送部队驰援;由遵义、三穗等地运送粮食接济前线等。平常运输,则为办理接运美国物资,由昆明运往东南各基地。此外,还参与河南饥荒救济、成都抢修飞机场的运输任务。

西南进口物资督运委员会专为督导接运美国物资而设。因零配件和油料短缺、调度不当甚至有车辆闲置,运输量日趋低落。委员会以动员各类车辆,参加协运美资为工作中心。如贵阳有车 1400 辆以上,投入运输甚少。委员会召集数次小组会议,制定动员商车办法:一是取缔商车的逃避报派,凡故意规避派遣的商车,经查明即予以扣除请领轮胎权利;二是为限制商车停休时间,凡报修商车,小修限 3 天,大修限 10 天以内修好;三是辅助乐于运输的商车,凡参加美资运输的车辆,均可照价购买 3000 元材料,后又规定按照数月来的行车成本,自 1944 年 10 月 20 日起,每吨公里酌予补贴 15 元。该会还调查在贵阳各家中央企事业机构,查明有车 2250 辆。经此动员,运力大增,加快了美资内运。此外,还调动各类车辆运输,支援湘桂前线。①

西北公路、西南公路的国内客货运输,对战时运输、一般客货运输和民生日用运输,都发挥了作用。

机关厂矿企事业单位兴办的汽车运输,也是战时国营公路运输的另一

---

① 龚学遂:《中国战时交通史》,商务印书馆 1946 年版,第 125—129 页。

重要力量。机关厂矿的货运汽车,主要服务于本单位的运输,也承揽部分社会物资运输,以利用回空和增加效益。"经济部"资源委员会、"财政部"盐务总局、中央信托局、中茶公司、甘肃玉门油矿、邮政部门等政府机关和官办厂矿企事业单位,都有一定数量的货运汽车和相应的管理机构与维修设施。有些单位的汽车运输的规模、管理水平和运输效率,并不亚于官办的专业公路运输单位。到1943年6月,资源委员会运务处有各型汽车642辆。此外,还有代管汽车275辆,待报废汽车44辆,因日军入侵报损汽车221辆。其营运路线以贵阳为中心,主要营运路线里程17471公里,其中公路里程达10161公里。但日军攻占缅甸、滇西之后,运输里程减少,规模也逐渐减小。1945年年初,资源委员会运务处并入战时运输管理局。

1938年,资源委员会在重庆设甘肃油矿局筹备处,筹办玉门油矿工作。1941年3月,甘肃油矿局和玉门油矿分别成立,统一管理生产、运输和销售。甘肃油矿局的石油运输路线由玉门矿区到重庆,途经甘肃、陕西和四川三省。运输工具主要依靠矿、局自备汽车,不足时由社会机构和商营汽车承运;另外还组织皮筏从广元经嘉陵江水运至重庆。在矿局管理时期,石油运输由局属运输处主办,有汽车140辆,并分设渝(重庆)广(元)、广兰(兰州)、兰肃(酒泉)、矿(玉门油矿)肃四个运输段。[①]

在官办运输中,还有各地区间的联运,在战时运输中发挥了作用。1937年9月,全国经济委员会在长沙市成立"西南各省公路联运委员会",将原来运营性的联运改为协调性联运,组织湘、赣、桂、黔、川5省公路局车辆,分段接运内迁客货,首先办理贵阳至长沙、贵阳至昆明、贵阳至柳州各线客货联运业务。同年10月10日,长沙至贵阳、重庆、昆明开始办理旅客联运。各省的省际联运客班,均为"各售各票,各开各车,各驶各路",在两省交界处的站点换车。

此外,1939年2月,交通部公布《粤汉、湘桂两铁路汽车接运所组织规程》,办理铁路、公路联运。为沟通福建省与重庆市的交通,福建省公

---

①　中国公路交通史编审委员会编:《中国公路运输史》第1册,人民交通出版社1990年版,第242—245页。

路运输部门开办了闽渝旅客直达班车,于 1939 年 10 月试办,次年 1 月正式通车,全程 2485 公里,10 天可达,于 1941 年 9 月结束。

1940 年,公路运输总局设联运稽核处,主办推进战区及沿海特种运输。1943 年设联运汽车管理处。1944 年 6 月交通部组设水陆空联运委员会,统筹全国铁路、公路、水运、空运、驿运运输。

湖南是全面抗战初期江浙沪等地区客货内迁、中转的必经之地,在西南地区的公路运输任务极为繁重。1938 年 1 月,改西南各省联运委员会为西南公路总管理处,3 月又改为"西南公路运输管理局",且隶属交通部,划定长沙至晃县为该局营运范围,专办湘川、湘黔公路的直达内迁旅客运输,由长沙至贵阳一票到底,途中不换车。从此,湘、川、黔三省公路局的省际公路旅客联运,统归交通部所属机构承办,并先后设川桂公路运输局、中国运输公司、川湘联运处、川湘鄂区汽车联运处、东南联运处等机构负责车辆进入各省。1938 年秋,长沙至南昌旅客联运因日军进犯停办,后改为衡阳至吉安联运;1938 年 9 月,湖南公路局迁祁阳,湘粤两省开办省际联运,均为"各售各票,各开各车"的老办法。西南公路运输管理局在 1939 年 1 月和 4 月先后公布统一的客货运价(见表 14-7)。

表 14-7　1939 年西南公路运输管理局客货运价　　(价格单位:元)

项目 客货运	类别	计算标准	1939 年 1 月 价格	1939 年 4 月 价格
客运	客座	每客座每公里	0.044	0.05
	行李	每 5 公斤每公里	0.003	0.0035
	包裹	每 5 公斤每公里	0.003	0.0035
货运	不满整车 一等品	每 10 公斤每公里	0.006	0.0072
	二等品	每 10 公斤每公里	0.0054	0.0066
	三等品	每 10 公斤每公里	0.0048	0.006
	整车 一等品	每公吨每公里	0.54	0.66
	二等品	每公吨每公里	0.48	0.60
	三等品	每公吨每公里	0.42	0.54

资料来源:湖南公路运输史编委会:《湖南公路运输史》第 1 册,近代公路运输,湖南人民出版社 1988 年版,第 93 页。

内迁旅客较多的,是长沙至贵阳。从长沙西站出发,汽车行驶 1109 公里到贵阳,行程 4 天,票价 36.2 元。每位旅客可免费携带行李 20 公斤,每超过 10 公斤收费 4.94 元。第一天,长沙至沅陵,381 公里,需时约 10 小时,中途在常德午餐,沅陵有中国旅行社特约招待所,一餐一宿 1.1 元。第二天,沅陵至晃县,238 公里,需时 8 小时,中途在芷江午餐,到达晃县东岸过夜,次日晨渡河至西岸。晃县有特约招待所西南旅社,一餐一宿 1.1 元。第三天,晃县至黄平,200 公里,需时约 8 小时,中途在镇远午餐,黄平有特约招待所兴华旅社,一餐一宿 0.7 元。第四天,黄平至贵阳,190 公里,需时约 7 小时,中途在马场坪午餐,贵阳旅社约 0.8 — 3 元不等。

其他路线,长沙至南昌全程 376.8 公里,票价 14.55 元,行程 1 天,在浏阳换车;长沙至桂林全程 544.9 公里,票价 12.62 元,行程 2 天,在黄沙河换车;醴陵至吉安全程 312 公里,票价 11.3 元,行程 1 天,在莲花换车。但因气候、道路条件以及突发事件(如敌机轰炸)的影响,联运车辆常无法到达规定地点接运,阻滞客货运行。1943 年 3 月,交通部公路总局在衡阳设东南办事处,组织办理湘、赣、闽、浙、粤五省公路旅客联运,仍实行"各售各票,各开各车"办法,开办 6 条旅客联运线路。如耒阳至江西铅山全程 1029 公里,票价 4542.5 元;耒阳经福建蒲城至浙江云和全程 1175 公里,票价 5237 元;耒阳至上饶全程 894 公里,票价 3935 元;铅山至广东曲江全程 918 公里,票价 4001 元;云和至曲江全程 1964 公里,票价 4695.5 元;云和经建阳、蒲城、龙泉回到云和,全程 426 公里,票价 1954.5 元。1943 年 7 月,设于四川黔江的川湘鄂区汽车联运处在湖南沅陵设办事处,办理三省旅客联运。因配件和汽油短缺,采取分段换车、分段保养的办法,使车辆在途中可轮换维修、正常行驶。车辆开出后,实行行车电话联络,由发车站用电话通知下一站点,以便到站能有车辆及时替换。遇有车辆中途发生故障,班车逾时未到,立即派车接客。1944 年春夏间,日军大举进攻湖南中南部,东南公路旅客联运被迫停办。

公路、水路联运也是重要的联运业务。1939 年交通部在桂林设东南联运处,接收粤汉、湘桂铁路的汽车 160 余辆,开展东南地区的公路运输,与粤汉、湘桂两铁路配合运输;并接收西江造船处木船 700 余只,开展西江、柳江、融江和溶江水运。1940 年 9 月宜昌沦陷之后,招商局和民生公司合办川湘川陕水陆联运,12 月在湖南保靖设转运站,由汽车从沅陵接转水运物资,经保靖转运四川。但接运环节过多,运量不大。1942 年 6 月交通部退还招商局及民生公司股份,将川湘川陕水陆联运收归部办,设总管理处,并设川湘联运处及嘉陵江运输处。其中,1939 年交通部东南联运处在衡阳设办事处,以汽车由江西鹰潭接运浙、闽物资至衡阳、耒阳,再转运至四川、贵州;由两广来的物资,亦由该处在曲江接运至耒阳、衡阳,再转运至四川、贵州。1941 年交通部将东南联运处车辆并入,成立川湘联运处,并在湖南沅陵设办事处,继续办理川湘间水陆货物联运,有汽车 81 辆,组成接运队,接运水路运来的物资,长沙至常德段为水运,常德至重庆为公路运输。1943 年,川湘联运处由黔江迁至沅陵,承办川湘间公路水路货物联运,由常德抢运第六战区军粮 18427 吨至沅陵;同时承运中国茶叶公司茶叶 29 批,计 1994 吨,由衡阳、安化起运,走水路经益阳、常德、桃江、凌源转汽车至四川,再转西北出口国外。川湘联运处承运的货物以第六战区军粮、川盐为大宗,军粮月运量达千余吨,川盐月运量达 3600 多吨;其次为茶叶,月运量达 250 余吨。其他如棉花、棉纱、布匹、铅丝、铁柜、药材等月运量亦达数十吨不等。联运处还把公路水路联运扩大到江西,如萍乡煤炭由禄口转船,顺湘江而下,经临资口,过南洞庭,溯沅水而上,直抵沅陵,再转汽车运往四川。1944 年夏,衡阳失守,货物联运主要依靠湘西重镇沅陵至四川的公路。①

　　另一个重要的中转地为江西,沟通东南沿海与西南大后方的往来。1940 年交通部调拨给江西省公路处道奇汽车 20 辆,改装为客车,开办福建鹰潭到湖南衡阳的特快联运车,贯通浙赣、粤汉、湘桂铁路,衔接东南、中南、西南各省公路、铁路。从闽浙至广西,5 天可达。之后,又开行赣县

---

　　① 湖南省地方志编纂委员会编:《湖南省志》第 10 卷交通志,湖南人民出版社 2001 年版,第 58—63、88—89、344 页;湖南公路运输史编委会:《湖南公路运输史》第 1 册,近代公路运输,湖南人民出版社 1988 年版,第 93—94 页。

到广东曲江、南城到福建南平、上饶至建阳的联运。①

其他未沦陷地区同西南、西北大后方的交通运输,也组织起公路、铁路、水运、驿运等多种方式的联运,各地均设立联运机构办理。其中,1941年2月,交通部设立川陕联运处,借以沟通西北、西南两个运输局的运输。川陕联运处开行重庆经成都至广元的直达客车,发售全程(802公里)通票。1943年6月改为川陕联运汽车管理处,后又改称川陕汽车联运处,业务发展至西宁、宁夏、猩猩峡,并与陇海铁路办理公铁联运。据统计,不到两年共运旅客16446人,行李260吨,包裹194箱。1943年成立川湘鄂区汽车联运处,主要经营川湘线(重庆至沅陵,1001公里)、川鄂线(重庆至恩施,670公里)、鄂湘线(恩施至沅陵,651公里)、沅陵至晃县(长238公里)的汽车运输,开有定期直达班车。

这一时期的交通运输,主要是为了适应战时的需要,除运送军需物资外,旅客联运实际是为方便军政人员出差往来,普通老百姓乘坐联运汽车十分困难。如在东南联运中,凡乘联运车的旅客,须凭第三战区长官司令部所发单程准购证,才能购买联运车票。因此,一般旅客只得用高价搭乘私自揽客的货车,当时称作"拉黄鱼",旅客在途中饱受行路难之苦。②

抗战时期,地方国营(或称"公营")和商营汽车也是战时运输的重要力量。1936年以后,国民党政府开始动员、整编各省汽车运输资源,全面抗战开始后,投入军运。1938年10月,广州、武汉相继沦陷,抗日战争进入艰苦的相持阶段。前线各省和部分沦陷省份,内迁和集中了一些汽车,按照军事委员会公布的有关条例,仍积极参加军运。

1936年4月,国民党军事委员会警卫执行部(第二组)在江苏、浙江、安徽、江西、福建、湖南、湖北、广东、南京及汉口十省市成立汽车总队部,按地段及车别编为若干大队、中队及分队,分别办理所属地区的汽车调查、登记、组训、征调等动员准备事宜。同年11月,全国经济委员会公路处

---

① 中国公路交通史编审委员会编:《中国公路运输史》第1册,人民交通出版社1990年版,第246页。

② 中国公路交通史编审委员会编:《中国公路运输史》第1册,人民交通出版社1990年版,第247—249页。

成立汽车登记室,首先在苏、浙、皖、赣、湘、鄂、闽、豫、川、陕、京(南京)、沪等省市办理车辆登记。至 1937 年 7 月,全国经济委员会公路处主办全国汽车登记,并制定《各省市汽车编制办法》《各省市汽车总队部组织简则》《各省市汽车队检验、编制、训练、演习实施细则》。不久,"七七事变"发生,全面抗战爆发,各省市汽车总队立即行动,把征集编队的公、商车辆分别拨交后方勤务部汽车管理处,或就近拨交兵站和军队直接使用。[①]

各省市汽车总队部征调的公、商汽车,一直没有集中管理,在抗战初期的各次战斗中,均遭重大损失。随着战局西移,各省市汽车总队部也陆续撤销。

抗战初期,各省公路运输的应变措施大体相同,从建立汽车总队到对公商车辆实行军事管制。无论是支援前线作战,还是紧急抢运撤退物资人员,这些运输力量都发挥了作用,也为抗战作出了重大牺牲。同时,各省市公路运输事业也遭到严重破坏。加上当时汽车多系进口,配件供应日趋困难,新车无法补充,旧车无料修理,以致完好率低,报废车多,汽车保有量急剧下降。如未完全沦陷的浙江、湖南、湖北、云南、福建、江西、广西、山东等省,在全面抗战前的 1936 年,国营汽车曾发展到 2233 辆,而到 1945 年抗战结束后仅剩 662 辆,汽车站所由 723 处减少到 212 处,营运里程由 16708 公里缩短到 7565 公里。[②]

各地商营汽车应征参加编队,也遭受损失。在军事委员会征调的第一批公商汽车中,商营汽车达 1242 辆,占公、商汽车征用总数 2108 辆的 59%。抗战后方的商营汽车,多集中于西南、西北和滇缅地区。据统计,1944 年商营汽车的分布状况是:西南区 1295 辆、西北区 410 辆、滇缅区 824 辆、川滇区 111 辆、渝蓉广区 163 辆、川康区 20 辆,共计 2823 辆。[③] 这是官方控制下的商营货车数量,后方商营汽车实际保有量大于此数。

---

① 中国公路交通史编审委员会编:《中国公路运输史》第 1 册,人民交通出版社 1990 年版,第 252—253 页。

② 中国公路交通史编审委员会编:《中国公路运输史》第 1 册,人民交通出版社 1990 年版,第 254—255 页,第 259 页统计表。

③ 中国公路交通史编审委员会编:《中国公路运输史》第 1 册,人民交通出版社 1990 年版,第 260 页。

最初,商营汽车除配合国营公路运输单位完成军公物资运输外,可以自行招揽业务。自 1942 年起,政府实行严格管制,对商营汽车进行登记,划分营业区域,给证通行;每 4 次运输只能运商货 1 次。更因燃料、轮胎和配件供应困难,价格暴涨,运输成本高昂,以致亏损日益增多。但也有一些内迁后活动自如的商营汽车运输,有各种特殊的有利条件。如山西的裕新汽车公司和裕文汽车公司,他们经营运输、接洽业务用公司名义,行车用第二战区采运处名义,成为川陕线的运输垄断者。

在内迁的大型汽车运输公司中,还有江南汽车公司和新绥汽车公司。江南汽车公司自南京内迁,先是在湖南长沙经营公共汽车业务,并将部分客车租与湖南省公路局使用。不久,迁移贵阳,继续经营客货运输。但因业务清淡,又迁往重庆。新绥汽车公司,原在西北一带经营西南地区运输业务,在贵阳、柳州、昆明设置分公司。这些大型汽车运输公司,还参加了交通部组建的全国商车指导委员会,是商营汽车运输业中的骨干企业。

除部分内迁商营汽车公司外,大部分商营汽车公司在战时均遭严重损失。

表 14-8 为抗战期间大后方国营、公营公路运输的统计。① 商营汽车运输则无系统统计。

表 14-8　抗日后方国营、公营公路运输统计（1937—1945 年）

项目 年份	公路里程 （公里）	汽车登记数 （辆）	公营货运 （万吨公里）	公营客运 （万人公里）
1937	117296	68917	3146	108052
1940	121801	19429	2194	15917
1943	126743	31833	15364	17972
1945	133722	38199	17362	31308

注:汽车登记数不包括军车。运量 1937—1939 年为估计数。1943 年、1944 年包括重庆郊区汽车运量。

资料来源:《中华民国统计年鉴》,1948 年;俞飞鹏:《十五年来之交通概况》,国民党政府交通部 1946 年印行;《交通统计年鉴》1944 年、1945 年合订本。

---

① 另据统计,1937 年有民营汽车 68917 辆,官办汽车 124 辆,全国共计 69041 辆;1935 年有民营汽车 34035 辆,官办汽车 4889 辆,全国共计 38924 辆。见中国公路交通史编审委员会编:《中国公路运输史》第 1 册,人民交通出版社 1990 年版,第 237 页。

为保障战时运输,还制定了相应的客货规章制度。

1943 年 10 月,交通部公布《中华民国公路汽车载客通则》(以下简称《载客通则》)和《中华民国公路汽车运货通则》(以下简称《运货通则》)①,这是全国官办、商营以营利为目的的公路运输单位和机关厂矿企事业所属运输单位都应遵照的基本法规。这两个新的通则是在五省市的两个通则十年实践的基础上修改制定的,内容比较完善。《载客通则》分为总则、购票及乘车、退还票价、验票及补票、班车与包车、减价客票、行李运输、包裹运输、代收包裹货价以及金银货币有价证券、贵重物品之运输等 10 章 107 条内容;《运货通则》分为总则、公路运输机关与货主责任、货等运价及杂费、托运及承运、发运及提取、变更运输及运输阻滞、逾重及逾积、捏报及私运、赔偿损失,以及代收货价等 10 章 60 条内容。这两个通则显然比五省市颁发的两个通则更为具体、严密,而且客货运输业务也比五省市制定时有了较大的发展。这两个通则的修订,对当时站务管理工作提出了更为严格的规范和要求;对站务人员、旅客、货主都有明确的责任、权利和义务,特别是对站务管理有了依据,影响十分深远。

东南地区因遭日军入侵,公路运输业务受到重创,站务秩序混乱,工作人员损公肥私、营私舞弊事情时有发生。江西省公路处为扭转这种局面,开展正常运输业务,于 1938 年 10 月制定《江西公路处车站组织及办事规则》16 条,要求各类站务人员,均须有殷实铺保或缴现洋 300 元保证;规定站务工作内容 18 项;营业进款必须于次日填单解缴;站长、站员均须遵守一切规章,穿制服服务;严惩动用公款、擅离职守、代人私运、需索旅客,以及营私舞弊等事情。《江西公路处车站组织及办事规则》实行后,站务秩序有所好转,战时繁重运输业务得以维持。

不过,运输价格的变化对汽车运输影响颇大。

这一时期,公路运输是主要运输方式。运输价格的变动,影响各行各业、民众生活。政府为平抑物价,对公路运输实行限价。但成本激增,运

① 中国公路交通史编审委员会编:《中国公路运输史》第 1 册,人民交通出版社 1990 年版,第 532、552 页。

价只得一再调整。但运价调整总是落后于物价上涨。在整个抗战期间，运价一直无法与运输成本和物价相适应。

抗战初期，战争尚未扩及全国，西南、西北国际运输线路畅通，外援物资源源不断进口。这时全国物价基本稳定，汽车运输成本变动不大，运价也比较稳定。1938年10月，广州、武汉先后沦陷，物价逐步高涨。政府为避免刺激物价，对公路客货运价采取平抑政策。1939年，全国趸售物价总指数较1937年增长1.2倍，而公路客货运价仅上涨50%左右。

1941年12月，太平洋战争爆发。滇缅国际运输线继滇越线之后中断，进口汽油、配件、轮胎来源稀少，加上通货膨胀，价格暴涨。中央直属和各省公路运输机构，为维持运输生产，只得相应提高客货运价。早在1941年5月，交通部公路运输总局在重庆召开公路运价会议，商讨调整运价办法，决定采取全国分区划定基本运价，在分区范围内，以油价为主要依据，按照油价上升幅度调整客货运价。1942年，全国物价大幅上涨，政府下令管制。交通部颁布《交通部加强管制物价上涨方案实施办法》，其中规定："国营、公营及民营公路之汽车运价及运输，应由交通部负责管制"，"各运输事业之运价，除已于三十一年十一月三十日前核准有案外，均以三十一年十一月三十日之运价为最高限价"，"经实施限价后，无论军、公、商运，应一律恪遵，不得擅自增减，以免造成黑市"。此外，为加强对运价的管制，自1942年开始，运输统制局、公路总局先后制定《全国公路各区线客、货运价表》，规定由各省遵照执行，并向中央报备或事先报核。

1943年9月，交通部在《公路商车联合联运处所属车辆管理办法》中，对商车运费又明确规定，"为公服务及自由营运商车之运费，应遵照交通部公布之运费率计算"。总之，在抗战期间，无论公商营运汽车的运费，一律按规定限价。但因社会上物价持续上涨，运价变动的幅度也随之越来越大。为弥补公路运输单位由于物价飞涨造成的亏损，1945年7月，政府实行战时汽车运费补贴，如客票每公里55元，由救济总署补贴30元。但实行这种补贴办法，既增加国库负担，又影响运输单位的经营积极性，且补贴缓不济急，稽核困难，流弊颇多。

　　1945 年运价指数与全面亢战前比较,公路客运运价增加 355 倍,货运运价增加 258 倍,而全国趸售物价总指数增加 1631 倍。[①] 运价上涨与物价上涨差距很大,严重影响运输的正常运转。1937—1945 年运价调整指数与物价调整指数的比较见表 14-9。

表 14-9　抗日后方公路客货运价指数与物价
指数比较(1937—1945 年)

年份　　　项目	客运价格指数	货运价格指数	全国趸售物价总指数
1937	100	100	103
1938	104	108	131
1939	156	142	220
1940	308	308	513
1941	668	812	1296
1942	1456	1949	3900
1943	4708	5734	12936
1944	12624	12265	43197
1945	35550	25867	163160

资料来源:俞飞鹏:《十五年来之交通概况》,国民党政府交通部 1946 年印行,第 115 页。

　　物价的飞涨,迫使运价频繁调整。以西北公路运输局为例,1939 年,西北公路运输局的客、货运价不再区分路线和上、下行,在原来运价基础上增加了 30%,客运每人公里为 0.055 元,货运每吨公里为 0.45 元。此后,运价随物价多次调整,1939 年 9 月 1 日至 1943 年 7 月 31 日的 3 年 11 个月的时间内,调整运价 17 次,客运运价上升 16.36 倍,货运运价上升 27 倍。[②]

---

　　① 俞飞鹏:《十五年来之交通概况》,国民党政府交通部 1946 年印行,第 115 页。
　　② 根据历年国民党政府交通部编的《交通部统计年报》附录《运价指数与物价指数》"各主要交通线基本运价变动表"计算。

三、穿行于峻岭、险滩和荒漠中的驿运

所谓战时驿运,就是继承传统驿传系统的运输方式,以力夫及牛、马、骆驼等兽力为动力,利用民间木船、板车、独轮车、大车等运输工具,承担军需民用运输任务,服务于抗战。驿运制度,原本"盛于元明,驰于清末,复兴于抗战第二年"。[①] 1938 年 10 月,行政院召开全国水陆交通会议,鉴于政府汽车运力有限,而城乡民间运输的人力、畜力来源充足,工具构造简单,制作维修容易,材料就地可取,于是决定"利用全国人力兽力,增进货运"。交通部拟定《驿运计划及组织纲要》,于 1939 年元旦在重庆设托运管理所,统筹管理全国人畜力运输,并在各重要路线设立分所。当时国内物资运输改以昆明为枢纽。因此,驿运管理所在叙府(今宜宾)设立分所,在昆明设立办事处,利用原叙昆大道试办驿运。从当年 2 月开始运输,由叙府雇用民间驿马载运桐油等物资到昆明,回程装运军工器材。后又根据实际需要,增开或延长辟桂黔线(由柳州至三合,即今三都水族自治县)、川黔线(由重庆经贵阳至六寨)、川陕线(由广元至宝鸡)、泸昆线(由泸州至昆明),及川、康、滇线(由乐山至西昌与康定经西昌至昆明),共 2900 多公里。至年底共运物资 7900 吨,初见成效。1940 年 2 月,调整机构,撤销驿运管理所,成立车驿运输所 8 处,直属交通部公路运输总局。这 8 个所的名称、所辖路线、里程和使用的运输工具见表 14-10。

表 14-10　车驿运输线路和里程统计(1940 年)

线路　＼　项目	起迄地	里程(公里)	主要运输工具
兰猩线	兰州—猩猩峡	1171	驮马,胶轮大车
汉渝线	汉中—重庆	800	驮马,板车
泸昆线	泸县—昆明	976	板车
川陕线	宝鸡—成都	890	板车

---

① 俞飞鹏:《十五年来之交通概况》,国民党政府交通部 1946 年印行,第 34 页。

续表

项目 线路	起迄地	里程（公里）	主要运输工具
川康滇线	泸定—昆明 西昌—乐山	1300	驮马，板车
桂黔线	柳州—三合 河池—岳墟	522 486	木船，板车
川黔线	重庆—贵阳	488	驮马，板车
滇越线	昆明—老街	476	驮马，板车
总计		7109	

资料来源：俞飞鹏：《十五年来之交通概况》，国民党政府交通部 1946 年印行，第 35 页。其中滇越、汉渝两所因战局变化停办。

为解决运输工具缺乏的问题，车驮运输所一方面贷款民间，奖励制造；另一方面在四川泸县设立板车制造厂，在短期内赶制板车 5000 辆，分拨各车驮运输所应用（后因进口轮胎减少，只完成 2500 余辆）。同时疏浚叙府至盐津间的险滩以便航运，缩短叙昆间车驮行程，减轻运输成本。截至 1940 年 8 月，任务大都完成，线路展长至 7000 余公里，运送物资达 12000 余吨。

1940 年 7 月，军事委员会在重庆召开全国驿运会议，中央各部及 15 省都派代表参加。会议决定成立交通部驿运总管理处，主持全国驿运行政的指导、监督和设计事宜；在各省设驿运管理处，主管本省驿运行政和业务的实施。并确定驿运方针，应先打通国际干线和后方军运路线；其他路线按需要分期逐步举办。规定凡联通国际、省际的驿运路线，称为驿运干线，由中央主办；各省境内的驿运路线，称为驿运支线，由各省筹办。由此，全国驿运干支各线进入逐步发展的时期。

交通部驿运总管理处成立后，将车驮运输所改组为驿运干线联运管理处，办理各干线水陆联运业务，1942 年 6 月又改组为各干线驿运管理分处。1943 年 3 月在兰州成立西北驿站工程处，办理广元至哈密 2322 公里、西北驿运旅客服务站 79 站建设工程，年底完工。此外，总管理处还开展立法工作，到 1944 年先后颁行管理征雇规则 6 种、驿运营业章则 6 种、运输调度章则 5 种、奖励民营办法 2 种。

各地因地制宜,制定办法。如湖南省在 1940 年 3 月公布各县设置联运站暂行办法,规定每隔 30 华里设一处联运站;联运总站设站长 1 人,各联运站均设站目 1 人,负责办理联运事务,其薪饷和费用由县政府拟呈核定。如有公路、铁路、船舶站所、码头,也委托其兼办。各站的薪饷和用费,在所得的征收费内开支,不得另筹补给。每个联运站须有固定运夫 20 人,空闲时间可就近谋生。运费按每站每担(80 市斤)单程 6 角为上限,超过或不足规定的,按比例酌予增减(不满 80 市斤的,仍以 1 担计)。每担货物除收取运费,另外征收 4 分法币为联运站经费。对货物损坏、运送期限等亦有规定。①

在线路间开辟方面,一边着手开辟国际干线,一边督促各省筹办必要的干线。交通部为推行省际联运,商同各省政府在主要干线加派正副主任办理各段之间联运。这样,全国驿运形成一个干支分布、水陆纵横的驿运交通网。自 1940 年至 1944 年年底,共有川黔、川滇、甘新、川陕、新疆 5 条驿运干线和驿运管理分处及重庆驿运服务处,开辟线路 6689 公里(其中陆路占 87%,水路占 37%)。川黔分处,以运输川盐及煤为主,回程则运空油桶及钨砂;川滇分处,以运输棉花及盐为主,回程运军品及空油桶;甘新分处,以运输玉门油矿油料为主,次为运输甘肃的盐以及军粮补给;川陕分处,以运输宝鸡的棉花为主,回程运军粮军品及空油桶;新疆分处,以接收汽油内运为主,并兼运移民。

表 14-11 为截至 1942 年年底,16 省驿运线路及里程统计。

表 14-11 16 省驿运线路及里程(截至 1942 年年底)

项目 省别	驿运 支线数	里程 (公里)	项目 省别	驿运 支线数	里程 (公里)
浙江	35 线	3419	广西	11 线	961
安徽	4 线	1916	云南	1 线	412

---

① 湖南省地方志编纂委员会编:《湖南省志》第 10 卷,交通志,湖南人民出版社 2001 年版,第 297—299 页。

续表

省别＼项目	驿运支线数	里程（公里）	省别＼项目	驿运支线数	里程（公里）
江西	26 线	3294	河南	5 线	1175
湖北	1 线	28	陕西	12 线	1854
湖南	5 线	4305	甘肃	7 线	3476
四川	3 区	2067	宁夏	不详	不详
福建	6 区	5366	西康	不详	不详
广东	2 线	903	贵州	8 线	1417

资料来源：中国公路交通史编审委员会编：《中国公路运输史》第 1 册，人民交通出版社 1990 年版，第 347—348 页。

　　国际线路的开辟，也是驿运的重要一环。太平洋战争爆发后，日军侵占东南亚，西南国际公路运输受阻，驿运线路由国内扩展至国外。除 1942 年筹办的保山至八莫和腾冲至密支那两线因日军进攻缅甸停办，截至 1944 年年底，开辟 3 条国际驿运线路。一为苏联新疆线，由猩猩峡经迪化（今乌鲁木齐）至中苏边境霍尔果斯，连同辅线，共 2013 公里。二为新疆印度线（也即叶列线），由印度拉瓦尔品第（今属巴基斯坦）铁路站改由公路至斯利那加，再经驿路至列城，最终到达新疆叶城。列城至叶城驿路分东西两线，东线长 1005 公里，西线长 1160 公里。三为康藏印线，本为西康至印度贸易旧道，从康定（今属四川省）经拉萨至印度葛伦堡，长 2501 公里。

　　在运输工具和人力方面，各省掌握的城乡民间运输工具及人畜力，计各种车辆 60334 辆、驮畜 691800 头、人夫 362000 名、木船 47847 艘、竹木皮筏 100040 只。驿运原来利用民间旧有仓棚马厩等设施，但因过于简陋，各驿运干线又逐年添造或修整站房、仓库、车棚、马厩、码头、食宿站、修理所等，共 1307 处。[1] 驿运运输量参见表 14-12。

---

[1]　俞飞鹏：《十五年来之交通概况》，国民党政府交通部 1946 年印行，第 34—36 页。

表 14-12　驿运干线运输量统计(1940—1945 年)

项目 年份	运量(吨)	周转量(千吨公里)
1940	18	6649
1941	128	34628
1942	115	35760
1943	179	36189
1944	810	60426
1945	88	18954
总计	1338	192606

资料来源:中国公路交通史编审委员会编:《中国公路运输史》第 1 册,人民交通出版社 1990 年版,第 355 页。

驿运经费方面,1940 年至 1944 年年底,国库拨款约 1.8 亿元,为同期其他交通费用的 2%。其运营原则上是自给自足,各干线收支相抵,结余 500 万余元;支线以管理费为营业收入,尚无确切统计。[1]

驿运价格,与公路运输价格有类似的变化趋势。面临物价飞涨的压力,驿运价格也不得不水涨船高,频繁调整。尤其是 1942 年开始,运价猛涨。[2]

1944 年秋,滇缅战局好转,空运量增加,汽车和配件的供应也有了保障;而同时各省驿运管理处经费困难,对于交通部停收驿运管理费的决定未切实执行,致各方诸多责难;且有的中央机关自行其是,与地方矛盾较多,于是行政院先后下令将各省驿运管理处撤销。到了年底,交通部驿运总管理处也奉令结束。

1945 年 1 月,军事委员会战时运输管理局成立,行政院规定该局为全国驿运主管机关,继续办理中央及各省驿运事宜,将各线驿运管理机构

---

[1]　俞飞鹏:《十五年来之交通概况》,国民党政府交通部 1946 年印行,第 36 页。

[2]　1939—1942 年驿运价格的变化,见国民党政府交通部编:《运价统计》,国民党政府交通部 1943 年印行,第 55—57 页。

归并所在地公路管理局管辖,于局内设驿运科负责。1945 年 8 月 15 日
日本投降后,战时运输管理局以抗战结束,公路汽车运输逐渐增加,为节
省人力、物力及减免政府不必要开支,将中央及各省主办的驿运事业先后
停办,驿运由商民自由经营,不加管制。到年底,各公路管理局所属各线
驿运管理分处及各省驿运管理处先后裁撤。①

第四节　抗日后方的铁路交通

　　"九一八事变"前后,中国铁路线长约 13960 公里②,主要分布在东
北、华北和沿海各省。中国幅员广大,显得铁路里程过短,分布亦偏。且
各路标准不尽一致,又不同程度地受国际资本和列强操控,更未考虑军事
运输需要。为应对内忧外患,促进国民党统治中心区的经济,国民党政府
曾计划五年修建铁路 8800 多公里③,且以长江以南和西南、西北地区干
线为重点,以期形成网络,改变铁路布局极不平衡的状况。到"七七事
变"发生后,铁路建设有所进展。1938 年 10 月武汉、广州相继沦陷,全面
抗战进入艰苦的战略相持阶段。为支撑持久抗战,国民党政府将铁路建
设的重点转向大后方西南和西北地区。

---

　　①　俞飞鹏:《十五年来之交通概况》,国民党政府交通部 1946 年印行,第 36—37 页。
　　②　此为 1931 年年底数据,见宓汝成:《帝国主义与中国铁路(1847—1949)》,上海人民出
版社 1980 年版,第 670—671 页。各种统计数据略有差异。如俞飞鹏主编的《十五年来之交通
概况》认为,"九一八事变"时铁路线长 15000 公里(见该书第 7 页,国民党政府交通部 1946 年
印行)。
　　③　五年铁道计划,第一年修建粤汉路株洲韶关段、陇海路潼关宝鸡段、浙赣路南昌玉山
段、苏嘉路、淮南路;第二年修建京赣路、浙赣路南昌萍乡段、钱塘江大桥、沪杭甬路杭州曹娥江
段及其他支线;第三年修建成渝路、鄂赣支线、潼关黄河大桥、黄埔港;第四年修建湘黔路、广州
梅县路、樟树镇赣县路、同蒲支线、湘桂路;第五年修建宝成铁路、黔滇路、川滇路、粤赣路。见
中国第二历史档案馆编:《中华民国史档案资料汇编》第 5 辑第 1 编,财政经济(9),江苏古籍出
版社 1994 年版,第 91—94 页。

一、战时铁路建设

"九一八事变"后,为应对日军的步步紧逼,各铁路线相应整顿路务,改造设施。如抽换重磅钢轨,更换枕木,要求干线铁路使用每米40公斤钢轨,替代原30—32公斤钢轨,这一工作在"七七事变"前大部分完成。其他如改造桥梁、增添机车车辆、装设调度电话和防空设备,改进或添设停靠站、股道、月台、供水站等设施,亦有进展。① 新的铁路线也在兴建或续建之中。如陇海铁路向西展筑;粤汉铁路建筑株洲至韶关段,全线得以贯通,且通过黄埔港支线与广九铁路接轨;浙赣、江南、沪杭甬、京赣、苏嘉等铁路先后通车,加强了国民党政府统治中心的交通联络,并为向西南后方疏散和运输预做准备。② 据统计,在国民党统治区,1931年"九一八事变"至1937年"七七事变"期间通车铁路,干线达3334公里,支线508公里,总里程约3842公里。此外,还完成了钱塘江大桥、首都南京轮渡工程。

为应对战争危机,还有成渝、湘黔和湘桂等铁路的动工兴建;川湘(湘黔路铜仁站至重庆)、贵(阳)昆(明)、广梅(广九路石龙站至梅县,延至潮安)、贵梅(浙赣路贵溪至梅县)、三梧(广九路三水至梧州)、浦襄(浦口至老河口)等铁路的筹划,均因全面战争爆发而终止。

1937年"七七事变"爆发,中国华北和沿海一带交通相继沦陷。国民党政府并未做好准备,其交通"不堪战时重任"③。因此,建设新线路,打破敌人封锁,维持国际运输,着手建设西南、西北大后方铁路交通网,是摆在国民党政府面前的艰巨任务。

"七七事变"发生后,华中、华南地区的铁路肩负疏散和运输重任。

---

① 俞飞鹏:《十五年来之交通概况》,国民党政府交通部1946年印行,第8—9页。

② 上述各路兴建情况,见刘克祥、吴太昌主编:《中国近代经济史(1927—1937)》,人民出版社2010年版,第1176—1190页。

③ 张公权:《抗战前后中国铁路建设的奋斗》,(台北)传记文学出版社1974年版,第132页。

粤汉路黄埔港支线紧急赶修完工,并与广九路接轨,便于自广州、香港输入物资。湘黔路作为重要的战备路,其东段首先开工,从粤汉路株洲出发,可通往云贵,便于中国军民和物资撤往西南后方,并相应支持或策应湘赣及华中、华东地区抗战。惜战争期间被拆除,路轨运往柳州修建黔桂铁路。① 湘桂铁路则为全面抗战时期修建的第一条交通要道,也是通往法属印度支那(今越南)的重要国际交通线,对于物资的进出口关系重大,也于"七七事变"之后加紧动工,其中衡阳至桂林段于1938年武汉、广州抗战正酣之时建成通车,对抗战有所支持;而南宁至镇南关段也动工兴建。联络西南地区东西向交通的黔桂路亦加紧筹划动工。

　　1938年10月武汉、广州相继沦陷,关内陷落和拆除铁路多达8810公里。国民党统治区原有铁路,尚有滇越路、浙赣路、粤汉路株洲至曲江段,以及陇海路洛阳以西段,通车里程共约2609公里。国民党政府一方面设法维持华中、华南铁路交通;另一方面加紧建设其统治的大后方西南和西北地区,继续推进包括铁路在内的交通建设。

　　这一时期,湘桂路继续分段建设,以便接通越南海口和西江水运。其中衡阳至桂林段于1937年9月开工,历时一年完工,创造了平均每天建成1公里的高效纪录。该段的通车,对于军、民、商运输,颇见成效。桂林以下,分桂(林)柳(州)、柳(州)南(宁)和南(宁)镇(南关)三段,于1938年4月同时开工,征月民工修筑土方。1938年10月,广州沦陷,柳南段材料无法从西江运来,被迫停工,转而加紧赶修桂柳段,已运抵贵县的柳南段车辆、材料全部水运至柳州,桂柳段得以从两段相向施工,于1939年12月建成通车。当时恰逢日军在广西北海登陆,桂南震动,中国军队由湖南增援广西,该段发挥了重大作用。南镇段系中法合资,由法方供应材料,从镇南关开始动工,1939年11月,铺轨至明江弄梅村,开始抢运中国存于越南的军需物资。日军进攻南宁,该路停工。日军撤走之后,亦未复

---

　　① 张公权:《抗战前后中国铁路建设的奋斗》,(台北)传记文学出版社1974年版,第66页。该路作为战备路,本应计入全面抗战前建成铁路,唯因通车时间在1939年前后,故列入这一时期通车铁路。

工,路轨拆除供黔桂路使用。

黔桂路为中国西南地区东西行干线,其开工建设极具军事意义,对后方经济及农产品流通也有重大作用。1939 年 9 月由柳州开建,1943 年通车至独山,1944 年修建至都匀和清泰坡,6 月柳州至清泰坡正式营业。因日军进犯独山而全路停工。该路工程艰巨,且多利用湘黔、南镇、浙赣、新宁等路拆除的旧料,工程组织也颇为混乱,加之战争后期财力不支,该路未能复工。

滇缅路为西南国际交通开辟的新路线,尤其是在滇越路、粤汉路南段遭日本截断后,其重要性极为突出,该路分东西两段于 1938 年 11 月开建。购自国外的材料原定取道越南内运,因日军禁运,材料被迫改运缅甸仰光,取道缅甸铁路运至中缅边境,转公路内运,后因太平洋战争爆发而停工。

叙昆路与滇缅路同时动工,分段建设,以便沟通川滇,南联越南,由大后方通达出海口,亦极具战略意义,但因财力不足于 1942 年停工。国民党军在中原败于日军后,陇海路宝鸡至天水段也加紧动工兴建。但因工程艰巨,直到抗战结束后的 1945 年年底才完工。而法国经营的滇越路,1940 年秋因日军入侵越南,威胁中国云南,中方乃将河口至碧色寨段拆除,昆明至碧色寨段仍由法国经营。1943 年,中国与法国维希政府断交,8 月 1 日收回昆碧段。此外,一些联络重要工厂矿山、水运码头的支线,亦有建设。①

这一时期,新通车铁路干线约 1507 公里,支线约 551 公里,总计约 2058 公里(见表 14-13)。

自 1931 年"九一八事变"直到 1945 年 8 月抗战胜利,将近 14 年,国民党统治区新通车铁路干线 4841 公里、支线 1059 公里,总计约 5900 公里。14 年中,平均每年建成通车约 421 公里;其中,前 6 年每年约 640 公里,后 8 年每年约 257 公里。

---

① 张公权:《抗战前后中国铁路建设的奋斗》第五编,(台北)传记文学出版社 1974 年版;俞飞鹏:《十五年来之交通概况》第二章,国民党政府交通部 1946 年印行。

表 14-13　抗日后方新通车铁路及里程统计
（1937 年 7 月—1945 年 8 月）

项目 线路别	起点	终点	干线 公里	支线 公里	动工 时间	通车 时间	备注
1. 湘黔路（田心—贵阳，全长 854 公里）	株洲田心	板塘铺	19.0	—	1937 年 2 月	1939 年 4 月	株洲至都匀长 854 公里，余下至贵阳与黔桂路共轨。湘黔路东段仅完成田心至板塘铺、湘潭至蓝田两段。1940 年田心至板塘铺作为粤汉路支线运营。后路轨拆除供黔桂路使用
	湘潭	蓝田（今涟源）	147.5	—	1937 年 2 月	1939 年 4 月	
	湘河口	杨家桥	—	13.4	不详	1938 年	运煤支线
2. 湘桂路（衡阳西站—镇南关，全长 1022.4 公里）	衡阳西站	桂林	360.0	—	1937 年 9 月	1938 年 9 月	"八一三" 淞沪会战之后利用浙赣路拆下的路轨铺路，并以木桥跨越湘江
	桂林	柳州	176.5	—	1938 年 4 月	1939 年 12 月	—
	柳州	来宾	71.8	—	1938 年 6 月	1941 年 9 月	为柳州至南宁的一段，使用粤汉路拆下的路轨
	镇南关	明江	64.5	—	1938 年 4 月	1939 年 11 月	镇南关至南宁全长 242 公里。因日军入侵南宁停工，后路轨拆除供黔圭路使用
	来宾	合山煤矿	—	65.0	1937 年	1941 年 9 月	窄轨，运煤专线
	冷水滩	零陵	—	21.8	1938 年	1944 年 3 月	途经蔡家埠飞机场。1944 年 8 月部分路毁被日军拆除
	黎塘	贵县	—		1938 年 6 月	—	全长 58.2 公里，湘桂路与玉江联络线，1938 年 10 月广州沦陷后停建
	黄阳司	窑冲	—	3.0	1940 年	1940 年	运煤支线
	大湾	凤凰	—	19.5	1942 年 9 月	1943 年 3 月	湘桂路与红水河联络线
3. 黔桂路（柳州—贵阳南站，全长 617.4 公里）	柳州	金城江	165.9	—	1939 年 8 月	1940 年 12 月	1939 年 11 月因日军攻陷南宁一度停工，1940 年 2 月复工。1944 年 9 月柳州至清泰坡 473 公里正式营业
	金城江	清泰坡	307.5	—	1941 年 2 月	1944 年 6 月	

续表

项目 线路别	起点	终点	干线 公里	支线 公里	动工 时间	通车 时间	备注
4. 滇缅路（昆明北站—术达，全长880公里）	昆明北站	安宁	34.6	—	1938年12月	1942年	1米轨，因日军入侵停工，仅建成昆明至安宁一段。部分路轨拆除用于叙昆路
5. 叙昆路（叙府—昆明，全长859.8公里）	昆明北站	曲靖	159.9		1938年12月	1941年3月	1米轨
	昆明北站	昆明南站	—	8.0	1938年	1938年	联络线
6. 粤汉路	许家洞	蓼江	—	33.3	1937年12月	1941年12月	资兴煤矿专用线，全长38.6公里，但鲤鱼江大桥未能建成，致全线一直未能贯通，仅在江上架设简易木桥，铺设轻便轨道行走斗车转运煤炭
	白石渡	杨梅山煤矿	—	13.8	1942年	1943年	粤汉、湘桂两路用煤运输线
7. 陇海路	宝鸡	天水	—		1939年5月	1946年1月	长145.8公里
	渭南	白水	—	78.0	1938年6月	1938年10月	0.6米轨，运煤支线，1950年拆除
	宝鸡	双石铺	—	106.2	1938年6月	1938年10月	1米轨，1945年拆除
	咸阳	同官（今铜川）	—	138.4	1939年5月	1941年12月	运煤支线
	洛阳	金谷园	—	32.2	不详	1940年	窄轨，1944年拆除
	英豪	黄门沟矿区	—	18.6	1938年	1938年	—
总计	—	—	1507.2	551.2	—	—	总里程2058.4公里

注：未计陇海路宝天段里程。

资料来源：张雨才编著：《中国铁道建设史略（1876—1949）》，中国铁道出版社1997年版；马里千等编著：《中国铁路建筑编年简史（1881—1981）》，中国铁道出版社1983年版；严中平等编：《中国近代经济史统计资料选辑》，科学出版社1955年版；中国第二历史档案馆编：《中华民国史档案资料汇编》第5辑第2编，财政经济（10），江苏古籍出版社1997年版，第110—111页。

  铁路机务设施、机车车辆，是保障战时铁路运输的必备条件。其中，铁路机厂、机器为修理车辆必不可少的设备。"七七事变"后，鉴于华北形势严峻，首先将胶济路青岛四方机厂机器设备拆迁南运；接着又将津浦路济南机厂和浦镇机厂、京沪路戚墅堰机厂、沪杭路闸口机厂拆迁内运。

武汉告急,平汉路江岸机厂和李家寨机厂、粤汉路武昌机厂和株洲机厂先后拆迁。各厂机器设备一部分拨给其他各路充实设备,一部分供给新厂和内地工业使用,如湘桂路在全州、桂林、苏桥建有新机厂,主要修理机车车辆;柳州机厂、贵定黔中机厂,则主要制造工业机器。不料,1944年秋,桂柳铁路失守,贵州吃紧,各厂机器设备除黔中一家外,其余均被破坏,损失极为惨重。

机务器材,在全面抗战爆发前,已有储备。如车用煤炭、油料,修理工具和配件材料,均有储备。煤炭和一部分修理材料,以往由国内供给,其余均需从国外进口。战争初期,供应尚属充裕。随着战争的持续,煤矿次第沦陷,出海口悉遭封锁,储存器材日渐减少,行车备受影响。抗战后期,部分重要器材靠空运进口补充,大部分仍需就地供应。各路都重视建设新的煤矿,虽质劣量少,聊胜于无。万不得已时,甚至也有烧柴炭行车的。油料极度缺乏,不得不尽量利用土产油料,精加提炼,作为代用品。配件工具,则由机厂仿制,虽粗糙不堪,成本巨大,亦能勉强维持行车。[①]

经艰苦努力,各路尚能维持一定数量的机车、车辆,以备运输。各路历年机车、车辆的变化参见表14-14。

表14-14 抗日后方铁路机车、车辆统计(1938—1944年)　　(单位:辆)

项目年份	车类	线路									存车整理委员会	总计
		湘黔	潮汕	陇海	粤汉	浙赣	湘桂	黔桂	川滇	滇越		
1938	机车	72	5	129	226	155	101	—	—	—		688
	客车	61	35	325	235	208	177	—	—	—		1041
	货车	505	51	1493	1566	1089	1497	—	—	—		6201
1939	机车	—	—	127	109	29	362	7	4	—		638
	客车	—	—	357	323	56	341	11	—	—		1088
	货车	—	—	1639	635	205	3946	—	60	—		6485
1940	机车	—	—	127	81	29	348	16	28	—		629
	客车	—	—	359	129	51	452	26	18	—		1035
	货车	—	—	1635	635	218	3628	60	147	—		6323

① 俞飞鹏:《十五年来之交通概况》,国民党政府交通部1946年印行,第15—16页。

续表

年份\项目	车类	线路									存车整理委员会	总计
		湘黔	潮汕	陇海	粤汉	浙赣	湘桂	黔桂	川滇	滇越		
1941	机车	—	—	127	81	28	126	21	28	—	216	627
	客车	—	—	359	129	25	349	49	28	—	79	1018
	货车	—	—	1733	761	158	1318	218	252	—	1841	6281
1942	机车	—	—	127	73	28	126	63	28	—	180	625
	客车	—	—	359	114	25	314	78	28	—	71	989
	货车	—	—	1733	761	158	1140	668	235	—	1485	6180
1943	机车	—	—	126	73	9	122	82	28	32	164	636
	客车	—	—	254	129	13	287	70	39	41	54	887
	货车	—	—	1733	776	90	1058	958	224	388	1182	6409
1944	机车	—	—	111	—	9	—	24	25	32	—	201
	客车	—	—	346	—	13	—	19	33	41	—	452
	货车	—	—	1531	—	90	—	159	222	382	—	2384

资料来源:中国第二历史档案馆编:《中华民国史档案资料汇编》第5辑第2编,财政经济(10),江苏古籍出版社1997年版,第134—135页。原表个别数据有误,本表已订正。

　　国民党政府也曾为铁路建设提供建设专款。全面抗战开始,为完成京赣铁路,并建设湘桂、湘黔、滇缅、叙昆铁路,拨给1937年、1938年建设专款分别4106.88万元和4308.47万元。1939年、1940年建设专款分别9680.68万元和14777.05万元,则用于抢建湘桂路桂柳段,兴建黔桂路、陇海宝天段。1941年专款33690.67万元,用于滇缅、黔桂路赶工,以及叙昆、宝天两路继续进行,陇海咸同支线建成,綦江铁路开工。1942年专款95912.84万元、1943年专款99346.15万元,则因浙赣、滇缅两次会战后,物价飞涨,滇缅、叙昆两路停工,铁道部集中力量赶筑黔桂、宝天、綦江铁路,并整理湘桂路沿线机车车辆,拨给专款。1944年,日军发动打通大陆交通线战役,国民党政府军大败,各铁路难以维持,国民党政府拨给560723.29万元,作为军运维持费和员工疏散费。1945年,宝天段继续施工,黔桂路开始修复,总机厂扩建,员工救济和维持,拨给专款2620524.67万元。1946年拨款116000万元用于复员。9年间共拨专款超过 355 亿元。①

二、战时铁路运输

日本发动全面侵华战争后,疯狂抢占中国战略要地和铁路线。从"七七事变"到南昌失守,浙赣铁路拆除轨道,这一年九个多月中,中日双方激烈争夺。但武汉陷落后,中国铁路丧失十之八九,铁路已失去其运输的重要性,公路、水路运输成为交通重心。因此,这一年九个多月的铁路运输,成为战时铁路运输最繁忙的时期。之后,国民党统治区所剩无几的旧路,以及西南、西北地区新建的铁路,在持久抗战中,也发挥了一定作用。

1937 年 7 月 24 日,国民党政府颁布铁路战时运输办法,并根据 1936年 2 月军事委员会颁布的《铁道运输司令部组织条例》,8 月 1 日在郑州正式组建铁道运输司令部,任命陇海铁路局长钱宗泽为总司令,负责"掌理指挥全国铁路军事运输"。为使铁路运输适应战时状态,铁道部还要求各路员工要"以英雄抗战精神……与军队同进退,勿先军队撤退";"无论敌机如何轰炸,必须随炸随修,勿令行车有一日阻断";各路"所有车辆一律共同统筹使用,以增加运输效率";各路局"编成若干军用列车,交由运输司令部统筹支配。军用列车以外,预备若干列车兼顾人口物资之疏散,公物及工厂之迁移"。抗战期间各路一律减薪,并拟定最低预算,如有余款一律解部,集中分配使用,主要用于维持债务信用。②

抗战初期,军事运输主要依赖铁路。最初五年,运送军队和旅客超过1100 万人次,物资 285 万吨。抗战八年的铁路运输,分为六个阶段。

第一阶段,自 1937 年 7 月 7 日卢沟桥事变全面抗战爆发,至 1937 年12 月 13 日南京失陷。在华北,"七七事变"后,北宁路关内段、平绥路、胶济路,津浦路济南以北及蚌埠以南,均先后沦陷。但胶济路 103 辆机车、

---

① 俞飞鹏:《十五年来之交通概况》,国民党政府交通部 1946 年印行,第 102 页。
② 张公权:《抗战前后中国铁路建设的奋斗》,(台北)传记文学出版社 1974 年版,第132—133 页。

1820 辆客货车均撤走。日军占领石家庄后，沿正太路西进，正太路机车、车辆大部撤往同蒲路。正太路沦陷后，日军占领太原，沿同蒲路南进，中国机车车辆继续南撤，大部分运过黄河，交给陇海路使用；未能撤走的铁路材料予以破坏。

在华东，淞沪会战空前激烈，京沪沪杭甬、苏嘉等也成为这一时期运输最为繁忙的铁路，但遭受敌机轰炸也最为猛烈。铁道部部长张嘉璈亲自到沿线鼓动、督修，广大铁路员工冒着生命危险，随炸随修，维护行车无一日中断。铁路方面还为中国守军提供钢轨和枕木构筑工事。淞沪会战期间，京沪铁路开行军用列车 1346 次，运送军队 50 个师，辎重 5 万吨。

1937 年 11 月 16 日，国民党政府国防会议决定迁都重庆。南京撤退，铁道部奉命拆毁镇江以东铁路，同时指定津浦、京沪、江南三路车务处长维持剩余铁路行车，至南京军队退出最后一日才撤退。12 月 13 日南京沦陷，京沪、苏嘉两路完全被日军占领，京沪路机车 72 辆，抢运出 55 辆，客货车辆除部分损坏外，其余均转移到浙赣路及津浦路，部分材料也抢运移交浙赣路。

这一阶段，各路运送军队 4467376 人次，军需品 1236629 吨。[①]

第二阶段，自 1937 年 12 月南京陷落，经徐州会战至 1938 年 5 月 21 日徐州失陷。[②] 南京沦陷后不久，江南路失陷，抢运出 5 辆机车，65 辆客货车，转运到浙赣、京赣等路，来不及搬运的车辆、桥梁、站房等自行破坏。芜湖沦陷后，淮南路危急，遂自行拆除。京赣路只有部分通车，在战事爆发后被迫停工，400 多万元建路材料抢运到后方，已成路段旋即被拆除破坏。沪杭甬路自淞沪会战开始到 10 月底，遭敌机轰炸 128 次，铁路员工不避艰险，维护通车。11 月初，日军从杭州湾金山卫登陆，该路客货车停开，上海至松江间 48 公里铁路拆除，机车、车辆、材料向浙赣路转移，通车不久的钱塘江大桥及部分路段在杭州沦陷前被自行炸毁。浙赣路原有机

----

① 张公权：《抗战前后中国铁路建设的奋斗》，（台北）传记文学出版社 1974 年版，第134—137 页。

② 一说至 6 月开封失守（俞飞鹏：《十五年来之交通概况》，国民党政府交通部 1946 年印行，第 14 页）。

车 47 辆,客车 66 辆,货车 648 辆,加上转移来的机车车辆,机车增至 107 辆,客车增至 160 辆,货车增至 1500 辆,大大增强了运输能力,钱塘江北岸撤退的人员和铁路材料等由此向后方运输转移。杭州矢陷后,钱塘江江边至诸暨 64 公里铁路被自行破坏。

在华北战场,日军沿平汉路南侵,敌机轰炸平汉路,1938 年 1 月 20 日炸毁黄河大桥桥墩,中国铁路员工冒险抢修 3 天恢复通车,2 月 11 日敌机再次炸毁桥墩,抢修两天通车。广大铁路员工英勇顽强,随炸随修,维持通车,平汉路每月平均运量达 487 列,计 10 万吨物资。徐州吃紧时,每日开行军运列车达 30 次。津浦、道清、正太、陇海各路车辆、设备南撤,均由平汉路转运,运输之繁忙,为各路之冠。2 月中旬,日军进抵新乡附近,逼近黄河。为阻止日军进攻,中国守军炸毁黄河大桥,黄河北岸平汉路及道清路全部沦入敌手。

津浦路自开战至徐州失陷,遭敌机轰炸 1433 次,机车 110 辆、客货车 218 辆、桥梁 4 座及其他大量设备被炸和损坏。津浦路员工在抢修抢运中先后有 79 人牺牲、74 人负伤。[1] 徐州会战期间,津浦路为运送军队、辎重、给养,开行列车 960 列。此外,还运送难民 50 列、公物 24 列、故宫文物 17 列、抢运沿线铁路材料 1159 列。并抢运出 110 辆机车、1700 辆客货车,转入陇海、平汉、粤汉路使用。济南机厂设备,拆移粤汉路。

陇海铁路是徐州会战中中国军队军需供给的重要运输线。日机狂轰滥炸,企图切断陇海路。"七七事变"至 1937 年年底,敌机轰炸陇海路 863 架次,投掷炸弹 1072 枚,炸毁机车 29 辆,客货车 51 辆,铁路路轨 24 根,桥梁 4 座,车站房屋 48 所。1938 年,敌机轰炸陇海路 1351 架次,投掷炸弹 4417 枚,炸毁机车 43 辆,客货车 183 辆,房屋 24 所,铁轨 291 根。1938 年 1 月到 9 月,陇海路员工有 50 人被炸身亡。[2] 徐州会战期间,陇海路不仅要运输陇海路线区内及大西北开赴前线的军队及支援前线的军需物资,还要转运来自平汉路的军队和军需品,因此"军运昼夜不绝,行

---

[1]　国民党政府交通部编:《抗战与交通》1940 年第 33 期。
[2]　国民党政府交通部编:《抗战与交通》1941 年第 56、57 期。

车密度空前未有"①。

徐州会战后期,津浦路撤退的机车车辆和铁路材料,全部经由陇海路转运,但因陇海路东去军运列车,军令不许放行西返,以备紧张时撤运参战部队之用,致使陇海东段车辆拥挤不堪,堵塞交通。徐州失守后,津浦路全部沦陷,陇海路丧失本路及津浦路转移来的机车271辆,陇海路也被日军截断。

这一阶段,各路运送军队4337777人次,军需品1146998吨。② 台儿庄大捷即发生在这一阶段。

第三阶段,自1938年5月21日徐州失守至10月25日武汉沦陷。日军占领徐州后,沿陇海路西犯,占领中牟以东铁路,兵锋直指郑州。国民党政府炸开花园口黄河大堤,企图"以水代兵",阻敌进犯。中国方面拆除大浦至连云港铁路,并炸毁部分车站设施和沿途桥梁。郑州以西路段,因受黄河北岸日军威胁,陆续向西拆毁路轨。日军进占同浦铁路黄河北岸之后,陇海路陕州至潼关段100公里左右路段,常处于日军炮火威胁之下。该路员工坚持运输,列车冒着敌人炮火行驶,而且摸索出一套经验,掌握了日军发炮间隔、落点和爆炸程度,列车行至16号山洞时先暂停一下,等到敌人炮火一闪,即迅速开车闯过,等敌人续发第二排炮时,列车已进入17号山洞中。这些"闯关列车",保证运输不致中断。③

日军试图占领郑州沿平汉路南进攻武汉的战略因"黄水决堤"而改变。从1938年6月12日起,日军沿长江西进,猛攻武汉。南浔路奉命拆除,南段轨料经湘桂路运至湘黔路,北段料轨船运到汉口一部分,因马当要塞失守,来不及运出的轨料全部沉入鄱阳湖中。武汉会战后期,平汉路南段被截断,中方进行了一些力所能及的拆除和破坏,210辆机车抢运出170辆,3881辆客货车抢运出3401辆。江岸机车厂设备拆运湘桂路,沿线厂屋钢架拆卸一部分运存香港等地,郑州机车厂机器辗转运至湘黔路。

---

① 国民党政府交通部编:《抗战与交通》1941年第33期。

② 张公权:《抗战前后中国铁路建设的奋斗》,(台北)传记文学出版社1974年版,第138—140页。

③ 李占才主编:《中国铁路史(1876—1949)》,汕头大学出版社1994年版,第280页。

武汉会战尚未结束,日军一部于 1938 年 10 月 12 日在广州大鹏湾登陆,之后广九路粤段、广三路和粤汉路南段广州至源潭段相继被占,源潭至曲江段路轨、桥梁自行拆毁,北段武昌至黄沙街段随武汉同时陷落,仅剩株洲至曲江段照常营运。广九、粤汉路在全面抗战爆发后,是运输出入口物资的重要线路,运送输入物资近 70 万吨,行车最密时在途行驶列车达 140 列,少时也有七八十列。敌人在未登陆前,以敌机对两路狂轰滥炸,每月轰炸多时达一百五六十次,少时也有六十多次。敌机向粤汉路前后投掷炸弹 3256 枚,每公里投弹 3 枚之多。后日军集中轰炸广州以北的银盏坳大桥,试图切断粤汉路。铁路部门组织抢险队,在大桥附近储备材料,随炸随修,在每天下午三四点前后,敌机离去,随即修理,傍晚时分,列车开始行车,保持行车一直没有中断。抢修保路过程中,有 200 多人被炸死、炸伤或劳累过度死亡。

南京撤退时铁道部迁至武汉办公。1938 年 1 月 1 日铁道部并入交通部,张嘉璈任交通部部长。交通部在武汉失陷前迁至衡阳办公,后又迁往重庆。

这一阶段,各路运送军队 2647583 人次,军需品 486163 吨。[①]

第四阶段,自 1938 年 10 月 25 日武汉失陷至 1939 年 11 月 24 日南宁陷落。广州、武汉相继失陷后,抗战正面战场移至鄂西、湘北及广州西北与西南、广西南部一带。其时唯一比较完整的铁路是自诸暨至株洲的浙赣路西段,在株洲接粤汉路,经衡阳与建设中的湘桂路连接,东段接通宁波、温州出口通道。当时西南地区锑、桐油、茶叶等物品,均由该路运至金华转温州,或由诸暨转宁波出口。浙盐运赣、赣米运浙,运输繁忙,成为东南地区运输干线。1939 年 2 月,敌机开始轰炸浙赣路沿线车站,该路开始拆运机厂机器,转移机车车辆。3 月初,日军进抵修水河一带,向南昌进攻。南昌附近莲塘向塘间路轨奉命拆除,计划继续向东拆至进贤,向西拆至樟树,因日军骚扰,拆路员工被迫撤退,退到距敌较远处继续破路,但

---

① 　张公权:《抗战前后中国铁路建设的奋斗》,(台北)传记文学出版社 1974 年版,第 142—143 页。

因时间紧促,拆下的轨料无法运出,只能投入池塘中或埋藏起来。同时破坏樟树大桥,将桥墩、桥梁沉入水中。3月底南昌沦陷,4月初开始拆除东段诸暨湄河间路轨。至此浙赣路剩下不相连接的东西两段,东段诸暨至邓家埠438公里,西段樟树至株洲282公里。不久西段又自行拆毁,轨料运往柳州,供黔桂路应用。该路被肢解之前,东段客货车抢运出1208辆。该路自1937年年底中国守军退守钱塘江南岸至路线中断约15个月中,开行军用列车1700次,运送军队150万人次,军需品23万吨,伤兵6万人,商货23万吨。

与此同时,湘黔路已完工路段,路轨全部拆除,轨料西运以备建筑新路之用,桥梁加以破坏。

粤汉路因1938年11月13日岳阳弃守,长沙大火,自12月12日起,北段列车开至白水为止(距汉口308公里)。随即拆除汨罗至霞凝间路轨。1939年4月赣北吃紧,南昌失陷,霞凝至长沙段拆除,并准备拆除长沙至株洲段,奉命于4月15日开始向南每日拆3公里。南段自大坑口至曲江间轨道也开始拆卸。粤汉路仅株洲曲江段通车。

陇海路潼关以东至会兴镇段,沿黄河岸行车。日军未能占领郑州,陆续占据黄河北岸各渡口,瞄准潼会段间车站安置炮位,不断向该段铁路、车站发炮。潼关距敌人风陵渡据点仅800多米,受敌炮袭尤烈。潼关大桥多次被炸损毁,铁路员工冒死抢修,死伤20多人。敌炸我修,中断数日后又通车,再炸再修,间断保持通行列车。为此多人被授勋章。到1939年2月间,中方担心日军南渡黄河,命令陇海路由郑州至潼关顺序拆除,到4月中旬,中牟至汜水间77公里全部拆除,轨料继续西移。

这一阶段,各路运送军队2823872人次,军需品359863吨。①

第五阶段,自1939年11月24日南宁陷落至1942年年底。这一阶段南战场有粤北、湘北、桂南之战,北战场有中条山之战,长江方面有襄河两岸之战及鄂西、鄂北之战,还有浙东及沿浙赣路之战。全面抗战处于相

---

① 张公权:《抗战前后中国铁路建设的奋斗》,(台北)传记文学出版社1974年版,第144—146页。

持阶段,日军兵力不足,无法构成绝对优势。铁路方面,浙赣路损失435公里,但后方又能新建800多公里。1939年9月,第二次世界大战欧洲战场开战,日军要应对广大亚太地区的形势变化,不再全力深入中国内地,但加强了对中国共产党领导的抗日根据地的"扫荡",以及对国民党统治区的封锁和重点打击。1939年6月登陆汕头,11月在钦州登陆,24日攻陷南宁,1940年5月占领宜昌,7月登陆镇海,1941年2月间粤海沿岸,4月间福建、浙江海岸登陆。太平洋战争爆发后,又占领中国香港,进犯东南亚,于1942年3月占领新加坡、仰光,4月占领缅甸腊戍,截断滇缅公路,中国出海通道全被封锁。

浙赣路方面,日军于1940年10月和1941年4月两度进攻浙东,打击浙赣路诸暨邓家埠段,铁路员工一面抢修保持军运,一面奉命拆除东段铁路;中国守军反攻,日军退回原占领区后,中方又加紧抢修所拆铁路,保持通车。日军第二次进攻浙东时,诸暨至安华间铁路自行破坏时桥梁均被彻底破坏,未能修复。1942年4月,美国空军利用浙江空军基地空袭日本东京,日军为摧毁、占领浙江空军基地,发动猛烈进攻。由东向西,于6月12日占领玉山,南昌方面日军也向东夹击,浙赣路仍能通车的113公里路段两端均受威胁,被迫全线放弃。因两端均无出路,所有机车31辆、客货车282辆及机厂、铁路设备无法撤退,一律自行破坏。

粤汉路方面,1939年9月至1941年年底,中日双方进行三次"长沙会战"。每次会战开始时,国民党军事当局都命令粤汉路由株洲向南拆除路轨,会战结束时日军退回新墙河以北原占领区后,又修复拆毁路段,因此"第三次长沙大捷"后,曲江至株洲间路段仍维持通车,并恢复通车至与湘黔路衔接的湘潭。

陇海路方面,由汜水继续向西拆除,拆到距洛阳东站5公里处为止,陇海路仅存洛阳至宝鸡544公里。其中会兴镇至潼关108公里路段靠近河岸,各站几乎每天遭黄河北岸日军炮击。为坚持行车,铁路员工反复抢修隧道,修建便道,搭建便桥。黄河北岸高于南岸,敌军炮位居高临下,铁路行车完全置于日军的监视之下,一有行车,日军立即炮轰。尤其是在1939年11月后,第17号隧道洞口遭敌定点炮击,机车受损32辆,客货车

88辆,员工死亡10多人,受伤50多人,无法维持行车。工程人员决定修建800多米新隧道。工程人员冒着敌人的炮火,日夜施工,历经10个多月,用工20多万人,工款70多万元,于1940年11月完工,放行材料列车。交通部部长张嘉璈冒险亲临视察,鼓励员工。1941年5月间,日军大举向黄河北岸中条山区中国守军进攻,发动中条山战役。中国守军损失惨重,被迫退出中条山区,5月16日后,黄河北岸渡口被日军占领,陇海路受到的威胁和炮击更为严重,高柏至东泉店40多公里被迫停开列车,改用汽车转运。经抢修便道,11月底恢复通车。但列车运行和铁路线路始终未能摆脱日军的炮火袭击和威胁,平均每月四五百发炮弹袭来。如1942年5月间一列车被炮火击中,死伤旅客和员工40多人。

湘桂路衡阳至柳州、柳州至桂林两段,先后全段或部分路段通车。衡阳柳州段1938年10月正式通车后,恰逢长沙大火,长沙重要军品悉数南运至该路沿线,得免损失。及汉广、南昌沦陷,浙赣、湘黔和粤汉北段相继拆轨,各路车辆、器材均集中于湘桂路,客车增至4450辆,机车增至350辆。部分路段通车后不及一年,就开行军用列车480次,运送军队36万人次,货物23.5万吨,客运64万人次。

法国经营的滇越铁路设备简陋,运输能力低下,甚至缺乏行车号,夜间不能行车,月运输量仅有3000吨左右。全面抗战开始之后,中方与法方多次交涉,要求其增加车辆,扩充运输能力,但1940年前每月运输军、公物资也仅提高到7000吨左右。1940年年初日军飞机轰炸滇越路云南境内铁路,炸断开远南两座大桥,而法方修复工作迟缓,张嘉璈亲临现场,调粤汉路抢修人员前往协助修复通车。1940年6月,法国政府向德国投降,日本乘机要求越南停运中国政府物资,越方被迫同意,该路不再运输中国物资。及至9月,日军入侵越南,中国方面炸毁河口大桥,拆毁云南边境铁路,另派军运司令驻路指挥中国境内路段运输事宜。[1]

---

① 张公权:《抗战前后中国铁路建设的奋斗》,(台北)传记文学出版社1974年版,第147—153页。

这一阶段，各路运输情况是：1940 年运送军队 2915725 人次，军需品 475984 吨；1941 年运送军队 2802526 人次，军需品 311558 吨；1942 年运送军队 2007195 人次，军需品 340843 吨。[①]

第六阶段，1943 年至抗战胜利。浙赣战局渐趋稳定，浙赣路于艰难困苦中恢复江山至上饶段通车，以便利东南物资内运。陇海路剩余线路继续将沦陷区物资内运西北、转运西南。叙昆路通车路段承接空运至云南物资。滇越路云南段线路被中国接管后，云南矿产转运昆明出口，日军逼近越南时，该路赶运中国军队至边境防御。1943 年冬常德保卫战，湘桂、黔桂、粤汉各路发挥了作用。1944 年春开始，日军发动对豫、湘、桂的进攻，国民党守军大败。5 月 29 日洛阳沦陷，陇海路阌底镇东全部遭破坏，仅有潼关至宝鸡尚维持通车。6 月中旬长沙失守，随之萍乡、醴陵、株洲、湘潭相继失守。8 月 8 日，衡阳失守，粤汉路全部丢失。11 月桂林、柳州失守，日军一部进攻到黔桂路的独山，重庆为之震动。湘桂、黔桂两路也不能再有所贡献了。日军完成了打通大陆交通线的作战目标，国民党政府所控制的铁路所剩无几，铁路运输对抗战的贡献也降至最低点。

这一阶段，各路运输情况是：1943 年运送军队 2984456 人次，军需品 4553439 吨；1944 年运送军队 1529887 人次，军需品 250244 吨；1945 年运送军队 916556 人次，军需品 365124 吨。[②]

八年抗战，国民党统治区铁路共运送军队 27432953 人次，军需品 5429255 吨。铁路员工作出了重大牺牲，为抗战事业作出了重大贡献。据不完全统计，铁路员工受伤 985 人，牺牲 1036 人。[③] 当然，铁路也兼顾民生运输（见表 14-15）。

---

①　俞飞鹏：《十五年来之交通概况》，国民党政府交通部 1946 年印行，第 14 — 15 页。该书所分阶段与张嘉璈书略有不同。

②　俞飞鹏：《十五年来之交通概况》，国民党政府交通部 1946 年印行，第 15 页。第六阶段包括该书的第七、第八两个阶段。

③　俞飞鹏：《十五年来之交通概况》，国民党政府交通部 1946 年印行，第 109 页。

表 14-15　抗日后方铁路运量统计(1938—1944 年)

类别 年份	客运量(万人)				货运量(万吨)				包裹(吨)
	军人	旅客	总计	军人占比(%)	军品	货物	总计	军品占比(%)	
1938	205.05	649.34	854.39	24.00	124.95	610.05	735.00	17.00	不详
1939	246.77	781.44	1028.21	24.00	60.52	295.48	356.00	17.00	不详
1940	296.87	907.67	1204.54	24.65	45.95	217.73	263.68	17.43	不详
1941	208.97	1204.50	1413.47	14.78	36.37	277.26	313.63	11.60	5.25
1942	213.16	1132.80	1345.96	15.84	38.05	268.87	306.92	12.40	21.91
1943	298.45	1598.83	1897.28	15.73	45.58	328.56	374.14	12.18	28.87
1944	152.99	769.82	922.81	16.38	25.22	136.14	161.36	15.53	28.95
总计	1622.26	7044.40	8666.66	18.72	376.64	2134.09	2510.73	15.00	84.98

注:1. 本表除包裹吨数根据运量统计和 1938 年、1939 年系按营业进款与运价指数估计外,其余均根据统计年报。2. 原表个别货物吨数总计有误,现改正。

资料来源:中国第二历史档案馆编:《中华民国史档案资料汇编》第 5 辑第 2 编,财政经济(10),江苏古籍出版社 1997 年版,第 119 页。

战时铁路运输以军运为主,但也兼顾客货运输。据不完全统计,1938—1944 年 7 年间,各路共运送军人 1622.26 万人次,而运送旅客多达 7044.4 万人次,占总数的 81%。运输军需品总计 376.64 万吨,但运输货物高达 2134.09 万吨,占总数的 85%。

随着战局变化,国民党军队在正面战场连连失利,铁路营业里程颇受影响。各路营业里程的变化,见表 14-16。

表 14-16　抗日后方铁路营业里程统计(1938—1945 年)　(单位:公里)

路别 年份	津浦蚌滕段	平汉南段	陇海	南浔	粤汉	广九	浙赣	个碧石	湘黔	湘桂	川滇(叙昆)	黔桂	滇越	总计
1938	265	544	1562	129	1145	179	998	177	—	—	—	—	—	4999
1939	—	—	542	—	451	—	438	177	175	361	—	—	—	2144
1940	—	—	587	—	451	—	414	177	—	602	—	—	—	2231
1941	—	—	587	—	481	—	414	177	—	535	—	95	—	2289
1942	—	—	680	—	481	—	—	177	—	535	196	166	—	2235

续表

年份\路别	津浦蚌滕段	平汉南段	陇海	南浔	粤汉	广九	浙赣	个碧石	湘黔	湘桂	川滇（叙昆）	黔桂	滇越	总计
1943	—	—	680	—	481	—		177	—	625	196	156	—	2325
1944	—	—	680	—	495	—	86	177	—	639	204	474	286	3041
1945	—	—	455	—	—	—	86	177	—	—	204	—	286	1208

注：营业里程均为各年 3 月统计数。

资料来源：中国第二历史档案馆编：《中华民国史档案资料汇编》第 5 辑第 2 编，财政经济（10），江苏古籍出版社 1997 年版，第 118 页。

在汉广沦陷前，铁路营业里程近 5000 公里，且多为全面抗战前建成通车的旧路；汉广沦陷后，抗战进入艰苦的战略相持阶段，旧路丧失巨大，后方新路则赶修通车，为支撑持久抗战作出了贡献。在战争状况下，铁路行车效率并不算差。以陇海、湘桂、黔桂、川滇（叙昆）和滇越路为例，各年旅客和货物平均行程的情况是：战前的 1936 年每位旅客平均行程为 91 公里，而战时的 1937 年至 1944 年分别为 100 公里、107 公里、110 公里、119 公里、110 公里、109 公里、111 公里和 118 公里，比战前有所提高，甚至是较大幅度的提高。[1]

国民党统治区物价猛涨，客货运价上升指数远远赶不上物价上涨指数[2]，造成铁路运输收入锐减，各路亏损严重，只能靠政府补贴维持运营（见表 14-17）。以粤汉、湘桂和黔桂三路为例，1942 年 12 月 1 日客票三等每人每公里 0.3 元，货物十等每吨每公里 0.5 元；1943 年 6 月 21 日分别调整为 0.405 元、0.66 元，分别上涨 35%、32%；1943 年 11 月 20 日，再次调整，分别为 0.615 元、1 元，均上涨 51%；1944 年 4 月 12 日分别调整为 0.96 元、1.6 元，分别上涨 56%、60%。[3]

---

[1]　中国第二历史档案馆编：《中华民国史档案资料汇编》第 5 辑第 2 编，财政经济（10），江苏古籍出版社 1997 年版，第 147 页。

[2]　1937 年至 1945 年运价指数与物价指数的变化参见俞飞鹏：《十五年来之交通概况》，国民党政府交通部 1946 年印行，第 115 页。

[3]　中国第二历史档案馆编：《中华民国史档案资料汇编》第 5 辑第 2 编，财政经济（10），江苏古籍出版社 1997 年版，第 127 页。

表 14-17　抗日后方铁路营业收支统计（1937—1944 年）　（单位：万元）

年份	项目	线路						南京轮渡
		京沪沪杭甬	津浦	胶济	正太	广九	平汉	
1937	收入	501.4	722.6	494.6	104.9	324.8	1880.1	22.3
	支出	1089.0	1103.9	494.3	141.0	263.0	2808.8	13.5
	盈亏	-587.6	-381.3	0.3	-36.1	61.8	-928.7	8.8
1938	收入	—	—	—	—	127.9	484.8	—
	支出	—	—	—	—	102.0	918.2	—
	盈亏	—	—	—	—	25.9	-433.4	—
1939	收入	—	—	—	—	—	—	—
	支出	—	—	—	—	—	—	—
	盈亏	—	—	—	—	—	—	—
1940	收入	—	—	—	—	—	—	—
	支出	—	—	—	—	—	—	—
	盈亏	—	—	—	—	—	—	—
1941	收入	—	—	—	—	—	—	—
	支出	—	—	—	—	—	—	—
	盈亏	—	—	—	—	—	—	—
1942	收入	—	—	—	—	—	—	—
	支出	—	—	—	—	—	—	—
	盈亏	—	—	—	—	—	—	—
1943	收入	—	—	—	—	—	—	—
	支出	—	—	—	—	—	—	—
	盈亏	—	—	—	—	—	—	—
1944	收入	—	—	—	—	—	—	—
	支出	—	—	—	—	—	—	—
	盈亏	—	—	—	—	—	—	—

续表

年份	项目	线路							总计
		南浔	浙赣	粤汉	陇海	湘桂	川滇（叙昆）	滇越	
1937	收入	188.9	263.0	2028.0	1309.1	—	—	—	7839.8
	支出	211.8	570.7	1988.4	1667.8	—	—	—	10352.3
	盈亏	-22.9	-307.7	39.6	-358.7	—	—	—	-2512.5
1938	收入	81.5	408.2	894.9	390.7	145.8	—	—	2533.8
	支出	50.6	323.8	1500.5	849.0	173.9	—	—	4018.0
	盈亏	30.9	84.4	-705.6	-458.3	-28.1	—	—	-1484.2
1939	收入	—	—	777.4	981.3	1042.5	—	—	2801.2
	支出	—	—	2154.4	2268.7	911.2	—	—	5334.3
	盈亏	—	—	-1377.0	-1287.4	131.3	—	—	-2533.1
1940	收入	—	343.8	1450.5	1739.4	2149.4	—	—	5683.1
	支出	—	258.5	2454.2	2011.0	1534.7	—	—	6258.4
	盈亏	—	85.3	-1003.7	-271.6	614.7	—	—	-575.3
1941	收入	—	307.8	2968.9	3769.0	4206.5	1177.6	—	12429.8
	支出	—	274.4	3263.6	3648.8	3239.7	1051.0	—	11477.5
	盈亏	—	33.4	-294.7	120.2	966.8	126.6	—	952.3
1942	收入	—	1898.8	7824.5	16778.5	12728.4	4416.7	—	43646.9
	支出	—	1216.9	7072.6	11714.5	10537.7	3280.0	—	33821.7
	盈亏	—	681.9	751.9	5064.0	2190.7	1136.7	—	9825.2
1943	收入	—	410.9	30406.1	59791.7	49390.6	15840.5	11007.1	166846.9
	支出	—	2365.8	22181.1	59139.5	32406.5	16112.5	8576.4	140781.8
	盈亏	—	-1954.9	8225.0	652.2	16984.1	-272.0	2430.7	26065.1
1944	收入	—	4851.3	37593.8	—	—	59560.5	61077.8	163083.4
	支出	—	5338.8	44192.3	—	—	51553.4	48012.8	149097.2
	盈亏	—	-487.5	-6598.6	—	—	8007.3	13065.0	13986.2

注:1. 总计经重新统计,纠正了原资料个别数据的错误。2. 因四舍五入的关系,总计与各路加总结
果略有出入。

资料来源:中国第二历史档案馆编:《中华民国史档案资料汇编》第5辑第2编,财政经济(10),江苏
古籍出版社1997年版,第195—197页。

从账面上看，仅就营业而言，1941—1944 年是盈利的。但扣除物价上涨部分，则盈利状况差强人意。而且，账面收入中，不少来自半价军运费，如 1942 年 70%来自军运；1945 年为配合反攻，收入锐减，政府不得不给予补贴。再考虑欠款、债款利息等，财务状况就不乐观了。截至 1945 年年底，铁路债务本息多达 11.25 亿元。[①]

第五节　抗日后方的民用航空运输和邮政电信

为支持全面抗战，打破敌人封锁，维持国际运输，建设西南、西北大后方交通网，发展地方经济，民用航空和邮电业，也作出了艰苦努力。

一、民用航空运输

中国幅员广大，地理条件复杂，比起铁路、公路交通，航空运输本来是最适合发展的交通方式。只是北洋政府和国民党政府财力有限，航空事业发展缓慢。

1931 年"九一八事变"发生时，中国航空事业尚处于幼年时期。成立于 1930 年的中美合资中国航空公司（以下简称"中航"），主要经营国内航线；1931 年成立的中德合资欧亚航空公司（以下简称"欧亚"，1943 年改组为中央航空公司后简称"央航"），主要经营欧亚两大洲国际航线。当时，中航只经营上海经南京、九江、汉口、沙市至宜昌航线，以及南京经徐州、济南、天津至北平航线；欧亚仅经营上海经南京、济南、北平、洮南至满洲里一条航线。另有 1933 年成立的官商合办西南航空公司，经营范围主要在西南尤其是两广地区，也租用飞机飞往越南河内。国民党政府财

---

①　俞飞鹏：《十五年来之交通概况》，国民党政府交通部 1946 年印行，第 106 页。

政困难,预算内无法提供建设经费,仅在每年邮政经费项下,酌量拨给少许,聊胜于无。[1] 营业状况则差强人意,但亏损时多。[2] 1931 年空运航线 3932 公里,1936 年增至 11841 公里。"九一八事变"到"七七事变",三家航空公司新开辟的航线分别为:

中国航空公司:宜昌—万县—重庆—成都(由已有的上海至宜昌航线扩展为沪蓉线)、上海—南京—海州—青岛—天津—北平、上海—温州—福州—厦门—汕头—香港—广州、重庆—贵阳—昆明;

欧亚航空公司:上海—南京—郑州—西安—兰州—肃州—哈密—迪化(兰州迪化从 1933 年 7 月起停航)、北平—太原—郑州—汉口—长沙—广州—香港、北平—归绥—宁夏—兰州、西安—汉中—成都;

西南航空公司:广州—榁州—南宁—龙州—河内、广州—茂名—琼州—北海、广州—梧州—桂林—柳州—南宁、广州—广州湾(今湛江)—河内。

三家公司所用飞机、零件、通信器材等,全部来自进口。初期飞机多为小型,载重约 600—700 公斤,客座 4—8 个不等,设备简单,速度亦慢。后逐渐改用中、大型飞机,载重约 2000—2500 公斤,客座 14—20 多个不等,设备较为齐全,速度也有提高。

到 1936 年,日本侵华野心已暴露无遗。国民党政府在航空方面也不得不预做准备。首先,各公司做迁移准备。中航、欧亚两家公司总事务所和技术设备总基地均设于上海,交通部督促两家公司分别在汉口和西安另设中心,添置设备。其次,在西安和洛阳建设油库,储备油料。再次,采购零配件,储存于各航站。最后,各编组一个航空运输队,配备飞机和人员,协助空军,承担特别运输任务。[3]

1937 年"七七事变"后,中航的上海—海州—青岛—天津—北平航

---

① 例如,1937 年拨充航空经费 53 万元,1939 年 27 万元,1940 年 54 万元,1941 年 0.9 万元。见中国第二历史档案馆编:《中华民国史档案资料汇编》第 5 辑第 2 编,财政经济(10),江苏古籍出版社 1997 年版,第 720—822 页。

② 刘克祥、吴太昌主编:《中国近代经济史(1927—1937)》,人民出版社 2010 年版,第 1343—1345 页。

③ 俞飞鹏:《十五年来之交通概况》,国民党政府交通部 1946 年印行,第 53—56 页。

线、欧亚的北平—归绥—宁夏和北平—太原—郑州—汉口线段均相继停航。"八一三"淞沪会战爆发,中航的上海—温州—福州—厦门—汕头—香港—广州航线和上海—南京—汉口航线、欧亚的上海—南京和郑州—西安线段先后停航。两家公司按预定计划分别迁至汉口、西安①,继续经营未停航线段。不久,因日机袭击频繁,两家公司分别在重庆、昆明设置总基地。西南航空公司亦因敌机空袭广东,被迫停航。

到汉广陷落之前,国内空运线路有所缩短,而照常营业的线路,则业务陡增。② 除奉命担任特种运输任务的航空运输队拨交空军指挥外,其余飞机和人员重新调配,增加航班。欧亚经营的汉口—长沙—广州—香港线段,关系到国际交通,空运需求大增,公司投入绝大部分空运力量应对。经过一番部署,各公司设法新辟航线,重点在国际航线,并兼顾西南、西北后方空运需求。先后新开航线如下。

中航公司:重庆—香港(取道桂林,1937 年 12 月开航)、汉口—长沙(1937 年 12 月开航)、重庆—泸州—叙府—嘉定(1938 年 5 月开航)。③

欧亚公司:汉口—西安(1937 年 8 月开航)、昆明—河内(1937 年 12 月开航)、昆明—柳州—香港(1937 年 6 月开航)、昆明—桂林和重庆—桂林—香港(1938 年 10 月开航)。④

此外,还与苏联磋商合办哈密至阿拉木图航线,以便中苏交通;补贴

---

① 中国航空公司总部于 1937 年 8 月 22 日迁至汉口,1938 年 1 月 3 日又迁至重庆,机航基地则迁至香港。欧亚航空公司总部于 1937 年 8 月 21 日迁至西安,10 月 8 日又迁至昆明。见民航总局史志编辑部:《中国航空公司、欧亚—中央航空公司史料汇编》,民航总局史志编辑部 1997 年印本,第 12、213 页。

② 空运线路里程,1936 年为 11841 公里,1937 年减至 8569 公里。见俞飞鹏:《十五年来之交通概况》,国民党政府交通部 1946 年印行,第 55 页。两航飞行里程 1936 年为 372 万公里,1937 年缩减至 267.3 万公里;运送旅客 1936 年为 2.8 万人,1937 年为 2.7 万人;货运 1936 年为 25 万公斤,1937 年为 24.5 万公斤。见中国第二历史档案馆编:《中华民国史档案资料汇编》第 5 辑第 2 编,财政经济(10),江苏古籍出版社 1997 年版,第 162、164 页。

③ 民航总局史志编辑部:《中国航空公司、欧亚—中央航空公司史料汇编》,民航总局史志编辑部 1997 年印本,第 128 页。

④ 民航总局史志编辑部:《中国航空公司、欧亚—中央航空公司史料汇编》,民航总局史志编辑部 1997 年印本,第 302—303 页。

法国航空公司开办河内至香港航线，维持内地与香港交通。[1]

这一时期，两家公司飞机和零配件的补充已遇困难。中航受财力限制，无力添置飞机，仅能补充零件，欧亚尚能补充大型飞机2架。但拨交空军的航空运输队飞机全遭敌机击毁。这一时期飞机数量已有减少。航空油料通过粤汉铁路运输接济，尚能满足需求。武汉会战吃紧之时，又加紧购运大批油料，从香港运抵武汉，转陇海铁路运至西北，再由水路转运入川，为日后空运储备了油料。

自"八一三"淞沪会战以后，空运需求大增，但飞机数量减少，运量反而缩减，空运供不应求。当时国民党政府迁都重庆，但军政部门多在武汉办公。欧亚公司的汉口—长沙—广州—香港航线、中航的重庆—桂林—广州—香港航线，在沟通各省和对外交通方面，发挥了重要作用。日本侵略者的空军自然不放过两航，多次袭击。中航的大型飞机"桂林"号和欧亚的两架大型飞机被击中，"桂林"号被毁，旅客和机组人员17人，仅3人幸免于难；另两架飞机受重创。两航员工不畏艰险，坚守岗位。1938年10月，在武汉即将失守之际，两航奉命抢运国民党军政要员撤退至大后方，调集全部飞机，穿行于武汉与后方城市之间。冒着敌机空袭危险，中航日夜飞行15架次，将国民党军政要员及其眷属共296人分别撤退至宜昌、重庆和成都。10月24日晚，将蒋介石夫妇运往衡阳。[2] 直至敌军进入武汉，两航最后一架飞机才飞离机场。

汉广失陷后，空运线路里程趋于缩短。[3] 国民党政府以重庆为中心开辟航线，至滇缅失陷前，两航公司先后开辟的航线有：

中航公司：重庆—桂林（1938年12月开航），重庆—昆明—河内

---

①　中国第二历史档案馆编：《中华民国史档案资料汇编》第5辑第2编，财政经济（10），江苏古籍出版社1997年版，第78页。

②　民航总局史志编辑部：《中国航空公司、欧亚—中央航空公司史料汇编》，民航总局史志编辑部1997年印本，第15、13页。

③　各年线路里程为：1938年10533公里，1939年10363公里，1940年10771公里，1941年9710公里，1942年8171公里，1943年10538公里，1944年8813公里，1945年21783公里。见俞飞鹏：《十五年来之交通概况》，国民党政府交通部1946年印行，第55页。

（1939 年 3 月开航），重庆—昆明—腊戍—仰光（1939 年 10 月开航），南雄—香港（货运，1940 年 9 月开航），重庆—昆明—腊戍（缅甸陷落后，先后改密支那、丁江、八莫）—吉大港—加尔各答（1941 年 12 月开航）。

欧亚公司：昆明—重庆—成都、重庆—桂林—昆明和重庆—成都（1938 年 11 月开航），重庆—昆明—河内和重庆—西安（1939 年 1 月开航），重庆—西安—兰州—肃州（今酒泉）—哈密和昆明—成都—汉中—西安（1939 年 2 月开航），兰州—凉州（今武威）和兰州—西宁（1939 年 2 月开航），重庆—昆明—河内（1940 年 7 月开航），南雄—香港（1940 年 8 月开航），成都—雅安（1941 年 6 月开航）。①

1939 年 12 月，中苏合资中苏航空公司正式成立，总基地设于迪化，专营哈密—迪化—阿拉木图一线。

1941 年中德断交，中德合资的欧亚航空公司收归国有，1943 年改名为中央航空公司（以下简称"央航"）。

这一时期，后方水陆交通颇感困难，空运业务更加繁忙、拥挤，供不应求的状况更加严重。旅客多为因公乘机的军政人员，常须优先安排。各航空公司只能努力工作，增加运能，扩大运输量。运量增加的另一原因是，中国海岸全被封锁，国外物资除经滇越铁路和滇缅公路内运，急需物资，越来越多地从香港空运至内地。但日军入侵越南后，滇越铁路无法内运，滇缅公路又被英国逼迫停运，国外物资就全靠空运入境了。交通部督饬两航公司开辟广东南雄至香港线路，转运货物。从 1940 年起，国内物价猛涨，空运成本迅速上升。两航公司也不得不小幅提高运价，如渝昆线自 1942 年 12 月至 1944 年 7 月先后提价 4 次。②

1941 年冬，太平洋战争爆发，两航公司在香港飞机被炸受损严重，大

---

① 民航总局史志编辑部：《中国航空公司、欧亚—中央航空公司史料汇编》，民航总局史志编辑部 1997 年印本，第 303—305 页。

② 中国第二历史档案馆编：《中华民国史档案资料汇编》第 5 辑第 2 编，财政经济（10），江苏古籍出版社 1997 年版，第 129 页。

型飞机全毁,飞中国香港、越南、缅甸航线也相继停飞,国际空运仅存重庆至加尔各答一线(2341 公里)。

中航除继续经营一般空运业务外,还奉命开辟中印航线,从租借法案获得运输机,承担物资进出口空运任务,先后开辟从昆明至丁江(805 公里,1942 年开航)、宜宾至丁江(927 公里,1943 年开航)、泸县至丁江(1945 年开航,里程不详)的航线,飞行在艰险异常的驼峰航线上。所需油料、零件、飞行费用等,根据中美合同,一律由美军供给。驼峰航线是第二次世界大战中国战场极为重要的后勤补给线。昆明等地至丁江之间,山峦连绵起伏,犹如骆驼的肉峰,而飞机要在群峰与陡谷之间爬上爬下,穿越飞行,故被称为"驼峰运输"。早在 1941 年年初,美籍机师吴士驾机勘察试航。同年 11 月 22 日,美籍机师夏普驾机进行首次货运飞行。1942 年 4 月,中航在丁江设办事处。同年 5 月,中航以 5 架 C-53 型飞机开始执行昆明至丁江的驼峰空运,直到 1945 年 11 月停航。此外,还开辟宜宾、泸县分别至丁江的飞越驼峰的航线。驼峰空运是中航在战争后期的主要空运任务。从 1942 年 2 月至 1945 年 8 月,美国提供 C-53 型、C-47 型和 C-46 型飞机共 90 架,在驼峰航线每天飞行 6—7 小时。被日军击毁和飞行事故共损失飞机 46 架,牺牲机组人员约 80 人。从 1942 年 5 月至 1945 年 11 月 30 日,在丁江分别至昆明、宜宾和泸县的 3 条驼峰航线上,往返飞行 43611 架次,飞行 161139 小时 40 分,总飞行里程 3593.25 万公里。运输旅客 37422 人次,大多为中国赴印远征军军人;运输货物 74809 吨。从印度运回的物资 50089 吨,主要是汽油、军工原料、钞票、五金器材和医用品等;运往印度的主要是钨矿石、锡块、茶叶、猪鬃和桐油等,多达 24720 吨(见表 14-18)。①

---

① 龚学遂:《中国战时交通史》,商务印书馆 1946 年版,第 270—274 页;民航总局史志编辑部:《中国航空公司、欧亚—中央航空公司史料汇编》,民航总局史志编辑部 1997 年印本,第 17—18 页;中国第二历史档案馆编:《中华民国史档案资料汇编》第 5 辑第 2 编,财政经济(10),江苏古籍出版社 1997 年版,第 151 页。

表 14-18　中印空运物资分类数量统计（1942—1945 年）

（单位：吨）

项目＼年份	紧急弹药、枪械	兵工器材	钞券、黄金、印钞器具	军用航空器材	通信器材	医药	花纱布	军需被服	工矿器材	飞机汽油	汽车配件	美军物资	救济物资	其他	总计
1942	—	538	616	93	179	71	—	—	94	—	—	—	—	167	1758
1943	—	2215	1896	857	1549	408	—	753	447	509	—	843	—	121	9598
1944	—	6174	2110	659	3030	1236	—	898	863	2250	—	472	—	142	17834
1945	3000	3554	2659	371	1686	454	3742	303	1042	1828	525	—	24	139	19327
总计	3000	12481	7281	1980	6444	2169	3742	1954	2446	4587	525	1315	24	569	48517

注：1. 1942 年自 6 月起运，1945 年截至 12 月底。2. 回程（外运）装运钨砂、桐油、茶叶、猪鬃等出口。3. 美国军用飞机运输物资未计入。

资料来源：龚学遂：《中国战时交通史》，商务印书馆 1946 年版，第 273—274 页。

欧亚在香港沦陷时损失枚重,大型飞机仅剩 1 架,老旧不堪,小型飞机仅存 3 架,无法获得德国零配件补充,营业每况愈下,甚至被迫出售航油维持日常开支。1943 年 3 月,该公司改组后补充了一些被淘汰的老旧军用飞机,每月飞行 1 次即需修理,公司营业状况并无改善,1944 年全年仅运送旅客 560 人,财务亏损 5195 万元。[①]

航空运输对夺取抗战的最终胜利,作出了巨大贡献。尤其是水陆国际交通线遭敌切断,物资进出口主要依赖空运。1938—1945 年,两航共运送旅客 26.8 万人次,总运量近 2.3 亿人公里,相当于同期国营公路客运量的 16%;运货(包括邮运)9 万吨,总运量约 7500 万吨公里,相当于国营公路货运量的 8.3%(见表 14-19)。据不完全统计,航空员工有 16 人受伤,32 人不幸遇难。[②]

1939 年 9 月,中苏签订了一个十年期的组设哈密与阿拉木图间定期飞行合约。12 月,中苏合资的中苏航空公司正式成立,总部设于迪化,专营哈密至阿拉木图航线定期航空。公司所运客货邮件,往来于哈密至重庆之间的,由中国交通部承担运输,往来于阿拉木图至莫斯科之间的,由苏方运输。还规定公司应尽量实地训练和任用中国驾驶员、机械师、无线电员及其他职员。公司董事会设董事 6 人,中苏各半;法定股本总额定为 100 万美元,国民党政府交通部与苏联中央民用航空管理总局各占一半。中方缴付股本现金 62500 美元,其余按合约供应材料和支付建筑机场劳工薪给等方式,以新疆当地货币支付后折合美元抵充。1941 年因物价飞涨,又将股本总额增至 180 万美元,增加部分亦由中苏各认一半。[③] 按照合约及附件,飞机由苏方分年提供,每年 2 架,但总数不超过 8 架。1940—1945 年,公司共载客 2 2 万多人,运载货物 47.4 万多吨、行李 56.7

①　民航总局史志编辑部:《中国航空公司、欧亚—中央航空公司史料汇编》,民航总局史志编辑部 1997 年印本,第 220—224 页。

②　俞飞鹏:《十五年来之交通概况》,国民党政府交通部 1946 年印行,第 109 页。

③　180 万美元股本的用途分为:工程 100 万美元,飞机 35.8 万美元,汽车 6 万美元,器具与家具 3.7 万美元,零碎器材 2.5 万美元,飞机备用器材 6.3 万美元,汽油与润滑油 2.5 万美元,箱桶 3.5 万美元,新飞机 1 架附发动机 6 件 20 万美元。见中国第二历史档案馆编:《中华民国史档案资料汇编》第 5 辑第 2 编,财政经济(10),江苏古籍出版社 1997 年版,第 669 页。

表14-19 中国航空公司、欧亚航空公司运输统计(1936—1945年)

空运规模和业务量

年份	航线里程（公里）	飞机（架）			飞行里程（万公里）			客运（人）			货运（吨）		
项目		中国	欧亚	总计	中国	欧亚	总计	中国	欧亚	总计	中国	欧亚	总计
1936	11841	15	12	27	272.0	99.9	371.9	20198	7775	27973	48.8	201.3	250.1
1937	8569	15	14	29	137.8	124.5	262.3	11610	11600	23210	56.2	189.1	245.3
1938	10533	16	11	27	62.8	67.1	129.9	8016	6641	14657	40.7	98.2	138.9
1939	10363	17	5	22	117.9	92.0	209.9	17220	11555	28775	117.3	313.3	430.6
1940	10771	19	5	24	161.7	115.2	276.9	17527	11048	28575	494.1	443.4	937.5
1941	9710	11	6	17	212.8	96.3	309.1	22583	6477	29060	3559.7	592.0	4151.7
1942	8171	16	1	17	283.9	26.2	310.1	26867	3986	30853	4298.3	51.1	4349.4
1943	10538	27	5	32	865.1	18.9	884.0	33224	2388	35612	19611.1	52.3	19663.4
1944	8813	32	4	36	1615.5	9.1	1624.6	39263	560	39823	27090.7	80.2	27170.9
1945	21783	53	15	68	1770.6	不详	不详	59177	1569	60746	28190.0	243.4	28433.4

空运规模和业务量

年份	邮运（吨）			两航盈亏总计（万元）(1)+(2)
项目	中国	欧亚	总计	
1936	102.3	16.3	118.6	-65.4
1937	93.5	101.0	194.5	89.7

营业收支状况

年份	中国航空			欧亚航空		
项目	营业收入（万元）	营业支出（万元）	(1)盈亏（万元）	营业收入（万元）	营业支出（万元）	(2)盈亏（万元）
1936	316.3	278.9	37.4	186.7	289.5	-102.8
1937	300.3	235.4	64.9	349.7	324.9	24.8

续表

项目 年份	空运规模和业务量 邮运(吨)			营业收支状况						
	中国	欧亚	总计	两航盈亏 总计(万元) (1)+(2)	中国航空 营业收入(万元)	中国航空 营业支出(万元)	(1)盈亏(万元)	欧亚航空 营业收入(万元)	欧亚航空 营业支出(万元)	(2)盈亏(万元)
1938	64.1	60.5	124.6	91.6	218.6	150.6	68.0	219.5	195.9	23.6
1939	102.1	107.5	209.6	79.4	593.0	522.3	70.7	479.5	470.8	8.7
1940	73.8	85.7	159.5	362.4	1655.0	1470.4	184.6	1048.8	871.0	177.8
1941	90.3	103.0	193.3	1784.2	4406.0	2394.6	2011.4	1314.9	1542.1	-227.2
1942	55.0	44.9	99.9	7191.8	13840.3	6366.4	7473.9	1287.9	1570.0	-282.1
1943	61.2	27.6	88.8	3476.2	16384.9	11892.9	4492.0	1593.0	2608.8	-1015.8
1944	93.8	2.1	95.9	10175.9	46957.3	32158.5	14798.8	3315.9	7938.8	-4622.9
1945	256.6	2.4	259.0	229255.0	388144.9	155889.9	232255.0	39000	42000	-3000

注:欧亚航空公司,亦包括易名后的中央航空公司。本表盈亏仅指营业盈亏,并非全部的财务盈亏。

资料来源:中国第二历史档案馆编:《中华民国史档案资料汇编》第5辑第2编,财政经济(10),江苏古籍出版社1997年版,第162—164,675—677页;民航总局史志编辑部:《中国航空公司,欧亚—中央航空公司史料汇编》民航总局史志编辑部1997年刊印,第114—122,299—315页;俞飞鹏:《十五年来之交通概况》,国民党政府交通部1946年印行,第55页。

万多吨、邮件 8.1 万吨,三项合计超过 112 万吨。但财务状况堪忧,几乎年年亏损。人工、物价涨幅惊人,是一大因素,如 1940 年技术工人工资比上年上涨 200%,小工也上涨 60%,各种建筑材料上涨 23%—120% 不等。[①] 1944 年,苏联籍总经理大幅调整运率,才有了盈余。但 1944 年 8 月爆发伊宁事件,迪化至伊宁段停航,业务大受影响,亏损严重。各年营业状况,见表 14-20。

表 14-20　中苏航空公司空运业务统计（1940—1945 年）

项目 年份	空运业务				营业收支状况		
	飞行里程（万公里）	旅客（人）	货物和行李（吨）	邮件（吨）	收入（万美元）	支出（万美元）	盈亏（万美元）
1940	14.6	1710	46286	13638	18.7	31.3	-12.6
1941	29.8	3201	40283	21537	23.9	46.5	-22.6
1942	23.3	3640	159578	3877	34.4	43.7	-9.3
1943	19.7	4553	198408	12428	37.2	50.9	-13.7
1944	20.6	7654	31634	11294	80.7	54.2	26.5
1945	16.6	1666	64014	18671	45.5	84.7	-39.2

资料来源:中国第二历史档案馆编:《中华民国史档案资料汇编》第 5 辑第 2 编,财政经济(10),江苏古籍出版社 1997 年版,第 705 页。

国民党政府也曾给航空业拨发交通建设专款,1940 年为 328.9 万元,1941 年 704.1 万元,1942 年 280 万元,1943 年 2485.6 万元,1944 年 20200 万元,1945 年 617851.5 万元。[②] 看起来有增加,但考虑到国民党统治区物价猛涨,货币贬值严重,这点专款也只是聊胜于无。

影响营业的因素很多。其中,物价猛涨是一大障碍。对比历年运价指数与物价指数即知,尽管运价有所调整,还是赶不上物价上涨的速度。[③]

---

① 中国第二历史档案馆编:《中华民国史档案资料汇编》第 5 辑第 2 编,财政经济(10),江苏古籍出版社 1997 年版,第 669 页。

② 俞飞鹏:《十五年来之交通概况》,国民党政府交通部 1946 年印行,第 102 页。

③ 以 1937 年上半年为基期,1937 年至 1945 年航空运价指数与物价指数的变化,见俞飞鹏:《十五年来之交通概况》,国民党政府交通部 1946 年印行,第 115 页。

1945 年物价已经是 1937 年的 1600 多倍，而运价的涨幅相形见绌。例如渝昆航线，1942 年 12 月客运每人公里 2.61 元，次年 8 月 1 日调整为 3.92 元，上浮 50%，1943 年 3 月 1 日再调整到 4.92 元，上浮 25%，同年 7 月 1 日调整到 8.46 元，上浮 72%。[①] 比较而言，中航公司盈利稍好，而欧亚—中央航空公司则连年亏损。

二、邮 政 电 信

邮政电信，包括邮政及其兼办的储汇业，电报和电话业。全面抗战爆发，邮政电信设施、机构都遭受重大损失。邮政员工围绕战区邮务的维持和后方邮务的扩展努力开展业务，维持战区和后方函件、包裹的邮递，设立新的邮政局所，开辟新的邮路，开展军邮业务和汽车邮运，维持国际邮运，付出了辛劳甚至鲜血，但邮政亏损严重。邮政兼办的储金汇兑业务，反倒兴盛一时。电信业在全面抗战前，已有所发展。抗战对电信的需求极大，西南、西北后方原本薄弱的电信建设，因敌人封锁而举步维艰，不得不因陋就简，陆续建设，努力完成战争时期军民通信任务。

（一）邮政和储汇

1931 年"九一八事变"发生后，东北地区虽很快沦陷，但"中华邮政"在该地区的邮政业务，仍坚守到次年 7 月才停办。关内尚存 22 个邮区，邮政局所逐年有所增加，由"九一八事变"时的 44000 处增至"七七事变"时的 72000 处。

东北沦陷后，东北三省两处邮区的邮路停办。之后日本势力在华北兴风作浪，新军阀间混战、国共内战，局势动荡不已，邮务颇受影响，邮路也由"九一八事变"时的 848000 多公里减至"七七事变"时的 584000 多公里。但公路、航空推动了邮递业务的发展，包裹业务量在 1936 年猛增，

---

① 中国第二历史档案馆编：《中华民国史档案资料汇编》第 5 辑第 2 编，财政经济（10），江苏古籍出版社 1997 年版，第 129 页。

由上一年的 702 万件增至 911 万件。① 另外,以往取道西伯利亚寄递的国际邮件,无法继续,改由海路寄递,但费时较久。关内民众也有与东北亲友通信的需求,不得已,乃在山海关和古北口由非邮务人员另设汇通转运局,经转寄往东北和国外的邮件。②

"七七事变"发生后,邮政部门因应局势变化,设法维持和扩展业务。

上海作为商业中心,也是中国邮政枢纽。"八一三"淞沪会战爆发,长江沿线邮务受严重影响,各邮局采取非常措施,尽力维持邮路交通。鉴于京沪沪杭铁路受阻,邮局立即组织汽车邮运班,通过公路直达南京,疏散、运输邮件。同时还用汽船拖带木船,装载重件包裹,由松江循运河以达苏州、无锡、镇江各地,再转火车接运。不久,苏锡沦陷,又改由南通天生港至扬州转递。1937 年 11 月南京失守,邮件运送遇阻更加严重。当时上海、江苏等地邮件运送主要通过粤汉、浙赣铁路,交通拥挤,留给邮件的空间不多。邮政部门另辟蹊径,在广东省组织民船、在湖南省组织汽车和小轮邮班,直达武汉,弥补铁路运输的不足。浙赣铁路浙江段拆除轨道后,又改用汽车、木船水陆联运方法,由永嘉、鄞县运载邮件,并利用汉口至香港航线带运后方与上海及沿海各地的航空邮件。因此,随着战局的变化,各地邮政局所有所减少,但大多局所仍冒险维持。西南、西北地区的邮务则因应局势,有所发展。先后在四川、云南、贵州、广西、陕西、甘肃、新疆七省(区),以及内地完整区域,增设局所 8000 多处。到汉广沦陷时期,全国邮政局所仅减少 2000 多处。③

汉广沦陷,粤汉铁路阻断,邮政部门设法开辟通海邮路十多条,较重要的有东西两条干线,东线经衡阳(初由宜昌)、吉安、鹰潭、金华至鄞县和永

---

① 中国第二历史档案馆编:《中华民国史档案资料汇编》第 5 辑第 1 编,财政经济(9),江苏古籍出版社 1994 年版,第 630 页。

② 1934 年 12 月 14 日,中日双方在天津签订《关内外通邮协定》,在山海关和古北口各设邮件转递局一所,山海关转递局归河北省邮务管理局管辖,古北口局归北平邮局管辖。见沈阳市邮政局邮政志办公室编:《中国邮电史料》第 1 辑,1985 年印行,第 507 页。

③ 中国第二历史档案馆编:《中华民国史档案资料汇编》第 5 辑第 2 编,财政经济(10),江苏古籍出版社 1997 年版,第 87—89 页;俞飞鹏:《十五年来之交通概况》,国民党政府交通部1946 年印行,第 87 页。

嘉出口;西线由昆明经滇越铁路至海防出口。此外,增开遂溪至广州湾、镇南关至海防、福建三江口或三都澳至上海等线。其后又有粤汉铁路上的曲江至沙鱼涌、曲江至广州,梧州经广州至香港,梧州经阳江或新昌至厦门的水陆联运汽车班。不过,运量最大的还是利用滇越铁路出口。但1939年4月鄞县、永嘉失陷,越南1941年6月遭日军入侵,东西两条干线全部阻断;其他线路除曲江至厦门的水陆联运,其他均因敌人封锁而受阻。不过,重庆至加尔各答、哈密至阿拉木图的航空线,可带运出海、出境邮件。①

不少地方虽然邮区多半仍在,但管理局所在地已经沦陷,如华北一些省区。而后方与敌占区民众存在通信需求,邮政部门仍设法酌情维持沦陷区的邮递。对政令尚能影响的地区和游击区,以及后方完整局所,均另设管理局办事处,就地指挥管理,各沦陷区与相邻完整地区的局所,如北平、山东、山西、安徽等地局所,有的按照地理关系暂拨邻区管理,有的分成若干小区,指定人员管理,根据军事交通的变化而调整。如湖北鄂东部分邮局在1942年9月由河南邮政管理局代管改为由安徽邮政管理局办事处代管;武汉沦陷后,鄂东南未被日军占领的邮局于1939年拨归江西邮区代管;通城邮局拨归湖南邮区代管。西南、西北以及边疆邮政,也在努力开拓。②

太平洋战争爆发后,后方与沦陷区之间的邮路,先后组成浙东、湘北、鄂中、豫东等线。但这些地区多次遭日军进攻,邮路难以维持;平汉、粤汉、湘桂等铁路被日军占领,东南各邮区、皖北各地与后方交通阻隔,邮路不畅,不得不以秘密邮路维持。

全面抗战之前,80%以上的邮政局所集中在东南各邮区,广大的西南、西北地区不到20%。沿海各省相继沦陷后,政治、经济中心内移,大后方新增邮政机构1000多处。例如,1944年,抗日后方尚存16个邮区(见表14-21)。

---

① 中国第二历史档案馆编:《中华民国史档案资料汇编》第5辑第2编,财政经济(10),江苏古籍出版社1997年版,第87—88页。

② 中国第二历史档案馆编:《中华民国史档案资料汇编》第5辑第2编,财政经济(10),江苏古籍出版社1997年版,第88页;湖北省地方志编纂委员会编:《湖北省志·交通邮电》,湖北人民出版社1995年版,第751—752页。

表 14-21 抗日后方各邮区经营状况统计(1944 年)

项目\邮区	邮政规模			业务量		营业收支	
	邮路（公里）	邮政局所（处）	职工（人）	国内交寄函件（万件）	国内交寄包裹（件）	收入（万元）	支出（万元）
浙江	18853	3071	1263	2071	11487	6002	6861
安徽	26523	1431	905	1110	11160	6234	5094
江西	22863	1587	1588	2885	6271	6627	10774
湖北	16850	889	1059	878	24137	3943	8128
湖南	18996	2143	2257	6204	23790	19732	15439
东川	41541	2598	3666	18406	48198	38787	42081
西川	45250	2357	2605	10610	34617	23953	32874
河南	9889	1427	985	1506	27109	8572	19661
陕西	23073	1072	2162	4466	33288	15062	20326
甘肃	22144	947	1211	2227	10585	5813	11154
福建	20341	3092	1607	2992	16108	7142	9341
广东	27228	2997	1684	2741	6424	8021	11038
广西	15246	996	1317	3704	27109	12756	8341
云南	23295	1118	1545	2578	10280	12456	22107
贵州	17038	823	1863	3772	16914	16224	23607
新疆	19954	276	570	257	1936	869	2972
航空邮路	8680	—	—	—	—	—	—
邮政总局	—	—	383	—	—	5242	19213
派往储汇局	—	—	1038				
总计	377764	26824	27708	66407	309413	197435	269011

注：1. 本表统计数与《中华民国邮政事务年报》略有差异，但不影响分析；2. 业务量仅统计国内交寄函件和包裹数量；3. 收支项包括营业收支、营业外收支。

资料来源：国民党政府交通部编：《中华民国三十三年交通部统计年报》，国民党政府交通部 1945 年印行，第 209—248 页。

如表 14-21 所示,在大后方的云、贵、东西川、陕、甘、新 7 个邮区,邮政局所占总数的 34.3%,邮路里程、职工人数均占一半上下,规模相当可观。如果考虑到不分区的航空邮路主要经营大后方邮递,则邮路里程比重更大。业务量方面,国内交寄函件占总数的 63.7%,包裹也占了 50.4%,业务量都超过一半。营业收支方面,占比都超过 57%,当然,亏损额也占了 58%。这也是应对国民党政府公务人员和部分民众内迁后的通信需求,邮务作出的扩展。

为配合军事行动,国民党政府又在前线战区兴办军邮,为军事单位提供邮政服务。"七七事变"后 交通部奉命筹办军邮,邮政总局为军邮指挥机关,以各区邮政管理局为其分支,后方勤务部军邮督察处负责监察推进,以军邮总视察段为实际领导机构,分别配置军邮总视察 1 人,军邮视察若干人,分别主持 1 个军邮视察段和各视察分段。具体执行者,包括军邮收集所、军邮局、兼办军邮局所、部队军邮。这种军邮局体制,系地区制和部队制兼用,部队军邮工作,派有联络员担任。后期为防邮车走私,又将前后方干线公路邮车检查工作改归军邮人员负责。1942 年前后,全国共设军邮总视察段 13 处,军邮收集所 11 处,军邮局 244 处,军邮派出所 91 处,兼办军邮局 2113 处,调办军邮人员 500 余人,年需经费约 300 余万元。中国军队远征缅甸,军邮局也同时跟进。截至 1945 年 3 月,设有军邮收集所 12 处,军邮局 282 处,军邮派出所大幅增至 182 处,兼办军邮局则减为 1978 处。[①]

此外,据不完全统计,八年抗战,邮政员工有 155 人受伤,165 人死亡,伤亡总数多达 320 人,居交通业伤亡人数的第三位。[②]

然而,国民党统治区物价飞涨,材料、人工费也都相应上涨。尽管邮运价格也有调整,但还是赶不上物价飞腾的速度。如 1942 年 12 月,平信邮资为 0.5 元,次年调整到 1 元,上浮 100%;1944 年再次调整,为 2 元,也

---

① 中国第二历史档案馆编:《中华民国史档案资料汇编》第 5 辑第 2 编,财政经济(10),江苏古籍出版社 1997 年版,第 89、125 页。

② 俞飞鹏:《十五年来之交通概况》,国民党政府交通部 1946 年印行,第 109 页。

是上浮 100%。① 而物价指数,1943 年是 1942 年的 3.3 倍,1944 年是 1943 年的 3.3 倍。结果,邮政成本居高不下,经营连年亏损,财务状况不佳(见表 14-22)。国际邮资,也是屡次上调。例如,信函初重 20 克,1940 年 9 月资费 0.5 元,1943 年 6 月增至 2 元,1948 年更是激增至 190 元;单明信片 1940 年 9 月资费 0.3 元,1943 年 6 月增至 1.2 元,1948 年增至 120 元;贸易契每重 50 克,1940 年 9 月资费 0.1 元,1943 年 6 月增至 0.4 元,1948 年增至 40 元。其他种类国际邮资亦有大幅上涨。②

表 14-22　抗日后方邮政规模和经营状况统计(1937—1945 年)

项目　　　　　　年份	邮政规模和业务					营业收支状况		
	邮政局所(处)	员工(人)	邮路(公里)	汽车(辆)	函件和包裹(万件)	营业收入(万元)	营业支出(万元)	盈亏(万元)
1937 年度	(1)72690	—	569863	—	57823	3657	3686	-29
1938 年度	(2)70610	39907	560745	448	54185	2448	2324	124
1939	—	43563	557520	552	61368	6296	6129	167
1940	86249	50102	584161	487	86716	9133	8965	168
1941	70999	55513	597639	483	87012	12419	16801	-4382
1942	(3)71293	56183	597790	437	85826	28103	43049	-14946
1943	70891	41358	598039	410	73542	97725	103899	-6174
1944	25792	28044	390139	434	66408	197435	269011	-71576
1945	(4)26620*	—	382746*	—	63696*	—	—	-7488

注:1. 1937 年度系指 1937 年 7 月至 1938 年 6 月,1938 年度系指 1938 年 7 月至 12 月,其他年度系指当年 1 月至 12 月。空白处为数据不详。* 系后方统计数。

　2. 邮政局所包括重要局所(管理局、办事处、1—3 等局、临时局、营业处、支局、邮亭、邮政代办所)和次要局所(村镇信柜、村镇邮站、邮票代售处)。(1)为 1937 年 6 月底统计数;(2)为 1938 年 9 月底统计数;(3)为 1942 年 12 月底统计数;(4)为 1945 年 8 月底统计数。汽车包括三轮车。函件和包裹包括:信函、明信片、平常即立券新闻纸、总包新闻纸、印刷物及书籍、贸易契、商务传单、货样、小包邮件、信函存证、诉讼文书、图书小包、包裹 13 类。邮路包括:邮差干路、邮差支路、轮船和民船邮路、铁路邮路、汽车邮路、航空邮路。

　3. 营业收入、营业支出均包括兼办邮政储金的收支,但不包括上年转来盈余、营业外收支、拨充

---

① 　中国第二历史档案馆编:《中华民国史档案资料汇编》第 5 辑第 2 编,财政经济(10),江苏古籍出版社 1997 年版,第 129 页。

② 　内蒙古自治区志·邮电志编纂委员会编:《内蒙古自治区志·邮电志》,内蒙古人民出版社 2000 年版,第 230 页。

航空和公路联运支出、资本支出等。

资料来源:国民党政府交通部编:《抗战以来之交通概况》、各年《中华民国邮政事务年报》,见中国
　　第二历史档案馆编:《中华民国史档案资料汇编》第 5 辑第 2 编,财政经济(10),江苏古籍
　　出版社 1997 年版,第 170—173、720—822 页;国民党政府交通部编:《中华民国三十三年
　　交通部统计年报》,国民党政府交通部 1945 年印行,第 209—214、218、242、246—248 页;
　　俞飞鹏:《十五年来之交通概况》,国民党政府交通部 1946 年印行,第 85 页。

　　统计显示,尽管国土沦丧,但邮路仍有增加,从业人员多年维持在 5 万上下。一方面是西南、西北和边疆地区新邮路的开辟(包括新局所的增设);另一方面是对战区甚至沦陷区邮路的努力维持,包括秘密邮路的开辟。另据统计,1940—1942 年,邮路都在 5.6 万—5.9 万公里之间,包括沦陷区邮路;而不计沦陷区邮路后,1943 年邮路为 4.2 万公里,1944 年为 3.9 万公里,差了上万公里。[1]

　　邮政兼办的一项重要业务,即 1930 年设立的邮政储金汇业局。次年"九一八事变"发生时,办理储金业务的邮局已有 500 多所,到 1937 年 7 月增至 723 所,储户 30 余万户。"九一八事变"后,东北各省与关内之间的互换汇票停办,汇兑业务有所萎缩。1933 年开办电报汇兑,又陆续增加直接互换国际汇兑,汇兑业务兴盛起来,办理汇兑业务的邮局到"七七事变"时已达 14033 所。

　　1935 年 5 月,国民党政府公布简易人寿保险法,同年 12 月 1 日,上海邮政储金汇业总局和南京、汉口两家分局开办寿险业务,之后陆续推广到各主要邮区及一等邮局,共签订寿险契约 5 万件,保险额达 800 余万元。

　　全面抗战开始后,各地尤其是西南、西北后方大量增设储汇机构,先后设立 25 家分局,分局之下设办事处或分理处。1944 年豫湘桂战局吃紧,当地分支机构迁至附近局所,维持营业。次年又撤销了业务清淡的 5 家分局。到 1945 年 9 月,办理储金及汇兑的邮局分别为 1900 所和 17713 所[2](见表 14-23)。

---

　　[1]　统计数据,见中国第二历史档案馆编:《中华民国史档案资料汇编》第 5 辑第 2 编,财政经济(10),江苏古籍出版社 1997 年版,第 171 页。此处统计数据与《邮政事务年报》的统计数据略有差异。

　　[2]　俞飞鹏:《十五年来之交通概况》,国民党政府交通部 1946 年印行,第 90 页。

表14-23 抗日后方邮政储金汇业和简易人寿保险统计（1936—1944年）

年份\项目	储金业务				汇兑业务			简易人寿保险		
	办理储金局所（处）	储金存户（万户）	储金总额（万元）	储券总额（万元）	办理汇兑局所（处）	国内汇兑发张数（万张）	国内汇兑发款额（万元）	办理寿险局所（处）	投保件数（万件）	保险金额（万元）
1936年度	664	28.3	4224	—	14033	927	26646	285	42	387
1937年度	722	22.7	2576	—	15491	349	12119	304	4	545
1938	863	21	2909	—	15410	511	25080	304	4	492
1939	1056	25.1	4331	264	16079	728	34201	313	4	480
1940	1935	31.8	10858	3454	16485	931	56165	313	4	567
1941	1753	37.7	24851	11932	16390	1040	121053	316	5	819
1942	1955	41	48696	29134	16897	787	188436	347	6	975
1943	1843	25	161443	58506	17425	727	726760	1653	6	5851
1944	2009	24.5	310193	90483	12430	536	2418788	1633	16	29510

注：1936年度系指1936年7月至1937年6月，1937年度系指1937年7月至12月，其余年度系指当年1月至12月。除1936年度和1943年，1944年，其余年份均包括沦陷区统计。本表统计数据与各年《交通部统计年报》略有差异，不影响分析。

资料来源：中国第二历史档案馆编：《中华民国史档案资料汇编》第5辑第2编，财政经济（10），江苏古籍出版社1997年版，第175—177页。

受战局影响,1937年年底全国储金总额锐减,从1937年6月底的4224万元减至2576万元,储户也有减少。汉广沦陷后,储金仍无起色。1939年,储汇局拓展储金业务,在后方重要邮局办理储金业务,同时积极吸引侨汇,同年10月发行节约建国储蓄券,使储金、储券额大增至4595万元。1940年,又增添小额储金储券业务,并试办侨胞通信储金,年底储金额突破1亿元,储券额也猛增至3454万元。1941年再次增办节约建国储蓄券,代售中储会有奖储券,简化储金手续,将业务推广到二、三等邮局,年底储金额超过2.4亿元,储券额也超过1亿元。1942年因中国香港、菲律宾、新加坡沦陷,海外储券业务受阻,国内业务则努力拓展,增加节约建国储蓄券邮票,代办政府发行美金储券,再次推高了当年储金储券额,储金额近5亿元,储券额亦近3亿元(包括美金储券)。1944年日军发动打通大陆交通线战役,储金业务也受影响,但各机构多方推动,增加乡镇公益储券,代办法币折合黄金存款,使得储金、储券额仍有大幅增加。① 不过,如考虑物价因素,则储金储券额的实际增加幅度,并无账面显示的那么大。例如,1944年物价指数是1937年上半年的419倍,那么,当年的储金额约等于1937年的740万元。

1937年下半年,汇兑受战争影响,业务明显缩减,国内汇兑发张、发款量双双大减。次年,各邮局采取措施,尽量提高汇款限额,吸收侨汇,与东南亚等地银行合作办理华侨汇兑业务,业务状况才有所好转。1939年1月开办手续简便、汇费极低的定额汇票业务,销路较好。1941年5月,再次提高汇款额度,扩大电报汇兑业务,分别制定推广国内汇兑办法。1942—1945年,先后规定调整汇率和协助头寸办法,尽量放宽各局汇兑款和存款额度,促进了汇兑业务。②

---

① 见表14-23及俞飞鹏:《十五年来之交通概况》,国民党政府交通部1946年印行,第90页。两者统计数据相差较大,此处采用前者(来自国民党政府交通部编的《抗战以来之交通概况》)。

② 俞飞鹏:《十五年来之交通概况》,国民党政府交通部1946年印行,第91页。

（二）电信

电信是通信的重要方式,包括电报和电话。其中,1935 年 7 月,国民党政府交通部《国内电报业务营业通则》规定,电报业务分为官军电报、局务电报、私务电报、公益电报和特种电报 5 类。私务电报分为寻常电、加急电、交际电、新闻电和加急新闻电 5 种;公益电报分为航行安全电报、气象电报、水位电报和赈务电报 4 种;特种电报分为邮转、国内船舶、铁路电线经转、国内船舶和特约减费 4 种。截至 1949 年 8 月,电报业仍有防空电、航行安全、官军、公益、旅行、寻常、汇款、书信和公电等电报。

全面抗战前,中国电信业已有所发展。[①]"九一八事变"发生后,电信部门进行了九省长途电话建设,在"七七事变"之前已完成京沪、津浦、平汉、粤汉之间的电信干线建设,沿海和中原各省的大城市之间,已能直达通话。又在上海真茹建设无线国际电台,与英、美、德、法、日、澳、荷等国签订无线电通报合同,使中国与外国大都市实现直接通报。中美、中日还实现开放无线电话。电话业务也有扩大。"七七事变"之前,已有有线电报线路近 10.6 万公里,长途电话线路 5.2 万公里,市内电话 36 处,市内电话交换机 7.4 万号,无线电台 170 座。[②]

日本全面侵华战争开始后,战火蔓延,敌机肆虐,中国电信设施遭受严重损失。电信规模、电信业务量,1937 年均比上年大幅减少。电报线路受损最大,减少近 2300 多万公里,长途电话线路也减少 750 万公里。其他各项均有减少,见表 14-24。

---

① 刘克祥、吴太昌主编:《中国近代经济史(1927—1937)》,人民出版社 2010 年版,第 1369—1389 页。

② 中国第二历史档案馆编:《中华民国史档案资料汇编》第 5 辑第 2 编,财政经济(10),江苏古籍出版社 1997 年版,第 177 页;俞飞鹏:《十五年来之交通概况》,国民党政府交通部 1946 年印行,第 77 页。

表 14-24　抗日后方电信业规模和营业状况统计(1936—1944 年)

项目 年份	电信规模				电信业务量					
					国内电报					
	电报线路(万公里)	长途电话线路(万公里)	电信局所(处)	职工(人)	去报次数(万次)	其中:因私次数(万次)	因私次数比例(%)	去报字数(万字)	因私字数(万字)	因私字数比例(%)
1936	10590	5225	1300	21119	538	421	78	20009	8385	42
1937	8212	4475	928	17762	577	436	76	23774	7659	32
1938	8713	4515	941	20000	463	269	58	23426	5571	24
1939	9172	5224	991	23000	474	263	55	25436	5899	23
1940	8802	5228	1135	25941	615	391	64	28566	8456	30
1941	8785	5330	1167	30005	883	580	66	38415	13519	35
1942	7468	6436	1234	32502	961	685	71	38472	14750	38
1943	6951	4364	1347	31601	1038	797	77	36098	17014	47
1944	5188	4408	1279	30444	1034	835	81	35975	21370	59

项目 年份	电信业务量(续)					
	国际电报				电话	
	去报次数(万次)	去报字数(万字)	来报次数(万次)	来报字数(万字)	长途电话通话次数(万次)	市内电话用户数(户)
1936	67	899	71	905	278	55577
1937	71	1177	68	969	250	10000
1938	65	1107	52	775	200	5600
1939	66	1183	54	891	240	5020
1940	45	1146	54	1273	273	5715
1941	41	1136	53	1447	343	5898
1942	7	396	7	747	402	6885
1943	6	382	8	926	534	7728
1944	6	386	8	877	547	7918

资料来源:国民党政府交通部编:《抗战以来之交通概况》,见中国第二历史档案馆编:《中华民国史档案资料汇编》第 5 辑第 2 编,财政经济(10),江苏古籍出版社 1997 年版,第 180 — 185 页。

　　为夺取抗战胜利,电信业员工同样付出了巨大努力。在前方,电信与军事完全打成一片,凡在前线的局、所、处、队等机构,终日处于炮火交织、敌机威胁之下,照常工作,维持电信通畅。全面抗战开始时,交通部为便利战地通信的指挥,密切与军事行动的联系,在每一战区设电政专员,授予专责,拨给专款和材料,方便其就近指挥。同时,饬令临近前线的局处,加紧筹设临时局所,充实设备。为应对敌机轰炸,组织修线工程队,随带杆料,驻守沿线要点,受专员指挥,抢修线路。南京陷落后,战区扩大,阵地变化无常,电信常缓不应急。乃集中曾受军训的报话员工,组织通信队,随带报话机料,派往前线,在专员指挥下,配置于各战区,协助各局处维持前线通信。鉴于电信线料来源困难,且不能使其落入敌手,军队撤退时,修线工程队尽可能拆除报话线路,转移至新阵地。来不及拆除的线路,尽量破坏。

后方的电信建设,也在同步推进。全面抗战以来,后方电信建设以西南、西北各省为重点。尽管器材奇缺,财力有限,仍坚持增加线路和整理旧线并举,几年间新建和移并电报线路约 4.8 万公里,电话线路 4 万公里,电报、电话器械亦多有改进和补充。

鉴于有线电报回路常被军事占用,无线电报成为重要的补充,普通商用电报得以畅通,因私电报次数竟能占去 6—8 成。截至 1942 年,先后在重庆、成都、昆明、贵阳、桂林、南郑、康定和兰州建成大型无线电台 8 座,中小型电台 58 处。之后数年,又有添设。国际无线电报,自上海沦陷后,重心移至汉口、广州,旋移于成都、重庆、昆明,维持对外通信。重庆电台可与中国香港、马尼拉、河内、莫斯科通报。太平洋战争爆发后,又增加与美国旧金山、洛杉矶、檀香山,东南亚新加坡、万隆,缅甸瓦城、腊戌、密支那通报。东南亚等地先后沦陷,尚能与美国旧金山、洛杉矶、檀香山和莫斯科通报。其他电台通报地,随第二次世界大战的战局变化而有增减,新的电台也在加紧建设。①

战时电信管理机构,几经调整。1943 年,电政司改为邮电司,另设电信总局。1944 年 1 月将全国分为 5 个电区,区下中心电局改称指挥局,

---

① 中国第二历史档案馆编:《中华民国史档案资料汇编》第 5 辑第 2 编,财政经济(10),江苏古籍出版社 1997 年版,第 80—81、78、82—83、178 页。

负责指挥临近的电局。① 八年全面抗战,电信员工牺牲 137 人,受伤 61 人②,为抗战胜利作出了了不起的贡献。

第六节 解放战争时期国民党统治区的 铁路和公路交通

解放战争时期,国民党统治区的交通各业,均无起色,呈现萧条状况。只在抗战胜利初期接收敌伪交通和复员过程中,忙碌一时,之后很快陷入末路。

1945 年 8 月,日本无条件投降。国民党政府立即着手接收日伪交通,修复交通设施,恢复运输,满足大量急迫的复员需求。国民党政府交通部认为,"交通复员为一般复员之先导",抗战结束伊始,即成立交通复员准备委员会,并着手接收、整理收复区交通。将全国分为京沪、平津、武汉、广州、东北和台湾 6 个区,每区设特派员 1 人,主持接收,特派员之下分派接收委员若干人,分为总务组、路政组、航政组、邮电组,各设组长 1 人,分别负责接收路电航邮各业。规定接收范围限于当前敌伪经营的交通事业,对于战前原有机构的接收,另案办理;所有敌伪在收复区的交通机构、路线、工具及其他资产权益,不论国营、公营或民营,均先行接管,再候处理;接管公营、民营交通事业时,得通知战前原经营的公司或机构,派员协助;敌伪经营的交通事业中,如包括其他事业,得主管机构同意,暂先一并接管,随后由交通部与主管机构商洽处置;敌伪交通员工,除主管和平日声名恶劣者外,其余一概留用。对涉外交通事业的接管,也做了规定。③

---

① 中国第二历史档案馆编:《中华民国史档案资料汇编》第 5 辑第 2 编,财政经济(10),江苏古籍出版社 1997 年版,第 178 页。

② 俞飞鹏:《十五年来之交通概况》,国民党政府交通部 1946 年印行,第 109 页。

③ 中国第二历史档案馆编:《中华民国史档案资料汇编》第 5 辑第 3 编,财政经济(7),凤凰出版社 2000 年版,第 4—7,47 页。

在这一过程中,交通部门一面维持原有业务,一面进行抢修整理,试图迅速恢复全国交通,推进复员工作,并进一步发展战后交通业。但是,随着国民党政府发动内战,社会动荡不安,民生凋敝,交通复员有一定进展,但交通建设几乎落空。

一、铁 路 交 通

在接收各路之时,交通部将收复区分为京沪、平津、武汉、广州、东北和台湾 6 个区,派交通特派员接管铁路。北部铁路:"华北交通株式会社"原天津局、北平局、张家口局、济南局、太原局、开封局、石家庄局、徐州局,均由平津区特派员接收。东部铁路:"华东交通振兴株式会社"原上海局、南京局,由京沪区特派员接收。中部地区:敌野战军司令部统制之铁路,平汉南段、粤汉北段,由武汉区特派员接收。南部地区:广九铁路、粤汉南段,由广州区特派员接收。广九路九龙段,应俟行政院与英国方面洽商决定后再办。台湾铁路由交通部派员参加台湾行政长官公署统一接收。[①] 东北铁路则另有安排。

1946 年 3 月,为加快铁路交通的恢复,交通部正式实行"干线区制",将全国铁路按干线分为 10 个区,分别设管理局管理(台湾、海南和东北除外)。

(1)平津区:在北平设局,包括平绥、北宁等铁路及其他支线,共计长约 1536 公里。

(2)津浦区:在济南设局,包括津浦、胶济、石德、淮南等铁路及其他支线,共计长 1962 公里。

(3)京沪区:在上海设局,包括京沪沪杭甬、苏嘉、京赣等铁路及其他支线,共计长 1107 公里。

(4)浙赣区:在杭州设局,包括浙赣、南浔铁路及其他支线,共计长

---

① 中国第二历史档案馆编:《中华民国史档案资料汇编》第 5 辑第 3 编,财政经济(7),凤凰出版社 2000 年版,第 106 页。

1131 公里。

（5）粤汉区：在衡阳设局，包括粤汉、广九、广三等铁路及其他支线，共计长 1348 公里。

（6）湘桂黔区：在柳州设局，包括湘桂黔铁路及其他支线，共计长 1103 公里。

（7）平汉区：在汉口设局，包括平汉、道清铁路及其他支线，共计长 1630 公里。

（8）陇海区：包括陇海、宝天铁路及其他支线，共计长 1661 公里。

（9）晋冀区：在太原设局，包括正太、同蒲铁路及其他支线，共计长 1523 公里。

（10）昆明区：在昆明设局，包括川滇、滇越和缅甸铁路，共计长 634 公里。

以上 10 个区中，浙赣、湘桂黔、昆明 3 个区因故未成立，其他各区于 1946 年 3 月起先后成立。①

铁路的接收、修复工作，进展并不顺利。这主要是受国民党政府发动内战的影响。1946 年 6 月，国民党政府发动全面内战，用于内战的铁路，当然遭到解放区军民的破坏。国民党政府的铁路恢复计划，在华北地区成为泡影，其他地区进展参差不一。

在长江以北，津浦铁路在日本投降时全线均能通车，但国共内战爆发后，只有天津至沧州、浦口至徐州和济南南北几段有通车条件。平汉铁路，只有石家庄以北和彰德至新郑铁路已修复通车。胶济铁路被解放区军民破坏严重，时通时断，有 90 公里待修复。平绥铁路，北平至青龙桥段尚可通车，青龙桥至怀来段破坏严重，怀来至天镇段被解放区军民接收通车，天镇至旗下营段被破坏，旗下营至包头段被接收后可通车。北宁、正太两条铁路修复后通车。陇海、同蒲铁路无法全线通车，日伪新修的石家庄至德州铁路被拆除。为利用铁路运兵进攻解放区，国民党政府大力抢

---

① 中国第二历史档案馆编：《中华民国史档案资料汇编》第 5 辑第 3 编，财政经济（7），凤凰出版社 2000 年版，第 49 页。

修铁路,试图修复主要干线铁路通车。重庆谈判期间,国民党军沿同蒲路、平汉路北上,进攻解放区,遭到解放区部队的阻击,发生了上党战役和邯郸战役,国民党军惨败,妄图占领平汉路北段等铁路的企图未能实现。但国民党政府不甘心,在《双十协定》签订后不久,继续向解放区进逼。中共的对策是,不许他们在铁路上运兵,采取革命的"交通战争",即破坏铁路交通。国民党军的进攻没有停止,国民党政府试图修通津浦、平汉、胶济、平绥、正太等华北5条主要铁路的打算也就难以实现,尽管津浦、平绥两路一度通车,但旋即又被解放区军民切断。

在美国总统特使马歇尔的"调处"下,国共两党于1946年1月10日签订《停战协定》,在北平设立"军事调处执行部"。美国和国民党政府想借助"调处"恢复华北铁路交通,在军调部下设立铁路管理科,后改为交通处,任务是协助国民党政府交通部修复华北、华中铁路通车。交通部立即筹备人力、物力,组织修复各铁路的工程队,还把已通车的江南铁路南京芜湖段拆掉,以供修复华北铁路之用。① 军调部交通处派出小组,协助津浦、胶济、平汉、平绥等铁路的修复工作。

在长江以南地区,修复工作有一定进展。粤汉铁路在战争中多次被毁,只有广州至源潭、武昌至岳阳段通车,坪石至乐昌、耒阳至岳阳段通轨行汽车。湘桂铁路全线不通,黔桂铁路仅都匀至南丹短期内修复通车。浙赣铁路只有杭州至诸暨、江山至上饶段通车。南浔、苏嘉、京赣、湘黔等铁路,战时拆除,无法通车。滇越铁路河口至碧色寨段无法通车。京沪铁路、沪杭杭甬段可通车。第二次世界大战结束后,美国对国民党政府修复、重建铁路提供了一定帮助。联合国善后救济总署给中国6亿美元的善后救济物资,其中有一部分铁路轨料,指定用于修复粤汉、浙赣铁路。从1946年年初至1948年年底,联合国善后救济总署一共向国民党政府供给钢轨及配件83689吨,桥梁钢材43006.5吨,枕木1095870根,机车242台,货车3466辆,机器及配件1万吨。② 国民党政府利用"联总"提供

---

① 中国第二历史档案馆编:《中华民国史档案资料汇编》第5辑第3编,财政经济(7),凤凰出版社2000年版,第318页。

② 李占才主编:《中国铁路史(1876—1949)》,汕头大学出版社1994年版,第322页。

的轨料,组织修复粤汉路和浙赣路。粤汉路于 1947 年 7 月 1 日全线修复通车,浙赣路株萍段于 1947 年 9 月修复通车,杭南段于 1948 年 1 月修复通车,南萍段分月修复通车。萍浔路划归浙赣路局管理,于 1947 年修复通车。湘桂、黔桂铁路在战时曾遭破坏和拆除,战后交通部将两路合并为湘桂黔铁路工程局,利用沿线保存下来的轨料和机车车辆进行修复,湘桂、桂柳、柳来(宾)1948 年年底修复通车。此外,淮南铁路、江南铁路也在 1948 年修复。海南岛 280 多公里窄轨铁路则被国民党政府顺利接收。①

在东北地区,情况比较特殊。根据雅尔塔会议秘密协定,战后苏联将恢复沙俄时代在中国东北享有的一些权益,但承诺维持国民党政府为中国合法政府。这一承诺也符合英美在华利益和要求。中苏于 1945 年 8 月 14 日签订《中苏友好同盟条约》和《中苏关于中国长春铁路之协定》等 4 项附件。附件规定:中国长春铁路为中苏共同所有,共同经营。具体规定如下:将中东铁路由满洲里至绥芬河及南满铁路由哈尔滨至大连、旅顺的干线合并为中国长春铁路(以下简称"中长路"),为中苏共同所有,作为"纯粹商业性质之运输事业"共同经营,以 30 年为期,期满后无偿归还中国。共同经营期间,组设中苏合办中国长春铁路公司,设理事会,由中苏两国各派任理事 5 人组成。理事长为华人,副理事长为苏联人。另设监事会,由双方各派监事 3 人组成,从苏联籍监事中推选监事长,从中国籍监事中推选副监事长;监事会设总稽核 1 人由华人充任,副总稽核 1 人由苏联人担任。理事会委派局长 1 人由苏联人担任,副局长 1 人由华人担任。各处处长、副处长、科长及重要车站站长,由理事会委派,按双方人员平均充任的原则任用。处长为苏联籍时,副处长则为中国籍,反之亦然。铁路警察归中国政府组织、监督。②

根据协议,中苏共同所有、共同经营中长路,但苏联已出兵东北,先行接管。苏联政府派茹拉诺夫为中长路局长,在哈尔滨成立管理局,把

---

① 俞飞鹏:《十五年来之交通概况》,国民党政府交通部 1946 年印行,第 16—18 页。

② 王铁崖编:《中外旧约章汇编》第 3 册,生活·读书·新知三联书店 1962 年版,第 1331—1334 页。

全线划分为大连、沈阳、长春、哈尔滨、海拉尔、昂昂溪、牡丹江 7 个分局，一律指派苏联籍人员担任分局局长；哈尔滨管理局各处处长、课长及各分局课长、段长、站长，各级重要职员，概由苏方单独指派苏籍人员担任。①

1945 年 9 月 12 日，苏军宣布接管中东铁路，苏军"铁路总监"发布命令：自 9 月 11 日以后，滨洲、滨绥两线（中东路西段和东段）直接归苏军管辖，其他各线则由哈尔滨铁路局指定运行；南满地区铁路由驻沈阳的苏军少将指导，全体铁路员工仍保留现职，恪尽职守，确保铁路的运行。9 月 22 日，苏方中长铁路副理事长加尔金中将到达长春，27 日即以中国长春铁路理事长名义发布命令，宣布自 9 月 22 日 11 时以后，满洲里至绥芬河、哈尔滨至大连旅顺全线和辅助支线及附属企业，一律划归中长路公司理事会管辖，"南满洲铁道株式会社"即行解散，移交给中国长春铁路理事会苏方理事，受其完全支配，原成员则由中长路理事会裁夺而从事各项业务。凡属未包括在中长路之内的其他东北铁路，全归苏军司令部监督，并由苏军统辖管理，或由中共军队，或由原中国籍员工分割运营。铁路中的日籍人员，不得无故擅离职守。②

1945 年 11 月，国民党政府委派的中长路理事长张嘉璈率中方理事、监事抵达长春，会同苏方人员成立理事会；12 月选派王竹亭为副局长，率领中国籍职员 10 人赴哈尔滨参加中长铁路局管理工作，参加 1946 年 1 月 29 日中长路理事会第一次会议。但中方实际无法行使职权。事实上东北铁路是由苏联单方面接管的。滨绥、滨洲两线的标准轨又被苏方改为与西伯利亚铁路相同的宽轨，以便该路与苏联境内铁路过轨联运，从中国运送"战利品"回苏联。中东铁路、南满铁路及支线改为中国长春铁路后，实际控制权掌握在苏联手中。苏联方面派 3 个旅的军队进驻中长铁路沿线，并在各大站段派驻军事代表；还以各种理由拆除铁路线及其设

---

① 中国第二历史档案馆编：《中华民国史档案资料汇编》第 5 辑第 3 编，财政经济(7)，凤凰出版社 2000 年版，第 294 页。

② 金士宣、徐文述编著：《中国铁路发展史(1876—1949)》，中国铁道出版社 1986 年版，第 555—556 页。

备,当作战利品运回苏联,先后拆除铁路线 1500 公里。① 国民党政府交通部将东北铁路分为锦州、沈阳、吉林、滨江、龙江和牡丹江 6 个区局,但实际只接收了北宁铁路山海关至沈阳段,2416 公里的中长铁路则为中苏共管。1946 年 3 月 29 日,王竹亭副局长率中方职员从哈尔滨撤到长春,不久又撤到沈阳,并于 4 月 24 日在沈阳成立中长铁路管理局副局长驻沈阳办公处。1946 年 4 月,苏联从东北撤军。中共中央东北局任命吕正操为中长铁路管理局理事长,取代张嘉璈。4 月 28 日,东北民主联军委派郭洪涛为中长路管理局副局长,取代王竹亭,同时向中长路各分局派驻军事代表。同年冬,经中共中央东北局与苏方协商,决定东北铁路总局与中长铁路管理局合署办公。1947 年 1 月,国民党政府在沈阳另立中长铁路管理局,同时在海拉尔、昂昂溪、哈尔滨、牡丹江、沈阳、大连和长春 7 个地区设管理处,实际只能管理中长铁路的陶赖昭至瓦房店一段,到 5 月中旬通车区段为开原至大石桥,10 月又收缩于辽阳至铁岭间。1948 年 11 月 2 日沈阳解放,国民党政府在中长铁路的一切机构均被接管。苏方局长一直在哈尔滨中长铁路管理局办公,与中共东北铁路总局保持合作,直至 1950 年新的中国长春铁路管理局成立。②

台湾光复后,设为特别行政区,4559 公里铁路也被接收。其中公营铁路 1626 公里收归国有,暂由行政长官设局管理。③ 其中,西干线(基隆至高雄)408. 5 公里,宜兰线(八堵至苏澳)98. 7 公里,平溪线(三貂岭至菁桐坑)12. 9 公里,淡水线(台北至淡水)21. 2 公里,台中线(竹南至彰化)91. 4 公里,集集线(二水至车埕)29. 7 公里,屏东线(高雄至佳冬)62. 9 公里,台东线(窄轨,台东至花莲港)175. 9 公里,共约 901 公里。收

---

① 主要有北黑路 302. 9 公里,宁神路宁年霍龙门段 284 公里,虎林路东安(今密山)虎头段及东安当壁镇支线 203 公里,新兴和绥宁铁路 307 公里,沈安路(即安奉路)苏家屯至金山湾复线,以及其他支线铁路。见李占才主编:《中国铁路史(1876—1949)》,汕头大学出版社 1994 年版,第 317 页。

② 吉林省地方志编纂委员会编纂:《吉林省志》第 26 卷《交通志·铁道》,吉林人民出版社 1994 年版,第 68 页。

③ 中国第二历史档案馆编:《中华民国史档案资料汇编》第 5 辑第 3 编,财政经济(7),凤凰出版社 2000 年版,第 114 页。

归国营的铁路,有机车 244 台,客车 518 辆,货车 5892 辆,但客货车已有 1051 辆损坏,机车 45 台损坏。另有私营铁路 3024.22 公里,大多为窄轨铁路。①

截至 1945 年年底,全国铁路达 3 万多公里,包括战前和战后自建铁路 2 万多公里,敌伪兴建或延长铁路 1 万多公里。除全面抗战时期拆毁、中共军民破坏或接管、苏联控制的中长铁路外,国民党政府能利用的通车里程,约 8746 公里。②

经过接收、修复和新建铁路,到 1946 年年底,全国铁路总里程 30146 公里中,已有 15812 公里通车。③

国民党政府为取得美国的支持和援助,不断向美国摇尾乞怜。美国为了自己的利益,派出海空军帮助国民党军政力量赶赴收复区,抢占港口、城市和交通线,并直接出兵占领塘沽、秦皇岛、山海关、青岛等战略要地。1946 年年初,国民党政府行政院院长宋子文聘请美国莫立逊—奴茨生工程顾问团来华,考察中国长城以南 8000 公里铁路,以及中国沿海自塘沽至海南的重要港口。考察团估计中国铁路重建需要 34639 万美元,美国可贷给 70% 的经费。国民党政府指令资源委员会所属"驻美中国物资供应委员会"从交涉、接洽租借法案的物资,转为负责同美国洽订贷款。④ 1946 年 6 月 3 日中方同华盛顿进出口银行签订的铁路购料借款合同,借款 1665 万美元,用于在美国购买材料,修复中国铁路。⑤ 不久,美国又从

---

① 金士宣、徐文述编著:《中国铁路发展史(1876—1949)》,中国铁道出版社 1986 年版,第 559 页;中国第二历史档案馆编:《中华民国史档案资料汇编》第 5 辑第 3 编,财政经济(7),凤凰出版社 2000 年版,第 318 页;中华民国庆祝中国铁路一百周年筹备委员会编:《中国铁路创建百年史》,台湾铁路管理局 1981 年印行,第 40 页。

② 国民党政府交通部统计处编:《中华民国三十四年交通部统计年报》,国民党政府交通部 1947 年印行,第 29 页。

③ 国民党政府交通部统计处编:《中华民国三十五年交通部统计年报》,国民党政府交通部 1948 年印行,第 37 页。

④ 宓汝成:《帝国主义与中国铁路(1847—1949)》,上海人民出版社 1980 年版,第 335 页。

⑤ 财政科学研究所、中国第二历史档案馆编:《民国外债档案史料》第 11 卷,档案出版社 1991 年版,第 524 页。

剩余物资中提供一批钢轨、机车等铁路器材,作价 237 万美元。① 另外,中美双方还于 5 月、7 月先后签订成(成都)渝(重庆)、川(成都)滇(昆明)铁路借款合同。

据统计,在 1946 年交通部所购买的外国材料(包括敌伪物资)中,各铁路获得 51704 吨。此外,当年各铁路还从 114341 吨善后救济物资中分得 108370 吨物资。②

1947 年,美国资本集团通过美军陆军部提出一个"中国铁路建设计划",计划投资修建以陇海路天水兰州段为基干的北循甘青、青新公路向西北延展到新疆的铁路线,向南延伸与天水成都线连接的铁路线,向西南展长经云南通往缅甸的出海铁路线。国民党政府接受这一计划,并把它列入"五年国防计划"。③

1948 年,美国国会通过"1948 年援华法案",计划提供 4 亿美元援助国民党政府。④ 国民党政府计划使用此项贷款增建粤汉路广州梧州支线及海南岛铁路,并改造"整理"一些旧线。9 月,美国经济合作总署宣布分配美援时,提出拨给修复粤汉、浙赣及台湾、平津地区铁路款 1050 万美元。然而,随着内战的加剧,国民党军节节败退,国民党政权土崩瓦解,"美援"案也随之夭折。

在获得大批美援承诺后,1947 年,"交通部"制定战后第一期铁路建设五年计划,计划 5 年在除东北以外的地区修建铁路 13886 公里,以及必

---

① 宓汝成:《帝国主义与中国铁路(1847—1949)》,上海人民出版社 1980 年版,第 336 页。中美双方于 1946 年 6 月 14 日约定,美方应从租借法案剩余物资中,提供运输器材 320 万美元,通信器材 1.5 万美元,工矿器材 26.75 万美元,分 30 年摊还。同年 8 月 30 日,鉴于西太平洋战区 5.84 亿美元物资和固定资产中,半数已属剩余,包括中国购买存放于中国、冲绳岛、塞班岛及其他海岛美国剩余物资,中美又签订《剩余物资购买合同》。见王铁崖编:《中外旧约章汇编》第三册,生活·读书·新知三联书店 1962 年版,第 1403、1421—1425 页。

② 国民党政府交通部统计处编:《中华民国三十五年交通部统计年报》,国民党政府交通部 1948 年印行,第 33—34 页。

③ 宓汝成:《帝国主义与中国铁路(1847—1949)》,上海人民出版社 1980 年版,第 336 页。

④ 财政科学研究所、中国第二历史档案馆编:《民国外债档案史料》第 11 卷,档案出版社 1991 年版,第 718—719 页。关于无偿和借款各占多少,并无定论。

需的港口、铁路器材厂。按全面抗战前币值估计，需法币 15.41 亿元及 5.68 亿美元，打算"以国家信誉为保证，而不以铁路本身为担保"，筹措外债和内债，以解决建筑经费。[1]

"交通部"实际进行的新筑铁路工程只有：继续完成抗战期间动工修筑未全部完工的綦江铁路，1947 年 8 月完工，全长 98.6 公里，战后修筑的只有 19 公里，1947 年 11 月自猫儿沱通车至綦江 66.7 公里（1950 年 11 月通车至终点三江镇）。1945 年年底陇海路宝天段 145.8 公里终于完工，次年年初正式营运。又继续修筑天（水）兰（州）段，进展极其缓慢。恢复修筑成渝铁路，也因材料短缺，进展缓慢。直到国民党政府败逃台湾，这两条铁路也未建成。中国大陆地区新通车里程仅有区区 212.5 公里。台湾地区于 1946 年 11 月修建新竹至淡水铁路，次年 11 月完工，长 17 公里。这样，抗战结束至国民党政府败退台湾，新通车铁路共约 229.5 公里。

1946 年，国有各铁路营业里程共计 13692 公里（干线 10107 公里，支线 902 公里，副轨岔道等 2683 公里），共有车辆 29021 辆（机车 1942 辆，客车 2561 辆，货车 23984 辆，业务用车 534 辆）。营业各路有员工 263119 人。截至 1946 年年底，关内收复区接收敌伪铁路员工 22.6 万人，酌量留用。之后"交通部"派去失业和复员员工 1.5 万人，一时间人满为患。改组之后，要求按战前每公里职员 2.767 人、工人 8.067 人、警察 2.6 人为标准，设法调整、裁减，但进展困难。[2]

1947 年，国有各铁路营业里程共计 8700 公里（干线 8177 公里，支线 523 公里），共有车辆 30581 辆（机车 2171 辆，客车 3338 辆，货车 25072 辆），与上年相比，营业里程减少，但车辆数量增加。

客货运输方面，1946 年各铁路共载运旅客 12358 万人，旅客周转量

---

① 俞飞鹏：《十五年来之交通概况》，国民党政府交通部 1946 年印行，第 10—20 页；中国第二历史档案馆编：《中华民国史档案资料汇编》第 5 辑第 3 编，财政经济（7），凤凰出版社 2000 年版，第 335—337 页。

② 国民党政府交通部统计处编：《中华民国三十五年交通部统计年报》，国民党政府交通部 1948 年印行，第 39 页。

124.2亿人公里;载运货物2332万吨,货物周转量37.6亿吨公里。1947年各铁路共载运旅客14652万人,旅客周转量147.4亿人公里;载运货物3100万吨,货物周转量52.7亿吨公里。[1] 但旅客中,军人占了很大比例。越往后期,越是如此。

与全面抗战之前、期间相比,1946年的运输密度(每公里平均万人/万吨)有升有降。1935年度(1935年7月—1936年6月)国有铁路运输密度,客运为58.8万人公里,货运为87.68万吨公里。[2] 1937年,客运密度仍有53.2万人公里,货运密度却下降到58.9万吨公里。到1946年,客运密度提高112.8万人公里,货运密度由上一年的区区4.2万吨公里恢复到34.1万吨公里,但仍未达到战前水平。全面抗战时期及战后,客运密度大多年份高于战前,这是因为在战时有限的通车里程中,军政人员和民众因战争而频繁流动,战后复员运输更是繁忙一时。此外,比较物价,客车票价相对低廉,民众愿意乘车。但货运密度却大幅下降,这当然是因为货物周转量受战争(包括内战)影响而大减。国民党政权统治的末期,经济不振,货源减少,有限的运力大多受军运控制,调度失灵,1946年货运密度比1935年度减少61%。[3]

铁路运输工具、路线设备方面,机车数量与战前相近,客货车辆略增。据1937年6月统计,国有铁路有机车1243辆,客车2047辆,货车15482辆。[4] 1937年年底,机车及客货车辆数量均有减少,机车数量减至1000辆,客车2000辆,货车15000辆。1946年年底,机车数量1942辆,客车则增至2561辆,货车增至23984辆。经过多年战争,车辆使用日久,损坏颇多,可用数量减少,1946年,机车仅有55%可用,客车64%可用,货车71%

---

① 中国第二历史档案馆编:《中华民国史档案资料汇编》第5辑第3编,财政经济(7),凤凰出版社2000年版,第192页。

② 国民党政府铁道部秘书厅研究室编:《中华国有铁路民国二十四年度统计总报告》,1935年版。

③ 国民党政府铁道部秘书厅研究室编:《中华国有铁路民国二十四年度统计总报告》,1935年版;国民党政府交通部统计处编:《中华民国三十五年交通部统计年报》,国民党政府交通部1948年印行,第37页。

④ 刘克祥、吴太昌主编:《中国近代经济史(1927—1937)》,人民出版社2010年版,第1214页。

可用。铁路线也是千疮百孔，对列车载重和速度的限制极大。中途常需停车修路。①

运输货物种类方面，以起运为例，1946 年共起运货物 2268 万吨，其中，商业性运输 1106 万吨，非商业性运输（政府用品、铁路材料等）1162 万吨。商业性运输中，矿产品 647 万吨，农产品 228 万吨，林产品 70 万吨，畜产品 43 万吨，工艺制造品 118 万吨。②

因物价剧烈上涨，各铁路营业收支很难与战前比较。除京沪铁路外，其他各路多为亏损状态。

到后期，铁路交通状况更加恶化。据 1949 年 7 月统计，全国铁路总里程 30136 公里，除台湾、海南外，仅存 3256 公里能通车；且大部分为军事运输，拥挤不堪，欠费严重。如 1949 年 1—4 月，军运欠费多达 427.8 万银元。

例如，粤汉铁路广州至岳阳段 897 公里、广九段广州至深圳 147 公里、广三段石围塘至三水 49 公里，连同支线，通车里程共 1111 公里，沿线军运繁忙，军运费半价记账，无现款收入，军运越多，客货运输越少，收入越绌，入不敷出，1949 年 6 月亏损 120 万银元，依靠财政补贴勉强维持。该路 5 月员工薪资不能及时发放，导致员工包围局长和各部门主管索款，局长无奈辞职。该路客货运输可到长沙，军车可到岳阳，每天开行列车 9 对，但军车到达后却不卸货，拥塞铁道，严重妨碍运输。各次客车乘客多为军人，均无票乘车，秩序混乱。不得已，铁路方面只好暂停两趟特别快车。华南交通大动脉严重不畅。

湘桂铁路，全线通车 939 公里，金城江至南丹之间由公路接驳，未正式通车。该路沿线地瘠民贫，客货运量不多。受国民党军溃败影响，军政公务人员和物资大量撤退到西南，军品运输量极大，每天由衡阳开行军车一列，客车时常停开，货物甚少，且只收包裹，1949 年 6 月亏损高达 52.9

---

① 国民党政府交通部统计处编：《中华民国三十五年交通部统计年报》，国民党政府交通部 1948 年印行，第 37—38 页。

② 国民党政府交通部统计处编：《中华民国三十五年交通部统计年报》，国民党政府交通部 1948 年印行，第 80 页。

万银元。沿线行车设备简陋,运力薄弱,最多只能开行列车3对,以往不办货运,客运亦甚清淡,可勉强维持营运。但军运增加后,运输负荷骤增,时常缺煤停车,情况极为窘迫。

浙赣铁路,株洲至清江258公里可通车,但客货运输业务不振,每月开支约11万银元,全靠国库补贴。

陇海铁路,受内战连连失败影响,仅宝鸡至天水勉强通车154公里,收入甚少,撤退员工无钱遣散。1949年6月收入3万银元,支出40万银元,亏损37万银元。

昆明铁路,川滇线昆明至沾益、滇越线昆明至碧色寨,通车里程480公里。沿线位于高坡地段,且为窄轨,运力有限,客货业务一向不旺,收支勉强持平。1949年6月收入14.2万银元,支出32.2万银元,亏损18万银元。

平津地区铁路绥包段,归绥至包头通车148公里,地处边陲,客货稀少,十有八九为半价的记账军运,靠国库补贴维持。该路远处西北,汇兑不通,接济困难,员工生活困苦。1949年6月收入1万银元,支出5.9万银元,亏损4.9万银元。①

随着国民党政权在大陆的彻底失败,铁路也回到人民的怀抱。

二 公 路 交 通

抗战期间,国民党政府公路交通在大后方有所发展,但损耗也大。抗战胜利后,公路交通有所恢复。官办公路交通借助机构整合、接收敌伪交通设施、善后救济补充、官民复员复业、围攻解放区的军事急需等各种条件,公路交通机构、交通设施和运输成绩都有所恢复;商营公路交通的恢复则较为显著。但是,随着国民党发动内战和抗战的加剧,社会的动荡不安,物价的飞涨,各种不利因素层出不穷,公路运输日趋式微。

---

① 中国第二历史档案馆编:《中华民国史档案资料汇编》第5辑第3编,财政经济(7),凤凰出版社2000年版,第212—217页。

（一）公路机构的变化和公路交通设施的恢复

1946 年 1 月 1 日,国民党政府军事委员会战时运输管理局被撤销,正式成立交通部公路总局,统一管理全国公路交通。局内设秘书、人事、技术、统计和警稽五室,总务、工务、运务、材料、会计和监理六处及设计考核委员会。为了实行分级管理,局外计划设置 9 个区公路工程管理局负责国道的建设和养护①。另设直属公路工程处、机械筑路总队、国道测量队等分支机构。省县公路交通,则分别由各省公路局管理,隶属省政府建设厅,并受交通部公路总局的督察和协助。区公路工程管理局的管辖范围开始以其驻地为中心,为便利运输,将 1000 公里以内路线上的较大城市定为终点。但按此原则划分区局,使同一省内的国道由几个区局分管,同一省内省道的督察和协作也由几个区局办理,交通管理出现错综复杂的情况,不利于公路交通的发展。为此,公路总局于 1947 年 1 月将各区局的管辖范围按省界重新划分。

第一区公路工程管理局于 1946 年 3 月 1 日在南京成立,管辖苏、浙、皖三省和鲁、豫、赣、闽四省各一部分国道共 6029 公里。自奉命管辖范围限于苏、浙、皖三省后,里程变为 5037 公里,下属机构有上海、南京、杭州、歙县 4 个工程处和浦口、徐州、杭州、芜湖、安庆 5 个总段。1948 年 5 月通车里程为 3847 公里。

第二区公路工程管理局基本是由西南公路局芷江分局人员组成,1946 年 3 月 18 日在湖南晃县筹备成立,先后迁长沙、汉口。组建初期以汉口为中心,管辖国道 1696 公里,包括湘、鄂、赣、豫、皖、陕六省的部分国道和武汉长江轮渡。次年奉命改管湘、鄂、赣三省国道,里程约 7602 公里。除组建初期成立的武(昌)长(沙)路复修工程处、常(德)万(载)路

① 全国公路分干线和支线两种。干线按照甲等和乙等标准建筑,由中央直接主办,称为国道。甲等标准规定每天能行自动车 750 辆以上,平均时速 80 公里;乙等标准规定每天能行自动车 300—750 辆,平均时速 60 公里。支线按照丙等标准建筑,以及不足丙等标准勉强通车的乡村公路,暂不列等,均为省道,每天能行自动车 50—300 辆,平均时速 40 公里,由省方主办,中央政府予以督察和补助。见中国第二历史档案馆编:《中华民国史档案资料汇编》第 5 辑第 3 编,财政经济(7),凤凰出版社 2000 年版,第 55 页。

复修工程处和沅（陵）常（德）路复修工程处及 9 个工务总段外，又成立芷江、湘潭和耒阳等 5 个工务段，还接管下摄司和衡阳两个渡务所。1948年 5 月通车里程为 6114 公里。

第三区公路工程管理局于 1946 年 5 月 18 日在广州成立，管辖广东全省及桂、闽、湘、赣四省部分国道，共 2139 公里。年底奉令改管粤、闽、桂三省国道，共 7770 公里。由广州、福州、柳州和柳寨 4 个工程处分别接管上述三省内全部国道。1948 年 5 月通车里程为 4758 公里。

第四区公路工程管理局由云南分局及西南公路、川滇东路和川滇西路四个管理局合并组成，1946 年 3 月在昆明成立，管辖云南和贵州两省国道及川、康、湘、桂四省部分国道，共 5578 公里。奉命改管滇、黔两省国道后，在云南设立昆明、姚安、下关、保山和曲靖 5 个总段及腾冲工务段，在贵州设立安顺、毕节、遵义、镇远和独山 5 个总段及兴仁工务段，共管理两省国道 4501 公里。1948 年 5 月通车里程为 3857 公里。

第五区公路工程管理局由原川陕、川康和川湘三个管理局合并组成，1946 年 3 月 1 日在重庆成立，管辖川、康两省大部分国道和陕、鄂、湘三省部分国道，共 4657 公里。奉命专管川、康、藏三省国道后，所辖已建成公路在川、康两省境内的共 3969 公里。下设重庆、达县、泸州、南川、黔江、内江、雅安、成都、广元、西昌、会理 11 个总段。1948 年 5 月通车里程为 3065 公里。

第六区公路工程管理局由交通部公路总局派员与新疆省公路局合并组成，1946 年 7 月 1 日在迪化（今乌鲁木齐市）成立，管辖新疆省境内全部公路工程和运输业务及安西至猩猩峡、安西至苂苂台两段国道和青海省西北部茫崖金鸿山段公路的改善与养护，共 6749 公里。1948 年 5 月通车里程为 5235 公里。

第七区公路工程管理局由西北公路管理局改组，1946 年 3 月在兰州成立，管辖陕、甘、宁、青、绥五省的部分国道，长 3493 公里。以省划界后，管辖里程为 9490 公里。各条国道按其里程长度设置 1—2 个工务段负责管理。1948 年 5 月通车里程为 7690 公里。

第八区公路工程管理局由交通部公路总局平津区办事处改组，1946

年 4 月 1 日在北平成立,管辖冀、察、热、晋、鲁、豫六省的国道,共 8217 公里,分设保定、太原、济南、青岛 4 个工务总段和昌黎工务段及 4 个工程队,担任公路的抢修和管理。按省划界后,管辖上述六省国道,共 8631 公里。1948 年 5 月通车里程为 3847 公里。

原计划在东北长春设第九区局,因发生内战未能成立,实际只成立了 8 个区局,管辖公路共约 53792 公里,实际通车里程约 39142 公里,占总里程的 72.85%。①

此外,在总局之下设有筑路机械管训处,三个机械筑路总队,青新公路和福厦公路两个工程处,第一国道测量队,东北公路督修工程处(隶属于东北运输总局,但未展开工作)。台湾地区行政长官公署交通处下设公路局,负责公路恢复工作。

国民党政府还制定公路网规划。1946 年公路总局制定《四基五经六维国道网》;1947 年 7 月行政院公布实施修订后的《国道网计划》,对全国干、支各线作出规划。要求干线大部分利用已有公路,按新标准改造;支线大多则须新筑。按照国道网计划,国道里程为 57223 公里,其中须新筑 6754 公里。② 但这一规划未能全面实施。

抗战胜利后,尚未撤销的军委会战时运输管理局为应付军政方面兵员和一般民众前往收复区,以及配合国民党军事进攻解放区,以紧急抢通、暂缓行车③为原则,办理第一、二期公路的抢修和恢复交通。国道修复由各区公路工程管理局和各省公路机构分别办理,省道由省公路机构

---

① 中国公路交通史编审委员会编:《中国公路运输史》第 1 册,人民交通出版社 1990 年版,第 383—384 页。1948 年 5 月通车里程参见台湾"中华民国史交通志编纂委员会"编:《中华民国交通志初稿》,台北"国史馆"1991 年版,第 55—56 页。国民党政府交通部编:《交通复员工作报告》所载各区管辖公路里程与此略有差异,见中国第二历史档案馆编:《中华民国史档案资料汇编》第 5 辑第 3 编,财政经济(7),凤凰出版社 2000 年版,第 55 页。

② 周一士:《中华公路史》上部,(台北)商务印书馆 1984 年版,第 336—341 页。规划中的基线有 4 条:上海—拉萨、九龙—湃江、马尾—霍尔果斯、畹町—承德;经线有 5 条:海安—山海关、汕头—周家口、常德—湃江、广州湾—百灵庙、打洛—陕壩。另有纬线 6 条。东北、海南和台湾的国道线另行规划。

③ 中国第二历史档案馆编:《中华民国史档案资料汇编》第 5 辑第 3 编,财政经济(7),凤凰出版社 2000 年版,第 373 页。

主办,中央予以协助。第一期计划抢修 11 条线路 4263 公里,拨工款 598400 万元,完成 4019 公里;第二期计划抢修 17 条线路 4331 公里,拨工款 664300 万元,完成 3979 公里。1946 年,为运送救济物资和办理战区善后,又续办第三期修复工程,共 40 条线路 9447 公里,拨工款 748500 万元,当年完成 2662 公里。这些修复工程,分布区域广阔,人力、物力极为缺乏,工款常有不济,第一、二期已通线路因经费未能足额拨付,以致大多未铺路面,桥梁也多为便桥,一遇雨季,就有桥毁路滑的风险。第三期因拨工款过少,导致多数线路未能动工修复。①

到 1946 年,公路的紧急抢修告一段落后,各省又开始着手公路的修复和改善;修复和改善的公路里程,各省不一。

此外,新建公路方面,因内战全面爆发后,国民党政府统治区日益缩小,无力顾及更多的公路建设,仅在西北、西南和华南部分地区择要修建和改建了少量公路。其中由交通部公路总局组织修建的南疆、青新两条公路为当时西北地区的重点工程。其他则多为零星路段的局部修建,由各省负责进行。

南疆公路,起初系指由甘肃省敦煌起,经甘、新两省交界芨芨台到新疆若羌的路段,长 739 公里;后又向西延展,经且末、民丰至于阗(今于田),长 770.61 公里。基本参照丙等公路技术标准修建。1945 年 7 月分别设立南疆公路甘肃段和新疆段工程处,修建甘肃段 333 公里和新疆段 406 公里公路,先后于年底和次年年初完工。但质量欠佳,需做进一步改善。1946 年秋,第六区公路工程管理局继续展筑南疆公路由若羌经且末、民丰至于阗路段 770.61 公里,以及青新公路北段由金鸿山至青海省茫崖路段。全路至 1949 年年底才勉强完工。

青新公路,是通往新疆的第三条路线。该路自青海省青藏公路倒淌河起至若羌止,全长 1550 公里。其中倒淌河至茫崖长 1070 公里,茫崖山至金鸿山长 186 公里为新建路段;金鸿山至若羌长 294 公里与敦煌-若羌

---

① 中国第二历史档案馆编:《中华民国史档案资料汇编》第 5 辑第 3 编,财政经济(7),凤凰出版社 2000 年版,第 50—53 页。

公路共线。青新公路以茫崖为界，分南北两段，参照丙等公路技术标准先后施工。①

其他各省，也有一些零星的公路修建。为配合军事围堵人民解放军并侵犯延安，国民党各级政府在陕甘宁地区抢修了若干条干支线公路。甘肃抢修了庆阳、宁县等处干支线公路约455公里；通往四川的干线公路则未能建成。宁夏修建公路约364公里；另有60公里只完成了路基。陕西修建公路175公里。四川计划修建公路2532公里，实际建成勉强通车或仅完成路基约360公里。广西修建短途公路约128公里。湖南新建公路704公里。②

到1947年6月底，全国公路里程共计130219公里，其中已通车74048公里，未修复56173公里。③

抗战期间，车辆沦入敌手及毁坏和运输损耗甚多，数量减少，性能也逐渐降低。抗战胜利后，公路交通有所恢复。全国登记车辆数，1937年年底为68917辆，到1945年年底下降到38199辆，1946年年底有所恢复，增至51141辆，1947年6月底又增至66120辆。④

国营公路运输获得发展机会。从营业里程到车辆数量，国营机构的实力都有所恢复。在前述130219公里公路中，可通车里程74046公里，占57%。其中，国营运输机构的营业里程为31435公里。交通部公路总局设9个运输处，承担国道和跨省运输，营业里程不一。其中，第一运输处（设于上海）营业里程2115公里，有车辆299辆；第二运输处（设于长沙）营业里程4118公里，有车辆740辆；第三运输处（设于广州）营业里

① 中国第二历史档案馆编：《中华民国史档案资料汇编》第5辑第3编，财政经济（7），凤凰出版社1990年版，第420页；新疆维吾尔自治区地方志编纂委员会、《新疆通志·公路交通志》编纂委员会：《新疆通志》第48卷《公路交通志》，新疆人民出版社1998年版；青海省地方志编纂委员会编：《青海省志》第27卷《公路交通志》，黄山书社1996年版。

② 中国公路交通史编审委员会编：《中国公路史》第1册，人民交通出版社1990年版，第399—401页。

③ 中国第二历史档案馆编：《中华民国史档案资料汇编》第5辑第3编，财政经济（7），凤凰出版社2000年版，第345—347页，统计不包括台湾。

④ 中国第二历史档案馆编：《中华民国史档案资料汇编》第5辑第3编，财政经济（7），凤凰出版社2000年版，第348页（车辆统计数不包括军车）。

程 6845 公里,有车辆 421 辆;第四运输处(设于昆明)营业里程 2381 公里,有车辆 1079 辆;第五运输处(设于重庆)营业里程 2702 公里,有车辆 222 辆;第六运输处(设于迪化)营业里程 1676 公里,有车辆 141 辆;第七运输处(设于兰州)营业里程 5067 公里,有车辆 923 辆;第八运输处(设于天津)营业里程 3186 公里,有车辆 658 辆;第十运输处(设于贵阳)营业里程 3309 公里,有车辆 520 辆。第九运输处拟设于长春,因内战爆发,未成立。① 各省建设厅下均设有公路局。台湾地区设有公路局和公共工程局。大城市市内交通亦有管理机构。

　　抗战时期 1944 年官办公路机构有汽车 4498 辆。抗战胜利后,得益于接收日伪汽车和联合国善后救济总署(以下简称"联总")的分拨,车辆有所补充。据 1946 年 6 月底的不完全统计,公路总局接收敌伪汽车 5629 辆,其中 4321 辆尚可使用。② "联总"分拨各型车辆 29600 辆③,其中部分车辆拨给了公路局(数量不详④)。到 1946 年年底,公路总局各机构有营运汽车 6283 辆,其中货车 5176 辆。车辆数量明显增加,但完好可用汽车只有 2670 辆,占全部车辆的 42.5%。另据不完全统计,1946 年部分省公路局有汽车 2934 辆,完好可用汽车也不到一半。⑤ 这样,中央和地方公路局系统至少有车辆 9217 辆,占全国登记汽车的 18.02%(但这一统计不包括国营厂矿企事业单位的车辆)。1947 年 6 月底,前述 9 个运输处有车辆 5003 辆,其中完好可用的 2616 辆。另外,截至 1948 年年底,中央直辖公路

---

　　① 公路里程和车辆数均为 1947 年 6 月底统计数。见中国第二历史档案馆编:《中华民国史档案资料汇编》第 5 辑第 3 编,财政经济(7),凤凰出版社 2000 年版,第 347—349 页。

　　② 中国第二历史档案馆编:《中华民国史档案资料汇编》第 5 辑第 3 编,财政经济(7),凤凰出版社 2000 年版,第 401 页。同书 397 页又记载接收敌伪车辆 5611 辆。

　　③ 由"联总"进口卡车 21900 辆、大客车 6900 辆、小汽车 400 辆、油罐车 200 辆、救济车 200 辆,合 3755 万美元。见莫一士:《中华公路史》上部,(台北)商务印书馆 1984 年版,第 366—367 页。

　　④ 据交通部报告,公路局向行政院善后救济总署(简称"行总")商请拨给新车 3290 辆,几经交涉,"行总"答应先拨 500 辆,实际接收到 480 辆。行政院善后救济总署结束后,剩余约 2500 辆使用已久,完好甚少均移交公路局。

　　⑤ 中国公路交通史编审委员会编:《中国公路运输史》第 1 册,人民交通出版社 1990 年版,第 401—403 页。

运输机构有汽车站 365 座,另有代办站、招呼站和联络站共 47 处。[①]

此外,除了车辆,国营、省营运输机构还接收了大量公路交通建筑、器材。截至 1936 年 6 月底,接收敌伪修车厂和其他有关工厂 36 家,除了不需要的工厂交给敌伪产业处理局处理外,其余都加以利用。例如,平津地区的"华北自动车工业株式会社"等 23 家单位,合并组成平津区汽车修配总厂,从事制造三轮汽车及其他一切汽车配件,并整修华北地区车辆。利用华中、华铁两家公司南京车场,并接收敌伪工程车上拆卸的机具,成立南京修车厂。广州"丰田自动车厂"改编为广州第一修造厂,由第三区局运输处接管使用。此外,各单位还接收汽车零件、油料、大量房屋,加以利用。[②]

与上述专业汽车运输单位比较,政府机关、国营和省营企事业单位的汽车拥有量更多。据不完全统计,1948 年各机关、企事业单位有汽车近 2 万辆。例如,甘肃油矿局和玉门油矿改组而成中国石油有限公司甘肃分公司,其运输业务由兰州营业所承担,1947 年有汽车 200 辆,员工 980 人,营业里程超过 3100 公里。[③]

另一运输实力雄厚的机构是善后救济总署公路运输总队。"联总"成立于第二次世界大战期间。1945 年年初,国民党政府行政院成立善后救济总署(即"行总"),下设 15 个分署。"行总"订有善后救济计划,目的是修复主要公路干线,补充运输工具,流通救济物资,重建经济机构,复兴战后工商业,输送难民返乡。为配合公路需要,向"联总"申请车辆、油料、配件、工厂设备、工程器材、电信器材等,共 44.2 万吨,价值 7200 多万美元,分三期由上海、天津和广州进口。[④]"联总"运到中国的物资,统一由"行总"接收和分配。1946 年 2 月,在上海成立"行总"公路运输总队,

---

① 中国公路交通史编审委员会编:《中国公路运输史》第 1 册,人民交通出版社 1990 年版,第 404 页。

② 中国第二历史档案馆编:《中华民国史档案资料汇编》第 5 辑第 3 编,财政经济(7),凤凰出版社 2000 年版,第 397—412 页。

③ 中国公路交通史编审委员会编:《中国公路运输史》第 1 册,人民交通出版社 1990 年版,第 404 页。

④ 周一士:《中华公路史》上部,(台北)商务印书馆 1984 年版,第 366 页。

在各地分设 9 个分处,有汽车 2500—3500 辆,雇用美籍退伍军人为高层管理。运输总队承运救济物资,免缴养路费和各种捐税,回空时也可承运普通客货。1946 年 10 月,"行总"与交通部商议合办,改称"行总"交通部公路运输总队,实行公有商营,统一经营全部车辆,美籍雇员年底全部退出。1947 年 1 月正式成立,但不久即于同年 7 月撤销,上海分队车辆由"行总"收回自办,改称上海公路汽车管理处;各地车辆则大多就地移交所在省市救济分署。①

(二) 公路运输由恢复迅速走向衰落

抗战结束以后,因收复区铁路遭受破坏,短期不易修复,而水运又缺乏船只,使得公路运输仍处于主要地位。官办运输机构的公路运输,在初期以复员运输为主,之后则配合国民党对解放区的军事进攻,承担军事和公物运输。

在办理初期的复员运输时,国营运输机构除抽调车辆改装客车,也租用商车,增加运力。具体措施,一是办理停业工人免费运输;二是办理难民返乡运输;三是办理渝浦、渝京联运。停业工人运输仅限重庆地区的钢铁、机械、电机和酸碱基本化学工业四类工厂被裁工人及其眷属,由交通部会同社会部、经济部办理,从 1945 年 12 月 22 日开始运输,次年 3 月底完成。难民返乡,从 1946 年 1 月 21 日开始,期限 3 个月,由交通部与善后救济总署签订运输合约,对一般难民减收票价,另由善后救济总署补贴。例如难民较集中的云南、西南各公路局及陕豫联运处,原定每人每公里票价 55 元,减为 25 元;川湘公路局原定每人每公里票价 50 元,减为 25 元。但此类票价均为直达,不卖中途票。运输路线有:重庆经沅陵至长沙;重庆经衡阳至长沙或柳州、梧州;贵阳至柳州、梧州;贵阳至衡阳、长沙;昆明经贵阳至柳州或衡阳、长沙;潼关至洛阳(或陇海铁路终点站)。②为便利复员运输,还采取办理渝浦、渝京联运的措施。渝浦联运,由重庆

①　中国公路交通史编审委员会编:《中国公路运输史》第 1 册,人民交通出版社 1990 年版,第 406 页。

②　周一士:《中华公路史》上部,(台北)商务印书馆 1984 年版,第 387—388 页。

经广元至宝鸡,转陇海铁路至潼关或陇海铁路终点,由陕豫联运处用汽车接运至洛阳,转陇海铁路至徐州,再转津浦铁路至浦口。该项运输从1946年2月1日开始,在重庆设联合营业所,办理售票,并代客收送行李。渝京联运,由商营中央运输公司试办,由重庆经贵阳、晃县、邵阳、衡阳、耒阳、泰和、兴国、宁都、鹰潭、淳安、歙县、芜湖到达南京,全程超过2900公里,约需15天,隔日开车5辆。统计从1945年10月至1946年10月,共运输复员人员23.86万人,合18704.15万人公里,运送公物5837.52万吨,行李565.53万吨。各路局承运复员运输的客车和租赁协运的商车共有1300多辆。[1]

国民党发动内战后,长江以北铁路运输几乎停顿,陆路运输只能依赖公路,且以军运为主;其他地区则商业、公物和军事运输皆有。而公路局运输机构主要承担军事、公物运输,并开展水陆空联运,见表14-25。

表14-25 公路总局运输统计(1946—1948年6月)

年、月 \\ 项目	客运人数（万人）	延人公里（万人公里）	货运吨数（万吨）	延吨公里（万吨公里）
1946	451.12	44893.20	34.90	10493.68
1947	1315.38	44893.20	38.22	10493.68
1948.6	968.67	19407.57	15.50	3256.41

资料来源:周一士:《中华公路史》上部,(台北)商务印书馆1984年版,第391页。

交通部所属公路运输,基本处于亏损状态。1946年之前,亏损较少;1947年运输成本越来越高,而历次运价调整则跟不上成本的上升,各运输处无不蒙受巨额亏损,全年亏损高达2985亿元。[2]

国民党政府也曾每年拨款补助公路事业。此外,还有善后救济基金

---

① 中国第二历史档案馆编:《中华民国史档案资料汇编》第5辑第3编,财政经济(7),凤凰出版社2000年版,第417页。

② 中国第二历史档案馆编:《中华民国史档案资料汇编》第5辑第3编,财政经济(7),凤凰出版社2000年版,第431页。另据统计,公路总局所辖各运输处1946年营业收入479亿元,支出532.62亿元,亏损53.62亿元;1947年营业收入3455.26亿元,支出4453.89亿元,亏损998.63亿元,见周一士:《中华公路史》上部,(台北)商务印书馆1984年版,第471页。

的补助。例如,1946 年公路事业费预算 435.52 亿元,实际支出 449.37 亿元;善后救济基金预算 797.98 亿元,实际支出 823.63 亿元。另有复员支出预算和实际支出 7732.88 万元。总计预算 1234.27 亿元,实际支出 1273.77 亿元。①

各省公路局,因车辆缺乏,只能经营若干主要线路的运输业务,次要线路由商车承担。

统计表明,商营公路运输在抗战胜利后有所恢复。尤其是省道汽车运输,商车是主力。国民党政府允许商民参与公路的修复和兴建并恢复全面抗战前的专线经营;在官办汽车运力不足的线路上,与商营汽车公司签订合同,办理短期定线特约运输;开放公路,允许商营汽车进行短途运输。1947 年 3 月,交通部明令"全国公路运输,以开放民营汽车运输为原则"。

受全面内战等多种因素影响,各地区商营汽车的分布变化不一。据不完全统计,在战后的 1946 年,商营汽车分布密度较抗战之前略有提高,见表 14-26。

表 14-26　全面抗战前后各地区商车分布及密度统计

项目 地区	商车数量			平均每公里公路商车辆数		
	战前 (辆)	战后 (辆)	增减 (%)	战前 (辆)	战后 (辆)	增减 (辆)
东北地区	3776	3279	-13.16	0.47	0.39	-0.08
华北地区	4579	3464	-24.35	0.17	0.13	-0.04
华南地区	7470	6616	-11.43	0.39	0.23	-0.16
华中地区	6540	16594	+153.73	0.24	0.61	+0.37
西南地区	631	8284	+1212.84	0.07	0.50	+0.43
西北地区	212	1370	+546.22	0.01	0.05	+0.04
总计	23208	39607	+70.66	0.21	0.30	+0.09

注:华北地区包括平津,华中地区包括上海。商车数量包括小汽车。

资料来源:中国公路交通史编审委员会编:《中国公路运输史》第 1 册,人民交通出版社 1990 年版,第 418 页。

---

① 预算和支出情况见周一士:《中华公路史》上部,(台北)商务印书馆 1984 年版,第 463—465 页。

华中、西南地区的商车明显增加,在全国范围内,商车也有所增加。不过,到1948年,商车数量大幅减少,见表14-27。

表14-27　省(市)营与商营车辆统计(1948年)　　　　(单位:辆)

车辆数 省(市)	省(市)营		商营		车辆数 省(市)	省(市)营		商营	
	客车	货车	客车	货车		客车	货车	客车	货车
江苏	15	6	487	278	云南	—	—	247	640
浙江	27	—	—	—	四川	1	24	230	361
安徽	19	12	—	—	西康	20	86	6	19
江西	110	24	—	—	热河	—	13	—	—
福建	33	25	—	366	哈尔滨	—	105	—	—
湖南	221	6	—	—	绥远				52
湖北	45	32	—	820	新疆				150
广东	—	—	260	818	上海	239	—	995	2407
广西	—	53	—	715	重庆	21	286	197	774
河南	11	43	—	41	北平	45	—	30	—
河北	—	39	—	—	青岛	—	130	—	236
山东	—	—	—	850	济南	—	—	2	236
山西	4	6	4	53	汉口				750
陕西	39	46	—	—	天津	—	—	219	526
贵州	28	59	—	—	广州	—	—	458	742
总计						878	995	3135	10834

资料来源:周一士:《中华公路史》上部,(台北)商务印书馆1984年版,第391—393页。

在全面内战时期,商营公路运输举步维艰。物价猛涨,各种税费不堪重负,运输成本大幅增加;公路质量低劣,车况渐差;官办汽车运输扰乱秩序,垄断运输;更有甚者,强征商车之事屡有发生。凡此种种,导致商营汽车运输惨淡经营。

(三) 台湾光复后的公路运输

早在清朝同治年间的 1874 年,台湾巡抚沈葆桢兴建三大干线,即北路(由宜兰苏澳至台东奇莱,约 300 公里)、中路(由云林林圯埔至台东璞石阁,约 163 公里)和南路(分两条线路,一为凤山经赤山庄至台东卑南,约 107 公里;一为凤山射寮至卑南,约 107 公里)。中日甲午战争后,日本割占台湾,历年修建公路,至 1945 年 10 月 25 日台湾正式光复前,完成公路干支线 3380 公里,加上乡村道路,共 17097 公里。[1] 但日本所建公路,"多从军事着眼,公路干线几乎全与铁路平行"[2],不利于民众出行。

仅有 40% 公路可通汽车。于是,台湾公路交通首要任务是修复不通公路,维护可通公路。运输方面,以环岛干线为基础恢复省营客运,民营客运则指定路线由民间自营,官商合办货运。行政管理上,改变日本割占时期各州厅分别办理方式,实行集中管理,统一车辆牌照、行车执照和驾驶执照的检查、驾驶员考试、驾驶执照的发给。

公路工程由台湾行政长官公署工矿处接管。1945 年 11 月设公共工程局,负责公路工程;1946 年 8 月台湾地区公路局成立,但公路工程仍由公共工程局负责(次年 5 月改隶省建设厅)。1949 年 10 月,公共工程局撤销,公路工程改归公路局负责。

光复初期,公路整修按环岛路线、中部横贯线和名胜区域线进行。环

---

① 周一士:《中华公路史》下部,(台北)商务印书馆 1984 年版,第 1—2 页。另据统计,台湾光复,国民党政府接收台湾公路,区道 3689. 74 公里,市乡公路 13994. 65 公里,合计 17684. 39 公里。剔除无法修复公路,总里程为 17092. 3 公里。见台湾"中华民国史交通志编纂委员会"编:《中华民国史交通志》初稿,(台北)"国史馆"1991 年印行,第 76、80 页。

② 中国第二历史档案馆编:《中华民国史档案资料汇编》第 5 辑第 3 编,财政经济(7),凤凰出版社 2000 年版,第 351 页。

岛路线起于基隆,南经台北、新竹、台中、嘉义、台南、屏东达枫港,并延伸至最南端鹅銮鼻,称为西部干线,长 532 公里。又从枫港起,经台东、花莲、苏澳、宜兰达台北,与台北基隆线相接,称为东部干线,长 513 公里。中部横贯线起于西部干线的王田,经台中、草屯、埔里、富士至花莲初音,与东部干线相接,长 192 公里。名胜区域线列入省道的,有台北淡水线、士林草山北投线和集集日月潭埔里线,共约 89.6 公里。但整修进展不大。截至 1949 年 9 月底,完成拓宽路基 11 公里,铺修路基 11 公里,路线改善 16.1 公里,建筑混凝土路面 14 公里,铺设柏油路面 6 公里。[①] 另有几座桥梁的加固或新建工程。受财力制约,县乡道路仅有少量修修补补。

1946 年 8 月台湾地区公路局成立时,有车 213 辆。又陆续接收旧车、购入新车、租用车辆、各机构拨给车辆,车辆数有所增加。到 1947 年年底,公路局有车 324 辆,200 辆完好;1949 年年底,有车 543 辆,但仅余 330 辆可用。而整个台湾地区所有的车辆,1946 年为 3800 辆,1947 年为 4770 辆,1948 年为 5537 辆,1949 年为 8087 辆。[②] 车辆零配件、燃料,大多由国外进口。

台湾干线公路运输,由省营垄断。光复之初,台湾行政长官公署交通处铁路管理委员会附设汽车处管理汽车运输,原日据时期的自动车区改称汽车区;汽车处和各汽车区也负责公路监理。1946 年公路局成立后,汽车区改组为台北、台中、高雄、枋寮和花莲 5 个运务段,负责公路运输;各段之下,在重要城市设车站,人烟稠密的乡镇设代办站或招呼站。公路局内设监理处,局外则有办公处和监理站。

公路局经营公路客运业务包括:普通班车(出售普通客票、联运票、学生月季票、优待票证)、直达车、对号快车、夜班车、游览车、特别快车、包车、市区公共汽车、交通车、客运附属业务(行李、包裹、邮件的运送,

① 周一士:《中华公路史》下部,(台北)商务印书馆 1984 年版,第 10—15 页。
② 周一士:《中华公路史》下部,(台北)商务印书馆 1984 年版,第 46 页;中国第二历史档案馆编:《中华民国史档案资料汇编》第 5 辑第 3 编,财政经济(7),凤凰出版社 2000 年版,第 354 页。

广告）。货运业务是在 1949 年之后开展起来的,至 1950 年 9 月因民营汽车货运发达而停办。自公路局成立以来的省营公路运输业绩,见表14-28。

表 14-28　台湾公路局客货运输统计(1946—1949 年)

项目\年份	客运业务				货运业务		
	营业里程(公里)	行车班次(次)	行驶里程(公里)	客运人数(人)	行驶里程(公里)	行车次数(次)	货运吨数(吨)
1946	2366.0	32165	144867.3	724336.4	—	—	—
1947	17097.5	356437	612385.3	7343624.0	—	—	—
1948	14577.3	422487	704566.9	8454803.9	—	—	—
1949	14239.7	425218	630046.2	8160554.1	425853.4	27023	38125

注:1946 年客运数据为 8—12 月统计数;1949 年货运数据为 4—12 月统计数。

资料来源:周一士:《中华公路史》下部,(台北)商务印书馆 1984 年版,第 22—32 页。

1947 年年底,台湾公路局有职员 1005 人,技术工人 662 人(含司机 276 人),普通工人 273 人。车辆数逐年增加,资产确有增加,财务状况却不尽如人意。从 1947 年 12 月 1 日起提高票价,每人每公里为台币 5.4元,但与实际成本 10.07 元相差甚大,每人每公里亏损 4.67 元。1947 年年底,公路局营业收入台币 8440 万元,支出 12739 万元,亏损 4299万元。[1]

台湾光复后,长途汽车客运业除由公路局接管 6 家扩充公营外,尚有 12 家日台合资株式会社均改组为公司,继续营运;另有台资商车 2 家。据 1946 年 5 月统计,可用车辆 174 辆,待修车辆 280 辆,通车里程 1465.52 公里。[2] 货运业接收时有 7 家,均改组为股份有限公司,有车 715辆。另有部分军车流落民间,变为自用车营业,随意揽载客货。公路局拟定《台湾私有客货汽车营运管理办法》,1947 年 3 月实施,规定私有运货汽车须参加原有货运公司作为特约车正式营运;或约集 30 辆以上货车,

---

① 中国第二历史档案馆编:《中华民国史档案资料汇编》第 5 辑第 3 编,财政经济(7),凤凰出版社 2000 年版,第 352、366—368 页。

② 周一士:《中华公路史》下部,(台北)商务印书馆 1984 年版,第 61—62 页。

照公司法组织公司,否则取缔。到 6 月底,已组成公司 13 家,营业货车 541 辆。另有 4 家公司从事三轮汽车货运,有三轮汽车 41 辆。① 到同年年底,台湾民营汽车业已有 14 家客运公司,20 家货运公司,40 家汽车行,3 家市区公共汽车,总共有汽车 1707 辆,驾驶员 8530 人,技工 869 人。②

第七节　解放战争时期国民党统治区的民用航空运输和邮政电信

8 年全面抗战,中国航空事业损失巨大。抗战结束后,航空路线的中心,也随着政治经济中心的东移,由陪都重庆移至上海;国际航线也在逐渐恢复,空运量逐月回升,中国航空公司和中央航空公司营业也有盈利。抗战胜利后,邮电业也是在接收、复员、修复线路和设施之后,再图发展。但无论是航空运输还是邮政电信,最后都陷入困境。

一、民用航空运输

抗战胜利后,接收敌伪航空事业、组织复员、发展和扩大空运业务,依次展开。伪"中华航空公司"在上海有大型民用飞机 3 架及发动机 2 台,小型民用飞机 5 架,发报机 10 部,飞机零件 5 车,交通部设立京沪区航业整理委员会,进行接收,交中央航空公司使用。据 1945 年 9 月统计,伪"中华航空公司"共有 DC-3 运输机 43 架,其中 30 架完好。东北的"满洲航空株式会社"尚未正式接收。

1945 年 9 月至 1946 年 6 月,中航、央航两家航空公司空运复员人员 120336 人,行李 1857 吨,复员物资 9612 吨,邮件 782 吨。还承担了国民

①　周一士:《中华公路史》下部,(台北)商务印书馆 1984 年版,第 64—65 页。
②　中国第二历史档案馆编:《中华民国史档案资料汇编》第 5 辑第 3 编,财政经济(7),凤凰出版社 2000 年版,第 364 页。

党政府的"还都"运输,1945 年 8 月至 1946 年 10 月,每月提供飞机约 15 架,由重庆经汉口到达南京,运送人员 110281 人,公物 4169 余吨。可见乘客大多为"还都"的军政人员。在"还都"运输中,还发生过空难事故。1946 年 3 月 19 日,中航一架飞机在由重庆飞往汉口途中失踪,机组人员和乘客 30 多人下落不明。[①]

原有飞机不敷应用,除了抽调原承担中印空运的飞机外,还大批购买美军在华剩余运输机,并接收敌伪飞机。中航在 1945 年 9 月前,自备飞机仅有 5 架,同年陆续增购 9 架,由租借法案而拨来 40 架,共计有飞机 54 架,但完好能用的飞机仅有 21 架。央航由银行贷款 40 万美元,从印度购买美军旧飞机 11 架。[②] 1946 年 4 月,购得美军旧飞机 7 架;7 月,再次购得美军旧飞机 150 架,修整后有 27 架可用。[③] 1947 年,又先后从美国购得旧飞机 6 架、最新型飞机 6 架。

1946 年 3 月,中航将基地迁回上海,逐渐恢复东南和沿海各条航线,并增辟新航线。央航也于 1946 年 6 月将总基地迁回上海。中苏航空公司经营航线 2 条,长 2000 公里,有办事处和航站 6 处,职员 80 余人。[④] 另外,1947 年 1 月,交通部设民用航空局,以加强航空事业的管理。

为发展空运业,在抗战胜利后一年多的时间内,中航、央航两家公司先后开办多条航空线路,扩大空运业务。

中航自 1945 年 9 月起,先后开辟重庆—汉口—南京—上海、上海—南京—济南—北平、重庆—汉口—郑州—北平、上海—福州—厦门—广州—香港、重庆—广州—香港、上海—福州—台北、昆明—河内 7 条复员运输航线,以及重庆—芷江—柳州、重庆—西安航线。1946 年,该公司陆

---

① 中国第二历史档案馆编:《中华民国史档案资料汇编》第 5 辑第 3 编,财政经济(7),凤凰出版社 2000 年版,第 12、14、58、82—83、99—100 页。

② 中国第二历史档案馆编:《中华民国史档案资料汇编》第 5 辑第 3 编,财政经济(7),凤凰出版社 2000 年版,第 123 页。

③ 民航总局史志编辑部:《中国航空公司、欧亚—中央航空公司史料汇编》,民航总局史志编辑部 1997 年印本,第 225 页。

④ 中国第二历史档案馆编:《中华民国史档案资料汇编》第 5 辑第 3 编,财政经济(7),凤凰出版社 2000 年版,第 159—160 页。

续将从重庆始发的航线改由上海始发,并增加航班。如上海—南京—西安—兰州航线,取代原重庆—西安和重庆—兰州两条航线;上海至北平,有6条经停地点不同的航线;增加重庆—昆明—西昌、北平—归绥、北平—太原、上海—福州—厦门—台北、上海—南京—汉口—桂林—广州—香港、香港—广州—海口航线。1947年,公司新增北平—沈阳、上海—南京—郑州、上海—汉口—昆明航线。1948年,中航为适应国民党政府发动的内战的需要,增加上海、厦门、福州至台北和台南的航班,以及多地至香港的航班。到1948年,中航有员工4808人,其中飞行人员242人,各类技术人员1688人,航站42个,电台46处,气象台13所,各型运输机60架,国内外航线27条,与38个城市通航,航线里程达45886公里,年运输旅客41万人次,货物3326吨,邮件2041吨。其机务维修设备,在远东地区名列前茅,飞机、发动机、无线电和飞行仪表,多能自行修理,还受托为美国西北航空公司、荷兰航空公司、法国航空公司、菲律宾航空公司、英国海外航空公司和暹罗太平洋航空公司检修过境飞机。[①]

央航开辟了上海—南京—汉口—重庆、上海—青岛—济南—北平、上海—广州—香港航线[②],战时的惨淡状况开始有所改观。截至1947年2月,该公司有航线10条。[③] 1948年,该公司有飞机42架,员工2764人,经营18条航线,与国内外47个城市通航,运送旅客约24万人,货物1.7万吨,邮件1237吨。[④]

为发展国际航空,中国还先后与菲律宾、法国、美国等国签订临时通航办法或航空协定。两家航空公司也开辟多条国际航线。1946年7月,中航开辟上海—汉口—昆明—八莫—加尔各答航线,取代原有的重庆—

---

① 民航总局史志编辑部:《中国航空公司、欧亚—中央航空公司史料汇编》,民航总局史志编辑部1997年印本,第23—26页。
② 民航总局史志编辑部:《中国航空公司、欧亚—中央航空公司史料汇编》,民航总局史志编辑部1997年印本,第225页。
③ 中国第二历史档案馆编:《中华民国史档案资料汇编》第5辑第3编,财政经济(7),凤凰出版社2000年版,第161—163页。
④ 民航总局史志编辑部:《中国航空公司、欧亚—中央航空公司史料汇编》,民航总局史志编辑部1997年印本,第228、297页。

加尔各答航线;8月26日开辟上海—厦门—香港—马尼拉航线;次年10月6日开辟上海—关岛—威克岛—中途岛—檀香山—旧金山航线。①1947年5月,央航开辟了上海经汕头、广州至曼谷航线。②

国民党政府发动内战后,两航也参与内战军事运输。国民党军连连败退,两航航线锐减,运输业务急剧萎缩。从1949年年初开始,中航将部分人员及眷属迁往广州和台南,部分机组人员和设备迁往香港。为满足国民党政府人员逃跑,该公司新开几条航线,以及香港—上海—东京和广州—西贡—雅加达两条国际航线。1949年5月上海解放,从上海始发的航线全部停航。同年10月,中航仅剩下梧州、桂林、柳州、南宁、贵阳、昆明、重庆、海口、台南、台北、香港以及仰光、加尔各答、檀香山、旧金山等通航地。公司的运输业务大部分转移至香港,在与东南亚国家的空运竞争中,仍有实力。央航通航地点也只剩下昆明、重庆、成都、海口。③

两航员工目睹国民党政府的腐败、没落,在中国共产党人鼓励、策动下,1949年11月9日在香港宣布起义,并带动国民党政府在香港及九龙的资源委员会、招商局和中国银行等27家单位相继起义。从1950年1—10月,两航有起义员工1717人及眷属2427人回到内地,运回航空设备和器材1万余件(箱)、汽油3600桶。但两航留在香港的71架飞机及其他资产,被国民党政府卖给美国人陈纳德和魏劳尔(又译韦乐尔),后又被转卖给美国民用航空运输有限公司。直到1987年中国与英国签订关于解决历史遗留的相互资产要求的协定,此问题终获解决。④

两航营业状况见表14—29。

---

① 民航总局史志编辑部:《中国航空公司、欧亚—中央航空公司史料汇编》,民航总局史志编辑部1997年印本,第24—25页。

② 民航总局史志编辑部:《中国航空公司、欧亚—中央航空公司史料汇编》,民航总局史志编辑部1997年印本,第308页。

③ 民航总局史志编辑部:《中国航空公司、欧亚—中央航空公司史料汇编》,民航总局史志编辑部1997年印本,第27—28、229页。

④ 民航总局史志编辑部:《中国航空公司、欧亚—中央航空公司史料汇编》,民航总局史志编辑部1997年印本,第33—34页。

表14-29　中国航空公司和中央航空公司营业统计(1946—1949年)

项目/年份	航线里程(公里)	飞机(架)			飞行里程(万公里)			客运(人)			货运(吨)		
		中航	央航	总计	中航	央航	总计	中航	央航	总计	中航	央航	总计
1946	43390	50	34	84	906	313	1219	210366	48933	259299	10172.0	3544.0	13716.0
1947	78157*	47	27	74	946	—	—	173317	120229	293546	14503.8	13548.4	28052.2
1948	—	60	42	102	—	—	—	404961	236238	641199	33326.0	17390.5	50716.5
1949	—	51	42	93	—	—	—	202570	117907	320477	14667.0	11987.4	26654.4

项目/年份	邮运(吨)			中航			央航		
	中航	央航	总计	营业收入(万元)	营业支出(万元)	盈亏(万元)	营业收入(万元)	营业支出(万元)	盈亏(万元)
1946	1304.1	206.6	1510.7	3960000	3700000	260000	177.0	136.6	40.4
1947	2781.0	1497.2	4278.2	42828001	45314664	-2486663	3029.9	2746.4	283.5
1948	2041.0	1237.2	3278.2	—	—	—	100298.6	114346.1	-14047.5
1949	420.3	226.2	646.5	—	—	—	—	—	—

注:1. 货物包括行李。2.1948—1949年收支为金圆券。3. 中央航空公司1948年收支为1—9月统计数。4. 空白处为不详。

资料来源:国民党政府交通部统计处编:《中华民国三十五年交通部统计年报》,国民党政府交通部1948年印本,第12,261页;民航总局史志编辑部:《中国民航史》第5辑第3编,财政经济(7),凤凰出版社2000年版,第567,580页;中国第二历史档案馆编:《中华民国史档案资料汇编——中央航空公司,欧亚—中央航空公司史料汇编》,民航总局史志编辑部1997年印本,第114—142,297—315页;中华民国史航空公司党史编辑部:《中国

另据统计,两航员工人数在 1948 年达到 7572 人,为历年最多,见表 14-30。

表 14-30　"两航"员工人数统计(1929—1949 年)　　　　(单位:人)

年份 公司	1929	1930	1931	1932	1933	1934	1935	1937	1938	1939
中国航空	79	107	122	150	150	202	240	247	—	—
欧亚—中央航空			77	107	134	156	163	176	489	719
年份 公司	1940	1941	1942	1943	1944	1945	1946	1947	1948	1949
中国航空	—	—	532	1038	1426	1687	2052	3928	4808	3480
欧亚—中央航空	777	302	—	383	448	602	1731	2349	2764	1906

注:欧亚—中央航空公司 1931—1937 年和 1941—1942 年员工人数仅为职员人数,不包括职工人
　　数;1949 年员工人数为截至当年 7 月 15 日统计数。
资料来源:民航总局史志编辑部:《中国航空公司、欧亚—中央航空公司史料汇编》,民航总局史志编
　　辑部 1997 年印本,第 111—112、295—296 页。

由于物价飞涨,营业收支已很难与以往年度比较。另外,营业收入
中,包括不少免费运输。例如,1946 年客运中,有 4805 人免费乘机,占旅
客总数的 1.9%;货运则有 5297 吨免费,竟占总数的 43.2%;邮运也有
8904 公斤免费,为总数的 1%。[1] 1948 年,是两家航空公司发展的顶峰。
员工人数、飞机拥有量、客货运输量均达两航成立以来的最高点。随着国
民党政府的溃败,两航在大陆的营运也走向末路。

抗战胜利后,还有一家由京美军第十四航空队司令陈纳德将军组建
的航空公司,也即国民党政府交通部民用航空局直辖空运队。陈纳德先
是在美国活动,得到一些美国商人的资助,回到中国后,又在联合国善后
救济总署承揽中国善后救济物资的生意。1946 年 3 月初,陈纳德与善后
救济总署业务主任奥姆斯特韪上校洽商将善后救济物资运往中国内地,
10 月 25 日,与国民党政府行政院善后救济总署(即"行总")签订合同。
合同规定,联合国善后救济总署拨给"行总"200 万美元以购买飞机和设

---

　　[1]　根据 1946 年《乘客人数及货物邮件行李公斤数》计算。见国民党政府交通部统计处
编:《中华民国三十五年交通统计年报》,国民党政府交通部 1948 年印行,第 260 页。

备,另提供 180 万美元外汇以供支付外籍人员工资和购买燃料及其他重要进口物品。1947 年 1 月,"行总空运队"成立。资本额定为 100 万美元,每股 1 万美元,美方股东占 75 万美元,中国股东占 25 万美元。其中,美国股东为陈纳德、魏劳尔(曾为第十四航空队提供后勤服务,在联合国善后救济总署担任过对外经济管理署远东和特别地区处处长)和泰勒。中国股东有卷烟、面粉商人王源麟(又名王维新,曾为张学良秘书)、南京金城银行经理王文山(曾任交通部人事司司长)和上海金城银行总经理徐国懋(曾先后担任全国经济委员会委员、重庆金城银行经理)。王维新担任董事长,陈纳德担任总经理,副总经理是魏劳尔、陈广沅(曾任"行总"运输处长)。不过,美方股份是否缴足,无从得知,因为会计是美国人,账目也从未公开过。陈纳德先用中方股东的钱,由他个人出面,从美军剩余物资中低价购买了 15 架 C-46 型和 4 架 C-47 型运输机,再高价卖给航空队,所赚差价就成为他们的投资来源了。这样一家明明是中美私人合股的民用航空运输公司,却命名为"行总空运队",这是借善后救济总署的旗号,便于注册。同时,公司业务范围最初限定于空运善后救济物资,由上海飞往指定地点,回程可运载亟待出口的物资,但不得招揽其他业务,不得载客。这也是为避免两航反对、便于注册的把戏。之后这些限制都被打破,空运甚至参与中国内战,走私美钞、黄金。空运队先在广州建立基地,后迁往上海在柳州、桂林、衡阳、南昌、汉口等地建立了气象台和无线电台。1947 年 1 月 31 日,空运队正式飞行,从上海空运物资到广州。继而将"行总"物资从上海运往衡阳、昆明、柳州、兰州等地。在下半年内,空运队又为国民党政府从东北地区撤出 7000 名技术人员,还向被解放军围困的城市空投了 1.2 万吨以上的物资和货币。又抢运大批土特产到沿海地区供出口总值 630 多万美元。[①] 年底"行总"运输任务结束,空运队合同本应结束,但股东们又利用各种关系打通关节,成为交通部民用航空局直辖的"民航空运队",1948 年 1 月 27 日正式成立。

空运队最初有 19 架各型旧飞机,后又购进 25 架旧飞机以拆零件备

---

① 《当代中国民航事业》编辑部编:《近代中国民航史稿》,1987 年版,第 235—236 页。

用。1948 年又从美国购进几架小客机。全队最初有员工 100 多人，最多时约 650 人，其中 100 人为美籍。空运队为国民党政府发动的内战提供了大力"协助"。在人民解放军即将发起渡江战役前夕，空运队将总基地迁往广州，不久迁往台湾，结束了在中国大陆的活动。[①]

　　成立于 1939 年的中苏航空公司，公司经理部设在新疆迪化，董事会设于阿拉木图。按协定，有效期 10 年。公司在哈密、迪化和伊宁设置航站，在精河、乌苏设无线电台，在阿拉木图、沙雷沃译设办事处。1946 年时有飞机 3 架，但仅有 1 架可用；员工 80 余人，除公司协理和一名翻译，其他都是苏联籍人。受 1944 年 8 月爆发的伊宁事变的影响，迪化至伊宁段停航已久，1946 年 8 月恢复，但营业已呈衰落之势。1946 年亏损 13 万美元，截至 1948 年年底共亏损 130 万美元。据统计 1946 年 8 月客运 215 人，货运 6.9 吨，邮运 2.6 吨，飞行 17 班次、102 小时、24604 公里。同时期中国航空公司每月飞行 6000 小时，该公司区区 102 小时相形见绌。[②]中苏航空公司营业状况见表 14-31。

表 14-31　中苏航空公司营业状况统计（1946—1947 年）

项目 年份	飞行次数 （次）	飞行时间 （小时）	飞行里程 （公里）	载客 （人）	载货 （吨）	邮件 （吨）
1946	229	851	214448	3000	224531	35946
1947	221	720	184705	3240	243073	37130

资料来源：《中苏航空公司历年业务盈亏对照表》，中国第二历史档案馆藏交通部档案，见杨斌：
　　《1949 年中苏续订〈中苏航空合约〉述评》，《民国档案》2006 年第 3 期。

　　该公司自 1943 年 10 月召开第四次董事会以后，至 1948 年讨论是否续约，其间未再开会。合同将于 1949 年 9 月 9 日到期，对是否解约，国民

　　①　［美］小威廉·M.利里：《龙之翼：中国航空公司和中国商业航空的发展》，徐克继译，科学技术文献出版社 1990 年版，第 191—192 页；徐国懋：《陈纳德所办的民用航空公司》，见中国人民政治协商会议全国委员会、文史资料研究委员会编：《文史资料选辑》第 25 辑，中华书局 1962 年版，第 134—149 页。

　　②　中国第二历史档案馆编：《中华民国史档案资料汇编》第 5 辑第 3 编，财政经济（7），凤凰出版社 2000 年版，第 685—686、732 页。

党政府犹豫不决。按约定，合同期满前一年如不通知解约，则续约5年。国民党政府认为苏方历年未能遵守合同，导致损失巨大，但又不敢得罪苏联，担心苏联支持新疆地方武装，不利于新疆的稳定，最终还是决定续约5年。1949年5月31日，国民党政府交通部与苏联民航总管理局签订《延长合办中苏航空公司（哈阿线）协定》。[①] 但很快，国民党政府败退台湾，该协定亦成废纸。1950年2月，中华人民共和国政府与苏联签订《中苏友好同盟互助条约》，同年3月，又签订《中苏民用航空股份公司协定》，中苏航空的合作翻开新的一页。

另一家昙花一现的航空公司，是有三青团背景的大华航空公司。其前身为西北航空服务公司。抗战后期，一些富商认为中国西北地域辽阔，但交通不便，办理民用航空有利可图。从1943年3月开始集资筹备，1945年8月通过关系在重庆社会局登记。后在交通部备案，10月19日又领到经济部颁发的营业执照，成立大华航空公司。董事长为刘攻芸，董事多为三青团成员。总经理为李景枞，吴世昌担任副总经理，掌握实权。中国农民银行、中央信托局和邮政总局资助了少量资金。不料，10月30日，行政院下令吊销其执照，禁止各地民用机场允许其停机。公司股东们不服，设法挽回，吴世昌等人有三青团和一些国民党高级官员（如孔祥熙）的支持，并未交出公司营业执照，也未解散公司，而是四处活动。交通部表示准许飞行。行政院则主张把订购的飞机转卖给中国航空公司。大华航空公司向行政院提起行政诉讼，却未见下文。1946年5月，吴世昌又拉到孔广晓、徐继庄入股。此二人合伙做美军剩余物资生意发了横财。通过关系购得老旧的C-47型飞机5架，人员扩大到200多人。孔广晓出资17万—18万美元，担任董事长，吴世昌任总经理。1946年7月15日，大华航空公司开通上海经广州至香港、上海经汉口至重庆两条航线。但公司不能以大华航空公司名义经营，经交通部协助与中央航空公司签订合同，把5架飞机委托给央航代为经营和养护，公司自雇飞行员，

---

① 中国第二历史档案馆编：《中华民国史档案资料汇编》第5辑第3编，财政经济（7），凤凰出版社2000年版，第741—742页；王铁崖编：《中外旧约章汇编》第三册，生活·读书·新知三联书店1962年版，第1659—1660页。

自揽客货。但合同不久就被撤销。公司仍暗中经营,但遭交通部强令禁止,被迫彻底停业。①

二、邮 政 电 信

1945 年 8 月 20 日,国民党政府交通部邮政总局发出训令,颁发《收复沦陷区邮政紧急措施办法》等四个文件②,并按"收复区"(关内各地)、"光复区"(东三省、台湾)分别进行接收;将北平、南京、东三省、台湾伪邮政总局改为交通部邮政总局驻该地办事处;原沦陷区各省邮政管理局在未接到重庆邮政总局命令之前,暂由各该地办事处指挥监督。接收后的各邮政管理局局长和帮办均从后方邮政人员中选派,分别随同政府接收大员前往接管。对于日本籍邮政人员,除主管以外,所有中下级人员均暂时留用。各地邮务被接收以后,立即在原沦陷区恢复邮路,沟通与后方的邮递,利用与后方往来的航空、铁路、轮船和公路运输,保持邮路畅通,恢复邮务,图谋发展。

邮电接收过程中,各路人马你争我夺。南京电话原有 4500 号,实际能用的不足 3500 号,但国民党政府党政军机关对电话的需求量颇大,邮电部门除了拆用原日伪机关电话外,竟拆除商用、住户电话,重新分配。③接收部队甚至毁坏南昌电报局的无线电台。安徽、山西、上海、苏州地方政府与交通部为市内电话的所有权争吵不休;交通部与敌伪产业处理局之间为电话机件、小交换机的所有权亦争夺不休。④

----

① 《当代中国民航事业》编辑部编:《近代中国民航史稿》,1987 年版,第 245—247 页;民航华东地区史志编纂办公室编,王世敏主编:《上海民用航空志》,上海社会科学院出版社 2000 年版,第 912—914 页。

② 仇润喜主编:《天津邮政史料》第 4 辑,北京航空航天大学出版社 1992 年版,第 64—65 页。

③ 中国第二历史档案馆编:《中华民国史档案资料汇编》第 5 辑第 3 编,财政经济(7),凤凰出版社 2000 年版,第 11 页。

④ 邮电史编辑室编:《中国近代邮电史》,人民邮电出版社 1984 年版,第 204 页。

因国民党发动内战,华北、苏北邮政陷入停顿或状况不明境地。[1] 如北平邮区内的局所,1946 年被解放区军民占据 50 多处,多处邮路中断,包裹业务陷入清淡。[2] 电信也受到影响。不少长途电话线路被中共军民破坏,如 1945 年 9 月京(南京)沪线电线杆被砍掉 270 根;津浦路宿州一带报话木杆也被砍掉。[3]

东北地区的电信接收,因苏军占领遇到困难。1945 年 11 月 14 日,接收人员与苏军通信官员签订备忘录,接收伪满"电电会社",但国民党军迟迟未到,通信仍处于苏军控制之下,只好仍派伪满"电电会社"部分原负责人维持。[4] 对原伪满邮政总局予以撤销,设邮政总局驻长春办事处就近管理。[5]

为沟通收复区邮运,邮政部门增开长江南北两条邮政汽车路线,一条自重庆、贵阳、晃县、衡阳、吉安、宁都、上饶至诸暨,另一条为重庆、成都、宝鸡、潼关达洛阳,与陇海铁路东段相接。此外,又恢复贵阳、柳州、宾阳至贵县的汽车邮路,并与西江水路联运。

此外,还努力恢复国际邮运。至 1946 年 6 月,与英美两国轮船公司暂订带运邮件运费率,并商订正式合同。所有经由中苏、中印邮路的苏联、印度、美国、英国、加拿大、澳大利亚、新西兰、瑞士等国邮运,均取道海运,且与中国香港、马来西亚和欧美多地恢复邮运,并指定上海、广州两地互换国际包裹。[6]

---

[1] 中国第二历史档案馆编:《中华民国史档案资料汇编》第 5 辑第 3 编,财政经济(7),凤凰出版社 2000 年版,第 77 页。

[2] 北京市邮政局史志办公室编:《北京邮政史料》,北京燕山出版社 1988 年版,第 219 页。

[3] 中国第二历史档案馆编:《中华民国史档案资料汇编》第 5 辑第 3 编,财政经济(7),凤凰出版社 2000 年版,第 11 页。

[4] 中国第二历史档案馆编:《中华民国史档案资料汇编》第 5 辑第 3 编,财政经济(7),凤凰出版社 2000 年版,第 25 页。

[5] 中国第二历史档案馆编:《中华民国史档案资料汇编》第 5 辑第 3 编,财政经济(7),凤凰出版社 2000 年版,第 128 页。

[6] 中国第二历史档案馆编:《中华民国史档案资料汇编》第 5 辑第 3 编,财政经济(7),凤凰出版社 2000 年版,第 77—78 页。

收复区的邮政汇兑业务,也在增设分局和办事处,以求普遍发展。①

1946 年夏,国民党发动全面内战,各类交通忙乱不堪,邮政业务也大受影响。例如,原来南京到上海的邮件,一日即可到达,现在平信需 3—4 天,挂号信需 6—7 天。引起国内外用户严重不满。时任交通部部长俞大维也不得不承认,"整个国家机构都陷入支离破碎的境地,尤其是交通部所属邮、电、路、航四个部门,简直糟不可言"。为了让外国人对中国邮政"刮目相看,提高中国人的信誉和中国的国际地位",方便今后借外债,俞大维决定推行"改良邮政",挽救颓势。②

1947 年年初,邮政总局召集北平、河北、广东、湖北、陕西 5 个邮区的局长或帮办举行邮政业务检讨会议,确定改良邮政的三项任务:加速邮递、邮运稳妥、服务周到。

第一,加快邮件递送速度。为使邮件不因交通混乱而延迟递送时间,邮局无限制地收寄航空邮件;即使未纳航空邮资的邮件,也经常利用飞机的空余吨位带运。这样,不但全国飞机经过的地区,通信非常便利,就是若干飞机所不停落的地区,也因飞机带运至附近地区而使投递时间大为缩短。俞大维制定"航空运输,邮件第一"的原则,指定北平等邮局为航空邮件中心局,主要由中国航空公司和中央航空公司带运航空邮件。据统计,两航载运邮件,由 1946 年的 1511 吨,猛增至 1947 年的 4278 吨,1948 年也有 3278 吨。③ 全面抗战前的 1937 年,北平至南京的邮运需要 3—5 天,现在缩短至 1—2 天;北平至新疆迪化的邮运时间,也从 29—32 天缩短至 4—10 天。④

扩充邮政汽车线路,也是加速邮递的方法。计有上饶、南昌、长沙之线,赣县、衡阳、桂林之线,兰州、酒泉、哈密、迪化之线等。此外,还设立火

① 中国第二历史档案馆编:《中华民国史档案资料汇编》第 5 辑第 3 编,财政经济(7),凤凰出版社 2000 年版,第 77—78 页。

② 中国人民政治协商会议全国委员会、文史资料研究委员会编:《文史资料选辑》第 65 辑(内部发行),中华书局 1979 年版,第 180—181 页。

③ 见表 14-29《中国航空公司和中央航空公司营业统计》。

④ 马骏昌等:《北京邮史》,北京出版社 1987 年版,第 175 页。

车行动邮局,先后在京沪、沪杭、津浦、平汉等路施行。办法是,邮件在火车行驶时,按照到达地的投递地点(如上海东区、西区等),先行分类拣好,火车一到,卸下邮件,当地邮局即可立即出班投递。加速都市邮件投递,包括"赶班邮筒"、投递地区编号,使本市寄信当天递到等。

第二,采取便利民众的措施。具体有:创立汽车行动邮局,以便利工厂工人、学校学生等(当时国内到处闹房荒,无法在大城市里多设支局,因而代之以行动邮局);设立示范邮局;增设新式邮亭;试办通宵邮局。

第三,改善服务态度。具体有:悬挂值班人员姓名牌;通令各局人员,态度绝对要谦和;经常召开营业人员座谈会,促进提高服务质量。①

上述措施对加速邮件传递,改善邮政服务,有一定作用。但这些措施一部分只在上海和几个大都市推行,还没有推及内地、深入乡村。所以在城市邮政有所改善以后,邮政当局也曾把改进乡村邮政列为今后的中心工作之一,并在1947年7月24日交通部检讨会时,提出了改进乡村邮政方案,制订了三年计划,并在无锡、宁波进行试验,由邮局直接投递邮件,不再留局待取。②

改良邮政,还包括国共通邮问题。国共通邮,早在第二次国内战争("土地革命")时期即已开始。1929年,中国工农红军第四军进入福建,为方便民众通信,军长朱德、政治委员毛泽东亲自签发"保护邮局照常转递"命令。1932年《中华苏维埃邮政总局暂行章程》中特别规定,对中华邮政加以保护,对国民党统治区发来的邮件,代收代投,并代售中华邮政邮票。全面抗战时期,中国共产党提出国共之间正常通邮,国民党政府中的许多有识之士也积极响应。当时中华邮政在西北地区设置了第三军邮视察段,下设视察分段和军邮局,派驻邮政人员开展业务。仅在晋察冀边区,就建立邮局、代办处、信柜等机构近五百处,邮路上千公里,直通大后方、陕甘宁边区和华北各地。而致力于国共通邮的第三军邮总视察林卓

---

① 中国人民政治协商会议全国委员会、文史资料研究委员会编:《文史资料选辑》第65辑(内部发行),中华书局1979年版,第181—182页。

② 中国第二历史档案馆编:《中华民国史档案资料汇编》第5辑第3编,财政经济(7),凤凰出版社2000年版,第183页。

午,在驻西安期间常与八路军驻西安办事处会商通邮事宜,1940 年 9 月 5 日获周恩来同志接见和"传邮万里,国脉所系"的亲笔题词。但国民党政府西安当局一再阻挠正常通邮,使许多在敌后抗日根据地工作的中华邮政员工不仅不能正常开展业务,甚至连生活都难以维持。不得已,林卓午于 1941 年年底奔赴延安,面见毛泽东主席及其他中共领导人,提出保护邮路畅通、帮助解决经费困难、安定邮政员工生活等项要求,均获中共允诺,顺利达成后方通邮协议。1942 年 1 月 14 日,第十八集团军("八路军")总部发布通令,命令各地口共军政机关切实执行。①

　　抗战胜利后,根据 1946 年 1 月 10 日国共双方签订的停战协议中关于"恢复交通"的规定,国共双方代表就通邮问题在北京"军事调处部"(以下简称"军调部")进行谈判。国民党当局不承认解放区邮政,因此谈判没有结果。但在谈判期间,有些地区已实行通邮。如 1946 年解放区山东邮政管理局发布与国民党统治区通邮的命令,军调部集宁小组也达成八路军绥蒙区与国民党第 12 战区之间的通邮协议。对于国共两区通邮,国民党政府设置障碍,把从解放区寄往国民党统治区的信件涂销邮票,作欠资处理,加倍收款;在华北一些地方,针对来自解放区的邮件,"暂不按欠资例加倍罚款",而是涂销解放区发行的邮票,向收件人补收资费,粘贴中华邮政邮票。② 不过,这时的国共通邮,仅限于平常商民邮件,国民党当局还是蛮横无理地要求撤销解放区邮政机构。③

　　当时,解放区邮局对待国民党统治区的邮务,都是主动通邮;对来自国民党统治区的邮件"一向本着为人民服务的精神,准确转送,而无任

---

　　①　成安玉主编:《华北解放区交通邮政史料汇编》,人民邮电出版社 1993 年版,第 75 页。成安玉曾任晋察冀边区邮政管理局局长。

　　②　仇润喜主编:《天津邮政史料》第 4 辑,北京航空航天大学出版社 1992 年版,第 76 页。当时解放区发行多种邮票,如骑马战士图(抗战胜利纪念邮票)、毛泽东像邮票、朱德像邮票、鹰球图邮票。见仇润喜主编:《天津邮政史料》第 4 辑,北京航空航天大学出版社 1992 年版,第 133 页。

　　③　仇润喜主编:《天津邮政史料》第 4 辑,北京航空航天大学出版社 1992 年版,第 79 页。

何偏见"①。为保障人民通信自由,要求国民党当局承认解放区邮局和邮票,贴有解放区邮票的邮件不得按欠资论,实现国共通邮。国民党政府交通部邮政总局不得不规定,"对贴足共党邮票之信件,仅将其邮票涂销,不再向收件人补收邮资"。② 这样,在内战全面爆发前后的一段时间内,国共之间的通邮局面得以暂时维持。但双方军事冲突未断,通邮经常受阻。例如,1946年5月10日人民军队进驻河北泊头镇,当地积压大量邮件,国民党邮政部门派员前往河间解放区冀中邮政局,商洽邮件运转办法,部分邮件得以转运,但也有部分邮件因军事冲突而终止。③ 国民党邮政当局对来自解放区邮件的所谓"补收欠资"问题,也是反复无常,导致双方停邮。中共方面多次抗议,国民党当局迫于压力,暂时放弃补收欠资,承认中共邮政组织,双方恢复通邮。④ 如此反反复复,严重影响民众通信。到1947年,内战加剧,双方通邮更加困难。如华北中共邮政组织鉴于国民党当局对解放区邮件随意检查、扣留、勒索收件人、殴打交通员,破坏邮路,且敌特利用通邮进行特务侦查,决定暂时与国民党统治区停止通邮。⑤ 国民党政府交通部邮政总局也密令停止与解放区通邮。⑥

　　随着解放区日渐扩大,国民党统治区日益缩小,国民党统治区人民对于当局封锁交通、禁止通邮也越来越不满,纷纷写信谴责。上海和重庆的《大公报》都曾经为此发表评论,反对国民党封锁交通,呼吁国共两区正常通邮。1948年邮政总局副局长霍锡祥出席国际邮联理事会会议时,被外国同行和社会知名人士质疑,为什么中国战争时期,战区邮运往来不绝,今天却对"农民起义"的地区重重封锁,断绝邮运?霍回国后,多次建

①　仇润喜主编:《天津邮政史料》第4辑,北京航空航天大学出版社1992年版,第84页。

②　仇润喜主编:《天津邮政史料》第4辑,北京航空航天大学出版社1992年版,第81—82页。

③　仇润喜主编:《天津邮政史料》第4辑,北京航空航天大学出版社1992年版,第104—109页。

④　仇润喜主编:《天津邮政史料》第4辑,北京航空航天大学出版社1992年版,第111—113页。

⑤　仇润喜主编:《天津邮政史料》第4辑,北京航空航天大学出版社1992年版,第119—120页。

⑥　仇润喜主编:《天津邮政史料》第4辑,北京航空航天大学出版社1992年版,第122页。

议交通部部长俞大维与中共解放区通邮,以增加收入,安慰民心。[①] 1949年2月17日,国民党政府决定准予试办国共通邮。[②] 同年2月,跟随"上海人民和平代表团"赴北京的颜惠庆、邵力子向中共方面洽询通邮一事,获得中共领导人的允诺。3月5日,毛泽东主席在中共七届二中全会上的报告中说,"南北通航通邮业已开始"。3月9日,解放区华北邮电总局(1948年8月10日成立于天津)发布"与蒋管区通邮暂行办法",倡导国共两区正常通邮,并指定北平、天津、秦皇岛三处为双方交换邮件地点。而上海等地待发解放区的邮件越积越多,民众十分不满。无奈,国民党政府交通部于1949年3月15日指令邮政总局,准派通邮代表团赴北平接洽全面通邮事项。[③] 双方谈判进展顺利,于4月27日正式签署全面正常通邮协议。[④] 但就在同一天,逃到广州的国民党政府行政院却决定停止国共通邮(包括通电信、汇兑)。交通部则认为,"国共通邮,似与军事关系较少,为便利人民通信起见,拟仍予继续办理,唯须经当地军警机关加以检查",通电、通汇则停止。参加通邮谈判的国民党邮政总局代局长沈养义等人也颇为不满,认为"戡区扩大,民众流离转徙,苦不堪言。为收拾人心及解民痛苦,通邮之需要,更为迫切",加之"中共区内,外国籍人士仍有居留,其渴望通信,至殷至切。如一体停顿,不仅影响中共区人民对中央之向心力,且使友邦人士蒙受不便",建议重新考虑通邮问题。[⑤] 但国民党政府坚持断绝通邮。沈养义等人密令各地邮政员工,解放军所到之处,不必撤退。后来,随着形势的发展,各地中华邮政局所,先后均被接管,所有中华邮政职工均原薪留用,南北通邮问题迎刃而解。

---

　　① 中国人民政治协商会议全国委员会、文史资料研究委员会编:《文史资料选辑》第65辑(内部发行),中华书局1979年版,第183页。
　　② 中国第二历史档案馆编:《中华民国史档案资料汇编》第5辑第3编,财政经济(7),凤凰出版社2000年版,第258页。
　　③ 中国第二历史档案馆编:《中华民国史档案资料汇编》第5辑第3编,财政经济(7),凤凰出版社2000年版,第259页。
　　④ 中国第二历史档案馆编:《中华民国史档案资料汇编》第5辑第3编,财政经济(7),凤凰出版社2000年版,第276页。
　　⑤ 中国第二历史档案馆编:《中华民国史档案资料汇编》第5辑第3编,财政经济(7),凤凰出版社2000年版,第282—284页。

在推行"改良邮政"的同时，交通部电信总局利用接收来的电信设备，以及美军剩余物资，在大城市内恢复并开办多种业务，主要有：特快电报，不逾 8 小时送到；特快长途电话（限叫号电话），限 10 分钟内接通；简便电报（即迟缓电报），24 小时译送；代传长途电话，限 2 小时内传到。还开办交际电报、乡村书信电报（无电信局处的发报人将报底连同相当报费的邮票贴在信中寄附近电局拍发）、夜信电报、减价夜间电话、电话收发电报、电话通知收取去报、旅行电报，等等。同时，对若干专业需要的电报如粮价重要资料电报、水位电报、赈务电报、气象电报、雨量电报等，也实行收取半费的优待办法。实行了这些措施后，电信业务有所发展。如军政电报由 1937 年 6 月的 1478 万字，减至 1947 年 4 月的 1049 万字，而私务电报则由 495 万字猛增至 3101 万字，国际电报也由 79.7 万字增至 168.5 万字。[①] 1947 年长途电话线路比 1937 年 6 月约增 1 倍，载波电话机约增 30 倍，各种电报快机约增 3 倍，无线电机约增 5 倍。长途电话业务比 1937 年 6 月增加了 5 倍；国际电报已通 32 路，跃居世界第 4 位，可与英美直接通话。特快电报以前需 8 小时，现仅需 1 个半小时。寻常电报以前不限时，现在至多 8 小时可到。[②]

截至 1947 年年底，国民党统治区有电信局所 1609 处，电报线条 10.2 万公里，长途电话线 9.7 万公里，长途电话通话 1086 万次（首次）和 724 万次（加次），国内电报去报次数 1818 万次、字数 48371 万字，国际无线电报来报、去报分别有 83 万次和 72 万次，字数分别达到 2464 万字和 1954 万字。[③]

随着国民党军队的溃败，国民党统治区不断缩小，电信规模、业务也都大幅缩减。据 1949 年 6 月统计，电信业务数字 4 月比 1 月减少 2/3，商用报话锐减 1/2；国际通信业务只及以前的一半；电信员工人数也从复员

① 邮电史编辑室编：《中国近代邮电史》，人民邮电出版社 1984 年版，第 208 页。

② 中国第二历史档案馆编：《中华民国史档案资料汇编》第 5 辑第 3 编，财政经济（7），凤凰出版社 2000 年版，第 182—183 页。

③ 中国第二历史档案馆编：《中华民国史档案资料汇编》第 5 辑第 3 编，财政经济（7），凤凰出版社 2000 年版，第 195—196 页。

之初的 47900 余人,减至 25100 余人,几乎减少一半。每月收入按银元计为 79.5 万元,支出多达 155 万元,月亏 75.5 万元。① 随着国民党政权在大陆的垮台,电信业也回到人民手中。

第八节　解放战争时期国民党统治区的
轮船航运业

抗战胜利后,近代中国轮船航运业迎来了一段前所未有的新时期。这期间发生的大事件主要有:首先是国民党政府对敌伪船只的接收,在此接收中,获利最大的是国营的轮船招商局。其次是国民党政府为牢固地掌握水上交通运输,在战争期间和战后利用美援和借款购买了一批美国淘汰的轮船。最后是在战后的发展中,航运政策集中支持国家资本企业尤其是轮船招商局,对抗战中立下功劳的企业如民生公司等企业却采取排斥限制的方针,致使此期的民营航运企业难以得到正常发展。

一、抗战胜利后对日本和汪伪政权
轮船和产业的接收

1945 年 8 月,国民党政府通知日方,长江一带所有船只集中沙市、宜昌,沿海一带船只集中上海听候接收。招商局于 8 月 25 日拟定《接收敌伪船只办法》12 条,规定:(1)敌伪所有商船,一律由交通部派员配合各地负责接收的军事机关,相互协商管理;(2)交通部接收的敌伪船只,暂交招商局负责营运;(3)长江敌船集中沙市、宜昌或上海,沿海敌船集中广州、上海、烟台或威海卫,听候接收;(4)招商局往各轮派出接管人员,其

---

① 中国第二历史档案馆编:《中华民国史档案资料汇编》第 5 辑第 3 编,财政经济(7),凤凰出版社 2000 年版,第 226—227 页。

人数视船舶吨位大小而定。此外，对具体接收程序和要求也作出了一系列规定。①

此后，招商局开始参与接收敌伪船只。1945 年接收的敌伪船舶合计 1335 只，129511 吨。1946 年继续接收，截至 1946 年 7 月，累计接收敌伪船舶 2158 只，239141 吨。招商局接收敌伪船舶的具体情况见表 14-32。

表 14-32　招商局接收敌伪船舶概况

船舶类别	1945 年 9 月—12 月 12 日		1945 年 9 月—1946 年 7 月	
	数量（只）	吨位数（吨）	数量（只）	吨位数（吨）
海轮	3	1095	10	18685
江轮	32	32759	31	42251
拖轮小轮	260	9167	431	22135
机帆船	135	9229	235	19039
铁驳	307	60867	368	101947
木驳	317	13602	698	26971
杂项特种船只	281	2792	385	8113
总计	1335	129511	2158	239141

资料来源：1. 招商局档案：《国营招商局接收敌伪船舶报告》，1945 年 12 月 21 日。
　　　　　2. 招商局档案：《国营招商局经手接收敌伪船舶统计》，1946 年 8 月 28 日。

招商局接收的敌伪船舶均归其统一处理，招商局除将之部分留局自用外，或发还原主，或标价出卖，或拨交其他机关，或租予其他航运公司使用。截至 1947 年 8 月底，招商局留用的船舶共 332 只，74000 吨。②

除接收和留用了大量的敌伪船舶外，在国民党政府的具体部署和指挥下，战后招商局还接收了一批造船厂、码头、仓库和地产等，使得此期招商局的局产实力迅速膨胀。招商局接收和留用的四大船舶修造厂的概况见表 14-33。

---

① 张后铨主编：《招商局史（近代部分）》，人民交通出版社 1988 年版，第 510 页。
② 国营招商局编：《国营招商局七十五周年纪念刊》，1947 年 12 月印本，第 11 页。

表 14-33 招商局接收和留用的四大船舶修造厂概况（1946 年 10 月）

接收时厂名	内河轮船造船厂	中央造船所	东亚海运会社黄埔造船所	天津艀船大沽东修船厂
改名	招商局上海第一船舶修理所	招商局上海第二船舶修理所	招商局上海第三船舶修理所	招商局天津分局大沽修船厂
地点	上海闸北光复路	上海南市机厂街	上海浦东秦同码头	大沽小码头
负责人	吴延明	王志涛	陈绍焕	不详
修造船舶能力	大小船舶均能修理,但缺少船坞设备,船舶不能进坞,最高造船能力为 100 吨	可修三四千吨巨轮,但无船坞设备,仅能造三四百吨小船	无船坞设备,除较大船壳不能修理外,其他各种船只均能修理	可修 800 吨左右的轮船,可造 800 吨左右的驳船
员工人数	职员 15 人,工人 142 人,临时工 48 人,总计 205 人	职员 24 人,工人 168 人,临时工 151 人,总计 343 人	职员 16 人,工人 224 人,临时工 230 人,总计 470 人	职员 14 人,工人 187 人,总计 201 人
接收后所修船只等	修理大小船舶 102 艘,码头 6 座,吊车 3 座	修理大小船舶 325 艘	修理大小船舶 147 艘	大修拖轮、驳船 47 艘,小修拖轮、驳船 425 艘

资料来源:招商局档案:《招商局船舶修造厂现况调查表》(1946 年 10 月 31 日)及其他有关资料。
见张后铨主编:《招商局史(近代部分)》,人民交通出版社 1988 年版,第 515 页。

　　抗战时期,日伪在沦陷区设立各种航运机构,抢占和新设的码头仓库等设备为数甚多,战后先由交通部各区航业接收委员会接收,后移交于航业整理委员会,再由航业整理委员会转交给招商局接管。[1] 仅在上海一地就接收了东亚海运、三菱洋行等码头四座,仓库 34 座。[2] 到 1947 年 8 月底,招商局总分各局的码头仓库等实力都大大增强,见表 14-34。

---

[1] 国营招商局:《国营招商局产业总录》,1947 年 5 月印本,第 231 页。
[2] 国营招商局:《国营招商局产业总录》,1947 年 5 月印本,第 235—236 页。

表 14-34　国营招商局码头仓库概况(1947 年 8 月 31 日)

项目 地点	码头			仓库		
	数量 (座)	长度 (英尺)	最浅水位 (英尺)	数量 (座)	容积 (立方尺)	容量 (吨)
上海	9	10447	14.0	109	26854589	671361
镇江	6	2213	15.0	21	1171485	26787
南京	5	1653	10.0	5	266000	6700
芜湖	7	2649	8.5	8	1640333	41006
安庆	7	2186	7.0	4	236000	5900
九江	4	2744	15.0	3	485105	12128
汉口	4	634	12.0	9	1060000	26500
长沙	1	103	4.0	1	28000	700
沙市	2	71	20.5	8	2043507	51087
宜昌	1	200	15.0	11	705847	17647
重庆	2	287	4.9	2	15200	380
镇海	1	317	13.0	1	71280	1782
宁波	1	197	15.0	4	188073	4700
温州	1	296	17.0	3	211580	5289
福州	1	129	8.0	3	192652	4816
厦门	—	—	—	1	76160	1904
汕头	1	225	6.6	24	1133094	28327
香港	2	461	8.0	8	430080	10752
广州	1	410	12.0	7	5064000	126600
海州	2	1600	24.0	1	46657	1166
天津	7	2170	12.0	24	1574000	39350
塘沽	2	880	11.0	—	—	—
营口	1	600	20.0	2	262960	6574

注:原表单位是英尺和立方尺。1 米大约相当于 3.280839 英尺,1 立方米相当于 35.3147 立方尺。
资料来源:国营招商局编:《国营招商局七十五周年纪念刊》,1947 年 12 月印本,"统计图表·仓库概况"。

　　除码头仓库外,招商局接收的敌伪产业中还有大量地产房屋。1945
年 9 月,招商局在上海接收日本东亚海运株式会社、大连汽船株式会社、
日本邮船株式会社和上海运输会社等日本公司的房产就包括广东路二十

号的六层钢骨水泥大厦一座,黄陆路三十七号砖造三层公寓式房屋一座,南市老太平街二层楼房八栋,南市大码头街三层楼房八栋,四川路一百一十号大连汽船株式会社租用普益地产公司大厦底层全部,外滩三十一号三层砖造建筑一座和北苏州路北河南路处河滨大楼底层。截至 1946 年年底,招商局在上海和各地分局接收的房地产处所共 123 处,价值 9240731562 元。①

　　1947 年 2 月时招商局接收的上海及各地敌伪产业房地产概况见表 14-35。

表 14-35　招商局接收上海及各地敌伪产业房地产概况(1947 年 2 月)

所在地	面积 （亩）	地产价值 （元）	房产价值 （元）	总计价值 （元）
上海	886.9125	13505264650	11443091271	24948355921
镇江	46.1550	289066800	942000000	1231066800
南京	5.6500	79020980	1745280300	1824301280
安庆	1.1130	5000000	—	5000000
芜湖	32.4720	57278440	680350000	737628440
九江	127.5824	665550600	2505010000	3170560600
汉口	54.4143	1577603220	900000000	2477603220
沙市	11.7450	40000000	77700000	117700000
宜昌	21.7890	111123900	267618410	378742310
重庆	4.1720	20000000	150000	20150000
长沙	5.4500	12000000	7300000	19300000
湘潭	2.2420	20500000	40120000	60620000
宁波	7.5650	129063120	412600000	541663020
镇海	13.9796	3569260	319000000	322569260
杭州	9.7610	6050000	—	6050000
海州	—		300000	300000
温州	4.3880	650000	29787990	30437990
福州	38.6120	38000000	93000000	131000000

---

①　国营招商局:《国营招商局产业总录》,1947 年 5 月印本,第 233—235、232 页。

项目 所在地	面积（亩）	地产价值（元）	房产价值（元）	总计价值（元）
汕头	60.3723	272641750	564550000	837191570
广州	34.3320	49274000	368740505	418014505
香港	3.4440	4330400000	463200000	4793600000
梧州	35.9630	54335660	—	54335660
烟台	1.6940	463080		463080
通州	8.5720	10286400	—	10286400
营口	15.0120	50000000		50000000
大沽	2350.5300	188042400		188042400
塘沽	437.5900	381262000	8100000	389362000
天津	81.6150	2285207284	2285542370	4570749654
北戴河	101.5570	40622800	—	40622800
总计	4404.6841	24222276344	23153440846	47375717190

资料来源：国营招商局：《国营招商局产业总录》，1947年5月印本，第227—228页。

　　此后，招商局的房地产仍然在增加，到1948年9月时，地产面积已经从4404余亩增加到5145余亩，价值28184余万元金圆券了。[1]

二、寻求美援和购船活动

　　从1939年至第二次世界大战结束，为补充被德国击沉的轮船，满足本国和盟国战时海上运输的需要，美国共建造了5777艘船只，货运量高达5630万吨，约占世界总量的60%。[2] 第二次世界大战结束后，1946年美国第79届国会第二次会议通过了第321号公法，即《1946年商船售卖法案》（*The Merchant Ship Sales Act of 1946*），同意将美国在战时建造的旧

---

　　[1]　招商局1948年的地产和价值数字见张后铨主编：《招商局史（近代部分）》，人民交通出版社1988年版，第528页。

　　[2]　Frederic C. Lane, *Ships for Victory*, Baltimore：Johns Hopkins University Press, 2001, p.4.

船作为剩余物资出售。除本国商人有优先购买之权外,其他如英国、法国、挪威、瑞典、荷兰、比利时、丹麦、意大利、希腊、中国、印度、澳洲以及南美各国均可以按照该法案购买。美国此举的目的是帮助同盟国尽快恢复因战争而遭到损害的航运事业,以促进国际贸易,推动经济复兴,遏制共产主义的蔓延。与此同时,美国政府也希望借此机会减少船只运营和维护的成本。①

国民党政府亟须补充战时损失船舶以解决战后交通运输问题,因此积极争取美国援助。蒋介石原本希望美国能以赠送的方式向中国让拨数艘自由轮。但美方表示,所有美国战时剩余的自由轮均按照《1946 年商船售卖法案》,以每艘 60 万美元的价格出售,"陆海军部均无权将船舶赠送他国,总统虽可决定赠送,但亦必事前取得国会同意"。② 1944 年 7 月 1 日,国民党政府在华盛顿成立了对美交涉借款、购运物资的专门机构——中国物资供应委员会(Chinese Supply Commission),在宋子文担任行政院院长期间,中国物资供应委员会直接隶属于行政院,由宋子文直接控制。王守竞和江杓奉宋子文之命分别担任正副主任委员。③ 中国物资供应委员会在向美国购买船只方面做了以下工作。④

(一) 10 艘 N3-S-A2 型旧船的购买与运华

从 1945 年 10 月起,中国物资供应委员会开始就购买 N-3 型旧船的事宜与美国航务委员会交涉。1945 年 11 月 23 日,宋子文致电中国驻美物资供应委员会,命其速向美国航务委员会商洽购买 N-3 型货轮 10 艘,

---

① 有关《1946 年商船售卖法案》出台的背景和经过,详见 Lloyd Anthony Beers, Jr., "Ships of State: Maritime Policy as Foreign Policy Under the Merchant Ship Sales Act of 1946", *Master Thesis*, University of Maryland, 2009。

② 《蒋介石致宋子文手令》(1946 年 2 月 6 日)、《宋子文致蒋介石呈》(1946 年 3 月 6 日),台北国史馆藏蒋中正档案:革命文献——对美外交:军事部分。见郑会欣:《国家赔偿与民间合作:复兴航业公司成立的背景及其经过》,《中国文化研究所学报》2011 年第 53 期。

③ 皇甫秋实:《国民政府接洽美援体制的转变——以中国物资供应委员会为中心》,《历史研究》2014 年第 5 期。

④ 以下有关中国物资供应委员会购买美国船只的记述,除注明出处的部分外,见"Report on the Work of Chinese Supply Commission", September 1945-February 1947, CDSR 2:15。

价款4325000美元,全部付现。N-3型货轮大多建于1944年左右,在当时堪称新船,但战后这些船只"美人目之已成废铁"。① 美国航务委员会得到白宫授权,以竞标的方式出售10艘N3-S-A2型旧船。作为唯一的竞标者,中国物资供应委员会于1945年12月26日中标,并在1946年1月取得了10艘旧船。这10艘旧船的总价为4325000美元,每艘船的平均价格为432500美元,与《1946年商船售卖法案》中规定的每艘船的法定售卖价格468817美元相比,低了36317美元。为支付购买和运输这批船只的费用,中国物资供应委员会向美国进出口银行申请了中美购买N-3型轮船10艘的借款4243000美元。

在考察了将N-3型船舶运往中国的各种途径之后,中国物资供应委员会最终与美国海运公司(Marine Transport Company)签署协议,由该公司负责将"海忠"号(S. S. HAI CHUNG)和"海孝"号(S. S. HAI HSIAO)运往中国。剩余的8艘船舶,则交由美国总统轮船公司(American President Lines)携带货物,运往中国。此外,中国物资供应委员会还为这些船舶主要的引擎装置购买了零件。1946年2月21日至3月11日,这些船只在温哥华装载货物后驶往中国,于1946年5月4日以前,全部抵达上海。

（二） 购买16艘旧船

1945年12月至1946年1月,在美国航务委员会的协助下,中国物资供应委员会明确了16艘在太平洋西南水域的旧船的情况,其中5艘属于美国战时船务局,另外11艘由私人运营商所有。为了以最有利的条件购得这些船舶,中国物资供应委员会与美国航务委员会进行了为期数周的谈判,最终双方达成协议,由美国航务委员会负担将这些船舶运往上海的全部费用,而且船舶的价格不得高于美国政府登记的价值扣除修复这些船只的开销。中国物资供应委员会购买这批船只的价格在每吨5—15美元之间,均低于市场价格。

---

① 张后铨主编:《招商局史(近代部分)》,人民交通出版社1988年版,第461页。

购得这批船舶以后,中国物资供应委员会与美国航务委员会另外达成了折价协议,由美方与以前的私人船主结算战时船务局应该支付的费用,共计 143208.05 美元,包括 90000 多美元现金,以及随船交付的超过 53000 美元的燃料和补给,以此作为对中方所购船舶的折价。11 艘私人船只交由招商局使用。①

(三) 4 艘油轮的购运

1946 年年初,应国民党政府交通部的要求,中国物资供应委员会在美国购买了 4 艘油轮,并指定由美国海运公司负责将之运往上海。但由于美国政府采取了出口管制,而美国海军在获取燃油时又享有绝对优先权,中国物资供应委员会在为这 4 艘油轮采购油料货物时遭遇了很大阻力。最终中国物资供应委员会在美国购买了 1 油舱燃油和 1 油舱柴油,另外在墨西哥购买了 2 油舱的油料货物。此外,中国物资供应委员会还为这 4 艘油轮购买了可供它们使用一年的润滑油。上述油轮和货物花费共计 180 万美元,中国物资供应委员会为此向美国进出口银行申请了贷款,但该项请求被进出口银行驳回。

(四) 美国国外资产清算委员会小型船只项目

1946 年春,为了满足中国海港和内陆航道对小型船只的迫切需求,中国物资供应委员会受命与美国国外资产清算委员会,联合国善后救济总署,马歇尔将军的代表,以及美国海军部洽商购买坦克登陆舰、中型登陆舰、拖船、驳船等小型船只的相关事宜。为了完成此项工作,中国物资供应委员会特在交通处之外增设航运处,由谭伯英主持。② 1946 年 4 月 19 日,在得到宋子文的首肯后,中国物资供应委员会正式向负责处置战后剩余小型船只的国外资产清算委员会提交了购买申请,并于 1946 年 5

---

① 《前驻美中国物资供应委员会王守竞致招商局函》,1947 年 11 月 15 日,《有关购买接收船舶的文书(中)WS-77》,招商局蛇口档案馆藏,档案号为 125-2,第 40 页。

② 《王守竞致宋子文》,1946 年 4 月 13 日,《宋子文档案》,美国斯坦福大学胡佛研究院档案馆藏,第 51 盒,第 11 文件夹。

月 17 日获得批准。

1946 年 8 月 13 日，中国物资供应委员会和美国国外资产清算委员会在上海正式签订了购买小型船只的合约，美国国外资产清算委员会同意转让给中国政府价值 2800 万美元的船舶，并以这笔金额抵销美国政府对中国的欠债。

在中美双方洽商的过程中，中国物资供应委员会不仅向上海方面及时传达从联合国善后救济总署、美国国外资产清算委员会和海军等处了解到的相关信息，还设法查明了中国购买登陆舰所需的零件除太平洋剩余物资以外，在美国海军、陆军、航务委员会、内政部管辖的剩余物资中的存货情况，为进一步采购做好了准备。此外，中国物资供应委员会与美国国外资产清算委员会商定，美方须在登陆舰交付以前加以修缮，并由美国政府承担维修费用，从而为中国政府节省了大笔开支。

（五）四批船舶借款的签订

1946 年 5 月 27 日，经过在华盛顿和中国的多次洽商，中国物资供应委员会向美国航务委员会递交了中国政府购买 159 艘战时船舶的申请。申请的船只包括 55 艘 N3-S-A1 型或 N3-S-A2 型货轮（2800 吨），每艘 39 万美元；68 艘 C1-MA-V1 型货轮（5000 吨），每艘 64 万美元；20 艘 EC2-S-C1 型自由轮（1800 吨），每艘 63.9 万美元；16 艘 VC2-S-AP2 型胜利轮（1800 吨），每艘 97.9 万元。总吨位达 882800 吨。[①] 根据《1946年商船售卖法案》的相关条款，中国物资供应委员会在美国公民享有的优先申请期限过后立即提交了申请。中国政府因而成为《1946 年商船售卖法案》公布后第一个向美国申请购船的外国政府。上述船价估计约 1 亿美元，经中美双方商定原则，中方付现 1/4，美方承兑 3/4。旋因筹款困难，经由中国物资供应委员会与美国航务局洽商，先购买一部分旧船，价值以 2200 万美元为度，按前项商定原则，中方付现 550 万美元，由美方承

---

① 吴景平：《宋子文政治生涯编年》，福建人民出版社 1998 年版，第 501 页。

贷 1650 万美元。①

由于此时中国内战爆发，正在中国调处国共冲突的马歇尔将军认为，向中国提供购买商业船只的信贷，必须根据《1946 年商船售卖法案》的原则，即"美国政府希望这些商业类型的船只将被出售给一个统一而民主的中国联合政府，因此中国政府必须了解，美国政府可以根据自己的利益，单方面终止此项转让船只方案"。② 直到 1947 年 1 月马歇尔回国就任国务卿后，才命令国务院重新调整美国的对华政策。为此远东司司长范宣德向他提交一份备忘录，虽然仍坚持鼓励中国以民主方式达成统一以及继续停止对华军援，但同意对中国实行经济援助，包括交付商用船只。③ 但由于中国筹款困难，只好决定先向美国购买部分旧船。

1947 年 7 月 15 日，由中国物资供应委员会与美国航务委员会签订了 10 艘 EC2-S-C1 型自由轮的购买合同，扣除中方预付款之外，借款总额 4133720.22 美元，年利息率 3.5%，还本期限自 1948 年起，分别为 14—17 年。同日，中国物资供应委员会与美国航务委员会还签订了 N-3 型货轮 8 艘（初议 15 艘，因 7 艘不适用而退还）的购买合同，借款总额 2812560 美元，年利息率 3.59%，还本期限自 1948 年起，分别为 15—17 年。1948 年 2 月 27 日，由世界贸易公司代表国民党政府，与美国航务委员会订立 C1-MA-V1 型船只 12 艘的购买合同，借款总额 7462960 美元，年利息率 3.5%，还本期限从当年底起，分别为 15—17 年。1948 年 3 月 1 日，由世界贸易公司代表国民党政府，与美国航务委员会订立 VC2 型船只 3 艘的购买合同，借款总额 1977980 美元，年利息率 3.5%，还本期限 1 艘为 16 年，另 2 艘为 17 年。至 1949 年 1 月 14 日，上述 4 项购船借款，中方实际动支额为 16387220.2 美元。④

---

① 《物资供应委员会附送世界贸易公司接办借款购船案会商记录代电》（1947 年 10 月 23 日），财政科学研究所、中国第二历史档案馆编：《民国外债档案史料》第 11 卷，档案出版社 1991 年版，第 622 页。

② *Foreign Relations of the United States*, 1946, The Far East：China, Vol.10, p.801.

③ *Foreign Relations of the United States*, 1947, The Far East：China, Vol.7, pp.793-794.

④ 财政科学研究所、中国第二历史档案馆编：《民国外债档案史料》第 11 卷，档案出版社 1991 年版，第 631 页。

　　国民党政府将战后运用外债和央行现款从美国新购的绝大部分船只都分配给了国营的轮船招商局。从抗战胜利至 1948 年 9 月 8 日,招商局接收的国民党政府从国外购买的船只共计 143 艘,价值 33500259.24 美元。其中通过中国物资供应委员会向美国购买的船只共计 48 艘,价值 20531390.24 美元;另外委托摩立森—纳德森公司(Morrison-Knudsen International Company,Inc.)接收马尼拉美军剩余船只 82 艘,计 8703869 美元(见表 14-36)。

　　统计表明,招商局始终没有停止过向外国购船,所购船舶主要是海轮。从 1946 年到 1949 年,各年购买的海轮除 1 年在 61 只以上外,其余均在 72 只以上,尤其是 1948 年,更是分三次购买了 217 只总吨位近 70 万吨的外国船舶。这些从美国和加拿大购买的船舶吨位约占招商局船舶总吨位的 70%—79%,构成了招商局船舶的主体。

　　此外,为了赔偿战时军事征用民间船舶造成的损失,国民党政府从美国购买的轮船中抽调部分船只,抵扣给予民营航运业的赔偿金。为便于使用这批动用政府赔偿金购买的船只,各民营轮船公司以损失船舶吨位为比例,于 1948 年 6 月 23 日于上海联合组建复兴航业公司(China Union Lines,Limited),主要股东包括中兴、大达、中航、三北、鸿安、新华、益祥、华胜、宁绍、寿康、大振、永安、民生、天津等当时各主要民营航业公司。行政院核准战时民营损失船只计 12 万吨,以每吨赔偿 30 美元计,同意赔偿 3593047.52 美元,并由向美购船的贷款内拨出,代购船舶 11 艘,计 C1-MA-V1 型货轮 8 艘,VC2-S-AP2 型胜利轮 3 艘,拨交民营的复兴航业公司经营。1947 年 3 月 25 日行政院第 780 次会议作出决议:"洽购美国之剩余船只拨交十二万吨,除以赔偿金抵付价款之现金外,其余价款,准分十年摊还。"其后交通部批示:"订购剩余船只俟与美方洽定后,准由该公司派员与招商局会同办理。"[1]

---

　　① 董浩云著,关志昌拟稿:《复兴航业公司诞生经过》,《董氏航业丛书》第 2 辑,(台北)中国航运公司 1978 年版,第 10 页。

（单位：美元）

表14-36　国营招商局抗战胜利后接收船只价值

项目 案别	船别	艘数	船价	接受修理及运什费	应扣装运物资运费	船价净额	国民党政府已付现金	国民党政府向美加贷款	应付款	应收款	总计
美贷款（C.S.C.）	自由轮（Liberty）	10	5514906.59	—	—	5514906.59	1381186.59	4133720.00	—	—	5514906.59
	湖武海轮（Laker）	16	2540947.65	—	90909.09	2450038.46	—	2540947.55	—	90909.09	2450038.46
	海轮（N-3）	10	4325000.00	948798.10	538088.10	4735709.60	5272798.10	—	—	538088.50	4735709.60
	海轮（N-3）	8	3750536.00	800000.00	—	4550536.00	1737976.00	2812976.00	—	—	4550536.00
	海轮（C-5-AY）	4	4400000.00	800000.00	—	5200000.00	1900000.00	3300000.00	—	—	5200000.00
	小计	48	20531390.24	2548798.10	628997.19	22451190.65	10291960.69	12787643.55	—	628997.59	22451190.65
加贷款（B.S.C.）	Grey Type	3	1575000.00	561794.68	435162.25	1701632.43	2115638.30	—	21156.38	435162.25	1701632.43
	B-Type	7	2450000.00	540084.88	205535.96	2784548.92	510480.08	2450000.00	29604.80	205535.96	2784548.92
	Corvette	3	240000.00	871806.47	13100.00	1098706.47	810105.42	240000.00	11701.05	13100.00	1098706.47
	小计	13	4265000.00	1973686.03	653798.21	5584887.82	3436223.80	2690000.00	62462.23	653798.21	5584887.82
委托摩立马森接收美军尼拉美船只剩余船只	L.S.T.&L.S.M.	64	8339769.00	2480770.54	71768.27	10748771.27	973905.37	8466364.87	1380269.30	71768.27	10748771.27
	等式船只	18	364100.00	18205.00	—	382305.00	—	364100.00	18205.00	—	382305.00
	小计	82	8703869.00	2498975.54	71768.27	11131076.27	973905.37	8830464.87	1398474.30	71768.27	11131076.27
	总计	143	33500259.24	7021459.67	1354564.07	39147154.74	14753089.86	24307691.92	1460936.53	1354564.07	39167154.74

资料来源：《国营招商局胜利后接受船只价值表》，招商局蛇口档案馆藏，档案号125-2，第3页。

表 14-37 招商局购买外国船只统计(1946—1949 年)

项目	年月	1946 年 1 月	1947 年 12 月	1948 年 1 月	1948 年 6 月	1948 年 12 月	1949 年 1 月
海轮	艘数(只)	72	61	64	78	75	75
	吨数(吨)	223111.00	187470.92	198661.35	248431.24	238451.32	238451.38
江轮	艘数(只)	10	12	12	12	12	12
	吨数(吨)	8657.00	10480.70	10480.70	10480.70	10480.70	10480.70
远洋拖轮	艘数(只)	—	13	14	16	15	15
	吨数(吨)	—	7270.63	7868.08	8898.44	8300.99	8300.99
小拖轮	艘数(只)	4	2	2	7	12	12
	吨数(吨)	2187.00	470.00	470.00	964.00	1020.00	1020.00
铁驳	艘数(只)	—	25	25	30	30	30
	吨数(吨)	—	31214.39	31214.39	32774.13	32774.13	32774.13
油轮	艘数(只)	—	—	1	1	1	1
	吨数(吨)	—	—	601.50	601.50	601.50	601.50
总计	艘数(只)	86.00	113	118	144	145	145
	吨数(吨)	233955.00	236906.64	249296.02	302150.01	291628.64	291628.64
占船舶总吨百分比(%)		78.92	71.14	70.09	73.84	75.91	75.91

资料来源:1.《交通部统计年报》,1946 年。2. 张后铨主编:《招商局史(近代部分)》,人民交通出版社 1988 年版,第 519 页。

1947 年 7 月 15 日,中国物资供应委员会主任委员王守竞与美国航务委员会代表 A. J. Williams 正式签订购买美国战时商船的合约。随后,交通部于 18 日致电民营航商组织的"民营船舶战时损失要求赔偿委员会",要求各航商尽快推选代表,赴美国接收船只。① 复兴航业公司筹备处委派总经理谭伯英、副总经理程余斋和董浩云三位公司高层赴美接收船只。国民党政府分配给复兴航业公司的美国船舶包括 3 艘胜利轮(7600 吨),价值 2637471 美元,分别命名为"渝胜""京胜"和"沪胜",以及 8 艘 C1-MA-V1 型货轮(3800 吨),价值 5550896 美元,命名为"复明""复新""复航""复贸""复运""复昌""复权""复生",总重量为 80762 载重吨,全部船价为 8188367 美元。② 根据美国《1946 年商船售卖法案》的规定,这批船舶所有的修理费,约 390 余万美元均由承购方负担,交通部规定由招商局与复兴航业公司各自承担一半。这样购船及修理费合计 10098367 美元,除去政府按照军事征用法同意支付赔偿金 3593047.52 美元之外,其余部分计 6505319.48 美元则作为政府对复兴航业公司的借款,分十八年偿还,前三年只付利息,按周息 3.5 厘,第四年起本息分十五年付清。③ 国民党政府分配给复兴航业公司的美国船只 11 艘,价值 8188367 美元,而分配给招商局的美国船舶共 130 艘,价值 29235259.14 美元,数量和价值分别是前者的 11.82 倍和 3.57 倍。轮船航运业中,国民党政府对国营企业和民营企业的区别对待显而易见。

尽管国民党政府将美援船舶视为战后复兴中国航运业的关键,但这些美国船舶的实际运营情况并不尽如人意。美国的战时剩余船舶由于建造时间匆促,从铺设龙骨到下水,最快的甚至还不到五天,因此不但设备简陋,而且在质量和结构方面也都存在诸多问题,譬如为加快造船速度,大量的铆钉都改为焊接。④ 早在 1944 年年底,中国物资供应委员会航运部主任谭伯英就指出,美国战时建造的船舶不适合用于战后中国的沿海

---

① 董浩云著,关志昌拟稿:《复兴航业公司诞生经过》,《董氏航业丛书》第 2 辑,(台北)中国航运公司 1978 年版,第 12 页。

② 中国航海学会:《中国航海史(近代航海史)》,人民交通出版社 1989 年版,第 361 页。

③ 《复兴航业公司美贷船只之经过及已付未付美方本息之现状》,国民党政府档案 063-133,台北"国史馆"藏。

④ 郑会欣:《国家赔偿与民间合作:复兴航业公司成立的背景及其经过》,《中国文化研究所学报》2011 年第 53 期。

运输。就胜利轮而言，它们精密的齿轮是在空调房里切割出来的，极易发生故障，而且难以维修。此外，胜利轮的运载量较大，为 1 万吨，因此必须在港口等待很长时间才能装满货物。而自由轮不太耐用，很多在首航后就断成两截。它们必须用钢板和铆钉打包加固。但铆接对美国工人而言已经是一种失传的技艺，实际上他们不得不引进加拿大和英国铆接工来完成这项工作。①

对于新购入美国船只的性能，招商局船务处处长黄慕宗评价说："就现有船舶而论，其主要者有十余种，非逾龄旧船，亦属战时剩余船舶，或年久失修，损蚀甚大；或吃水过深，燃油量大，除数种船型尚能称用外，颇多不相当者。"如自由轮宜于远洋航行，大湖型原只为提供美、加之间的大湖内使用，登陆艇更是为了适应登陆作战而制造。中国深水港不多，很多港口都无法停泊吃水深的自由轮（满载时达 8.5 米）和大湖型（7.38 米），而且这些轮船耗油量极大，一昼夜达 20 吨（大湖型）至 25 吨（自由轮），自由轮的船速亦因增加货舱而大大降低。② 一份关于战后中美经济关系的报告也指出，美国国外资产清算委员会售卖给中国的战时剩余船舶构造复杂、引擎易于损坏、替换零件难以获得，平常使用的成本过于昂贵。③

三、战后航运政策及对民营航运的影响

由于在战后补充了大量敌伪资产和外国船只，招商局的船舶数量和吨位大幅增长。至 1948 年 6 月，招商局已拥有大小船舶 490 艘，总计409200 吨，总吨位相当于抗战前夕的 4.74 倍，相当于抗战胜利前夕的17.2 倍。④ 而国民党政府向美国和加拿大购买船舶的款项"全部作为政

---

① K. P. Chen, Conversation with Mr. P. Y. Tan, November 29, 1944, Kwang Pu Chen Papers Box 7, International Business Conference 1944 Memos, Diaries, Notes, etc. Special.

② 中国航海学会：《中国航海史（近代航海史）》，人民交通出版社 1989 年版，第 341—342 页。

③ Economic Program for China, China Defense Supplies Records（以下简称 CDSR），Box10，Folder6（以下简称 10:6），Hoover Institution Archives, Stanford University.

④ 张后铨主编：《招商局史（近代部分）》，人民交通出版社 1988 年版，第 523 页。

府增资,以资充实"①,因此国家资本在招商局中的发展达到了民国时期的顶峰,航运业中,国家资本企业的实力也迅速增强。1948 年时全国轮船吨位总数仅比 1935 年增加了 62%,而同时期国家资本轮船企业的吨位总数则增加了近 6 倍。在全国轮船吨位数的比例中,国家资本轮船企业从 1935 年的 11%增加到 1948 年的 44%,见表 14—38。

表 14-38　国家资本与民营资本航运企业实力对照(1935—1948 年)

(指数:1935 年吨位=100)

项目\年份	全国总计			国家资本			民营资本			国家资本占全国比重(%)	
	轮船(只)	轮船吨数		轮船(只)	轮船吨数		轮船(只)	轮船吨数		轮船	轮船吨数
		吨	指数		吨	指数		吨	指数		
1935	3895	675173	100	28	71117	100	3867	604056	100	0.7	11
1946	2351	669474	99	533	302418	425	1818	367056	61	23	45
1947	3615	1032305	153	612	450670	634	3003	581635	97	17	44
1948	4032	1092217	162	464	477086	671	3568	615131	102	12	44

资料来源:严中平等编:《中国近代经济史统计资料选辑》,科学出版社 1955 年版,第 233 页。

1947 年,招商局的船舶总吨位占全国船舶总吨位的 40%。同年,轮船商业同业联合会成立时,招商局在该会登记的可用于营运的江海轮船共 246 艘,257119.18 总吨,占该会会员船舶总吨位的 36.14%。该会中主要航运公司的总吨位对比见表 14—39。

表 14-39　全国轮船商业同业联合会船舶吨位比较(1947 年)

公司\项目	船舶总数(艘)	船舶总吨位(吨)	总吨位所占比重(%)
国营招商局	246	257119.18	36.14
民生实业公司	107	54042.80	7.60
台湾航业公司	29	33089.18	4.65

①　《关于动支国外借款购置美加船只》,招商局蛇口档案馆藏,档案号 16,第 53—54 页。

续表

项目 公司	船舶总数 （艘）	船舶总吨位 （吨）	总吨位所占比重 （%）
三北轮埠公司	27	22625.65	3.18
中国邮轮公司	22	52535.33	7.38
中兴轮船公司	14	34407.69	4.84
大达大通联营处	9	7947.96	1.12
益祥轮船公司	5	15903.68	2.24
中国航业公司	4	15317.90	2.15
通安轮船公司	3	12082.66	1.70
华商轮船公司	4	10039.33	1.41
太平洋轮船公司	2	9140.10	1.28
其他	343	187211.13	26.31
总计	815	711462.59	100

资料来源:招档(海):《招商局概况调查》附录一(1948年)。见张后铨主编:《招商局史(近代部分)》,人民交通出版社1988年版,第509页。

在此基础上,招商局的航线也在不断扩展。1946年,招商局行驶的航线主要分为:"北洋线则连云港、青岛、天津、秦皇岛、葫芦岛、营口;南洋线则宁波、温州、福州、厦门、汕头、香港、广州、海口、基隆、高雄;长江线则镇江、南京、芜湖、安庆、九江、汉口、长沙、沙市、宜昌、万县、重庆,各埠均设有分局或办事处。"国外方面,"亦已在海防、盘谷、仰光、马尼拉四地设置代理处,以为拓展国际航线之准备"。①

1946年招商局航线以恢复长江和沿海南北航线为主,1947年的招商局营业方针则一转而为"着重于海外航线之扩展"②,相继恢复并开辟了许多外洋航线。从正月起,招商局即陆续派自由轮开航曼谷、加尔各答及关岛、狄宁岛、曼纳斯岛,并派"海厦"号开航中国香港、新加坡定期班;

---

① 国营招商局编:《国营招商局七十五周年纪念刊》,1947年12月印本,第96页。
② 张后铨主编:《招商局史(近代部分)》,人民交通出版社1988年版,第532页。

"海陇"号开航马尼拉、厦门定期班。此外，还奉令派海黔轮前往日本，接运侨胞返国。于 6 月 19 日离沪首途，载运日本船员 75 人，日侨日俘 342 人，中国驻日军事代表团官员眷属 16 人，及中央信托局桐油 1000 余吨。抵佐世保卸日侨日俘后，即赴神户卸货，复驶回佐世保，装运中信局物质 2000 吨，台湾及上海归侨共 424 人，7 月 12 日经基隆返抵上海。后复租赁美轮试航南洋线之马尼拉，及中美之夏湾拿、美亚美，南美阿根廷之布宜诺斯艾利斯等地。近海远洋，均已开辟新航线。

截至 1947 年 5 月，招商局恢复及开辟的航线和配船情况如下。

海外线：

中印线——上海经香港、心岛至加尔各答　　海天轮

沪关线——上海至关岛　　　　　　　　　　海地轮

中暹线——上海经汕头、香港至曼谷　　　　海陇轮

中菲线——上海经厦门、香港至马尼拉　　　海黔轮

南洋线：

上海—香港—广州　　　　汉民、培德、仲恺、林森等轮

上海—厦门—广州　　　　海粤轮

上海—汕头　　　　　　　海沪、海航两轮

上海—福州—厦门　　　　海滇轮

上海—基隆　　　　　　　海厦轮

上海—宁波　　　　　　　江亚、江静轮

北洋线：

上海—天津　　　　　　　其美、执信、蔡锷、黄兴、秋瑾、
　　　　　　　　　　　　海甬、锡麟、元培等轮

上海—青岛　　　　　　　海苏轮

上海—秦皇岛　　　　　　海康轮

上海—营口　　　　　　　海汉、海津两轮

青岛—天津　　　　　　　海有轮

南北洋线：

天津—青岛—上海—香港—广州　　延闿、邓铿两轮

汕头—天津　　　　　　　海穗轮

长江线：

上海—汉口　　　江宁、江安、江建、江泰四轮①

这里,有一点需要强调,即尽管招商局实力扩张迅速,航线延展范围急剧扩大,可是繁重的军运压力,却成为招商局正常展开业务活动的最大制约。甚至使得招商局连维持最低的正常的航线和航班也难以做到。"唯因军运频繁,征调无定,致虽拥有三十余万吨之船只,除沪甬一线勉强可持固定班期外,其余各线,从未能排定一最低限度之班轮,以维持普通客货运输"。招商局自己虽然也作出努力,"多次勉力试为排定,但终因军运关系,无法实施","而本局在营业收入上,亦蒙受甚大之影响"。②

1946年9月23日,上海《大公报》对军运影响轮船正常运输的状况有如下报道:"复员年余以来,长段航运,迄未畅达。考其原因,固由于交通界良莠不齐,人谋不臧,但始终未脱军事性之控制,乃其重要致命伤。近数月内,复为粮运紧急,致真正之复员,运输更呈瘫痪状态。渝宜段之情况,入秋后稍微转好,宜渝段则停滞脱节,一月难见两艘复员船。汉中段所有中型以上之船只,几俱为军差所占,民航悉赖野鸡小轮维持……"③

这种军运把持轮船运输的状况,到1947年6月时仍然没有改变:"内战不断地扩大……战争需要军队、军火与给养。因此轮船成了最重要的军用交通工具。水路军运指挥机关的一纸命令,换来航商的千声叫苦,旅客的万声叹息。……招商局的船只85%—90%充作军运,上海驶往各地的客运停顿很多。万吨级的'海'字号、'天''地''玄''黄'等艘,以及接收的登陆艇,都加入了军差。"这种军运对轮船运输带来的痛苦,一位轮船经理曾向记者总结如下:"(1)在行驶中途也要被拉;(2)已装上货的船,商人只能把货物搬到岸上堆积起来;(3)差费过低,不敷燃料成本,还

---

① 国营招商局:《国营招商局产业总录》,1947年5月印本,第312—313页。

② 国营招商局编:《国营招商局七十五周年纪念刊》,1947年12月印本,第96页。

③ 《复员航运瘫痪》,上海《大公报》1946年9月23日。

要半年一结,等于拖欠。"①

1947 年年底,上海《大公报》更是指称,"在各地战争急剧进行的今天,国营招商局是军运的大本营,每天有 40 多条船在南北洋及长江线装运军队和军火"。②

但是与招商局这种国营企业相比,抗战结束后民营企业的待遇就大大不如以前了。抗战期间在大后方作出巨大贡献的民生公司就是一个典型。战后民生公司不仅无权接收敌伪轮船、地产和设备,而且在美援船舶的分配上也处于劣势。国民党政府从美国购买的大部分轮船都分配给了国营的轮船招商局,民生公司仅在 1946 年 7 月从国民党政府购买的美国船只中获得 5 只适合川江的登陆舰。③ 此外,民生公司还通过入股复兴航业公司,分配到了少量美国船舶,作为国民党政府对战时军事征用民间船舶造成损失的赔偿。

战后民生公司未能获得国家资本的支持,因而转向利用外资,但也遭到国民党政府的阻挠。1944 年 11 月,民生公司总经理卢作孚赴美参加国际通商会议,借机考察了美国各地的造船厂,感到美国造船价格昂贵,随后又前往加拿大,参观了蒙特利尔、多伦多等地的造船厂。加拿大国会 1944 年通过了一个"输出信用保险法案",采取降低利率的办法,鼓励外国向加拿大借款,并以借款在加拿大订购工业产品。于是卢作孚决定在加拿大借款造船。④ 民生公司在 1945 年春获得加拿大政府同意担保,由加拿大帝国银行、多伦多银行、自治领银行三家联合贷给民生公司 1500 万加元。根据民生公司董事会常务董事会议的记载,其大体情况是,民生公司用获得的这 1500 万加元在加拿大订造行驶长江上游宜昌至重庆段的客货轮 12 只,总造价 750 万加元以内,行驶长江中下游上海至宜昌段的大型客货轮 6 只,总造价 750 万加元以内。"造船两项总价值不超过加

① 张乃刚:《航业七年》,上海《大公报》1947 年 6 月 10 日。

② 上海《大公报》1947 年 12 月 13 日。

③ 凌耀伦主编:《民生公司史》,人民交通出版社 1990 年版,第 385 页。

④ 中国人民政治协商会议全国委员会、文史资料研究委员会编:《文史资料选辑》第 33 辑(内部发行),中华书局 1963 年版,第 287 页。

币 1500 万元，其中 15% 交付现金，85% 为长期借款，总数在加币 1275 万元以内。"这项长期借款的还本付息方式为，"自交船第 3 年起开始还本，分 10 年还清"。借款的利息"最高不得超过四厘半，待正式立约时确定"。这项贷款"由民生公司出具期票，由加拿大政府为民生公司向船厂保证到期付款，使其期票能转售于银行，先由中国政府致文加拿大政府，为民生公司保证到期付款。在造船的一年期间，民生公司需要交付 15% 即加币 1712500 元"。[①]

可以说，经过多方努力后获得的这笔由加拿大政府作担保、由三家加拿大银行实行的、给民生公司的购船贷款，是一笔长期、低息、大款额的贷款，特别是年息最高不超过四厘半，可说是十分优惠。现在手续上只需国民党政府同意为民生公司贷款作担保，这笔贷款就可最后成立。可就在卢作孚怀着兴奋的心情于 1945 年 5 月由加拿大经美国转印度飞回重庆后，他没有想到的现实是，"呈请本国政府为利用外资担保，竟比同加拿大政府谈判还困难棘手"。[②]

呈请国民党政府为民生公司作担保，需分别呈文行政院、交通部、战时生产局、外交部、财政部等部门，战时生产局在行政院院长宋子文的指示下，在批复民生公司的公文中称："百分之十五现款所需外汇可由政府结汇，百分之八十五长期借款亦可由政府担保"，但"该项船只应归政府所有，由政府租给该公司使用"。也就是说，民生公司历经千辛万苦获得加拿大政府同意的造船贷款，要国民党政府担保可以，但所借款项由民生公司偿还，建造的船只却要归政府所有。

而由交通部奉命拟定的《民生公司向加拿大借款造船由政府担保办法》第十二条中，则进一步苛刻地把战时生产局所拟公文中"百分之十五现款所需外汇可由政府结汇"改为"应由该公司自行筹供"。另外，还有还款需"按月提存本年应还之本息，缴存政府指定之国家银行"；"该项船舶的营业收入不足偿还该年应还之本息时，应在其他航业收入项下按月

---

① 张守广：《卢作孚年谱长编》，中国社会科学出版社 2014 年版，第 1018 页。
② 凌耀伦主编：《民生公司史》，人民交通出版社 1990 年版，第 330 页。

提交";"民生公司在借款未还清之前,对于该项船舶不能设定任何权利或转移";"该项船舶修理费用,由民生公司负担";"政府如有运输上之需要,该项船舶应优先供应政府使用"①等项规定。

交通部所拟的这些条文中,不仅把战时生产局批复同意的民生公司可以按官价结汇 15%的内容一笔勾销,要民生公司"自行筹供",还要把民生公司的船舶"全部抵押于政府"。并且把为民生公司担保的机会,转化成控制民生公司新造船舶和其他航业的手段,进而达到吃掉民生公司的目的。国民党政府的这些所作所为,是卢作孚没有想到的,也使他十分忧愤。此时,恰逢为中国化学工业作出巨大贡献的企业家范旭东向美国进出口银行商定贷款 1600 万美元,准备在战后建设 10 个化工厂的计划同样遭到国民党政府的拖延和阻挠,迟迟不予担保而未能实现,范旭东为此忧郁不乐,而于 1945 年 10 月病逝。此事引起社会各界对国民党政府的指责,民生公司向加拿大借款受到刁难一事也得到社会关注。特别是这时日本投降后大批政府机构、学校和内迁公私厂矿的人员和家属要返回家园,沦陷区需要接收,对轮船航运力量的需求十分巨大,在社会舆论和客观需要的双重压力下,国民党政府不得不为民生公司的借款担保,由于国民党政府机构的文牍主义和官僚作风,这些担保手续一直拖延到 1946 年夏天才办理完毕。可这时由于国际形势风云变幻,加上美国和加拿大的物价上涨等因素,原贷款只能够造船 9 只了(小船 6 只,大船 3 只),比原计划少了一半,使民生公司少造了大小船舶 9 只,蒙受了巨大损失。

此外,民生公司利用美国低价出售战时剩余物资的机会,向美国购买了巨型坦克登陆艇 5 只、大型油轮 1 只、中型登陆艇 4 只,以及尚未建造完成的驳船 10 只;向联合国善后救济总署水运处购得 L.S.型登陆艇 2 艘;又在加拿大购买了 3 只扫雷艇,改装为拖轮。这些船只后来在美国和加拿大经过改造以后,陆续驶回国内。其中 5 只巨型登陆艇改建成三千吨级的"远"字号货轮,即"怀远""宁远""定远"等,行驶沿海;1 只大型运

---

① 张守广:《卢作孚年谱长编》,中国社会科学出版社 2014 年版,第 1030—1031 页。

油船改建成"太湖"号海轮,行驶海上;3 只扫雷艇改建为"生"字号拖轮,即"生哲""生辉"等,行驶长江。以后民生公司又与金城银行合作,组成"太平洋轮船公司",在美国购买了"黄海""东海""南海"3 只海轮,航行东南亚各国和日本。①

　　从 1945 年至 1949 年,民生公司的船舶急剧增长,见表14-40。船舶总数增加了 14%,总吨位增长了 179%,功率增加了 168%,载重能力增加了296%。在 1949 年的 96 艘船只中,增加的新船有 40 艘,共 49382.7 总吨,占 1949 年公司轮船总吨位的 68%;1000 吨级以上的甲级船增加到 15艘,共 43800 总吨,占公司全部轮船总吨位的 60.4%,为 1945 年甲级船的6.24 倍;新增船只的平均载重量、功率和速度也有很大提高,战时船只一般速度是 18.53—25.52 公里,平均功率为 618 马力,平均载重量 105 吨。战后新增船只航速一般增加为 25.52—27.8 公里,功率为 2088 马力,提高了 2.37 倍,平均载重量为 650 吨,增加了 5.19 倍。

表 14-40　民生公司船舶增长情况（1926—1949 年）

项目 年份	船舶数 （艘）	总吨位 （吨）	载重量 （吨）	功率 （马力）
1926	1	70	20	180
1936	47	20409	7175	40548
1945	84	26004	8795	49832
1946	92	33667	15370	73492
1947	95	51683	25390	96632
1948	91	58214	28835	107692
1949	96	72469	34800	133362

注:以上数字均为年底实有数。

资料来源:根据长航档案,永久 105 号,第 114、52—54 页资料制作。见凌耀伦主编:《民生公司史》,
　　　　人民交通出版社 1990 年版,第 350 页。

---

　　① 童少生:《回忆民生轮船公司》,《重庆文史资料》第 17 辑;王世均:《民生公司向加拿大借款造船的经过》,《全国政协文史资料选辑》第 49 辑。

战后随着沿海封锁的解除,海运的畅通,特别是战败国航运势力退出中国,以及英国在华航运势力的削弱,在中国各通商口岸往来外洋和内地的航线上,□国航运业的发展有了充分的空间。尽管国营招商局的实力急剧扩张,但七远未达到战前各港口进出外轮吨位的总和。而拥有大批海轮的招商局正忙于内战的军运,无暇发展沿海和远洋航运。这为民生公司积极开拓沿海航线提供了机遇。民生公司把长江航线的业务中心转移到上海,作为向沿海和远洋发展的基地。增辟由上海到台湾、汕头、香港等地的南洋航线,和由上海到连云港、青岛、天津、营口等地的北洋航线。另外,还在台湾、广州、香港等地设立分公司或办事处,进而把航线延伸到越南、泰国、菲律宾、新加坡和日本。

国民党政府长期强迫征用民生公司的船只承担差运。① 而且应差的运费还被肆意克扣和拖欠。早在抗战期间,民生公司就已多次向有关部门呼吁:“差费收入,不敷支出甚巨,仅及成本五分之一,甚有差费收入不敷润滑油(支出)者。”②1946 年国民党政府运送大批官兵和军用物资出川到内战前线,民生公司即奉命担负了62%—72%的运输任务。当时一艘船只的差运收入只及客货营运收入的1/5,造成民生公司全年少收入 63 亿多元。③ 在承担差运中,运费还不能适时和完全到位。此后,随着国民党统治区通货膨胀越来越严重,民生公司连年亏损,1947 年因承担政府各种差运,“按当时运价计算约共损失七百五十一亿七千万元”。④ 民生公司在造船购船方面背负了沉重的外债,国内营业又受到应差运输和内战带来的种种影响,再加上政府和招商局的各种限

---

① 1945 年全年民生公司的“应差船只共 187 艘,3411 日(逐月累计)”。1946 年“上半年应差船只 102 艘,2005 日,应差日较去年增加约百分之十七”。见长江航海管理局、武汉大学历史系编:《民生轮船公司历史资料汇编》第三编,1960 年油印本,第 7 页。

② 凌耀伦主编:《民生公司史》,人民交通出版社 1990 年版,第 372 页。

③ 凌耀伦主编:《民生公司史》,人民交通出版社 1990 年版,第 372 页。

④ 长江航海管理局、武汉大学历史系编:《民生轮船公司历史资料汇编》第三编,1960 年油印本,第 56 页。

制排挤①，到 1949 年时，"公司在经济上已到了濒临破产的边缘"。②

　　航运业与国防和主权密切相关，国民党政府因此一贯主张航运国营。抗日战争全面爆发前，由于中国航权尚未完全收回，国民党政府未能在航运业推行国营政策，但通过将招商局国有化加强了对航运业的干预。抗战时期，东部地区大量工厂、机关、人员向西迁移，均需依赖民生公司的川江航运。因此，当国家资本在其他领域普遍扩张时，国民党政府却通过免税、借款、补贴等方式，在航运业中大力扶持民生公司，使之在抗战时期成为规模最大的航运企业。抗战结束前夕，国民党政府通过签订中英、中美新约完全收复航权，并在此基础上制定了国营主导、民营辅助、限制外股、侧重外债的战后航业政策。依据这一政策，在战后接收敌伪资产和分配美援船舶时，国民党政府均侧重国营招商局，而民生公司却失去了国民党政府的支持。民生公司的战后经营并未按照国民党政府的航业政策，集中于内河干线和支线，而是大力拓展沿海和远洋航线，与国营招商局形成了正面竞争。

　　美国向中国提供援助主要是出于自身利益的考量，并不一定符合中国的实际需要，这是战后美国对华援助失效的一个重要原因。而且尽管美国在战后中美关系中占主导地位，但美国对华经济援助是中美两国交涉互动的产物，国民党政府对美求援的能动性也不容忽视。此外，中美两国在战后确立了政府对接的求援—施援渠道，不仅限制了中国从美国获得战后经济重建资本的途径，而且助长了国民党政府对经济的干预，为美国对华政策的失败埋下了种子。美国给予的经济援助增加了国民党政府干预经济和独裁政治的能力，这与战后美国援华政策的目标背道而驰，最终导致美国对华经济援助难以为继。③ 战后中国航运业国营招商局的急剧扩张为美国援华的悖论提供了一个生动的例证。

---

① 如国民党政府对客货运价的限制，招商局挖民生公司墙脚，高薪聘请民生公司高级职员等。招商局总经理徐学禹制造舆论，要"吃掉民生公司"等。见凌耀伦主编：《民生公司史》，人民交通出版社 1990 年版，第 376、383—385 页。

② 凌耀伦主编：《民生公司史》，人民交通出版社 1990 年版，第 396 页。

③ Chu-xiong GeorgeWei, Interest, Mentality, and Strategy: Americans and China's Economic Reconstruction, 1944–1949, Ph. D. Dissertation, Washington University, 1996.

第十五章

抗日战争和解放战争时期的
对外经济关系

抗战期间国民党统治区的对外经济关系,受战争形势变化支配而呈现出错综复杂的势态。其中,对外汇兑等主要由"抗战时期国民党统治区的金融"章节叙述,在本章我们主要论述"外贸""外债"及外来经济援助。国民党政府加强了对进出口贸易的统制。苏联、美、英等大国纷纷对中国进行易货贷款。因此,易货贷款成为战时国民党统治区对外经济关系的一个重要形式。

国民党政府在抗战期间,注意发展中苏经济关系,注重维持和发展中国与美、英等反法西斯国家的经济关系,这样做既有利于中国的抗日战争,也有利于国际反法西斯战争。而在盟国对华态度方面,大致以 20 世纪 40 年代初为界分两个阶段。在前一阶段,苏联积极帮助中国抗战,以大量军火和军需品援助中国。而此时美、英对中国与日本双方采取"骑墙"态度,对中国的援助较少,在后一阶段,特别是太平洋战争爆发后,美、英两国都受到日本军队的攻击,损失惨重,因而改变过去"坐山观虎斗"的态度,对日宣战,并增加了对国民党统治区的经济援助,意图通过为中国提供武器和金钱,让中国军队为其拖住日军很大一部分兵力。在这一阶段,苏联因忙于对付法西斯德国,对华援助相对较少。这一切,都对战时国民党统治区对外经济关系的变化产生了重要影响。

中国抗日战争取得了巨大的胜利，经受了巨大的战争创伤，中国百废待兴。但是，以蒋介石为首的国民党反动派，在美帝国主义支持下，又把中国拖入内战的旋涡。由于内战规模不断扩大，国民党政府的财政赤字日趋庞大，对美援、对外债的依赖也越来越大。这对解放战争时期国民党统治区对外经济关系的变化产生了重要影响。

第一节　抗战时期国民党统治区的 对外经济关系

日本帝国主义发动全面侵华战争以后，中国东部沿海大片富庶土地被日军侵占，沿海进出口口岸丧失，原有的 47 个海关仅存 12 个，即重庆、宜昌、瓯海、闽海、梧州、南宁、雷州、龙州、昆明（蒙自、腾越）、思茅、拱北。又新设洛阳、兰州、西安、上饶、曲江 5 关，共 17 关，对外贸易急剧下降。国民党政府认识到"我国欲图持久制胜，势非控制资源、管理贸易，不足以巩固财政金融基础而供应长期抗战之需要"[1]。一方面建立相应机构，实施对外贸易管制；另一方面创办国营公司进行独占性经营。日本侵略势力为了削弱和破坏中方经济实力，并实行其"以战养战"计划，对中方实行严密的经济封锁，同时想方设法套购中方外汇，抢购中方物资等。国民党政府在对日进行军事抵抗的同时，也不得不与日本侵略者进行复杂激烈的贸易战、资源战等。

苏、美、英等大国在中国抗战期间，纷纷参照战前德国的做法，对中国进行易货贷款。这主要是因为苏、美等国在参加世界大战前需要备战，及战争爆发以后都急需购置和储存重要的战略物资，中国的钨、锑、锡等特种矿产以及桐油、生丝、猪鬃、茶叶等农产品为它们所需要；而国民党政府

---

① 《贸易委员会工作概况》（1937—1948 年），财政部档案一四八/153。中国第二历史档案馆藏。

急需国外军火、设备和资金,只有用国内农矿产品来偿付。因此,易货借款成为战时国民党统治区对外经济关系的一个重要形式。

一、战时外贸统制政策的演变

20世纪30年代中国外贸环境的恶化大致从1931年日本帝国主义发动"九一八事变"后开始。日本帝国主义发动"九一八事变"侵占中国东北后,中国对外贸易出现了三大问题:一是进出口贸易出现大滑坡。二是贸易逆差更为严重。由于在世界经济大危机中资本主义各国都高筑关税壁垒以保护本国利益,使中国出口大受影响;再加上民国时期中国唯一的贸易出超地区——东北被日军占据,中国贸易逆差迅速扩大。"九一八事变"后的第二年,即1932年,贸易逆差已突破4亿关两。1933年逆差已达4亿5960万关两,接近当年出口贸易总额。以后几年的贸易逆差也一直很大。1920—1929年中国年均贸易逆差值达1.15亿关两,而1931—1936年中国年均贸易逆差高达3.47万关两,已是20世纪20年代年均逆差值的3倍多。[1] 三是华北日货走私之风日益加炽。日本侵略势力在侵占东北后,就把华北走私作为促使华北"隶属于(日本)帝国势力之下"的重要手段[2],不断用武力干扰中国海关缉私工作,庇护走私活动。1935年年底冀东伪组织成立后,不仅是白糖、人造丝等高税商品,其他"凡百物品,莫不以此冀东之间隙入",日货走私活动日益猖獗,1936年走私货值较前两年增加了一倍多。估计1936年时毒品、军火及一般商品走私进口值高达2亿3110万关两。[3]

1937年"七七事变"后,中国沿海进出口口岸大部分丧失,国民党统治区对外贸易受到极大破坏,外贸形势进一步恶化。

---

① 陈争平:《1895—1936年中国国际收支研究》,中国社会科学出版社1996年版,第50—52页。

② 《日本驻平特务机关松室孝良上关东军的密报》,《民国档案》1987年第4期。

③ 陈争平:《1895—1936年中国国际收支研究》,中国社会科学出版社1996年版,第42—44页。

1937 年 8 月 13 日,日军进攻素以贸易枢纽著称的上海,以往通过上海口岸的进出口贸易出现梗阻。为了打破此种困窘局面,国民党政府开始对贸易政策进行调整。9 月 13 日,国民党政府财政部拟定《增进生产调整贸易办法大纲》,获国防最高会议通过。为强化贸易管制,该办法大纲决定设立"贸易调整委员会",隶属于军事委员会,以调整、促进国营民营贸易相关事务。该办法大纲规定:在进口方面"除军用品外,其必需物品应许其照常进口,或酌量减低其关税,其余需要物品关税照旧,至奢侈消耗品则增高其关税,由财政部主办外交部协助,并随时采纳贸易调整委员会之意见";此外,军需品及政府所用物品"仍由资源委员会及军事机关主办,农产、工矿、贸易三委员会均应尽力协助"。在出口方面"就原有国营及中外商营经理出口机关,办理收买输出等事项",由贸易调整委员会"以督促管理之,并予以资金运输之充分协助及补助其亏损"。[①] 国民党政府委派著名银行家、上海商业储蓄银行总经理陈光甫出任贸易调整委员会主任委员。财政部拨款 2000 万元给该会供"自行购买商品运销外洋推销之用"等。[②] 后又拨付运销资金 200 万元。11 月 5 日,行政院颁发《农产工矿贸易调整委员会组织纲要》,明确贸易调整委员会"负调整战时农产工矿贸易之职责,促进原有或新设之国营及民营农产工矿贸易事业之发展,并予以资金及运输之协助"[③]。

1938 年 2 月,国民党政府考虑到贸易事务与关务、外汇、外债等密切相关,而这些业务又属财政部的职责范围,为便于部门间的协助沟通,将贸易调整委员会改隶财政部,易名为"贸易委员会",并将原属实业部之国际贸易局并入该会,从而统一了外贸的行政权。国民党政府规定贸易委员会主要职能为:"(1)关于进出口贸易之管制事宜;(2)关于国营对外

---

① 重庆市档案馆编:《抗日战争时期国民政府经济法规》下册,档案出版社 1992 年版,第 279—281 页。

② 重庆市档案馆编:《抗日战争时期国民政府经济法规》上册,档案出版社 1992 年版,第 55 页。

③ 中国第二历史档案馆编:《中华民国史档案资料汇编》第 5 辑第 2 编,财政经济(9),江苏古籍出版社 1997 年版,第 434 页;重庆市档案馆编:《抗日战争时期国民政府经济法规》上册,档案出版社 1992 年版,第 57 页。

贸易之督促、考核事宜;(3)关于商营对外贸易之调整、协助事宜;(4)关于出口外汇之管理事项;(5)关于对外借款,购料、易货、偿债之筹划、查核、清算事项;(6)其他关于物资供求之调节事项。"①贸易委员会内设秘书、业务、财务、调查等处,其核心部门业务处"掌理指导协助各进出口公司行号,及自行办理采购包购包装推销或委托购售国货商品,并管理本会设立之公司,经营进出口贸易业务"。同时,为便于贸易行政及相关业务的开展,国民党政府明确要求贸易委员会应在国内外重要地点设立办事处,其自行设立的贸易公司应在国内外设立分公司。贸易委员会组织成立了富华公司、复兴商业公司、中国茶叶公司这3个专门经营猪鬃、桐油、茶叶等土特产的国营出口贸易公司,并在各省和地方设分支机构,从敌伪手中和后方各省抢购各种出口土特产品。钨、锡等矿产品则由资源委员会矿产出口运销处统购后出口。财政部贸易委员会的设置,统一了进出口贸易事权,为战时统制贸易的实行提供了制度保证,标志着国民党政府战时贸易统制机构的正式组成,以往的自由贸易政策开始逐步向战时外贸统制政策转轨。

　　1938年3月,中国国民党临时全国代表大会召开,会议通过了《抗战建国纲领决议案》《非常时期经济方案》。《抗战建国纲领决议案》指出,国民党政府的贸易政策为"巩固法币,统制外汇,整理进出口货,以安定金融"。《非常时期经济方案》则针对贸易不畅、出口受阻、外汇减少提出对策:(1)添设国内交通线路,扩充国际交通线路,发展交通机构,以使货畅其流,进而改进对外贸易,增进国产的出口,"对友邦亦应求各种物资得以充分交换,庶减少因海口封锁而发生之困难";(2)政府应限制进口增加出口,通过输入申请、举办消费税等方法阻止非必需品的输入,同时促进生产及抗战必需之工具的输入,并通过便利运输、举办兵险、政府推销等方法促进出口,"以期多得外汇";(3)"奢侈品应分别限制禁止",奢侈品消耗财力、物力为数甚多,且多购自海外,使得巨额资金流出,害国病

---

　　①　中国第二历史档案馆编:《中华民国史档案资料汇编》第5辑第2编,财政经济(9),江苏古籍出版社2000年版,第408—410页。

民,政府应当明定办法,予以限制或禁止。① 战时外贸统制政策进一步具体化,并将其与外汇管理政策紧密结合。

在出口贸易方面,抗战前期国民党政府为了适应抗战形势变化,"以期多得外汇",积极促进商营出口贸易,"对于出口商人予以贷款、垫款及保证借款、代办运销等项协助,并对主要输出物品之产制运销,酌予指导技术,融通资金,或筹划运输,以补商民能力之不足""同时,政府对于结汇货物,更予以豁免捐款,配备运输,代保兵险及提高收价,以期优惠农商,增加出口""实施以来,成效颇著"。② 1937 年 8 月 31 日,国民党政府公布了《食粮资敌治罪暂行条例》,规定凡以谷、米、麦、面、杂粮及其他可充食粮的物品供给日军者,处以死刑;虽非直接供给日军,而在非常时期将禁止出口的食粮私运出口在十万斤以上者,以资敌论;包庇或纵容前两项犯罪者,以共同正犯论罪。③ 1938 年 10 月 27 日,国民党政府又颁布《禁运资敌物品条例》,明确规定,"凡国内物品足以增加敌人之实力者",一律禁止运往"敌国及其殖民地或委任统治地"以及沦陷区。④《禁运资敌物品条例》实施后,经济部随即公布《禁运资敌物品一览表》,将牛等牲畜、米麦等粮食品、桐油等农产品、金属产品以及矿产品等物品列为禁运资敌物品。

在进口贸易方面,国民党政府在抗战前期主要从限制非必需品进口、肃清日货以及奖励急需品进口三方面进行贸易统制。1938 年 3 月,国民党临时全国代表大会通过的《非常时期经济方案》,提出要"集中物力、财力""应以供给前方作战之物资为其第一任务",明确提出"奢侈物品并非生活所必需,而消耗物力为数甚多,且往往购自国外,使巨额资金流出,害

① 荣孟源主编:《中国国民党历次代表大会及中央全会资料》下册,光明日报出版社 1985 年版,第 486—495 页。
② 中国第二历史档案馆编:《中华民国史档案资料汇编》第 5 辑第 2 编,财政经济(4),江苏古籍出版社 1997 年版,第 502 页。
③ 重庆市档案馆编:《抗日战争时期国民政府经济法规》上册,档案出版社 1992 年版,第 185—186 页。
④ 重庆市档案馆编:《抗日战争时期国民政府经济法规》上册,档案出版社 1992 年版,第 198 页。

国病民,最为可惜,仅恃宣传劝告,效或未周,政府当明定办法,酌为限制,其为害尤重者,并可通令禁止使用,以挽颓风"。① 1939 年 7 月 1 日,国民党政府颁布《非常时期禁止进口物品办法》,同时附《禁止进口物品表》,如洋酒、洋烟、鲍鱼、海参、人造丝织物、花边、绣货、象牙、毛织物及化妆品等都是禁止进口物品②,以此直接管制非必需品进口。

1938 年 1 月 20 日,国民党第五届中央常务委员会通过了对日经济绝交办法,规定由各地抗敌后援团体或经济绝交委员会,会同当地办理登记日货以及商铺作不进日货事宜。1938 年 10 月 27 日,国民党政府公布施行《查禁敌货条例》,规定"敌货"包括:(1)敌国(日本)及其殖民地或委任统治地之货物。(2)第一款区域外工厂商号由敌人投资经营者之货物。(3)第一款区域外工厂商号为敌人掠夺编制或利用者之货物;敌货"一律禁止进口及运销国内",敌货查获后"一律予以没收"。1941 年 9 月 3 日,国民党政府又对《查禁敌货条例》进行增补修订,公布实施《修正查禁敌货条例》③,细化并拓展了原条例的内容,进一步严密了查禁敌货的工作程序。之后,国民党政府把"根绝敌货"作为对敌经济战的重要内容。

抗战后期,物资极为缺乏,形势又有了很大变化,国民党政府的贸易政策也不得不进行调整,由原来偏重鼓励输出以换取外汇的政策,转变为进口出口并重。对于进口而言,争取物资成为抗战后期政策的重中之重。1942 年 5 月 11 日,国民党政府公布《战时管理进口出口物品条例》。该法规对进出口概念范围进行重新界定,以"依封锁敌区交通办法规定之封锁线"为"国界",这实际上是对战争造成的相持阶段实际状态的一种承认(但是这所谓"国界"毕竟是假的,是暂时的④)。该条例规定,"自本

①　秦孝仪主编:《中华民国经济发展史》第二册,台北近代中国出版社 1983 年版,第 604—611 页。

②　重庆市档案馆编:《抗日战争时期国民政府经济法规》下册,档案出版社 1992 年版,第 280—285 页。

③　重庆市档案馆编:《抗日战争时期国民政府经济法规》上册,档案出版社 1992 年版,第 192—195 页。

④　以后的学者在引用历史文献原文时,请注意在里面有"陷阱",在进行对外贸易时要当心假"外"。

条例公布后凡与本条例有抵触之法令概不适用"，这等于宣告此前为禁止进口及对日封锁而颁布的《查禁敌货条例》《禁运资敌物品条例》等即行废止。该条例的核心意义在于对进出口货物不再以敌友为取舍标准，很多过去曾遭禁运物品如蚕丝织品、呢料、印刷用纸、普通食物用具等，一概弛禁，只要有利于增强抗战物力，不论来自何国何地，均准予进口。[①]新条例对于调动商人抢购物资内运的积极性，充实后方物资、增强抗战物力具有积极意义。1942 年 6 月 22 日，国民党政府行政院又公布《战时争取物资办法大纲》，主要内容为购运人抢购物资入封锁线或国境时，应向相应机关申请登记；物资运到相应地点后，购运人可自由出售，亦可由主管机关按成本加利润作价收购，并加给奖金；政府相应机关应给予购运人抢购物资以金融、运输、保险等方面的便利，并减免除国税外的各种捐税。[②]《战时争取物资办法大纲》为抗战后期的物资战提供了基本指针。

抗战初期国民党政府为了促进富余产品输出以换取外汇，曾经对民营出口商予以奖励。随着国营出口贸易逐步加强，民营出口贸易渐衰。1944 年 4 月 25 日，国民党政府财政部公布《促进民营进出口贸易办法》[③]，实际上又转而鼓励民营进出口贸易了。这种政策转变，对于抗战后期主要交通线被切断以后保障抗战及民生物资的供给，发挥了一定的积极作用。

二、战时国民党统治区进出口贸易

（一）出口贸易

1937 年前，西方资本主义各国为了摆脱经济危机，纷纷实行输入贸

---

① 重庆市档案馆编：《抗日战争时期国民政府经济法规》下册，档案出版社 1992 年版，第297—308 页。

② 重庆市档案馆编：《抗日战争时期国民政府经济法规》上册，档案出版社 1992 年版，第158—159 页。

③ 重庆市档案馆编：《抗日战争时期国民政府经济法规》下册，档案出版社 1992 年版，第296—297 页。

易统制政策,限制进口,对农产品限制更严,而中国出口商品以农产品及其制成品为主,因此出口贸易大受影响。1934年中国出口值降至4.34亿关两,仅及1931年的38.6%。1935年、1936年,由于世界经济逐渐复苏,出口也稍有增加。1937年日本帝国主义发动全面侵华战争后,国民党统治区沿海进出口口岸大部分丧失,对外贸易受到极大破坏。

如前所述,为了适应抗战形势变化,为了"多得外汇",国民党政府积极促进出口贸易,但是又注意对国内急需物资尽力避免外流,故而"促进"输出与"禁止"出口同为战时并行不悖的两种方策。国民党政府将物品分为两大类,一类是紧缺的军需及必要物资,如钢铁、五金及其制品、棉花和粮食等,为保护资源而绝对禁止出口。另一类为可出口物品,其中又分:(1)结汇出口的蛋品、肠衣、兽皮、羽毛等农副产品和一些矿产品;(2)政府机构专营出口的桐油、猪鬃、生丝、羊毛、茶叶等农副产品,及钨、锑、锡、汞、铋、钼等特种矿产。

全面抗战开始后,国民党政府逐渐意识到,对民营贸易调整促进政策的实施虽然使得民营出口贸易得以维持,但却难以将组织分散、资金薄弱、经营方式落后的中国商人组建成能够应付战时贸易困局的全国性民营贸易系统,并且随着战事的准行,局面的日趋紧张,政府与商民之间的利益矛盾逐步显现,与抗战大局有重要关系的贸易政策(包括易货贸易)时常因短视商人的消极抵制而效果减弱。因此,从支持抗战这一大局出发,建立国营贸易系统以适应整个抗战需要,便显得非常必要。故而,国民党政府自抗战前期开始,在对民营贸易的调整、统制的过程中,逐步建立起国营贸易系统,并订立有关政府机构专营出口贸易物资的统购统销法规。

中国茶叶公司战前原由实业部创设,本为官商合办性质。其业务范围主要为关于茶叶生产至增进及技术改良事项;关于茶厂、茶场之设置、经营及督导事项;关于茶叶贷款、收购及运输事项。1938年国民党政府与苏联政府签订易货合约,中方以农矿产品易取苏方军需品。因苏方需茶甚殷,国民党政府为偿付债款及维持债信考虑,不得不把茶叶首先纳入统购统销农产品,于1938年5月颁行《管理全国茶叶出口贸易办法》。

1939 年 5 月，行政院又将茶叶管理办法略加修正，出台《管理全国茶叶出口贸易办法大纲》，将全国茶叶外销完全纳入统制范围。该办法大纲规定，"凡各省茶叶之收购外销，均依据本办法之规定办理"，"各省茶叶收购外销事宜，由贸易委员会负责统筹办理，并由中国茶叶公司利用原有机构，尽量协助，其国外推销事宜，由中国茶叶公会办理"，"贸易委员会收购茶叶售出时如有损失，概归国库负担"。① 以往茶叶外销由各国洋行直接向茶栈订购，此后则转变为洋行向贸易委员会订购办理。因茶叶外销数额巨大，为扩大国营范围，1940 年 1 月由国民党政府财政部增资退还中国茶叶公司商股，把中国茶叶公司改组为纯粹国营公司，并划归贸易委员会管辖，主要办理茶叶对外贸易事项。中国茶叶公司在浙江、福建、湖南、江西、安徽、广东、广西、贵州、云南等省设有分公司。1945 年 4 月，中国茶叶公司并入复兴商业公司。

当时中国为世界猪鬃市场的第一供给国。猪鬃坚韧耐磨，是制造各种毛刷的天然优质原料，世界各国尤其是军事工业发达的国家，对于中国猪鬃的需求殷切。在全面抗战前猪鬃位居中国出口商品第 8 位，至 1939 年占总出口值的 4%，超过茶叶、桐油等而居中国出口商品第 4 位。1939 年 9 月 1 日，国民党政府公布《全国猪鬃统销办法》，明确规定"猪鬃为易货偿债所需，业经规定为政府统销货物，所有全国各色猪鬃之收购运销事宜，指定归贸易委员会统一办理"。1940 年 3 月 3 日，财政部将原统销办法加以修正，公布实施《修正全国猪鬃统销办法》，对猪鬃的统制侧重于统销。至 1941 年 11 月 24 日，《全国猪鬃统购统销办法》出台后，才对全国猪鬃实行全面统购统销，具体由富华公司负责。② 在贸易委员会成立之初，具体贸易经营业务原由该会在香港、上海设立办事处办理。后为避免日伪势力注意，香港等地办事处均改为富华贸易公司，主要负责将出口货物集中香港转销国外。富华公司逐渐转变为贸易委员会经营对外贸易

① 重庆市档案馆编：《抗日战争时期国民政府经济法规》下册，档案出版社 1992 年版，第 308—309 页。
② 重庆市档案馆编：《抗日战争时期国民政府经济法规》下册，档案出版社 1992 年版，第 309—313 页。

业务的专职机关。富华公司总公司设在香港,并于上海、重庆、长沙、广州、兰州等埠设立分公司。1940 年 6 月,富华公司正式组织为商业机构,办理凡茶叶、桐油以外的一切输出物资(以猪鬃、羊毛、生丝、皮张等项数量为最大,连同肠衣、羽毛、药材及其他杂货等)的收购运销业务。太平洋战争爆发后,富华贸易公司由香港迁往重庆,设在长江南岸的向家坡,与贸易委员会同在一处办公。1942 年 2 月,国民党政府为调整业务精简机构,将富华公司并入复兴商业公司。

1938 年年底,国民党政府与美国达成桐油易货借款协定,中方在 5 年内向美国市场输送桐油 25 万吨,并以其货款一部分偿还在美购货借款。为应对此项易货偿债需要,国民党政府遂拨资本 1000 万元成立了复兴商业公司。其业务范围为经营中国进出口贸易,接受中外各公司商行委托代办进出口货物。1940 年 10 月 24 日,国民党政府财政部公布《全国桐油统购统销办法》,由复兴商业公司负责全国桐油统购统销事宜。①1942 年富华公司归并到复兴商业公司后,公司业务范围扩充,如政府统销的桐油、猪鬃、羊毛、生丝等物品均划归该公司负责经营。复兴商业公司总公司设在重庆,在云南、贵州、广西、湖南、浙江、江西等出产桐油省份及香港、海防设立分公司或办事处扩展业务。抗日战争胜利后,贸易委员会及复兴商业公司于 1945 年年底被国民党政府裁撤。②

在全面抗战爆发前,国民党政府已经通过资源委员会对钨、锑等特种矿产的产销进行统制。1939 年 12 月 2 日,国民党政府经济部公布《经济部矿产品运输出口管理规则》,再次明确,"钨、锑、汞、锡、铝各矿产品收购运销之管理,由经济部资源委员会执行之"③。至此,这六种特矿产品均由资源委员会就民间各矿进行统筹购销,并择定重要矿区自行开采,以应对各国易货偿债及换取外汇需要。资源委员会下设钨、锑、锡、汞 4 个

①　重庆市档案馆编:《抗日战争时期国民政府经济法规》下册,档案出版社 1992 年版,第 313—314 页。

②　财政科学研究所、中国第二历史档案馆编:《民国外债档案史料》第 11 卷,档案出版社 1991 年版,第 18 页。

③　重庆市档案馆编:《抗日战争时期国民政府经济法规》下册,档案出版社 1992 年版,第 122—123 页。

专业管理处以及国际贸易事务所负责办理出口贸易业务。

财政部贸易委员会下辖的富华贸易公司、复兴商业公司、中国茶叶公司这三大国营公司分别垄断猪鬃、桐油、茶叶等土特产的出口;钨、锑、锡、汞、铋、钼等特种矿产由资源委员会实行统购统销,出口时须经贸易委员会批准。

在国民党统治区战时各种贸易统制措施综合作用下,出口贸易曾经一度有所增长,1937年出口总值仅8.38亿元,到1941年增加到29亿余元。1942年以后由于海陆口岸尽失,仅有空运通向印度,出口锐减,1943年仅1.65亿元,尚不及1937年的20%。8年出口总值为88.5亿元。① 若以货物而论,8年间共出口生丝208157公担,价值97560.7万元;茶叶147846公担,价值25722.2万元;桐油2513949公担,价值33386万元;猪鬃195303公担,价值77492.6万元;棉花2050095公担,价值21717.5万元;棉纱542037公担,价值26363万元;棉织物619492公担,价值34191万元;煤1191公担,价值24735万元;铁矿砂75.35万吨,价值6131万元;钨矿砂2.63万吨,价值2.5亿元;锑1.58万吨,价值3465万元;锡2.44万吨,价值3.06亿余元。②

战时国民党统治区生丝、茶叶、桐油、棉纺织品、猪鬃、钨、锑、锡等出口货物,主要是向德国、美国和苏联等国换取军用物资等,以及偿还债款之用。1939年中德断交,中德贸易中断。太平洋战争爆发后,国民党统治区出口物品主要运往盟国,如钨、锑、锡、汞、铋、钼等特种矿产主要运往美、苏两国,支援盟国反法西斯战争。1942年以后由于东部与南部海陆口岸尽失,国民党统治区进出口贸易锐减,出口总值1943年仅有1.65亿元,进口总值1943年仅有1137万元,1944年只有605万元。③ 当时运往苏联的货物,必须穿越漫长的西北公路。对美国的出口货,则几乎全部要

---

① 秦孝仪主编:《中华民国经济发展史》中册,(台北)近代中国出版社1983年版,第664页(按可变价法币统计)。

② 秦孝仪主编:《中华民国经济发展史》中册,(台北)近代中国出版社1983年版,第664页(按可变价法币统计)。

③ 吴太昌:《抗战时期的国民党政府的贸易,物资管制及国家资本的商业垄断活动》,平准学刊编辑委员会编:《平准学刊》第五辑(下册),光明日报出版社1989年版,第669页。

由飞机运经印度,再去美国。① 1936—1948 年几种货物的出口量值统计见表 15-1 至表 15-5。

表 15-1　生丝出口量统计(1936—1948 年)　　　　　(单位:千担)

年份	白土丝	黄土丝	白厂丝	生丝总出口
1936	5	9	46	157
1937	6	7	52	164
1938	12	4	31	110
1939	25	2	43	148
1940	14	1	45	97
1941	11	——	31	88
1946	3	1	10	26
1947	2	——	6	28
1948	1	1	5	21

资料来源:Hsiao Liang-lin, "China's Foreign Trade Statistics,1864-1949", 1974,pp.102-110.

表 15-2　茶叶出口量值统计(1936—1948 年)

(单位:出口量:千担;出口值:1933—1947 年为千元;

1948 年为千金圆券)

年份	出口量	出口值
1936	616	30662
1937	672	30787
1938	688	33054
1939	373	30386
1940	570	104571
1941	135	40761
1946	114	1534617
1948	289	28320

资料来源:Hsiao Liang-lin, "China's Foreign Trade Statistics,1864-1949", 1974,pp.117-119.

---

①　郑友揆:《中国的对外贸易和工业发展(1840—1948 年)——史实的综合分析》,程麟荪译,上海社会科学院出版社 1984 年版,第 165—166、192—193 页。

表 15-3　豆类出口量统计（1936—1948 年）　　　　（单位：千担）

年份	豌豆等	大豆	豆饼
1936	1875	102	353
1937	1163	33	29
1938	429	38	20
1939	962	101	28
1940	635	193	114
1941	602	107	209
1946	124	94	2
1948	630	416	154

注："豌豆等"类别包括蚕豆等，1894 年前大豆、豆饼等总计在内；1913 年前大豆总计在内。

资料来源：Hsiao Liang-lin，"China's Foreign Trade Statistics，1864-1949"，1974，pp.80-81.

表 15-4　桐油出口量值统计（1936—1948 年）

（单位：出口量：千担；出口值：1933—1947 年为千元；

1948 年为千金圆券）

年份	出口量	出口值
1936	1434	73379
1937	1703	89846
1938	1150	39237
1939	554	33615
1940	384	56358
1941	340	93871
1946	538	67998094
1948	1258	131802

资料来源：Hsiao Liang-lin，"China's Foreign Trade Statistics，1864-1949"，1974，pp.95-96.

表 15-5　棉货出口值统计(1936—1948 年)

(单位:1933—1947 年为千元;
1948 年为千金圆券)

年份	原棉	棉纱	棉布	总计
1936	28198	12398	8970	49566
1937	31301	4845	7980	44126
1938	101003	22883	13640	137526
1939	8654	31767	36797	77218
1940	8452	70780	79540	158782
1941	60097	136741	202820	399658
1946	14886	455185	6330712	6800783
1948	—	123709	415526	539235

资料来源:Hsiao Liang-lin,"China's Foreign Trade Statistics,1864-1949",1974,pp.85-86.

(二) 进口贸易

全面抗战前中国在进口贸易方面,由于世界经济危机波及中国,再加上国民党连年发动内战,人民生命财产受到严重损失,社会购买力下降,对进口货的需求锐减。进口值连年下降,到 1935 年降至 6.75 亿关两,仅及 1931 年的 45.6%。全面抗战爆发后在进口贸易方面,国民党政府最初曾推行许可证制,供以官价外汇。另外,为了支持长期抗战,中国急需进口大批军火武器,而进口武器的主要障碍是外汇短缺。抗战前夕,中国仅有 2.5 亿美元的外汇存底。后来,沿海城市相继沦陷,日本侵略者又封锁我海上交通,对外贸易大受打击,外汇来源更为短缺。国民党政府控制外汇,与日本人经济作战,于 1938 年 10 月公布《查禁敌货条例》,完全禁止从日本及其控制地区进口一切商品。1939 年 7 月公布的《非常时期禁止进口物品办法》,则主要是禁止奢侈品,不问货源。1940 年 9 月,由于迫切需要某些重要物资,开始放宽禁令,减少了禁止进口的项目,又鼓励汽油、棉织品、钢铁等重要物资进口,不论来自何方均可享受减税优待。太平洋战争爆发后,日用必需品严重短缺,又有60多种商品被解除禁令,改用特别许可证来控制。1942年5月,国民党政府又废止战争初期有关进出口物品管制的法规,同时颁布《战时管理进出口物品条例》,对进出口的管制有较大程度的放松,其目的是争取物资的输入,调整统制政策的方向,更好地发挥对外贸易效用。同时,陆续增列鼓励进口项目,棉制品、化学品、钢铁、汽油等均减税优待;后又普遍减税,进口税率只有战前的1/3。所以,对于进口实际上没有什么限制。①

国民党统治区各年进口值亦随贸易政策的变化而升降。1938年进口值达8639万美元,1939年受上年10月颁布《查禁敌货条例》的影响而陡降至3908万美元,后因政策放宽,使1940年增至6713万美元,1941年激增至13595万美元。这一时期进口商品主要是五金、钢铁制品、机器设备、化学品、汽油、煤油等,主要来自美国、德国、英国和东南亚国家等。太平洋战争爆发后,国民党政府对于紧缺物资,不管它们来自何方都鼓励进口,因而日本货、德国货被私商从沦陷区大量偷运到国民党统治区,以致1943—1944年来自德国和日本——均为中国的敌国——的进口货占国民党统治区进口总额的比重竟然分别高达46.5%和34.6%,居第一、第二位,美国居第三位。进口货主要是棉纺织品、化学品、机器等。到1945年时美国货所占国民党统治区进口总额比重又上升至第一位。②

(三) 贸易对象国的变化

战时进出口贸易统计,因日军占领上海等地海关后,问题较多。而大后方海关由国民党政府管理,诸多保密,难窥全貌。表15—6是郑友揆经过校订和补充的统计,为避免币值过大变动,按公开市场汇率折成,谨供参考。

① 有关贸易和统销的一些法令,见沈雷春等:《中国战时经济志》,文海出版社1973年版,中国战时经济法规第十一部分。
② 郑友揆:《中国的对外贸易和工业发展(1840—1948年)——史实的综合分析》,上海社会科学院出版社1984年版,第163—165、190—191页。

表 15-6A　抗战后方的对外贸易　（单位：百万美元）

项目＼年份	1938	1939	1940	1941	1942	1943	1944	1945年1—8月
进口	86.4	39.1	67.1	136.0	41.5	48.9	17.3	7.0
出口	59.5	21.3	14.9	20.0	32.1	25.9	18.3	8.8
出（＋）入（－）超	−26.9	−17.8	−52.2	−116.0	−9.4	−23.0	1.0	1.8

注：1. 美元计值（原海关统计后期用法币），并与表6-17采用同一规格，以便比较。

2. 本表并不反映国民党统治区全部对外贸易。首先，军用物资不在进口统计之列，易货贸易的输出也不在内；其次，后方与沦陷区的贸易虽属国内贸易，但沦陷区运后方者包括进口洋货，尤其日货，数额颇巨，后方运沦陷区者亦有出口商品；最后，国际交通线愈困难，走私进口愈猖獗，且多系权势之家，无从查获。因此，就对外贸易而论，实际入超远大于表列数字。

资料来源：郑友揆：《中国的对外贸易和工业发展（1840—1948年）——史实的综合分析》，上海社会科学院出版社1984年版，第171—176、191、193页；据许涤新、吴承明主编：《中国资本主义发展史》第3卷，人民出版社2003年版，第464页有关表格改编。

表 15-6B　抗战后方进口贸易各国和地区占比　（单位：%）

项目＼年份	1938	1939	1940	1941	1942	1943	1944	1945年1—8月
日元集团	0.2	0.2	—	—	1.3	22.8	14.4	1.0
美国	21.9	27.0	19.1	18.3	15.0	17.5	17.0	21.5
英国	9.7	6.3	6.4	3.6	6.7	5.9	10.1	3.2
德国	20.9	10.7	4.1	2.4	19.8	23.7	20.2	0.3
东南亚及印度	21.2	28.3	20.8	13.3	12.1	9.1	15.6	55.7
中国香港	4.7	13.8	40.2	58.3	10.7	14.5	15.8	13.3
其他	21.4	13.7	9.4	4.4	34.4	6.5	6.9	5.0

资料来源：郑友揆：《中国的对外贸易和工业发展（1840—1948年）——史实的综合分析》，上海社会科学院出版社1984年版，第171—176、191、193页；据许涤新、吴承明主编：《中国资本主义发展史》第3卷，人民出版社2003年版，第464页有关表格改编。

表 15-6C　抗战后方出口贸易各国和地区占比　　　（单位:%）

年份 项目	1938	1939	1940	1941	1942	1943	1944	1945 年 1—8 月
日元集团	2.1	—	—	0.8	—	—	—	—
美国	6.2	0.9	4.7	6.8	33.5	52.2	33.6	22.8
英国	4.5	1.6	0.5	—	—	—	—	—
德国	3.1	—	—	3.2	—	—	—	—
东南亚及 印度	11.6	31.4	17.7	2.9	4.2	0.9	9.5	6.5
中国香港	67.3	51.7	55.8	78.9	—	—	—	—
其他	5.2	14.4	21.3	7.4	62.3	46.9	56.9	70.7

资料来源:郑友揆:《中国的对外贸易和工业发展(1840—1948 年)——史实的综合分析》,上海社会
　　科学院出版社 1984 年版,第 171—176、191、193 页;据许涤新、吴承明主编:《中国资本主
　　义发展史》第 3 卷,人民出版社 2003 年版,第 464 页有关表格改编。

从贸易国别比较看,1938 年进口贸易中,美国居首位,德国居第二位,英国居第三位。德国居第二位是因为蒋介石一向采取亲德政策,抗战初期德国是中国军火的主要输入国。例如 1938 年 1 月中国进口的 3 万余吨军火中绝大部分自德国进口;其后两个月,德国又运华德制 HS123 型轰战两用机 12 架、迫击炮 300 门、高射炮 300 门及有关设备等。[1] 1939 年 9 月第二次世界大战爆发后,德货进口减少。但是,太平洋战争后,中国已向德国宣战,而德货进口却超过美货,连年居首位。同样令人惊异的是日本货进口也大增,居第二、三位。这与抗战后期国民党政府贸易统制政策演变有很大关系。"事实上日货进口在 1941 年以前也不少,而是隐藏在港货中。因 1938 年 10 月广州沦陷后,各国来货集中香港拆包、改装,作港货进口,故港货比重突增至 50% 左右。"[2]在 1943 年、1944 年,中国进口贸易中美国居第三位。进口货主要是棉纺织品、化学品、机器、纸

---

[1]　程天放:《使德回忆——柏林最后五个月》,《传记文学》第 7 卷第 6 期,第 20 页。

[2]　许涤新、吴承明主编:《中国资本主义发展史》第 3 卷,人民出版社 2003 年版,第 465 页。

张等。到 1945 年时美国货所占国民党统治区进口总额比重上升至第一位。1936 年中国由苏联进口的商品价值 37 万美元，占当年中国进口总值的 0.13%；从 1937 年到 1941 年，中国从苏联进口的军火及其他物资的总值达 17318 万美元，年平均进口 3464 万美元，是 1936 年进口值的 94 倍。1936 年，中国向苏联出口了价值 124 万美元的商品，与该年中国出口总值的 0.6%；1938 年后中国根据易货贷款协定，向苏联出口战略矿产品和农产品，以偿还贷款。1944 年，中国对苏出口值达 969 万美元，为 1936 年出口值的 7.8 倍，占该年出口总值的 52.9%，对苏出口首次超过对美出口，跃居第一位；1945 年 1 月至 8 月，对苏出口占出口总值的比重进一步上升到 70.3%。①

再从进出口商品来看，海关统计的进口，仍以棉纱及棉制品为多，次为化学品及染料，至于机器、工具、五金等占总值的不到 10%。不过，卡车、机车、铁路器材、汽油等由政府用军事借款进口，不在统计之列。有人估计 1938—1941 年不报关的政府进口为 9660 万美元，1942—1945 年为 9240 万美元，这就等于表 15-1 中报关进口数的 42.7%。又估计 1942 年以后的报关进口中有 1/4 是按官价汇率取得外汇的。② 因此，把表 15-1 中的报关进口额的 2/3 作为政府经营的进口，不会高估。出口方面，1938—1941 年资源委员会出口的矿产品约值 4276 万美元，贸易委员会出口的农产品约值 4362 万美元，共占本期出口总值的 75%。③ 余为商人出口，主要为药材、皮革、烟叶及杂品。1942 年以后，统制物资的官价与国内外市价相差太大，统计失去真实性，不过 75% 这个比率只会有增无减。④

① 徐万民：《八年抗战时期的中苏贸易》，《近代史研究》1988 年第 6 期。
② 此项估计见张公权：《中国通货膨胀史（一九三七——一九四九年）》，杨志信译，文史资料出版社 1986 年版，附表 T(2)。
③ 郑友揆：《中国的对外贸易和工业发展（1840—1948 年）——史实的综合分析》，上海社会科学院出版社 1984 年版，第 169 页。这些出口主要输往美国和苏联。在表 4-12 中，苏联是统计在"其他"栏内，1942 年以后，"其他"栏突增至 50% 以上，其中主要是苏联所占。但这时输苏商品并未大量增加，只因统计中中国香港、英国等栏消失，"其他"栏百分比自然增大。
④ 许涤新、吴承明主编：《中国资本主义发展史》第 3 卷，人民出版社 2003 年版，第 465 页。

三、战时国民党统治区的外债

全面抗战爆发后,国民党政府一方面急需国外军火、设备和资金;另一方面财政极为困窘,无力进口大量军火及设备等。苏联、美、英等大国参照战前德国的做法,对中国进行易货贷款。这主要是因为苏、美等国在战前形势紧张需要备战时,及战争爆发以后,都急需购置和储存重要的战略物资,中国的钨、锑、锡等特种矿产以及桐油、生丝、猪鬃、茶叶等农产品为它们所需要;而国民党政府只有用国内农矿产品来延期偿付。因此,易货贷款成为国民党政府在抗战时期最主要的举债方式。

战时国民党政府的外债,从时间上来看,大致可分为两个阶段:1937—1940年为第一阶段,这一阶段提供借款的国家以苏联和法国为主。苏联积极帮助中国抗战,以军火和军需品形式贷款给中国。在抗战前期法国对中国抗战也提供了较多的贷款援助。而此时美、英对中国与日本双方采取"骑墙"态度,对中国的援助较少,唯恐触怒了日本人,使英、美在远东的利益受到日本人的损害,所以对华贷款不多;1940—1945年为第二阶段。这一阶段由于苏联忙于对付法西斯德国,而法国则败降于德国,这两国对华贷款停止。对中国提供借款的国家主要是美、英。在这一阶段,特别是太平洋战争爆发后,美、英两国都受到日本的攻击,损失惨重。中国成为美、英的盟友。美、英一改过去"坐山观虎斗"的态度,转而向中国提供巨额借款,意图通过为中国提供武器和金钱,让中国军队为它们拖住日军很大一部分兵力,不让日军抽出更多的兵力来攻击它们。

(一) 中苏易货借款

1937年年初,苏联驻华大使鲍格莫洛夫通知中国政府,苏联同意提供5000万美元信贷。国民党政府委派资源委员会负责人翁文灏访问苏联,苏外长李维诺夫表示,"(苏联对中国)实行帮助的方法应先订立中苏交换货物合同,如此,苏联就可帮助一部分设备"①。苏高层表态标志着苏联对中国出口武器敞开了大门,使得两国政府间的易货贸易成为可能。1937 年 7 月 7 日,日本帝国主义发动全面侵华战争,中国奋起抵抗。8 月2 日,《中苏互不侵犯条约》签订。条约所确认的和平、友好原则,是整个抗日战争时期指导中苏关系的基本准则。条约的签订,进一步改善了中苏关系。中国急需进口大批军火武器,而进口武器的主要障碍是外汇短缺。抗战前夕,中国仅有 2.5 亿美元的外汇存底。后来,沿海城市相继沦陷,海上交通又被封锁,对外贸易大受打击,外汇来源更为短缺。在中国的友邦中,苏联是第一个提供军火贷款的国家,并且是先供应武器,后签订贷款协定。② 1938 年 3 月,在国民党政府外援很少的情况下,苏联率先对华提供经济援助,在莫斯科与中国国民党政府签订了《中苏第一次易货借款合同》。合同规定,苏联向国民党政府贷款 5000 万美元,以供国民党政府购买苏联的军火、工业品及设备等。中国自 1938 年 10 月起,每年偿还 1000 万美元,偿还时一并交付已使用贷款之利息,以苏联所需要的茶、皮革、锑、锡、锌、钨、丝绸等商品及原料作价偿还。③ 当时苏联给中国的借款条件非常优惠:不要抵押品,利息仅为年息 3 厘,其军火售价比市价还低。1938 年 7 月和 1939 年 6 月苏联又分别向国民党政府提供了5000 万美元和 1.5 亿美元的易货借款,其用途、利息和偿还办法,都与上一次相同。④ 因中国所购苏联物品多系军用,主要是常规武器、坦克、军用卡车等等,所以向苏联购物事宜由国民党政府军事委员会直接经办。至于易货偿债事宜,矿产部分由资源委员会主办,农产品部分由财政部贸易委员会主办。这一时期中苏易货偿债的活动基本上是在平等互利的条件下进行的,苏联供给中国的物资支援了中国的抗日战争;而中国以农矿

①　中国人民政治协商会议全国委员会文史资料研究委员会编:《文史资料选辑》(第一辑),中华书局 1960 年版,第 63 页。

②　徐万民:《八年抗战时期的中苏贸易》,《近代史研究》1988 年第 6 期。

③　财政科学研究所、中国第二历史档案馆编:《民国外债档案史料》第 11 卷,档案出版社1991 年版,第 19—21 页。

④　财政科学研究所、中国第二历史档案馆编:《民国外债档案史料》第 11 卷,档案出版社1991 年版,第 22—28 页。

产品偿付债务,也合乎苏联本身的战略利益。据有关资料记载,自1938—1941年,中国政府用苏联提供的借款,向苏联购买了九批军用物资,而中国运交苏联的矿产品有钨砂31177吨、锑10892吨、锡13162吨、汞560吨、锌600吨、铋18吨。①

上述三次易货借款,合同上共计2.5亿美元,不过中苏第三次易货借款原定为1.5亿美元,后来由于苏德战争爆发,实际只借用了0.73亿美元,所以中苏这三次易货借款实际上共计1.73亿美元。另外据国民党政府经济部官员透露,中苏之间还有两次借款,"一为第四次中苏易货借款,金额为5000万美元,二为第五次中苏易货借款,金额为638.5万美元"。也有学者指出,这第四、第五次中苏易货借款,实际并未执行。② 总的来说,在中国抗战初期,主要西方国家采取观望态度之时,苏联雪中送炭,对中国提供了数额巨大、条件优惠的贷款援助和物资援助,对支持中国抗战起了很大作用。中苏易货借款约定以货物偿付,而偿债货物之品目、数量以签订交货合同为前提。但是国民党政府交货价值往往未达各该年度应偿债额,原因主要有:"历年多方准备偿债之货物,或因苏方选择过严,压价太低,或因我方运输困难,物资集中不易,或因外汇汇率一再调整,出口物资节节上扬,原列预算不敷甚巨",加之有时国库还延拨收购资金,使后期偿债工作时入困境。③ 1945年年底,贸易委员会及复兴商业公司被国民党政府裁撤后,农产品出口偿债工作改由中央信托局接办。④

（二）向法国借款

日本帝国主义发动全面侵华战争后,一方面,法国政府由于当时绥靖政策的影响,不愿得罪日本。另一方面,为了维护法国在华利益不因日本

① 徐万民:《八年抗战时期的中苏贸易》,《近代史研究》1988年第6期。
② 许涤新、吴承明主编:《中国资本主义发展史》第3卷,人民出版社2003年版,第466页。
③ 财政科学研究所、中国第二历史档案馆编:《民国外债档案史料》第11卷,档案出版社1991年版,第54—74页。
④ 财政科学研究所、中国第二历史档案馆编:《民国外债档案史料》第11卷,档案出版社1991年版,第18页。

的侵略而受到损害,同时法国国内的民主传统也使法国大部分人支持中国反对日本法西斯,所以当时法国政府又对中国的抗日有支持的一面。由于法国在太平洋的主要属地越南邻近中国滇、粤、桂3省,因此,假道越南运输就成为战时中法关系问题的焦点。因为中国沿海港口逐一失陷时,中国向法国提出开放中越边境,允许中国从国外筹集物资经印度支那入境,法国政府在此问题上表示默许,但当日本人提出抗议时,法国曾经一度关闭滇越铁路。对此,法国表示尽可能以秘密方式和变通的方法使军援假道越南转入中国。由国民党政府财政部部长孔祥熙、交通部部长张嘉璈,同法国银行团、中国建设银公司的代表,于1938年4月22日在汉口达成湘桂铁路南镇段(南宁—镇南关)借款合同,合同规定,法国银行团向中国政府提供价值1.2亿法郎的铁路器材作为材料借款,用以修筑南宁—镇南关的铁路;另外,法国银行团再向中国政府提供3000万法郎的现金,以充作铁路建筑工程用款;借款年息7厘,期限15年。1939年3月,因订购机车、车辆需要,签约各方又签订第一号附约,增加借款数额。此项借款先后总计有1.8亿法郎,14.4万英镑。中国政府以盐余、铁路财产及其收益、广西矿税及其他国税为担保。① 该项借款所筑铁路,对于中国政府来说,在东部沿海口岸被日军占领的情况下,具有连接西南广西等省通往越南出海口的国际交通线的重要意义。②

抗日战争爆发后,国民党政府除决定在广西和越南之间建筑铁路,借越南海防作为一个出海口以外,还筹划在印度洋方面另辟一条国际交通线。英国也想趁机向中国西南地区扩张势力。1938年3月国民党政府曾与一家香港英商达成初步协议,联合修筑从四川成都经叙府至云南昆明,经腾越出国境,与缅甸铁路相连的铁路线。法国政府得知此事,急忙出面干预。法国驻华大使借口法国享有承办钦渝铁路的权益,要求叙昆

_____

① 财政科学研究所、中国第二历史档案馆编:《民国外债档案史料》第11卷,档案出版社1991年版,第75—95页。

② 但是由于对战局变化估计不足,路基工程刚完成不久,日本侵略军已在钦州登陆,正加紧侵犯南宁。为了防止已成路基被日军所用,又仓皇将其掘毁。两年多的辛劳成果,在日本侵略下化为乌有。

筑路资金由法国提供。经过几番斡旋，终于在 1938 年 11 月由中英公司、法国银行团和中国建设银公司三方在伦敦达成了共同投资川缅铁路（包括以后的滇缅、叙昆两路）的合作协议。三团体向中国政府交通部游说：铁路建成后，不但可把昆明与缅甸仰光、越南海防联结起来，还可以经叙府与正在施工或计划兴建的成渝、宝成两路相连等。中国政府与英法达成协议，以四川、云南两省铜、锡、钨、金、铅、煤或石油等采矿权，全部充作抵押品，由英、法贷款修建滇缅、叙昆两路。这时日本警告英国政府，如果英国给予中国军事意义的援助，则香港的安全将受到影响。英国对投资叙昆铁路迟疑不决。法国趁机图谋独吞叙昆铁路投资权益，向国民党政府要求单独讨论该路借款问题。1939 年 12 月，中法签订《叙昆铁路借款合同》，法国提供 4.8 亿法郎的贷款，年息 7 厘，借期 15 年，以本路财产收益及普通盐余作担保。双方又签订《叙昆铁路矿业合作合同》，使法方获得该路干线两侧各 50 公里范围之内共同探矿权和经营权，规定该铁路沿线矿业，"不论属何种类""均应给予"。法方在采矿公司的资本额中可占 49% 的份额；并为修筑支线提供材料。这使法国取得沿线 100 公里范围以内共同探矿与经营矿业之权益。[1] 合同签订不久，法国因欧洲战事吃紧，无法履行合同。1940 年 6 月以后，因法国投降纳粹德国，中方通知法国银行团停止执行合同。

法国的两项借款，约合 1500 万美元，远少于苏、英、美各国的借款额。法国政府在欧战前拟对中国提供金融贷款，但是实际并未实行。[2]

（三）向美国借款

国民党政府遇到财务困窘时，每每希望得到美国援助。1937 年中国抗日战争全面爆发以后，英法等国在欧洲自顾不暇，对日本帝国主义侵略中国一味退让、妥协。国民党政府又不得不选择美国为争取外援的突破

---

[1] 财政科学研究所、中国第二历史档案馆编：《民国外债档案史料》第 11 卷，档案出版社 1991 年版，第 224—230 页。

[2] 许涤新、吴承明主编：《中国资本主义发展史》第 3 卷，人民出版社 2003 年版，第 466 页。

口。"七七事变"后，美国国务院于 7 月 16 日、8 月 23 日、10 月 16 日相继发表声明，只是劝告其他国家坚持国际条约，信守和平和不侵略原则，要求各国以和平途径解决纠纷，等等。面对美国的麻木和冷淡，蒋介石等还是千方百计地通过各种途径呼吁美国不要实行中立法。9 月 10 日，中国驻美大使王正廷在同美国国务卿赫尔的谈话中指出："中国正在为生存而战，也在为门户开放而战，中国只要从国外得到军事装备，就能胜利地抵抗日本。"蒋介石在 9 月 24 日答外国记者问时说："美国现在之态度并非其真实之态度。美国不应考虑中立法……美国不能守中立，并表示相信美国必能予中国以同情及援助。"而美国则利用中日战争使日本成为美国最大的贸易伙伴，美国成为日本石油、矿产、汽车、飞机零件的主要供应国。"1937 年 10 月 5 日起，日本的进口原料中，美国的供给额铜占90.9%，废铁占 90.4%，铁化合物占 82.7%，飞机零件占 76.9%，石油与石油制品占 65.6%，汽车与汽车零件占 64.7%，铝占 45.5%。"毫无疑问，美国实际上正直接或间接地向日本提供侵略中国的物资。国民党政府为了寻求美国的财政援助，在 1937 年夏派财政部部长孔祥熙走美国，并向美方提出 5000 万美元的贷款要求。但美国国务院以中日冲突前景未明，远东局势动荡不安为由，保持沉默。与此同时，美国国内的某些决策者则表现出帮助中国的倾向，财政部部长摩根索表现最为积极。他认为：中国抗击日本的侵略是与全球的紧张局势相联系的，相信日本在中国的胜利将鼓动其他法西斯国家的侵略冒险，从而极大地增加世界战争的危险。基于"世界和平是与中国能否长期抗战戚戚相关的"共同认识，1937 年 7 月 8 日，摩根索在罗斯福的支持下，不顾国务院的暧昧态度，与中国财政部部长达成协议，把中国在美存银 6200 万盎司以每盎司 0.45 美元的价格售与美国，再以售银所得购进美国黄金，存在美国纽约联邦储备银行，作为中国发行货币的准备；该银行以此存金为担保，贷给中国 5000 万美元，此即为《白银黄金互换协定》。此项贷款成为全面抗战爆发后一年时间里，美国对华的唯一财政援助。① 此项贷款，由于实际上中国是用自己在

---

① 林宇梅：《美国援华贷款与中国抗战》，《民国档案》2003 年第 4 期。

美国存银换的,是提用自己的钱,所以学者们一般不把它列入战时中国外债项目。

1938年秋冬以后,中美关系开始出现转机,主要原因是日本的侵略已不仅仅局限于对中国的军事征服,它的东亚"新秩序"政策势必将排除欧美各国在东南亚及太平洋各重要岛屿的防卫和利益,从而对美国的安全构成威胁。如罗斯福总统指出的那样,"保卫中国即是保卫美国的关键",因而美国在舆论上开始谴责日本对中国的侵略。另外,中日战争爆发以来,国民党政府由于得不到美、英等国的财政援助,而大量接受苏联的援助。美国意识到拖延援华只会促使中国投入共产主义怀抱,从而动摇美、苏之间政治抗衡的均势。此外,国民党政府委任颇受美国人尊敬的学者胡适出任驻美大使,对争取美国舆情有较大作用。美国的远东政策也出现了变化,并在经济上采取了有限制地制裁日本和有限制地援助中国的平衡外交政策。1938年秋,国民党政府派资源委员会委员陈光甫赴美,与美财政部部长摩根索就借款方案进行谈判。为了促使谈判成功,10月15日蒋介石致电罗斯福,强调美援对中国抗战的重要性:"一笔可观的美国贷款将立即加强我国人民的信心,并使我们更有力和更有效地抵抗日本疯狂进攻。"为了避免政治上的麻烦,陈光甫在谈判中提出了桐油贷款方案:中国政府在国内设复兴商业公司收购桐油,在美国设世界贸易公司向美进出口银行借款并代售桐油,陈光甫同时任两个公司董事长,这一方案即被美方所接受。① 然而,罗斯福总统并没有立即批准桐油贷款方案,仍要摩根索去征求国务卿赫尔的同意。赫尔坚持认为,贷款将会导致日本与美国的正面冲突,甚至引发美日战争。由于赫尔的反对,贷款事宜又被搁置。11月,赫尔恰好去秘鲁利马参加泛美会议,摩根索趁机说服了代理国务卿韦尔斯。11月30日罗斯福批准此项贷款。12月30日,中美双方签订《购售桐油合同》,由中方在五年内向美方出售22万吨桐油,而美方则为中国代购1000辆卡车。② 1939年2月8日,世界贸易公司分

① 林宇梅:《美国援华贷款与中国抗战》,《民国档案》2003年第4期。
② 林宇梅:《美国援华贷款与中国抗战》,《民国档案》2003年第4期。

别与复兴公司、美国华盛顿进出口银行签订《桐油借款合约》《购售桐油合同》《中美第一次（桐油）借款合同》，美国华盛顿进出口银行提供的借款总额为2500万美元，年息4.5厘，由中国银行担保。该项借款用于购买美国农工产品，中国用桐油在五年内运美销售，以售价净收入的一半偿付借款本息，另一半在美国续购农工产品。[①] 这次借款尽管数额不大，但是开创了中美易货借款的先河。

1939年10月中旬，桐油借款的款项即将告罄，国民党政府想从美国得到第二笔商业贷款。这时罗斯福向美国国会提出增加进出口银行资本30亿美元（其中5亿美元用于国外），驻美大使胡适不失时机地求见罗斯福，会谈摩根索，申述中日局势严重性，要求美国再提供一笔贷款。罗斯福与摩根索对此都表现出积极态度。但是，由于美国正忙于修改中立法的辩论，贷款事宜暂被搁置一旁。1940年2月，美参议院外交委员会通过辩论决定增加进出口银行资本1亿美元，中国借款的来源问题也随之解决。同年3月5日，联盟借款署署长琼斯通知陈光甫，美国将对华贷款2000万美元。3月7日进出口银行宣布贷款确立。[②] 1940年4月20日，美国华盛顿进出口银行对中国贷放了战时第二次借款。这笔借款又被称为"华锡借款"。借款总额为2000万美元，年息4厘，期限7年。借款由中国银行担保，担保品为中国云南所产之锡。这项借款用以购买美国农工产品，以华锡4万吨在7年内按年定额运售美国，作还本付息基金。[③] 华锡借款是抗战二年来，中国以千万军民浴血奋战博得同情的结果。

1940年夏，日本大举增兵东南亚，法、英两国迫于日本的压力，先后关闭了滇越铁路和滇缅公路。蒋介石十分恐慌，急电宋子文，要其转告美国当局"若不在金融上从速援我救济，则中国内外情形实难持久"，吁请美国对日施加压力。8月，美国政府决定停止航空汽油及机器部件对日

① 财政科学研究所、中国第二历史档案馆编：《民国外债档案史料》第11卷，档案出版社1991年版，第118—123页。

② 林宇梅：《美国援华贷款与中国抗战》，《民国档案》2003年第4期。

③ 财政科学研究所、中国第二万史档案馆编：《民国外债档案史料》第11卷，档案出版社1991年版，第259—269页。

出口。9月底，日本进驻印度支那北部，并与德国、意大利法西斯势力进一步勾结，三国在柏林签订了军事同盟条约。为了反对法西斯国际军事同盟，美国摒弃了外交上的中立态度，采取了加紧战争准备、援助反侵略国家等一系列重大措施。10月，为警告日本，美国宣布全面禁止钢铁对日出口，同时又批准了价值2500万美元的中美《钨砂借款合同》。① 同年10月，美国华盛顿进出口银行对中国贷放了战时第三次借款，这次借款又名"中美钨砂借款"。借款总额为2500万美元，用以购买美国物料。借款年息4厘，期限5年，由国民党政府担保。同时由国民党政府资源委员会与美国金属准备公司签订约值3000万美元的钨砂售购合同，以中国钨砂售价的净收益抵偿借款本息。② 这是中美之间又一笔易货借款。

1940年11月8日，在美国大选后的第一次内阁会议上，罗斯福政府原则上通过了新的援华决定，向中国提供1亿美元贷款，500架飞机及其他物资。宋子文把此消息密报给蒋介石：援华贷款"原则上已通过，而手续繁多，稽延时日，供给现贷之飞机及借款之实现，仍为最大问题"，要其接见美国大使时"务必重申我方之急需"。11月30日蒋介石致电罗斯福告急："日本与汪伪组织已正式签订条约，此时英美如无严重表示及大量助华之事实发表，对我国民心理与经济状态必发生不测变化"。罗斯福总统深恐中国国内状况恶化，一旦蒋汪合流，后果严重。他急忙在11月29日通知美财政部部长摩根索24小时内宣布对华贷款1亿美元的消息，并指定由财政部加拨5000万美元平准基金贷款，由美国进出口银行提供5000万美元的商业贷款。在日汪签订《基本关系条约》及发表《中日满共同宣言》的当天，美国总统发表了财政援华声明，宣布以1亿美元贷款援助中国。③ 1941年2月，中美之间签订了战时第四次易货借款合同（《金属借款合约》）。由美国华盛顿进出口银行贷放给国民党政府中央银行5000万美元，年息4厘，期限7年，由国民党政府担保。中国以此

① 林宇梅：《美国援华贷款与中国抗战》，《民国档案》2003年第4期。
② 财政科学研究所、中国第二历史档案馆编：《民国外债档案史料》第11卷，档案出版社1991年版，第285—298页。
③ 林宇梅：《美国援华贷款与中国抗战》，《民国档案》2003年第4期。

款购买美国物资,以资源委员会与美国金属准备公司所签售购合同约值6000万美元的锡、锑、钨等金属售价抵还本息。①

1941年4月25日,由中国国民党政府代表宋子文、中央银行代表李干同美国财政部部长摩根索在华盛顿正式签订了《平准基金协定》。按照协定,美国财政部动用"美国稳定基金"(Americanst Stab Ilization Fund)5000万美元购买中国法币。中美《平准基金协定》共计10条,其原则是中美货币与财政上的合作,美元与华元(即法币)汇率的稳定,促进两国的贸易、福利和友好。该项借款按周息1.5厘计息。使用借款期限初定至当年6月30日,后经双方洽商延长一年。该借款系由美国财政部直接供给,协定未规定中方须提供何处经济担保,也没有规定借款动用部分的清偿期限。该借款规定只能用于在中国维持法币对美元的汇价。另外,国民党政府和中央银行必须拨付2000万美元加入该平准基金。5000万美元的平准基金借款,美方严格限定只能用于维持法币汇率。②

重庆国民党政府虽然借到了数额远远高于战前的外债,但是其财政仍然很困难。1941年12月7日,日军偷袭珍珠港,中美两国正式成为共同抗日的盟国,这也为美国利用中国的人力和地利以及中国利用美国的财力和武器这种互动式关系的产生提供了契机。国民党政府由蒋介石和宋子文分别在重庆与华盛顿以中美"存亡以共",要求美国贷给中国5亿美元的空前巨额借款。此事经美国参众两院讨论通过后,1942年2月由美国总统罗斯福致电蒋介石表示允诺。3月中美双方代表在华盛顿签订《中美财政援助协定》。该借款数额高达5亿美元,协定中声明此项财政援助用于加强中国金融货币制度、资助生产、稳定经济关系、改良交通、供应租借法案以外的军事需要等方面,以增强国民党政府的作战力量。③

---

① 财政科学研究所、中国第二历史档案馆编:《民国外债档案史料》第11卷,档案出版社1991年版,第308—333页。

② 财政科学研究所、中国第二历史档案馆编:《民国外债档案史料》第11卷,档案出版社1991年版,第358—365页。

③ 财政科学研究所、中国第二历史档案馆编:《民国外债档案史料》第11卷,档案出版社1991年版,第394—398页。

而对于借款利率、担保物品、还本付息期限等都没有作出规定。双方仅仅议定,所有一切条件,等战后事势进展,再作决定。美国具有较强的经济实力,等到日本偷袭美国,成为美国的凶恶敌人,而坚持抗战的中国成为美国的盟友以后,美国对中国的财政援助确实很大。此项借款数额空前,而且对于借款利率、担保物品、还本付息期限等都未作规定,这是很少有的。

(四)向英国借款

全面抗战爆发后,上海等地金融市场发生混乱。国民党政府为了稳定金融秩序,决定维持原来每 1 元法币合 30 美分或 1 先令 2.5 便士的汇率,为此,必须由中央银行无限制地供应外汇。这样做的结果是大量资金外逃。抗战前夕,国民党政府手中约有 2.5 亿美元的外汇储备,而到1938 年 3 月国民党政府已经损失了 0.9 亿美元的外汇,这时才将无限制供应外汇的做法改为审批供应。改行审批制度后,外商银行不同意,日本人也对国民党政府发动了货币战,在上海大量套购外汇。这时上海已经陷入日本军队手中,国民党政府仍然命令中国银行在上海租界供应外汇,这样使日本人占了极大的便宜。而国民党政府之所以这样做,又是为了照顾外商,讨好英美。在抗战初期的中日货币战中,中国方面处于被动挨打的局面。到 1939 年年初,国民党政府的外汇储备已经枯竭,只好向英美乞援。1938 年 10 月,中国银行董事长宋子文在香港向英方银行接洽,希望它们加入中国平准基金以支持中国的币制。到了 12 月初,中国方面建议设立中英联合平准基金,即英方银行至少向基金投入 300 万英镑,中方银行将投入相同数额;由中英银行代表组成的小型委员会来控制和运作基金。中方并且强调:如果来自英国的支持达到 500 万英镑或者 1000万英镑,中国货币的汇率将能维持较长的时间。到 12 月初,英国政府尚在犹豫。1938 年年底,英国政府的态度转趋积极。促使这一转变的因素,除了英国商界包括在华英商对稳定英镑与中国法币比价的迫切要求之外,还由于美国已公开表示要对华提供 2500 万美元的桐油借款,且没有引起日本方面的强烈反响。为了尽可能减少风险,英国起初试图说服美国联合支持中国的货币,但为美方所拒绝。① 英国政府决定不再等待美国,先单独支持中国货币,以稳定战时中国金融,便利中英贸易,以贷款维持法币汇价。1939 年 3 月,英国政府决定由汇丰银行和麦加利银行代表英国政府出资 500 万英镑,以年息 2.75% 的低利率贷放给中国;并与中国银行、交通银行签订《平准基金合同》,中国方面也拿出 500 万英镑,合成 1000 万英镑的平准基金,中英双方成立平准基金委员会对平准基金进行管理。委员会由五人组成,中方二人,英商银行二人,另有一名是由中国政府委派、经英国财政部认为合格的英国人。② 平准基金成立后,在对付日本人的货币战方面,仍然处于被动局面。

　　1939 年 3—8 月,英国人还曾两次与中国国民党政府签订合同,对华贷放信用借款。这项借款洽谈时间较长,直到英国贵族院通过信贷新法案后,英方才确定对华贷款 300 万英镑。这项借款又分为两部分,即滇缅路购车库券部分和五厘英金公债部分。滇缅路购车库券部分于 1939 年 3 月由中国交通部与英国桑内克尔夫签订购买载重汽车合同。合同规定车价除了 1/4 付现金外,余额 18.8 万英镑发给库券,年息 5.5%,以中国运入英国的农矿产品售价抵偿,还本付息期限为四年。五厘英金公债部分,由于利率和担保等问题,延至同年 8 月才订立合同,金额为 285.9 万英镑,用以订购英国特种货物。该项债款年息 5 厘,由国民党政府以运销农矿产品抵英售价作为偿付本息基金,期限 14 年。中国所订购的英国货物,由于不久后欧洲战争爆发,英国限制购运出口,经国民党政府不断交涉,英国才于 1943 年下半年放宽对输华物资的限制,但时隔数年,物价高涨,原定款额已经不够购买原货之用,于是商定多出的金额由英方先垫付,将来纳入新借款内。这样几经周折,这批货物才得以赊运到中国。该项贷款实际动用额为 298.8 万英镑。③

---

① 吴景平:《英国与中国的法币平准基金》,《历史研究》2000 年第 1 期。
② 财政科学研究所、中国第二历史档案馆编:《民国外债档案史料》第 11 卷,档案出版社 1991 年版,第 142—147 页。
③ 财政科学研究所、中国第二历史档案馆编:《民国外债档案史料》第 11 卷,档案出版社 1991 年版,第 170—200 页。

在中日货币战中,由于中方将维持法币汇率这一目标看得过重,为此投入了大量平准基金,而这些宝贵的外汇基金很大部分又被日伪方面套购了去,中方一直处于被动局面。到 1941 年年初,所剩下的平准基金又难以维持下去。因法币汇率与英镑、美元挂钩,英、美两国不得不在 1941 年 4 月同时向国民党政府贷放平准基金借款。英国第二次平准基金借款数额仍为 500 万英镑,年息只有 1.5 厘。① 美国贷放的平准基金借款为 5000 万美元,年息也为 1.5 厘。此后,重新组织有中、英、美三方人员参加的新平准基金委员会,主持运用和管理平准基金。除此以外,美、英、荷三国还于当年 7 月宣布冻结日本人和中国人在该国的存款,这有助于防止中国资金外逃,使官方汇率得以维持在一定水平。

1941 年英国对国民党政府还贷放了第二次信用借款,其数额为 500 万英镑,用途限于购买英国本部和英镑区域各地的机器材料,借款年息为 3.5 厘。合同规定,由中国政府向英国运送猪鬃、茶叶、生丝、锑及其他双方同意的商品,售给英政府所同意之厂商,以此来抵偿借款本息。②

日军在 1941 年 12 月偷袭珍珠港美国海军基地以后,又袭击了英国在太平洋的战略基地新加坡。英国也和美国一起,对日宣战。在美国对华提供大量援助的同时,英国政府也宣布要援助中国。1942 年 2 月,英国政府表示愿意以最高额 5000 万英镑的贷款,支持中国抗战。但是此项借款拖了较长时间没有兑现。经一再商洽,到 1944 年 5 月中英双方才在伦敦分别签订"中英租借协约""中英财政援助协约"。前者主要内容为,英国供给中国军队使用的武器、弹药及军事设备之价款不要求偿付,中国则应在对日战争结束后,将租借物品未消耗部分归还英国政府。后者主要内容为,英国供给中国总额不超过 5000 万英镑的贷款,其用途限于:(1)充作发行内债基金;(2)在英镑区域购料;(3)支付在英镑区域购料及与战事有关的劳务经费;(4)弥补以往信用借款购料不足之款项;(5)

---

① 财政科学研究所、中国第二历史档案馆编:《民国外债档案史料》第 11 卷,档案出版社 1991 年版,第 348—353 页。

② 财政科学研究所、中国第二历史档案馆编:《民国外债档案史料》第 11 卷,档案出版社 1991 年版,第 375—383 页。

支付中国在印度、缅甸的部队薪饷及当地支出所需费用。以上各项用途，各定有限额。① 至于贷款利率、还本付息期限等条件，也与美国财政借款相似，等到战后局势进展对中英双方相互有利时再作决定。抗战时期国民党政府的主要外债见表15-7。

表15-7　抗战时期国民党政府主要外债统计

项目 借款年月	借款名称	借款金额（万）	年息（%）
1938 年 3 月	苏联第一次易货借款	5000 美元	3
1938 年 7 月	苏联第二次易货借款	5000 美元	3
1939 年 2 月	美国第一次（桐油）借款	2500 美元	4
1939 年 3 月	英国第一次平准基金借款	500 英镑	2.75
1939 年 6 月	苏联第三次易货借款	15000 美元	3
1939 年 8 月	英国第一次信用借款	298.8 英镑	5
1940 年 4 月	美国第二次（华锡）借款	2000 美元	4
1940 年 10 月	美国第三次（钨砂）借款	2500 美元	4
1941 年 2 月	美国第四次（金属）借款	5000 美元	4
1941 年 4 月	英国第二次平准基金借款	500 英镑	1.5
1941 年 4 月	美国平准基金借款	5000 美元	4
1941 年 6 月	英国第二次信用借款	500 英镑	3.5
1942 年 2 月	美国财政借款	50000 美元	—
1944 年 5 月	英国财政借款	5000 英镑	—
总计		92000 美元	
		6798.8 英镑	

注:不包括未执行或仅少量执行者。

除此以外,在抗战初期国民党政府还与法、比、捷、德、荷等国举借过一些外债。总的来看,抗战期间中国政府所借外债,笔数不多,但借款额却比战前大得多,超过国民党政府战前所借外债总额的10多倍。在抗战期间,特别是抗战后期,由于是同盟国共同作战,抗击共同的敌人,因此这

---

① 财政科学研究所、中国第二历史档案馆编:《民国外债档案史料》第11卷,档案出版社1991年版,第432—439页。

时中国政府举借外债的条件较为优惠。首先,借款按照全额提供,没有折扣;其次,借款利率较低,而且以实际动用额计算利息;再次,借款多系易货性质,无须现金偿付;最后,这一时期的借款一般不用提供担保,仅指定由中国运售农矿产品以售价抵偿。自从美国于1942年向国民党政府提供了5亿美元的巨额贷款后,美国一跃成为中国政府的最大债主。中国抗日战争时期所举借的外债主要为军事财政借款,其中除了一部分用于稳定金融以外,大部分都用于在国外购买军用物资,这些外债及以租借物资形式的援助,在很大程度上解决了国民党政府坚持抗战所必需的武器装备问题。抗日战争时期中国政府所举借的外债,对支援中国人民的抗日战争,起到了很大的作用;而中国用于偿债的钨、锑、锡等特种矿产品及桐油、猪鬃、生丝、茶叶等农副产品,对于支援苏、美、英等国人民的国际反法西斯战争,也起到了一定作用。

四、战时美英对华租借关系

抗日战争时期中国与美国的租借关系,不同于一般意义上的租赁关系,也不同于自晚清以来中美两国间的历次债务关系。它是中美两国为达成抵御日本军国主义侵略扩张这一共同目标,而建立起来的以军事互助为主要内容的一种特殊的经济关系。中美租借往来不仅在战时中美关系演变过程中居重要地位,而且极大地影响了战时国民党统治区的财政经济状况。[①]

日本扶植下的汪伪政权在南京建立,德、意、日三国法西斯势力结成军事同盟条约,这些都促使美国摒弃中立态度,采取了援助反侵略国家的一系列重大措施,在美国朝野加强援助重庆国民党政府的主张渐占上风。1940年11月,美国政府原则上通过了新的援华决定,除了给中国提供贷款以外,还提供500架飞机及其他物资。罗斯福总统在1941年1月提交国会的"租借法案"中强调,如果"总统认为任何政府的防务对美国非常

重要"，华盛顿将资助亥政府购买和补充军事装备。罗斯福等人意识到，只有采用"租借"方式对华提供军事援助，才能更好地帮助中国坚持抗战。1941年3月，美国国会正式通过并经罗斯福签署了《租借法案》。当时中国空军力量在抗战中几乎损耗殆尽，制空权完全被侵华日军控制。1941年8月，由陈纳德组建领寻的美国志愿航空队（即"飞虎队"）赴华参加抗战后，形势有了改观。当时美国政府还根据《租借法案》愿意为中国空军提供更多的装备并帮助训练中国飞行员。1941年12月7日，日军偷袭美国珍珠港。事变的第二天，美国对日宣战，从此中美两国并肩作战，结成了战时同盟。

太平洋战争爆发后，中国战场的战略地位日益得到美方的重视，美国政府主管租借事宜的部门逐步增加了对华租借物资的分配量。美国于1942年5月6日正式公开宣布《租借法案》适用于中国。据5月29日宋子文给蒋介石的电报，"美方已向中方交货的租借物资计有：枪械、子弹、飞机、通信及医药器材共6500吨，兵工材料、卡车及零件14.3万吨，铁路材料5万吨"①。

1942年6月2日，宋子文与赫尔在华盛顿正式签署了《中美抵抗侵略互助协定》（以下简称《租借协定》或《互助协定》）。该协定第一条规定："美国政府将继续以美国大总统准予转移或供给之防卫用品、防卫兵力以及防卫情报，供给中国政府。"这就以双边协定的形式，肯定了一年前美国单方面宣布的对华提供租借援助的义务及中国获得租借援助的权利；协定第二条载明："中国政府将继续协助美国之国防及其加强，并以其所能供给之用品、兵力或情报供给之。"这就正式规定了中国向美国提供回惠租借的义务；协定第五条载明："此次紧急状态终了时，中国政府当以未曾毁坏、遗失或消耗，及美国大总统决定为对于美国或西半球之防卫，或对美国其他方面为有用之用品，返还美国。"这实际上承认了中国在抗日战争中消耗了的租借物资是不必也无法归还的；协定第六条指出：

---

① 中国国民党中央委员会党史委员会编印、秦孝仪主编：《中华民国史重要史料初编·对日抗战时期》第3编，战时外交（1），中国国民党中央委员会1981年刊本，第503页。

"在最后决定中华民国政府给与美国之利益之时，对于 1941 年 3 月 11 日后中华民国政府所供给及经大总统代表美国接受之一切财产、兵力、情报便利或其他利益或事项，应加以充分之考虑"；协定第七条关于中国政府为酬报美国租借援助而给与之利益之最后规定中说明，"应包括载有美国及中华民国同意之行动，并公开使其他具有相同志愿之国家参加，借国际的及国内的适当办法，以增加为全世界人类自由幸福物质基础之物品之生产、使用、交换与消费，并取消国际贸易间一切歧视待遇、减低关税及其他贸易障碍"①。《租借协定》规定了中国根据租借法获得租借物资的具体事宜，为中国获得大宗美援奠定了法律基础。根据上述协定，中美两国政府又在华盛顿签署了 8.7 亿美元的《中美租借物资协定》。根据《中美租借物资协定》，中国可以无偿获取美国大宗军事援助。据美方统计，战时美国对华租借援助总额 8.46 亿美元，其中除 2000 万美元须偿还外，其余都是无偿赠予。②

1944 年 5 月 2 日，英国与中国订立了《中英租借协定》③，但实际提供的租借援助数额远低于美国对华租借总额。

美国运用《租借法案》向中国提供租借物资，其主要用于援华的两个方面。

1. 改善交通状况，增加物资运输量。这方面重要案例有"驼峰航线空运"和"史迪威公路运输"。1942 年 4 月，滇缅公路被日军切断，唯一向中国运输战略物资的通道被堵，使美国租借援华物资的运输受到了严重影响。美国于 1942 年 5 月开辟了从印度阿萨姆邦飞越喜马拉雅山到中国云南昆明的空中运输线——驼峰航线。开启了"驼峰航线空运"。驼峰航线自 1942 年 5 月开辟，直到 1945 年 1 月中印公路通车前，一直作为美国向中国输送援华物资的唯一通道，可以说是支持中国战场持续抗战

---

① 财政科学研究所、中国第二历史档案馆编：《民国外债档案史料》第 11 卷，档案出版社 1991 年版，第 407—409 页。

② 许涤新、吴承明主编：《中国资本主义发展史》第 3 卷，人民出版社 2003 年版，第 602 页。

③ 财政科学研究所、中国第二历史档案馆编：《民国外债档案史料》第 11 卷，档案出版社 1991 年版，第 436—437 页。

的生命线。通过这条运输线,1942 年运入各种军用物资 1571 吨,1943—1944 年空运数量大为增加。1942—1945 年,驼峰航线空运总量约 78.07 万吨,其中美军运输了 73.64 万吨,中国航空公司运输了 4.43 万吨。驼峰航线需飞越海拔 3000—6000 米、冰雪覆盖的崇山峻岭,是世界航空史和军事空运史上飞行高度大、气候条件恶劣、最为艰险的空运线。一旦飞机出现机械故障,几乎难以寻找一块紧急迫降地,飞行人员即使跳伞,在荒无人烟、毒蛇野兽出没的深山野林,也难以生还。1942 年 5 月—1945 年 9 月,在 3 年零 4 个月的时间里,中美共坠毁飞机 609 架,平均每月 15 架,牺牲和失踪飞行员 1500 多名。史迪威公路是 1944 年中国军队在滇西和缅北大反攻胜利后修通的始自印度东北部终至中国云南昆明的公路。该公路从印度东北部边境小镇雷多出发至缅甸密支那后分成南北两线,南线经缅甸八莫、南坎至中国畹町,北线经过缅甸甘拜地,通过中国猴桥口岸,经腾冲至龙陵,两线最终都与滇缅公路相接。它于 1945 年年初通车,美英援华物资运输因此有了根本改观。仅 1945 年 1—9 月通过空运以及中缅输油管和滇缅公路输送到中国的物资就达到 59.38 万吨。在这期间还有 25783 辆汽车和 6539 部拖车经滇缅公路运入中国,以至美英方面称该公路为"中国军事贸易之路"。它在枪林弹雨中为中国抗日战场运送了 5 万多吨急需物资,被称为"抗日生命线"。

2. 训练装备中国军队,增强军事战斗力。在中国建立空军部队,以中国为基地轰炸日本本土是租借援华的重要内容之一。1941 年 4 月 15 日,罗斯福总统签署法令,允许美国军队的飞行退役人员到中国作战。经过美英军部协调后,美国从预计拨给英国的飞机份额中抽出 100 架 P-40 战斗机给中国,同时陈纳德从美国募集 100 余人共同组成美国志愿航空队①,因航空队的成功战绩而赢得了"飞虎队"的称号,其中的战斗机、轰炸机得到租借物资中的专项调拨。1942 年 6 月,根据《中美租借物资协定》的相关规定,国民党政府分两批派遣中国空军各部队飞行员赴印度

---

① 太平洋战争爆发后,由于美国政府已经正式对日宣战,罗斯福总统认为美国军人以志愿队名义到中国参战已无必要,应该对它进行改编重组,编入美国正规航空兵部队。1943 年 3 月 11 日,美驻华特遣航空队正式改编为第 14 航空队。

进行改装训练。接着,又有部分飞行员被送到美国亚利桑那州的鲁克及雷鸟机场,接受高级训练。美国政府还应承,派遣 500 架飞机帮助中国建立一支空军,每月空运 500 吨物资来华,支持中国抗日。训练装备中国陆军,是美国军事援华的一个重要形式。经过美英两国军部协调达成协议,协议规定由英国给中国入印远征军提供食宿和军饷,并在租借法案中扣除;美国则提供装备和进行训练。"首先,入印远征军九千余人自利多移至蓝伽,改称驻印军,接受美式训练与装备。除了布朗式轻机枪和履带式小型装甲车两项由英国提供,所有武器弹药均自租借器械内配给装备,由美国官员负责装备训练,基本训练期定为 6 周。其次,1942 年 9 月以后,每日由昆明空运士兵至印进行训练。最后,至 1944 年 1 月完成训练工作,受训结业的中国军官有 2626 人,士兵有 29667 人,共编为新第二十二师、新第三十师和新第三十八师。"后该计划又得到了美国陆军部的支持,"1941 年 5 月陆军部同意拨出 5000 万美元租借专款新式武器装备中国军队"。"到抗战胜利,装备 13 个师,约 18 个炮兵团,17 个辎汽兵团,5个特种工兵团"。①

美国通过实施租借法,共提供给苏联和英国租借物资约 400 亿美元,相比之下,中国得到的只是租借总额的零头,而且大部分是在太平洋战争爆发后得到的。尽管如此,在中国抗日战争中,美国的租借援助有很大的积极意义。中国在获得美国租借援助的过程中,也向美方提供了数额巨大的回惠租借,包括供给美方物资和劳务以及相应垫款。中国是在"抗战极艰苦,财政极困难"的年代里,履行回惠租借义务的,"虽政府之各项开支力求紧缩,而对美方要求垫付之款项无不从速照付,因而增加通货之发行,助成恶性之膨胀,影响国计民生至深且著"。中国对美巨额回惠租借属于非生产性支出,它大大加剧了国民党统治区原已存在的物资匮乏、物价腾涨、收支失衡、通货失控的局面。为了履行回惠租借的义务,中国人民作出了巨大的奉献和牺牲。②

---

① 王正华:《抗日战争时期外国对华军事援助》,(台北)环球书局 1987 年版,第 285—299 页。

② 吴景平:《抗战时期中美租借关系述评》,《历史研究》1995 年第 4 期。

第二节　解放战争时期的对外经济关系

第二次世界大战结束后,国际经济形势发生了巨大的变化,德国和日本的工矿企业基本上被摧毁,英、法等国经济实力大大削弱,美国则进一步成为世界首富,1945 年美国工业生产占整个资本主义世界工业生产的60%,美国的外贸额占世界对外贸易总额的1/3。战前外国在华资本势力中,原以日、英最大,次为美、法、德等。经过抗日战争,英、法在华势力有很大的削弱,日、德、意等在华资产被中国作为敌产而没收,而美国资本在华势力则上升为第一位。①

战后,以往清政府签订的不平等条约基本上被废除。1945 年 8 月国民党政府签订了《中苏友好同盟条约》,这是一个新的不平等条约。国民党政府还与美国签订了一系列条约,其中最重要的是 1946 年 11 月 4 日签订的《中美友好通商航海条约》。该条约主要内容有三方面:(1)两国国民有权在对方领土全境内居住、旅行以及经营商业、制造、加工、科学、教育、宗教及慈善事业,并为此取得"适当之房屋",租赁"适当之土地",选用代理人或员工;两国的"法人及团体"在对方国家与其本国"法人及团体"之待遇相同,例如在商品进出口、关税、内地税等方面,美国在华之法人、团体可与中国之法人、团体享受同等待遇。(2)双方互相给予最惠国待遇。例如,中国如以采矿权利给予第三国时,亦应给予美国。(3)美国船舶,包括军舰,可以在中国开放的任何口岸或领水自由航行,必要时还可以开入中国"对外国商务或航业不开放之任何口岸、地方或领水"。这个条约与以往那些列强与中国签订的不平等条约相比,在字面上是平等的,但是在实际上由于中美两国经济地位悬殊,能大量向海外输出商品和资本的是美国,真正享受条约各项优惠的是美国,条约为美国资本全面

---

① 　许涤新、吴承明主编:《中国资本主义发展史》第 3 卷,第 39、586、600 页。

垄断中国市场提供了法律保障。①

美国垄断资本在国民党统治区兴建各种工矿企业,进行直接投资。仅 1946 年 4—7 月,美国各资本组织在上海就设立了 100 多个分支机构,并在纽约成立了"中美工商联合会",制定投资计划。其中,投资的重点行业是矿业、军事工业和交通运输业。美国还向国民党政府提供了约 5 亿美元的贷款援助及约值 20 亿美元的救济、售让、赠予等物资援助。②

一、战后国民党统治区对外经济关系背景变化

近代中国在西方资本主义列强胁迫下签订了一系列包括通商口岸设立、协定关税、租界、片面最惠国待遇等在内的不平等条约。中国对外经济关系受到不平等条约制度的深刻影响。经过中国人民的不懈斗争,1917 年德意志帝国和奥匈帝国因在第一次世界大战中成为中国的敌对国而被废除不平等条约,1917 年苏俄自愿放弃其在中国的特权(事后未完全兑现,亦无退还条约中获得的领土)。当时借助高涨的民族主义,中国政府收回了汉口、九江、镇江、厦门四处英租界,天津比利时租界和威海卫英租借地;和主要西方国家以及日本签订了关税新约,收回了关税自主权并申明原则上要废除领事裁判权。全面抗战爆发后,中国抵抗侵略的勇气和浴血奋斗,不断赢得国际社会的同情、钦佩和尊重。1942 年 10 月初,外交部部长宋子文正式向美国政府展开废约的交涉,得到美方迅速回应,美方表示愿意自动放弃不平等条约,和中国签订新的条约,在法律上建立新的国家关系。英国政府与此同时也作出同样表示。中美和中英两国外交部门就签订新约展开谈判,并于 1942 年 12 月 11 日同时在华盛顿和重庆签署了新约,宣布从此在平等互利基础上建立国与国之间的关系。意大利和日本因在第二次世界大战中成为中国的敌对国失去它们的特殊

① 王铁崖编:《中外旧约章汇编》第 3 册,生活・读书・新知三联书店 1962 年版,第 1430—1449 页。

② 许涤新、吴承明主编:《中国资本主义发展史》第 3 卷,第 598—602 页。

地位。抗日战争胜利后，国民党政府积极进行废除不平等条约的努力。[1]
1946 年，法国放弃其在中国的特权。其他原先允诺放弃在华特权的西方
国家在英美和中国签订新约后，先后和中国政府订立类似的新约。这是
战后国民党统治区对外经济关系背景的重要变化，是中国人民不懈斗争
所取得的伟大胜利。

对外经济关系背景的重要变化还有：1945 年 8 月《中苏友好同盟条
约》的签订、1946 年 11 月《中美友好通商航海条约》的签订及中国参加
《关税及贸易总协定》的签订。

根据 1945 年 2 月美、英、苏三国达成的《雅尔塔协定》，1945 年 6
月 27 日，国民党政府行政院院长兼外交部部长宋子文偕外交次长胡士泽
以及沈鸿烈、钱昌照、张福运、卜道明、刘泽荣等人和蒋介石特派随员蒋经
国，前往莫斯科为签订《中苏友好同盟条约》与斯大林等人进行谈判。双
方经过一个多月的交涉，8 月 14 日，中国政府外交部部长王世杰[2]和苏联
政府外交部部长莫洛托夫在莫斯科正式签订了《中苏友好同盟条约》。
《中苏友好同盟条约》共八条，主要内容是：两国在对日战争中，"彼此互
给一切必要之军事及其他援助与支持""不与日本单独谈判"或"缔结停
战协定或和约"、战后"共同密切友好合作""彼此给予一切可能之经济援
助""不缔结反对对方的任何同盟""不参加反对对方的任何集团"。同
时，苏联政府重申尊重中国在东三省之完全主权及领土的完整。国民党
政府声明，日本战败后如外蒙古公民投票证实其独立的愿望，中国政府承
认外蒙古之独立[3]。另外，此条约还规定：中苏共管长春铁路 30 年，旅顺
为共享海军基地 30 年，大连为自由港，苏军进入东北后，收复区内由中华
民国派员设立行政机构并派军事代表和苏联联系。日本投降后最迟 3 个

---

[1]　中国第二历史档案馆编：《中华民国史档案资料汇编》第 5 辑第 3 编，外交，江苏古籍
出版社 2000 年版，第 3—18 页。

[2]　此时宋子文已辞去外交部部长职务。

[3]　根据条约原文，国民党政府允许将依公正的公民投票的结果决定外蒙古是否独立。
1945 年 10 月 20 日，外蒙古人民在外蒙古当局与苏联的监视和控制下进行公民投票，结果显示
97.8%的公民赞成外蒙古独立。

月内苏军全部撤出东三省。与条约同时签订的还有《关于中国长春铁路之协定》《关于大连之协定》《关于旅顺口之协定》《关于中苏此次共同对日作战苏联军队进入东三省后苏联军总司令与中国行政当局关系之协定》等附件①,并互换了关于外蒙古问题的照会等。

《关于大连之协定》宣布大连为自由港,"对各国贸易及航运一律开放";国民党政府同意"在该自由港指定码头及仓库租与苏联";"由国外进入该自由港,经中国长春铁路②直运苏联领土之货物,与由苏联领土经上开铁路运经该自由港出口之货物,或由苏联运入为该自由港港口设备所需之器材,均免除关税"。③ 这是单方面对苏联在中国东北的进出口贸易有利。连同关于外蒙古的内容,可以说《中苏友好同盟条约》及其附件是国民党政府签订的新的不平等条约。

1946年全面内战爆发后,国民党为了在内战中取得美国更大的支持和援助,于同年11月4日,由外交部部长王世杰与美国驻华大使司徒雷登在南京签署《中美友好通商航海条约》(以下简称《中美商约》)。

条约共30条,其中第2条规定"缔约此方之国民,应许其进入缔约彼方之领土,并许其在该领土全境内居住,旅行及经商";"缔约此方之国民,在缔约彼方领土全境内,应许其不受干涉,从事并经营依法组成之官厅所施行之法律规章所不禁止之商务、制造、加工、科学、教育,宗教及慈善事业;从事于非专为所在国国民所保留之各种职业,为居住、商务、制造、加工、职业。科学,教育,宗教、慈善及丧葬之目的,而取得保有建造或租赁及占用适当之房屋,并租赁适当之土地:选用代理人或员工,而不问其国籍,从事为享受任何此项权利及优例所偶需或必需之任何事项";

---

① 中国第二历史档案馆编:《中华民国史档案资料汇编》第5辑第3编,外交,江苏古籍出版社2000年版,第685—698页。

② 简称"中长铁路"。抗日战争胜利后,中国东北地区中东铁路和南满铁路合并、由中苏共管时期的总称。自哈尔滨西至满洲里,东到绥芬河,南达大连,呈"丁"字形。1952年全部移交中国政府后,分别改称滨洲、滨绥、长滨和长大铁路。长滨和长大两铁路合称哈大铁路,其中哈尔滨—沈阳段又为京哈铁路北段。

③ 中国第二历史档案馆编:《中华民国史档案资料汇编》第5辑第3编,外交,江苏古籍出版社2000年版,第692—693页。

"不得阻止缔约此方之国民进入、旅行与居住于缔约彼方之领土,以经营
中华民国与美利坚合众国间之贸易,或从事于任何有关之商务事业,其所
享受之待遇,应与任何第三国国民进入、旅行或居住于该领土,以经营该
缔约彼方与该第三国间之贸易,或从事于与该贸易有关之商务事业所享
受之待遇,同样优厚";第3条规定"在缔约此方之领土内,依照依法组成
之官厅所施行之有关法律规章所创设或组织之法人及团体,应认为缔约
该方之法人及团体,且无论在缔约彼方领土内,有无当设机构,分事务所
或代理处,概应在该领土内承认其法律地位。缔约此方之法人及团体,于
履行与后款规定不相抵触之认许条件后,应有在缔约彼方领土内设立分
事务所,并执行其任务之权利";第四条规定"缔约此方之国民、法人及团
体,在缔约彼方全部领土内,依照依法组成之官厅所施行之法律规章(倘
有此项法律规章时),应享有组织与参加该缔约彼方法人及团体之权利
(包括管理与经理之权利),以从事于商务、制造、加工、科学、教育、宗教
及慈善事业";第15条规定"缔约双方,对于得由志愿相同之所有其他国
家参加之方案,而其宗旨及政策,系求在广大基础上扩充国际贸易,并求
消灭国际商务上一切歧视待遇及独占性之限制者,重申其赞同之意";第
16条规定"(甲)对输入品或输出品所征关税,及各种附加费用及其征收
方法者,(乙)经由税关提取物品时所通用之规则、手续及费用者,(丙)输
入品及拟予输出之物品,在本国境内之征税、销售、分配或使用者,缔约此
方对无论运自何地之缔约彼此之种植物,出产物或制造品或对无论经何
路线,其目的在输往缔约彼方领土之物品,应给予不低于所给予任何第三
国家之同样种植物,出产物或制造品,或目的在进行任何第三国之同样物
品之待遇";第19条规定"缔约此方之政府,如对国际支付方法或国际金
融交易,设立或维持任何方式之管制时,则在此种管制之各方面,对缔约
彼方之国民、法人及团体与商务,应给予公允之待遇";第21条规定"缔
约双方领土间,应有通商航海之自由";"缔约此方之船舶,应与任何第三
国之船舶,同样享有装载货物前往缔约彼方对外国商务及航业开放之一
切口岸、地方及领水之自由";等等。条约规定双方互相给予最惠国待
遇,例如中国如以采矿权利给予第三国时,亦应给予美国;美国船舶,包括

军舰,可以在中国开放的任何口岸或领水自由航行,必要时还可以开入中国"对外国商务或航业不开放之任何口岸、地方或领水"。① 这个条约与以往那些列强与中国签订的不平等条约相比,在字面上是平等的,但是在实际上是不平等的。由于中美两国经济地位悬殊,当时中国的远洋运输不发达及生产落后,根本无法与美国平等地实现其中规定的权利,能大量向海外输出商品和资本的是美国。通过条约,全中国领土均向美国开放。真正享受条约各项优惠的是美国,条约为美国资本全面垄断中国市场提供了法律保障。不过,条约也保障了在美各州华侨与华工之生命与财产,不受美国各州的排华法案,而遭到剥夺。条约签订后,给中国的主权和政治、经济利益带来了极大的损害。美军驻扎中国不走,为非作歹。同时,美国商品如潮水般涌入中国市场,形成独占地位,这对民族资产阶级是个毁灭性的打击。工商企业大量倒闭破产,工人失业,国民党统治区的工业体系趋于瓦解。

20 世纪 30—40 年代,世界贸易保护主义盛行。国际贸易的相互限制是造成世界经济萧条的一个重要原因。第二次世界大战结束后,解决复杂的国际经济问题,特别是制定国际贸易政策,成为战后各国所面临的重要任务。第二次世界大战结束后,美国为推动国际贸易"自由化",向联合国经社理事会提出召开世界贸易和就业会议,成立国际贸易组织。1946 年由美、英等 19 个国家组成的联合国贸易与就业会议筹备委员会,起草了《联合国国际贸易组织宪章》。1947 年 11 月在古巴哈瓦那举行的联合国贸易和就业会议上通过了该"宪章",通称《哈瓦那宪章》。与此同时,由美国邀请包括中国在内的 23 个国家,根据这一宪章中有关国际贸易政策的内容,进行了减让关税的多边谈判,签订了《关税及贸易总协定》,并从 1948 年 1 月 1 日起临时生效。此后,关贸总协定的有效期一再延长,并为适应情况的不断变化,多次加以修订。于是,《关税及贸易总协定》便成为各国共同遵守的贸易准则及协调国际贸易与各国经济政策

---

① 中国第二历史档案馆编:《中华民国史档案资料汇编》第 5 辑第 3 编,外交,江苏古籍出版社 2000 年版,第 542—564 页。

的唯一的多边国际协定。中国也是关贸总协定的创始会员国之一,参加了关贸总协定的谈判和签字。[①]

二、进出口贸易的变化

抗战胜利后,国民党政府在获取美国的援助中,与美国政府签订了一系列经济条约和协定,如《中美友好通商航海条约》《中美空中运输协定》《中美救济援助中国人民之协定》《中美国际关税及贸易一般协定》《中美关于经济援助之协定》《中美农业协定》等,其中以《中美友好通商航海条约》最为重要。通过这些条约和协定,美国在中国取得了许多新的特权,便利了美国对中国的独占。

战后外贸商业中的突出现象是国家垄断资本的发展。资源委员会仍独家经理钨、锑、锡、汞等特种矿产品的出口,在战时基本上是易货偿债,战后自销量增大,1947年占夕销总量的52.9%,故利润颇厚。[②] 中央信托局(以下简称"信托局")在战后对外贸易中据有垄断地位。进口方面,实行输入限额分配后,在全国性配额(占全部配额的76%)中,米、麦、面粉、煤、人造丝等配额由信托局独占,其余华洋贸易商只能代理信托局进口,收取回佣。出口方面,信托局于1946年、1947年先后收购丝、茶,1947年6月国民党政府公布国家《收购出口物资办法》,桐油、猪鬃统由信托局收购,1948年又扩展至冰蛋、羊毛、驼毛、花生仁、大豆、油菜籽和水泥,信托局再将这些商品委托华洋贸易商出口,付给2%—4%的手续费。[③] 战后新设的国营中国纺织建设公司,垄断了贸易外棉进口的90%及部分纱布出口。官商合办的中国植物油料厂(以下简称"中植")于1945年增资至200万元,商股仅占27.5%。它在战后接收大批敌伪油脂企业,资产增加

---

① 1950年3月,台湾当局宣布退出关贸总协定。由于当时国际和国内的历史原因,中华人民共和国政府未能立即参加关贸总协定的活动或与之保持联系。

② 数据整理自《资源委员会国外贸易事务所1947年度业务报告》。

③ 上海社会科学院经济研究所等编:《上海对外贸易(1840—1949)》下册,上海社会科学院出版社1989年版,第212—213页。

了 7 倍。战后桐油出口的 70% 是由中植经营,信托局收购的桐油中,65%
是委托中植出口。① 中国茶业联营公司是战后新建的官商合办企业,不
过它实际是信托局的附属机构。最令人瞩目的是以民营面貌出现的官僚
资本企业,它们是由当权大族主办,实属于国家垄断资本。如宋子文家族
的孚中实业公司,中国进出口公司,一统国际贸易公司,金山、立达、利泰
等贸易公司;孔祥熙家族的扬子建业公司、嘉陵企业公司、益中实业公司;
陈立夫家族的华美贸易公司、太平兴业公司;还有宋美龄与陈纳德合组的
中美实业公司等。孚中实业公司,1945 年 12 月创设,资本 3 亿元,实为几
家银行出资,宋子良任总经理,以宋家关系,取得美国伟力斯汽车、西屋电
器等 12 家大公司的在华独家经销权。扬子建业公司,1946 年 1 月创设,
资本 1 亿元,孔家独资,孔令侃任总经理,取得美国共和钢厂等 10 家公司
在华总代理权。嘉陵企业公司,1947 年创设,孔家独资,由孔令俊(即孔
二小姐)任总经理,亦取得美国一些公司的代理权。这些公司都代理中
央信托局的出口业务,而利润最大者是汽车、钢铁、机电器材的进口。战
后汽车最抢手,1942 年 2 月实行限额分配,7 座以上大车全部配给洋商,7
座以下小车部分配给华商。孚中公司、扬子公司都事前得到消息,虚造大
批成交电报,取得配额,孚中以吉普车为主,扬子以小轿车为主。又以美
国汽车缺货,新车只发给特约经销户。扬子公司于 1947 年 10 月收买有
近百年历史的上海英商利威汽车公司 95% 的股权,而不过户,仍以英商
名义进口雪佛兰、奥斯汀汽车 100 余辆。至于这些公司套取官价外汇,黑
市交易以及走私种种,报纸、期刊屡有揭露,闻者侧目。抗战胜利后,国民
党政府取消战时的物资统制,撤销贸易委员会及复兴等国营公司,私营进
出口商复业。但以私商面貌出现的官僚资本公司成为令人瞩目的大户。
1946 年实行鼓励进口时期,进出口商均获暴利。战后全国进出口额,上
海占 80% 以上。上海进出口华商,在"孤岛"时期有 613 户,1946 年冬增
至 906 户,1947 年春增至 1464 户。洋商复业不如华商,"孤岛"时期有

---

① 上海社会科学院经济研究所等编:《上海对外贸易(1840—1949)》下册,上海社会科学
院出版社 1989 年版,第 161 页。

723 户,1946 年春复业 491 户,冬增为 523 户。进口业务,战前由洋商垄断,这时则华洋各半。在 1947 年 2 月实行输入限额分配后,政府核准"合格"华商 387 户,而核准洋商 191 户;在进口额的配给上,洋商亦略多,在棉花、汽油、汽车、烟草等大宗进口上,洋商占有 80%—90% 的比重。出口业务,战前华商原有一定地位,这时,生丝、茶叶等传统商品仍有 80%—90% 为洋商所占,桐油、猪鬃、棉纺织品则 80% 以上为华商经营。[①]

国民党政府因战时以法币垫付的美军在华开支得以美元结还,手中有 6.16 亿美元的外汇,连同由美运来和接收敌伪的黄金、白银共值 8.58 亿美元,为中国政府从未有过的巨额储备。[②] 又与美国洽商 20 亿美元复兴借款,自以为必成。于是在外贸上采取鼓励进口的政策,除汽车等五项商品须领证外,均可自由进口,奢侈品也可加征 50% 的附加税进口。同时于 1946 年 3 月 4 日开放外汇市场,中央银行按 2020 元法币兑 1 美元的官价供应外汇。于是洋货潮水般涌进,上海港为之拥塞。加以不计入贸易进口的联合国善后救济总署(联总)的物资已先商货而到(初期以食品、衣着等为主),城市美货泛滥,遍布地摊。1946 年贸易进口值达 6.53 亿美元,为战前 1936 年的 2.3 倍。其中,美国向华输出的商品价值总额为 3.2 亿美元,占中国商品进口总值的 57.2%。在中国进口总值中,1946 年美国的比重已高达 61.4%,比位居第二的印度(比重为 7.0%)高出近 8 倍;1948 年美国在中国进口总值中的比重升至 66.5%。[③] 出口则因汇率过低受到抑制,结果出现了历史上未曾有过的 4.74 亿美元的巨额入超。国货厂商不敌低价外汇进口美货,怨声载道。[④] 在中国最大的通商口岸上海,当时美国洋行垄断了进口货源,它们经营的纸张、机械、化工原料、

①　上海社会科学院经济研究所等编:《上海对外贸易(1840—1949)》(下册),上海社会科学院出版社 1989 年版,第 149—150、155、157 页。

②　张公权:《中国通货膨胀史(一九三七——一九四九年)》,杨志信译,文史资料出版社 1986 年版,第 193 页。

③　郑友揆:《中国的对外贸易和工业发展(1840—1948 年)——史实的综合分析》,上海社会科学院出版社 1984 年版,第 217—228 页。

④　许涤新、吴承明主编:《中国资本主义发展史》第 3 卷,人民出版社 2003 年版,第 593—594 页。

西药、烟草等几乎独占中国市场。① 此时的上海市场，成为美国货的天下，几乎"无货不美"。上海的进口商品中，美国货占了大半。上海永安、新新、先施等大百货公司，美货占其全部货物总数的80%。1946年经上海海关进口的前八位商品，绝大部分是消费品、奢侈品，还有军用品和剩余农产品，总值2.9亿美元，占全国进口总值的44.5%，其中，美国货占上海进口总值的54.9%。有些商品美货比重更高，如烟叶占98%、汽车占97.7%、药品占80.5%、洋杂货等占62.8%。② 天津各大公司的美货也占其全部货物总数的50%以上。美货除军火外，从机器工具、车辆、汽油、金属、水泥、棉花等生产资料，到布匹、呢绒、服装、鞋帽、卷烟、火柴、罐头、面料、小麦、牙膏、药品、牙刷、香水、口红、手纸等生活日用必需品，应有尽有。③ 美国对中国市场的独占，使中国民族经济受到严重摧残。如美国的罐头倾销使中国罐头厂家受到很大打击，上海原有罐头厂180余家，到1947年1月只剩下50多家。1946年年初上海有制药厂200多家，在美药的打击下，到年底倒闭歇业的达120多家。

由于进口货物大增，贸易逆差加大，至1947年2月，国民党政府外汇存底仅剩2.3亿美元，20亿美元借款亦成泡影。这使国民党政府外汇储备大幅减少，国民党政府遂于1947年2月16日发布《经济紧急措施方案》，实行输入限额分配办法。限额每季公布一次，逐季减少。1947年第一季为9970万美元，至1948年8月第八季仅2107万美元。外汇官价已于1946年8月改为3350元法币兑1美元，实行紧急措施方案时再改为1.25万元法币兑1美元，然而仍远低于黑市之1.4万元。至1947年8月不得不放弃官价，改由中央银行逐日挂牌。此后，进口额有所减少，1947年进口额为4.51亿美元，1948年进口额为2.11亿美元。尽管这样，美国

① 王垂芳主编：《洋商史——上海：1843—1956》，上海社会科学院出版社2007年版，第113页。

② 王垂芳主编：《洋商史——上海：1843—1956》，上海社会科学院出版社2007年版，第79页。

③ 姚洪卓主编：《近代天津对外贸易（1861—1948年）》，天津社会科学院出版社1993年版，第100、117页。

商品在进口额中的比重仍较高,1947 年为 50.2%,1948 年为 48.4%。3年中,从美国进口的汽车轮胎数量,一直维持在进口轮胎总数的 70% 以上。[1] 可见,抗日战争胜利后,美国商品几乎独占了中国市场。

在中国出口贸易中,1946 年后美国也位居第一,但是其所占比重逐年降低,而东南亚等地和欧洲国家所占比重有所上升。中国对美国和欧洲国家出口货物主要是桐油、生丝、猪鬃及战略矿产品等,对东南亚出口商品主要是棉纺织品和药材等。国民党政府于 1947 年 2 月规定补贴办法,因美国反对未果。1947 年出口贸易比 1946 年大大下降,见表 15-8。至 10 月暗中使出口打包放款可用法币偿还,故秋季出口略有起色。[2] 1946 年,上海猪鬃出口值为 1656.9 万美元,占全国猪鬃出口总值的 57%,其中输往美国的占 75%。上海大宗商品出口也被美商垄断。当时华商中官僚资本进出口企业增多。而且,国民党政府严加管制外汇,大宗出口商品货源大多为国民党政府中的中央信托局所控制。除茶叶、生丝、蛋品等少数几种大宗出口商品为洋商操纵外,多数大宗出口商品为华商和官僚资本经营。1949 年春,上海解放前夕,出口贸易停顿。[3]

表 15-8 1946 年与 1947 年主要出口货物比较

项目 货别	1946 年 (单位:公担)	1947 年 (单位:公担)	1947 年减少程度	
			减少数量 (单位:公担)	减少比重 (%)
猪鬃	52684	44352	8296	16
蛋品	792279	101750	690527	87
皮革	340117	29841	310276	91
皮货	31811	3652	28159	89
桐油	867383	805373	62010	7
茶叶	372842	164433	208409	56

[1] 上海市工商行政管理局等:《上海民族橡胶工业》,中华书局 1979 年版,第 60 页。

[2] 许涤新、吴承明主编:《中国资本主义发展史》第 3 卷,人民出版社 2003 年版,第 594 页。

[3] 王垂芳主编:《洋商史——上海:1843—1956》,上海社会科学院出版社 2007 年版,第 93、113 页。

货别 项目	1946 年 (单位:公担)	1947 年 (单位:公担)	1947 年减少程度	
			减少数量 (单位:公担)	减少比重 (%)
生丝	86523	16756	69767	81
羊毛	175739	23422	152317	87
绸缎	5588	4405	1183	21
茧绸	5911	602	5309	90
钨砂	70499	61086	9413	13
锑锭	175116	85740	89367	51
锡锭	112604	41150	71454	63

资料来源:据《中华民国史档案资料汇编》第 5 辑第 3 编,外交,江苏古籍出版社 2000 年版,第 646—647 页有关表格改编。

这一时期,国民党统治区的外贸有大量入超,1946 年入超 4.12 亿美元,1947 年国民党政府采取限制奢侈品进口等措施后入超额减少,1947 年为 2.35 亿美元,1948 年为 0.41 亿美元。[①]

到 1948 年 5 月,国民党政府中央银行外汇存底仅为 0.28 亿美元。8 月金圆券风暴后,国民党政府的经济已全面崩溃。此后它在外贸、外汇上的诸多措施仅成具文,已无足论。1948 年入超陡降,则因垂危前大量物资逃港、海关记入出口所致,见表 15-9(用金圆券统计本年及 1949 年均为"出超")。

表 15-9　1946—1948 年的对外贸易　　　　(单位:百万美元)

项目 年份		1946	1947	1948
(A)进出口 贸易净值	进口	653.1	441.6	211.0
	出口	178.8	227.9	170.4
	入超	474.3	213.7	40.6
(B)贸易外 物资进口	联合国善后救济总署	155.6	157.5	8.1
	1948 年美国援华法案	—	—	111.9

---

① 郑友揆:《中国的对外贸易和工业发展(1840—1948 年)——史实的综合分析》,上海社会科学院出版社 1984 年版,第 229 页。

续表

项目	年份		1946	1947	1948
（C）进口总值	进口总值		808.7	599.1	331.0
	各类物资比重（%）	食品	17.2	9.6	13.4
		原料	25.0	22.3	27.8
		半制成品	14.5	21.0	16.4
		制成品	43.3	47.1	42.4
	各国和地区所占比重（%）	美国	60.9	57.0	66.5
		英国	6.3	8.5	5.5
		东南亚及印度	10.5	11.9	11.9
		中国香港	3.6	1.4	0.9
		其他	18.7	21.2	15.2
（D）出口总值	出口总值		178.8	227.9	170.4
	各类物资比重（%）	食品	14.6	22.7	18.0
		原料	41.9	23.3	19.4
		半成品	23.6	29.3	25.9
		制成品	19.9	24.7	36.7
	各国和地区比重（%）	美国	38.7	23.3	20.1
		英国	4.4	6.5	3.9
		东南亚及印度	10.1	13.7	24.1
		中国香港	28.2	34.2	31.4
		其他	18.6	22.3	20.5

注：1. 为避免币值混乱,折美元计,本表采用较晚出之上海社会科学院经济研究所等编:《上海对外贸易(1840—1949)》(下册),上海社会科学院出版社 1989 年版,第 139 页"数字"。又 1949 年 1—5 月之进口为 9490 万美元,出口为 9190 万美元,入超为 300 万美元。

2. 联总和美援不是原拨款数,而是海关记录的物资运抵中国数,据郑友揆:《中国的对外贸易和工业发展(1840—1948 年)——只实的综合分析》,程麟荪译,上海社会科学院出版社 1984 年版,第 221—222 页。

3. 进口总值为贸易进口和贸易外进口之和。各类比重和各国比重参见郑友揆:前引书,第 224、228 页,唯其中贸易进口因本表所用数与郑友揆折合数有差异,系按本表(A)改算实数,再与贸易外进口实数相加,求得比重。

资料来源:据许涤新、吴承明主编:《中国资本主义发展史》第 3 卷,人民出版社 2003 年版,第 595—596 页表改编。

从表 15-9 可见战后进口物质仍以制成品为主,而食品和原料比重大为提高(1936 年分别为 11%和 13.4%),其中又主要是粮食和棉花。战时无论大后方或沦陷区粮食均大致可以自给,战后却依靠进口;同时上海等地棉纺织业的恢复主要是用美棉。这是国民党政府统治下农业衰败的结果。出口贸易格局的变化是原料比重下降,制成品比重上升(1936 年原料占 35.8%,制成品占 16.9%)。原料 1946 年出口甚多,因猪鬃、生丝、金属矿砂等战争时有大量积存,1947 年后则因生产不继而锐减。制成品比重的增长则主要由于纺织业依靠洋棉,必须将纱布外销以补充原料。其情况类似战时上海"孤岛"的经济,因而与东南亚及印度的出口贸易比重高。①

表 15-9 是根据海关记录的统计,不包括走私进口。美货(有汽车、汽油、尼龙制品、西药以至粮食,亦有农矿产品等)输入中国的另一条渠道是走私。由于大批不受海关检查的美国军用飞机飞行于中国领空,舰船航行于中国领海、内河,帮助国民党政府运送军队,到各地受降和抢占战略要地,它们往往装载了大量的走私货品来到中国。当时的中国报纸称这些飞机、军舰为"事实上的走私队"。当时有人称走私方式有五:"一是外国商轮水手夹带;二是盟军军舰及军用飞机人员夹带;三是中国香港、印度等方面利用飞机私运钻石、银件等;四是国外寄来的邮包夹带;五是职业走私者自外地带来。"②走私以上海、广州为主。《益世报》在一篇社论中指出,1946 年 1—5 月江海关统计的进口总值,比实际的数目至少要差二三倍。③ 还有的报纸报道,充斥于广州市场的美国货,有 90%以上是走私来的。④ 美国海军西南太平洋司令柯克走私汽车和美国海军陆战队走私医药用品,曾成为战后轰动一时的丑闻。1947 年 1—10 月海关查获走私案 1.7 万余件,4009 亿余元⑤,合 1700 万美元,但海关不能检查武

---

① 许涤新、吴承明主编:《中国资本主义发展史》第 3 卷,人民出版社 2003 年版,第 596—597 页。

② 《联合晚报》1946 年 6 月 15 日。

③ 《益世报》1946 年 8 月 1 日。

④ 《商务日报》1946 年 7 月 25 日。

⑤ 《大公报》1947 年 11 月 20 日。

装走私。日本人根据 1947 年 1—5 月中国海关与美国海关发表的中美贸易差额，估计平均每月美货走私进口 65 万美元；又根据同时期内地与香港海关统计差额，估计平均每月走私进口 280 万美元，走私出口 100 万美元。① 总之，数额是巨大的。由于走私的美货成本低、不交税，价格远低于中国的同类商品，这使中国的民营工商业者叫苦不迭。上海市工业协进会在 1947 年 9 月的一份呈文中称，由于美货尼龙丝袜的大量走私进口，使当地丝袜工业"遭受严重摧残""缩小范围者有之，改制出口者有之，甚或停业者亦不可胜计"，呼吁"吾人平时有纳税义务，政府应对吾人负责，法令应为吾人保障"，强烈要求国民党政府经济部"禁止美货尼龙丝袜大量走私进口"。

三、美援与外国在华投资

（一）美援

日本投降后，美国总统杜鲁门在 1945 年 12 月 15 日发表的《关于美国对华政策的声明》中称："美国及其他联合国家承认，目前中华民国国民政府为中国唯一的合法政府，为达到统一中国目标之恰当机构""自治性的军队例如共产党军队那样的存在乃与中国政治团结不相符合，且实际上使政治团结不能实现""美国准备以一切合理的方式帮助国民政府重建其国家"。② 为了帮助国民党政府打内战，美国向国民党政府提供了以军火及军需品为主的第二次世界大战中美国的剩余物资。战后，租借法案继续执行。同时，联合国设立救济总署，运出救济物资，其中美国出资部分，应属美援。战后美军的剩余物资，部分让与或低价售与中国，亦属美援。1948 年 2 月，美国总统杜鲁门向国会提出援华法案，企图挽救

---

① 许涤新、吴承明主编：《中国资本主义发展史》第 3 卷，人民出版社 2003 年版，第 596 页。

② 许涤新、吴承明主编：《中国资本主义发展史》第 3 卷，人民出版社 2003 年版，第 601 页。

国民党政府的危亡,是又一次大的美援。① 这些物资有的作为美国对国民党政府的贷款,有的作为美国的"赠予",大致情况见表 15-10。

表 15-10　抗战胜利后美援一览表　　　　　（单位:百万美元）

项目	金额	说明
(1)租借法案(战后)	赠予　513.7 贷款　1811.0	至 1918 年 6 月底共支 7.8 亿元,内 5030 万元移作油管贷款,3600 万元计入海军船只与项下,余数内 1.81 亿元作为欠款。用途包括空军队 3 亿元,占领沦陷区费用 2500 万元,海空军训练费 1500 万元,兵器、飞机、坦克、军备物资 3 亿多元,工农业商品 3790 万元
(2)油管贷款	贷款　50.3	1946 年 6 月 14 日中美协定,将战前订购油管继续交货,由租借法案内拨 5030 万元作为贷款,推后签约为 5899 万元
(3)联合国救济总署物资(美国部分)	赠予　474.0	1916 年运华以来,面粉、原棉、纺织品为主,1947 年运入以原棉,机器工具、粮食、化肥为主,共运入 5.268 亿元(修正数),加运杂费 25%作 6.584 亿元,美国部分按 72%计为 4.74 亿元
(4)善后董事会救济物资(美国部分)	赠予　3.6	1947 年年底联总结束,以 500 万元交善后董理会,继续援华,按美国占 72%计为 360 万元
(5)"中美合作"军事援助	赠予　17.7	"中美合作"组织(SACO)1945 年 9 月 2 日至 1946 年 3 月 2 日由美海军拨交物资数,主要是军火
(6)美国援外物资	赠予　46.4	1947 年 5 月 31 日美援外法案拨中美救济协定 2840 万元,1947 年 12 月 23 日美紧急救济法案拨 1800 万元。运华米、种籽、药品、农药等
(7)剩余物资售卖	估值　900.0 售价　205.0 贷款　55.0 抵价　150.0	美军在国、印度、太平洋 17 岛之剩余卡车、船只、空军器材等。美方估值 9 亿元,1946 年 8 月 30 日签订售卖协定,作价 1.75 亿元,加运费 3000 万元,共 2.05 亿元;其中 5500 万元作为中国欠款,余 1.5 亿元用中国战时垫付在华美军费用款抵付
(8)华西剩余物资售卖	售价　84.5 贷款　20.0 抵价　64.5	美方未估价,售价美元 2500 万又 51.6 亿法币。美元部分有 500 万计入(8)项之剩余物资售卖协定内,余 2000 万作为中国欠款。法币部分用中国战时垫付在华美军费用款抵付,按 80 元汇率折合美元 6450 万

---

① 许涤新、吴承明主编:《中国资本主义发展史》第 3 卷,人民出版社 2003 年版,第 600 页。

续表

项目	金额	说明
（9）华北剩余军火	未作价	军火 6500 吨,未计价让与
（10）海委会船只售卖	估值 77.3 售价 26.2 贷款 16.4 抵价 9.8	据美国 1946 年售船法案,售与中国船 4 只,售价 2620 万元。1640 万元作为中国欠款,余 980 万元,美国进出口银行垫付 420 万元,余付现
（11）船坞设备售卖	售价 4.1 贷款 4.1	美国外物资清理局移交中国船坞设备供上海,青岛造船厂用,售价 410 万元,作为中国欠款,30 年偿清
（12）海军船只让与	赠予 141.3	1947 年 12 月 8 日中美协定,让与船 271 只,实让 131 只,作价 1.413 亿元,内有 3600 万元系租借法案(战时)项下移入
（13）剩余军备售卖	估值 99.8 抵价 6.6	截至 1948 年 11 月 30 日中国认购数,原估价 1.008 亿元,实际装运 9980 万元,作价 660 万元,其中一部分由 1948 年援华法案拨款
（14）经济合作总署物资	赠予 275.0 实支 193.2	1948 年援华法案,6 月 28 日拨 2.75 亿元与经合总署,包括购买粮食、石油、原棉、肥料、煤等,至 1949 年 3 月 11 日实支 1.932 亿元
（15）1948 年军事援华	赠予 125.0 实支 124.1	1948 年援华法案,拨军援 1.25 亿元,至 1949 年 3 月 11 日实支 1.241 亿元,1948 年年底运到 6090 万元,余运台湾

	赠予(实支)	贷款	剩余物资抵价	总计
总计	1514.0	326.8	230.9	2071.7

注:剩余物资的售价中,除作为中国欠款(列入贷款)部分外,余数以货币或债权抵付,列入抵价。

资料来源:美国国务院:*United States Relation with China*,1949,pp.1044—1050,见世界知识社编:《中美关系资料汇编》第 1 辑,1957 年版,第 992—999 页。据许涤新、吴承明主编:《中国资本主义发展史》第 3 卷,人民出版社 2003 年版,第 602—604 页有关表格改编。

　　表 15-11 是根据国民党政府行政院档案中发现的国民党政府所做 1948 年 4 月至 1949 年 3 月中国国际收支平衡表估算整理而成。由于当时中国物价与汇率变化太大,这种估算问题较多。不过,从这一估算仍然可以大致进行国际收支项目间的横向比较。从这个表格可以看出,当时美援在国民党统治区国际收支中的重要地位,可以看出国民党政府对美援的依赖。

表 15-11　中国国际收支平衡表(1948 年 4 月—1949 年 3 月)

(单位:万美元)

收入		支出	
1. 出口货值	24500	1. 进口货值	82100
2. 美援	33800	1)美援	33800
3. 华侨汇款	3000	2)美援外进口	48300
4. 驻华使领	1600	2. 外债本息偿付	5000
5. 驻华外军	5000	3. 外侨汇款	500
6. 外人游历	2400	4. 使领、留学等费	12000
7. 教育及慈善捐款	2000	5. 其他	2000
总计	72300	总计	183700

资料来源:据《中华民国史档案资料汇编》第 5 辑第 3 编,外交,江苏古籍出版社 2000 年版,第 649—650 页有关表格改编。

综上所述,在抗日战争胜利后,美国向国民党政府提供了约 5 亿美元的贷款援助及 20 多亿美元的救济、售让、赠予等物资援助。这些美援,主要是为了帮助国民党政府打一场"美国出钱出枪,蒋介石出兵"的屠杀中国人民的内战,"援助国民党击毁共产党",而对于中国的经济建设没有多大益处。

(二) 战后外国在华直接投资

外国在华投资可分直接投资和间接投资(外债)。我们先考察战后外国在华直接投资。

1939 年 12 月太平洋战争爆发后,日本接管了英、美等在沦陷区和东北的企业和房地产。1945 年 8 月日本投降后,日本的全部和德、意属于法西斯部分的在华(包括台湾)财产被中国政府接收;原属英、美等国财产则发还原主。战后,欧洲各国都失掉了扩大海外投资的能力,在中国的外国资本中,也形成美国独霸的局面。

战时,海关总税务司改由美国人担任,几十年来由英国人控制的中国海关战后已落入美国人之手。同时,原由汇丰银行控制的中国外汇市场

也转由美国银行控制。1946 年,战前 6 家英国银行有 3 家复业,战前 4 家
美国银行则全部复业。这年冬,上海有美商贸易洋行 256 家,占上海洋行
总数的 48.9%。① 由于战后不久蒋介石即发动大规模内战,时局不稳,外
资企业的设立并不多。上海的贸易洋行由 1946 年冬的 523 家减为 1947
年的 370 家,其中美商贸易洋行也由 256 家减为 182 家。美国的威斯汀
豪斯、环球、美孚等大公司都曾与国民党政府协议,准备设立电机、造船、
水泥、石油等企业;美国财团取得煤矿、有色金属矿的开采权和成渝铁路、
川滇铁路的筑路权。但都因投资环境而未能实现。航运方面,美国轮船
则甚活跃。据中国海关登记,1947 年往来外洋的外国轮船共 1500 万吨,
其中美国船占 35.6%、英国船占 32.6%。②

由于美军和美国官员大批来华,美国在中国的房地产大增。在这
方面,战后的国民党政府有个惊人之举,即将鸦片战争后列强根据不平
等条约在租界区取得的土地永租权改换成土地所有权,发给"土地所有
权状"。③

吴承明等学者对外国在华投资估计的估算见表 15-12。

表 15-12　外国在华投资估计　（单位:百万美元*）

年份 项目	1936	1940	1948
日本直接投资	1560.1	4120.0**	—
日本借款	258.2	330.6**	—
日本合计	1818.3	4450.6**	—
美国直接投资	263.8	250.0	385.0
美国借款	64.4	132.9	1025.1
美国合计	328.2	382.9	1410.1

---

① 王垂芳主编:《洋商史——上海:1843—1956》,上海社会科学院出版社 2007 年版,第
113 页。

② 许涤新、吴承明主编:《中国资本主义发展史》第 3 卷,人民出版社 2003 年版,第
608 页。

③ 此项出卖国土之举,甚至引起国民党官员抗议。见吴承明编:《帝国主义在旧中国的
投资》,人民出版社 1955 年版,第 98 页。

续表

项目 \ 年份	1936	1940	1948
英国直接投资	870.7	765.4	715.5
英国借款	150.1	174.9	99.9
英国合计	1020.8	940.3	1115.4
法国直接投资	185.4	176.4	226.1
法国借款	90.9	81.1	71.1
法国合计	276.3	257.5	297.2
德国直接投资	47.0	44.0	—
德国借款	89.4	93.0	—
德国合计	136.4	137.0	—
苏联直接投资	26.1	26.1	
苏联借款	—	250.0	
苏联合计	26.1	276.1	—
其他直接投资	174.2	157.9	160.4
其他借款	161.1	158.7	214.2
其他合计	335.3	316.6	374.6
直接投资	3127.3	5539.8	1487.0
借款	814.1	1221.2	1410.3
总计	3941.4	6761.0	2897.3

注:* 1936 年币值。

　　** 日本 1945 年。

资料来源:据许涤新、吴承明主编:《中国资本主义发展史》第 3 卷,人民出版社 2003 年版,第 611 页
　　　　表格改编。

(三) 战后国民党统治区的外债

经过中、苏、美、英、法以及全世界人民的团结战斗,意大利法西斯政权于 1943 年倒台;到 1945 年 5 月,苏军攻克柏林,希特勒自杀,德国无条件投降;8 月 14 日,日本宣布无条件投降,并于 9 月 2 日在投降书上签字,中国的抗日战争和全世界人民反对法西斯的战争取得了伟大的胜利。曾经给全人类带来巨大灾难的德、意、日法西斯联盟,终于被彻底打败。由

于德、意、日三国是战败国,所有该三国外债作为战争赔款一律废除,中国对此不再承担偿债责任。

第二次世界大战后,苏联和东欧的力量逐渐加强,成为美国的主要对手。美国从它的全球战略考虑,在西欧推行"马歇尔计划",援助西欧各国经济复兴,以对抗苏联;在亚洲主要援助国民党政府,希望国民党能够"统一中国",成为美国在亚洲的"伙计"。当时中国共产党的力量在坚持八年抗战中越战越强大,势力已经扩展到西北、华北、华中和东北各地。美国对国民党政府的援助不同于"马歇尔计划",它除经济利益的扩张外,还有一个更重要的政治目的,即"援助国民党击毁共产党"。

经过巨大的战争创伤,中国百废待兴。但是,以蒋介石为首的国民党反动派,在美帝国主义支持下,又把中国拖入内战的旋涡。在内战规模不断扩大和通货膨胀日益严重的情况下,国民党政府的财政赤字日趋庞大,对美援、对外债的依赖也越来越大。

1945年8月,日本刚刚宣布投降,宋子文就向美国政府提出20亿美元的"建设大借款计划",确切预算是20.83亿美元。美国原则上表示同意。但由于这项款额过大,美国政府又在1946年年初宣布,"对中国大规模的财政援助计划需推迟到中国政治经济局势能够提供更好的基础时再制定"。

不久,美国由抗战时期曾经手向国民党政府提供过四次易货借款的华盛顿进出口银行出面,在1946年一年内向国民党政府提供5笔数额在几百万至几千万美元的借款。

1946年3月,美国华盛顿进出口银行与中国银行订立《美棉贷款合同》,由美方提供3300万美元的贷款,专供中方采购美国棉花。合约规定,中国商人采购美棉时,应由中国银行纽约分行向进出口银行申请发给美国棉商承兑书,美国棉商即按照承兑书开出期票,由中国银行签证承兑,中国银行两年内兑现,年息2.5%。这项借款从1946年6月10日至1947年7月10日共动用了3297.6万余美元。按照期票两年期期限,自1948年6月起即应还本付息。中国银行鉴于外汇来源紧张,筹措困难,又于1948年3月与美方订立《美棉贷款补充修正合约》,延期偿付本息。①

1946 年 6 月,国民党政府与美国进出口银行签订 1665 万美元的"铁道购料"贷款合同,以购买修复铁路用器材。该借款期票年息 3 厘,本金分 25 年偿还,每年还本付息两次。对于借款动用期限,原来订明应于 1947 年年底截止,后因美国商人交货迟缓,余额不能如期用完,曾经两次延展期限。②

1946 年 7 月,美国进出口银行与国民党政府签订了"中美购买发电机贷款"合约,由美方贷放 880 万美元垫款,供国民党政府在美国购置 5000 千瓦的发电机十台及附件设备等,该借款年息 3 厘,从 1951 年起分 25 年摊还,每年还本付息两次。合约还规定,国民党政府应雇用美国进出口银行所同意的工程师,以对用借款所购电机器材的设计、绘图、估价等负责,并监督装置电机设备等。该借款截至 1949 年 2 月,动支总额为 78.5 万美元。③

1946 年 8 月,国民党政府为了购买美国 16 艘旧船,与美国进出口银行订立"中美购船借款"合约,由美方提供 260 万美元垫款,供国民党政府在美国购买合约所列之轮船。国民党政府需付船价时,应出具还款期票向美国进出口银行支款。期票本金分 10 年摊还,年息 3.5 厘,每年还本付息两次。该项借款曾于 1947 年 2 月一次动用 254 万余美元。④

1946 年 8 月,国民党政府与美国进出口银行签订"中美采煤设备借款"合同,由美方借给国民党政府 150 万美元,供国民党政府在美购买采煤设备及器材。中方购买采煤设备及器材时,凭国民党政府出具的期票由美国进出口银行随时拨付垫款。期票自拨款之日起按年息 3 厘计息,

---

① 中国第二历史档案馆编:《中华民国史档案资料汇编》第 5 辑第 3 编,财政经济(1),江苏古籍出版社 2000 年版,第 995—1006 页。

② 中国第二历史档案馆编:《中华民国史档案资料汇编》第 5 辑第 3 编,财政经济(1),江苏古籍出版社 2000 年版,第 1014—1019 页。

③ 中国第二历史档案馆编:《中华民国史档案资料汇编》第 5 辑第 3 编,财政经济(1),江苏古籍出版社 2000 年版,第 1034—1039 页。

④ 中国第二历史档案馆编:《中华民国史档案资料汇编》第 5 辑第 3 编,财政经济(1),江苏古籍出版社 2000 年版,第 1049—1059 页。

本金自 1951 年起,分 15 年摊还,每年还本付息两次。该借款截至 1948 年 12 月已动用 147.5 万美元。[①]

总之,在 1946 年美国进出口银行向国民党政府提供了 6255 万美元借款,已知实际动用数至少在 5442.6 万美元。

在 1946 年 6 月,美国政府还与国民党政府签订了"中美租借剩余物资借款"(又名"3C 租借接管借款")协定,将美国战时租借财产及中国在 1945 年 8 月 18 日以前申请已获准而未交付的物资,由国民党政府接购,其价值、运费等总计约 5890 万美元作为美国给中国的借款,分 30 年偿还。[②]

宋子文在 1945 年 8 月向美国提出"20 亿美元大借款计划"后,又到加拿大活动。经过一番活动,到 1946 年 2 月先成立了中加信用借款,由加拿大政府向国民党政府提供 6000 万加元的贷款,规定其中 2500 万元用以购买加拿大剩余的互助物资,另外 3500 万元用以购买中国方面复员所需的建设器材及支付费用。这项借款是加拿大政府追随美国政府对华政策的一个表现,同时加拿大也想趁机推销自己的战后剩余物资,因此在借款合同中还规定,除贷款以外,每隔半年,中方还应以数目至少相当于该半年内动支借款额 20% 的黄金和外汇,在加拿大采购物资或支付其他费用。借款合约还规定,1947 年中国采购完毕后,将动用借款本息合成一总数,由中国方面以同额加币债票交给加拿大财政部,年息 3 厘,分 30 年平均摊还。[③]

由于国民党军队在内战中连吃败仗,使得美、加等国资本家对贷款给国民党政府产生了较多的疑虑。国民党的资源委员会在中国内战爆发后也曾派人到美国进行借款活动,但是美国进出口银行董事长这时却毫不掩饰地对他们说:"如果内战打胜了,交通和地方秩序恢复了,那么借款

①　中国第二历史档案馆编:《中华民国史档案资料汇编》第 5 辑第 3 编,财政经济(1),江苏古籍出版社 2000 年版,第 1042—1052 页。

②　中国第二历史档案馆编:《中华民国史档案资料汇编》第 5 辑第 3 编,财政经济(1),江苏古籍出版社 2000 年版,第 1024—1029 页。

③　中国第二历史档案馆编:《中华民国史档案资料汇编》第 5 辑第 3 编,财政经济(1),江苏古籍出版社 2000 年版,第 983—989 页。

给你们买美国的机器设备去搞和平建设,是可以考虑的,是不成什么大问题的。但是目前蒋介石的军队打得不好,胜利看来没有什么把握。你说我们怎么能放心大胆借款给你们去办工厂呢?"到了1947年,中国人民解放军进入反攻阶段,美国给国民党政府的商业性借款就很少了。

据记载,在1947年以后,只有国民党政府交通部与美国航海委员会先后签订了4笔购船贷款合约,中国交通部向美国购买一部分战余旧船,价值2200万美元,中方付现金550万美元,另外1650万美元以年息3.5厘计息,作为美方的贷款,分别在14—17年内偿还。

1948年战后国民党政府财政部部长王云五为了顺利推行金圆券"改革",也曾希望美国能拿出5亿美元的贷款来作后援。为此,王云五于9月下旬以参加国际货币基金董事会的名义专程赴美,向美国总统杜鲁门乞求援助,但是吃了一个闭门羹。美国主要关注的是中国内战的进展情况。

除了美国以外,战后只有加拿大曾向国民党政府提供了一笔6000万加元的贷款。英、法等旧中国政府的老债主,由于在世界大战中受到沉重创伤,还要靠美国援助,它们本身已无力对华贷款。

纵观国民党统治时期的政府外债,在1933年以前,包括美麦借款和美棉麦借款在内,总额约合4000万美元;1934—1937年,按照A.N.杨格的计算,国民党政府得到并且实际使用的铁路借款总额约合4000万美元;至1937年中期按照中德易货信用借款协定,国民党政府为了工业和军事目的,从德国得到的信贷数额,大约也相当于4000万美元;因此这几年中国政府得到利用的外债总额共约8000万美元。此外,德、英、法、比等国资本已答应供给,已经达成协议,但未曾动用的铁路贷款,加起来总数也有8000万美元。还有数千万美元的信贷正在谈判和拟议中。抗日战争前国民党政府实际使用的外债约合1.2亿美元。抗日战争期间国民党政府所借外债,笔数不多,但借款额却比战前大得多,以美元计超过国民党政府战前所借外债总额的十多倍。抗战胜利后,在1946年一年内国民党政府向美国进出口银行举借了6225万美元的贷款,向加拿大政府举借了约6000万美元的贷款,两者相加,就与抗战前国民党政府实际使用外债的数额相近;再加上 1947 年以后的外债,及由美国援助物资转化的贷款,数额就是抗战前外债的四倍多。总的来看,国民党统治时期外债有不断增加的趋势。尽管在抗战前经过外债整理,中国政府外债积欠额略有下降,但由于新借外债不断增加,后来中国政府所积欠的外债额迅速加大,债务负担越来越重,见表 15-13。

表 15-13　国民党统治时期所借外债分国表(各年积欠额)

(单位:百万美元[*])

项目 ＼ 年份	1936	1940	1948
日本	258.2	330.6[**]	—
英国	150.1	174.9	399.9
美国	64.4	132.9	1025.1
法国	90.9	81.1	71.1
德国	89.4	93.0	—
苏联	—	250.0	—
其他	161.1	158.7	214.2
总计	814.1	1221.2	1710.3

注:[*] 1936 年币值。

　　 [**] 日本 1945 年。

资料来源:根据许涤新、吴承明主编:《中国资本主义发展史》第 3 卷,人民出版社 2003 年版,第 611 页表格改编。

　　表 15-13 虽然是几个重要年份政府外债的积欠额,但仍然可以大致反映出在国民党统治时期所借外债中各国比重的变化。在 1930 年中国政府所欠外债中,日本占据首位,其次为英、法、德。从表中我们可以看出,1936 年时各国数额虽有变化,但位次仍然大致如此。到 1948 年情况已经发生很大变化,美国不仅跃居首位,而且它的数额比其他各国总和还要多 50%,美国已经成为国民党政府的头号大债主。

第 十 六 章

抗日后方和国民党统治区的
商业流通与国内市场

抗日战争爆发后,沿海各省相继沦陷,国民党政府被迫内迁重庆。随着沿海人口大量涌入西部省份,生产和民生物资供需矛盾日益突出。国民党政府为了应对困境,做好持久抗战准备,在统治区内推行了战时统制经济政策,对重要工业品和农产品的生产、流通和价格实施全面统制,以确保对战略物资的有效控制。同时,由于沿海富庶之地尽被日本占领,关税、盐税和货物税等主要税收尽失,国家财政收入锐减,同时军事费用激增,财政收支失去平衡,赤字逐年上升。国民党统治区经济非常薄弱,国民党政府只能依靠增加法币发行来弥补财政赤字,最终导致通货膨胀,物价持续上涨,给国民党统治区人民生活带来了严重影响。抗战前我国经济中心主要集中在沿海沿江口岸,内地商业向来比较落后。抗战爆发后随着沿海人口和经济重心的内迁,商业中心也随之内移,重庆、成都、昆明、西安、兰州等西部城市在抗战时期呈现出一派繁荣景象,都发展成为较大的商业中心。但由于战争时期绝大多数内迁资本偏向于短期获利的商业领域,"工不如商,商不如囤"的现象比较普遍,投机性商业得到空前发展。

抗日战争相持阶段,中日双方为了有效削弱对方,遏制对方经济,都采取了经济封锁和反封锁。日本的经济封锁是为了阻止物资流入国民党统治区,而对国民党统治区的农产品又是需要的,是一种对内单向的封锁。而国民党统治区对敌的经济封锁一方面是要禁止敌人物资流入国民党统治区来套取法币,另一方面又要防止国民党统治区物资资敌,是一种双向的封锁。中日双方的军事对峙、经济封锁和反封锁为走私提供了巨大利润空间,在整个抗战时期,走私非常的猖獗。当然随着战局的推移,双方都从有利于自身的角度出发,不断调整经济封锁和反封锁,以及对待走私的政策。

抗战胜利初期,中国民族工商业得到一定程度的恢复;但是,在战后敌伪财产接收过程中,以"四大家族"为代表的国家资本,在政治、军事和金融力量的保护和支持之下急剧膨胀,形成了一个庞大的商业独占网络,国营资本的膨胀扩充和民营资本的萎缩是抗战后最为明显的经济现象。同时,美国为了达到独占中国的目的,一方面通过"美援"极力扶植国民党政权,另一方面通过与国民党政府签订一系列不平等条约,在政治、经济、军事和文化方面全面控制中国,使中国成为其商品倾销地,在全国各地到处是"无货不美,有美皆备"。国民党政府急于发动内战,军费开支急速增长,造成庞大的财政赤字,而弥补财政赤字的主要办法就是滥发纸币,大搞通货膨胀,物价飞速上涨。在国共内战的最后几年里,民族工商业已被搜刮得奄奄一息,大批资本家纷纷弃工从商,投机性商业获得畸形发展,国民经济濒临崩溃。

第一节　抗战时期国民党统治区的
商业贸易状况

抗日战争爆发后,严峻的战争形势迫使国民党政府必须动员一切人力、财力、物力为战争服务,国民党政府先后成立了一些统制机构,负责制定和实施战时物资和商业统制,对全国农矿工商企业及物品的生产、运输、贸易和一般物价实施全面管制,实现向战时经济转轨。随着抗日战争的持久化,为了控制物资和保障民生,国民党政府对生产、流通、分配、消费等各个环节实施了越来越严厉的经济统制。

一、国民党政府的商业统制政策

(一) 商业统制政策

商业是国民经济的重要环节,也是人民生活必不可少的重要组成部分,能否保证商业流通的顺利进行和各种物资的充分供应,关系工农业生产和社会稳定。抗日战争爆发后,沿海沿江各省相继沦陷,重要农工产品供应减少。国民党政府西迁重庆后,为解决后方物资严重短缺的问题,一方面积极地充实物资,使军用民食获得充足的供应;另一方面则对战时商业采取统制政策,对于粮食、日用必需品、燃料、日用工业品和外销物资等采取统购统销、专卖和限价等政策,实施管制。

抗战期间,国民党政府为对全国农矿工商企业及物品的生产、运输、贸易和一般物价实行管制,先后颁布了一系列法令和法规。1937 年 12 月,国民党政府颁布了《战时农矿工商管理条例》,次年 10 月修正为《非常时期农矿工商管理条例》。依据该条例,经济部得呈准行政院,管理以下各项物品。第一类是棉、丝、麻、羊毛及其制品。第二类是金、银、钢、铁、铜、锡、铝、镍、铅、锌、钨、锑、锰、汞及其制品。第三类是粮食、植物油、茶、糖、皮革、木柴、盐、煤及焦炭、煤油、汽油、柴油、润滑油、纸、漆、酒精、水泥、石灰、酸碱、火柴、交通器材、电工器材、电力机器、工具、教育用品、药品、人造肥料、陶器、砖瓦、玻璃。第四类是其他经济部呈准行政院指定物品。[①]

为防止敌货侵入和物资资敌,1938 年 10 月国民党政府公布《查禁敌货条例》和《禁运资敌物品条例》两种。其主要内容为:第一,凡敌国物品一律禁止进口及运销国内,在沦陷区域内工厂商标系由敌人投资经营者,其货物也应视同敌货予以查禁。第二,在沦陷区域的工厂商号,已被敌人

---

① 国民党政府经济部编:《经济法规汇编》第 2 集,1938 年印本,第 18 页。

掠夺利用的,由经济部随时指定其物品名称、产地及厂商名称、商标,禁止运销国内。第三,国内物品凡是以增加敌人力量的,由经济部指定其物品名称,禁止运往敌国或沦陷区,至于执行查禁,则由地方主管官署负责主持。

1939 年因国内物价上涨较快,经济部于 2 月颁布《非常时期评定物价及取缔投机操纵办法》,以期遏制涨价风。12 月又颁布《日用必需品平价购销办法》,决定设立平价购销处,主持办理西南、西北各省日用必需品的平价购销事宜。通过这两个法令,政府实施了物价的管制,以遏止物价上涨;为达到这一目的,又对衣食服用之日用必需品加以控制,以平价购销日常用品,如布匹、衣被、毛线、被单、袜子、肥皂、牙膏、毛巾、蜡烛等。[1]

1941 年抗战进入更为艰苦的阶段,物资益形短缺,市场上囤积居奇现象日益严重,为此,国民党政府于 2 月颁布了《非常时期取缔日用重要物品囤积居奇办法》,规定取缔囤积居奇的重要物品为四大类(包括粮食类、服用类、燃料类、日用品类)二十一种。[2] 1942 年 3 月,国民党政府又颁布《国家总动员法》,明确规定"政府于必要时得对国家总动员物资及民生日用品之交易价格、数量加以管制"。[3] 其后,国内外局势剧变,物价上涨剧烈,蒋介石于 1942 年 9 月制定《加强管制物价方案》七条,并经国民党五届十中全会于 11 月 27 日通过,随后行政院于 12 月 19 日颁发《关于加强管制物价的训令》,决定自 1943 年 1 月 15 日在全国实行限价。[4]

1943 年 3 月,行政院又颁布《限价议价物品补充办法》,规定限价物品以八种重要民生必需品,即粮、盐、食油、棉花、棉纱、布匹、燃料、纸张为主,其余各项必需品,采行议价。1944 年 5 月 20 日,国民党五届十二中全会通过《加强管制物价紧急措施方案》,决定实行更加严格的物资管制,

---

[1] 国民党政府经济部编:《经济法规汇编》第 4 集,1940 年印本,第 117 页。

[2] 国民党政府中央训练团编:《中华民国法规辑要》第 2 册,1942 年印本,第 18 页。

[3] 重庆市档案馆编:《抗日战争时期国民政府经济法规》上册,档案出版社 1992 年版,第 170 页。

[4] 中国第二历史档案馆编:《中华民国史档案资料汇编》第 5 辑第 2 编·财政经济(9),江苏古籍出版社 1997 年版,第 241 页。

其主要措施包括:扩大征实数量及范围,以充实政府掌握之物资;向盟邦输入必要物资,以大量吸收社会剩余购买力,稳定国内经济;管制物价运价,取缔囤积居奇,加强物资流通,减少物资生产成本;对官兵、公教人员生活必需品,由政府尽量发放实物等。

1944 年 8 月 1 日,国家总动员会议第五十四次常委会通过《各省管制物价物资及实施纲要》,规定各省间之物资须完全自由流通,省政府不得禁止或妨碍出境,而应尽力促进物资交流,调剂有无;对于征实物资,应如期征足,不许借词减缓;八项日用品须按中央规定限价,非经呈请核准不得变更;议价物品也应择要实施。[①] 1945 年 2 月 15 日,国民党政府为了贯彻限价议价政策,发布了《取缔违反限价议价条例》十条,对违反《国家动员法令》第八条所称限价议价者,予以取缔处分的规定。上述法令规章的颁布,为战时国民党政府实施物资统制提供了法律依据,保障了军民物资供应,并为稳定大后方民众生活起到了重要作用。

(二) 商业统制机构

为实施战时物资统制,国民党政府在抗战期间随着形势的变化先后成立了一些统制机构,负责制定和实施战时物资和商业统制(见图 16-1)。

抗战爆发后,1937 年 9 月 2 日,军政部部长何应钦在一份呈文中首先提出对有关国防物资"当仿照美国战时贸易部之办法,组织统制机关,主持办理"。嗣后军政部便奉行政院指令,召集有关部会洽商,并拟订战时贸易统制计划,主要内容包括:"战时为充实资源、保持军事民生之需要起见,凡进出口贸易由大本营统制办理,责成大本营之第四部执行之";"大本营第四部设贸易统制委员会,由外交部、实业部、财政部、内政部、军政部、海军部、航空委员会、全国经济委员会、军事委员会之资源委员会及军法执行总监部联合组织之"。与此同时,财政部拟定了《增进生产及调整贸易办法大纲》(共十条),于 9 月 13 日呈奉军事委员会委员长

---

① 重庆市档案馆编:《抗日战争时期国民政府经济法规》上册,档案出版社 1992 年版,第 137 页。

行政院（国家总动员会议）

粮食部
- 四川粮食储运局
- 各省粮政局
- 重庆民食供应处
- 四川民食第一供应处
- 四川民食第二供应处

经济部
- 物资局
  - 燃料管理处
  - 农本局
  - 平价购销处
  - 食油管理处
  - 纸业管委会
  - 日用必需品管理处
- 工矿调整处
  - 西南区办事处
  - 中南区办事处
  - 西北区办事处
  - 土铁管理处
- 资源委员会
  - 川康铜业管理处
  - 钨业管理处
  - 锑业管理处
  - 锡业管理处
  - 土铁管理处

财政部
- 盐务总局
- 川康区食糖专卖局
- 烟类专卖局
- 火柴专卖局
- 专卖事业管理局
- 贸易委员会
  - 复兴商业公司
  - 富华贸易公司
  - 中国茶叶公司
- 战时货运管理局
- 花纱布管制局
- 煤焦管理处

战时生产局
- 器材总库
- 液体燃料管理委员会

经济检察队

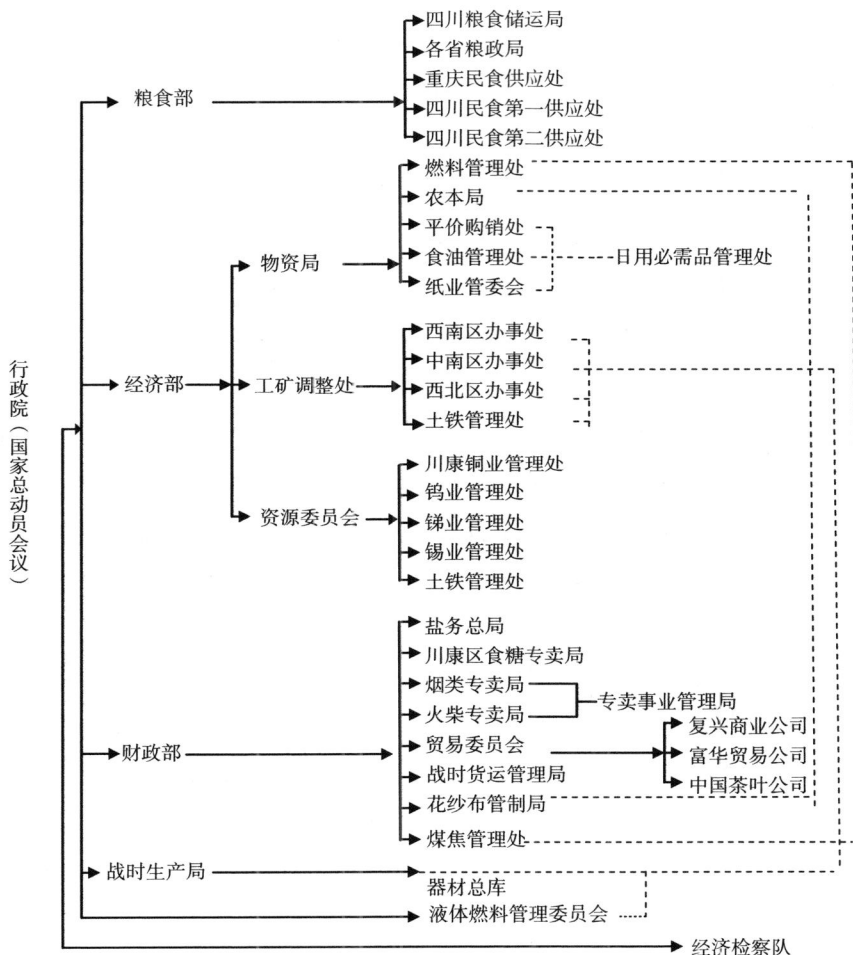

图 16-1　国民党政府的物资管制机构示意图

注：实线表示隶属系统，虚线表示变迁关系。
资料来源：龙大均：《十年来之物资管制》，见谭熙鸿主编：《十年来之中国经济》，中华书局1948年版，南京古旧书店1990年印行，第U22页。

核准并经国防最高会议通过。这份大纲更加明确地提出在军事委员会之下设立农产、工矿、贸易三个调整委员会，分别负责战时民食农产、工矿业产品和出口产品的运输、储藏、转卖等事项。10月，农产、工矿、贸易三调整委员会正式成立，并由三会联合组织水陆运输联合运输办事处，在全国各重要地点分设办事处,以加强对各地区经济的控制。①

1938年1月10日,国民党政府经济部成立,该部系由前实业部,建设委员会,全国经济委员会水利部,及原属于军事委员会的第三部、第四部,资源委员会,工矿调整委员会,农业调整委员会等合并成立,作为国民党政府战时最高经济行政机构,战时物资管制的大部分工作是由经济部主持的。就其受管制物资的品类区分,可分为三类。

第一类是日用必需品,包括棉花、棉纱、棉布、煤焦、食油、纸张等物资,此类物资原本由该部农本局、燃料管理处及平价购销处分别办理。1942年2月,经济部物资局成立,增设了食油管理处与纸业管理委员会,并将前述三机关划归管辖,统筹日用必需品供应,及办理平价事宜。1942年12月,物资局奉令撤销,对上述日用品的管理又做了调整。原农本局所管的花、纱、布,改由财政部设置花纱布管制局管理。原燃料管理处业务仍旧,但该处改为直隶经济部。食油、纸张等原归平价购销处管理的物品,改由经济部设立日用必需品管理处接办。

第二类是工业器材,包括工业机器、钢铁、水泥、烧碱、漂粉、盐酸、染料、助燃剂、鞣剂、铜等物资,其中钢铁原由经济部与军政部共同组织的钢铁管理委员会管理,水泥原由军政部、经济部与交通部共同组织的水泥管理委员会管理。1942年2月,该两个委员会撤销,移交经济部工矿调整处办理。铜由资源委员会所设的川康铜业管理处管理。其他各项如工业机器等,均由工矿调整处管理。

第三类是出口矿产品,包括钨、锑、锡、汞、铋、钼六类,由资源委员会所属的钨、锑、锡、汞等管理处分别管理。为了统筹战时生产事业,增强抗战力量,国民党政府于1944年11月成立了战时生产局,经济部管制物资的部分权限转移至该局,例如:主管焦煤的燃料管理处,即改隶该局,改名煤焦管理处,主管工矿器材产品的工矿调整处,也同时并入该局,但不久被裁撤。只有煤焦管理处在1945年年底该局因抗战胜利裁撤后,再次归

① 中国第二历史档案馆编:《中华民国史档案资料汇编》第5辑第2编,财政经济(9),江苏古籍出版社1997年版,第433页。

属经济部。

战时物资归财政部管制的大致可分为两类：第一类为专卖物品，包括盐、糖、烟类、火柴等项；1941 年 7 月，由财政部组织设立国家专卖事业设计委员会筹划办理，1942 年分别由盐务总局、川康区食糖专卖局、烟类专卖局、火柴专卖公司负责专卖事宜。1944 年夏，食糖专卖停止，食糖专卖局裁撤，同年 8 月，烟类专卖局和火柴专卖公司合并，改组为财政部专卖事业管理局，统一管理全国烟类和火柴专卖的业务和行政。第二类为出口外销物品，包括桐油、生丝、羊毛、猪鬃、茶叶、药材等，由财政部设贸易委员会主持收购和运销业务，下设复兴、富华及中国茶叶三家公司，为实际负责经营的业务机构。

粮食是最重要的战略物资。1940 年 8 月，国民党政府设立粮食管理局，隶属于行政院，1941 年 6 月底撤销，7 月 1 日，改设粮食部，内置总务、人事、管制、储备、分配、财务六司，和调查处、会计处、统计室、督导室。地方机构则省有粮政局，县有粮政科，另有直属该部办理储运业务的四川粮食储运局，办理供应业务的重庆民食供应处、四川民食第一供应处、四川民食第二供应处。自从经济部的农本局撤销后，关于对棉花、棉纱、棉布的管理，即移交财政部办理。财政部于 1943 年 2 月专门设立花纱布管制局，经办此项业务。该局直到 1945 年抗战胜利时裁撤，相关业务交还经济部主管。

为了抢购沦陷区物资，及开展对敌经济反封锁，国民党政府还设有战时货运管理局，亦隶属财政部，在抗战胜利前裁撤。

另外，行政院还设有液体燃料管理委员会，为专司汽油、酒精、柴油等液体燃料管理事宜的机关。1944 年战时生产局成立时，该委员会改属战时生产局，战时生产局裁撤后，又改属经济部。

中枢方面主持整个战时物资管制的是 1940 年设立的行政院经济会议，该会议于 1942 年 4 月改组为国家总动员会议，其决议由行政院以命令颁行，为战时管制全国物资的最高决策机构，负有督导各主管机关执行的职责。该会议之下附设经济检查队，分驻重庆及各大城市，直接执行对粮、盐、布匹、燃料等应受管制物资的检查工作。

二、国民党统治区的商业状况

（一）国民党统治区的商业发展

1. 商业中心的形成和发展

抗日战争之前,我国城市和商业中心偏在沿海口岸,内地交通闭塞,市场狭小,吞吐力弱,经济发展普遍落后,工商业规模较小。众所周知,广西"山岭重重,易守难攻,富于农产森林之利,宜于农不宜于工商"①。贵州"所谓商业,什九属于行贩,又什九制造若干种货品,资本且均极微小,甚至有不满十元者"②。重庆是西南最大商埠,2000 元以上资本者也仅700 余家。③ 西北地区除了西安稍为繁荣外,即使兰州等城市也无大的商业机构。但是,抗日战争爆发后,当中国东部、中部地区大部沦陷之后,西南的四川、云南、贵州等省和西北的陕西、甘肃等省成为支撑中国进行持久抗战的大后方。南京国民政府迁都重庆,大批工厂、机关、学校也从东、中部城市向西部地区转移,随着全国的金融、工业中心逐渐内迁,商业中心也随之内移。从而改变了中国经济发展的基本格局,为大后方城市商业的发展提供了历史机遇。重庆、成都、西安、兰州、贵阳、昆明、桂林等都发展成为新的商业中心。

重庆在抗战前就是西南的重要商埠,抗战时期的陪都,发展速度尤快。1935 年,重庆人口仅有 38 万人,1938 年也仅有 48 万人,而 1942 年人口增至 76.66 万人,1945 年年初更猛增至 126 万人,人口为战前的两倍。人口的激增,行政机关内迁,工业、交通和运输业迅速发展,对生产和生活资料的需求也随之扩大,进一步促进了重庆商业的繁荣。据统计:抗战期间,重庆各商业同业公会有 123 个,大小公司商店 27481 家,商业资本 60 多亿元。④ 商业资本在战时也有较大扩张,抗战前夕,重庆的商业

---

① 胡政之:《粤桂写影》,《广西印象记》第 1 辑,广西省政府,1935 年印本,第 2 页。
② 张肖梅:《贵州研究》,中国国民经济研究所 1933 年印本,第 32 页。
③ 《商业:重庆商号近况》,《四川月报》第 10 卷第 4 期,1937 年 2 月。
④ 傅润华、汤约生主编:《陪都工商年鉴》,文信书局 1945 年印本,第 7 页。

资本总额不过 1000 万元,到 1941 年已经增至 12583 万元,1942 年更是猛增为 49535 万元。同时,商业企业平均资本也在增长,战前重庆商业企业的平均资本额仅为 2000 元左右,到 1941 年增至 8823 元,1942 年则增至 19111 元。同时,重庆城市人口的职业构成发生明显的变化,商业人口所占比重有较大增加,据相关研究表明:1941 年,重庆全市的商业从业人员达 106083 人,超过工矿业从业人员 92006 人,占全市总人口的 15.1%,占全市从业人员的 19.8%。而至 1945 年商业从业人口更猛增至 234278 人,占全市总人口的 18.6%,占全市从业人员的 39%。[①]

成都是四川省的省会,位于川陕、成渝两公路的交点,交通较为便利,川西土产的输出,外来物品的内销,多集散于此,是川西重要的商贸中心,也是连接西南、西北商业往来的物资集散地。抗战期间,成都一跃而为后方重镇,1937 年抗战爆发初期成都城市人口 48.4 万人,而抗战结束后为 74.2 万人,为战前的 1.53 倍。[②] 人口的激增,刺激了成都商业的快速发展,商店总数和经营范围都大为扩展。1936 年成都商店共计 17497 家,到 20 世纪 40 年代商店达到 28480 家,净增了 10983 家。成都商业场原系清末开办的劝业场,抗战时期在原址上扩建商业、悦来和新集路三大商场,新修店铺 300 余间,较原来的劝业场大了一倍,三大商业场的匹头百货业占半数以上,匹头铺的刘万两、京货局的敬益增,各以富丽堂皇和货卖堆山取胜。[③] 此外成都传统的商业街区东大街、盐市口、暑袜街等地也成为大中型商店、钱庄、银行聚集之地。抗战后期,随着国内外政治、经济形势的变化,成都商业进一步呈现病态繁荣。

昆明是云南省会,东中部企业、学校迁入的一个重要地区,昆明人口由战前 1936 年的 14 万人,增加到战争爆发后 1940 年的 20 万人。[④] 为战时西南国际交通线的连接中心,太平洋战争爆发前,滇越线、滇缅线成为

---

① 韩渝辉主编:《抗战时期重庆的经济》,重庆出版社 1995 年版,第 117 页。

② 《四川省政府统计月报》1948 年 4 月。

③ 张学君、张莉红:《成都城市史》,成都出版社 1993 年版,第 245 页。

④ 云南省档案馆编:《近代云南人口史料(1909—1982)》第 2 辑,云南省档案馆 1987 年版,第 167 页。

西南对外联系的主要通道,昆明地位尤为重要,土特产品多由昆明经滇越线、滇缅线转运出口,输入产品也同样经滇越线、滇缅线进口。太平洋战争爆发后,昆明又是中印航空线物资集散地。昆明成为战时西南重要的对外贸易中心。

桂林是抗战时期广西的省会。1936年10月省会从南宁迁至桂林时,桂林只有7万人,1940年1月,人口接近20万人,1944年达到31万人。抗战时期迁入广西的工厂共有29家,其中桂林有26家,大多是与国防、军需关系密切的工业,如机械、兵工、电器、电力、汽车制造、化工材料、交通器材等,这些工厂大多来自江、浙、沪、湘、鄂等省市。[①] 在当时全国各省市中,工厂数名列第4位,工业资本额为第6位。[②] 由于内迁人口和工商业的激增,桂林成为西南重镇和商贸中心,市场出现空前繁荣。

贵阳地处大后方,是西南交通的中枢,南来北往,输入运出的货物,大多要经过贵阳集散和转运。抗战期间,也有各类外来人员大量涌入,使贵阳人口迅速增加。1937年贵阳市人口仅12万人,到1945年贵阳人口激增到28万人左右,为战前人口的2.3倍。[③] 因而消费需求量自然提高,增加了物资交流,商业活动日渐活跃,商号和商会也普遍设立。早在1915年,贵州即开始有商会的组织,但直到抗战初期的1937年,全省除贵阳市外,各城市均未普遍设立。贵阳市因当时是全省政治经济中心,同业公会成立较早。1937年,贵阳市工商团体即有贵阳市商会、华洋杂货业、纱布业等31类。1940年外省迁黔工商业渐增,外籍资本亦大量流入,到1945年,同业公会计有绸缎、百货、五金、影剧、织补、盐业等45类,较1937年增加45%[④],可见当时贵阳商务之盛。贵阳市遂由落后的山城一跃而为西南重要都市之一。

西安地处陕西关中,由于交通条件比较方便,抗战爆发后,西安商人

---

① 《广西经济建设手册》,广西省政府建设厅统计室1947年版,第54—56页。

② 《统计资料:战时工业统计,截止民国三十三年底止》,《中国工业》1945年第28期。

③ 贵阳市志编纂委员会编:《贵阳市志·人口与计划生育志》,贵州人民出版社1992年版,第9页。

④ 熊大宽:《贵州抗战时期经济史》,贵州人民出版社1996年版,第60页。

云集,商店林立,各种商店行号较战前增加 1/3 以上,西安不仅是陕西省的商业贸易中心,也是西北最大的贸易中心。抗战全面爆发后,西安市户口增至 4 万户以上,人口增至 20 万人以上。人口的激增,刺激了商业贸易的发展。据 1940 年 2 月调查,西安商号总数达 6509 家,资本在 15 万元以上的有 4 家,10 万元以上的有 6 家,5 万元以上的有 24 家,3 万元以上的有 53 家,1 万元以上的有 78 家,7000 元以上的有 93 家,5000 元以上的有 213 家,3000 元以上的有 226 家,2000 元以上的有 289 家,1000 元以上的有 536 家,500 元以上的有 815 家,300 元以上的有 1279 家,不满 100元的有 951 家。其中,成立公会的有 47 个行业。[1] 抗日战争时期,西安商业呈现一派繁荣景象。

兰州是西北重要的交通枢纽城市,以兰州为中心的干线就有四五条。公路交通网北至内蒙古,南达四川广元,东至河南,西至新疆。1935 年前,兰州市共有人口 9.6 万多人,而到 1942 年前后,一跃增加到 12 万多人。大量人口迁入和交通业的发展,在一定程度上保证了兰州商业的繁荣。据统计,甘肃省全省共有商号 25000 家,店员约有 10 万人,年营业额为 28 亿余元。兰州市有商店 2095 家,店员约为 13000 人,年营业额为10.7 亿余元。[2]

2. 商业企业数量和规模的扩大

抗战时期,由于沿海工商业企业和人口的大量内迁,国民党统治区原有商业得到充实之外,又催生了不少新兴行业。尤其是迁都重庆之后,工矿企业大量迁入,重庆市工商业得到快速发展。

抗战时期,由于局势不稳,投资工业周期较长,大量游资进入商业领域。重庆市投资总资本中的 72.7% 进入商业领域,26.3% 进入工矿领域,而投入运输业和农业的资本均在 1% 以下。在商业资本中纺织品业占据首位,占到商业资本总额的 20.6%,百货业占到 10.1%,饭馆业占到 8.3%,五金电料业占到 6.5%,烟业占到 6.1%,粮食业占到 1.9%(见表 16-1)。

---

① 《企业公司近讯》,《陕行汇刊》1941 年第 2 期。
② 陈鸿胪:《论甘肃的贸易》,《甘肃贸易》1943 年第 4 期。

表 16-1　抗战时期重庆市的商业资本统计

类别＼项目	业别	数量（家）	资本总额（元）	资本占比（%）
各业资本比较	商业	25920	49535.3	72.7
	工矿业	1613	17957.0	26.3
	运输业	162	551.4	0.8
	农业	14	117.5	0.2
	投资总计	27709	68161.2	100.0
商业资本的分配	纺织品业	3074	10227.2	20.6
	百货业	2403	4998.5	10.1
	饭馆业	2579	4120.7	8.3
	五金电料业	1549	3193.2	6.5
	烟业	1508	3033.6	6.1
	粮食业	1513	944.5	1.9
	其他	13294	23017.6	46.5
	商业总计	25920	49535.3	100.0

资料来源：谭熙鸿主编：《十年来之中国经济》，中华书局 1948 年版，南京古旧书店 1990 年印行，第 L98 页。

同时，从重庆市银钱业放款比例和重庆市工商企业借入资金比例也可看出类似状况。重庆市银钱业放款总额中，商业放款占 52.19%、同业放款占 20.02%、工业放款占 7.02%、矿业放款占 2.63%、交通放款占 1.67%、个人放款占 3.87%、其他放款占 12.6%。重庆市工商公司借入资金总额中，商业借入资金比重达到 77.62%，工业为 2.11%，运输业为 0.16%，农业为 0.23%。[①] 无论是银钱业放款，还是工商企业借入资金，投入商业领域的资金都占到绝大多数。

正是由于大量社会资本进入商业领域，至 1940 年年底，西南地区的商会总数达到 316 家（四川 131 家、西康 7 家、广西 75 家、云南 67 家、贵

---

① 谭熙鸿主编：《十年来之中国经济》，中华书局 1948 年版，南京古旧书店 1990 年印本，第 L96 页。

州 36 家），占全国的 19.6%。同业公会总数达到 2506 家（四川 1640 家、西康 12 家、广西 245 家、云南 331 家、贵州 278 家），占全国的 22.9%。[①] 1939 年至 1941 年期间，重庆、四川、云南、贵州、广西、西康经济部核准开业的公司就达 90 家，资本总额达 6812 万元。其中以 1941 年最多，达到 50 家，资本总额达 5140 万元。[②]

其中，加入重庆市商会的同业公会，1936 年仅有 36 个，1939 年也仅有 39 个，而 1940 年则增至 69 个，1941 年 5 月为 86 个，1942 年年初为 88 个，1943 年为 116 个，1945 年则增至 123 个，呈逐年稳步增长之势。还有一些行业并未成立同业公会，如 1945 年有 37 个这样的行业。因此，1945 年实际上已有商业行业 160 个。此外，重庆商业公司商号和商业资本也不断增加。据重庆市商会对加入商业公会的公司商号的统计：1936 年有 3058 家，而 1941 年即增至 14262 家，1942 年有 25920 家，同时还有大量的行商，据统计，1941 年有行商 4379 家，其中布匹棉纱商（1843 家）、五金器材商（1057 家）居多。1936 年，重庆商业总资本不过千万元，而至 1941 年增为 12583 万元，1942 年猛增为 49535.77 万元，1944 年增至 12040.56 万元。[③]

贵阳的工商业团体发展同样迅速，1937 年有贵阳市商会、华洋杂货业、纱布业等 31 类，商号虽立，但人数少，规模小，资金微，商业行号仅 1420 户，资本总额为 180 万元，营业额为 981 万元。[④] 1940 年抗战转入第二期后，贵阳市顿时成为西南交通枢纽，外省迁黔工商业渐增，外籍资本亦大量流入。1942 年商业行号为 3894 户，1943 年为 4239 户，到 1945 年，再增加到 5422 户。商业资本亦逐年递增，1942 年商业资本总额为 7999.5 万元，1943 年为 10614 万元，较 1942 年增长 32.7%；1944 年为 15735.6 万元，较 1942 年增加近 1 倍；1945 年为 21040.5 万元，较 1942 年增加约 1.6 倍半。到 1945 年，同业公会有绸缎、百货、五金、影剧、织补、

---

① 国民党政府主计处统计局：《中华民国统计简编》，中央训练团 1941 年印本。
② 国民党政府经济部秘书室编：《经济部公报》，1941 年印本。
③ 韩渝辉主编：《抗战时期重庆的经济》，重庆出版社 1995 年版，第 116 页。
④ 张肖梅：《贵州经济》，中国国民经济研究所 1933 年刊印本，第 K25 页。

盐业等 45 类,较 1937 年增加 45%。1937 年贵阳市工商团体有贵阳市商会、华洋杂货业、纱布业等 31 类。至 1945 年抗战胜利时,同业公会有绸缎、百货、仓库、服装、纱布、汽车、汽车材料、五金、电气材料、旅馆、新药、国药、颜料、银行、银楼、卷烟、图书教育用品、餐馆、影剧、营造、机器、印刷、酱酒、糖食、海味、纸业、皮革、苏裱、煤炭、陶瓷、洗染、织补、摄影、菜食、面粉食品、粮食、棉花、油业、竹木、丝业、米粉、屠宰、理发、旧货、人力车、盐业、鸡鸭等,共 45 个,数量较 1937 年增加 40%。商业从业人员有 1.8 万余人,若以每一从业人员负担家庭 5 口计,则贵阳市直接或间接依靠商业为生活者近 10 余万人,占全市总人口的近 40%,商业可谓盛极一时。①

兰州商业在抗战时期也呈现一片繁荣景象。在 1945 年前后兰州的商店总数已经达到 2095 家,营业总额增加到 10 亿多元,店员人数也达 1.3 万人之多。仅杂货店就有 277 家;京货店更是分门别类,形成了专门经营布匹、丝绸呢绒、百货、服装等商店。其中仅布匹商就有 114 家,丝绸呢绒商有 26 家,百货商有 98 家,服装商有 63 家。此外,茶商、烟商、食品商和粮行等均有较大数量的增加。与之相适应,进出口货物也大幅度增加。② 如 1943 年,仅输入兰州市场的布匹就达 6 万多匹,面粉达 1314 万多担,各类糖 133 万余斤,其他各类货物的出入量也均有增加。③ 同时,兰州还出现了较大规模的百货公司——兰州中山商场。到 1945 年,兰州市的股份有限公司已达 12 家,支公司达 17 家,资本额高达 8685.74 万元。④

3. 国民党统治区商业的畸形发展

抗日战争时期,由于通货膨胀,物价不断上涨,但各地和各类商品的上涨时间和幅度是不相同的,因此囤积货物和倒卖商品可以获取暴利。

---

① 贵州省人民政府财政经济委员会编:《贵州财经资料汇编》,贵州省人民政府财政经济委员会 1950 年印本,第 480 页。

② 《兰州市各种商店家数》,《甘肃贸易季报》1943 年第 4 期合刊。

③ 《兰州市每年进货调查》,《甘肃贸易季报》1943 年第 2、3 期合刊。

④ 《兰州商业公司设立表》,《甘肃统计年鉴》1945 年第 1 期。

商业投机暴利进一步吸引了大批农村地主、军阀、官僚、资本家等纷纷囤积居奇,从而推动物价上涨和货币贬值,而恶性通货膨胀又进一步促使投机商业空前发展。由于在通货膨胀和物价飞涨的经济环境下,国民党统治区的商业利润要远远高于工业利润,尤其是 1941 年以后物价不断上涨促使投机性商业空前发展,囤积物资可以获取暴利。由于银行利息高于产业利润,商业利润高于银行利息,投机商业利润更大大高于正常商业利润,于是各种社会资金纷纷涌向商业投机,包括游资、银行资本和产业资本都向商业资本转化,大搞商业投机。“工不如商、商不如囤”成为当时社会的普遍现象,商业投机空前畸形发展。

许多银行把原先投向工矿业的资本转投向商业领域,出现了商业资本和银行资本相结合的现象。据统计,1939 年重庆市 15 家银行的放款中有 89% 贷给商业,1940 年重庆 26 家银钱业的放款总额中有 96% 以上发放给商业,1942 年 3 月重庆 60 家银钱业的商业贷款仍占总放款额的 80% 以上,工矿业放款仅占 9.6%。① 这既反映了战时金融业的主要活动,也显示了战时银行业与商业的紧密关系。国民党四行二局不仅投资于各种商业的公开组织,而且还自立商号,专门从事投机。如四川畜产公司、四川丝业公司就有中国银行的投资。其他地方银行、私人银行也投资各类公司,如重庆猪鬃业的宝丰、和源公司就是以有权势的银行作后台组织起来的。

投机性商业的发展,还反映在商号的不断增加上。以重庆的低商业为例,加入低商同业会的商业,1938 年有 45 个,1939 年有 48 个,1942 年猛增为 117 个,1945 年又增为 250 个。在战时各业中,以商业发展最为迅猛,重庆战时各类企业共有 27712 家,而商业竟达 25929 家,占总数的 93.57%。1942 年重庆的工商业资本中,商业资本的比重运 73%,工矿两业则不及 26%。② 连翁文灏也说:“后方生产事业 3 亿元,商业投资达到

① 周天豹、凌承学主编:《抗日战争时期西南经济发展概述》,西南师范大学出版社 1988 年版,第 263 页。

② 谭熙鸿主编:《十年来之中国经济》,南京古旧书店 1990 年印本,第 L96 页。

10 亿元,使人感到吃惊。"[1]

战时后方商业的繁荣很大程度上是投机商业的繁荣,这种繁荣既不源于生产,自然也不可能促进生产发展。同时,投机性商业的空前发展,致使物价涨得更快更猛,对整个国民党统治区生产造成破坏,工业生产由于缺乏金融市场的支持而迅速走向衰落。

(二) 主要商品的流通状况

1. 粮食的流通

中国是传统农业大国,农村人口占绝对多数,正常情况下粮食供需尚能协调。据统计,1931—1935 年全国每年平均产粮分别约为 230200 万担、258386 万担、249458 万担、221971 万担、245823 万担。[2] 当时全国 22 省市总人口 4.16 亿人,平均每年粮食消耗约 231022 万担。[3] 除 1934 年以外,其他各年粮食完全可以供给并略有节余。因此,在抗战开始后的相当一段时间,国民党统治区并未产生粮食问题。抗日战争时期,国民党统治区的粮食流通大致经历了自由流通、分级管理和全国统制三个阶段。

抗战全面爆发后,1937 年 8 月国民党政府先后颁布《统制战时粮食管理条例》《食粮资敌治罪暂行条例》《没收资敌食粮及罚则处理规则》等一系列法规,决定设立战时粮食管理局,负责管理粮食的生产、消费、储藏、价格、运输、贸易、统制及分配等事宜。此时因战区范围尚小,后方交通尚称便利,加之 1937 年和 1938 年后方各省粮食丰收,抗战爆发后的两年中,国民党统治区不但粮价稳定,且较抗战前略有下降。因此,该时期并未对粮食实施统制,相反在 1937 年 7 月至 1940 年 8 月期间,国民党政府采取的是粮食自由流通政策。1938 年 4 月国民党政府颁布《各战区粮食管理办法大纲》第 18 条明确规定:"各战区间及战区与非战区间民有

---

① 许涤新:《中国国民经济的变革》,中国社会科学出版社 1982 年版,第 56 页。
② 徐堪:《粮价管制之措施》,《革命文献》第 110 辑,(台北)中央文物供应社 1987 年版,第 228 页。
③ 徐堪:《抗战以前我国粮食供需的情况》,《革命文献》第 110 辑,(台北)中央文物供应社 1987 年版,第 91 页。

之粮食,应准商民自由流通,不得禁止进出,或无故没收,或阻止过境。但有特殊情形,经呈准军事委员会及行政院者,不在此限。"①

随着战区的不断扩大,大量人口迁入后方,对粮食的需求激增。又因国际和国内交通线路受阻,粮食供应趋于紧张,粮价骤然高涨。但是,国民党政府的粮食政策并没有立即转入统制阶段,而是在1940年8月至1941年7月期间采取了分级管理的政策,这一时期粮食政策上最显著的特点就是田赋仍然没有收归中央,而是呈现出各省"各自为政"的局面。1940年8月成立全国粮食管理局,在各地分设省县粮食管理机构,要求各级政府筹建自己的公仓,即保、乡镇、县以及国有公仓。采取了取缔囤积居奇、派售大户余粮、实施统购统销等措施,以加强对市场粮食的管理和供应。②

为了保证各大消费市场的粮食供应,全国粮食管理局决定以消费市场为中心,就近划区供应。如陪都重庆市的供应区有岳池、广安、大竹、武胜、合川、凉南、铜梁、江津、永川、水、长寿、江北、巴县等24县。1940年11月11日,全国粮食管理局召开粮食会议,重庆市市长吴国桢提出,对较大都市如成都、重庆所需粮食,须分配于产粮各县定量供应。会后全国粮食管理局公布了《各县供应重庆市及疏建区粮食办法实施纲要》。其余成都、自贡、健乐盐区、川北盐区等,也划为主要消费市场,并明确了粮食供应地区。

此外,采取平价米供应和局部统购统销措施。平价米供应首先于1940年12月在陪都重庆市开始试行,以后陆续推行各地。平价米的供应范围,以党政军机关公务员役与其眷属、学校教职员工役与其眷属、住宿学校学生、抗战军人家属与贫苦市民为限,每人每月供应二市斗,幼童在五岁以下者每月一市斗。

由于各省粮政是独立的,其他各省基本上是针对本省的实际情况采

---

① 重庆市档案馆编:《抗日战争时期国民政府经济法规》下册,档案出版社1992年版,第322页。

② 重庆市档案馆编:《抗日战争时期国民政府经济法规》下册,档案出版社1992年版,第325页。

取相应的措施。例如，山西、浙江、福建、陕西、甘肃等省实行过田赋征实；浙江、江西、云南等省在重要地区实行过计口授粮；福建省对各县粮食买卖加以统制，还有 20 余县成立公沽局，经营粮食买卖；湖南省实施过粮食公卖；云南省枭积谷平抑粮价；安徽省向沦陷区抢购粮食；贵州省统制农村的余粮。

然而上述办法实施后，粮价上涨如故，为此国民党政府认为有扩大机构厉行管制的必要，遂于 1941 年 7 月命令撤销全国粮食管理局，于行政院下设粮食部，统筹全国军粮民食，各省粮食管理局改为粮政局，各县粮食管理委员会改为粮政科。粮食部成立后，国民党政府为避免物价上涨对国家财政的影响，切实掌握粮食这一巨大战略物资，以保障军粮民食的供应，采取了田赋征实及征购征借、军公民粮定量供应、限制粮价等一系列重大措施，以加强对粮食的统制。

1941 年 8 月，各地田赋收归国民党政府接管并改征实物，所有全国粮食的征收、征购均由粮食部负责统筹，各省所征收的粮食，按国民党政府下达的指标，先拨充军粮，并运送到指定地点，交由军粮机关或兵站接收。军粮供给一直实行粮饷划分、主食公给现品制度。田赋征实和征购征借所得粮食，大部分分配拨军食之用。实拨军粮占征实谷麦数的比例 1941 年度为 79.85%，1942 年度为 57.07%，1943 年度为 55.99%。[①]

对于公粮供给，从 1941 年开始，国民党政府颁布《非常时期改善公务员生活办法》，规定中央公务员及其眷属每人每月购得平价米 2 斗，每斗仅收基本价款 6 元。1942 年 10 月将原办法进行修正，对于公务员食粮一律免费配给，不收基本价款；配给数量以年龄为标准，30 岁以上者月给米 1 石，26—30 岁者 8 斗，25 岁以下者 6 斗，工役一律 6 斗；重庆及各省以发实物为原则；各机关每半年造册一次，送由粮食部核商粮食机关拨发。自 1944 年起，将公粮列入各机关预算，即在预算范围内核实拨发，并由各省组织公粮稽核委员会稽核。

---

① 抗日战争时期国民政府财政经济战略措施研究课题组编写：《抗日战争时期国民政府财政经济战略措施》，西南财经大学出版社 1988 年版，第 48 页。

各省征实征购粮食,除拨充军粮公粮及各项专案拨粮外,所有余粮均照规定调剂民食。我国为农业国家,农民占80%以上。农村民食如无水旱灾害,大多可以自给。需要购粮济用者除军公教人员外,仅有少数重要都市及若干工矿产区。现军公教人员食粮已获充分供应,因此民食调剂的重点即为若干重要都市及工矿区域。为此,粮食部成立后即在成都及陪都重庆、内江等地分设民食供应处,办理该地区公粮民食的分配供应事宜。川北、川东及犍乐等盐区,每年分拨粮食于青黄不接时出售以资调剂。其他各省在重要消费市场所设民食调节处,计有江西之泰和、吉安、赣县,浙江之云和、永嘉、丽水,福建之永安、福州、南平,安徽之立煌、屯溪,贵州之贵阳、独山,山西之乡宁、湿县,陕西之西安,广东之北江、东江、西江、韩江、南路,云南之昆明二十二处。此外,湖南之衡阳、邵阳,河南之鲁山、洛阳曾一度设置。甘肃之兰州因业务较简,委托兰州市粮食同业公会分设供销处代办。①

1941年度川、滇、黔、粤、湘、浙、皖、赣、闽、桂、康、鄂、宁、青、绥、甘十六省共拨谷九百万二千余市石、麦二十万八千余市石。1942年度川、滇、粤、湘、浙、皖、赣、桂、闽、康、宁、绥、甘、陕十四省共拨谷八百四十二万六千余市石、麦十三万九千余市石。1943年度川、粤、浙、皖、甘、闽六省共拨谷七百五十八万六千余市石。1944年度已报经粮食部核准售济民食者为谷五百四十万四千市石、麦二万三千余市石。

对于战时工业所需职工食粮,国民党政府粮食部亦注意尽量供应。重庆市各工矿厂商工粮,大都由陪都民食供应处直接代购,还令饬该处各迁川工厂所需工粮,统按成本九折作价供应,每三个月调整价格一次。其在成都、内江或其他各城市之工厂,及盐糖矿各种工粮,由粮食部所设各民食供应处及四川粮食储运局各区分局统筹供应或代购,其价格均较当地市价为低。此外,资源委员会在甘肃之油矿,江西之钨、锑、锡等矿区职工食粮,亦由粮食部在各该省征实余粮下尽先价拨。

----

① 徐堪:《抗战时期粮政纪要》,《革命文献》第114辑,(台北)中央文物供应社1988年版,第36—38页。

在当时大后方粮价上涨、市场紧张、人心不安之际，国民党政府规定价拨各省田赋征实所得拨充军粮公粮后之余粮调剂民食，在各重要消费市场设置机构，平价售济民食，缓解了城市平民和战时生产工业职工食粮困难，基本保证了后方人民生活的稳定。仅据上列不完全资料统计，自1941年度至1944年度，四年间拨供售济民食，调节市场者，共计谷三千零三十五万余市石、麦三十七万余市石。这样一来，须向市场求得食粮以为生计者大为减少，对于平衡供需、稳定市场，发挥了一定的作用。[①]

2. 花纱布的流通

我国是世界主要棉产国之一，抗战初期不仅能够自足，而且还能较多出口。从1939年起情况开始变化，随着战区的扩大、多数产棉区和工厂沦陷，棉花供需矛盾逐渐尖锐起来。到了1942年，由于棉粮比价失调，棉农弃棉种粮，棉花更加供不应求。因此，国民党政府的花纱布流通政策也大致经历了三个阶段。

抗战初期，由于供需关系没有发生较大变化，只是通过军事委员会下设的农产调整委员会办理棉花的购销业务，"花纱布之营运，仍照战前自由贸易"。1938年6月经济部农本局在重庆成立福生庄总庄，并在各省采购及供应中心分别设立分庄，以调节供需为手段管理花纱布市场及价格。由于这一时期后方花纱布的价格上涨不大，市场比较稳定，对花纱布的管制亦比较松，只是当市场稍有波动时，由福生庄随时抛售以平抑市价。

国民党政府加强花纱布的统制是从1939年开始的，其过程大致可分为半管制和全管制两个阶段。从1939年4月初起到1943年3月底止，是半管制阶段，采取的办法是平价、议价、限价，主要是控制纱价，监督市场；从1943年8月份起到1945年抗战胜利后，是全面管制阶段，对生产工厂实行加工代纺，全面控制。

1939年12月，经济部成立平价购销处，主持办理西南、西北各省日用必需品的平价购销事宜，其中就包括对衣服用品的供销、平价、管制。

---

① 谭熙鸿主编：《十年来之中国经济》，南京古旧书店1990年印本，第U28页。

在这阶段,棉花仍由农本局福生庄控制,平价购销处只负责纱布的平价工作。1940 年后,纱价上涨,土布价格随之高扬,平价购销处于 8 月 11 日公布《放纱收布办法》,规定"以定量之棉纱,供给渝市及附近织布机户,代为织成土布,借以增加市场供应量,而遏制市价涨风"。上述措施并不能有效遏制棉纱价格的急剧上涨,市场出现投机、偷运、盗卖之事。

1942 年 2 月经济部成立物资局,将农本局划归物资局管辖,将平价购销处有关管制纱布业务移交物资局接办。物资局制定了"以花控纱、以纱控布、以布控价"的政策,采取严格的手续,对厂商的存货进行登记,对厂商棉纱进行统购统销和分配供应,对布匹实施平价定量供应制度。规定各厂商纱号存货全部征购,不准自行出售;各纱厂用户,直接向物资局或局派专员办公处登记,申请核配。棉纱价格由物资局根据各厂成本的平均数值,加 20%的利润,作为征购价格,予以全部征购。关于平价布匹的供应,规定凡中央党政机关公务员及军事学校之官佐、公私立学校之教职员、文化学术团体之职员及各地方军政机关驻重庆办事处职员工役,每人均可购买平价布一丈五尺,以一次为限。1942 年 4 月 17 日,又规定一般市民也按此种规定购买布匹。

1942 年年底,物资局撤销,农本局改隶财政部。财政部于 1943 年 2 月将农本局改组为花纱布管制局,继续沿用"以花控纱、以纱控布、以布控价"的政策,对花纱布进行全面管制。其办法是:各厂自有存棉,全部由花纱布管制局征购,仍存原厂使用、作为局方供给的原料,生产所需机物油料及工资开支等等,仍由厂方自行负责,所产棉纱,全部交给局方,局方按件支给厂方生产工缴费用,局方派员分驻各厂,管理原棉与棉纱仓库,办理拨花、收纱工作,监督生产,并随时审查各项项目。工缴费用,先由各厂分别报送开支计算明细表,经局审核后求取各厂的平均数值,再加20%的利润。花纱布管制局第一次核定 20 支纱每件的工缴费为 8000元,加 20%的利润合计为 9600 元。①

---

① 中国人民政治协商会议全国委员会文史资料研究委员会编:《工商经济史料丛刊》第 4 辑,文史资料出版社 1984 年版,第 294 页。

1944 年花纱布管制局又制定了《管理小型动力纱厂花纱交换办法》，规定由该局向各厂供给棉花，工厂按数交换棉纱。对西北各厂机纱，则规定其所产全部棉纱必须由该局收购，再行核配。对纺户织户，则规定必须一律领花交纱，领纱交布，以彻底掌握他们手中的原料来源和产品出路。

为切实掌握物资，1943 年花纱布管制局制定了《奖励限期收购三十一年陕棉原则》三项，除重新确定收购价格外，另给棉农每担 800 元奖金，且免除棉农的军粮、公粮，以减轻其负担。截至 5 月底限期届满，共购进原棉 10.9 万余担。另委托湖北省平价物品供应处收购襄樊、随枣一带产棉 1 万担。至 1943 年年底所供应棉花中，军用达 21 万余担，厂用 51 万担，手纺 6 万担，民用及其他 1.2 万担。

花纱布管制局还采取多种办法争取掌握纱布物资：(1)以棉花向纱厂换机纱，或向手纺换土纱，并以棉纱向织厂换布匹；(2)向川、鄂、豫、陕收购土纱土布；(3)向游击区抢购纱布。1944 年共收进机 100760 件，土纱 14722 担，40 码宽布 2451234 匹；供应机纱 97288 件，土纱 1400 担，40 码宽布 1631668 批。在布匹供应中，军需方面占全部产量的 80%，其余 20%供售公教人员及一般人民。[①]

至于农村用布，由于当时的农村消费水平和消费习惯的原因，大都是土布，而土布除指定供军需外，可以自由买卖，价格也不加管制，通过市场调节。

从这里可以看出，花纱布管制局成立后，通过加强对棉花、棉纱、布匹的生产、收购、运销的全面严格控制，掌握了大量的棉花、棉纱、布匹，并优先供应军需，保证了花纱布这一重要民生必需品的充分供应，基本满足了后方人民的生活需求，对于安定社会、支援前线抗战发挥了一定的作用。

3. 主要工矿产品的流通

由于中国的工业水平较低，战前重要工业器材，包括原料和生产设备等，多依赖进口。抗战爆发后，随着沿海工业区和进出口港口多为敌所占

———————

① 秦孝仪主编：《中华民国经济发展史》第二册，(台北)近代中国出版社 1983 年版，第 685 页。

领,工业器材供应紧张。为此,1937 年 10 月,国民党政府在军事委员会下成立了工矿调整委员会,负责调整工业、矿业,管理和督促国营及商营机关办理开发、制造、购存原料、输送、转卖等事宜。12 月,国民党政府颁布《战时农矿工商管理条例》,决定对钢铁、水泥及各种机器、材料进行统制。在工矿调整委员会的主持下,国民党政府一方面组织沿海厂矿内迁大后方,奖励各厂矿目备机器随同内运;另一方面成立材料库,组织新的器材来源。凡后方不能自制的各项工业必需器材,如钢铁、五金、化学材料、电器器材等,向国外采购,进出口之口岸改为大西南后方之边境城市,经由海防和仰光内运。① 1938 年 1 月,经济部成立后,工矿调整委员会划入经济部,改为工矿调整处,负责大后方工矿业的调整与管理工作,战时工业器材统制即由该处职掌。上述进口的工业器材,基本上掌握在工矿调整处,成为它所统制的重要物资。

抗战初期,对自产工业器材的统制,主要限于钢铁与水泥,1939 年 5 月和 1940 年 1 月,经济部先后颁布《水泥管理规则》和《钢铁管理规则》,并分别与军政部、交通部组织钢铁管理委员会和水泥管理委员会,以实施对这两项物资的统制。经济部对水泥、钢铁的统制主要从分配用途、增加供给、稳定价格三方面着手。水泥为国防、交通、工业、建筑等工程的必需原料,战时后方虽能自产,但因产量不丰,供不应求,导致价格上升,国防需用紧张。为谋求分配合理化,经济部颁布了《管理水泥规则》,并会同军政部、交通部组织水泥管理委员会实行管制。该委员会对于后方水泥有统筹分配之责,其分配标准依照下列顺序:(1)有关国防者;(2)有关生产和交通者;(3)属于普通者。凡购用水泥的用户,均须先向管理委员会申请核准领取购用证后,再向各制造水泥之工厂或销售行号购置。

据统计,自 1939 年 6 月至 1940 年 12 月底,后方四川水泥公司和华中水泥公司分配水泥 523183 吨,军事和交通工程共用 356482 吨,占其分配数的 68.2%。后方水泥的生产量自统制后亦逐年增加,如以 1938 年为基数 100,则 1942 年为 193.83,1943 年为 173.65,1944 年为 188.10。

---

① 沙千里主编:《战时重要法令汇编》,双江书屋 1944 年版,第 253 页。

关于钢铁的统制,自 1940 年 1 月经济部颁布《钢铁管理规则》后,即会同军政部组织钢铁管理委员会,对国内制炼及进口的生铁钢料及废钢铁实施管制,规定在指定实施管理区域内,各机关各工厂商号需用钢铁材料时,得请由管理委员会审核,经批准后向指定的主管机关或商号购用,钢铁材料的转运并须向管理委员会请领运照,始得放行,否则,由各地检查机关予以扣留。1941 年 12 月太平洋战争爆发后,西南经缅甸出海的陆路随之断绝,国际交通依赖有限的"驼峰"航线空运,器材来源大为减少。为有效利用已有存量以维持后方生产,国民党政府决定加强对一切工业器材的统制,为此,将水泥和钢铁两管理委员会归并于工矿调整处,由工矿调整处专司其责,负责实施对战时工业器材的全面统制。

1942 年 1 月,经济部核准公布《管理工业材料规则》《钢铁材料登记办法》,首先办理全国库存材料的数量登记。4 月颁布《管理钢铁材料实施办法》《发给钢铁材料运输执照办法》《奖助钢铁材料内运暂行办法》。6 月颁布《管理工业机器规则》,并公告管理燃料及鞣剂等化工材料。工矿调整处先后指定统制的工业器材,计达 200 余种,可分为三大类:(一)金属材料:(1)金属初制品(锭、板、条、丝、管等);(2)小五金杂件;(3)机器配件及工具;(4)电气材料。(二)非金属材料:(1)染料及助燃剂;(2)鞣剂;(3)水泥;(4)硫酸。(三)工业机器设备:(1)动力机;(2)工具机;(3)作业机器。按照上述法规和条例,工矿调整处对工业器材主要采取了存量登记、发放准购证和运输护照以及核定价格等统制措施,以切实掌握货源和物资流向及数量,进而达到稳定市场、节制物资虚耗的目的。

1942 年 4 月,工矿调整处决定扩大管制范围,将后方划分为五区,除由该处直接办理川鄂区的器材管制事项外,中南、西南、西北三区,则于桂林、昆明、西安分别设立办事处,并于成都、宝鸡、兰州、贵阳、衡阳、沅陵、曲江等处设立专员办事处,以加强对大后方工业器材的统制。

1944 年 11 月,国民党政府成立战时生产局,工矿调整处于次年 1 月并入该局,2 月被裁撤,此后工业器材的统制全部由战时生产局负责。综上所述,经济部工矿调整处通过上述措施,基本上实现了对各种工业器材的统制,保证了战时工业生产的正常进行,为支持后方经济发展、坚持抗战发挥了一定的作用。①

4. 实行专卖制度

抗日战争期间,为了确保物资控制,国民党政府曾对若干重要物资实施过专卖。1941 年 3 月,国民党八中全会通过《盐糖烟酒茶叶火柴等消费品专卖以调节供需平准市价案》和《粮盐专卖制度基础案》,财政部依此组建国家专卖事业设计委员会,把六类物品的专卖权掌握在了手里。

食盐专卖:食盐专卖始于 1942 年 1 月 1 日,以统制产制、整购分销为原则。政府在集散地设批发处,零售业务由核准登记的商人,或依法组织的合作社以食盐公卖的名义承办,分别向该管食盐专卖的官仓批购,依照核定价格转销。到 1943 年全国设配销点共 300 多处,供应配销县共计 1000 多市县。至于盐价,则严格执行限价。1942 年食盐专卖收益为 1174903009 元,1943 年为 1574151027 元。

食糖专卖:食糖专卖始于 1942 年 2 月 15 日,首先设立川康区食糖专卖局于四川内江,局之下设 24 个办事处、67 个业务所、3 个运销处。并分设组织评价委员会,以评定正式收购价格,其后粤、桂、闽、赣、滇、黔省等区局也相继成立。1942 年食糖专卖收益为 171380853 元,1943 年为 465085287 元。

火柴专卖:1942 年 5 月 1 日,财政部设立火柴专卖公司,实施火柴专卖,分全国为川康、滇、黔、闽、湘、甘、粤、陕、桂、浙、鄂、青、赣十三区,于重要产销地设立分公司。1943 年 10 月起,禁制黄磷火柴,加强管制火柴原料。1942 年火柴专卖收益为 45442788 元,1943 年为 140723722 元。

烟类专卖:烟类专卖始于 1942 年 7 月 1 日,首先在川康、鄂西等处实施,设烟类专卖局于重庆,四川省划定重庆、成都、广元、泸县、万县、南充、中江、乐山八区,每区各设一办事处。此后,烟类专卖范围扩大,及至全国各地。1942 年烟类专卖收益为 100551688 元,1943 年为 999989963 元。

国民党十二中全会决议裁并专卖机构,财政部于 1944 年夏停止食

---

① 谭熙鸿主编:《十年来之中国经济》,南京古旧书店 1990 年印本,第 U53 页。

糖专卖,改征实物,由税务机关接办。同年 8 月,又将专卖事业司、烟类专卖局、火柴专卖公司合并,改组为财政部专卖事业管理局,统管全国烟类及火柴专卖事宜。1945 年 1 月专卖事业停办,各专卖机构也同时结束。[①]

国民党政府主持的专卖政策将原来征收的盐税、糖税、卷烟和火柴税改为征收专卖利益,而专卖利益以收购价格为计算标准,收购价格则以生产成本为依据,因此,水涨船高,生产成本和专卖利益会随着一般物价的上涨而升高。专卖事宜其实就是官僚资本对商业的垄断,不准自由运销,他们采取的办法是低价买、高价卖,这使官僚资产阶级在其中大发横财,但却把人民的负担大大加重了,使生产者的积极性遭到了打击。

三、国民党统治区与沦陷区的经济关系

（一）国民党统治区与沦陷区的走私活动

抗日战争前,日本浪人就在华北和华南沿海武装走私。抗日战争爆发后,日本封锁了中国的沿海交通,海外商品输入受到极大的阻碍,国民党统治区内各种商品奇缺,价格暴涨,输入有暴利可图。同时,国民党政府实施统制经济政策,对日本实行经济绝交,导致国民党统治区与沦陷区之间的经济资源不能正常流通,这为走私提供了巨大的利润空间。

日本对华走私策略随着战局的演变而不断变化,大致可以分为前后三个阶段。

第一阶段是抗战爆发至 1941 年 7 月美、英对日封存资金。这一阶段中日处于大规模战争时期,日本迷信通过武力短期内能使国民党政府屈服,经济上主要是通过货币战,套取法币向美、英购买军用品,因此,大量向中国倾销日货。货物品种应有尽有,包括烟、酒、化妆品、海鲜、毒品等奢侈品,洋油、洋火、棉纱、布匹、纸张、西药等生活必需品,以及机器零件、橡胶车胎、电器材料、染料、烧碱、汽油、五金等。日本对国民党统治区的

---

① 谭熙鸿主编:《十年来之中国经济》,南京古旧书店 1990 年印本,第 U64—U66 页。

走私具有多重目的:第一,以日货吸取大量法币,再用法币到上海、香港的金融市场上套取中国法币外汇基金;第二,以日货换取战地输出品,如茶、丝、猪鬃、植物油及牛羊皮等,以增加其外汇;第三,借此倾销日本国内一部分未能销售的货物,与中国农产品作不等价的交换;第四,向沦陷区、敌后抗日根据地及大后方抢购它所缺乏的某些物资,如钨砂、棉花、粮食等;第五,利用奸商兼做间谍,以冒牌或无商标的商品,由奸商走私运销国民党统治区,而以报告大后方军情作为交换条件;第六,借机排斥列强对华贸易,以实现其独占中国市场的野心。其中以第一、二点最为重要,完全与本阶段日本对中国的金融攻势配合一致。[①]

第二阶段是 1941 年 7 月至滇西失陷。1941 年 7 月,英美宣布封存中日两国资金,日本利用倾销货物套取法币外汇的方法失去效果,它的经济侵华策略随即改变。从该年 10 月 9 日起,禁止沦陷区一切物品运往任何口岸,尤其是中国香港和缅甸。与此政策相配合,日本制定了华北《1941年度经济封锁并确保资源要领》,其中第 17 条规定,"努力套取非占领区域之重要国防资源,但如由购买而获得时,则向敌区流出之交换物资,务须不致减低封锁效力。由师团自身及一般商人统制,利用特务机关实施之,重要者则报告方面军"。第 18 条更明确规定了可流出的物资"交换物资尽量利用鸦片、化妆品、果子酒、人造丝等不能增加敌战斗力及生活之商品,并由军方规定路径,以交换商品"。此后由沦陷区走私到国民党统治区的物品,本来就十分稀有的工业和军用物资已近绝迹,生活必需品也较罕见,而奢侈性消费品和毒品大幅度增加,占据了主导地位。就东南各省而论,走私输入的物品有香烟、糖、西药、棉毛丝织品、化妆品、鸦片、匹头、高丽参、香烟纸、海味、洋纱、洋纱线、针织品、胶制品、鱼羹、颜料等。[②]

第三阶段是滇西失陷至抗战结束。该时期日本已经囊括东南亚丰富资源,一时无所缺乏,而国民党政府则因国际交通线路全断,物资供应问

---

① 许涤新:《现代中国经济教程》,光华书店 1948 年版,第 72 页。
② 国民党中央调查统计局特种经济调查处编:《第五年之倭寇经济侵略》,1943 年印本,第 73—77 页。

题陡然严峻。所以日本更进一步加紧封锁,明令禁止法币在沦陷区使用,使法币贬值,人为造成沦陷区物价高于国民党统治区。走私商人不敢在沦陷区买货内输,以免亏损。反之,若以物资资敌,掉换法币或特别优待之毒品,则转瞬可获厚利,因此造成国民党统治区物资资敌现象空前剧烈,尤其以粮食为甚。不法奸商为沦陷区高物价所吸引,不但将土产输出,且将此前千辛万苦向敌区抢购的重要物资重复运回沦陷区资敌。[①]与由沦陷区输入国民党统治区的物品种类相反,由国民党统治区向沦陷区走私资敌的物资种类一直比较固定,以日本急需的物资为主,极具地方特色。除粮食、油、牲畜、木材、薪炭、茶叶、药材等生活必需品,各地特产、金银、法币等硬通货和货币之外,钨、锡、铅、汞等特种矿产品、铜元、废铜铁、桐油等战略物资被大量走私资敌,其中以粮食、桐油和特种矿产品数量特别巨大。[②]

参与走私的人员除了官僚之外,来自社会各个阶层,包括奸商、退伍和现役军人、公务员的败类分子、土豪劣绅、地痞流氓、土匪,还有一般的贫苦百姓,其中奸商走私占据最重要的地位。[③] 值得注意的是,这些参与走私的各种组织并不是单独行动的,往往是互相勾结,各尽其力,协同行动进行走私贸易。较多利用当地奸商及特殊势力,勾结敌伪而构成。走私组织的形式有:(1)独资经营,或专营运输,或专营推销,或两者兼营;(2)公司组织,一般规模较大,或公开经营,或托名接洽;(3)临时合伙,此类组织往往是遇有新到某私货待销,临时集资经营,交易成功即结束。[④]

走私线路一般并不固定,人迹罕至之地,通常也有走私人物活动其间。在战争进入相持阶段以后,日本在中国沿海建立了一些重要的走私据点:上海、天津、汉口、徐州、广州等,在沦陷区与国民党统治区之间及国

---

① 国民党中央调查统计局特种经济调查处编:《第五年之倭寇经济侵略》,1943 年印本,第 73 页。

② 国民党中央调查统计局特种经济调查处编:《第五年之倭寇经济侵略》,1943 年印本,第 73—77 页。

③ 中央调查统计局特种经济调查处编:《四年之敌寇经济侵略》,1941 年印本,第 143 页。

④ 国民党中执会训委会编:《中国战时经济问题》1943 年印本,第 124 页。

民党统治区内部形成了密密麻麻的走私网。图 16-2 是敌货走私线路示意图,分华北、华中、华南三个区域,将比较明确的走私线路分列如下。

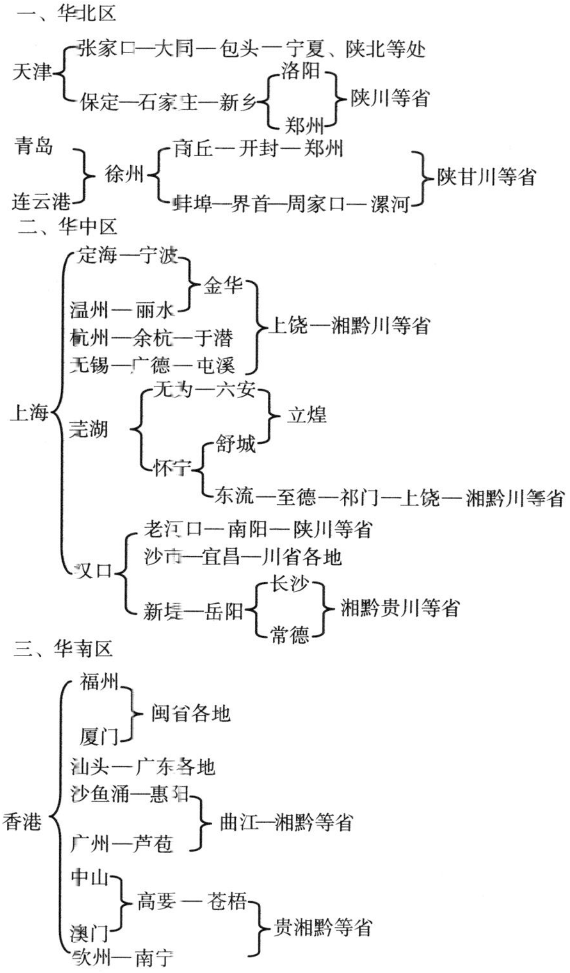

一、华北区

天津 ┤ 张家口—大同—包头—宁夏、陕北等处
　　　└ 保定—石家庄—新乡 ┤ 洛阳 ┐
　　　　　　　　　　　　　　　郑州 ┴ 陕川等省

青岛 ┐
连云港 ┴ 徐州 ┤ 商丘—开封—郑州 ┐
　　　　　　　　蚌埠—界首—周家口—漯河 ┴ 陕甘川等省

二、华中区

上海 ┤ 定海—宁波 ┐
　　　温州—丽水 ┴ 金华 ┐
　　　杭州—余杭—于潜 　上饶—湘黔川等省
　　　无锡—广德—屯溪 ┘
　　　芜湖 ┤ 无为—六安 ┐
　　　　　　　　　　　　立煌
　　　　　　舒城 ┘
　　　　　怀宁 ┴ 东流—至德—祁门—上饶—湘黔川等省
　　　汉口 ┤ 老汉口—南阳—陕川等省
　　　　　　沙市—宜昌—川省各地
　　　　　　新堤—岳阳 ┤ 长沙 ┐
　　　　　　　　　　　　　常德 ┴ 湘黔贵川等省

三、华南区

香港 ┤ 福州 ┐
　　　厦门 ┴ 闽省各地
　　　汕头—广东各地
　　　沙鱼涌—惠阳 ┐
　　　广州—芦苞 ┴ 曲江—湘黔等省
　　　中山 ┤ 高要—苍梧 ┐
　　　澳门 　　　　　　　贵湘黔等省
　　　钦州—南宁 ┘

图 16-2　敌货走私线路示意图①

关于走私的数量,由于走私具有高度的隐蔽性,要正确估计其数量是比较困难的,因此各种资料估计不一。郑伯彬估计 1938 年度的走私额即达到 1.27 亿元,1939 年度的走私额增至 1.84 亿元,1940 年度上半年已

---

① 中央调查统计局特种经济调查处编:《四年之敌寇经济侵略》,1941 年印本,第 143 页。

达 2.58 亿元。① 据国防最高委员会致军事委员会函称,1939 年度敌货输入超过 3 亿元之巨。② 在抗战前后的两三年内,日本由平绥路以及黄河走私到察、绥、晋、陕、甘、宁等西北各省的货物每年价值约 3600 万元。从广州湾、北海走私到华南的敌货,仅麻章、遂溪一路,每日即有 40 万元之多,每年约有 1.4 亿元。此外,从陇海路东段、宁沪路、沪杭路与长江水路分散走私到苏、浙、鲁、皖、湘、赣等省,以及从广州、汕头、厦门分散走私到粤、桂、闽等省的敌货,合计每年约有 2 亿元。综合以上各路敌货走私的数额,每年达 4 亿元以上。③

由国民党统治区走私到沦陷区资敌的数量和价值,历来缺乏统计,仅在 1938 年至 1939 年,皖北就有 300 万石粮食走私资敌。由于大量粮食被走私资敌,在华中、华南许多地方竟然出现丰年粮荒。在 1939 年由国民党统治区出口的 80 万箱茶叶中,有 1/4 被走私到了沦陷区。而钨、锡、汞、锑等特种矿产品,至少分别有 2000 吨、10109 吨、410 吨和 7417 吨被走私资敌,价值 3128 万美元以上(其中汞因国际市场价格不明,未统计在内)。④

(二) 国民党统治区与沦陷区的封锁与反封锁

抗日战争全面爆发初期,日本凭借军事优势由北向南逐步扩张,沿海经济富庶之地均为日本所占。此时,中日战事尚未完全停息,日本对占领区物资采取直接掠夺和统制,对于物资封锁尚有心而无余力。1940 年,汪伪政权成立,加之中日战事进入胶着状态,日本深知单凭军事进攻无法解决问题,遂改弦易辙,以经济毁灭为今后作战之主旨,关于物资封锁部分,其内容如下:(1)改变过去对内地的日货倾销政策,采取经济封锁政策;(2)除毒品外任何物资一律禁止输入内地;(3)凡物资之非在华日军

---

① 郑伯彬:《日本侵占区之经济》,国民党政府资源委员会经济研究室 1945 年印本,第178 页。
② 《大公报》1940 年 4 月 29 日。
③ 常奥定:《经济封锁与反封锁》,重庆 1943 年印本。
④ 唐凌:《抗战时期的特矿走私》,《近代史研究》1995 年第 3 期。

亦非占领区民众生活必需者,复非适宜于日本之生产消费者,一律禁止从内地输入;(4)断绝内地土产的销路,使国民党统治区不易获得外汇,动摇法币基础。

日本对国民党统治区的物资封锁虽然开始于1940年,但当时国民党统治区法币外汇极易套取,日本以货物换取国民党政府的外汇,再以外汇购买英美之军需品,因此日本并未厉行物资封锁政策。自1941年7月,英、美封存中日资金以后,法币外汇已经无法套取,日本逐步开始厉行物资封锁政策,特别是太平洋战争爆发以后。

华北封锁机构由日伪联合组成,日方居核心地位。根据地理条件、军事形势及经济统制不同,分为两类地区:一是山岳地带及各边区接触地区,其封锁线主要是沿山脚的且绝壕,并配合相关地带的交通线路展开,包括太行山岳地带,晋察豫边区、冀晋豫边区、鲁南地区以及伪武定道北边地区。其物资禁运种类较多,包括兵器弹药;硫磺电池;铁、铜、锡、钨;医药用品、棉花及棉织品、皮革、羊皮、麻、火柴、纸、蜡、糖、米、麦等。日伪政府的封锁条例规定:这一地区(即封锁线的第一线)运出物资实行许可证制度。二是平原都市地带,其封锁线是铁道线各市镇,这就是敌人所谓的第二封锁线,是沦陷区掠夺地带,河北平原、平津、济南、青岛、太原都包括在其中。这一地区物资运出由物资对策委员会证明,包括兵器弹药、硫磺、印刷机、各类金属及制品、医药品、盐、煤等其他日用消费品。

日伪政府对物资收购主要是向国民党统治区大量输入鸦片、化妆品、果酒及其他奢侈品来套购国民党统治区重要的国防资源,并对由于购买而流入国民党统治区的物资进行审查,不准增加国民党统治区的生活用品,对交换地点、线路也作明确规定。通货使用上主要是加强联银券的作用,扩大其流通范围,并为促进物资内流而扩大购买力。打击国民党统治区的通货,取缔和禁止法币在沦陷区的流通,从而扰乱国民党统治区抢购活动。

日伪政府在华中地区的政治、经济、军事基础都比较薄弱,因而封锁区域相对较小。1941年7月,配合"清乡运动"日伪在华中地区建立了封锁机构。起初,封锁范围限于江苏的镇江、丹阳、武进、江阴、无锡、常熟、吴县、嘉定等十个县,随着"清乡"的展开,扩大到浙江的杭州、嘉兴、湖州,物资的最高封锁机关是伪"封锁总办事处",直属于伪"清乡委员会",其他各区乡均设办事处。封锁物资的种类与华北大致相同。

在华中实施物资封锁,日伪政府是出于以下目的:第一,治安肃清的重点是建立封锁线,使国民党统治区的军事力量与肃清民众完全隔绝。第二,建立流动封锁线,由日伪双方军警承担,日军直接指挥。第三,在封锁区内,将清乡区划分为"全敌区""半敌区""封锁线""封锁地带""警戒区"及"肃清完了地区"等。区别不同情况,采取不同政策,最终达到防止物资流入国民党统治区的目的。日伪政府在封锁条例中规定:"对全敌区的经济务须积极努力使之崩溃。"对"半敌区"内物资设法搬入特定肃清区进行统制。特定肃清区内物资则主要采取收购的方式。①

为了应对日伪政府的封锁,加强对敌经济斗争,防止重要物资走私资敌,国民党政府也在各个时期采取了不同应对政策。

1938 年 10 月 27 日,国民党政府颁布《查禁敌货条例》与《禁运资敌物品条例》。前者规定凡敌国、其殖民地、委任统治地及暴力占据地区的工厂所生产的货物,一律禁止进口。后者则规定,凡国内物品以增加敌人实力者,一律禁止运往下列区域:敌国及其殖民地或委任统治者;前款区域外之地方,已被敌人暴力控制者。② 这两个法令的颁布,标志着国民党政府断绝与沦陷区一切经济联系政策的正式确立。

1939 年 7 月,国民党政府颁布《非常时期禁止进口物品办法》,共列出禁止进口物品 168 项。进口物品不再以敌友为标准,其他国家的奢侈品和消耗品也在禁止之列。但为了保留自由活用禁止进口的条件,国民党政府又颁布《非常时期禁止进口物品领用进口许可证办法》,禁止进口品中的糖类、煤油、汽油等,如有特殊需要可凭进口许可证进口。③

1940 年 4 月,国民党政府财政部四联总处颁布了《加紧对敌经济封

---

① 国民党中央调查统计局特种经济调查处编:《第五年之倭寇经济侵略》,1943 年印本,第 53 页。

② 经济部编:《经济法规汇编》第 4 集,商务印书馆 1940 年版,第 108 页。

③ 财政评论社编:《战时财政金融法规汇编》,财政评论社 1930 年版,第 132、144 页。

锁实施办法》，其中有如下规定：（1）扩大封锁区域。南京政府开始采取点线结合的办法进行封锁，即在接近敌占区设立封锁线，在封锁线上设置若干封锁点，以阻止敌货入侵，并取得一定的成效。之后，改进了这种封锁方法，将接近敌占区的区域划分为封锁区，在敌人可以越过封锁区侵入的地带，划分为巡逻区，而在这两区内设置若干封锁线和巡逻线，再在各线内选定若干控制点和缉私点，从而形成了点、线、面相结合，巡逻区与封锁区相补充的多层次的严密的控制封锁网。（2）实行上下相结合的组织形式。为了更有效地对敌封锁，加强对经济封锁与缉私的领导，各战区都实行上下相结合的组织形式，在下由战区司令长官部、战区经委会，缉获敌货及资敌物品审查保管委员会等组成；在上由中央委员、军事委员及参政员共同组成经济督察团，并在战区设军风巡察团，两团共同承担各战区封锁与缉私的监察事务。各战区封锁机关定期查明敌情向上汇报，而督察与巡察团则前往各地核查封锁缉私进展情况。这种上下相结合、内部共监督的办法是有效的。（3）查禁敌货。1941 年 9 月，国民党政府颁布了《查禁敌货条例》，规定了敌货的范围，对敌货实行鉴别检查和登记制度。（4）缉私。1941 年 9 月，国民党政府经济部颁布了《禁运资敌物品条例》，规定了缉私政策：各战区司令长官要根据各地交通地形，划定缉私封锁线路；在各交通要道要设立检查哨卡，严密检查过往的货物、行李，以防偷运资敌；对包庇走私的检查人员，一般予以死罪论处。

在日伪的经济封锁下，国民党统治区物资供应遇到极大的困难。为应付这种局面，国民党政府的对敌经济政策也做了相应调整。1942 年 5 月，国民党政府颁布《战时管理进口出口贸易条例》，进口货物不再以敌友为取舍标准，凡属军需用品、日用品及以前禁运的蚕丝、织品、呢料、印刷用纸、普通食物用具等，均予弛禁。但生活奢侈品、毒品和淫秽物品，绝对禁止进口。该条例颁布后，以前颁布的《查禁敌货条例》与《禁运物资敌伪物品条例》明令予以废止。①

国民党政府还通过一系列法令，鼓励商人从敌占区抢运物资。抢购

————————

①　常奥定：《经济封锁与反封锁》，重庆 1943 年印本，第 28 页。

物资主要靠抢购队,它是一种流动性、形式多样的组织。抢购物资形式有两种:一是封锁线内抢购;二是敌侧敌后抢购。抢购的物资一类是电工、交通、五金、西药等敌货,另一类是粮食、棉花、皮毛及其他外销物资。1942年6月,行政院颁布了《战时争取物资办法大纲》,规定公司行号抢运物资进入大后方,除汇兑、运输、沿途安全由国家及地方金融机关、运输统制局,以及沿途军警予以种种便利外,并由中央信托局承保兵险,主管机关给予奖金。开列了汽油、钢铁、医药、交通、通信设施等22类物资清单。还制定了《奖励商人抢购办法》,规定做到下列之一者,给予奖励:(1)所购物资属于经济部指定的抢购种类,有利于国防、军需或后方生产者;(2)购运困难、风险很大者;(3)在一定期间,购运价值达到规定奖励标准者;(4)在一定时期内,购运数量达到规定标准;(5)提供情报,有利于经济作战者。[①]

四、国民党统治区的通货膨胀与物价上涨

(一) 国民党统治区的通货膨胀

通货膨胀是指纸币发行量超过商品流通中实际需要的货币量而引发纸币贬值,它的直接反应是物价水平全面而持续的上涨。在战争年代,通货膨胀和物价上涨是一种比较普遍的经济现象,但是像抗战时期出现的恶性通货膨胀还是非常少见的。这与国民党政府长期以来的财政赤字和日本对华军事侵略有着直接关系。

国民党政府自1927年成立以来,由于内战不断,国家财政长期处于赤字状态。1928—1933年六个年度财政赤字大致徘徊于岁出总额的10%—20%,1934—1936年三个年度财政赤字情况已经相当严重,平均略低于50%,其中最严重的1935年财政赤字占岁出的60%以上。政府支出的80%用于军费和债务,用于公共事业的真是微不足道,从而促使政

---

① 财政部财政年鉴编纂处编:《财政年鉴第三编(1948年)》下册,财政部财政年鉴编纂处1948年印本,第78、54页。

府财政偏赖于通货膨胀。①

　　抗日战争全面爆发后,中国沿海富庶之地尽被日本占领,国家财政收入锐减,同时军事费用激增,财政支出失去平衡,赤字逐年上升。但是,政府并未开创合适的税收以抵补因战争而导致的税收损失,通货膨胀形势日益严峻。

　　从表 16-2 可以看出,抗战初期政府财政支出增长相对平缓,而收入方面由于沿海主要税源地区丧失,1939 年财政收入比 1937 年下降了47%,政府收支不敷之数高达 73.5%。1940 年,中国遭到严重的歉收,农产品产量的突然下降使战争初期制约价格上涨的诸多因素失去作用,并加速了通货的普遍膨胀。此后三个年度财政赤字不断攀升,1941 年度财政赤字甚至占岁出总额的 86.9%。在政府财政支出项目中,军费开支一般占到总支出的 60%—70%。1937 年由于抗战爆发,军费开支上升至66%,1938 年和 1939 年大致维持在相同水平。1940 年因为军队扩充,使军费支出占政府总支出的 78%,由于先后实行了田赋征实和征借,88%的粮食供应军队,使 1941—1944 年军事支出减少至 50%左右。但由于开展征实和征借工作,政府行政支出分别增加了 12%和 14%。

表 16-2　国民党政府财政统计(1937—1945 年)

项目 年份	支出 （法币 百万元）	收入 （法币 百万元）	赤字		田赋征实的货币价值 （法币 百万元）	纸币发行额 （法币 百万元）
			金额 （法币 百万元）	占支出额的比例 （%）		
1937	1992	1393	560	28.1	—	1640
1938	2215	723	1492	67.4	—	2310
1939	2797	740	2057	73.5	—	4290
1940	5288	1325	3963	74.9	—	7870
1941	10003	1310	8693	86.9	—	15100

---

　　①　杨荫溥:《民国财政史》,中国财政经济出版社 1985 年版,第 43 页。

续表

项目 年份	支出 （法币 百万元）	收入 （法币 百万元）	赤字		田赋征实的货币价值（法币百万元）	纸币发行额（法币百万元）
			金额 （法币 百万元）	占支出额的比例（%）		
1942	24511	5630	18881	77.0	2896	34400
1943	58816	20403	38413	65.3	16885	75400
1944	171689	38503	133186	77.6	50107	189500
1945	2348085	1241389	1106696	47.1	158498	1031900

资料来源：张公权：《中国通货膨胀史（一九三七——一九四九年）》，杨志信译，文史资料出版社1986年版，第244页。

　　虽然政府在增加财政收入方面做了不少努力，例如，开征公司税、战时消费税，实行专卖措施，田赋征实和征借，但无奈战时军费开支庞大，在失去传统岁入三大支柱——关税、盐税、货物税之后，国民党政府最初希望通过发行国债来弥补财政赤字。自1937年9月1日发行"救国公债"起，到1944年发行的"四川省征借粮食临时收据"为止，共发行公债22种。其中，以法币计值的8种共147.51亿元，以美元计值的1种，共9900万元，以英镑计值的2种，共1900万英镑，以美元计值的4种，共20394万美元，以粮食计共有7种7549万市石和179.9万包。[①] 只能求助于增发货币。但是，政府过量发行公债，使公众对政府的债券已经丧失信心，而银行界接纳公债已经达到饱和。1938年，政府公债发行量为14.5亿元，而由公众认购的仅为1840万元，1939年的情况亦类似，国民党政府只能求助于增发货币。

　　法币发行自抗日战争爆发到1938年年底增加了41.4%，1939年起开始迅速增加，平均每年增加87.2%，1939年是和缓通货膨胀转入恶性通货膨胀的关键年份。1942年以后，平均每年增加132.6%。表16-2和表16-3分别是1937—1945年的国民党政府财政和支出统计表。从

---

　　① 千家驹：《旧中国公债史资料（1894—1949年）》，中华书局1984年版，第375页。

1937 年 7 月到 1938 年,法币发行是增加的,但物价上涨跟不上或者仅仅相当于法币发行的增加,例如,1937 年 12 月法币发行指数为 117%,而重庆物价指数为 98%,1938 年 12 月法币发行指数为 164%,而重庆物价指数为 164%,这是法币的和缓通货膨胀阶段。自 1939 年起,物价上涨的速度开始超过和大大超过法币发行增加的速度。1939 年 12 月法币发行指数为 305%,物价指数为 335%,1945 年 6 月法币发行为 282 倍,物价指数为 2133 倍,这就是法币的恶性通货膨胀阶段。

表 16-3　国民党政府的支出统计(1937—1945 年)　　　(单位:%)

年份 项目	1937— 1938	1938 年 下半年	1939	1940	1941	1942	1943	1944	1945
军费支出	66	60	66	78	51	48	49	51	69
经济发展 支出	8	12	13	11	10	10	8	12	11
债务支出	18	21	16	7	5	6	6	3	1
行政与一 般支出	8	7	5	4	34	36	37	34	19
总计	100	100	100	100	100	100	100	100	100

资料来源:张公权:《中国通货膨胀史(一九三七——一九四九年)》,杨志信译,文史资料出版社 1986 年版,第 81 页。

(二) 国民党统治区的物价上涨和人民生活恶化

随着通货膨胀的发展,法币不断贬值,物价水平持续上升。战时物价的上涨总体而言,呈现出由缓而急,越到后来,涨势越猛。战时物价上涨趋势大致可以分为三个阶段。

第一阶段,从 1937 年战争爆发到 1938 年 10 月武汉、广州失陷。这一时期,一方面由于国民党统治区地处后方,受到战争影响较小;另一方面由于战争初期国民党政府实行相对谨慎的货币政策,发行额平均每月仅增加 2%—3%,并无限制供给外汇,因此整体物价变动不大,涨势尚属缓和。无论是批发还是零售,西南各城市物价指数均在 200 以下。这一时期居于涨势价格的物品多为进口商品，而普通农产品的价格反而略有下跌。

第二阶段，从 1939 年年初到 1941 年太平洋战争爆发。随着战争进一步扩大，国民党政府内迁，人口大量涌入内地，导致各种物资的需求量增大；加上广州沦陷，滇越线停运，国外进口商品进一步减少，造成市场供求失调。同时，国民党政府为了弥补日益膨胀的财政赤字，便开始大量增发货币。这一时期，西南各城市物价由缓和上涨转为猛烈上涨。到 1941 年年底物价涨幅最小的贵阳也较战前上涨了 10 多倍，重庆、成都等城市均较战前上涨了 15 倍以上。

第三阶段，从太平洋战争爆发至抗日战争结束。太平洋战争爆发，香港沦陷，滇缅路被切断，国外商品输入基本停止。而港沪陷落，对外投机外汇、外货的两大据点丧失。以致游资大量涌入后方市场，物价也随之猛涨，囤积居奇之风日益蔓延。囤积越猖獗，流通商品便越少，生产也越受到束缚，供求的剪刀差便越增大，物价也越狂涨，形成恶性循环，造成这一时期物价的全面暴涨。表 16-4 是抗战时期国民党统治区各地批零售物价指数统计表，可见重庆、成都等城市物价均较战前上涨了 15—20 倍，昆明物价更是暴涨了 30 多倍。

表 16-4　国民党统治区各地批零售物价指数统计（1937—1945 年）

（基数：1937 年 1—6 月　公式：简单几何平均）

物价指数 \ 年份		1937	1938	1939	1940	1941	1942	1943	1944	1945
批发物价指数	重庆	101	126	220	569	1576	4408	13298	43050	156195
	成都	103	128	225	665	1769	4559	14720	56965	170379
	康定	104	137	225	587	1352	4388	12982	49229	171050
	西安	105	146	245	497	1270	4120	16279	39679	155341
	兰州	107	146	217	399	1061	2853	10047	26533	88655
	昆明	—	—	—	—	—	—	—	63203	305711
	贵阳	98	105	187	413	969	3395	9428	34940	167025

物价指数	年份	1937	1938	1939	1940	1941	1942	1943	1944	1945
零售物价指数	重庆	102	122	203	548	1467	4248	13337	45840	177647
	成都	103	125	214	615	1735	4720	16416	66351	214353
	康定	107	153	243	690	1644	5539	18925	62830	92708
	西安	104	142	221	417	1135	3994	16136	10305	157169
	兰州	105	140	204	373	965	2592	8693	25241	96198
	昆明	—	—	—	—	—	—	—	74232	345912
	贵阳	100	105	191	448	1029	3711	11088	25546	239181

资料来源：据国民党政府主计处统计局编：《全国物价指数表各城市物价指数表》改制。

表 16-5 是抗战时期国民党统治区各地批发物价分类指数统计表。从物品分类情况来看：我国西南地区向以农业生产为主，制成品较依赖于外部输入，战时因受日军封锁，加之交通不便，内地原材料外运困难，上涨率较低，而外国制成品输入不易，价格猛涨。其中，食物类指数虽逐年增高，但始终低于总指数，1939 年批发指数为 163，较总指数 220 低 26%，1941 年和 1945 年，批发指数分别较同期总指数低 10% 和 9%。衣着类涨势迅猛，批发指数平均超出总指数 51%。金属类物品因战时消耗巨大，批发指数大大超过总指数，1938 年超出总指数 27%，1944 年超出 17%。燃料类物品，因战时消耗较多，批发指数在总指数之上，批发指数平均约超过 8%。建材类和杂项类指数均盘旋于总指数之下，较总指数低 27% 和 8%。

表 16-5　国民党统治区各地批发物价分类指数统计（1937—1945 年）

（基数：1937 年 1—6 月　公式：简单几何平均）

年份	项目 总指数	食物类	衣着类	燃料类	金属类	建材类	杂项类
1937	103	100	107	103	109	104	103
1938	131	108	160	131	167	141	164

续表

项目＼年份	总指数	食物类	衣着类	燃料类	金属类	建材类	杂项类
1939	220	163	308	284	305	227	240
1940	513	406	763	629	732	453	486
1941	1296	1170	1720	1374	1844	1108	1152
1942	3900	3254	5527	4347	5760	3167	3704
1943	12541	9425	23633	4274	17354	10152	11556
1944	43197	34808	77059	47621	50446	30628	43227
1945	163160	149245	231657	184918	183870	117373	146717

资料来源:国民党政府主计处统计局编:《全国物价指数表各城市物价指数表》。

通货膨胀给国民党统治区人民带来了深重的灾难,在通货膨胀的情况下,工人阶级按货币计算的名义工资是增加的,但是落后于物价上涨的速度,因此造成实际工资的下降,据《荣家企业史料》中对福新二、八厂的统计数据显示:抗战时期工人实际工资降到以前的20%左右,工人实际工资以1936年为100,1937年降为78.92%,1938年降为51.91%,1939年降为56.69%,1941年降为40.64%,1942年12月降为32.05%,1944年12月降为22.35%,1945年7月降为15.52%。天津启新洋灰公司工人的实际工资,如以1936年7月到1937年6月为100,1946年4月降为26.47%。[①]

工人阶级在通货膨胀中受到最残酷的掠夺,由于发给工资时,真实工资已经大大降低,拿到工资后,工人阶级在转手之间要负担货币贬值的损失。抗战以前工资底薪每元可买一斗米,抗战开始后可以买五升米,后来只能买一升到二升米,工人阶级的实际生活水平不及战前的30%,因此,工人阶级的日益赤贫化,在战争和通货膨胀中是不可避免的。

农民在通货膨胀中也遭到了严重的压榨,首先是物价上涨过程中工农产品交换价格的剪刀差迅速扩大,使农民利益受到损失。按照中央银

---

① 上海社会科学院经济研究所编:《荣家企业史料(1937—1949年)》下册,上海人民出版社1980年版,第343页。

行编制的统计显示：在通货膨胀期间，原料品即农产品上涨速度慢，制成品即工业品上涨速度快，在抗战胜利前夕，差开 4.76 倍。抗战胜利后差价也维持在 3 倍左右。由于农产品上涨慢，工业品上涨快，农民实际收入下降，1939 年 9 月降为 64%，1941 年后由于歉收，农产品价格稍有上涨，但农民实际收入仍然是降低的，1942 年后又一直下降，农业工人的收入下降更多，1943 年四川农业工人工资实值只及 1937 年的 58%。表 16-6 是重庆各种职业实际收入指数统计表，在旧中国通货膨胀中生活发生最大变化的是职员、公务人员和知识分子。他们在抗战以前，保持较高的生活水平，而在国民党政府实施通货膨胀以后，生活水平迅速下降。

表 16-6　重庆各种职业实际收入指数统计（1937—1943 年）

年份 ＼ 项目	工厂工人	非工厂工人	服务业者	公务员	教师
1937	100	100	100	100	100
1938	124	143	93	77	87
1939	95	181	64	49	64
1940	76	147	29	21	32
1941	78	91	21	16	27
1942	75	83	20	11	19
1943	69	74	57	10	17

资料来源：吴大业：《物价继涨的经济学》，商务印书馆 1946 年版，第 34—36 页。

第二节　抗战后的商业流通和国内市场

抗日战争胜利初期，国内局势渐趋平稳，中国民族工商业得到了一定程度的恢复和发展。但是，国民党官僚资本集团因接收敌伪财产而巨额膨胀，不仅没有发挥出推动工商业发展的作用，反而急于发动内战，军费开支节节攀升，物价飞涨，通货膨胀严重，中国经济陷入崩溃边缘。另外，大量美国商品低价倾销到中国城乡市场,挫伤了农民的积极性,使得中国民族工商业发展陷入困境,大批工人失业,也促使着国民党政权的倒台。

一、战后国内商业和市场的短期恢复

(一) 民间商业资本的复兴

抗战胜利后,国共两党通过重庆谈判,达成"合作建国"的协议,国内出现了一定程度的和平气氛,这也为民族工商业的发展提供了有利的社会条件。国民党政府为了增加财政的收入和稳定政局,也采取了一些措施,曾一度支持民族商业资本的恢复。此外,国民党政府派来"接收大员",还有一批拥有大量法币的所谓"重庆客",他们发了"国难财"和"胜利财"之后,就在市场上大量争购洋货,致使各个行业又呈现"兴旺"景象。因此,抗战胜利初期,中国民族工商业得到了一定程度的恢复和发展。

上海作为中国最大的商业城市,在抗战胜利后不久,各类商店相继恢复交易并有所发展。据统计,抗战前上海市共有棉布商业七八百家,1946年3月成立同业公会,拥有会员813家;1946年7月拥有会员1330家,其中棉布批发类商号有825家,门市商号有505家,4个月内增加了60%多。1947年12月增加到1796家,其中批发类商号有1200家,门市商号有385家,门市兼批发的有211家,比1946年7月又增加了466家,即增加了35%。1948年4月再增为2115家,比1947年12月又增加319家,即4个月内增加了17.8%。① 棉布批发类商号的大量增加,表现为小额交易重复性投机商业活跃。

上海的百货商业在1936年有近100家,1945年抗战胜利初期有244家,随着美国商品的大量涌入,1946年5月增至372家。百货零售业1937年有226家,1946年4月组织同业公会时有会员902家。各大百货

---

① 上海市工商行政管理局、上海市纺织品公司棉布商业史料组编:《上海市棉布商业》,中华书局1979年版,第324页。

公司顾客盈门,营业额直线上升。据永安、大新、新新三家百货公司统计,1946 年营业额比 1945 年增加 14.1 倍,扣除同期物价因素,实际升幅为 8.6%。[①]　各家公司的"礼券"特别旺销,各批发商号也赚了不少钱。

上海五金业在战后经济复兴的带动下快速发展起来。过去由上海迁至内地的国泰、义记、瑞昌、华茂等五金商店陆续返沪,日伪统治时期"避风头的大户重新复业,一些囤户转为设店经营,北京路一带恢复原来五金市场的面貌,曾由百老汇路和苏州河北迁出的五金钢铁店号纷纷迁回原址经营。1946 年进口美货五金钢铁大量涌入,在当时五金价格上涨的情况下,一些五金钢铁商人又一次获得暴利。特别是在外汇开放时期,五金各业店号自行进口的物资更无不大赚了一票。如钢铁业源祥号进口铅丝50 吨,售出后所得价款可以再定购 250 吨;五金业一些订货利润也高达一倍以上"。[②]

上海的华商进出口商行在抗战胜利后也有较大发展。据 1946 年 4 月 10 日《大公报》显示:到 1946 年 3 月 31 日,上海市进出口商业同业公会组成时,华商进出口商行共 500 多家,其中参加该进出口商业同业公会的第一批会员达 385 家。另据历年上海各《行业录》和《电话用户号簿》所载:上海华商进出口商行在上海"孤岛"末年的 1941 年约 613 户(包括南洋办庄约 160 户)。抗战胜利后的 1946 年起,进口商行迅猛增加,1946 年春季上海进出口商行总户数为 769 户,1946 年冬季增加到 906 户,1947 年更是达到 1464 户。[③]

浙江民族资本在抗战胜利后发展迅速,1947 年达到了复兴的高潮。据《浙江工商年鉴》统计:到 1947 年,浙江省主要的民营企业有 227 家,资本总额达 900400 万元,金融业也开始了发展,省级银行、县级银行、合作金库、商业银行、钱庄共计 344 家。据抗战胜利后不久的调查统计,杭州

---

①　上海社会科学院经济研究所等编著:《上海近代百货商业史》,上海社会科学院出版社 1988 年版,第 28 页。

②　上海社会科学院经济研究所主编:《上海近代五金商业史》,上海社会科学院出版社 1990 年版,第 53 页。

③　上海社会科学院经济研究所等编:《上海对外贸易 1840—1949》下册,上海社会科学院出版社 1989 年版,第 150 页。

市工商业分 26 类、113 个行业,大小商店、工厂、企业有 1 万多家。①

在河南开封,抗战胜利后国民党政府的党政要员纷至沓来,各家餐馆应接不暇,大小饭店发展到 587 家,呈现出一时的畸形繁荣。在洛阳,抗战后商行有的又迁到南大街一带,使得"南关一带的商行业又发展兴盛一时"。化工染料行业在 1946 年后由少到多,由小到大,很快发展起来,出现了一批专营商店,以当时洛阳县城内的南大街和东大街为主,形成了化工颜料销售中心,南大街以批发为主,从南门口到十字街共有化工商店 30 余家,东大街以零售商店为主,从东门口到十字街共有化工商店 20 余家。②

在山东青岛,1945 年抗日战争胜利初期,商人由抛货存钱转为囤积居奇,物价由下跌转为暴涨。奸商投机,黑市猖獗,市场畸形发展。供美军和国民党官僚等上层人物纵情取乐的咖啡馆、舞厅、酒吧及金银首饰等行业颇为兴盛。1946 年,全市商业企业 8497 个,资本总额 378396 万元,从业人员 34256 人。摊贩 5093 个,其中,布匹业 460 个、杂货业 1547 个、破烂业 652 个、纸烟业 1170 个、化妆业 394 个、水果业 390 个、估衣业 480 个。③

在广西南宁,抗日战争结束后随着交通运输线路的恢复,市场很快兴旺起来,各种商品源源不断地流入市场,有上海的纱,越南的西贡纸、胡椒、生胶、砂仁等,以及从广州运来的商品。百色(和生、泰德、利昌)、钦州(同丰)、梧州(泰丰)及西江沿岸城乡的商人纷纷前来投资设庄开店。每日交易棉花、棉纱上百包,煤油上百桶。运往下游的以桐油、粮食、豆类、花生油为最多,每日下行货船如织,大小木船 200 余艘。在柳州,茶油、桐油、棉布、百货业转向正常,长安、三江、贵阳等地农副特产品陆续在柳州聚积,商业复兴起来。在梧州,战时花纱布匹业缩小为 30 余家,抗战胜利后又恢复到 60 余家。百货业也得到恢复发展,原来开设的商号相继

① 文史编辑室:《解放前的杭州工商行业》,杭州市政协文史资料研究委员会编:《杭州工商史料选(杭州文史资料第九辑)》,浙江人民出版社 1987 年版,第 10 页。

② 洛阳市第一商业局等编:《洛阳市商业志》,光明日报出版社 1990 年版,第 319 页。

③ 青岛市史志办公室编:《青岛市志·商业志》,五洲传播出版社 2000 年版,第 13 页。

复业,同时还增开广宽号、永生号、金龙号等十余家商号。①

抗战胜利后,民族工商业虽然逐渐恢复,但是,全国各地市场物价短期出现狂乱现象。陪都重庆物价受战争胜利的影响最为强烈,首先黄金、美元暴跌,一般性物价也接着剧烈下降。自1945年8月10日至10月15日,物价平均跌落32.8%。其他后方各大都市,如昆明、成都、西安、兰州等物价也普遍下跌。其主要原因是战争中断的交通即将恢复,对外贸易即将重开,沿海廉价商品即将运来,所以商人纷纷抛售商品,导致物价暴跌,后方工商业大多数陷入停业状态。但是,营业费用、利息负担等有增无减,因而倒闭停业者不在少数。② 同时,沿海收复区的物价8月10日以后曾经一度狂跌,但不久开始回涨。例如,上海是中国经济中枢,当胜利消息传到上海之后,一般投机性物价猛烈下跌,继而日用品价格则因民众不愿保有伪币尽量换取实物而略呈上涨。8月下旬比中旬高涨20%—30%,到9月下旬,伪中储券与法币200∶1兑换比率正式公布后,法币的购买力大幅提高。随着大后方人员陆续返回,巨额资金也相续涌至,各行业均有转趋繁荣的景象。1946年上半年物价涨势尚较缓和,下半年以来物价一再上涨。③

（二）国家资本对商业的垄断

抗日战争时期,以四大家族为首的国家官僚资本,凭借其政治权力和经济垄断,大发国难财,已经高度膨胀。抗战胜利后,国民党政府就发布《沦陷区敌国资产处理办法》,宣布将日本在华的所有"公私事业资产及一切权益,一律接收,由中国政府管理或经营",1945年8月31日,行政院颁布《行政院各部会署局派遣收复区接收人员办法》,10月,在行政院设立收复区全国性事业接收委员会,并将原沦陷区分成苏浙皖区、粤桂闽区、河北平津区、山东青岛区、武汉区、河南区、东北区、台湾地区8个接收区。整个接收工作到1946年年底,同时接收了大量的日伪财产。

① 谭肇毅主编:《抗战时期的广西经济》,广西师范大学出版社2011年版,第148页。
② 谭熙鸿主编:《十年来之中国经济》上册,南京古旧书店1990年印本,第M17页。
③ 谭熙鸿主编:《十年来之中国经济》上册,南京古旧书店1990年印本,第L114页。

　　抗战时期日军占领的沦陷区本是中国最富庶的地区,集中了中国90%以上的工商业资本,是全国的工业和商业中心。关于战后国民党政府接收的日伪在华工矿企业的投资总额,迄今尚无以稳定的货币表示的估价。根据有关资料估计和推算,投资总额当为近20亿美元。从战后国民党政府资源委员会接收的日本在华工矿产业情况看,在东北日本投资值为200134.8万美元,国民党政府资源委员会接收值:东北为115611万美元,台湾为21176.5万美元,关内为45600万美元,全中国为182387.5万美元。再加上纺织工业和出售给公众的敌伪杂类工厂,合计16000万美元。接收总计就为:198387.5万美元(182387.5+16000=19837.5),接近20亿美元。[①]

　　在各区敌伪产业处理局的报告中,商业部分没有系统的统计。仅经济部经手接收者有一份报告,截至1946年11月,除东北接收情况不明外,共接收商业企业355家,冀热察绥区有261家,占61%,而商业集中的苏浙皖区仅有74家,湘鄂赣区有27家,显然是已由其他部门接收。接收商号按照行业划分:以货物贩卖业最多,达到290家,资产2.368亿元,占总数60%以上,其次是运输仓储业,共30家,资产达2亿元。这355家接收企业中日伪资本326家,资产估值47784万元。另,德资9家,英、美、法、比资本共19家,华资1家,均无资产估值。考虑到商业集中的苏浙皖区接收企业较少,因此,此项统计不能完全反映日伪的在华商业资产。至于对这些企业的处理,截至1946年11月,其属于英、美、法、比和华资的20家均经发还;属于德资的9家已移交有关部门;属于日伪合资的3家由经济部保管;属于日资的323家,其中171家由经济部保管,131家移交有关部门,19家标价出售,直接经营和发还的各1家。[②] 日商在中国的私人投资,投资方向主要是商业贸易方面,其次是制造工业、金融、交通运输等,这些庞大的日伪资产,抗战胜利后均为国民党政府所接收,变成了国

---

　　① 郑友揆:《中国的对外贸易和工业发展(1840—1948年)——史实的综合分析》,上海社会科学院出版社1984年版,第208页。

　　② 邓翰良:《十年来之商业》,见谭熙鸿主编:《十年来之中国经济》上册,南京古旧书店1990年印本,第L107页。

家官僚资本。

通过接收敌伪的全部商业财产,官僚资本进一步膨胀。一般认为国民党官僚资本从三种不同而又相互联系的资本形态中产生出来,并在这三种资本形态中生存、活动和发展。这三种不同的资本形态分别是:官僚私人所有的资本、官僚经营管理的国家资本、官僚支配的其他私人资本。① 这一时期属于"官"式的商业独占机构有中国纺织建设公司、中国石油公司、台湾糖业公司等;还有"四行二局"以及各部委和地方政府设立的各种商业组织和商号。属于"商"式的商业垄断组织有宋家的孚中公司、中国进出口贸易公司、统一贸易公司、金山贸易公司、利泰公司等;孔家则有扬子兴业公司、长江公司和嘉陵公司等;宋美龄有中美实业公司;C.C.系则有太平兴业公司、华美贸易公司等。

中国纺织建设公司成立于 1945 年 12 月,隶属国民党政府经济部。国民党政府为控制纺织工业,接收了日本在华纺织工厂后组建的经济机构之一。设总公司于上海,并在天津、青岛、沈阳设有分公司,在南京、汉口、沙市、重庆、杭州、南通、广州、汕头、郑州、西安等主要的花纱布集散地设立 10 个办事处,先后接管日资在华纺织工厂 85 个。业务范围主要是棉纺织业,兼统收日伪在中国的棉、毛、麻、绢纺织及针织、印染等企业。至 1947 年,该公司拥有 160 余万纱锭,32300 余台织布机,约占国民党统治区当时纱锭总量的 37%,织布机的 60%,生产棉纱 74.57 万件,占全国棉纱产量的 70%。中纺公司在全国各主要产棉区遍设分庄,廉价收购,自行打包,分级剔选,并享有仓贮、运输等种种特权。在进口棉方面,经济部给予优惠结汇,贮量丰厚,经常保持 100 万担以上周转量,使民营厂望尘莫及。② 因其利用特权垄断纺织业的命脉,故民族纺织工业遭到沉重打击。

孚中公司创办于 1945 年 12 月,总经理宋子良。资本 3 亿元法币,由

---

① 王亚南:《中国官僚资本之理论的分析》,见《中国经济原论》,广东经济出版社 1998 年版,第 381—407 页。

② 《中国近代纺织史》编辑委员会编:《中国近代纺织史 1840—1949》下册,中国纺织出版社 1997 年版,第 231 页。

国营中国国货银行、交通银行与私营金城银行按 3∶2∶1 的比例投资组成。按理该公司应由官商合办,但却以民营公司注册登记。早在 1942 年宋子良以国家官员身份驻美,即在美国设立一家国际孚中公司,进行贸易活动,故 1945 年抗战胜利后,孚中迅即取得美国伟力斯汽车公司、西屋电器公司等 12 家大公司商品独家经营权,大量进口吉普车与发电机、水电设备等。这些都是庞大的垄断组织,垄断着国内外贸易。例如,1946 年美国对中国钢铁进口的 90% 为孚中公司所控制。① 在 1946 年 11 月 7 日公布《修订进出口贸易暂行办法》,到 1947 年 2 月 16 日公布《经济紧急措施公案》期间,严格限制进口,一般商人得不到进口许可证,而宋家的孚中公司和孔家的扬子公司却得到了 112 张许可证,核准进口金额达 183 万美元。②

扬子公司创办于 1946 年 1 月,股本 1 亿元法币,实为孔令侃独资设立。与孚中情况略同,孔也早以国家公务员身份在美国进行贸易活动,成立贸易公司,亦取得美国 10 余家公司如宝华药厂、共和钢厂等在中国的总代理经销权。1947 年 10 月盘购上海美商威利汽车公司,取得美国雪佛兰和英国奥斯汀汽车中国经销权。1948 年 10 月,在上海因倒卖 200 辆豪华奥斯汀汽车和电冰箱、呢绒等物品遭人举报,全国舆论哗然。孔令侃即向宋美龄求援,宋即以蒋介石的名义打招呼,事情最后不了了之。扬子公司在囤积和倒卖中赚了多少钱不得而知,仅据 1947 年账面结汇数,已结清的有 182 万美元、2.1 万英镑、4.5 万瑞士法郎,尚未结清的有 90 万美元,出口结售外汇 95.48 万美元、9.5 万英镑和 26.6 万瑞士法郎。③

这些公司采用各种办法,以转移国内资金、逃漏税收、逃汇套汇。同时依仗拥有的特殊背景,官商勾结,在实行限额分配外汇时,独得优待,在暂停分配时,得到特殊批准,在某些禁止进口项目中,又能得到"特殊进口"等,还有其他种种特权,获得了惊人的利润。官僚资本在政治、军事

---

① 贾秀岩、陆满平:《民国价格史》,中国物价出版社 1992 年版,第 384 页。
② 许涤新:《官僚资本论》,海燕出版社 1949 年版,第 83 页。
③ 刘康:《孔祥熙的私人资本》,《经济导报》1948 年第 96、97 期。

和金融力量的保护和支持之下急剧膨胀,形成了一个庞大的商业独占网络。这个商业独占网络一方面为国民党政府搜刮百姓、掠夺财富创造了条件;另一方面它又排斥和压抑了私营商业资本的发展。

表16-7是抗战后国营与民营资本在国民经济中的比重。统计显示:到1946年上半年,国民党官僚资本企业的资本占全国产业资本总额的80%以上,远远超过抗战前的10%和抗战期间的50.5%。它们控制了从动力原料、产品加工、市场销售到银行贷款的各个环节,利用其资本的空前膨胀和对国民经济的垄断地位,对民族商业实行排斥和吞并,使民族资本主义商业遭到空前严重的困难。民营企业除了产量和生产能力普遍下降之外,抗战后民营资本在国民经济中的比重也在不断下降。国营资本的膨胀扩充和民营资本的萎缩是战后最为明显的经济现象。从表16-7中我们可以看到,无论是基础工业还是民生工业,战后民营资本都在急剧萎缩,如基础工业,1945年国营、民营资本之比为20%:80%,到了1947年则为43.9%:56.1%,民生工业则由93.9%降为61.9%,而出口矿产和特产的行业则一直为国家资本所垄断。有些行业如棉纺、糖业和纸业在1945年之前完全为民营资本经营,但战后逐渐为国家资本所渗透甚至垄断,如由国家资本经营的中纺公司在战后基本控制了棉纺市场,而政府在糖业中的投资则从0发展到1947年占整个行业资本的60%。

表16-7　抗战后国营与民营资本在国民经济中的比重(1945—1947年)

(单位:%)

项目 业别	1945 年		1946 年		1947 年	
	国营	民营	国营	民营	国营	民营
基础工业	20.0	80.0	23.8	76.2	43.9	56.1
电业	35.7	64.3	25.1	749.0	53.7	46.3
煤业	11.9	83.1	21.9	78.1	28.8	71.2
钢铁业	21.3	73.7	48.0	52.0	29.4	70.6
铸铁业	46.5	53.5	4.3	95.7	16.0	84.0
烧碱业	4.7	95.3	5.6	94.4	6.4	93.6
酸类业	9.4	90.6	7.9	92.1	28.6	71.4

续表

项目 业别	1945 年		1946 年		1947 年	
	国营	民营	国营	民营	国营	民营
民生业	6.1	93.9	27.1	72.9	38.1	61.9
棉纱业	0.0	100.0	27.6	72.4	35.8	64.2
棉布业	0.0	100.0	25.0	75.0	33.6	66.4
糖业	0.0	100.0	30.0	70.0	60.0	40.0
纸业	0.0	100.0	8.5	91.5	12.1	87.9
水泥业	5.1	94.9	28.5	71.5	33.1	66.9
酒精业	24.7	75.3	27.4	72.6	5.7	94.3
汽油业	100.0	0.0	100.0	0.0	100.0	0.0
煤油业	100.0	0.0	100.0	0.0	100.0	0.0
出口矿产特产业	100.0	0.0	100.0	0.0	100.0	0.0
桐油业	—	—	100.0	0.0	100.0	0.0
锡业	100.0	0.0	100.0	0.0	100.0	0.0
锑业	—	—	100.0	0.0	100.0	0.0

资料来源:秦孝仪主编:《中华民国经济发展史》,(台北)近代中国出版社 1983 年版,第 768—769 页。

二、美国对中国市场的独占

(一) 战后中美经济关系

抗日战争胜利后,蒋介石打着"和平建国"的旗号,在"国家统一、民主政治"旗号下,坚持独裁内战的方针,企图在全国范围内恢复大地主大资产阶级的统治,要以美国的援助作为靠山。同时,德、意、日三个法西斯国家在战争中已经被打垮,英法两国也大大削弱,只有美国在战争中发了横财。为了扩大海外市场,实现独占中国的目的,美国极力扶植国民党政权。

美援是战后中美关系的一个焦点。据《中美关系资料汇编》显示:自1937 年抗日战争爆发到国民党政府倒台,美国政府批准的对华援助,包括赠予及信用贷款在内,总数约达到 35.23 亿美元。其中 24.22 亿美元为赠予、11.01 亿美元为信用贷款。在抗日战争胜利以前,美国政府所批准的援助,共计达到 15.157 亿美元,约占总额的 40%。其目的是协助中国稳定战时经济,并使中国政府获得对日战争中所必需的军用物资、农产品和工业产品。抗战胜利以后,为了支持蒋介石集团发动内战,美国又提供了大量军事和经济援助,遉过这些借款,美国控制了国民党政府的财政金融大权。美国政府批准的对华赠予和信用贷款共计达 20.077 亿美元左右,约占总额的 60%。其中,15.967 亿美元属于赠予、4.11 亿美元属于信用贷款。① 另据吴承明估算,各项赠予和贷款均以实支数为准,剩余物资售卖以扣除贷款后的抵价为准,确定战后美援总数为 20.72 亿美元,其中,赠予 15.14 亿美元、贷款 3.27 亿美元、剩余物资抵价 2.31 亿美元。②

第二次世界大战后,各主要资本主义国家都已确立国家垄断资本主义体系,美国这时已成为资本主义世界的盟主,其复兴欧洲的马歇尔计划和对中国的援助,都是美国国家垄断资本国际化的表现。不过,它对中国的援助不同于马歇尔计划,除经济利益的扩张外,其更重要的政治目的,是出于遏止共产主义的"冷战"需要,要"援助国民党击毁共产党"。美国总统杜鲁门在 1945 年 12 月 15 日发表的《美国政府对华政策的声明》中称:"美国及其他联合国家承认,目前中华民国政府为中国唯一的合法政府,为达到统一中国目标之恰当机构";"自治性的军队例如共产党军队那样的存在乃与中国政治团结不相符合,且实际上使政治团结不能实现";"美国准备以一切合理的方式帮助国民党政府重建其国家"③。总体上来看,美国对华经济援助,一方面是为保持战后中国经济的稳定、恢复和发展而采取的必要措施,另一方面也是对国民党政府政治军事上的全面支持,以期打赢内战。

---

① 世界知识出版社编:《中美关系资料汇编》第 1 辑,世界知识出版社 1957 年版,第 1065 页。

② 许涤新、吴承明主编:《中国资本主义发展史》第 3 卷,人民出版社 2003 年版,第 591 页。

③ 世界知识出版社编:《中美关系资料汇编》第 1 辑,世界知识出版社 1957 年版,第 628 页。

美国还通过与国民党政府签订一系列不平等条约,进一步控制了中国的政治和经济,1946 年 4 月,美国与国民党政府签订了《新公司法》,获得了在中国开设公司的许多特权。最重要的是同年 11 月签订的《中美友好通商航海条约》(以下简称《中美商约》)。条约全文共 30 条,其主要内容有三点:一是美国人有在中国领土全境自由居住、旅行及经商的权利,并有从事商务、制造、加工、科学、教育、宗教及慈善事业的自由。二是美国商品的进出口关税、内地税、销售、分配或使用,享有不低于任何第三国和中国商品的待遇。中国对美国商品的输入以及中国产品运往美国,不得加以任何禁止或限制。三是美国的船舶可以在中国开放的任何口岸、地方或领水内自由航行,可以无限制地停泊几处口岸。美国商人和货物有可以选择"最便捷"的途径通过中国领土的自由,还不得课过境税或给予任何限制。美国企图通过这个《中美商约》独霸中国市场,变中国为其商品倾销地。

此外,美国还先后与国民党政府签订了《中美关于美国驻华军事顾问团之协定》《中美空中运输协定》《国际关税与贸易一般协定》《关于美利坚合众国救济援助中国人民之协定》《中美双边协定》《中美关于经济援助之协定》《关于设立中国农村复兴委员会之换文》等。其中,1947 年 10 月,中美双方又订立《国际关税与贸易一般协定》,对美国进口的 110 项商品实行减税,有的减少 1/2,有的竟减少了 5/6。1948 年 7 月签订的《中美双边协定》,全文共 12 条和 1 项附件,规定:美援受美国在中国的代表的监督、决定,美国可以在中国取得它所需要的任何战略物资。蒋介石政府保证美国商品来华倾销,因此这项协定,不仅是美国限制对蒋援助的协定,也是美国政府乘机掠夺中国战略资源,倾销美国商品的协定。[①] 到 1949 年年底,美国政府与国民党政府签订的各类经济协约达 25 项。通过上述一系列不平等条约,美国在政治、经济、军事、文化等方面全面控制了中国。

_____

① 王铁崖编:《中外旧约章汇编》第 3 册,生活·读书·新知三联书店 1982 年版,第 775 页。

（二）美国对华投资和对中国市场的独占

日本投降后,其在华资产被中国政府接收,原属英、美等国资产则发还原主。第二次世界大战后,欧洲各国都失掉了扩大海外投资的能力,在中国的外国资本中形成了美国独霸的局面。据统计,1902 年美国在中国的投资只有 7935 万美元,占外国在华投资总数的 4.5%,到 1914 年第一次世界大战之前,美国在华投资总额增至 9912 万美元,而在外国在华投资的比重中却降至 4.3%。在第一次世界大战以后,美国加紧了对华投资,到抗日战争爆发前,美国在华投资已增至 34051 万美元,占各国在华投资总额的 7.8%。1936 年,日本在华投资总额达 209643 万美元,占各国在华投资总额的 48.8%,居世界第一位。英国在华投资 104592 万美元,占各国在华投资总额的 24.4%,居世界第二位,美国则屈居第三位。

但是,在第二次世界大战以后形势发生了根本性的变化,原来几乎独占了中国投资市场的日本已被彻底打垮,英、法等国也元气大伤,失去了与美国进行竞争的能力。只有美国由于在战争中大发横财,工业生产急剧上升,对外贸易巨额出超,仅 1947 年至 1948 年出超额即达 176 亿美元,这就为美国的资本输出开辟了道路,而当时的国民党政府为了支持其行将崩溃的经济基础,不得不以各种方式吸收外资,这就为美国独占中国的投资市场打开了方便之门。1948 年美国在中国的投资达到 1393.3 百万美元,如果算上"美援"估计有 4709.2 百万美元,遥遥领先于英国的 1033.7 百万美元(见表 16-8)。

表 16-8　帝国主义在旧中国的资本　　　　　　　(单位:百万美元)

年份\国别	1902	1914	1930	1936	1941	1948
英国	344.1	664.6	1047.0	1045.9	1095.8	1033.7
美国	79.4	99.2	285.7	340.5	482.4	1393.3*
法国	211.6	282.5	304.8	331.9	285.1	297.3

续表

年份 国别	1902	1914	1930	1936	1941	1948
德国	300.7	385.7	174.6	136.4	137.0	—
日本	53.6	290.9	1411.6	2096.4	6829.0**	—
俄国	450.3	440.2	—	—	—	—
其他	69.6	92.7	263.9	354.3	333.0	374.6
总计	1509.3	2255.7	3487.6	4305.4	9161.8	3098.9

注:* 不包括未转做借款部分的"美援",估计有 4709.2 百万美元。

　　** 是 1944 年日本投资最高峰时期的估值。

资料来源:吴承明编:《帝国主义在旧中国的投资》,人民出版社 1955 年版,第 45 页。

　　外国在华投资以直接投资即私人经营的企业和房地产占有为主。第二次世界大战后美国独占中国,私人开设的企业却不多。这是由于这时美国的资本输出已是以国家垄断资本为主,而中国的国民党政府已成为美国国家垄断资本的总代理人。也由于这个原因,国民党政府在争取美国政府的借款上是不遗余力的。据 1949 年统计,原来占 65%左右的日本投资已不存在,美国在华投资总额达 14.1 亿美元,其中直接投资 3.85 亿美元、借款 10.25 亿美元,占全部外国在华投资额的 44.1%。不过考虑到转做借款的金额只占到全部美援的 11.9%[①],因此美国居于绝对霸主地位。

　　第二次世界大战后,美国银行在中国亦起着举足轻重的作用,1946年,战前 6 家英国银行有 3 家复业,战前 4 家美国银行则全部复业。同时原由汇丰银行控制的中国外汇市场也转由美国花旗和英国汇丰两家银行决定。这些汇率的变动都直接支配着上海金钞黑市和物价,美国银行在中国金融市场上取得了支配地位。美国银行的这种作用从某种程度上远远超出了其单纯的资本投资。

　　几十年来由英国人控制的中国海关,在第二次世界大战后也已经落

---

　　① 吴承明编:《帝国主义在旧中国的投资》,人民出版社 1955 年版,第 52 页。

入美国人之手。1946 年冬，上海有外国贸易洋行 523 家，其中美商洋行
256 家，几乎占总数的一半，英商 90 家，另有俄商 35 家、法商 19 家、瑞士
商 17 家、德商 8 家、其他国 98 家。① 据吴承明估计，1948 年外国在华投
资总额达 31.97 亿美元，其中美国在中国的投资总额为 14.1 亿美元，占
战后外国在华投资总额的 44.1%。② 这一数字不包括第二次世界大战后
美国根据租借法案以及赠予或低价出售战后美军剩余物资给中国的
20.71 亿美元的"美援"，若包括此"美援"数字，则美国对华投资资本在
中国外资总额中的比重将超过 66%。英国虽然在投资中居于第二位，但
大多数是太平洋战争前的投资发还，法国和其他国家的投资较太平洋战
争前也无显著增加。

表 16-9 是抗战以后中国进口贸易中各国或地区所占比重表。可见
在进口贸易中美国占有绝对的优势，英国对华进口大幅下降，不到 10%，
日本已经是微乎其微。仅以商业性进口而言，1946 年美国商品占商业性
进口总值的 57.2%，1947 年占 50.2%，1948 年占 48.4%。如果把外援也
计算进去，则美国在中国进口总值中的比重即增至 1946 年的 61.4%，
1947 年的 57.0% 和 1948 年的 66.5%，抗日战争前或太平洋战争前的几
年中，美国在中国进口总额中的比重尽管已经非常重要，但也仅占
15%—21%。美国除了通过正常贸易渠道向中国输出商品外，还有大量
美货通过走私进入中国市场，特别是 1946 年 11 月国民党政府施行管理
入口之后，大量美国消费品和奢侈品从香港进入华南。其走私规模和程
度，已经可以与抗战时期日本在华北的大规模走私相提并论了。走私从
汽车、汽油到尼龙制品、西药，范围非常广泛，其中驻华美军、美国商船水
手在走私活动中充当了重要角色，陈纳德的空运大队更有"空中黄牛"
之称。

---

① 上海社会科学院经济研究所等编:《上海对外贸易》下册，上海社会科学院出版社 1989
年版，第 149 页。

② 许涤新、吴承明主编:《中国资本主义发展史》第 3 卷，人民出版社 2003 年版，第
600 页。

表 16-9　抗战以后中国进口贸易中各国或地区所占比重

年份 项目 国家 或地区	1946		1947		1948	
	商业性 进口总值	进口总值	商业性 进口总值	进口总值	商业性 进口总值	进口总值
总价值（1000 美元）	560555	716139	451031	608552	211028	331048
百分比(%)	100	100	100	100	100	100
美国(%)	57.2	61.4	50.2	57.0	48.4	66.5
英国(%)	4.6	6.5	6.8	8.5	8.1	5.5
日本(%)	0.4	0.3	1.7	1.2	0.9	0.6
东南亚(%)	4.1	3.2	6.8	5.0	7.9	5.1
印度(%)	8.7	7.0	9.0	6.9	10.6	6.8
中国香港(%)	4.5	3.5	1.8	1.4	1.5	0.9
其他(%)	20.5	18.1	23.7	20.0	22.6	14.6

资料来源:郑友揆《中国的对外贸易和工业发展(1840—1948 年——史实的综合分析)》,程麟荪译,上海社会科学院出版社 1984 年版,第 228 页。

　　国内商业领域,在 1946 年 4 月,国民党政府颁布新《公司法》不到三个月,美商就在中国设立机构 168 家,仅上海就占 115 家,并在纽约成立了"中美工商联合会"。① 除美商在华独立创办商业机构外,还与中国官僚合办了一些实际由美国人控制的公司,如中美实业公司等。中美实业公司是由美国军人陈纳德与宋美龄等人合办的,总公司设于上海,在南京、汉口、长沙、芜湖、九江、衡阳等地设有分公司,通过自备轮船和卡车运输,代销进出口物资,是一个庞大的商业托拉斯组织。更有大批实力雄厚的官僚企业积极充当美商的代理行,极力推销美货,攫取高额利润。孔祥熙的扬子建业公司独家经营 16 家美国企业的商品,与 20 多家英美厂商订立经营合同。在《中美商约》的基础上,美国的独占资本和蒋介石的官僚买办资本紧紧地结合在一起,控制着中国的经济生活。

　　在这一系列不平等经济条约的保护下,美国商品如潮水般地涌向中

---

　　①　郑友揆《中国的对外贸易和工业发展(1840—1948 年)——史实的综合分析》,上海社会科学院出版社 1984 年版,第 228 页。

国市场,泛滥成灾。在 1946 年年初,美国运到上海的剩余物资,竟动员了全上海的起重机,花了三个月时间方才全部卸完,使整个复兴岛变成堆放剩余物资的大本营。美国商品通过各种渠道在我国市场上泛滥成灾! 据1947 年《中国经济年鉴》记载:"美货势如排山倒海而来,而种类之繁与数量之巨,都是空前的,衣食住行四大需要,无所不有……"美国商品的价格一般相当于中国同类产品价格的 1/5 到 1/3。美货比起中国货来说被称为"价廉物美"。① 在美货商品中最突出的是由尼龙和塑料制成的"玻璃制品",如玻璃丝袜、玻璃牙刷、玻璃雨衣、玻璃裤带、玻璃皮包、玻璃头梳、玻璃皂盒……美国玻璃牙刷由于外表美观,并依仗特权进口,海关轻税或无税等有利条件汹涌倾销,售价比国货低 30%。② 还有其他方面如美货化妆品、日用品等百货俱全。如上海素以销售国货著称的永安公司,这一时期美国商品竟占商品总库存的 80%。当时的上海市场被称为"美货市场""玻璃市场",到处是"无货不美""有美皆备"。

中国的每个角落都有美货充斥,包括城市和农村集镇。1946 年,天津进口货物中美货占 70%,市场上的美货占 59.16%。上海的各大公司美货就占了全部货物总数的 80%。③ 这个时期杭州市场同样是国产品销不出去,民族工商业走投无路。如牛乳业竟杀掉了 1/4 的奶牛,其余的亦大多转到农村去作耕牛。抗战前日产鲜乳 3000 磅的西湖炼乳公司,被迫改制绽子油,最终倒闭。美国香烟大量倾销,占杭州市场销售量的 80%以上,使杭州的 5 家烟厂由于减产而倒闭。美国的卷烟纸大量进口,华丰纸厂的卷烟纸就大量地积压在仓库里。同时工业原料如美棉、人造丝、烟叶等却源源而来。杭州市棉织品的生产,有 60%用的是美棉和印度棉。而美棉与人造丝都控制在官僚资本的"中蚕"和"中纺"公司之手,限制配给,私营工厂不得已只能在黑市上购买。那时杭州市的丝绸工业不是忙

---

① 《美货倾销的影响》,狄超白编:《中国经济年鉴(1947 年)》,太平洋经济研究出版社1947 年版,第 94 页。

② 上海社会科学院经济研究所等编著:《上海近代百货商业史》,上海社会科学院出版社1988 年版,第 46 页。

③ 《解放日报》1946 年 7 月 8 日。

于生产,而是为贷款和配给原料而奔走呼号。① 在美国商品低价倾销的打击下,中国民族工商业处于岌岌可危的境地,大批工人失业。

三、国内商业的虚假繁荣和国内市场的崩溃

(一) 国内商业的虚假繁荣

抗战胜利后国民党政府急于发动内战,军费开支急速增长,造成庞大的财政赤字,国民党政府弥补财政赤字的主要办法就是滥发纸币,大搞通货膨胀,而通货膨胀又导致物价上涨。在新中国成立前的最后几年,民族工商业已奄奄一息,大批资本家纷纷弃工从商,投机性商业获得畸形发展。

从工商业资本总额看,抗战以前商业资本占70%,到抗战结束后的解放战争时期,商业资本上升到90%,而工业资本只占10%左右。据新中国成立初期对北京和天津200家私人行庄的资金使用情况调查,这些行庄将96%以上的资金用于商业拆放和投机买卖。工业资本家也从囤积居奇中牟取暴利,形成了"工不如商、商不如囤、囤不如投机"的现象,商业资本空前膨胀,各类商人空前增多、造成国内商业的畸形发展。

由于生产下降和商品流转日益困难,抢购、囤积、卖空买空取代了正当的交易,商业市场表面畸形"活跃",实际上日益空虚。黄金、银元、棉纱、卷烟、颜料、西药成为市场交易的"筹码"。黄金市和棉纱关等交易所中,聚集着各式各样的投机商与经纪人,他们大搞投机倒把活动。上海投机者称黄金为老大,美钞为老二,二者在物价上涨中起着龙头作用,转手之间可获暴利。黄金投机的总领是国家银行。1946年3月4日中央银行开始抛售黄金,分明配、暗售两种。明配是由上海金业、银楼公会提出配额,按牌价出售;暗售是委托5家金号银楼按黑市价出售。最初黑市价每两约19万—20万元,10月以后大涨,12月达32.4万元,1947年1月

① 闵子:《民国时期的杭州民族工商业概况》,杭州市政协文史资料研究委员会编:《杭州工商文史资料选》(杭州文史资料第9辑),浙江人民出版社1987年版,第6页。

31 日为 44.1 万元,2 月 17 日高达 61.1 万元。2 月 17 日起停止抛售,酿成黄金风潮。此期间共抛售黄金 351 万两,金价上涨快于一般物价,各地游资以至军区的军饷、四联总处的生产贷款都来沪抢购黄金。[1]

除了黄金和美钞之外,永安纱厂的股票被投机者称为老三。棉纱和棉布也是一般性投机商品,所以在投机市场中也起着相当重要的作用。有时与黄金、美钞相互呼应、相互哄抬。棉布市场中从事投机活动的以批发商店为主,但也有许多小型的专"踢皮球""抢帽子"的所谓歇壁字号、皮包字号、袋袋字号等起着兴风作浪的作用。他们一般是几个人合租一间房子,墙头上各挂一块洋铁皮招牌,放上一张写字台或桌子,就成了一家字号。有的连这种空架子也没有,把图章放在皮包中或袋袋里,成了所谓的皮包字号或袋袋字号。这类从事棉纱棉布投机的商号在 1947 年以后大幅增加,据统计:1946 年 7 月上海棉布商号共有会员 825 家,1947 年 12 月增加到 1796 家,1948 年 4 月进一步增加到 2115 家,比 1947 年 12 月增加了 319 家,即 4 个月内增加了 18%。[2]

投机性商业的畸形发展并不仅限于上海一地,杭州到 1948 年为投机性商业服务的银行、钱庄也增加到 62 家,服务性的旅馆、菜馆等增加到 2260 家,占商业总户数的 22.7%。当时的黄金、白银、粮食、棉纱成了主要的投机对象。纱布厂干脆放弃了生产,进行纱布的囤积投机,以商养工。粮食业也不顾民食的需要,大量囤积居奇,由此激起了广大市民的公愤,从 1946 年到 1948 年,杭州先后爆发了三次全市性的抢米店的风潮。[3]

天津商业市场同样呈现出投机盛行、虚假繁荣的景象。例如天津市橡胶企业仅 1946 年一年就新增 19 家,相当于 1945 年实有户数的 63%。1947 年,国民党政府实行贸易管制,橡胶原料不准自由进口,改由政府配

---

[1]　《回忆法币、金圆券与黄金风潮》,中国文史出版社 2015 年版,第 167 页。
[2]　上海市工商行政管理局、上海市纺织品公司棉布商业史料组编:《上海市棉布商业》,中华书局 1979 年版,第 322 页。
[3]　闵子:《民国时期的杭州民族工商业概况》,杭州市政协文史资料研究委员会编:《杭州工商文史资料选》(杭州文史资料第 9 辑),浙江人民出版社 1987 年版,第 7 页。

给外汇交同业公会掌握分配,当时黑市价格与分配价格悬殊,转手可获厚利,因此竟有专为分得橡胶再转手出卖牟利而设厂。如经营义隆车行的贾杰卿,即因此开设了中国橡胶厂,虽安装两台14寸轧胶机,根本不开工生产,每次分到橡胶即以黑市价格卖给钰华橡胶厂,大得其利。1947—1948年又有19家新开业,到新中国成立前夕天津市共有66家橡胶厂,职工人数1311人,轧胶机155台。但是,资金雄厚的大厂多做囤积原料、投机倒把生意。有的则操纵行情,垄断市场。一般小厂资金薄弱,在通货不断恶性膨胀的情况下,经营日感困难。①

河南省在国共和谈时局势暂时稳定,商业迅速复苏,在某些行业出现繁荣景象,不久国民党挑起内战,复苏不久的商业迅速萧条,最终走向市场崩溃。1945年抗日战争胜利后,美货大批涌入河南省,大至金属、机器、车辆,小至袜子、牙刷等商品充斥市场,商业出现畸形繁荣景象。1948年年末,随着金圆券大幅贬值,物价暴涨,产销和供求关系趋于混乱,省内市场最终走向崩溃。② 省会城市开封的绸布业从1936年的3万匹,下降到新中国成立初期的9000匹,年销售量由战前的2.5万到2.8万匹下降到1.5万匹,从业人员由战前的720余人减至310人。③ 其他行业如颜料业、皮行业、榨油业、药材业等都同样经历了由迅速复苏到迅速萧条的过程。

(二) 国内市场的崩溃

如表16-10所示:1945年,国民党政府财政预算支出数为2638亿元,实际支出数为23480亿元,超出近9倍,其中在抗战后8月至12月的支出数额,即占到该年支出的60%。1946年,原拟定的财政预算支出为25249亿元,但实际支出却达75747.9亿元,增加了约3倍。1947年,原

---

① 边炳章:《解放前的天津橡胶业》,中国民主建国会天津市委员会、天津市工商业联合会文史资料委员会编:《天津工商史料丛刊》第2辑,1984年9月,第9页。
② 河南省地方史志编纂委员会编纂:《河南省志·商业志 供销合作社志》第42卷,河南人民出版社1993年版,第54页。
③ 中国人民政治协商会议河南省开封市委员会文史资料研究委员会编:《开封文史资料》第19辑,1993年版,第6页。

拟定的财政预算支出为 93700 亿元,但实际支出却达 433938.95 亿元,增加了约 4 倍以上。在亢日战争期间,政府支出主要用于国防,但抗战结束后的巨额支出,除用于善后和复兴经济外,还要用于反对共产党的军事活动,因此国民党政府财政支出随着通货膨胀的恶化而大量增加,达到入不敷出的境地。1947 年的政府财政支出较 1946 年增加了 6 倍,1948 年上半年预算支出为 960000 亿元,较 1947 年度的实际支出数增加了 1 倍。到 1948 年 7 月,即实行货币本位变更的前夕,实际支出达 6554710.87 亿元,较预算数几增 7 倍。[①]

表 16-10　国民党政府财政收支概况(1945 年至 1948 年 1—7 月)

(单位:法币百万元)

项目 年份	现行钞票 发行余额	政府支出数	政府收入数	财政赤字数	
				金额	占岁出 比例(%)
1945	1031900	2348085	1241389	1106696	47.13
1946	3726100	7574790	2876988	4697802	62.02
1947	33188500	43393895	14064383	29329512	67.59
1948.1—7	374762200	655471087	220905475	434565612	66.30

资料来源:张公权:《中国通货膨胀史(一九三七——一九四九年)》,杨志信译,文史资料出版社 1986 年版,第 51、101 页。

造成战后国民党政府财政巨额赤字的主要原因是军费开支的激增。依据张公权根据官方公布的数字计算 1946 年的财政预算把军费开支削减到占政府总支出的 43%,几乎可以恢复到抗战前的水平。但实际上 1946 年军费开支占政府总支出的比重高达 60%,其后,随着军事行动的扩大,军费比重的增长幅度更高,1948 年上半年竟高达 68.5%。另外杨荫溥则认为抗战后国民党的国防开支要更大,和它的财政赤字一样,可以肯定其经常在岁出的 80% 以上。[②]

[①] 张公权:《中国通货膨胀史(一九三七——一九四九年)》,杨志信译,文史资料出版社 1986 年版,第 51、101 页。

[②] 杨荫溥:《民国财政史》,中国财政经济出版社 1985 年版,第 175 页。

　　国民党政府财政支出日益扩大的同时,财政收入却远不能满足财政支出的需要。1946 年财政支出增加了 3.2 倍,在财政收入方面主要依靠关税、统税和盐税,而这些收入又有所减少。尽管还抛售了大量黄金、外汇和变卖没收的日伪产业,仍然是仅足以支付支出的 37%。在抗战爆发之前,国民党政府弥补赤字的主要办法是发行公债,但是抗战后政府公债已经完全失去了信誉,购买者寥寥。为了弥补庞大的财政支出,国民党政府只剩下无限制发行货币的最后一条路了。1946 年 6 月,财政部部长俞鸿钧在南京举行的第四次财政会议上的报告中也直言不讳地说:"从一月到五月,政府已将本年度预算总额 2200 亿元,用去 1500 亿元,而同期的税收只有 2500 万元,约为支出的六千分之一,巨额的财政赤字由发行补足。"[①]

　　由此,法币的发行像脱缰的野马,一路飙升。如表 16-11 所示:1945 年法币的发行额为 10360 亿元,到 1948 年 8 月发行额已经达到 6000000 亿元,三年内增加了 578 倍,平均每年增加 145 倍。法币发行越多,必然引起币值的急速下降和物价飞涨。而且随着恶性通货膨胀的发展,物价上涨的速度大大超过了纸币流通的速度。法币已经完全崩溃,贬值到不及它本身纸张及印刷费的价值。1947 年 11 月 27 日中央银行监事会甚至决定,因用途已少,把才印好的 50 元、100 元新券分别煮销。[②] 郑友揆认为:1948 年 8 月 19 日金圆券改革前夕,中国经济事实上已经混乱不堪,处于瘫痪的状态。若按照美元或实际购买力计算,物价涨幅不太剧烈的 1946 年,倒是财政赤字最大的一年。从该年起国民党政府无限制的货币发行和信用扩张,造成了此后两年物价的猛涨,这又反过来促使货币发行量更为增加,以弥补政府的财政赤字。由于物价猛涨,国民党政府开支的实际购买力不断下降。这样,物价、财政赤字、货币发行量三者相互追逐,形成了通货膨胀的恶性循环。

---

　　① 　陈伯达:《中国四大家族》,人民出版社 1962 年版,第 38 页。

　　② 　杨培新:《旧中国的通货膨胀》,人民出版社 1985 年版,第 79 页。

表 16-11 国民党统治区的经济统计（1945—1948 年）

年月\\项目	1945		1946		1947		1948	
	6 月	12 月	6 月	12 月	6 月	12 月	6 月	8 月（1—18 日）
本期财政赤字（法币十亿元）	1099.7		4300.0		32000.0		169540.0	373940.0
本期财政赤字（百万美元）	645.0		1662.2		869.0		—	163.3
本期末纸币发行量（法币十亿元）	—	1036	2110	3730	9940	4000	250000	600000
上海批发物价指数（1937 年 1—6 月＝1）	—	885	3724	5713	29931	83796	884800	4721000
重庆批发物价指数（1937 年 1—6 月＝1）	1553	1405	1716	2688	9253	40107	455080	1438000
美元市价（每 1 美元＝法币数）	1705	1470	2587	5876	36826	149600	2290000	10700000
上海市场利率（月息%）	—	14	16	16	20	24	28	54
货币流通率	—	1.20	2.47	2.14	4.22	3.45	4.95	11.02

资料来源：郑友揆：《中国的对外贸易和工业发展（1840—1948 年——史实的综合分析）》，上海社会科学院出版社 1984 年版，第 204 页。

这些因素的循环上升日益加速，国民党政府已经无法行使职能。物价指数的上升幅度比已是天文数字的货币发行指数还要高出 10 倍。货币流通率之快速，只有 1923 年夏第一次世界大战后德国的恶性通货膨胀方可与之相比。由于法币的崩溃，为了支撑危局，挽救经济，国民党政府不得不冒险实施不合时宜且未经周密筹划的重大的货币改革。1948 年 8 月 19 日实行金圆券币制改革，当年夏天，国民党统治区的通货膨胀已经完全失控。5 月至 6 月间，物价上涨了一倍，6 月至 8 月中旬间，又陡增五倍，物价水平已经达到抗战前 1937 年上半年的 470 万倍。

1949 年四五月，南京、上海相继解放，人民政府在 6 月起宣布停止金圆券流通,以金圆券 10 万元兑换人民币 1 元的比率,收回后销毁。而国民党政府迁到广州后曾继续发行金圆券,但其价值已经形同废纸,到了 1949 年 7 月 3 日,广州政府宣布停止发行金圆券,改以银圆券取代。实质上银圆券只是变了一种方式掠夺百姓的财富,完全不能取信于民,甚至连国民党军队也拒绝使用银圆券。

通货数量剧增,货币价值猛跌,物价疯狂上涨。民族工商业因支出的货物所取得的货币,买不回来同样数量的货物而日益亏本。正是在帝国主义、官僚资本的侵吞、独占以及苛捐杂税的重重盘剥下,民族工商业如同在风雨飘摇之中的一叶扁舟,随时有覆灭的危险,它们"在困苦中求生存,在生存中谋挣扎",面临全面破产的结局,大量企业纷纷倒闭。例如,北京同仁堂,一向以资金雄厚、储存药材多,特别是以贵重药材多而著称;但在国民党通货膨胀的情况下,店内的贵重药材消耗殆尽,无从购买。同仁堂面对币值一日数变的情况,对职工虽然按照布、粮、煤三种实物价格指数给予生活补贴,但职工的生活还是非常艰苦。[1] 再如:著名的北京瑞蚨祥绸布店,在国民党实行"币制改革"巧取豪夺之下,连残存的一点货也被抢购一空。原来库存两万匹布,到新中国成立前夕只剩四五千匹了。[2] 像北京同仁堂和瑞蚨祥资本这样雄厚的大商店,尚难以开门营业,其他本小利微的小商店的处境就可想而知了。

苛捐杂税不断加大,摊派日益增多,又是促使工商业萧条破产的另一个重要原因。1945 年 9 月至 1949 年 4 月上海市捐税包括筵席税、娱乐税、房捐、屠宰税、旅栈税、车船牌照税、保卫团服装费、防疫经费、预征田赋、国民劳役代金、地方保安捐、市政建设捐等几十个种类。捐税不仅种类繁多,而且税率不断提高,税额日见加大。1945 年 9 月征收娱乐税的税率为 30%,1946 年 2 月增至 50%。[3] 如此繁重的捐税,使商业企业负担

---

① 中国人民政治协商会议全国委员会、文史资料研究委员会编:《工商史料》第 1 辑,文史资料出版社 1980 年版,第 165 页。

② 中国人民政治协商会议全国委员会文史资料研究委员会编:《工商史料》第 1 辑,文史资料出版社 1980 年版,第 190 页。

③ 唐振常主编:《上海史》,上海人民出版社 1989 年版。

加重。不少企业"虚盈实亏",账面上币值增大,但是扣除物价上涨因素,实际所得并不多。工商企业除交税外,还得向税务人员行贿送礼,县政府要筹募"应变经费",镇公所要募"保甲经费""壮丁捐"等,层层盘剥,苦不堪言。① 国民党政府的横征暴敛,竭泽而渔,工厂、商店歇业倒闭者接连不断,国民党政府也不得不承认"工商号请求歇业,其实际营业萧条者固多,而故意逃避税捐,方行开业,随即报歇者,亦复不少,其中不乏规模较大商号"。据1948年5月16日《华北新闻》报道:"济南市四月份因摊派过重、营业不振而停业商家达三百余家,其中粮业、油业各百余家,磨坊业及其他各业百余家。并且以上停业之三百余家,皆因市府不予批准,即年半自行解散,此实为商业崩溃之现象。"1946年6月济南市政府举办工商业总登记,到12月底登记的工商业共有12449户,到1948年9月,实际剩有9357户。20个月的时间内,除去开歇相抵之外竟然减少了3092户。② 在这种形势下,除了投机商号,一般商店已经无法正常营业。

杭州的土特产业和商业到了1947年年底也受到了严重冲击。据当时的《中国经济年鉴》记载:"于是由勉强维持以至不能维持,由不能维持以致倒闭溃灭的商号行庄,着实有一个很可观的数字。这个倒闭之风波及于每一行业,其中尤以茶行业为最。至9月底,申报闭歇的已有28家,其他闭歇的店号虽一时尚无肯确的统计,但就已呈请市府备要而办理闭歇手续的营业单位,10月份就有24家,如布业5家、娱乐业5家、粮食业1家、洗染业2家、绸商业1家、土纸业2家、杂货业1家、盐腊业1家、土烟业1家等,其资产在2万元以上。"③在国民党政府严重的通货膨胀和苛捐杂税的重压下,民族工商业大多奄奄一息,国民经济最终走向崩溃的边缘。

---

①　中国人民政治协商会议浙江省温州市委员会文史资料研究委员会编:《温州文史资料》第2辑,1985年版,第135页。

②　济南市工商业联合会等编印《济南工商史料》第一辑,济南市工商业联合会1987年版,第157页。

③　中国人民政治协商会议浙江省委员会文史资料研究委员会编:《浙江文史资料选辑》第28辑,浙江人民出版社1984年版,第10页。

第十七章
抗日战争和解放战争时期的金融业

  1937 年日本全面侵华战争爆发,中国金融开始了一个急剧变动的时期。先是国土东部的金融受到极大的冲击,被迫进入战时金融体制,并在西撤至大后方后进行了一系列改革。战后国民党统治区从接受沦陷区金融产业到出现难以控制的通货膨胀和恶性通货膨胀,只有四年的时间,各种挽救的方案均无法奏效。最终,长期在华的外国金融势力也随着国民党政府的统治结束而撤离了中国。

第一节　战时环境下的金融业

  抗战爆发后,中国的金融经历了巨大的变化,从平时金融体制转为战时体制,西部地区也前所未有地成为战时金融中心。战争环境下的中国金融体系出现了一系列的改变。

一、《非常时期安定金融办法》的出台

  1937 年的"七七事变",宣告了抗日战争的全面爆发,中国的金融也

转入战时体制。其影响所及，包括中国社会经济的各个方面。为适应突发的社会环境变化、稳定金融，国民党政府在 1937 年 8 月 5 日颁布了《非常时期安定金融办法》，主要在于限制储户大量提取现金。其中第一条规定："自 8 月 16 日起，银行、钱庄各种活期存款，如需向原存银行、钱庄支取者，每户只能照其存款余额，每星期提取 5%，但每存户每星期至多以提取 150 元法币为限。"①但是，金融领域里最重大和最明显的改变，是出现了由中央、中国、交通和中国农民四家国营银行所组成，并有中央信托、邮政储金汇业局和中央金库先后加入的"四银行联合办事总处"（以下简称"四联总处"）。这个机构从 1937 年 8 月成立到 1948 年 10 月结束，横跨抗日战争和解放战争两个时期，前后历经 11 年。在其存在期间，成为高于四行并领导四行的组织，同时也是国民党政府经济和金融的最高决策机构，发挥了极其重要的作用。

首先，这 11 年的时间里，这个机构本身进行过几次改组，其角色定位和作用也随之有所改变，经历了一个权力作用逐步加大然后又逐步衰退淡出的过程；其次，在这段时期内，通过四联总处这个机构，中央银行的地位进一步得到提升，实现了对准备金的集中和货币的统一发行，完成了向"银行之银行"的职能转变，并逐步取代了四联总处这个机构的职能。在此过程中，随着中央银行地位的提升，四联总处的地位相对逐步下降，并在抗战结束后的 1948 年撤销。

二、四联总处的成立与三次改组

（一）四联总处的成立

1937 年"七七事变"发生后，猛然而至的战争给金融和经济带来的恐慌迅速笼罩全国，存户纷纷向银行挤兑提存，资金逃避并追逐外汇，银行存款骤减，呆账剧增，市面筹码奇缺，工商周转不灵。为了使全国金融和

---

①　中国第二历史档案馆、中国人民银行江苏省分行、江苏省金融志编委会合编：《中华民国金融法规选编》，档案出版社 1989 年版，第 627 页。

经济在战争的冲击下不致瘫痪,形势的急剧变化急切需要一个能够处置战时金融事宜的、事权高度集中而又具有权威性的金融中枢机构统筹全局、安定金融和稳定经济。

但是,在战前的金融领域内,并没有形成一个可以"统一意志""集中资力"的权威机构或力量。因此,国民党政府财政部于1937年7月27日授权中央、中国、交通和中国农民四家银行在上海联合组织成立一个联合贴放委员会的组织,联合一起办理战时贴现和放款事宜,以活泼金融、安定市面和救济银钱工商各业。此后,"四行各派代表共同研讨并督促各行履行联合办理之事务,是为四行合力应付战时金融之嚆矢"。

自"八一三"淞沪会战全面展开,国民党政府财政部为谋划全国金融农矿工商各业资金的流通,以及筹措沿海厂矿企业向内地拆迁搬运所需的巨额款项,进一步令中央、中国、交通和中国农民四家银行在上海成立四行联合办事处以开展工作。因财政部部长孔祥熙尚在国外,办事处由宋子文代其主持,四行高级管理人员全体参加。该办事处最主要的工作是设立四行联合贴放委员会基金,"暂定基金一万万元,由四行分别担任,办理抵押、转抵押、贴现、再贴现,以及部令办理新放款"。这个四行联合办事处成立后,"随即通电国内各重要城市之四行,筹设联合办事分处。其先后组成者,计达五十二处。并于南京、汉口、长沙、南昌、重庆、济南、郑州、广州、杭州等处,设立贴放分处",四联总处正式成立,"吾国之战时金融机构,至是规模粗具"。①

从1937年8月至1939年9月的两年多时间,是国民党政府将其平时经济转为战时经济的过渡时期,也是四联总处活动的第一阶段。在这一时期中,有关财政、金融、经济方面的重大决策,以及这些决策的实施,主要是由国民党军委会、财政部、军委会三调整会(即工矿调整委员会、农产调整委员会、贸易调整委员会)和稍后组建的经济部设计和执行的。这一阶段四联总处的活动,偏重于安定金融和筹措资金等方面,发挥的作

---

① 重庆市档案馆、重庆市人民银行金融研究所合编:《四联总处史料》上册,档案出版社1993年版,第53页。

用尚属有限，"仅由四行代表共同研讨及指导联合应办业务之责，其范围较狭，其性质尤偏于联络方面"①，是四行为彼此之间联系工作、协调动作的松散的联络性的办事机构，还不是一个金融和经济领域里的决策机构。

但是，由于四行之间过去"各有历史及立场"，系统和利益并非一致，内部所形成的纷繁矛盾也必然在四联总处成立后的工作上反映出来。这一点，正如四联总处秘书长徐柏园所说，"在二十六年至二十八年中，四行联合贴放数额不多，而放款途径，亦并未符合当时之理想。工矿业放款较少，商业放款较多，即同业放款，亦属不少。此外尚有以票据或其他资产作抵押，向银行借款以套买外汇及囤积居奇者，数更不鲜"②。另外，由于此时中央银行尚不具备"银行之银行"的条件，难以控制其他三家国营银行和地方官办银行，四行与西南、西北各省地方官办银行间也有不尽协调之处，为加强对国家银行的统制，国民党政府开始对四联总处进行第一次改组。

（二）四联总处的三次改组

1939年9月，国民党中央发布《关于战时健全中央金融机构办法纲要》，决定对四行联合办事处进行改组。这是四联总处的第一次改组。

纲要规定："中央、中国、交通、中国农民四银行合组办事总处，负责办理政府战时金融政策有关各特种业务。"联合总处设理事会，由中央银行总裁、副总裁及中、交两行董事长、总经理，中国农民银行理事长、总经理暨财政部代表进行组织。"联合总处理事会设主席一人，常务理事三人，由国民政府特派之。主席总揽一切事务，常务理事襄助主席执行一切事务"。财政部授权联合总处理事会主席，在非常时期对中央、中国、交通、中国农民四银行可为便宜之措施，并代行其职权。四银行各依其法或

---

① 重庆市档案馆、重庆市人民银行金融研究所合编：《四联总处史料》上册，档案出版社1993年版，第54页。

② 重庆市档案馆、重庆市人民银行金融研究所合编：《四联总处史料》上册，档案出版社1993年版，第57页。

条例所规定之职权及业务,分别发展。"中、中、交、农四行总行及联合总处,对于财政金融重大事项,得随时向财政部密陈意见。但凡经财政部决定施行事项,函令四总行或联合总处办理者,应立即依照,切实办理,不得违反或迟误,并应指定专员负责督导各分处推行。并制定进行纲要及报告表式,按月将办理成绩报告四总行及联合总处,汇总转报财政部查核。""财政部会同联合总处理事会设置视察十人至二十人,轮流分往四行总分支行,考查各该行奉行政府政策有无违反或迟误及其执行一般业务能否适合抗战需要,随时密报财政部查核,分别奖惩。"①

国民党政府发布上述指令后,四联总处即成立理事会,蒋介石以中国农民银行理事长的身份出任理事会主席,下设秘书处,主管一切事务,由蒋介石任命秘书长一人主持。由于《关于战时健全中央金融机构办法纲要》中有"主席总揽一切事务,常务理事襄助主席执行一切事务";"财政部授权联合总处理事会主席,在非常时期对中央、中国、交通、中国农民四银行可为便宜之措施,并代行其职权"的规定,使蒋介石能够以合法的身份直接总揽整个金融大权。

改组后的四联总处性质发生了根本变化。首先,从四联总处的最高领导层理事会的组成来看,蒋介石出任主席,"总揽一切事务";孔祥熙、宋子文、钱永铭为常务理事,"襄助主席执行一切事务";翁文灏、张嘉璈、徐堪、陈行、周佩箴、叶琢堂、贝祖诒等为理事。这样,四联总处集军委会委员长、行政院长、财政部部长、经济部部长和四行一局(中央信托局)的首脑于一堂,其阵容、地位和权威远非一般经济行政机构可比。

其次,从四联总处的任务来看,"中央、中国、交通、农民四银行联合办事总处组织章程"中规定的四联总处的主要任务为:(1)关于全国金融网之设计分布事项;(2)关于四行券料之调剂事项;(3)关于资金之集中与运用事项;(4)关于四行发行准备之审核事项;(5)关于受托小额币券之发行与领用事项;(6)关于四行联合贴放事项;(7)关于内地及口岸汇

---

① 中国第二历史档案馆编:《中华民国史档案资料汇编》第5辑第2编,财政经济(4),江苏古籍出版社1997年版,第470、471页。

款之审核事项;(8)关于外汇申请之审核事项;(9)关于战时特种生产事业之联合投资事项;(10)关于战时物资之调剂事项;(11)关于收兑生金银之管理事项;(12)关于推行特种储蓄事项;(13)关于其他四行联合应办事项;(14)关于四行预算决算之复核事项等 14 项。从这些规定来看,四联总处的工作任务和职能范围,不仅包括金融领域,同时也包括经济领域。因此该组织章程规定总处之下设立战时金融和战时经济两个委员会。战时金融委员会之下分设发行、贴放、汇兑、特种储蓄、收兑金银和农业金融六个处,分别管理金融方面的事务。战时经济委员会之下,分设特种投资、物资、平市三个处,分别管理经济方面的事务。在这两个委员会之外,设置秘书处,之下分设文书、统计和稽核三科,管理行政事务。①

通过改组,四联总处具备了总揽国民党统治区金融经济事宜的运行机制。理事会是其最高的权力和决策机构,由主席召集,每周开常会一次,以讨论提案的形式,大至金融和经济大政方针,小至具体的事项进行研讨,作出决议,然后交付业务执行部门执行。遇有特殊情况,可由主席在常会休会期间随时召集理事会临时会议。战时金融和战时经济两委员会所属各处和秘书处,是四联总处处理具体业务和行政事务的执行机构,分别按各自的权责各司其职。两委员会所属各处均附设审核委员会或设计委员会,由各处处长召集,参加者有四行和有关政府机关代表以及理事会主席指派的专家,专门审核或计划各该处业务,并负责研究各该处应提交理事会的议案,提出审核和研究意见,供理事会讨论时参考。秘书处是理事会闭会期间处理四联总处行政和内务工作的常设机构,往往代表四联总处对上下左右行文,掌握了四联总处很大部分的实际权力,其各任秘书长都是深得蒋介石赏识和信任的人物,地位和权势都十分显赫。理事会制度以及就专门业务、专门问题设立专门的设计和研究班子的制度,是四联总处颇具特色的组织形式和工作制度。这是在战争状态下,国民党政府为维持金融和经济机器运转,既需要高度集权又需要集思广益的产

---

① 重庆市档案馆、重庆市人民银行金融研究所合编:《四联总处史料》上册,档案出版社 1993 年版,第 70、71 页。

物。在当时的社会环境下,应该说,这一组织形式和工作制度对四联总处总揽国民党统治区金融全局、统领国家各金融机构、协调金融机构与政府各部门的关系,减少矛盾和重大决策失误,能够发挥一定的作用。

从四联总处的运行机制来看,在上层,是通过总处对国家金融机构领导机关进行督导;在地方,则是通过四联总处在各地的分处和支处对国家金融机构在各地的分支机构进行督导。据统计,1940 年四联总处在国民党统治区所设分支处达 36 处(其中分处 15 处、支处 19 处、直辖支处 2 处)①此后还在继续增加。正是通过这些分支处的设置及其活动,四联总处得以将其控制金融的触角伸向整个国民党统治区。

四联总处通过改组,实际成为战时重要的中枢决策机构,在金融和经济领域中具有举足轻重的作用。蒋介石在四联总处改组后所发的工作手令中对四联总处的定位为:"今后抗战之成败,全在于经济与金融之成效如何。而四行今后之职责,不仅在金融,而整个经济之方针、计划,亦要由四行为唯一之经济基础。"②此后,从 1939 年 9 月—1942 年 9 月四联总处进行第二次改组前的三年时间,四联总处的历史发展进入第二阶段,也是四联总处权势最重、地位最高的"全盛时期"。这一期间,四联总处的主要工作,集中在宏观规划西南、西北金融网的建设和推行、制定经济三年发展规划、开展对敌金融经济作战、筹措和维持战费、收兑金银、平抑物价、推进储蓄、核放对工业、农业和盐业等的贷款等方面。从根本上来说,是要通过四联总处的活动和安排,把过去基础设施缺乏和落后的西南、西北地区改造建设成能够支撑抗战的地区,是要统筹和集中有限的财力、物力,纳入战时轨道的工作。这期间四联总处的地位和作用,被蒋介石称为"经济作战之大本营"。

应该说,四联总处在这期间的活动是重要和有成效的。例如,在宏观规划金融和经济方面,主要开展了两方面工作:一是以"活泼内地金融,开发后方生产"为主要使命,筹设和调整金融网。二是根据形势,制订和

---

① 《四联总处二十九年度(1940 年度)工作报告》。

② 重庆市档案馆、重庆市人民银行金融研究所合编:《四联总处史料》上册,档案出版社 1993 年版,第 155 页。

推进三年金融计划和三年经济计划。

在筹设和调整金融网方面,四联总处根据国民党政府西迁后,举凡应付军需、增加生产、调节流通、畅通汇兑、扩大农贷、收兑金银、推进储蓄等等,都需要金融机构的普设和健全,而战前西部地区金融设施不仅落后,而且少得可怜的状况,把在西南、西北地区尽快建立金融网,作为急需解决的重要问题着手推进。

1939 年 10 月 5 日,四联总处理事会形成《理事会关于加速完成西南西北金融网的决议》,决议认为,应当"以适应军事暨交通运输之需要,或与发展农矿工商各业有关,及人口众多之地为标准",在 1939 年内,在西南、西北各地"成立之分支行处有一百五六十处",此为建立金融网的第一期计划。此后,针对筹设金融网所遭遇的困难,四联总处不断研究和实施改进方策。截至 1940 年 3 月 20 日,按照第一期计划四家银行的分支行处成立已达 171 处,进而提出在西南、西北进一步增设金融机构 45 处的计划。此计划"由四行分别认定",分二、三期推进,于 1941 年年底全部完成。在此计划中,要求四行每月都要向四联总处理事会呈报增设金融机构的动态报告,由理事会严加审议,保证进行。如此,截至 1941 年年底,西南、西北增设四行分支行处总数已达 245 处,其中四行设立的情况分别是:"中央银行 69 处,中国银行 85 处,交通银行 37 处,中农行 54 处。"①

在经济金融方面进行的另一件事,是制订三年经济计划和三年金融计划。当时,社会舆论一再呼吁改变战前经济建设"放任自流""杂乱无章"的状况。国民党政府鉴于开发和建设西部地区,国际国内环境复杂,经济、金融经纬万端,也一再要求在国民党统治区实行"计划经济",对经济计划、金融计划的制订寄予厚望。蒋介石称:"能于经济与金融,确定最低限度之三年计划,使以后经济与金融皆有计划有步骤之实施,则打破敌伪破坏我经济与金融之阴谋,实无足为虑。"②

----

① 重庆市档案馆、重庆市人民银行金融研究所合编:《四联总处史料》上册,档案出版社1993 年版,第 186、191、192、195 页。

② 重庆市档案馆、重庆市人民银行金融研究所合编:《四联总处史料》上册,档案出版社1993 年版,第 155 页。

1940 年 3 月 27 日及 30 日，四联总处理事会决议通过了《经济三年计划》《金融三年计划》，又于 4 月 9 日通过了《经济三年计划实施办法》《金融三年计划二十九年度实施办法》。经济计划规定了国民党政府在经济、金融建设上的两大目标，即"首在增进生产，便利运输，以求自给自足"，"次为稳定金融、安定物价"。提出了在经济建设中以"工矿为中心"，在发展工矿生产上又要把兵工生产所需的原材料生产放到首位。同时匡算了三年经济建设最低限度所需的资金。其中规定"各项计划中非直接生利的事业，其经费应由国库支付"；"其可以经营方式办理，本身生产或其利益可以偿还者"，由银行投资或贷款。金融计划的主旨有两个：一是如何以金融力量配合经济计划，二是安定金融、对付敌伪金融破坏。提出今后金融措施"应以稳定法币为中心，尤以调节法币之流通额，防止通货之膨胀为首要"。该计划预计三年内将大量增发通货，所拟补救之道为：推进储蓄、吸收存款、推销公债、募集捐款、增加税收、紧缩开支、节省消耗和严防敌伪破坏等。①

这两个计划及其实施办法，规定了国民党统治区 1940—1942 年经济和金融建设的大政方针，是四联总处此后处置经济和金融建设的基本依据，实际上也成了国民党政府在整个抗战时期指导经济和金融活动的蓝本。

1942 年 9 月，四联总处按照国防最高委员会第 85 次会议通过的修正案，进行了第二次改组。

这次改组的原因，是因为"原定平市处之组织，与经济部平价购销处及现正筹设之物资局职掌重复；原定物质处之组织，与财政部贸易委员会之职掌重复；收兑金银事项，已决定交由中央银行办理；汇兑处原掌外汇审核工作，已移交外汇管理委员会主办……"②等等。也就是说，"所有业务因随事实需要历经变迁"，"为核正名实起见"，需要进行改组。实际

---

① 这两个三年计划见重庆市档案馆、重庆市人民银行金融研究所合编：《四联总处史料》上册，档案出版社 1993 年版，第 156—165 页。

② 重庆市档案馆、重庆市人民银行金融研究所合编：《四联总处史料》上册，档案出版社 1993 年版，第 86、87 页。

上,这次改组,应该说还有更深层的原因。

四联总处成立的原因,是在战前的金融领域内,并没有形成一个可以"统一意志""集中资力"的权威机构或力量,而在战争突然爆发的情况下,需要一个权威的机构或力量出面协调形势急变情况下的金融,安定市面,组织引导平时经济金融向战时经济金融转化,以及同时需要改变经济基础薄弱、金融机构缺乏的西部地区状况,建立起能够支撑抗战需要的后方经济体系的状况下成立的。这才会出现由蒋介石牵头、四行和国民政府各部委联合组成的四联总处,成为有权威的、能够减少矛盾和协调一致的领导机构。但同时,也因这种背景,使四联总处从成立开始就带有"战时"和"过渡"的性质,出现与其他政府部委和职能部门"机构设置重叠","事权未能统一"的弊病。当战争爆发已有好几年,国民党统治区经济金融已一定程度上摆脱了战争爆发初期的混乱,中央银行的地位和作用已有提升,1942年5月四联总处制定了对四行业务重新进行划分和考核的办法,在进一步提高了中央银行地位之后,对四联总处的地位和作用进行调整就是顺理成章的事情了。

第二次改组以后,四联总处发生了一些显著的变化:首先在机构设置上,取消了原有的三人常务理事,增设副主席一职,由孔祥熙以行政院长的身份兼任。其次将原有的战时金融委员会和战时经济委员会合并为战时金融经济委员会。原两个委员会下所设各处一律撤销,在战时金融经济委员会下改设"发行""储蓄""放款""农贷""汇兑""特种"6个小组委员会,"分别审查各项有关案件"。秘书处在原有的"文书""稽核""统计"科外,增设"发行""储蓄""放款""农贷""汇兑"5科。在工作任务和职能范围上,修正后的章程不再"负责办理政府战时金融政策有关各特种业务",其具体任务由以前的14项减为10项,主要是监督指导国家行政行局的业务。至于其他金融事宜,则"协助财政部"管理。

四联总处的第二次改组,使四联总处在国民党统治区金融经济领域内的地位与此前相比有所缩小和下降,其职能和工作被集中在金融领域,主要是督导国家行局、管理商业行庄和金融市场等方面。直到1945年12月四联总处进行第三次改组为止,这期间的三年时间,可以看成是四联总处历史上的第三个阶段。

1945 年 8 月，经历了 8 年的全面艰苦抗战后，中国人民终于迎来了抗战的胜利。与此同时，四联总处也迎来了第三次改组。

四联总处的第三次改组是在 1945 年 12 月四联总处即将迁回南京前进行的。这次改组的特点是机构大为缩减：原战时金融经济委员会改称金融经济委员会，原下设各小组委员会除保留"特种""放款"两小组委员会外，"储蓄""农贷""土地金融""放款考核"四小组委员会合并改组为普通业务小组委员会；秘书处原下设的"发行""储蓄""农贷"等七科合并改组为"总务""业务"两科；1943 年成立的会计处裁撤，会计处原下设的统计科改隶秘书处。"改组后紧缩员额，编余人员尽量介绍各行局录用"。① 与此同时，四联总处的下属分支机构也实行了大幅度缩减，在整个国民党统治区内只剩下 30 余处。

四联总处第三次改组后的另一个引人注目的变化，是最高领导层的人事变动频繁。除各理事会人选变换无常外，实际主持理事会的理事会副主席和主持秘书处的秘书长人选也是经常变换。抗战胜利前夕的 1945 年 7 月，曾长期主持四联总处理事会的副主席孔祥熙辞去副主席职务，由宋子文接任该职。1947 年 3 月，蒋介石手令俞鸿钧代理四联总处理事会副主席。同年 5 月 12 日，国民党政府又改派张群为四联总处理事会副主席。不久，翁文灏又接任该职，成为四联总处理事会的最后一任副主席。从宋子文到翁文灏，在不到三年的时间里四联总处理事会副主席的职位四易其主。

秘书长的情况同样如此，四联总处共有过四位秘书长，抗战胜利后不到一年的时间里就换过两位。四联总处最高领导层人事情况的异动，既是国民党政府本身统治不稳、面临大崩溃局面的反映，也是四联总处地位下降作用减弱的反映。四联总处作为一个战时金融统制机构，本身就是战争的产物，是一种过渡性的体制。随着抗战的胜利，它得以存在的法律

---

① 重庆市档案馆、重庆市人民银行金融研究所合编：《四联总处史料》上册，档案出版社 1993 年版，第 105、107 页。

依据《关于战时健全中央金融机构办法纲要》已被废止,因此,四联总处第三次改组,实际上是标志着其作为一个战时机构的扫尾和结束阶段的开始。宋子文在第三次改组时说:"本处原为适应非常时期之组织,兹战事虽告结束,而复员期间政府各项金融经济设施仍需赓续协助推进,惟为适合当前环境起见,此后工作应以审核放款及研讨物价为主"①,点出了四联总处第三次改组的性质和此后的特点。

1946 年以后,四联总处在金融和经济领域内,主要是在调整贴放方针审核贷款方面还有一些活动,但这些活动对于已经摇摇欲坠的国民党政府财政金融体系,以及病入膏肓的国民党统治区经济,已经没有多大的作用和意义了。此后,1948 年 9 月 28 日,国民党立法院通过了撤销四联总处的议案。10 月 6 日,行政院通过"四联总处应立即撤销,限十月底结束"的决议。10 月 7 日,四联总处召开第 372 次理事会,讨论撤销结束事宜。10 月 12 日,徐柏园在秘书处召开了结束工作会议,四联总处十一年的历史就此宣告结束。显然,通过四联总处的几次改组和变化,可以看出四联总处这十一年的历史,走过的是一条马鞍型的道路。但是,在四联总处由盛转衰的过程中,中央银行的地位却通过其扶持推动得到了发展和加强。

三、中央、中国、交通和中国农民四家银行的
分工和中央银行地位的加强

抗战爆发前,国民党政府虽然建立起了以"四行二局"为中心的金融垄断体系,但可以说这个体系并未彻底完成,货币依然分由中、中、交、农四家银行发行就是明显的一例。战前出于统制经济的需要,国民党政府已有将货币发行权进一步集中于中央银行的计划。财政部部长孔祥熙在《关于改革币制实施法币政策发表之宣言》中,就明确表示要把已有的中央银行改组为中央准备银行,而这个由中央银行改组的中央准备银行,

---

① 《四联总处史料》上册,档案出版社 1993 年版,第 105 页。

"并不经营普通商业银行之业务,唯于二年后享有发行专权"①。此后由于抗战爆发,这个计划未能实行,但是,通过加强中央银行职能对经济进行统制和控制金融,一直是国民党政府没有改变的目标。

抗战爆发后,四联总处的成立使其成为高居四行之上的最高金融领导机构,并得以用行政权力驾驭四行,在四联总处的扶持和推动下,中央银行的力量和职能得到进一步发展和完善,逐步成为取代四联总处行使职能的国家银行。这个过程,主要是通过以下几个方面的措施来进行的。

首先是确立公库制度。一般而言,中央银行作为一国政府的银行,是辅助政府推行国家财政金融政策的中枢,通常由政府赋予其代理国库的职权,一切财政收入和支出,均由中央银行代理。抗战爆发之前,国民党政府虽经多次努力,希望确立中央银行统一代理国库的特权地位,并在相应的《中央银行法》②等法规中赋予中央银行代理国库的特权,但始终未能真正得到施行。例如国税收入一项,"表面上虽统一于国家,但各机关收税,得由经收机关向纳税人收取汇解国库;各机关支款,得由各机关向(国)库领出,自行保管"。由于国税收入不是直接缴纳国库,而要经"经收机关"中转汇解,因此,经收机关侵蚀、挪移国税收入的现象就时有发生;而各机关支款自行保管,则等于是支款机关掌握国库存款,削减了国库库存。这一点,正如孔祥熙自己在《公库法》颁布时所说:"以前各机关收支散漫无稽,除直接由国库收付者外,大都坐拨抵触,殊失公库管理效用。"③

抗战爆发之后,客观形势迫切要求财政统一,而国库统一更成为当务

---

① 中国第二历史档案馆编:《中华民国史档案资料汇编》第 5 辑第 1 编,财政经济(9),江苏古籍出版社 1994 年版,第 317 页。

② 如 1935 年 6 月 12 日颁布的《中央银行法》第 26 条规定,"国库及国营事业金钱之收付,均由中央银行经理。省、市、县金库及其公营事业金钱之收付,得由中央银行代理。在中央银行未设分行之地方,第一项事务得由中央银行委托其他银行代理"(《国民政府财政金融税收档案史料》,中国财政经济出版社 1997 年版,第 461 页)。

③ 重庆市档案馆、重庆市人民银行金融研究所合编:《四联总处史料》上册,档案出版社 1993 年版,第 413 页。

之急。1938 年 6 月 9 日,国民党政府颁布《公库法》。1939 年 6 月 27 日,又公布《公库法施行细则》。① 同年 10 月 1 日起正式施行。《公库法》规定,所有收入,除法定例外以外,悉由纳税人直接缴库;所有支出,除法定例外以外,悉由公库直接付与受款人,不得由各机关自行收解或领发。举凡国库现金、票据、证券之出纳、保管、转移及财产契据等之保管事务,均指定由中央银行代理。不仅一切库款收付,而且中央各政府机关之普遍经费,以及各特种基金之收付,原则上也需由中央银行经管,分别存储。各机关之各种证券、票据及重要契约亦需要交中央银行代为保管。财政部与中央银行直接签订代理国库契约,指定中央银行代理国库总库,各省分行代理国库分库;在未设中央银行分支机构的地方,委托中国、交通、农民银行和邮政机关代办,从而形成从中央到地方的国库网。

《公库法》实施后,到 1940 年时,国库的"总分支库仅 158 处","与所期相距甚远"。因此,1941 年国民政府召开第三次全国财政会议时,"财政部提出限期推进公库制度,并完成公库网案","确定各省地方银行均有代库之义务,故全国分支库逐大为扩充"。1941 年增为 410 处,1943 年增为 978 处,1944 年夏增为 1028 处。② 在公库网逐步扩大的同时,中央银行的实力和权力也得到了明显的提高。

其次是统一发行。抗战爆发后,各项费用剧增,1940 年的通货总数就已达 1937 年的 6 倍以上。③ 为了筹措战时费用,弥补三额的财政赤字,国民党政府的主要办法是靠增加货币发行,靠国家银行垫款来维持。据比较保守的统计,国民党政府在抗战时期财政赤字总额达 12097.5 亿元,国家银行垫款达 12624.1 亿元。④

抗战开始时,中、中、交、农四家银行仍然延续战前保有的法币发行

---

① 《中华民国金融法规档案资料选编》,档案出版社 1989 年版,第 881、890 页。

② 重庆市档案馆、重庆市人民银行金融研究所合编:《四联总处史料》上册,档案出版社 1993 年版,第 432 页。

③ 重庆市档案馆、重庆市人民银行金融研究所合编:《四联总处史料》上册,档案出版社 1993 年版,第 281 页。

④ 重庆市档案馆、重庆市人民银行金融研究所合编:《四联总处史料》上册,档案出版社 1993 年版,第 14 页。

权。但是，货币由各家银行分散发行，不仅导致货币种类繁杂，难以统一，还因贪图私利而致种种弊端。1942年年初，通货膨胀的发展已到了危险的程度，但是，享有发行权的四家国有银行，除根据国民党政府的财政需要按份额印发钞券外，建立暗账私擅滥印的现象仍然无法杜绝，致使通货膨胀的趋势更加不可收拾。在这种情势下，国民党政府决定采取断然措施进行改变。3月22日，蒋介石手令四联总处加强对四行的统制，要求特别要"限制四行发行钞券，改由中央银行统一发行"，并声称"此为最急之要务，须限期完成"①。5月28日，四联总处根据蒋介石手令制定的《中中交农四行业务划分及考核办法》正式公布，该办法对中中交农四行的业务范围和职能重新进行划分，规定：中央银行的主要业务为集中发行钞券；统筹外汇收付；代理国库；汇解军政款项；调剂金融市场以及政府机关以预算作抵或特准之贷款。中国银行的主要业务为受中央银行委托经理国外款项收付；发展与扶助国际贸易有关事业贷款与投资；受中央银行委托办理进出口外汇及侨汇业务；办理国内商业汇款；办理储蓄信托业务。交通银行的主要业务为办理工矿交通及生产事业贷款与投资；办理工商业汇款；公司债务及公司股票之承受；办理仓库及运输业务；办理储蓄信托。中国农民银行的主要业务是办理农业生产贷款与投资；办理土地金融业务；办理合作事业放款；办理农业仓库信托及农业保险业务；吸收储蓄存款等。② 通过职能的进一步划分，明确规定中央银行成为专业发行银行，废止了其他银行此后发行钞券的权利。

6月18日，四联总处与财政部联合制定的"统一发行办法"颁布，明确宣布：（1）自1942年7月1日起，所有法币之发行统由中央银行集中办理；（2）中国、交通、中国农民三家银行应将截至1942年6月30日发行法币的数额暨准备金造具详表，送财政部四联总处及中央银行查核；（3）中国、交通、中国农民三家银行已订未交、已交未发及运送中之新券应即全

---

① 重庆市档案馆、重庆市人民银行金融研究所合编：《四联总处史料》上册，档案出版社1993年版，第560页。

② 重庆市档案馆、重庆市人民银行金融研究所合编：《四联总处史料》上册，档案出版社1993年版，第562页。

部移交中央银行接收，其印券契约并应移归中央银行承受；(4)中国、交通、中国农民三家银行1942年6月30日止所发法币的准备金，限于同年7月31日以前全数移交中央银行接收；(5)中国、交通、中国农民三家银行1942年7月1日以后因业务需要资金时，得提供担保向中央银行商借。① 统一发行，是四联总处加强统制国家银行、提高中央银行地位的关键性措施。至此，国民党政府得以统一发行权，中央银行作为国家银行职能之一的"发行之银行"的目标在国民党政府的扶助下得以实现。

最后是集中一般银行存款准备金。集中一般银行存款准备金于中央银行，增强中央银行的实力，是中央银行成为"银行之银行"的重要条件之一。国民党政府认为，要使中央银行具有控制市场的力量，必须增厚其资力，但是这种增厚资力的方式如果仅仅限于增加资本，而不与一般银行有所联系，使一般银行对其有所依赖，则"仍不足以发生控制之效能"。因此，"实行中央银行制之国家，莫不将一般银行存款准备金，集中于中央银行，以便管制"。

中央银行集中准备金的过程，是分成两个步骤来进行的。1941年4月，四联总处制定了《非常时期各银行分期缴存准备金办法》，规定各银行、钱庄经收存款，除储蓄存款应照储蓄银行法办理外，其普通存款应以所收存款总额百分之二十为准备金，转存当地中、中、交、农四行之任何一行，并由收存行给予适当存息。之所以缴存中、中、交、农四行任何一行者，是因为中央银行分支行未能普遍设立于各地的缘故。因此，国民党政府财政部随后又发布补充命令，规定"各银行缴存准备金，在设有中、中、交、农四行地方，以中央银行为负责承办行，无中央银行地方，以中国银行为之，无中央及中国银行地方，以交通银行为之，其仅有四行之一行者，即由该行负责承办"②。此可以看成是集中准备金的第一阶段，在此阶段，中国、交通、中国农民三行和中国信托、邮政储金汇业局的存款准备金尚

---

① 重庆市档案馆、重庆市人民银行金融研究所合编：《四联总处史料》中册，档案出版社1993年版，第40—41页。

② 中国第二历史档案馆编：《中华民国史档案资料汇编》第5辑第2编，财政经济(4)，江苏古籍出版社1997年版，第513页。

未包括在内。1943 年 3 月，四联总处与财政部举行特种小组委员会会议，作出改变这种局面的决定，宣布三行二局"依法应提缴普存准备金"。但可能是顾虑三行二局的反对，故采取了"暂规定各行局头寸应一律存入中央银行，不得彼此存放，或存于其他行庄，以符各行局资金集中中央银行之原则"①的委婉方式。此后，在推行集中三行二局存款准备金于中央银行的过程中，确实阻力重重，经过多次交涉，反复商讨，直到 1944 年11 月蒋介石出面严厉命令"中、交、农三行及中信、邮汇两局所有头寸，概应存入中央银行，绝对不准再有存入商业银行事，否则，无论有无舞弊情事，概以违令论处"②。这才算基本上完成了中央银行对准备金的集中。对三行二局准备金的集中，是中央银行完成整个集中准备金过程的第二个阶段。

总体来看，抗战爆发后，国家金融机构的发展趋势是：出现了由四行二局一库以及国民党政府最高阶层共同组成的金融管理机构——四联总处，决定、推行和管理战时经济金融的大政方针。由于四联总处本身的特点和性质，其作用经历了一个马鞍型的演变过程。但是，在此过程中，中央银行的地位和作用在四联总处的存在期间，得到了很大的发展，最终在四联总处逐步衰退淡出的时候，填补和取代了四联总处的职能和作用。

四、抗战时期国民党统治区的农村金融

抗战爆发后，国民党政府西迁，以西南、西北为中心的地区成为支撑抗战的"大后方"。随国民党政府西迁的还有工厂、机关和几百万来自中东部地区的军队及公教文卫人员。如何获取长期抗战所需的物资，如何解决西迁的几百万军队和公教文卫人员的军粮民食所需，遂成为国民党

---

① 重庆市档案馆、重庆市人民银行金融研究所合编：《四联总处史料》上册，档案出版社1993 年版，第 640 页。

② 重庆市档案馆、重庆市人民银行金融研究所合编：《四联总处史料》上册，档案出版社1993 年版，第 650 页。

政府亟待解决而又必须解决的问题。

此时，国民党政府的经济政策中有一个突出的特点，这就是自上而下大力推进农业金融设施的建设，并为此"不遗余力"。之所以如此，是因为国民党政府认为，"欲大量增加农产以足衣食，或发展特产以换取外汇促进工业建设，或调整农产运销以稳定物价，或垦殖荒地以安置流亡巩固国防"等，"在均有赖大量资金之协助"。① 而这种资金如何筹集和运用，特别是如何在农村推行，以扩大农业生产，是该政策需要解决的核心问题。该项政策的具体实施，包括以下五点。

（1）确定方针，使农业金融循一定方针作有计划之推进，以配合战时农业生产与经济建设。

（2）调整机构，使农业金融事业有组织有系统，以便统一管理，普遍发展。

（3）增殖资金，使能加强农业信用基础，充裕农贷资金，期使农林事业之发展，无虑资金之缺乏。

（4）改善办法，使农业金融业务之经营齐一步伐便于考核，借使农业金融政策之推行，有其一定成效。

（5）扩大农贷，增进农业生产，以供军粮民食之需要，发展农产品之国际贸易。②

但是，这项农业金融政策实施的基础和前提，在于政府能够成功推动发展农业合作社和农村合作金库建设，也可以说，农业合作社以及与之配套的合作金库建设，是其中的关键点。

（一）国民党政府自上而下强行推行合作社和合作金库建设

近代中国农村的特点是区域广、分散、农民个体经营、抵御风险能力差。因此，缘起于西方，以合作方法组织训练农民，尤其是在金融方面进行帮助，使农民得以改善经济和生活环境，农业得到发展的合作运动，自

---

① 　姚公振：《中国农业金融史》，中国文化服务社 1947 年版，第 299—300 页。
② 　姚公振：《中国农业金融史》，中国文化服务社 1947 年版，第 300 页。

民国初年传入中国后，很快就得到社会认可和宣传。真正实施则始于1923 年华洋义赈救灾总会在河北香河县试办的农村信用合作社，较快发展是 20 世纪 30 年代国民党政府定都南京以后。1935 年年底，全国成立的合作社总数有 26224 家，社员数达到 100 余万人。绝大多数存在于中东部地区，江苏、河北和江西三省合作社数即占总数的近 50%，社员数占40%。合作社中，信用合作社数量又最多，占总数的近 60%。①

抗战爆发前，中国农村的合作运动主要由民间和社团组织推动。抗战爆发后，整个情势剧变，推动农村合作事业的主体改变为政府，农业金融方针也被政府确定为"扩大农贷促进农业生产"②的利器而大力推进。

这时，人为和有意识地大力推进合作社和合作金库建设，被视为"扩大农贷促进农业生产"方针的前提和基础。"为适应人民需要与目前抗战建国之迫切要求"，"势需特别加以人力培植（合作组织），缩短其自然之成长过程"。"在尚无合作组织之区域，必须加紧推进，最大限度须尽先就每一乡镇成立一中心社，以资示范。并为策动各该乡镇设立其他合作社之中心。至已设有合作社之地方，应即加以督促各该社，就即居住业务区域内之人民，吸收为新社员，并促进其各种联合社之组织。"③很明显，这时候政府是意图通过行政这只"看得见的手"，直接干预和推动农村的金融建设，并试图通过这种努力，达到支持农业生产以支撑抗战的目的。

为此，抗战爆发之初，国民党政府为避免战事影响农贷对农业经济造成危机，除发动各农业金融机关扩大农贷、协助农业生产外，即开始相继颁行各种办法和措施推进农贷。1937 年 9 月 10 日，实业部颁行《各省市合作贷款要点》，同年 10 月 30 日，军事委员会颁行《战时合作农贷调整办法》，1938 年 4 月 29 日，财政部颁行《改善地方金融机构办法纲要》，同年

---

① 梁思达、黄肇兴、李文伯编著：《中国合作事业考察报告》，天津南开大学经济研究所 1936 年版，第 5 页。

② 姚公振：《中国农业金融史》，中国文化服务社 1947 年版，第 301 页。

③ 台湾中研院近代史所档案馆：《参政会第四次大会本部促进各省市合作事业及调整合作金融办法》，1939 年 8 月，机关号：18—3，宗号：1-（3）。

6月24日,经济部根据行政院第368次会议决案,颁行《扩大农村贷款办法纲要》。①

除颁行这些措施外,为了统管农村合作组织建设,1939年1月国民党五中全会通过《加紧推进合作事业案》决议,决定在经济部或行政院之下,"创设全国合作事业管理局,统筹全国合作事业之推动与改进"。合作事业局"职掌全国合作事业之推进",此前管理农村合作事业的农本局合作指导室调整为"仅掌理合作金融之调整"。合作事业管理局成立后,"设置合作工作辅导团,派遣团员分赴各地策动,复设全国合作社物品供销处,从业务上便利合作组织之发展,此外又举办全国合作人员训练所,以造就合作专才"。②

由此,抗战爆发后,农村合作事业出现了一个较快的发展。表17-1的数字显示了这种变化趋势。

表17-1　抗战爆发前后全国合作社数及社员数
变动情况(1936—1945年)

项目 年份	合作社数 (家)	增加指数 1936年为 变动基期	社员数 (人)	增加指数 1936年为 变动基期
1936	37318	100	1643670	100
1937	46983	126	2139634	130
1938	64565	137	3112629	145
1939	91426	142	4366758	140
1940	133542	146	7237317	166
1941	155647	117	9373676	130
1942	160393	103	10141682	108

①　姚公振:《中国农业金融史》,中国文化服务社1947年版,第301页。
②　中国合作事业协会编:《抗战以来之合作运动》,中国合作事业协会1946年版,第4页,见大象出版社2009年影印版。以下同。

续表

年份＼项目	合作社数（家）	增加指数 1936 年为变动基期	社员数（人）	增加指数 1936 年为变动基期
1943	166828	104	13803183	136
1944	171681	103	15824716	115
1945	172053	101	17231640	109

注:"合作社数""社员数"后的"增加指数"是后一年比前一年的递增百分数。如以 1945 年年底与
1936 年年底相比,合作社数增加了 4.6 倍,社员数增加了 10 倍有余。
资料来源:中国合作事业协会编:《抗战以来之合作运动》,中国合作事业协会 1946 年版,第 13—
14 页。

表 17-1 显示,无论是合作社数还是社员数,1936 年后各年均是一路攀高,攀高的速度相当快,从 1937 年抗战全面爆发到 1941 年,全国合作社的数量增加 4 倍,社员数增加 5 倍,出现了一波小高潮。1941 年后,合作社各年数字仍有增加,速度相对而言趋于平稳,但社员数仍然以较大的速度扩大,到 1945 年时,社员数已是 1936 年时的 10 倍左右了。

与此同时,与农村合作社配套且承担农村金融贷款主要角色的合作金融组织——农村合作金库的数量也有了快速增加。合作金库乃是由合作社联合组织的金融机构,又称合作银行,原则上由合作社自集资金组织,为自有自营自享的以调剂合作社资金为主要目标的合作金融组织。"合作金库之作用,系专对合作社调剂资金,以促进农村之复兴"。1936 年农本局成立,确定合作金库的目标在于《以调剂合作事业资金为宗旨》(规程第一条),并"拟定合作金库各种章程准则,以为实施之张本"。合作金库抗战爆发前已有设立,但数量不多。抗战爆发后,"鉴于初创时期我国合作组织尚未臻于健全,合作社资金缺乏,无力认购股本",这时政府采取了一项新措施,就是规定设立"提倡股"办法,所谓"提倡股",就是"由各级政府与金融机关及公益法团认购提倡股本,由上而下地辅设合作金库,借以倡导合作金融制度"[①],是一种政府扶持和扶助合作金库设

---

① 姚公振:《中国农业金融史》,中国文化服务社 1947 年版,第 272、273 页。

立的有力手段。

合作金库分为三级组织制度。上级组织为中央合作金库,规定资本至少一千万元;中级为省及直隶行政院之市合作金库,资本至少一百万元;下级为县市合作金库,资本至少十万元。县市以下则有县库代理处、信用合作社及其联合社。[①] 1943 年国民政府公布修改后的合作金库条例,依此条例,金库分中央和县市二级,省市一级作为中央金库的分支机构,不单独设置。政府以倡导合作事业之故,认股提倡,"采公营制及合作制之长,混合应用之"[②]。合作金库所营业务,在《合作金库规程》中规定为:

(1)合作金库办理存款、借款、放款、汇兑,及代理收付各种业务(第十七条)。

(2)中央合作金库得放款于省及直隶行政院之市合作金库,暨以全国为范围之合作社联合社。省合作金库得放款于县市合作金库及以省为范围之合作社联合社。直隶行政院之市合作金库得放款于区域之内信用合作社及各种合作社联合社(第十八条)。

(3)各级合作金库之信用放款,除直隶行政院之市合作金库,得对于各该区域内之信用合作社及信用合作社联合社为信用放款外,以对直属合作金库及同级信用合作社联合社为限(第十九条)。

(4)合作金库之营业资金,不得为本规程规定业务外任何事业之投资(第二十条)。[③]

实际上,中央合作金库直到抗战胜利后的 1946 年才成立,抗战期间主要设立和发挥作用的是县市合作金库。表 17-2 是抗战以来各省成立的县市合作金库统计表,大体反映了这期间合作金库的设立进度和地区分布。

---

① 姚公振:《中国农业金融史》,中国文化服务社 1947 年版,第 273 页。

② 中国合作事业协会编:《抗战以来之合作运动》,中国合作事业协会 1946 年版,第 42、43 页。

③ 姚公振:《中国农业金融史》,中国文化服务社 1947 年版,第 273、274 页。

表 17-2　抗战以来各省成立的县市合作金库统计(1937—1944 年)

省别＼项目	总库数	1937年	1938年	1939年	1940年	1941年	1942年	1943年	1944年	时间不明	备注
四川	121	5	57	17	33	5	1	—	1	2	—
西康	10	—	—	7	1	2	—	—	—	—	—
贵州	54	—	15	26	12	—	1	—	—	—	—
云南	37	—	—	1	8	1	25	2	—	—	—
广西	67	—	16	13	13	16	2	3	2	2	另有县库筹备处一所
湖北	12	—	1	9	—	—	2	—	—	—	外停业者 12 库
湖南	29	6	6	5	9	1	—	1	—	1	—
江西	9	2	1	—	—	—	1	—	—	5	外停业者有 2 库
浙江	39	—	17	2	10	7	1	2	—	—	外有县库筹备处一所
福建	5	—	—	—	3	2	—	—	—	—	—
河南	54	—	—	9	18	21	6	—	—	—	—
陕西	20	—	1	6	8	—	4	1	—	—	—
甘肃	19	—	—	—	19	—	—	—	—	—	—
（工合）	—	—	—	—	—	2	—	—	—	—	—
总计	476	13	114	95	134	57	41	11	1	10	—

注:除上表罗列外,尚有山东 2 库、河北 1 库、安徽 2 库均已停业,总计连停业之库,共 493 库。
资料来源:中国合作事业协会编:《抗战以来之合作运动》,中国合作事业协会 1946 年版,第 65—66 页。原表总库数计算有误,是经重算核正。

　　从表 17-2 的数字中可见,抗战时期合作金库以 1938 年、1939 年和 1940 年为设立高潮期。从地区来看,四川省设立最多,达 121 家,占总数的 1/4。四川是设立合作社合作金库较早、数量也较多的省份,故这里以四川为例,对抗战前后地方合作金融事业开展的情况进行具体分析。

　　1936 年 10 月,四川省政府为推动合作事业,调剂农村合作金融,建立合作社自有自营自享的金融机构,制定颁布了《四川省合作金库组织通则及章程》,并开始筹设四川省合作金库(以下简称"省合库")。当年11 月 22 日在成都成立,理监事中包括实业界、银行界、交通航运界中的头面人物。下设总务、业务、会计、出纳四处,各处设主任一人、办事员若干人,均由农业银行与合委会调派人员担任。省合库资金总额为 1000 万元法币,除省政府认提倡股 500 万元外,其余向不以营利为目的的社团征投资股,各级合作社认参加股,可分期交付。省合库经营合作贷款、短期信放、期票贴现、活期存款透支、农产储押、汇兑、储蓄存款,兼营仓库等业务。主要使命:"为调剂供应农村合作资金,扶助发展合作事业,辅导组设县市合作金库,组训民众,提高农民自治力、生产力和经济力。"①

省合库辅设县合库的方法是,"为开办县合作金库的需要,招收高中、大专毕业学员 95 名,训练四个月,毕业后分派担任内务与外勤工作","由各县主办合作人员商承县长,召集县属机关团体同合作社代表开会,议定在县财政内拨款数千元作提倡股,发动不以营利为目的的团体认赞助股,并由县属合作社认参加股。俟股本额凑足 10000 元时,即申请省合库派员来县验资核实。得到同意后,始由省合库派经办人员主持设库事宜,并拨款 10 万元作为开业资金"。② 1937 年设达县、威远、灌县 3 库;1938 年数量有一个极大增长,新设的合作金库达 37 库;1939 年设 6 库,1940 年又设 31 库,合计在 3 年多的时间里设立县合作金库 77 个,经营合作放款、存款、汇兑、代理收付、农仓储押和保管等业务。"各县合库营业总资金有农行提倡股 7420100 元,省合库提倡股 7802079 元,合作社及地方股 747920 元,共 15970099 元。"此外还有农本局在四川直接辅设的县合库 30 余库,"所营业务相同,但有无地方实际提倡股和合作社认交参加股,不作为设库的重要条件"。③

这些合作金库设立后经营贷款的情况如表 17-3 所示。

---

①　中国人民政治协商会议西南地区文史资料协作会议编:《抗战时期西南的金融》,西南师范大学出版社 1994 年版,第 440 页。

②　中国人民政治协商会议西南地区文史资料协作会议编:《抗战时期西南的金融》,西南师范大学出版社 1994 年版,第 440 页。

③　中国人民政治协商会议西南地区文史资料协作会议编:《抗战时期西南的金融》,西南师范大学出版社 1994 年版,第 441 页。

表 17-3   抗战时期四川农业合作贷款统计(1936—1940 年)   (单位:元)

项目 年份	救济贷款	合作贷款	农产押贷
1936—1937	238157	360300	891200
1938	1221202	1330254	268294
1939	—	12511040	212602
1940		13924655	—

资料来源:中国人民政治协商会议西南地区文史资料协作会议编:《抗战时期西南的金融》,西南师
范大学出版社 1994 年版,第 441 页。

在农贷发放过程中,"不论灾区的预备社或非灾区的合作社,都由县
合库的农放员与县指导办事处的合作指导员到场监督点放,并督促核实
使用。到偿还本息时,一般的社都能如数清偿,对有特殊情况的个别社或
个别户,经查实后,得报请酌情减免,以示体恤"[1]。

(二) 国民党统治区农村金融状况

在政府的强力推进下,农村合作社和合作金库在抗战时期成为一支
新型和主力的农村金融力量。对于这样一支新型金融力量出现后,与农
村原已存在的金融力量特别是农贷力量相比,在所占的地位、农村金融放
贷市场中所占的比率、利率多少等方面的情况和问题,可以根据台湾"中
央研究院"近代史所档案馆和国史馆所藏的一批史料,进行深入一步的
考察。

表 17-4 中的调查数字必须注意:首先 1943 年这次调查的对象包括
15 个省 684 个县,虽不及 1942 年的 716 个县,但范围仍然很广,有相当的
代表性。就在被调查的这 15 个省 684 个县中,有 61% 的农家需要借款,
最高比例的河南省甚至有 76% 的农家存在借贷现象。从 1940 年开始,农
家需要借贷的比例就一直攀高,可见农村借贷现象普遍存在,并且具有相
当的重要性,同时也证明当时的农家经济困难的情况相当普遍和严重。

---

[1]   中国人民政治协商会议西南地区文史资料协作会议编:《抗战时期西南的金融》,西南
师范大学出版社 1994 年版,第 441 页。

在这种状况下,国民党政府强力推进建设的合作社和合作金库,在试图解决农村的经济困难和农民能够获得低利借贷方面,确实有必要。

表 17-4　各省农村金融调查(放款机关)(1943 年)

项目 省别	报告县数(个)	借款农家(%)	放款机关(%)						
			银行	钱庄	典当	商店	合作社	政府机关	私人
浙江	23	56	33	8	3	6	8	20	22
江西	43	56	16	—	6	8	24	2	44
湖北	18	57	30	—	—	—	31	4	35
湖南	49	64	24	—	1	6	35	2	32
四川	121	54	22	3	9	4	31	8	23
河南	50	76	28	3	6	10	35	3	15
陕西	62	62	30	2	4	9	30	1	24
甘肃	43	64	30	1	7	8	41	—	12
青海	5	56	6	—	12	23	12	18	29
福建	46	58	15	—	9	15	44	—	17
广东	42	63	34	5	7	13	13	—	28
广西	72	59	15	2	11	6	36	10	20
云南	49	64	15	—	8	8	31	6	32
贵州	54	50	7	—	5	5	42	9	32
宁夏	7	58	12	—	4	16	28	—	40
加权平均	684	61	22	2	7	8	32	5	24
1938 年	681	51	8	3	13	14	17	2	43
1939 年	673	55	8	2	11	13	23	2	41
1940 年	621	50	10	2	9	13	26	2	38
1941 年	693	51	17	2	9	11	30	4	27
1942 年	716	55	19	2	8	10	34	6	21

注:合作社系间接借款直接放款之机关;国家机关指合作金库。

资料来源:《农林部中央农业实验所农业经济系调查》,台湾"中央研究院"近代史所档案馆藏档案,机关号:20—07,宗号:55—2。

由表 17-4 可见,合作社和合作金库在农村金融领域中确实已经成为一支异军突起的强大力量,1938 年时在农贷加权平均数中占据 17%,此后逐年增加,到 1942 年时在各类借贷机构中的占比达到 34%,再加上政府机关(合作金库)占 6%,则 1942 年时直接和间接由合作事业供给资金者达到 40%。但即使这样,也未能排除此前农村金融借贷中已经存在的其他主体对象,银行、钱庄、典当、商店以及私人仍然在农村金融借贷中扮演着重要角色。尤其值得注意的是,私人借贷在其中所处的重要地位:虽说从 1938 年开始私人在农村金融借贷中的占比总趋势有所下降,但在1942 年占比最低的一年,也仅次于合作社而居第二位。而在此前最高的1938 年占比甚至达到 43%,稳居该年的第一位,超过合作事业一倍多。这个事实除了表明合作事业发展相当快速和地位逐渐重要外,也提醒我们:处于几千年传统中国乡村中的人脉关系,居住环境以及农业社会中长期形成的以血缘、地缘等关系为纽带的农村社会生活现实中,在金融借贷领域中同样占有重要的地位而不可忽视。其次,银行在农村借贷中的进展情况也很明显,总体趋势同样逐年上升,1943 年占比达到 22%,排在第三位,而传统的重要金融机构典当只占 7%,不到银行的一半,钱庄占比只有 2%,基本处于陪衬地位。

这里,通过统计数字对占据农贷重要地位的私人放贷状况进行具体的分析观察,有助于深入了解当时的农村借贷金融状况(见表 17-5)。

表 17-5　各省农村私人放贷情况调查表(1941 年)

项目 省别	来源占比(%)			放贷方式占比(%)			月利率 (%)
	地主	商人	富农	信用	保证	抵押	
宁夏	—	40	60	33	33	34	3.4
青海	14	46	40	15	23	62	3.0
甘肃	16	36	48	29	19	52	3.0
陕西	14	42	44	32	18	50	3.2
河南	25	32	43	30	31	39	3.3

续表

项目 省别	来源占比（%）			放贷方式占比（%）			月利率（%）
	地主	商人	富农	信用	保证	抵押	
湖北	26	16	58	22	19	59	2.8
四川	37	21	42	27	24	49	2.8
云南	34	30	36	17	20	63	3.1
贵州	29	24	47	20	15	65	2.8
湖南	37	19	44	30	21	49	3.0
江西	33	18	49	30	15	55	1.9
浙江	25	23	52	19	23	58	1.7
福建	37	18	45	30	18	52	2.0
广东	38	21	41	20	16	64	2.2
广西	31	16	53	17	15	68	2.6
加权平均	30	25	45	25	20	55	2.8
1940年	30	24	46	11	25	64	2.6

注：原表名为"民国三十年各省农村金融调查（续），表1，现金借贷（续）"。
资料来源：《农林部中央农业实验所农业经济系调查》，台湾"中央研究院"近代史所档案馆藏档案，机关号：20—07，宗号：55—2。

　　从表17-5中可以看出，农村私人放贷比例最高的是富农，1940—1941年所占比例均在45%以上，其次为地主，占比为30%，最后为商人，放贷占比为25%。从放贷方式看，最高者为抵押贷款，15个省中，绝大部分抵押贷款在放贷比例中占到50%以上，最高的比例为68%。可以推测如无亲友或其他特别关系，能够以信用方式获得贷款的人实在是少数。再从利率来看，也十分苛重，低于月利二分八厘者少见，多数在月利三分左右，最高者甚至达月利三分四厘，可见农村借贷利率之高和农民生活之艰难。

　　通过表17-6可进一步观察这期间农村金融借贷的利率和放款期限情况。

表17-6 各省农村金融调查(现金借贷)(1941年)

项目 省别	放款月利率(%)					放款期限分布占比(%)				
	信用	保证	抵押	合会	合作社	1—3个月	4—6个月	7—9个月	10—12个月	13个月以上
宁夏	3.0	3.0	3.2	—	1.0	33	33	—	34	—
青海	2.5	2.7	2.7	2.0	—	—	10	10	52	28
甘肃	1.6	2.2	2.4	2.3	1.2	13	20	2	59	6
陕西	1.8	2.1	2.5	2.1	1.3	26	33	1	39	1
河南	2.1	2.4	2.5	2.2	1.3	16	26	1	57	—
湖北	1.7	2.0	2.5	2.0	0.9	7	19	—	69	5
四川	1.9	2.2	2.2	1.9	1.3	12	20	1	63	4
云南	2.1	2.5	2.5	1.8	1.2	10	20	2	57	11
贵州	1.5	1.9	2.3	2.2	1.2	8	10	—	71	11
湖南	1.5	1.9	2.0	2.0	1.1	10	14	5	66	5
江西	1.5	1.5	1.7	1.6	1.1	1	21	1	74	3
浙江	1.3	1.2	1.3	1.4	1.1	12	32	—	50	6
福建	1.4	1.5	1.7	1.5	1.0	2	18	2	72	6
广东	1.9	1.7	1.9	1.9	1.0	4	28	—	51	17
广西	1.7	1.8	2.1	2.1	1.2	3	28	1	60	8
加权平均	1.8	2.0	2.1	1.8	1.1	10.5	22.1	1.7	58.3	7.4
1940年	1.9	2.1	2.1	1.9	1.2	5	16	8	65	6

资料来源:台湾"中央研究院"近代史档案馆藏档案,机关号:20—07,宗号:55—2。原表加权平均数有误,是经重算核正。

先观察表中的放款利率。表17-6记载的农村金融机构放贷时间同样是1940年和1941年两年,不如表17-4的时间段长,但仍有一定的代表性。从放贷利率数字看,15个调查对象省份中,各省虽有不同,可放贷的类别无论是信用、保证还是抵押放贷,都与表17-5的私人放贷利率差不多,最高的月利在3%左右,最低的月利在1%—2%,只有合作社的放贷利率最低,加权平均是月利1.2%,1940年和1941年两年均如此,甚至低于民间自发性质的合会放贷利率。当然这里也有一个问题需要解释,即合作社放贷的利率最低为何却未能完全取代其他类型的放贷机构?资料中没有解释,推测原因可能有以下几种。

一是合作社的覆盖面,所以未能覆盖的地区仍然只能借助于传统的已有机构获得贷款。二是合作社把持在某些人手中,未能成为大众获取贷款的顺畅渠道。三是合作社自身的问题,例如手续方面繁杂,或者自身资金有限导致不能普及等,限制了农村合作金融发挥作用。

此外,除了金融方面的借贷外,农村还存在一种粮食借贷现象,这种粮食借贷现象同样十分普遍地存在于广大农村(见表17-7)。

表17-7 各省农村粮食借贷情况调查(1941年)

省别 \ 项目	借粮农家(%)	借粮方式(%)			借粮还粮利率(%)		借钱还粮利率(%)
		信用	保证	抵押	三个月	六个月	六个月
宁夏	60	25	37	38	35	51	75
青海	53	20	40	40	23	33	55
甘肃	47	24	28	48	24	39	57
陕西	30	34	32	34	25	44	57
河南	31	21	37	42	26	50	50
湖北	26	44	48	8	29	41	54
四川	38	25	32	43	24	40	50
云南	46	33	28	39	24	39	63
贵州	35	27	18	55	24	42	52
湖南	44	54	22	24	24	33	44
江西	45	41	35	24	21	32	40
浙江	38	47	35	18	19	30	30
福建	47	49	27	24	24	39	46
广东	37	44	31	25	28	43	43
广西	39	42	36	22	28	45	47
加权平均	41.1	35.3	32.4	32.3	25.5	41	50.9
1940年	35	29	33	38	26	40.1	47

注:原表名为"民国三十年各省农村金融调查(续),表2,粮食借贷"。
资料来源:《农林部中央农业实验所农业经济系调查》,台湾"中央研究院"近代史所档案馆藏档案,机关号:20—07,宗号:55—2。原表加权平均数有误,是经重算核正。

这种粮食放贷又可分为借粮还粮和借钱还粮两大类。放贷方式仍然是抵押、保证和信用三种。利率仍然很高，如借粮 3 个月，还粮时按加权平均算也需加利 25%，如是借粮 6 个月，则还粮时需加利 41%。如是借钱还粮，按借钱时之粮价折合后，6 个月的借期仍需加利 50%，对一般普通农民来说，仍然是难以承受的重负。

（三）农村金融的资金来源与贷款去向

根据资料来看，抗战以后农村的农贷资金，主要来源是政府支持。这种支持主要循着两条途径展开：第一条途径是增加农业金融机构的资本以扩张其信用。例如中国农民银行作为全国性的农民银行，抗战之前该行资本总额仅为一千万元，1941 年 9 月 5 日，国民政府公布修正后的《中国农民银行条例》，以其所营业务增加，故"将资本总额增为二千万元"，1942 年 9 月间，"由于政府责成该行专营农业金融业务，复由二千万元增至六千万元，借以加强全国农业信用基础"。

第二条途径是在设立合作金库时通过"认购股"等方式，将资金注入农村金融。在政府的政策安排下，"近年来以各行局及行政机关积极辅导各级合作金库"，导致其股本快速增加，如四川省合作金库 1937 年前实收股本总额二百一十万元，抗战以来则增加显著，1939 年已经收足其股本总额一千万元。浙江省合作金库 1939 年"实收股本金额一百二十一万五千七百元，至 1940 年即增至一百四十九万七千二百元"。各县合作金库的资本也都增加一倍或两倍。如"由四川省合作金库辅设者，已多由十万元增至二十万元或三十万元。由中国农民银行辅设者，自三十一年起，规定股本额凡仍十万元者均一律增至二十万元"。据四联总处统计，自 1941 年 1 月至 11 月止，"中中交农四行局辅设各省市县合作金库三百一十七库股本总额，已达五千九百三十万零四千四百九十三元"。到 1943 年年底止，"中国农民银行辅设各级合作金库提倡股本总额，达五千二百九十三万五千零七十四元"。①

① 上引各种数字均见姚公振：《中国农业金融史》，中国文化服务社 1947 年版，第 320—321 页。

在农贷资金的来源中,除政府支持的两条途径外,还有第三条途径,这就是农业合作社自身收取的股金。表17-8显示了抗战前后合作金融股金的增长情况。

表 17-8　合作社股金增加情况(1937—1945 年)　　　　(单位:元)

项目 年份	股金数	平均每社 股金数	平均每社 员股金数	合作贷款 结余数	股金对贷款 结余数(%)
1937	5309079	115.3	2.5	27055948	19
1938	7994055	122.8	2.6	61948345	13
1939	12611944	137.9	2.9	112611898	11
1940	25513370	191.1	3.5	155578662	16
1941	48301078	310.3	5.2	249878770	19
1942	93291530	513.1	9.2	387694457	24
1943	326485306	1957.0	23.7	802376044	41
1944	707380719	4120.3	44.7	1187853797	59
1945	1461082953	8492.2	84.8	2482932926	59

资料来源:中国合作事业协会编:《抗战以来之合作运动》,大象出版社 2009 年影印版,第 34 页。

表 17-8 中的数字表明,抗战期间合作社自身的股金数确实在增加,而且增加的速度相当快,例如 1937 年年底时只有 530 万余元,到 1941 年年底就增加到 4830 万余元,4 年间约增加了 8 倍。但这个数字如果与上引 1941 年 1 月至 11 月止,"中中交农四行局辅设各省市县合作金库三百一十七库股本总额,已达五千九百三十万零四千四百九十三元"的资料数字相比,4 年时期收到的股金总数还不如这四家银行不到一年时间辅助合作金库投入的资金多,可以说落后甚多。再从"股金对贷款结余数"这栏的数字看,1937 年年底时,合作社自身股金在农村贷款的结余数中,只占 19%,此后 3 年比例更是低于此数,直到 1941 年年底时,才恢复到 1937 年的 19%,这表明来自合作社以外的资金支持,占了绝大部分,在余下的几年中,合作社自身股金比例最高的 1945 年年底,也只占 59%,仍然有将近一半的农贷资金来自合作社的股金之外。这其中,政府的资金不

言而喻是主要的来源,这种事实表明抗战期间来自政府途径的资金,是支撑农村合作事业开展和持续的主要资金来源。

这里,还有必要对这期间农贷资金的去向做一些分析(见表17-9)。

表17-9　中中交农和农本局农放款分类统计(**1940年**)　　(单位:元)

行别\项目	中央信托局	中国银行	交通银行	中国农民银行	农本局	总计	百分比(%)
合作放款	10976000	48480000	2904000	73958000	23472000	159790000	76.27
农仓放款	—	—	—	1416000	979000	2395000	1.14
农场放款	—	—	—	688000		688000	0.33
特种农业放款	—	—	7955000	18865000		26820000	12.80
动产抵押放款	—	—	—	1814000		1814000	0.87
农业改进机关放款	—	2870000	190000	—		3060000	1.46
水利机关放款	—	—	150000	—	5319000	5469000	2.61
其他	—	—	1381000	—	8085000	9466000	4.52
总计	10976000	51350000	12580000	96741000	37855000	209502000	100.00

注:原资料附注:交通银行之"其他"一项系指该行其他银行合组银团之贷款,及广西省之战区农贷及调剂农村贷款;农本局之"其他"一项系指农业产销贷款及战区贷款。

资料来源:根据四联总处秘书处造送之材料编制。台湾"中央研究院"近代史研究所档案馆,《农业金融统计》,机关号:20—07,宗号:55—3。

表17-9中可以清楚地看出,在五大金融机构的农贷资金中,合作放款所占的金额最大、占比也最高,金额近1.6亿元,在农贷总数中占比超过76%。其余贷款类别中除特种农业放款占比超过10%以外,其余类别都不超过5%。在整个农业放贷总额中,中国农民银行占有特别的重要位置:中国农民银行各类农业放款总额达9674余万元,占放款总数的近一半;在合作放款中,中国农民银行放款数同样占总数中的近一半,达7390余万元。如果要进一步了解合作贷款资金更加具体细致的去向和分布,可以观察1938—1941年广西合作贷款用途分布百分比统计表(见表17-10)。

表 17-10 广西合作贷款用途分布百分比统计（1938—1941 年）（单位:%）

年份 项目	1938	1939	1940	1941
耕牛	17.63	19.00	23.27	29.34
肥料	21.70	22.45	21.69	16.61
种子	9.78	10.49	6.60	5.89
粮食	33.03	24.73	18.83	15.78
农具	3.41	2.40	2.72	2.14
工资	4.10	4.70	4.16	5.67
偿还债务	0.66	1.19	4.13	8.51
垦殖水利	1.60	4.19	3.76	4.41
副业	—	—	6.23	6.54
一般生活费				0.35
牲畜	5.66	5.97	3.51	—
其他	2.43	4.88	5.10	4.76

资料来源:《广西经济建设统计提要》,台湾"中央研究院"近代史研究所档案馆,机关号:20—07,宗号:55—3。

　　表 17-10 中的分类达到 12 类,分别统计了广西省 1938 年至 1941 年4 年农贷的具体用途,在抗战时期国民党统治区各省农贷应用中应该具有一定的代表性。耕牛、肥料、种子、粮食占了整个农贷的绝大多数,这四年中一直如此。不过其中作为消费品的粮食四年中占比一直在持续减少,从 1938 年占 33.03% 一直减少到 1941 年的 15.78%,其余三栏即耕牛、肥料和种子则都是生产类物资,这三类物资加起来占比一直在总数的一半以上,如再加上农具、水利等方面获得的农贷,则可以肯定的是,这期间农贷的大部分是用在增加农业生产和改善农村经济状况方面了。

　　时任贵州省独山县合作金库经理韩克信于 1939 年发表的总结报告（原资料《一年来的独山县合作金库业务》刊于《农本半月刊》第 40 期、第41 期,现存于南开大学经济研究所图书馆）对合作金库面向最基层民众的贷款情况有所描述。该资料指出，1939 年全年发放各项农业贷款的款项中用于购买耕牛（马）等大牲畜的数额为 8.23 万元，占贷款总额的 36.78%；用于料理婚、丧事件的占 9.79%；用于购买种子、肥料、农具的占 9%；用于赎田、垦荒的只占 4.19%；用于小本经营的商业性借款占 24.55%，其他约占 15.7%。还说，小本经营的借户 1031 人，人均借用 50—60 元，比其他社员的平均借款量 20—30 元，超出一至二倍；"在当时法币币值较为稳定（银元 1 元约合 1.83 元法币），交易量极微的农村中，增加 60 元资金，已经不是什么小本经营了。至于用作购买种子、肥料、农具的贷款总量还较少于料理婚丧事件，以及用于赎田、垦荒的贷款全县只有 9369 元左右，显然是不合理的"。

韩克信当时还对该县凤汝、冗点、拉茂、打完四个信用社的借款情况进行了调查与分析。据说"上述四个社 142 人共借 4300 元，平均每人为 30 元；打完社 23 人借用 820 元，平均每人为 35.65 元最多，冗点社人均为 25.52 元最少"。根据借户的经济情况来看，"上述四社中平均每人拥有田土 10 亩以上的人家和财富逐年增加，每年都有盈余的富裕户共 76 人借得 2720 元，人均占用 35.79 元，占借款总额的 63.26%；每年收支相抵基本平衡的中等农户 48 人共借 1175 元，人均借用 24.48 元，占借款总额的约 29.32%；而财产逐年减少，终年辛勤劳动入不敷出和租佃他人田土耕作为生的贫困户 18 人共借 405 元，人均借用 22.5 元，占借款总额的 9.4%。四社之中以凤汝社的富裕户 12 人借款 515 元，人均借用 42.92 元为最多；打完社的贫困户 2 人借款 35 元，人均借用 17.5 元为最少；而冗点社 33 人借的 875 元，全部为富裕户和中等农户所占用，贫困人家则分文未得"①。显然，当时农村合作金融的放贷，富裕户比贫困户要占有优势是难以避免的现象，要做到公平是很难的事情。

除了这种主要针对农户的直接款项放贷外，也有针对特定某些目标或达成某些特定计划的放贷。如四川省农村合作事业管理处为谋发展四

---

① 中国人民政治协商会议西南地区文史资料协作会议编：《抗战时期西南的金融》，西南师范大学出版社 1994 年版，第 435—436 页。

川农业生产合作,切实支持发展需要,与省农业改进所协商决定:"各县合作社应在稻麦改进、棉花、蔗糖、柑橘、蚕丝、烟草的改良与家畜保育等方面由县属机构科技人员指导,搞因地制宜的农副业生产实验,将取得的成果作有计划的由点到面的逐步推广。"这一方针,经过努力实施后取得很大实效,"如合川、温江的稻麦,射洪、遂宁的棉花,资中、内江的蔗糖,金堂、江津的柑橘,乐山、南充的蚕丝,郫县、资阳的烟草,荣昌、隆昌的白猪与猪鬃等,在产量质量上都有不同程度的提高,取得增产获利的效益"。四川各县的合作社在实验推广生产改进的过程中得到所在区域的国家行局的贷款扶助。"如第二行政区的产蔗各县于 1939—1943 年得到蔗糖生产贷款总额达 6926 万元;第十二行政区各县 1939—1943 年得到的贷款总额达 2893 万元"①等。

　　显然,抗战时期国民政府通过自上而下强力推动建设合作社及合作金库,给农村金融带来了很大冲击:作为一支新型的有组织农村放贷力量,背后有政府资金支持,利率较低,放贷有目标和有重点选择,对原有的农村金融放贷必然有所冲击;加上政府支持推动的银行业对农村的贷款,使得抗战时期农村的金融格局出现改变是必然的,这一点,通过以上史料的列举和分析已经可以得到证明。当然,这种冲击和改变,受各种条件和历史原因的限制,其效果有所局限也是必然:原有的农村放贷如钱庄、典当、商店和私人等主体仍然存在,私人放贷还很活跃,富人与穷人在获得贷款方面的难易程度差异很大等就是证明。

　　但是,无可否认,抗战期间国民党统治区出现了通货膨胀和货币贬值,也出现了经济困难和物质短缺,但从上面的梳理和分析以及当事人的回忆和介绍来看,抗战期间国民党统治区的农村金融特别是合作事业的发展和农贷工作,特别是在生产资料、作物改良和农田水利等方面的贷款,应该在其中发挥了积极的效应,对坚持长期抗战发挥的作用不应低估。

---

　　①　中国人民政治协商会议西南地区文史资料协作会议编:《抗战时期西南的金融》,西南师范大学出版社 1994 年版,第 443 页。

第二节　战后国民党统治区金融的崩溃

1945 年 8 月，日本宣布投降后，在短短的三年多时间里，国民党政府经历了战后对敌伪的金融接收，随后的法币恶性通货膨胀，以及为挽救危局进行的币制改革，当这些措施都未能起到应有的作用后，终于迎来了国民党统治区的金融崩溃。

一、国民党在金融方面的接收和集中外汇黄金

抗战胜利后，当务之急是收复失地和接收敌伪产业，尤其是金融机构集中的地区。为此国民党政府特设京沪区财政金融特派员办公处，特派员由中央银行副总裁陈行担任，上海是中外金融业最为集中的地区，属于接收范围内的金融机构也最多。京沪区财政金融特派员办公处接收的敌方金融机构包括四个方面：敌方银行、其他附属事业、协助外商银行接收太平洋战争爆发后被劫的资产，以及伪政权的金融机构。

其中敌方银行共 9 家，除德国 1 家外，其余 8 家都是日本的银行。这8 家被接收的敌方银行和负责接收的中国方面银行简况见表 17-11。

表 17-11　抗战胜利后被接收敌方银行及接收单位简况

敌方银行名称及国籍	接收单位（国民政府各国营行局）
朝鲜银行（日本）	中央银行
横滨正金银行（日本）	中国银行
德华银行（德国）	中国银行
住友银行（日本）	交通银行
上海银行株式会社（日本）	交通银行

续表

敌方银行名称及国籍	接收单位(国民政府各国营行局)
汉口银行株式会社上海支店(日本)	交通银行
台湾银行(日本)	中国农民银行
三菱银行(日本)	中央信托局
帝国(三井)银行(日本)	中央信托局

资料来源:洪葭管:《中国金融通史》第四卷,中国金融出版社2008年版,第477页。

被接收的附属事业共12家,包括东亚水火保险公司、东亚水火再保险公司、通惠保险公司(日伪合办)、日本生命保险株式会社上海支店、千代田生命保险相互社□支支部、第一生命保险相互合社上海支店、上海安田信托株式会社、安利保险公司(日伪合资)、虹口码头仓库及江山大阪仓库、上海日本保险会议所、大车印刷厂、上海恒产公司。

被接收的在沪伪金融机构有十家,具体单位及接收单位简况见表17-12。

表17-12　在沪伪金融机构及接收单位简况

伪金融机构名称	接收单位名称
伪中央储备银行	中央银行
伪华兴银行	中央银行
伪"满洲国"银行上海支店	中央银行
伪省市地方银行	中央银行
伪中央信托公司	中央信托局
伪中央保险公司	中央信托局
伪中央储蓄会	中央信托局
伪邮政储金汇业局	邮政储金汇业局
伪中日实业银行	邮政储金汇业局
伪中江实业银行	邮政储金汇业局

资料来源:洪葭管:《中国金融通史》第四卷,中国金融出版社2008年版,第478页。

太平洋战争后被日伪进入租界后劫夺的原四行如中国银行、交通银行等行局，曾被日伪强令改组复业，抗战胜利后，仍由中国银行、交通银行自行接收清理。

对于 1941 年 12 月 8 日太平洋战争爆发后日军进入租界强行劫夺的英国、美国、荷兰、比利时等国银行，此时按照国民党政府财政部规定，一律由京沪财政金融特派员办公处派员先行接收，然后查明原主，依册交还。先后办妥接收、移交的这一类外商银行有 11 家，即英国的汇丰银行、麦加利银行、有利银行、沙逊银行、通济隆银行，美国的花旗银行、大通银行、友邦银行，荷兰的安达银行、荷兰银行，比利时的华比银行。①

抗战胜利后对敌伪金融机构的接收有两个明显的特点：一是参与接收敌伪金融机构的单位都是国民党政府国家资本性质，民间资本性质的金融机构没有资格参与接收敌伪产业。② 二是通过这次接收，使得国家资本行局的实力有显著的提高，在接收时不仅接受了敌伪金融机构的一般资产与房屋，还获得了大量金银财产。

在抗战胜利后国民党政府统治的不到四年时间里，不止一次通过集中黄金、白银、外汇等硬通货来提升自身实力。其中主要的行动至少有两次，一次是抗战胜利后接收敌伪金融机构的这次，这次仅汪伪中央储备银行交出的黄金就有 50 万两，白银 763 万两，银元 37 万枚；伪"满洲中央银行"交出的黄金有 8 万两，白银 31 万两，银元 24 万枚。③ 另有一次是 1948 年金圆券改革时对民间硬通货的搜刮，相关档案资料显示，自 1948 年 8 月 23 日到 9 月 24 日（外埠到 9 月 22 日）止，上海和外埠搜集的黄金、白银和外币加上商用外汇收入等折合就达到 1.1 亿美元以上。具体

---

① 洪葭管：《中国金融通史》第四卷，中国金融出版社 2008 年版，第 478—479 页。

② 当时的商业银行，只能申请收复自己在收复区的所属行处，且要得到国民党政府财政部的同意才可。如金城银行在 1945 年 9 月 29 日向国民党政府财政部呈文，请求准许该行派员接收清理收复区所属行处。国民党政府财政部 10 月 16 日复函称："该行拟派员接收收复区原有行处，自属可行，仍应依照部颁收复区商营金融机关清理办法及商业银行复员办法之规定办理，除电知本部各区特派员外，仰即遵照"（中国人民银行上海市分行金融研究室编：《金城银行史料》，上海人民出版社 1983 年版，第 767 页）。

③ 洪葭管主编：《中国金融史》，西南财经大学出版社 1998 年版，第 371 页。

明细情况可见表 17-13。

表 17-13　金圆券改革时收兑金银外币数量

项目 地区	黄金 （纯金市两）	白银 （纯银市两）	银元 （枚）	银角 （枚）	美钞 （元）	港钞 （元）
上海部分	756501.611	709500716	2205999.50	2207337	19688858.22	6556783.72
外埠部分	433260.373	5765336623	10993844.82	—	9550088.24	45454181.14
总计	1189761.984	6474837339	13199844.32	2207337	29238946.46	52010964.86

注：1. 上海：自 1948 年 8 月 23 日起至 9 月 24 日止；外埠：自 8 月 23 日起至 9 月 22 日止。
　　2. 外埠部分系根据各分行已到电报数字编制。
　　3. 自 8 月 23 日起至 9 月 24 日止收兑金银外币折合美元：91910487.62 美元。
　　4. 自 8 月 23 日起至 9 月 24 日止进出口外汇净收入折合美元：18650347.73 美元。
　　5. 总计美元：110560835.35 美元。
资料来源：台湾"国史馆"档案，全宗名：蒋中正总统文物，金融（三），入藏登录号：002000001323A，
　　　　典藏号：002-080109-00003-005。

　　上面这份收兑金银外币数量表，是时任中央银行总裁俞鸿钧向蒋介石所上的呈文。在此表前面，还有俞鸿钧的一份说明："查自财政经济紧急命令公布后，本行自八月二十三日起至九月二十四日止，收兑金银外币折合美金九千一百九十一万余元，在该时期内进出口外汇净收入折合美金一千八百六十五万余元，综计收兑金银外币及商用外汇净收入共合美金一亿一千零五一六万余元。谨编具统计表一种呈请总统蒋。"[①]

　　这份"财政经济紧急处分令"，规定黄金、白银和外币等禁止流通买卖和持有，必须向中央银行或其委托的银行兑换金圆券，而这种金圆券很快就会贬值，因此这种收兑实际就是把人民手中持有的金银外币掠夺于政府手中的赤裸裸做法。

二、战后法币的恶性通货膨胀

　　抗战胜利后的三年多时间里，近代中国经历了日益猛烈的通货膨胀，法币的发行量犹如脱缰的野马，难以控制。表 17-14 统计了 1937 年 6 月

---

　　① 台湾"国史馆"档案，全宗名：蒋中正总统文物，金融（三），入藏登录号：002000001323A，典藏号：002-080109-00003-006。

至 1948 年 8 月 21 日历年法币的发行额及指数表,从中可见通货膨胀的猛烈程度。

表 17-14　法币发行额及指数(1937 年 6 月—1948 年 8 月)

年月	法币发行额(亿元)	指数(1937 年 6 月=1)
1937 年 6 月	14.1	—
1937 年 12 月	16.4	1.16
1938 年 12 月	23.1	1.64
1939 年 12 月	42.9	3.04
1940 年 12 月	78.7	5.58
1941 年 12 月	151	10.71
1942 年 12 月	344	24.40
1943 年 12 月	754	53.46
1944 年 12 月	1895	134.36
1945 年 8 月	5569	394.84
1945 年 12 月	10319	731.62
1946 年 6 月	21125	1497.76
1946 年 12 月	37261	2641.80
1947 年 6 月	99351	7096.53
1947 年 12 月	331885	23537.04
1948 年 6 月	1965203	139376.09
1948 年 8 月 21 日	6636946	470705.39

资料来源:吴冈编:《旧中国通货膨胀史料》,上海人民出版社 1958 年版,第 92—96 页。

"通货发行数在卅五年二月至卅六年二月之一年中,每六个月计增加一倍,卅六年二月以后,至同年十月止,每四个月增加一倍,十月以后,减为每三个月增加一倍。"其猛烈增加的原因大致为:"六个月加倍期内,因政府出售敌产与黄金外汇;四个月加倍期内,因前项出售停止或减少,同时也会放款增加;三个月加倍期内,银行放款虽因停贷减少,但以大量增发通货方式收购物资而致突增。"但是在这些大量发行的通货总数中,"用于弥补财政者占百分之六十有奇"。①

抗战胜利之初,国民党政府对货币发行和保持相对稳定采取了分四大区域对待的办法:第一块区域为华中和华南,用法币收兑伪中储券,将收兑伪中储券的比率压低到 1∶200,还加大伪中储券的发行额,由接管时的 2.1 亿元增发至 4.6 万亿元,这增发的 2 万多亿元伪中储券的发行都用于军政费用。第二块区域为华北,用法币收兑伪联银券,收兑伪联银券的比率是 1∶5,接管后又滥发伪联银券 1200 亿—1800 亿元。第三区域是在东北,战后把整个东北地区划分为 9 个行省,在东北不再发行法币,由中央银行另外发行东北流通券,为东北九省流通的法币。1946 年计发东北流通券 275.30 亿元。实际上法币仍流通一个时期,这一年在东北地区发行 2.694 万亿元法币。第四大区域是在台湾地区,采取暂不变更币制的办法,台湾银行纸币与法币的币值暂不作决定,公务员将薪水汇往大陆,可按台币 1 元合 30 元法币计算。②

1946 年 3 月,国民党政府开放外汇市场,通过出售外汇和抛售黄金来回笼法币。这时,国民党政府明显高估了战争胜利对经济稳定产生的作用,认为在战争结束后所产生的有利心理作用下,在具有强大生产力的东北和台湾地区被光复以及在积累大量黄金、外汇和国际贸易恢复等情况下,对战时所采取的各种管制措施,即所有对物价、分配以及财物使用的各项管制方法都一律予以废止。国民党政府还立即着手制定了一项极其乐观的宏伟规划来恢复政府的各项工作,提高公务员的生活水平以及救济和振兴以前的敌占区。同时,军事开支仍然维持在足以保持充分战斗力的水平。"在 1945 年第四季度,政府的开支以贬了值的货币计算,为数极为庞大。内战的爆发,使重建华北交通的计划无法进行,省际贸易也从未恢复到正常的状态。北方的棉、煤南运特别受到铁路系统混乱的影

---

① 台湾"国史馆"档案,全宗名:蒋中正总统文物,金融(三),入藏登录号:002000001323A,典藏号:002-080109-00003-006。

② 洪葭管:《中国金融通史》第四卷,中国金融出版社 2008 年版,第 520—521 页。

响。军需方面对于粮、布的采购，造成其价格的上涨，这反转过来又扩大了政府财政赤字。"①

战后通货膨胀的急剧出现和扩大，还有几个重要的原因，其中之一是在兑换沦陷区货币时犯了错误。在战争结束后的第十九天，国民党政府就宣布华中、华北的各"傀儡银行"的伪钞需按200元等于1元法币的兑换率兑换法币，兑换限于四个月内完成，每人最多只能兑换五万元法币。在兑换期截止之前，"傀儡银行"的钞票仍准许在市面流通使用。用法币来折算，伪钞的价值是被低估了的。这虽然有使法币的增发降到最低限度的好处，"但由于伪币仍能在市面上流通使用，就造成了一个极为不利之点：即对于持有低价伪币者起了鼓励其在兑换期截止前尽量套购货物的作用。毫无根据任意规定的五万元法币兑换限额，也起了同样的作用，因为凡持有超过此限额的伪币者，都用来抢购货物。因而，低的兑换率，长的兑换期，每人兑换额的限制，允许伪钞在市面的流通使用等等都使这一兑换办法产生了高度通货膨胀的性质"。但是，"财政赤字以及因此而产生的货币流通额的增加，仍然是最主要的因素"②。表17-15显示了1945—1948年（1—7月）国民党政府的财政经济状况。

表 17-15　国民党政府支出、收入赤字及田赋征实
状况（1945—1948 年）

（单位：法币百万元）

项目 年份	现行钞票 发行余额①	政府支 出数②	政府收 入数②	财政赤 字数	田赋征实折 合法币估计数③
1945	1031900	2348085	1241389	1106696	188604（1945— 1946 年）
1946	3726100	7574790	2876988	4697802	624675（1946— 1947 年）

①　张公权：《中国通货膨胀史（一九三七——一九四九年）》，杨志信译，文史资料出版社1986年版，第48页。
②　张公权：《中国通货膨胀史（一九三七——一九四九年）》，杨志信译，文史资料出版社1986年版，第48—49页。

续表

项目 年份	现行钞票 发行余额[①]	政府支 出数[②]	政府收 入数[②]	财政赤 字数	田赋征实折 合法币估计数[③]
1947	33188500	43393895	14064383	29329512	3015899(1947— 1948 年)
1948	374762200	655471087	220905475	435565612	—

注:①根据中央银行编制的统计数。

②1946 年和 1947 年的统计数不包括专项外国借款。1948 年统计数根据中央银行对该年上半年的记录。

③根据田赋征收统计数折合而成。

资料来源:张公权:《中国通货膨胀史(一九三七——一九四九年)》,杨志信译,文史资料出版社1986 年版,第 51 页。

从表 17-15 中的数字看,1946 年的政府支出是 1945 年的 3.2 倍,收入方面,在抛售了大量黄金、外汇和变卖没收的敌伪产业后,仍然仅占支出的 37%,赤字却增加到 46978 亿元以上。"军事开支占政府总支出的比重 1946 年为 60%,1947 年为 55%。行政开支,由于工作人员的普遍不满,薪金或工资必须按生活费指数予以调整,也大为增加。1947 年政府支出较 1946 年增长了 5.7 倍,而收入则降到仅足以支应支出的 32%。这是因为此时政府已停售黄金以及出售外汇和敌产,收入减少所致。1947年财政赤字达政府支出的 70%。1948 年,由于军事开支达到政府总支出的 64%,财政情况更进一步恶化,政府不仅继续向中央银行要求垫款,而且还继续实行了田赋征实和粮食的征借。"[①]

1947 年 1 月到 8 月,"8 个月的军费支出即达 7600 亿元。当时的财政收入只占支出的一小部分,中央银行为国库垫款也就逐月增加。1948年 1 月,累计垫款 35 万亿元,5 月份增为 113 万亿元,7 月达到 236 万亿元。由于通货膨胀加剧,物价飞腾,钞票已来不及印刷。当时的钞券,多交外国印钞公司承印,如 1947 年上半年业已订印的 139000 亿元的钞券中,由国内印刷厂承印的只有 900 亿元,还不到百分之一,而在国外订印

---

①　张公权:《中国通货膨胀史(一九三七——一九四九年)》,杨志信译,文史资料出版社1986 年版,第 50 页。

运输费时,英国承运的途中需时 3 个月,美国承印的也不快,因此'钞荒'已成为极严重的问题"。国内的多个城市如"重庆、昆明、西安、郑州、济南、徐州、汉口等地中央银行分行以库存钞票告罄,纷纷以'十万火急'电,向上海总行告急,有的中等城市如南宁、永嘉等地还因使用小面额钞票迭起纠纷,甚至发生挤兑风潮。为了避免舆论指责,影响币信,中央银行不敢印刷更大面额的大钞,但实际上法币一万元面额的钞票已不顶用,就多印二千元面额的关金券,这种关金券 1 元合 20 元法币,也就等于印制 4 万元的大钞"。"种种迹象表明,1935 年建立起来的法币制度,至此已岌岌可危。"①

法币贬值一个月比一个月严重,通货膨胀达到惊人的程度,币信日益减弱,往往一笔小额交易,就需捧着大捆钞票,法币已经处于崩溃边缘,国民党政府开始策划从币制改革中寻找出路。

三、战后的币制改革及其破产

1948 年 5 月,国民党政府内阁进行了改组:张群从行政院院长任内下台,中央银行总裁张嘉璈也同时辞职,原财政部部长俞鸿钧改任中央银行总裁,学者翁文灏接任行政院院长,出版商王云五继任财政部部长。这时,"蒋介石对王云五和俞鸿钧都做了改革币制的指示"②。币制改革的具体策划就在金融和财政当局的分别主持下同时悄悄地进行。

俞鸿钧召集李立侠等讨论制定出来的方案,主要内容包括三项原则:第一,在内战继续进行的情况下,币制不宜作根本性的改革;第二,法币虽已处于恶性膨胀状态,但只要采取一些辅助措施,还可以拖延一个时期;第三,当前关键问题在于财政收支悬殊,建议扩大采用《抗战前发行关金券办法》,稳定税收,整理财政。

这份方案的出发点,认为法币不作根本性改革,还可以拖延一定时

---

① 洪葭管主编:《中国金融史》,西南财经大学出版社 1998 年版,第 382 页。
② 全国政协文史资料委员会编:《法币、金圆券与黄金风潮》,文史资料出版社 1985 年版,第 112 页。李立侠当时为中央银行稽核处处长、上海金融管理局局长。

期,如果骤然一改就会垮得更快。因为财政方面,"受了通货膨胀的影响,收入只及支出的百分之五到百分之十",所以就想到扩大采用类似战前发行关金券的办法,"在不改变法币本位的基础上,另由中央银行发行一种称为'金圆'的货币,作为买卖外汇及缴纳税收之用,不在市面上流通"。根据他们的测算,采用这个办法,"可以使收入提高到相当于支出的百分之四十到百分之五十"[1]。

这个方案的特点:一是没有改变法币本位制度,法币仍作为货币本位继续发行流通;二是在法币之外,另发行一种金圆,金圆汇价固定为百元值美元25元,持有金圆可以无限制买卖外汇;三是金圆与法币比价由中央银行随时挂牌制定;四是央税收(主要是关盐统税)及输出入贸易结汇一律使用金圆。[2]

但是,这个方案并没有被蒋介石接受。蒋介石选中的是王云五组织财政部的人所拟定的方案。这个方案有三个实质性内容:一是彻底改革币制,可以乘机扩大发行;二是人民持有的金、银、外币均要缴兑给中央银行;三是硬性压制物价。这个方案曾在小范围内征求意见,但实际上即使有不同意见,也难以改变蒋介石的想法。张嘉璈回忆,蒋介石就曾几次找他这个刚卸任中央银行总裁职务的人征求过意见,据张嘉璈日记记载,1948年7月31日,"蒋总统自莫干山抵沪,邀余于下午六时往唔。准时前往。见面后,总统告我,目下法币日跌,钞票发行日增,致钞票来不及供应,势非另发行一种新币以代之不可。问我意见,当即答以如发行一种新币,必须有充分现金银或外汇准备。或则每月发行额能有把握,较前减少,方可行之。否则等于发行大钞。如谓大钞面额太大,人民将失去对于钞票之信用。而换发一种新币,而又不能有充分准备金,则至少必须能把握物质,有力量控制物价,俾新币不再贬值"。而蒋介石"唯唯未置可否"。8月17日下午在庐山晋见蒋介石时,蒋介石"仍以币制不能不改革

① 中国人民政治协商会议全国委员会文史资料研究委员会编:《法币、金圆券与黄金风潮》,文史资料出版社1985年版,第112—113页。

② 中国人民政治协商会议全国委员会文史资料研究委员会编:《法币、金圆券与黄金风潮》,文史资料出版社1985年版,第113页。

为言"。张嘉璈回答"根本问题在财政赤字太巨。发行新币,若非预算支出减少,发行额降低,则新币贬值,将无法抑制。总统云,物价必须管制,使其不涨。现决定各大都市派大员督导,彻底实行。我答以:中国地大,交通又不方便,无法处处管到。仅在几个大都市施行管制,无法防止内地各县各镇之物价上涨,从而影响及于都市,或则内地物产不复进入都市市场。故期期以为不可"。而蒋介石答曰"隔日再谈"。①

实际上,这时蒋介石已经做好了各种布置,距正式公布金圆券改革法令的 19 日也只剩两天时间。次日(8 月 18 日),蒋介石将《改革币制计划书》交给张嘉璈阅看,这份计划书的要点如下:"A. 改革币制:本位币定为'金圆',每圆含纯金 0.2217 公分纯金;每四金圆合美元一元;每一金圆合法币三百万元。人民不得以金圆券兑换金银外汇。B. 金圆券十足准备:其中百分之四十为金银外汇,余为有价证券及国营事业资产。金圆券发行额最高不超过二十亿圆。C. 限制薪资与物价上涨:民营事业工资不得超过八月上半月之工资率。物价不得超过八月十九日之价格。D. 限令人民交出金银外汇,兑换金圆券。E. 整理财政与管理经济所用方法,与以前宣布者,大同小异。"张嘉璈看后,认为币改成败关键在于两点:"①能否保持二十亿圆发行额之限度;②能否维持八月十九日之物价限价。"张嘉璈在回答蒋介石询问时说,物价绝对无法管制,因之二十亿圆发行额无法保持。"恐不出三四个月,即将冲破限关。"同时他认为人民对于法币已经用惯,若对于新金圆券不加信任,势必弃纸币而藏货品。"若四亿人民弃纸币而藏货品,则情事实不堪设想。"因此要求蒋介石"慎重考虑"。② 实际上蒋介石已经部署停当,不会再做什么考虑了。当天蒋介石离开庐山,第二天把方案提交国务会议通过,19 日正式公布。这就是金圆券改革前的基本脉络。

1948 年 8 月 19 日,金圆券改革以《财政经济紧急处分令》的基本内

---

① 姚崧龄编著:《张公权先生年谱初稿》下册,台湾传记文学出版社 1982 年版,第 1014—1015 页。

② 姚崧龄编著:《张公权先生年谱初稿》下册,台湾传记文学出版社 1982 年版,第 1016 页。

容,以"总统"命令的方式公布。这个紧急处分令包括四项内容:(1)金圆券发行办法;(2)人民所有金银外币处理办法;(3)人民存放国外外汇资产登记管理办法;(4)整理财政及加强管制经济办法(主要是限制物价,一切物品不得超过 8 月 19 日的价格)。①

照《金圆券发行办法》规定,金圆券面额分 1 元、5 元、10 元、50 元、100 元 5 种,1 元金圆券折合以前发行的 300 万元法币,一张 100 元面额的金圆券,相当于此前的 3 亿元法币。所有商品的价格一律按照 8 月 19 日的价格折合金圆券加以冻结,非经政府批准,不得擅自涨价;私人不得持有黄金、白银或外汇,其已持有者,概须上缴,政府以金圆券作价收兑。此外,还规定了改进税制、统制信贷、降低利率、严禁囤积物质等办法。政府还特派高级官员分驻上海、天津、广州三大地区亲自负责执行以上各项规定。在上海还调派秘密警察协助严厉执行。

但是,经济规律难以用行政手段对抗。在国民党军政费用无法控制,各种商品日益短缺的局面下,金圆券的改革注定短命和失败。在官定价格公布后,上海批发商便停止了营业,物资短缺益甚,上海的物价虽然一时被压住了,而内地各城市的物价,在金圆券改革法令公布之后,反更加狂涨不已。

与此同时,政府继续增发钞票,供弥补财政赤字之用,以致财政赤字占政府总支出的比例由 10 月份的 50% 又复上升到 11 月份的 75%。几个月之后,财政赤字从 9 月份的一亿三千八百万元金圆券增加到五亿零三百万金圆券。"到了 10 月底,金圆券的流通额几乎超越了规定的最高发行限额的八倍。为了保证币值的两项主要措施——稳定物价和工资、限制货币的发行量——至此完全化为子虚。"②

面对着这样的局面,蒋介石政府不得不从 11 月份起,把限价改为"议价",实际上是恢复自由涨价。这一限价一取消,原来硬压了 70 来天的市

---

①　这四项内容见吴冈编:《旧中国通货膨胀史料》,上海人民出版社 1958 年版,第 99—123 页。

②　张公权:《中国通货膨胀史(一九三七——一九四九年)》,杨志信译,文史资料出版社 1986 年版,第 58 页。

场物价，顿时便像脱离了缰绳的野马一样疾飞奔腾。例如白米每石限价为 23 元，11 月 11 日即上升到 80 元，到 12 月间已高达 1800 元。这时，蒋介石政府修正《金圆券发行办法》，又准许人民持有黄金、白银和外币，还以比原来收兑价高十倍的价格出售黄金。[①]

11 月份修正金圆券发行办法后，发行总额即已超过 20 亿元的限额，以后金圆券发行面额越来越大，1949 年 3 月份开始发行 5000 元券和 1 万元券，4 月份发行 5 万元券和 10 万元券，5 月份再发行 50 万元券和 100 万元券。与此相应，金圆券的发行数额也是越来越大。表 17-16 是金圆券发行数额的统计表。

表 17-16 金圆券发行统计（1948 年 8 月—1949 年 4 月）

年月 \ 项目	金圆券发行数额（亿元）	环比	指数（1948 年 8 月 31 日 = 1）
1948 年 8 月 31 日	5.44	1.00	1.00
1948 年 9 月	12.02	2.21	2.21
1948 年 10 月	18.50	1.54	3.40
1948 年 11 月	33.94	1.83	6.24
1948 年 12 月	83.20	2.45	15.29
1949 年 1 月	208.22	2.50	38.28
1949 年 2 月	596.44	2.87	109.68
1949 年 3 月	1960.60	3.29	360.40
1949 年 4 月	51612.40	26.32	9487.57

资料来源：吴冈编：《旧中国通货膨胀史料》，上海人民出版社 1958 年版，第 99—122 页。

从表 17-16 的数据中可以看到，金圆券发行不过两个多月，原定的 20 亿元的发行额就已宣告突破。此时，由于金圆券的信用破产，加上国民党战局失利，以及 1948 年 11 月初限价放开以后，物价暴涨，行市一日数变，演成各城市抢购物资，各城市商品被抢购一空的惨象。1948 年 11 月的《修改金圆券发行办法》，把最高限额的规定取消，通货膨胀的大门

---

① 洪葭管主编：《中国金融史》，西南财经大学出版社 1998 年版，第 386 页。

必然重新开启,从而走上法币的覆辙。至于金银外币准许人民继续持有,同时将金圆券对金银外币的兑换率提高,这对于以前抗不兑换的特权阶级是一种奖励,对于遵守"法令"的善良人民则无异于一种惩罚和讽刺。

在金圆券临近崩溃的 1949 年四五月间,物价已不是几天一涨,而是一日数涨,人民拿到金圆券后不敢落袋就得赶紧购物,否则物品就又涨价了。市场上或以黄金、美钞喊价,或以银元标价,农村物物交换盛行,邮局和铁路局收费亦以银元为准,公用事业中不但水、电、煤、气等费以美元价格为基础而变动,就是人们每天乘坐的公共车辆票价也往往因隔日有变而无从预计。金圆券从发行日起到 1949 年 5 月上海解放时为止,只有短短 10 个月的时间就走到了崩溃的境地。①

1949 年 2 月的第二个星期内,蒋介石宣告退位,走前下令将黄金储备移运至台湾和厦门。代总统李宗仁企图用所剩下来的白银储备恢复银本位。当时曾发行了银圆券二千万元,但公众拒绝使用。到 1949 年 10 月国民党政府迁都重庆时,其所发行的二千五百万元的银圆券,在解放军尚未到达之前,就几乎全部停止流通了。②

金圆券是在 1948 年政治、经济极其不稳定的情势下出台的,各种因素注定了它的出台必然失败,后来所采行的各种挽救措施都证明了这一点。继此实行的银圆券改革更是徒劳。其结果更加暴露了国民党政府的无能和穷途末路。在通货膨胀的最后关头,货币遭到民众拒绝使用,只能说这是国民党政府垂死结局在经济方面的一个反映而已。

四、私营金融业的衰败

抗日战争胜利后,相对于国营金融机构对应接收日伪金融机构,财产和实力都大为增长的状况,对于私营金融机构来说,却是一个实力和经营都明显衰退的时期。

---

① 洪葭管主编:《中国金融史》,西南财经大学出版社 1998 年版,第 389 页。
② 张公权:《中国通货膨胀史(一九三七——一九四九年)》,杨志信译,文史资料出版社 1986 年版,第 61 页。

这种衰退主要体现在以下几个方面。

第一，私营金融业的数量明显减少，整体实力大幅下降。按照财政部制定的《收复区敌伪钞票及金融机关处理办法》第五条的规定，收复区内经敌伪核准设立的金融机关一律停止营业，限期清理。按照这个规定，"沦陷区各商业行庄，都须经国民党政府财政部各区财政金融特派员查明在沦陷期间的营业状况，暨有无和敌伪勾结情事，报告财政部核办"[①]。

日本投降时上海一共有私营银行 195 家，按照规定需停业银行有 122 家，战后经财政部核准仍可营业的有 73 家，1945 年年末全市银行有 83 家。上海钱庄在日本投降时一共有 226 家，比银行家数多。其中战前经财政部核准有营业执照的 16 家，战前设立未经核准而在战时仍继续营业的有 32 家，其余 178 家停业清理，1945 年年末时上海钱庄为 48 家。抗战结束时上海有私营信托公司 20 家，经财政部核准设立领有执照的有 6 家，战后经核定停业清理的有 14 家，仍可营业的也就是这 6 家。当时将保险公司也认为是金融机构的一种，故亦按照《收复区商营金融机构清理办法》的规定进行审核清理。审核结果，50 家停业清理，准许继续营业的有 43 家，战后新设或增设分公司和总公司由外地迁沪营业的有 24 家，1945 年年末私营保险公司约有 60 家。[②]

第二，私营金融机构的金银外汇被国民党政府搜刮，实力下降。抗战爆发后，为抵抗通货膨胀和防止金融灾变，民营金融机构通过各种途径聚集了不少金银和外汇，这些金银外汇成为国民党政府眼红和觊觎的目标，通过各种手段力图搜罗到自己手中。1948 年 8 月的金圆券改革，成为政府明目张胆洗劫民营金融机构的一次典型代表。国民党政府首先从法令上剥夺了民营金融机构持有黄金、白银和外币的权利。随金圆券改革《财政经济紧急处分令》同时公布的《人民所有金银外币处理办法》第 2 条规定："自本办法公布之日起，黄金、白银、银币及外国币券，在中华民国境内禁止流通买卖或持有。"第 11 条规定："除中央银行外，所有其他

① 中国人民银行上海市分行金融研究室编：《金城银行史料》，上海人民出版社 1983 年版，第 767 页。

② 洪葭管：《中国金融通史》第四卷，中国金融出版社 2008 年版，第 479—480 页。

中外银行非经中央银行之委托，不得收兑、持有或保管黄金、白银、银币或外国币券。"①接着"中央银行通知各商业银行限期陈报持有外汇资产数额。当时上海银钱行庄都有明暗两套账簿，黄金外汇都在暗账收付，明账中看不到"②。

鉴于有大批外汇、金银集中在民营银行手里，在蒋介石的授意下，国民党政府行政院院长、财政部部长在金圆券改革法令公布后的次日（8月20日），即邀集上海市银钱业负责人钱新之、陈光甫、宋汉章、徐寄顾、李馥荪、秦润卿、戴立庵、徐国懋、傅汝霖、沈日新等数十人在行政院开会，"要各银行把所有的黄金、外汇全部'贡献'出来。蒋介石宣布所有行庄应于9月8日前缴存金银、外汇，如不遵令，即予停业"③。财政部次长徐柏园还坐镇上海，胁迫各银行从速申报金银、外汇数额，遵限送查。

上海民营银行公会接连召开了几天紧急会议，商讨对付办法，大家当然不愿意把金银外汇交出来，但又不能不敷衍一番，于是决定由各行庄参照各行的实力，准备凑足一千万美元应付此事。上海银行公会主席李馥荪将此意向转达国民党政府后，蒋介石极为不满，大发雷霆，并特地打电话给中央银行总裁俞鸿钧，要吊销李馥荪所在的浙江兴业银行的营业执照，勒令停业。④

1948年9月6日，蒋介石在中央党部召开的总理纪念周上再次指责上海商业银行对于政府法令尚存观望态度，他声色俱厉地称上海商业银行："其所保留之黄金、白银及外汇，仍未遵照政府的规定移存于中央银行，并闻上海银行公会理事会拟集合上海所有各行庄，凑集美金一千万元，卖给中央银行，便算塞责了事。可知上海银行界领袖对国家、对政府

---

① 吴冈编：《旧中国通货膨胀史料》，上海人民出版社1958年版，第103—104页。

② 戴立庵：《金圆券发行后蒋介石在上海勒逼金银外汇的回忆》，见《法币、金圆券与黄金风潮》，文史资料出版社1985年版，第70页。戴立庵当时是国民党政府财政部钱币司司长、上海联合银行总经理。

③ 中国人民银行上海市分行金融研究室编：《金城银行史料》，上海人民出版社1983年版，第882—883页。

④ 中国人民银行上海市分行金融研究室编：《金城银行史料》，上海人民出版社1983年版，第882—883页。

和人民之祸福利害,仍如过去二三十年前,只爱金钱,不爱国家,只知自私,不知民生的脑筋毫没改变。……若辈拥有巨量金银外汇的,尤其是几家大银行,这样自私自利,藐视法令,罔知大义……彼等既不爱国家,而国家对彼等自亦无所姑息,故政府已责成上海负责当局,限其于本星期三以前令各大商业银行将所有外汇自动向中央银行登记存放,届时如再虚与委蛇、观望延宕或捏造假账,不据实陈报存放,那政府只有依法处理,不得不采行进一步的措置予以严厉的制裁。"[1]

在国民党政府和蒋介石的强权威逼恐吓下,上海商业银行的负责人为求自保,不得不一边找人疏通,一边一次次补报交出金银外汇的数额,如金城银行周作民分别于9月8日、9月29日和10月5日先后被逼补报了3次,包括美金债券、英金债券在内都不得不交出,"约有资金美金七八百万元之谱"[2]。

在金圆券改革国民党政府搜刮的金银外汇中,大部分来自商业行庄,经此搜刮,商业金融机构的硬通货大为减少,手中只留下不断贬值的纸币,元气大伤。

第三,私营金融机构的存款大幅减少。抗战时期在国民党统治区,国民党政府控制的金融机构"四行二局"已居于垄断地位,在金融领域中占据极大份额,有钞票的独家发行权,有巨额外汇和黄金,在金融领域中拥有极大话语权。抗战胜利后,它们又分别接管了敌伪银行的资产、外汇和黄金,垄断力量又有新的增长。

相较于国民党政府的国家资本金融垄断力量,战前1935年金融巨变中就已被压制的私营金融机构,这时显得更为软弱无力,两者之间业务量所占比例更加悬殊,最能显示资本力量的银行存款余额,私营金融机构与国家资本行局相比不在一个等级。表17-17的统计数字就能够有力地证明这一点。

---

① 中国人民银行上海市分行金融研究室编:《金城银行史料》,上海人民出版社1983年版,第883—884页。

② 中国人民银行上海市分行金融研究室编:《金城银行史料》,上海人民出版社1983年版,第885页。

表 17-17　国家行局与商业银行(包括省银行和市银行)存款余额
比较统计(1945 年 12 月—1948 年 6 月)　　　(单位:亿元法币)

年月＼项目	存款总计	国家行局		商业银行(包括省、市银行)	
		存款余额	占比(%)	存款余额	占比(%)
1945 年 12 月	6036.73	5271.72	87.3	755.03[①]	12.5
1946 年 12 月	59181.75	54211.12	91.6	4970.63	8.4
1947 年 12 月	303541.81	258351.37	85.1	45190.44	14.9
1948 年 6 月	2144641.65	1869370.00	87.2	275271.65	12.8

注:①原表为 94.48 亿元,是因为没有将数十家边营业、边审核的商业银行统计在内,现据洪葭管主
　　编:《中央银行史料》,中国金融出版社 2005 年版,第 948 页"中央银行 1946 年营业报告"完整数
　　字列入。
资料来源:根据张公权:《中国通货膨胀史(一九三七——一九四九年)》第 130 页数据编制。

　　从表 17-17 中数据可以明显地看到,从 1945 年 12 月到 1948 年 6 月,私营银行的存款余额占全本银行存款的比重分别只有 12.5%、8.4%、14.9% 和 12.8%,与国家资本行局的存款余额相比,处于十分不对称的地位。

　　历经八年全面抗战和战后的三年多时间,私营金融业地位和实力的日益衰落,已是不争的历史事实。

　　台湾方面,1945 年 8 月 15 日日本宣布无条件投降后,同年 10 月 31 日南京政府财政部颁行两项行政命令,作为接收日产金融机构的依据,这两项命令分别是"台湾地区当地银行钞票及金融机关处理办法"及"台湾地区商银金融机构清理办法"。在执行上,由台湾地区行政长官公署派出特派员检查各金融机构的财务状况、业务状况和人事组织,了解该单位的实际运作。另外再组织监理委员会负责监理金融机构的业务,为接收工作进行准备。最后,则是正式接收并在接收过程中和接收后进行改组。在接收时,只要有日本人的股份,就全数纳入公产。

　　接收改组的工作以台湾银行为首。日本统治时期的株式会社台湾银行自 1946 年 5 月 20 日改组为台湾银行,之后便陆续接收三和银行和台湾储蓄银行。日本统治时期的劝业银行台湾各分行,于 1946 年 9 月 1 日改编为台湾土地银行。同年 10 月 1 日,台湾产业金库改组为台湾合作金

库,负责各信用合作社的资金调节与业务督导。①

在商业银行上,1947年3月1日,彰化、第一、华南3家商业银行同时改组完成,台湾信托株式会社于1947年6月1日并入华南银行。所接收日本4家无尽会社而成立的台湾合会储蓄股份有限公司也于6月1日成立。

战后接收日资设立的金融机构被整合成7间行库,全为公营银行。加上民间资本,战后台湾的银行总分行加起来一共达到170家,"约每3万人有一银行服务","就地域分布而言,银行设立在人口较多的城市,信用合作社等基层机构则多设立于乡村地区"。②

随着抗战取得胜利,日本人在台湾的金融机构被改组为公营行库,中国大陆的金融机构也逐步在台湾地区建立起来。特别是南京政府于20世纪40年代末期从大陆地区败退到台湾前后,许多国营银行如原在大陆的"四行二局"即中国银行、交通银行、中央银行、中国农民银行、中央信托局、邮政储金汇业局等均撤到台湾地区开业,促使战后台湾地区的金融行业发展进入新的阶段。③

第三节　战后外资金融业的变化

八年全面抗战和战后的几年,是近代外国在华银行势力消长发生极大变化的时期。如上节所述,抗战全面爆发后,英、美等国的银行势力受到一定削弱,太平洋战争爆发后,留在外国金融势力大本营租界内的英、美、荷、比系银行,更是被日系银行全面接管,停止营业,外国在华银行中

———————————

　　①　张胜彦、洪绍洋:《台湾全志》第5卷,经济志,(台湾)国史馆台湾文献馆2016年版,第151—152页。

　　②　张胜彦、洪绍洋:《台湾全志》第5卷,经济志,(台湾)国史馆台湾文献馆2016年版,第152页。

　　③　张胜彦、洪绍洋:《台湾全志》第5卷,经济志,(台湾)国史馆台湾文献馆2016年版,第153页。

形成了日系银行一统天下的局面。抗战胜利后，日、德、意三国在华银行全部被中国政府接管清理，结束其在中国的活动。而被日系银行全面接管停止营业的英、美、荷、比等国的十多家金融机构，率先得到中国政府的帮助恢复了营业。短短的十余年时间内，近代外国在华金融势力中，虽然不同国家的银行命运出现了截然不同的变化，但总体趋势是在走向衰弱。

一、战后各国在华金融势力的演变

1937年之前，外国设在上海的银行共有27家，另在中国其他主要城市分布着某些分行。1941年12月太平洋战争爆发后，作为与日本交战对手国的英、美、荷、比等国的银行被日本接管清理。战后，这四国的银行获得国民党政府的帮助，很快重新恢复营业，但因战败的日本和德国的银行被接管清退的缘故，这时在华外国银行总家数减少到只有15家，此后直到1949年4月，在华外商银行的数量只有减少没有增加。[①]　具体情况见表17-18。

表17-18　上海外商银行简况（1949年4月）

项目 行别	国籍	总行			上海分行	
		设立 年份	地点	在中国分行地点	设立 年份	行址
汇丰银行	英国	1864	香港	上海、南京、北平、天津、青岛、汉口、重庆、福州、厦门、汕头、广州	1864	上海中山东一路12号
麦加利银行	英国	1853	伦敦	上海、天津、青岛、汉口、广州	1858	上海中山东一路18号
有利银行	英国	1892	伦敦	上海	1916	上海中山东一路4号
沙逊银行	英国	1930	香港	上海	1931	上海沙逊大楼
花旗银行	美国	1812	纽约	上海、天津	1901	上海九江路41号

---

①　战前在华的法资汇源银行在战时受到日本限制，基本陷入停滞状态，1946年2月9日，宣告停业。意资华义银行战后申请复业，当局予以核准，但因意大利战后经济困难，该行于1946年7月申请延期开业，此后再无该行消息。比资义品放款银行则于1946年正式改名为义品地产公司，不再进入外商银行之列。见宋佩玉：《近代上海外商银行研究（1847—1949）》，上海远东出版社2016年版，第236页。

续表

行别 \ 项目	国籍	总行			上海分行	
		设立年份	地点	在中国分行地点	设立年份	行址
大通银行	美国	1920	纽约	上海、天津	1930	上海南京路 99 号
运通银行	美国	1919	纽约	上海	1918	上海九江路 158 号
友邦银行	美国	1930	纽约	上海	1930	上海中山东一路 17 号
美国商业储蓄银行	美国	1930	旧金山	上海	1949	上海福州路 44 号
东方汇理银行	法国	1875	巴黎	上海、广口、汉口、湛江、昆明、北平、天津	1899	上海中山东一路 29 号
中法工商银行	法国	1911	巴黎	上海	1911	上海中山东二路 9 号
华比银行	比利时	1920	布鲁塞尔	上海、天津、香港	1902	上海中山东一路 20 号
荷兰银行	荷兰	1824	阿姆斯特丹	上海	1903	上海中山东一路 20 号
安达银行	荷兰	1863	阿姆斯特丹	上海	1920	上海中正东路 110 号
莫斯科国民银行	苏联	1919	伦敦	上海	1934	上海中正东路 9 号

资料来源:《上海金融志》编纂委员会编:《上海金融志》,第 185—188 页;宋佩玉:《近代上海外商银行研究(1847—1949)》,上海远东出版社 2016 年版,第 241—242 页。

　　战后存留下来的外商银行中,仍然是美、英系的银行占据主要地位,分别是美系银行五家,英系银行四家,不仅在数量上远超其他外商银行,而且在实力上,也远非其他外商银行所能比拟。尤其是美系银行,由于在抗战胜利前后对国民党政府庞大的"对华援助"所产生的巨额金融业务,都依托于美系银行办理,所以其在各外商银行中发展最快。特别是大通银行、花旗银行和美国商业储蓄银行的背景均不简单:大通银行从 1929 年起,已由美国洛克菲勒财团控制,第二次世界大战后又兼并曼哈顿银行,改名为大通曼哈顿银行。美国商业银行则是美国西部财团的金融支柱,20 世纪 50 年代后成为美国最大的垄断资本银行。花旗银行在第二次世界大战后改名为第一花旗银行,成为一个新兴的东部财团,它与洛克菲勒财团和摩根财团都有错综复杂的联系和关系。无论从资产总额还是存款总额来说,这三家银行都是美国最大的银行。

　　这些美国银行在华的金融势力,随着抗战胜利后国民党政府与美国关系的进一步加紧而得到增强:首先,大量"美援"的金融业务,主要是所有款项的汇兑、结算,必须通过大通银行和花旗银行,被这两家银行所独占。其次,在美蒋之间有关金银的交易和调换,也成为这两家银行的业务对象,它们在 20 世纪 30 年代曾代表美国政府收购蒋介石政府出售的 5000 万盎司白银和提供白银银行抵押借款,而当 20 世纪 40 年代蒋介石政府向美国购买巨额黄金后,大通银行又成为蒋介石政府寄存黄金的保管库。1948 年 8 月蒋介石政府手中的金银已因打内战而消耗殆尽,但仍有上万两黄金寄存在伦敦的大通银行,有 46 万盎司白银寄存在纽约的大通银行。最后,国民党中央银行实行的外汇管理,后台是美国,使用的外汇主要是美元,法币完全沦为美元的附庸,而对外贸易的绝大部分又是对美贸易,因此由这些银行办理中美间国际汇兑业务,就比其他银行具有更多的便利条件。再加上第二次世界大战结束后美军大批来华,仅在上海和青岛等地因此而流入的美钞数量就达 6000 万到 1 亿美元。凡此种种,都使得美资银行在第二次世界大战结束后,一举超越过去的霸主英系银行,成为此时实力最强、地位最独特的在华外商银行。[1]

在美系银行地位日益上升的同时,过去长期占据中国最重要地位的英系银行地位却逐渐下降。英商洋行 1945 年下半年重新回到上海时,许多现实条件和情况已经发生变化,例如租界这时已经收回,治外法权已经消失,过去长期被英国人控制的海关总税务司职位已由美国人担任,中国海关大权已经被美国人掌控,美国对蒋介石政府付出巨大美援和战争期间建立的紧密关系等,都使得英系银行的地位必然无法与战前相比。例如原英系银行的领头羊汇丰银行,在上海申请复业时,必须在中国登记才能获得分行设立执照,在收回和整理好汇丰大厦并获得中国财政部登记批准,时间已是 1946 年 2 月。汇丰银行上海分行登记时资本为 1200 万元法币,作为中国大陆管辖行,1947 年年底,上海分行共管辖重庆、天津、北平、南京、青岛、厦门、福州、汕头等分行,并增设南京分行。这时上海分行外籍员工 24 人,总人数 291 人,与 1941 年 12 月太平洋战争爆发前的外籍员工 34 人,总人数 625 人相比,规模已经缩减不少。[2]

---

① 洪葭管主编:《中国金融史》,西南财经大学出版社 1998 年版,第 368—369 页。
② 宋佩玉:《近代上海外商银行研究(1847—1949)》,上海远东出版社 2016 年版,第 238—239 页。

这时有两个因素制约了外资在华银行的发展:

其一,第二次世界大战后,整个世界都在战争中削弱了财力,除了美国是唯一的金融贸易强国外,其余如英、法、荷、比等战胜国资金均消耗殆尽,急欲得到美国的贷款。在得到美国的同意下,1949年实行了"集团大贬值",英镑贬值30.5%,从1英镑合4.03美元贬为1英镑合2.80美元。随后几乎所有西欧、北欧、中欧的国家以及加拿大等共计31个国家跟着贬值30%左右。日本在投降时因有外汇管制,日元兑美元为15日元合1美元,1948年贬值为270日元合1美元,1949年更降为360日元合1美元。① 在本身实力大幅削弱的情况下,外商在华银行的发展自然无法不受到制约。

其二,抗战胜利后难以抑制的通货膨胀,且一年更比一年严重,再加战前的治外法权不平等条约已经废止,没有额外的特权优惠,也给外资在华银行的发展经营带来了限制。

表17-19是抗战胜利后1946年8月时上海各类金融机构存款余额和所占比重表,从中可以看出此时外资在华银行与中国银行的实力相比已经不在一个数量等级上了。

表17-19　上海各类金融机构存款余额及所占比重(1946年8月)

项目 类别	机构		存款	
	总数(家)	比重(%)	金额 (亿元法币)	比重(%)
华商银行	131	63.3	1116.0	74.5
外商银行	13	6.3	151.3	10.1
钱庄	54	26.1	202.9	13.6
信托公司	9	4.3	27.5	1.8
总计	207	100	1497.7	100

注:华商银行不包括"四行二局"。取消各国治外法权后,外商银行无特权可恃,存款比重大幅下降。
资料来源:洪葭管主编:《上海金融志》,上海社会科学院出版社2003年版,第437页。原表比重计算有误,是经重算核正。

---

① 干杏娣:《经济增长与汇率变动:百年美元汇率史》,上海社会科学院出版社1991年版,第41—45页;洪葭管:《中国金融通史》第四卷,中国金融出版社2008年版,第473—474页。

1946 年 8 月时，外资在华银行恢复营业的只有 13 家，尚未达到战后 15 家的最高时期，但存款数额只有 151.3 亿元法币，在各类金融机构中所占存款比重只有区区 10%，连钱庄的存款比重也不及，其实力削弱的趋势已是十分确定。

二、外国在华金融势力的撤退

外资在华银行主要业务包括经营外汇、经手中国进出口贸易融资结算业务和当地的存放款业务。抗战胜利后，由于时局变动剧烈，直接或间接影响外资在华银行，共同的一点是，在华外资银行金融势力业务均有所削弱，直至 1949 年中华人民共和国成立前后，除两家外资银行依然留在大陆外，其余外资银行都已从中国大陆撤退。

抗战胜利外资在华银行申请复业时，外部经营环境与抗战前相比，已经出现了很大的不同。这时，租界消失，国民党政府相继颁布的各项金融法规，延续和完善了战时对金融市场和进出口贸易的统制，对外商银行的业务运营形成了相当的制约。根据战时颁布的外商银行在中国设立分行的规定：（1）设立地点应由本部（财政部）指定；（2）不得发行钞票及类似钞票之票券；（3）不得吸收储蓄存款；（4）放款不得以国防工业为对象。1945 年 12 月 10 日，汇丰银行、麦加利银行首先遵照部定规则办理，其余各行，亦均遵循筹办复业。各外商银行依据中国法令，其权利和义务，与华商银行相等，暂不兼营储蓄业务，并按照相关规定，向中国政府注册后方可营业。1946 年 2 月 20 日，上海外商银行陆续在国民党政府财政部登记。①

1947 年 9 月 1 日，国民党政府新的《银行法》公布，同时废止 1934 年 3 月公布的《银行法》和《储蓄银行法》。新《银行法》中对于外商银行在华的经营内容有明确的规定：如非经特许，不得在中国境内设立分行；中

---

① 《上海市年鉴（民国 35 年）》，中华书局 1946 年印，第 J13 页。中国人民银行金融研究所编著：《中国货币金融史大事记》，人民中国出版社 1994 年版，第 290 页。宋佩玉：《近代上海外商银行研究（1847—1949）》，上海远东出版社 2016 年版，第 256 页。

央主管官署可按照国际贸易及生产事业需要,指定外国银行可设分行的地区;只准许外国银行经营商业银行或实业银行业务,不得经营或兼营储蓄银行或信托公司业务;设在中国境内的外国银行分行收付款项以中国国币为限,非经中央银行特许,不得收受外币存款或办理外汇;所收定期存款总额应在中国境内运用等。①

新《银行法》的颁布,特别是对外商银行业所做的各种规定,是国民党政府第一次对外商银行作出的法律规定,体现了一个主权国家对外商银行从设立直到具体业务范围的明确干预,是战后中国国家地位提高的体现。但同时也不得不看到,这些规定,对外商在华银行的发展具有不利的影响,过去那种仗恃不平等条约作为护符、依靠雄厚资金凌驾于中国银行业之上的局面有了很大的改观。

抗战胜利后,此前支撑外商银行业务的另一产业——进出口贸易,此时由于世界经济受到的战争创伤尚未恢复,加之国内内战的进行和通货膨胀等原因,也出现了大幅的下降。经营进出口贸易的外商洋行数量的减少就证实了这一点。

上海作为中国最重要的贸易口岸,从 1843 年开埠起,长期占据中国进出口贸易一半以上的份额。但是,进出口贸易的大权,特别是进口业务,一直是外商洋行的天下。这种状况直到 1945 年 8 月抗战胜利以后,出现了大的变化。最明显的变化表现在洋行户数较前大为减少。"据不完全统计,洋行已从 1939 年的 732 户减少到 1946 年春季的 491户。日本商行都已关歇;过去实力很雄厚的德国商行,也因已列入敌对国籍而被遣回国,所减的户数亦特多。"②表 17-20 是抗战时期和战后上海洋商进出口行的增减情况表,从中可以看出外商洋行变化的基本情况。

---

① 《新银行法》,《银行周报》第 31 卷第 37 号,1947 年 9 月 15 日;宋佩玉:《近代上海外商银行研究(1847—1949)》,上海远东出版社 2016 年版,第 256—257 页。

② 上海社会科学院经济研究所、上海市国际贸易学会学术委员会编著:《上海对外贸易》下册,上海社会科学院出版社 1989 年版,第 148 页。

表 17-20　上海洋商进出口洋行户数增减情况（1939 年、1946—1947 年）

年份 \ 项目	现存总户数	较 1939 年增减户数	现存户数的国籍别								
			日	美	英	法	俄	德	瑞士	荷兰	其他
1939 年	740		102	199	130	35	6	53	18	9	188
1946 年春	491	减 249 户	—	231	79	22	42	6	17	6	88
1946 年冬	523	减 217 户	—	256	90	19	35	8	17	3	95
1947 年	370	减 370 户	—	182	73	25	11	6	14	1	58

资料来源：上海社会科学院经济研究所、上海市国际贸易学会学术委员会编著：《上海对外贸易》下册，上海社会科学院出版社 1989 年版，第 149 页。原表总户数和增减户数计算有误，是经重算核正。

　　从表 17-20 中可以看到，1947 年时，上海的外商洋行依然维持了下降的势头，总户数继续从 1946 年冬的 523 家下降到 1947 年的 370 家。美、英等主要国家的进出口洋行也在同步下降。经营进出口贸易的洋行数量下降，必然影响向来以外商洋行贷款融资和结算等业务为主的外商银行的经营和发展。

　　在洋行数量和业务都在减少时，华商经办的进出口企业数量有所增多，但是，这时在华商进出口企业中，官僚资本机构突然增多是一个明显现象。"它们的户数虽然在整个华商进出口行中所占比例不高，但它们的能量很大，它们和国家政权结合在一起，成为具有政治特权或凭借有特殊关系的官僚资本进出口企业。"[1]这种官僚资本进出口企业的势力不是一般华商进出口企业能够相比的，也不是外商洋行能够撼动的。这些新出现的官僚资本进出口企业不仅压迫华商民营进出口行，同时也挤占了外商洋行在华经营进出口业务的份额，对其业务经营形成了一种压迫和冲击。

　　在经营本地的存放款业务方面，抗战胜利后不断加重的通货膨胀，也对外商在华银行的业务经营造成了不利影响。在恶性通货膨胀的经济环境下，外商银行的资产、存款、放款实值较战前而言已经大为缩减，"只能为工商企业和社会炽热的投机活动办理收支出纳和结算，而无意对工业

────────

　　[1]　上海社会科学院经济研究所、上海市国际贸易学会学术委员会编著：《上海对外贸易》下册，上海社会科学院出版社 1989 年版，第 152 页。

及对外贸易加以扶植"①。以汇丰银行上海分行为例,战后最初资本法币有1200万元(相当于3万美元),随着通货膨胀的发展,资本额一年后只相当于4000美元。② 在严重通货膨胀的影响下,重物轻币的观念在民众中普遍存在,外商银行吸收存款艰难,资力日益薄弱,放款活动亦难以开展。到1949年5月上海解放前夕,"花旗银行上海分行法币存款总额仅值美金2.5万元,而保险库中存款仅有500美金"③。

恶性通货膨胀使得整个金融环境大受影响,也使得外商银行的业务活动陷于停顿。麦加利银行认为,恶性通货膨胀对于本行而言,已经"造成了业务的完全中断"④。此时,外商银行在华业务上的停滞,进出口贸易的下降,恶性通货膨胀的不断发展和国民党政府战场上失利带来的外在环境改变,都使得外商银行在1949年前后相继退出中国,"仅英商汇丰、麦加利仍在上海设点,但业务也已大大缩小"⑤。

① 宋佩玉:《近代上海外商银行研究(1847—1949)》,上海远东出版社2016年版,第261页。

② 宋佩玉:《近代上海外商银行研究(1847—1949)》,上海远东出版社2016年版,第261页。

③ 宋佩玉:《近代上海外商银行研究(1847—1949)》,上海远东出版社2016年版,第261页。

④ 宋佩玉:《近代上海外商银行研究(1847—1949)》,上海远东出版社2016年版,第262页。

⑤ 王垂芳主编:《上海洋商史1843—1956》,上海社会科学院出版社2007年版,第256页。

第十八章

国民党政府的战时和战后财政

　　国民党政府的战时和战后财政，在时间上分为抗日民族战争和解放战争两个时期。在这两个历史时期中，国民党政府财政的背景、条件和国民党政府采取的相关政策措施，有某些形似之处，但实质和结局不同。

　　20世纪30年代初期，日本帝国主义继制造"九一八事变"、侵占东北、炮制伪"满洲国"后，变本加厉，将其侵略魔爪伸向关内地区，加紧全面侵华战争的准备，中国面临生死存亡的重大考验，政治和经济受到严重打击，爱国知识分子匡绕国家战时财政经济问题，各抒己见，集思广益。1937年抗日战争全面爆发后，国民党政府对战时财政进行了初步探索，1937年8月相继出台的《战时财政办法》《总动员计划大纲关于财政金融实施方案》，就是这种探索的产物。战争转入相持阶段后，为支撑持久抗战，国民党政府调整财政政策，整顿税制、增加税收、发行通货、举债募捐，以弥补财政赤字。同时改革和整顿地方财政，先是确立县级财政，明确划定县级财政收入；1941年因财改加速恶化，濒临崩溃，进而确立国家财政和自治财政两级财政体制，省级财政纳入国家财政，自治财政则以县市为单位，并包括县以下各级地方自治团体。不过国民党政府推行战时财政的重点，摆脱财政困境的核心手段并不在这里，而是加速推行通货膨胀政策并改革税制，在增发货币、加剧通胀的同时，1941年，国民党政府决定，各省田赋收归中央，并改征实物。法币发行量从1941年年末的151亿元增至 1945 年的 10319 亿元，4 年间增加了 67 倍。[①] 在这种情况下，国民党军队和公职人员的军糈民粮，由于施行田赋征实，基本保证供应，不受恶性通胀的影响；而城乡的平民百姓，无不深受恶性通货膨胀之苦。只因当时国难当头，人民深明大义，委曲求全，勒紧裤带抗日救国，最终得以驱逐敌寇，取得抗战的胜利。

抗日战争结束后，中国国内特别是东北伪满辖区和关内沦陷区，城乡一片废墟，民生凋敝，经济萎缩，财政困窘，百废待兴。各族人民爱国热忱高涨，渴望和平，期盼休养生息、安居乐业。国民党政府不顾国家战后艰难、民众苦痛和殷切期盼，只想趁机大捞一把。日本一宣布投降，国民党军队、官吏，立即倾巢出动，抢占地盘。国民党政府在美国全力支援下，和日伪紧密配合、投降受降、一唱一和，伪军摇身一变，成为曲线救国的"英雄""将士"；国民党大小官吏更是贪腐变本加厉，接收大员"五子登科"，大饱私囊，日伪资产接收变成"劫收"。接着冒天下之大不韪，撕毁"双十协定"，悍然发动反革命内战。抗战结束后，国民党政府本来就没有立即将战时财政转为平时财政，现在更全面恢复战时财政，并加码和变本加厉。

抗战期间，国民党政府是消极抗日，积极反共。战后则是全力反共、灭共。在财政方面，必须搜罗更多人力物力、使用更大比重的财政支出支持反共反人民的内战。国民党政府曾将 1946 年的军费预算支出削减到占政府总支出的 43%，接近战前水平；把军队 253 个师缩减到 90 个师。但国民党政府旋即挑起内战，军费开支大幅增加，1946 年的比重升至 60%。1948 年上半年更高达 68.5%；军队维持在 450 万至 500 万人的水平。[②] 为了集中财力进行内战，对财政体制进行调整：1946 年 7 月将中央—县两级财政体制改回到 1941 年前的中央—省—县三级财政体制，并相应划分国税和地税，大头归中央，小头归地方。未几，中央因战争财政支出剧增，引发恶性通胀，并克扣减地方税收以作弥补，省县财政收入

---

① 杨荫溥：《民国财政史》，中国财政经济出版社 1985 年版，第 157 页。

② 张公权：《中国通货膨胀史（一九三七——一九四九年）》，杨志信译，文史资料出版社 1986 年版，第 102—103 页。

缩减，而公路、水利、官廨、校舍修复，军属优待，军粮军糈解运，动辄巨款应付，入不敷出，税捐加征，无休无止。从中央到地方，财政税收一片狼藉。

随着战争的推进，国民党军队士气低落，美式武器装备优势丧失，在军事上由对解放区的全面进攻转为重点进攻，又由重点进攻被迫转为战略防守、重点防守。伴随战场上的不断失败，国民党统治区呈加速度萎缩态势，接踵而来的是，税源和财政收入日益缩减，财政支出则不断增加，收支不敷的严重程度与日俱增。国民党政府为坚持和扩大反革命内战，维持甚至增大居高不下的军费支出，只有维持和扩大财税收入。国民党政府为此推出的财政经济改革、整顿法案、条例、办法五花八门，却又无一奏效，只能再想办法，往往朝令夕改。国民党政府也知道，财政失败，乃因经济、财政、金融措施"轻决多变"。不过再"多变"，也是万变不离其宗，核心不外乎加税举债、增发钞票两条。不是"饮鸩止渴"，就是"杀鸡取卵"，无意发展经济、"养鸡下蛋"。结果物价飞速上涨、货币恶性膨胀、经济凋敝、民不聊生，而财政收支飙升天文数字，会计无法用算盘计算。无奈之下，1948年8月废弃法币，改发金圆券，将此后12个月的财政收支估计，分别从法币73800000亿元和108000000亿元缩小为金圆券24.6亿元和36亿元，分别缩小300万倍，便于计算。但金圆券又步法币后尘，且有过之。11月份的发行额已较8月份增加10倍，并贬值80%，已不能用它"估计"政府财政收支。[①] 1949年1月，天津、北平相继解放，国民党政府威信扫地，国民党统治区各省政府独自发行可以兑换银元的钞票，并且截留中央税款；人民不再接收金圆券，改用银元、铜元、代用券，或干脆进行物物交换，国民党政府被迫宣布关税征收关金，用关金单位单独计算，其他税收强征实物，士兵饷金使用银元，如此等等。实际上宣告国民党政府的财政制度和财政系统已经土崩瓦解。

---

① 张公权：《中国通货膨胀史（一九三七——一九四九年）》，杨志信译，文史资料出版社1986年版，第59、111—112页。

第一节　抗战时期国民党政府的战时财政

日本全面侵华战争打响后,为维持战时生产和保障军需民用,国民党政府的财政由平时状态转入战时状态。随着战争的不断扩大,国民党统治区的前线后方,军需民用,耗费极巨,财政支出迅猛增加,财政局势日益艰难。为维持战时财政的正常运转,稳固统治,国民党政府采取整顿税制、发行通货和筹款募捐等举措,适时调整财政收支系统,一定程度上缓解了战时财政的紧张状况,使得战时军力、财力得到了保障,客观上促进了抗日战争取得最终的胜利。

一、国民党政府战时财政的起源

1927 年南京国民政府成立,此后便着手整顿国家财政经济,通过改革中央财税收支体系和管理制度等方式,极力统一全国财权,发展国民经济。1931 年"九一八事变"后,中日民族矛盾上升,两国大战随时可能爆发。为增强国家经济实力和国防实力,更好地应对即将到来的战争,一些仁人志士对国家战时财政经济政策展开争论,"战时财政"研究思潮迭起,"开源""节流"和"革除旧弊"等举措成为时人对经济备战的共同主张。1937 年 7 月"卢沟桥事变"爆发,日本发动全面侵华战争,为迅速调动人力、物力、财力集中抗战,国民党政府的财政旋即转入战时财政。由于国民党政权的本质和阶级的局限性,全面抗战初期国民党政府依旧热衷内战和掠夺人民,导致该时期的战时财政处于被动和应急状态,缺乏主动性和长远规划,财政支出捉襟见肘,继而不得不全面部署战时财政。

（一）"战时财政"研究思潮的兴起

随着 20 世纪 30 年代国际形势恶化,整个世界的均势被打破,作为中国强邻的日本悍然发动了"九一八事变",强占中国东北,大战一触即发。不久前才结束军阀混战的国民党政府能否经受得住这次战争的洗礼,让人担忧。其一,国民党政府虽实现了对全国的统一,但面临着经济凋敝、百废待兴的残局,加之政局不稳,地方派系林立,各怀鬼胎,维护统治有虞。其二,国民党政府加紧"围剿"红军,耗费了大量的财力、物力,使原本脆弱的财政状况雪上加霜。曾任国民党政府财政顾问的美国人阿瑟·恩·杨格曾表示:"战前十年的财政支出主要用于对付内乱和日本制造的麻烦,1928—1929年的开支款项,84%是军费加上利息,而在1929—1937年也从未降至三分之二以下。"①如表18-1所示,1929—1937年,国民党政府的财政赤字总体呈现上升的态势,收入与支出导致的财政缺口,使国民党政府的偿付能力面临巨大挑战。

表 18-1　国民党政府的收入、支出和赤字统计(1929—1937年)

(单位:法币万元;%)

项目 年份	支出	收入	赤字	赤字占支出 比重
1929	43400	33400	10000	23.0
1930	58500	48400	10100	17.3
1931	77500	55800	21700	28.0
1932	74900	61900	13000	17.4
1933	69900	61400	8500	12.2
1934	83600	68900	14700	17.6
1935	94100	74500	19600	20.8
1936	107300	81700	25600	23.8
1937	116700	87000	29700	25.4

资料来源:[美]阿瑟·恩·杨格:《一九二七至一九三七年中国财政经济情况》,陈泽宪、陈霞飞译,中国社会科学出版社1981年版,第38页表1。

对此,一批具有远见卓识的爱国知识分子在战前针对国家战时财政

---

①　[美]阿瑟·恩·杨格:《一九二七至一九三七年中国财政经济情况》,陈泽宪、陈霞飞译,中国社会科学出版社1981年版,第81页。

经济政策展开争论，"战时财政"一词应运而生。"战时财政"，相对于平时财政而言，主要指国家处于战争状态或即将处于战争状态时，为保证军事斗争胜利的同时，又能协调国家各个机构的有效运转而采取的财政政策。20世纪30年代，以马寅初、章乃器、何廉、刘大钧、千家驹、何伯雄等人为首的一大批经济学家，为应对即将到来的日本侵略，纷纷提出自己对于战时财政政策的见解。

这些学者敏锐地观察到，作为中国主要税源的关税、盐税和统税，势必会随着日本侵华战争的推进而缩减。如马寅初所言，日本"积极夺我东四省，无非以东四省为战时之资源地也。一面又消极地不许各国染指我国权利，开战以后，更必首先占领我国上海，以为彼之府库"[1]。若日本从中国东部发起攻势，成功占领后，其海军会对中国各大港口和通商口岸进行封锁，攫取巨额关税收入。同时，东部的产盐区亦会尽数落入日本囊中，致使中国丧失大部分盐税收入。此外，中国日常商品的生产和销售必然会受到战争的波及，统税收入难以为继。倘若如此，届时国民党政府的财政收入将会严重缩水，面临诸多掣肘。因而，对于国家战时财政问题，当时的经济学家们虽议论繁多，但大致主张无外乎三点：开源、节流和革除旧弊。

在"开源"问题上，他们主张国民党政府调整税制，增设新税种。比如，针对盈利所得，朱偰认为银行是盈利最甚而纳税最轻的行业，应当对其开设新税并加大征收，用以充盈国家财政。[2] 马寅初则鼓励征收营业税，"至就政府言之，则营业税之收入比较确定，比较均匀，征收费比较少，个人负担之痛苦比较轻。收入可靠，则各项政务得依次进行人民受益当亦不少"[3]。针对个人所得，千家驹提出国家应当理清个人的财产，并适当地征收个人财产税。[4] 此外，当时的学者普遍认为还应当增设享乐税、奢侈税，以此抑制上层的享乐之风、奢侈之举。

---

① 马寅初：《中国经济改造》，商务印书馆1935年版，第451页。
② 朱偰：《中国战时财政之出路》，《东方杂志》1937年第33卷第7号。
③ 马寅初：《马寅初全集》第5卷，浙江人民出版社1999年版，第256页。
④ 千家驹：《中国平时和战时财政问题》，《东方杂志》1938年第34卷第1号。

除了开设新税以外,有学者认为可以通过适当发行通货和借债的方式达到"开源"之效。如何伯雄基于对第一次世界大战期间西方国家应对战时的财政措施的考究,提出国家在促进社会生产的同时,可以适当发行通货、举借内外公债来填补巨额的军费开支,但这些通货和内外债的发行必须控制在一定数量内,以免引发严重的通货膨胀。[①]

至于"节流"和"革除旧弊",两者在一定程度上有互通之效。比如,章乃器认为历届政府最大的财政流弊在于"取之于民者未能尽用于民",若不将此弊端革除,便会迟滞社会经济的进一步发展,进而影响国家财政的未来收入。是以,他一方面主张严格控制财政支出,"取有余以补不足";另一方面,鼓励并支持发展农业、停止内战,以"防止民间资本变成内战资本,防止农业资本变成都市买办资本"。[②]

归根结底,时人提出的各种关于战时财政的主张,无不建立在以财政支持军事斗争的基础上。通过对战时财政的适时调整,以确保军事斗争的彻底胜利,实现中华民族的独立和自由。经济学家们对"战时财政"的探讨,为战时国民党政府制定行之有效的财政政策奠定了理论基础,尤其是在抗日战争后期国民党统治区经济状况极度恶化的情形下,这一时期的理论争鸣成果,为国民党政府摆脱财政困境提供了重要借鉴。

(二)国民党政府对战时财政的初步探索

"七七事变"后,日本全面侵华战争爆发,国民党政府不得不采取应对措施,实行全国抗战,国家财政旋即转入战时状态。国民党政府着手谋划战时财政,制定相关政策、措施。

1937 年 8 月 5 日,时任国民党政府财政部四川区税务局局长的关吉玉,提出《战时财政办法》八项,为"迅速而公平地征集全国财力,救济民族危亡",不仅拟定了比较具体的财政、税收措施,并对可能出现的危难局势预拟了相应的对策。

---

① 何伯雄:《中国的财政金融问题之研究》,《申报月刊》1936 年第 4 卷第 7 号。
② 章乃器:《由平时财政到战时财政》,《永生》1936 年第 1 卷第 20 期。

　　关吉玉的八项《战时财政办法》,内容甚广,主要涵盖税收捐派和财务行政两个方面。

　　一是采取"财务紧急措置",强化财政管理。具体包括设立"国防金管理处",统一管理战时财政收支、征集稽核等一切事项;设立"非常预算",于普通预算外,立即办理关于战费的特殊"非常预算",责成国防金管理处执行;整饬人事,慎选干员,保障事权统一,横的分科要少,纵的阶级要少,用的人员要少,奖惩确速,调动适宜,宽既往严将来,责其努力事功。

　　二是改进营业税,将其收归中央统一办理,经征税款,除以一部分按地方原收入八折抵偿地方财政亏额外,余者少数拨归"非常预算"收入。同时对营业税进行改进,税率不分行业、级差,一律定为5%;商家账簿由国家统一格式和印制、发放;废除免税规定,凡有营业行为者,一律课税。预计上述改进后,除抵补各省市现收入外,可增收4亿元,划归"非常预算"收入。

　　三是设立国家专卖局,整顿专卖。专卖货品为石油、硝磺、铜、食盐、火柴、卷烟六种。石油、硝磺、铜为战争用品原料,食盐、火柴、卷烟为消费品,后者可通过提高价格,统制产销,节省资源,并代替商品营业税,利归国家。暂以食盐、火柴、卷烟及石油四项计,年可收纯益8亿元,较之现在税收约增6亿元。

　　四是推行"机关献金"。由"国府"令行中央及地方各机关之经常支出,除军务费外,一律降至八折,以二成作为"献金",划归"非常预算"收入。各机关缩减之军费,由各机关在半年内,在不增税目、税率的条件下,自行调整。中央经常支出除军费外,年约6.5亿元,各省市约3亿元,以二成计,每年可得约1.8亿元的献金收入。

　　五是调整国税。国税主要包括关税、盐税、统税和所得税等四项。现年关税收入为3亿元,其中80%由沿海口岸征收。战争爆发后,海口会立即被敌人封锁,关税收入"即行大部消灭,战争资源亦将无输入可能,是以维持对外交通线,至为紧要",必须努力维持和建成香港线、川滇线、新疆线等对外交通线。为此要促成粤汉广九接轨;在最短期间完成川黔滇铁路;修筑新疆公路,以连接吉尔吉斯斯坦铁路。同时调整关税,提高奢侈品及无关战争用品税率至 200%,减低或免除有关战争用品及其原料品税率。盐税年收入约 1.8 亿元,盐产量年约 3000 万担,但 80% 的产量在沿海,战时易被敌人破坏、掠夺,必须设法应对。在内地销岸(湘鄂皖赣)增储常平盐;整理内地井盐、池盐;努力改良制法,改行专卖,以保证民用食盐和国家盐税。统税因提供税源的货物制造厂(纱厂、面粉厂、火柴厂、卷烟厂等)在战时均易被破坏、掠夺,亦须设法应对,奖励迁往内地,另外,为维持和增加税收,可酌列丝、纸张、药材为统税货品,年可增收 5000 万元。所得税现今只有营利、薪给及利息三项,应尽先增加都市房产所得、土地所有者所得、特种营业(园艺、林业)所得,以扩大征收范围,增加税额。

六是"金融运用"。通过集中黄金、统制外汇、统制物价、增发钞票、增发公债,扩大"非常预算"收入。集中黄金至少可得 15 亿元,并应增加金银产量;严格统制外汇,一切国外汇兑统由中央、中国、交通三行办理,并节省硬通货以供战费;战时因人心恐慌,物价极易出现"不近情理之飞涨",战争用品更易为投机家所操纵,故须成立"评价委员会",公平评定全国物价,防止所征税款增加。还不及物品涨价之速,以致战时财政政策被"根本颠覆";增发钞票需要准备金,可利用者包括存于纽约和伦敦的外汇、国内银行存银、国内银行及个人存金、金银首饰,共计约 27 亿元,以三成半为发钞准备率,可发钞 77 亿元,除已发之 14 亿元外,尚可增发 63 亿元;另有增发公债,现负内债约 22 亿元,尚可增发 40 亿元,其中全国各银行公会、各工商会承购 20 亿元;全国土地所有者认购 10 亿元;各地华侨认购 8 亿元;由人民自由或强制购买约 8 亿元。所集"非常预算"收入,应立刻尽量向外购买军用品,否则海路一阻,即使征得巨额硬通货,购买亦甚困难。华侨购债 2 亿元,款项既在国外,即可专用于购买军需器品。

七是杂税兴革。具体包括整理田赋、办理都市土地税、推行宴席捐、开办盈利税、创办遗产税等。其他可得收入和可办之新兴杂税,经国防金管理处允准,均应积极办理。杂税改良后,至少每年可增收 3 亿元。

八是统驭省县财政。各省财政厅厅长、市财政局局长，均由财政部会同国防金管理处呈请委派，各县征收人员由省府委派后，亦须报请财政部核予加委；各省县财政机关于国防献金外，须在不另立税目、不增高税率的条件下，负责力筹补助"非常预算收入"，依其补助之多寡，定为奖惩黜陟条件之一；关于非常财政事务，国防金管理处得直接指挥全国各省市县等一切财政机关办理。[①]

继关吉玉八项《战时财政办法》之后，1937年8月30日，国民党政府国防最高委员会会议通过《总动员计划大纲关于财政金融实施方案》，对战时财政、金融拟定新的部署：

财政方面，改进旧税，变更稽征办法，维持国有收入；举办新税，另辟战时特别财源；发行救国公债，奖励国内人民及海外华侨尽力购买，指充战费；核减党政各费及停止不急需之一切事业费支出；修改关税进口税则，使消费品输入减少，战时必需品输入增加；加强出口管理，国内"所产大宗适于各国需要之物品，得由政府办理输出"，交换战时必需之入口货品；整理地方财政，增加收入，紧缩支出，使有余力补助中央战费。

金融方面，加强通货管理和外汇管理。推算法币需要数额，预为印制存储；将发行之现银准备，妥为安全存储，并奖励督促收兑民间金银，以充实现银准备；合理增加与国防民生有关的农工商矿重要事业的通货供给；法币发行应从速实行中央储备银行法所规定的办法。另外，严格限制外汇；积极流通内汇，凡未设银行的地方应利用邮政机关办理。同时，加强金融业务管理、金融机关管理，必要时主管机关得与各地银行公会规定临时办法，以维持金融安全；指导投资，使资金运用于必需品的生产和储集事业；促令金融机关将资金逐渐转移至安全地带；促令各银行分别就指定地点设立分支机构或新组银行，以健全金融网；促令各银行组织联合储备机关，以健全金融机构。[②] 这些规定，除了金融机构、银行资金后撤及其

---

① 中国第二历史档案馆编：《中华民国史档案资料汇编》第5辑第2编，财政经济（1），江苏古籍出版社1997年版，第1—9页。

② 中国第二历史档案馆编：《中华民国史档案资料汇编》第5辑第2编，财政经济（1），江苏古籍出版社1997年版，第11—13页。

善后措置,基本内容与此前经济学家们的主张和《战时财政办法》特别是"开源""节流"的战时财政要义大致吻合。

时任国民党财政部部长孔祥熙,是当时以借债为核心的财政政策的主要制定者和实施者。在他看来,"大规模长期战争,则应以借债为填补战费之主干,以增税为支持借债之柱石,以发钞为发达产生融通资金及紧急之补充,三者交相为助"①。因此,在孔祥熙的支持下,抗战之初共发行了"救国公债五亿元、国防公债五亿元、金公债(合该时法币约五亿五千万元)三种,及赈济公债一亿元,共计十六亿五千万元"②。而同一时期国民党政府的税收总额仅为 6.63 亿元,发钞总额仅为 9 亿元。③

实际上,国民党政府"以借债为填补战费之主干"的政策在抗战初期确有某种成效。在国民党政府 1937 年度的财政收支报表中,现金结存除外的实际支出是 209100 万元,公债实收数为 25600 万元,占实际支出的 12.24%。④ 此外,"1937 年到 1938 年,国库赤字有 40% 是用出售外汇和认购公债弥补的"⑤。

面对日军的猛烈进攻,在敌强我弱的形势下,国民党政府无法阻挡住日军的长驱直入。截至 1938 年,日本除东北外,又迅速占领了华北地区,江南各省发达地区也大多沦陷,国民党统治区的面积大幅萎缩。随着重要港口城市和沿海省份的陷落,作为国民党政府主要财政收入的关税、盐税和统税锐减。而财政支出,一方面,为应对前线抗战,军需浩繁;另一方面,国民党政府以"抗战建国同时并重"相号召,大力推进后方的开发与建设,为数亦巨。加之日本加紧破坏国民党统治区的经济与金融,在经济上拖垮国民党政府,以达到政治诱降的目的。各种因素交织下,国民党政府不得不再次调整财政政策。

---

① 李茂盛:《孔祥熙传》,中国广播电视出版社 1992 年版,第 112 页。
② 马寅初:《马寅初全集》第 13 卷,浙江人民出版社 1999 年版,第 487 页。
③ 杨荫溥:《民国财政史》,中国财政经济出版社 1985 年版,第 116、163 页。
④ 杨荫溥:《民国财政史》,中国财政经济出版社 1985 年版,第 102、150 页。
⑤ 张公权:《中国通货膨胀史(一九三七——一九四九年)》,杨志信译,文史资料出版社 1986 年版,第 4 页。

二、国民党政府战时财政政策的全面实施

经过全面抗战初期的艰苦抵抗，国民党政府对"战时财政"积累了一定的实践经验，开始着手全面部署战时财政。一方面，适时调整财政收支政策，通过整顿税制、发行通货和筹办募捐等方式增加财政收入；另一方面，划分财政收支系统，逐步规范地方财政，增强中央的战时财政统筹力量。

（一）适时调整财政收支政策

1938 年 10 月，广州、武汉相继失守，战争进入相持阶段。如前所述，受战争态势的影响，国民党政府的财政收入急剧减少，而财政支出却不断上升，收支平衡难以维系，同时迫于战线拉长，为应对日本发起的下一轮攻势，国民党政府急需补充兵源。大规模的征兵，致使财政支出呈现爆炸式增长，为筹集更多战时经费，弥补财政赤字，国民党政府全面实施战时财政政策。

1. 整顿税制，增加税收

税制调整一直是战时财政的主线，一般通过开辟新的税收来源、增加税种、提高税率等方式来实现征额增收。继抗战初期对战时财政初步探索后，国民党政府于 1938 年 8 月颁布《抗战建国纲领财政金融实施方案》，强调国家处于战争的非常时期，需要采取新的税制——战时税制。

战时税制的推行，主要包括两大项：

一是整理旧税。战时新税制首先是建立在对旧有税制的整理上。对旧有税制的整改，集中表现为对关税、盐税和统税的调整，以适应战时需要。在关税方面，首先改定现行出口税制，即采用奖励和减免等方式，推进本土货物出口。如"凡出口货品所得外币价款结售于国家银行者，分别减免出口税，手工艺品出口亦予免税，以奖励输出，易取外汇"并拟重行改订出口税制，凡出口大宗货品，可以在海外推广销路易取外汇者，如桐油、牛皮、蛋品、猪鬃、肠衣等经规定应结外汇之各种货品，除于保险运

输各方面予以优遇外,并得减免出口税。其次是改进转口税制,对转口税的征收次数和额度进行限制,规定"每种货品一次应收税款在法币一元以下者,免征转口税,使本产本销量少价贱之平民日用必需品得享受免税优遇"。盐税方面,多是明确对战时盐务的要求。其一,确保产量无虞,通过"增加川粤两区产量,以备鲁淮潞等区失陷后接济湘鄂豫皖陕等之食用";其二,调整运销设置,"收运机关与地方政府及民营公司切实合作,大量运储以防盐荒"。至于统税方面,其一,奖励统税货品工厂移设内地,稳固后方。即通过提供各种政策优惠,与沦陷区争夺工厂,规定"其基地厂房之购置建设,机件、物料之迁移转运,以及资金之贷借等,依照工厂调整办法予以协助与便利。工厂需用原料如内地产量不敷必须取之于外者,在税捐及运输上再予以相当优惠,以助其发展"。其二,上调卷烟税率,以节制消费兼顾税收,规定"拟就现行四级税率一律酌予提高,并对原准放宽之限价,体察市场情形,重行考订,以期平允"。此外,还对直接税予以调整,明确规定扩大所得税范围,"凡动产与不动产之所得概予课税,现行税率酌予提高,并采分级累进制,使负担公允"。①

二是举办新税。其一,举办战时消费税。凡奢侈品及具有奢侈性之消费品,课以战时消费税。洋货按进口税则比例计算,土货按转口税则比例计算,使洋货负担较重,土货负担较轻。应征消费税之货品分为甲乙两类,甲类奢侈品如人造丝及海味、燕窝等四十余种,年值 2000 余万元之货品,征收较重之消费税。乙类普通消费品如呢绒、呢帽等 24 种,年值 5000 余万元之货品,征收较轻之消费税。此类消费税,虽可酌调海关人员驻关征收以节经费,但应另立体系,收支独立,不涉海关行政范围。其二,举办战时利得税。凡在战争期内,特别利得者除所得税外,另按分级累进税率加征利得税,以平衡其负担。其三,筹办遗产税。限期订制条款及税率,即予施行。依据中政会所议决之原则列为条文,并另加入税率之规定,订立暂行条例公布施行。税则务求简明,税率亦求温和,以实验所

---

① 刘冰:《国民政府抗战建国纲领财政金融实施方案》第四章财政,《民国档案》1987 年第 1 期。

得，随时改进补充。至于征收手续、完税期限及罚则各项，当一律于施行细则中详为规定，以期周妥。①

2. 以"新三税"弥补"旧三税"

所谓"旧三税"是指关税、盐税和统税，这三大税收一直是国民党政府财政收入的重要支柱，无奈随着东部地区的沦陷，三大税收已大不如前。在1937年日本全面侵华战争爆发以前，"旧三税"占国民党政府税项总岁入9/10以上，1937年后却不断缩减。如表18-2所示，1937—1940年国民党政府关税、盐税和统税的预算数呈现下降趋势，实收数更是远远低于缩水后的预算数。就关税而言，1940年实收数额跌至3800万元法币，实收比率仅为14.5%。由此可见，抗日战争进入相持阶段后，关税、盐税和统税已经难以为继。②

表18-2　国民党政府关税、盐税、统税短收情况（1937—1940年）

（单位:法币万元;%）

项目 年份	关税			盐税			统税		
	预算数	实收数	实收占预算百分数	预算数	实收数	实收占预算百分数	预算数	实收数	实收占预算百分数
1937	36900	23900	64.8	22900	14100	61.6	17600	3000	17.0
1938	18500	12800	69.2	11500	4800	41.7	8800	1600	18.2
1939(1)	24300	34900	143.6	8300	6100	73.5	3200	2200	68.8
1940	25900	3800	14.7	10000	8000	80.0		（2）	
总计	105600	75400	71.4	52700	33000	62.6	29600	6800	23.0

注:(1)1939年度，国民党政府会计年度改为"历年制"。
　　(2)1940年起，改为货物税，故不列在此表。
资料来源:杨荫溥:《民国财政史》，中国财政经济出版社1985年版，第104页表3-3。原表百分数计
　　　　　算有误，是经重算订正。

为了弥补传统财政收入的日益短绌，国民党政府开征食盐战时附加

---

① 中国第二历史档案馆编:《中华民国史档案资料汇编》第5辑第2编，财政经济（1），江苏古籍出版社1997年版，第15页。
② 杨荫溥:《民国财政史》，中国财政经济出版社1985年版，第105页。

税、货物税和直接税,并将这"新三税"逐渐发展为战时财政收入的新支柱。

(1)推行食盐战时附加税

1940年9月,国民党政府将盐税改为从价征收。1943年之后由于战事紧张,开支剧增,国民党政府再次改革盐税,将其设为专卖,开征食盐战时附加税,并按从量税率,每担加征300法币;自1944年3月起,再随盐附征每担1000元的"国军副食费"。[1] 食盐专卖与增收附加税的推行,极大地帮补了抗战时期国民党政府的财政收入。据估计,食盐的专卖收入及其附加税收入在1942—1944年间占全国税收总收入的38%左右,成为当时国民党政府最大宗的财税收入。[2]

(2)将统税增扩成货物税

货物税,即统税、烟酒税、货物出厂税和货物取缔税的合称。此外,含有货物税属性的矿产税和战时消费税也包括在其中。全面抗战打响后,统税的实收税额大为缩减,为弥补税收损失,国民党政府将统税逐步整改成为货物税。其一,扩大征税地区和课税范围。除了把西南数省纳入统税征收区域以外,国民党政府于1940年起将统税改征为货物税,并把饮料品、糖类、茶类、纸箔、皮毛、陶瓷、竹木等都列入课税范围。其二,改变课税标准,此前的从量税率一律改为从价税率,以适应战时通货膨胀、物价飞涨的形势,保障统税收入。其三,重要物资进行实物征收。先是于1943年对棉纱与麦粉实行实物征缴。其中,棉纱年征收额度有"平价纱三千五百余大包",麦粉的年征收额度有"每年征实数量达六万余袋"。[3]接着,1944年下半年糖类也被纳入征实范围,截至1945年10月,糖类征实缴税总额度"除供应外,尚达一百七十余万市斤之巨"[4]。其四,推行战

---

① 财政部财政年鉴编纂处编纂:《财政年鉴三编》,第七篇盐政,中央印书局1948年版,第6页。

② 杨荫溥:《民国财政史》,中国财政经济出版社1985年版,第107页。

③ 财政部财政年鉴编纂处编纂:《财政年鉴三编》,第八篇货物税,中央印书局1948年版,第32、36页。

④ 财政部财政年鉴编纂处编纂:《财政年鉴三编》,第八篇货物税,中央印书局1948年版,第28页。

时消费税。早在 1938 年国民党政府颁发的《抗战建国纲领财政金融实施方案》中,已经提及对奢侈品征收战时消费税,规定"凡奢侈品及具有奢侈性之消费品,课以战时消费税,洋货按进口税则比例计算,土货按转口税则比例计算,使洋货负担较重,土货较轻"①,但这一税项直到 1942 年 4 月国民党政府才正式推行。战时消费税的课税地区为国民党统治区与沦陷区的边沿地带,征收税率为:日用必需品征缴 5%,属次要的日用品则征 10%,半奢侈品为 15%,奢侈品课税最重达 25%。② 此税在全国仅征一次,后未再征缴。此外,战时种种货物税一并由战时消费税取代,虽由海关负责具体征缴,但不属于关税范畴。战时消费税自 1942 年开征到 1945 年废止,共计征收 32.59 亿元③,也是一项不小的收入。

国民党政府整合税项统称为货物税,并推行战时消费税,使得国库收入增加不少。自 1940 年至 1945 年,货物税收入逐年递增,不包括税收征实部分,每年货物税占总税收比重依次为 27.4%、28.3%、35.8%、22.3%、22.7%、24.2%,如若将所征实物纳入计算,货物税收仅次于食盐项收入,位列抗日战争时期国民党政府财政收入的第二位。④

(3)开征新的直接税

直接税,顾名思义就是直接向人民征收的税种,主要针对纳税者的收入以及其所拥有的财产价值来征缴。抗日战争时期属于直接税性质的税项有 5 种,分别为印花税、所得税、遗产税、非常时期过分利得税和营业税。其中,印花税在民国初年已经开办,1940 年 6 月划归财政部直接税处统一办理;所得税也于全国抗日战争爆发前(1936 年 10 月)开征。全国抗战后,鉴于工厂搬迁、交通不畅等因素的制约,间接税征收变得困难,财政部转而将目光投向直接税。如表 18-3 所示,自 1938 年 3 月起,直接税的相关法案屡有出台,至 1943 年逐渐构建起完整的直接税征收体系。

---

① 中国第二历史档案馆编:《中华民国史档案资料汇编》第 5 辑第 2 编,财政经济(1),江苏古籍出版社 1997 年版,第 15 页。

② 秦孝仪主编:《中华民国经济发展史》第 2 册,近代中国出版社 1983 年版,第 731 页。

③ 杨荫溥:《民国财政史》,中国财政经济出版社 1985 年版,第 109 页。

④ 杨荫溥:《民国财政史》,中国财政经济出版社 1985 年版,第 109—110 页。

表 18-3　抗战时期国民党政府的直接税相关法案汇总（1938—1943 年）

税项名称 法案条例	法案条例	颁发年月
遗产税和战时利得税	《推行战时税制》	1938 年 3 月
非常时期过分利得税	《非常时期过分利得税税率条例》	1938 年 7 月
遗产税	《遗产税条例》	1938 年 10 月
遗产税	《遗产税暂行条例施行细则》	1939 年 12 月
营业税	《修正营业税法》	1941 年 9 月
所得税（复公布）	《所得税法》	1943 年 2 月
非常时期过分利得税（复公布）	《非常时期过分利得税法》	1943 年 2 月
所得税	《财产出卖租赁所得税法》	1943 年 2 月

资料来源：据潘国琪：《抗战初期国民政府财政政策考辨》，《抗日战争研究》2003 年第 1 期整理编制。

新开征的直接税中，遗产税于 1938 年 3 月便欲开办，同年 8 月国民党政府再次提出对个人征收遗产税，"限期订定条例及税率，即予施行。依据中政会所议决之原则列为条文并另加入税率之规定，订立暂行条例公布施行"①，但最终延至 1940 年方才开征，并规定以遗产 5000 元为起征点，5000 元至 5 万元者课税 1%，5 万元以上者课以超额累进税，累进税率控制在 1%—5% 的范围内。《非常时期过分利得税税率条例》于 1938 年 7 月颁布，定于次年 1 月 1 日正式开征。营业税于 1931 年颁布，原系地方财政收入税项，1942 年划归中央财政收支体系，由财政部直接税处接管。营业税的税则依照 1941 年的修订要求，统一以营业收入额为课税标准，税率为 1%—3%；对于不能以营业总收入计算者，则以资本额为课税标准，税率为 2%—4%，由各省市分别酌定之。② 随着直接税征收系统的建立、完善，该税项所征额度呈现持续上升态势。1940 年直接税共计

① 刘冰：《国民政府抗战建国纲领财政金融实施方案》第四章财政，《民国档案》1987 年第 1 期。

② 秦孝仪主编：《中华民国经济发展史》第 2 册，近代中国出版社 1983 年版，第 730 页。

征税 0.76 亿元,而 1945 年达 144.11 亿元,增长速度十分迅猛。[①]

总体而言,抗战爆发后,关税、盐税和统税逐渐短收,国民党政府不得不竭力开征食盐战时附加税、货物税和直接税,以"新三税"弥补"旧三税",并结合扩大征收范围、提高税率、改用从价和归并税种等多项举措,使国民党政府财政收入得以维持。如表 18-4 所示,在 1942—1943 年间,三种新税收入已占国民党政府全年税收收入的 60%以上,1944 年增至 87.3%,1945 年其比重更是增至 90%以上,成为国民党政府财政收入的新三大支柱。

表 18-4　国民党政府战时新三税占全年税收收入的比重(1942—1945 年)

(单位:%)

项目 年份	食盐战时附加税及 盐税占税收的比重	货物税占 税收的比重	直接税占 税收的比重	三税总计占 税收的比重
1942	—	35.8	30.7	66.5
1943	9.9	22.3	31.2	63.4
1944	43.6	22.7	21	87.3
1945	51.7	24.2	14.4	90.3

资料来源:杨荫溥:《民国财政史》,中国财政经济出版社 1985 年版,第 114 页。

3. 发行通货,大举借债

抗日战争初期(1937—1938 年),得益于国民党统治区内农业丰收以及广大人民对法币的信任,这一时期国民党统治区的通货膨胀程度尚轻,法币发行增速较慢。如表 18-5 所示,1937 年法币发行额为 16 亿元,1938 年增至 23 亿元,与 1936 年的法币发行额相比,这一时期平均每年法币发行增速为 38.5%,尚处在人民可以承受的范围内。随着战争的延长和持久,军耗日繁,而上述增税措施无法实现釜底抽薪,为进一步弥补财政赤字,除了发行通货和举借公债,国民党政府别无他法。抗日战争进入相持阶段以后,国民党政府的法币发行可以划分为两个阶段:

[①]　杨荫溥:《民国财政史》,中国财政经济出版社 1985 年版,第 112 页。

表 18-5　国民党政府法币发行额及其指数（1937—1945 年）

（单位：法币万元）

项目 年份	发行数额	比上年增加		各阶段平均 每年增加 百分比（%）	发行指数 （各年 12 月） （1937 年 6 月 = 1）
		数额	百分比（%）		
1937	160000	40000*	33.3	38.5	1.17
1938	230000	70000	43.7		1.64
1939	430000	200000	87.0	87.3	3.05
1940	790000	360000	83.7		5.60
1941	1510000	720000	91.1		10.76
1942	3440000	1930000	127.8	210.7	24.42
1943	7540000	4100000	119.2		53.57
1944	18950000	11410000	151.3		134.64
1945	103190000	84240000	444.5		738.45

注：1936 年年底发行数为 12 亿元，故 1937 年一年内增发数为 4 亿元。

资料来源：杨荫溥：《民国财政史》，中国财政经济出版社 1985 年版，第 157 页表 3-36。

　　1939—1941 年为第一个时期。本期法币增发量大涨，平均每年增发速度比 1937—1938 年这段时期加快了 2.27 倍。1938 年 10 月，抗日战争进入相持阶段，战争的持续使得军事开支继续上升，加之西南大后方经济基础薄弱，工业产出有限等因素导致建设经费持续攀升，国民党财政收支出现入不敷出的情况。为此，财政部门特意在 1939 年 1 月召开的国民党五届五中全会上作出申报，要求增加纸币发行量，并且最终得以批准，增发法币就此纳入战时财政政策体系当中。[①] 此后，法币发行总量不断上升，如表 18-5 所示，1939—1941 年间，法币发行总量平均每年增加 87.3%，仅 1939 年的法币发行量就已超出前两年的总和。更为甚者，1941 年的法币发行总量是 1939 年的 3.5 倍，是 1937 年的 9.4 倍，增发速度上升至 91.1%。[②]

　　1942 年至抗战结束为第二个时期。本期通货膨胀十分严重，法币发

————————

① 吴菊英：《国民党五届五中全会财政部财政报告》，《民国档案》1986 年第 2 期。

② 杨荫溥：《民国财政史》，中国财政经济出版社 1985 年版，第 157 页。

行量涨幅惊人。究其原因,一是本期内国民党政府军费开支飙升。1942—1945 年间,日本为迫使国民党政府投降,先后发动几次大的战役,使得国民党政府军事开支猛增猛涨。1942 年,国民党政府军事开支尚为 113 亿元,1943 年军费开支增至 230 亿元,1944 年的军费开支比前一年翻了将近两番,是为 553 亿元,1945 年的军费开支更是急剧膨胀,飙升至 4213 亿元,已是 1942 年军费开支的 37 倍之多。[①] 二是本期内国民党统治区经济急剧衰退。1942 年后中国国际交通线几乎断绝,国际援助运输更加困难,国民党统治区工农业生产青黄不接,"30 年(1941 年)实是后方工业发展的顶点,过此即已呈衰象"。[②] 再加上民众对法币的信心不复从前,并且抗战后期法币流通范围大有缩减[③],诸多因素交织下,本期内国民党政府财政亏空不断加大。因此,国民党政府不仅无法摆脱增发纸币,通货膨胀的局面,并且越演越烈,如表 18-5 所示,1943 年增发法币 410 亿元,1944 年增发法币 1141 亿元,1945 年更是增发法币 8424 亿元。平均每年发行法币增速为 210.7%,其中,1945 年最为疯狂,发行增速竟达到 444.5%。

除了发行通货以外,政府还依旧延续抗战初期所采取的公债政策,发行大量内外公债,以填补巨额的财政赤字。如表 18-6 所示,自抗战爆发至战事结束,共发行内债 23 次,其中,法币公债达 1607200 万元,关金达 1 亿元,英金达 2000 万镑,美金达到 2.1 亿元。至于外债,全面抗战初期国民党政府通过三项易货借贷,从苏联获取总数为 25000 万美元的贷款;1939 年之后,美、英两国成为国民党政府的主要贷款国,截至 1944 年,国民党政府先后从这两个国家获得贷款共 9 项,总金额为 8.5 亿多美元。[④]

[①] 吴冈编:《旧中国通货膨胀史料》,上海人民出版社 1958 年版,第 153 页。
[②] 寿进文:《战时中国物价问题》,生生出版社 1944 年版,第 32 页。杨培新:《旧中国的通货膨胀》,人民出版社 1985 年版,第 39 页。
[③] 杨培新:《旧中国的通货膨胀》,人民出版社 1985 年版,第 40 页。
[④] 杨荫溥:《民国财政史》,中国财政经济出版社 1985 年版,第 153—154 页。

表 18-6 国民党政府国内公债统计（1937—1945 年）

债券别* \ 项目	发行日期	发行额** 发行定额	实发行额	利率
1 救国公债	1937 年 9 月 1 日	5 亿元	2.225 亿元	年息 4 厘
2 整理广西金融公债	1937 年 12 月	1700 万元	1700 万元	年息 4 厘
3 短期国库券	1937 年 8 月 1 日	5 亿元	5 亿元	月息 6 厘
4 国防公债	1938 年 5 月 1 日	5 亿元	498111050 元	年息 6 厘
5 金公债	1938 年 5 月 1 日	关金 1 亿元、英金 1000 万磅、美金 5000 万元	关金 9900 万元、英金 9.3 万磅、美金 4185 万元	年息 5 厘
6 赈济公债	1838 年 7 月 1 日	3000 万元	2500 万元	年息 4 厘
7 建设公债	1939 年 4 月 1 日	6 亿元	6 亿元	年息 6 厘
8 军需公债	1939 年 6 月 1 日	6 亿元	6 亿元	年息 6 厘
9 军需公债	1940 年 3 月 1 日	12 亿元	12.5 亿元	年息 6 厘
10 建设金公债	1940 年 5 月 1 日	英金 1000 万磅、美金 5000 万元	英金 987 万磅、美金 4599 万元	年息 5 厘
11 建设公债	1941 年 3 月 1 日	12 亿元	12 亿元	年息 6 厘
12 军需公债	1941 年 2 月 1 日	12 亿元	11.85 亿元	年息 6 厘
13 滇缅铁路金公债	1941 年 7 月 1 日	美金 1000 万元	美金 1000 万元	年息 5 厘
14 粮食库券	1941 年 9 月 1 日	谷 171336 石、麦 2066667 石	谷 6762252 市石、麦 598451 包	周息 5 厘
15 中国农民银行土地债券	1942 年 3 月 26 日	1 亿元	1 亿元	年息 6 厘
16 年粮食库券	1942 年 9 月 1 日	谷 11380036 石、麦 240 万市石	谷 10463198 市石、麦 1209110 包	周息 5 厘
17 同盟胜利美金公债	1942 年 5 月 1 日	美金 1 亿元	美金 9980 万元	年息 4 厘
18 同盟胜利公债	1942 年 7 月 1 日	法币 10 亿元	6.1 亿元	年息 6 厘
19 同盟胜利公债	1943 年 6 月 1 日	法币 30 亿元	30 亿元	年息 6 厘
20 整理省债公债	1943 年 7 月 1 日	1.75 亿元	1.75 亿元	年息 6 厘
21 粮食库券	1943 年 9 月 1 日	稻谷 2313 万市石、麦 155 市石	稻谷 2313 万市石、麦 155 市石	周息 5 厘

续表

债券别* \ 项目	发行日期	发行额**		利率
		发行定额	实发行额	
22 同盟胜利公债	1944年7月1日	50亿元	50亿元	年息6厘
23 四川省征借粮食临时收据	1944年9月	粮食1200万市石	粮食1200万市石	周息5厘

注:* 债券名称除救国公债、中国农民银行土地债券外,开头全部冠有发行当年的民国纪年,如"民
　　国二十六年整理广西金融公债"(余类推)。为简化表中文字,债券名称前的民国纪年已全部
　　删除。
　　** 除另有注明外,币种全部为法币。
资料来源:千家驹编:《旧中国公债史资料(一八九四——一九四九年)·旧中国发行公债史的研究
　　(代序)》,财政经济出版社1955年版,第32—33页;《旧中国公债史资料(一八九四——
　　一九四九年)》,第275—318页所辑相关公债条例资料;财政部财政年鉴编纂处编纂:《财
　　政年鉴三编》,第九篇国债·内债,中央印务局1948年版,第10—14页综合整理、计算
　　编制。

4. 兴办各种募捐活动

　　募捐活动与抗日战争相始终,它是促使中国人民取得抗日战争胜利的重要力量。为解决抗日战争所引发的财政问题,除了增税、印钞和发债之外,国民党政府在抗日战争期间还多次开展募捐活动。募捐活动的形式不一,既有官方组织的,也有民间自发组织的;涉及的主体也较为多元,既有国内的民众,也有海外爱国华侨,既有上层知识分子,也有下层农民穷户。全面抗战之初,国民党政府便已出台募捐政策,如表18-7所示,该时期国民党政府发布的募捐政策及社会宣传的相关文件就有6份之多。抗日战争进入相持阶段后,中国军需物资陷入极度缺乏的境地,为此,1939—1944年年底,国民党政府更是相继出台了一系列的捐募政策。

表18-7　全面抗战时期国民党政府募捐政策及社会宣传相关文件统计

时间 \ 项目	颁发部门(者)	文件名称	主要作用(目的)
1937年9月	国民党政府行政院	《金类兑换法币办法》	为国库收集黄金
1938年1月	国民党政府	《统一募捐及慰劳工作纲要》	统一募捐工作,增进工作效率

续表

时间 \ 项目	颁发部门（者）	文件名称	主要作用（目的）
1938 年 6 月	国民党政府军事委员会政治部	《全国民众宣传大纲及宣传办法》	促进民族觉醒，歌颂军民抗战，揭露日军暴行
1938 年 7 月	蒋介石	《告全国军民书》	鼓动全国军民抗战
1938 年 7 月	国民党政府	《节约运动计划大纲》	鼓励社会捐献金银物品（献金）
1938 年 12 月	国民党中央社会部	《推行义卖献金运动办法》	对义卖献金做了原则上的规定
1939 年 1 月	国民党中央社会部	《各地推行义卖运动准则草案》	深化对义卖献金的推行、管理
1939 年 5 月	国民党中央政治部	《关于义卖献金运动办法意见书》	推广义卖献金办法，减少劣弊
1939 年 7 月	国民党政府行政院	《统一缴解捐款献金办法》	统一捐款上缴，制定上缴的详细流程
1940 年 2 月	国民党中央社会部	《关于改进国内各地捐募办法》	进一步改进捐募办法强化管理
1940 年 2 月	国防最高委员会	《改进募集捐款献金办法》	试图使捐款由官方核准或备案
1941 年 3 月	国民党五届八中全会	《积极动员人力物力财力确立战争经济体系案》	动员全国之经济力以持久抗战
1941 年 6 月	国民党政府行政院	《统一征募劳军财物办法》	明确动员委员会负责及其他具体办法
1941 年 10 月	国民党政府	《非常时期捐献款项承购国债及劝募捐款国债奖励条例》	对捐献承购国债及劝募捐款国债的人承购数额分等级颁予勋章
1941 年 12 月	国民党政府行政院	《统一捐款献金收支处理办法》	捐款的处理办法
1941 年 12 月	国民党五届九中全会	《加强国家总动员实施纲领案》	强化全国动员以提升战力
1942 年 3 月	国民党政府	《国家总动员法》	设立专属机构，统制、运用动员之经济力
1942 年 6 月	国民党中常委	《国家总动员法实施纲要》	维护总动员法的实施
1942 年 6 月	国民党政府	《妨害国家总动员惩罚暂行条例》	维护总动员法的实施

续表

时间＼项目	颁发部门（者）	文件名称	主要作用（目的）
1942 年 5 月	国民党政府	《统一捐募运动办法》	统一捐募组织管理及重要事项
1943 年 11 月	国民党政府财政部	《关于加强推进国内外捐献计划大纲》	进一步明确各机构在献金中的职能
1944 年 11 月	国民党政府行政院	《改善士兵待遇献金献粮办法》	明确此项活动的主办机构，针对对象及其他具体办法

资料来源：据付文武：《抗战时期国民政府募捐政策研究》，《长春师范大学学报》2017 年第 5 期整理。

就募捐地域而言，鉴于华北、华东和华中等地区大部沦陷，这些募捐活动主要是在国民党统治区的大后方展开。重庆作为战时陪都，自然是捐募的重地。1938 年 12 月，渝市抗敌会兴办"一元还债运动"[①]，时评颇好，抢占了募捐活动的舆论先机。次年 2 月至 3 月又进行了"献金竞赛活动"，在社会各阶层竞相捐募下，最后捐募所得近 500 万元。[②] 1940 年渝市为宣传抗日，鼓舞士气，兴办了"春礼劳军献礼运动"，得到社会各方的大力支持。在渝四大银行献礼 40 万元；[③]社会底层人民也尽其所能，工人、学生甚至乞丐踊跃参与，当中仅靠工人几角几块这样零散小钱募集而来的款项即达 15800 元。[④] 1941 年 1 月，响应蒋介石的号召，全国慰劳总会主持"出钱劳军运动"，渝市各团体及个人也是不遑多让，至 3 月末募集资金 3588420 余元。[⑤] 重庆的募捐活动以及积极响应，不仅鼓动了后方国人抗日捐募、共赴国难的热情，同时也为国民党政府解决财政困境提供了有力的支持。此外，川蜀之地作为抗战的后方对"捐款献金运动"贡献力量颇多，1944 年 5 月以前，四川 14 县市献金总值 2 亿元（包括黄金

---

① 《渝市抗敌会发起一元还债运动，将没收仇货充义卖献金》，《新华日报》1938 年 12 月 21 日。

② 《献金竞赛昨结束，总数近五百万元》，《新华日报》1939 年 3 月 13 日。

③ 《渝四大银行送礼四十万元》，《新华日报》1940 年 2 月 22 日。

④ 四川省总工会工运史研究室：《抗日战争时期的四川工人阶级》，《四川党史研究资料》1985 年第 9 期。

⑤ 彭承福主编：《重庆人民对抗战的贡献》，重庆出版社 1995 年版，第 177 页。

饰品,物品折价),5 月至 11 月底,内江、自贡、富顺等县市第二次献金活动总额约 5 亿元。[1] 就连远离战争前线的新疆,即便自身经济不算发达,但募捐抗战的热情尤为高涨,截至 1940 年 5 月,新疆总共募捐款项达大洋 322 万余元[2],使得国民党攻府的战时财政得以有喘息之机。

就募捐收入而言,如表 13-8 所示,抗战期间的捐款性收入总体呈上升趋势,至 1940 年达到最高值 0.73 亿元,在该年度国民党政府国库收入各款目中排名第三位,仅次于关税 2.59 亿元和盐税 1.02 亿元。[3] 可以想见,国民党政府战时金融财政极为窘迫,因而对捐募献金十分重视;而募捐活动也确实在相当大的程度上为国民党政府解决了燃眉之急。

表 18-8 国民党政府收入总计、捐款性收入及
所占比重(1937—1942 年）   （单位:法币百万元）

年份 \ 项目	收入总计	捐款性收入	捐款占总收入比重（%）
1937	2075	37	1.78
1938	1219	26	2.13
1939	2777	50	1.80
1940	4417	73	1.65
1941	10840	18	0.17
1942	26914	39	0.14

注:本表以法币百万元为单位,百万元以下四舍五入。
资料来源:1937—1939 年的数据来自《孔祥熙检陈 1937 年 7 月—1939 年 6 月财政实况秘密报告》,详见中国第二历史档案馆编:《中华民国史档案资料汇编》第 5 辑第 2 编,财政经济(一),江苏古籍出版社 1997 年版,第 345 页。1940—1942 年的数据来自国民政府主计处统计局编:《中华民国统计提要·民国三十四年辑》,国民政府主计处统计局编印,民国三十四年(1945 年)铅印本,第 64 页。

（二）逐步规范地方财政

就中央与地方的关系而言,非中央一级政权都可称之为地方政权,而

---

① 《四川省志·大事纪述·中》,四川科学技术出版社 1999 年版,第 291 页。

② 中共新疆维吾尔族自治区委员会党史研究室:《中共新疆地方史》(1937 年—1966 年 4 月,第一卷),新疆人民出版社 1999 年版,第 47 页。

③ 国民党政府主计处统计局编:《中华民国统计提要·民国三十四年辑》,国民党政府主计处统计局编印,民国三十四年(1945 年)铅印本,第 64 页。

地方政权的财政状况及机构体系,对中央政权的存续兹事体大,不容忽视。全面抗战时期,国民党政府以抗战与建国相号召,于国家财政而言,则是战争财政与建设财政两相并举,如此便予以地方财政双重压力。为更好统筹地方财力、物力,强化中央战时财政的调配运转,划分财政收支系统、规范地方财政实有必要。

1. 战前国民党政府地方财政的整顿

在近代以前,中国财政体系中并没有正式的县级财政,清代的财政制度统属于专制主义中央集权的政治架构。但进入近代后,中央权力日渐式微,地方权力不断膨胀,中央集权体制下的财政制度濒临崩溃。尤其是近代诸个不平等条约的签订,巨额赔款让中央财政难以为继,为分担财政压力,清政府开始逐步向地方摊派①,并在1908年正式提出中央和地方财政划分问题。辛亥革命结束了清朝专制统治,但也中断了清末财政改革的进程。

民国初年,各地军阀和地方实力派手握重权,对于中央的政令阳奉阴违,因而中央与地方的财政显得十分混乱。北京政府为获取列强的承认和支持,顺承了清政府遗留的赔款和外债,财政负担异常沉重;加之北京政府尚未实现对地方的完全掌控,许多地方军阀凭借地方财源与中央抗衡。北京政府只能通过划分财政的国地收支来解决中央的财政困境,抑制日益膨胀的地方势力。其时又恰逢地方自治的热潮,受当时英美政体的影响,以财源独立作为实现地方自治的首要手段,因而在财政的国地划分上,中央与地方不谋而合。1912—1913年,北京政府相继颁布《国家地方政费标准》《划分国家税、地方税法(草案)》,将占财政收入大头的盐税、关税、田赋和厘金等重要收入纳入国家中央财政体系之内,反观地方财政,仅获得了小规模的税源。由于国地财源划分极不均衡,此次财政改革未能有效推行。

1928年,国民党政府在名义上实现了全国统一,进入"训政"时期。

---

① 关于清代财政体制的沿革,见潘国旗:《从中央与地方财政关系看国民政府时期的地方公债》,《历史研究》2016年第3期。

"训政"时期的主要任务是采取地方自治等方式"训练"民众,为实行宪政奠定基础。所谓的地方自治主要是指县级自治,而县级自治首先必须在财源上实现自治。换言之,地方自治必须伴有与之配套的县级财政的支持方可实行。故而县级财政整顿被提上议程。同年7月,国民党第一次全国财政会议召开,会议决定统一全国财政,划分国税和地税的征收范围及权限,规定国家财政税源包括盐税、关税、常关税、烟酒税、厘金等16项税收;地方财政收入包括田赋、营业税、契税等12项税收[1],希冀借此明确"国家的税,当然归国家,地方的税,当然归地方"[2]。由表18-9可知,国税、地税的划分,令地方财政的税项变得明朗。此次国、地收支的划分一定程度上厘清了国家财政与地方财政的界限,有助于中央财政地位的巩固和加强。但在省与县之间,当时未作出明确规定,实际导致地方税收几乎全部由省控制,县财政得不到独立收入,不得不自筹资金以维持日常开支,苛捐杂税因之屡禁不绝。

表18-9 国民党政府各省预算岁入比例(1931—1936年) （单位:%）

项目 年份	税捐收入	地方收入	杂项收入	债款收入	总计
1931	46.57	8.09	35.70	9.64	100
1932	55.92	12.50	24.29	7.29	100
1933	61.89	7.30	25.34	5.47	100
1934	52.07	10.96*	32.87	4.10	100
1935	58.13	6.74	27.75	7.38	100
1936	49.88	10.07	30.41	9.64	100

注: * 资料中为10.75%,但根据地方收入数额与岁入总额计算应为10.96%。

资料来源:朱斯煌主编:《民国经济史》,银行学会、银行周报社1948年印本,第131页。

为此,1934年第二次全国财政会议上,国民党政府对地方财政体制

---

① 沈云龙主编:《近代中国史料丛刊》第3编第29辑,《全国财政会议汇编》,文海出版社2005年版,第22—27页。

② 江苏省中华民国工商税收史编写组、中国第二历史档案馆编:《中华民国工商税收史料选编》第1辑上册,南京大学出版社1996年版,第1011页。

作出新的安排,一方面,废除了清末以来的苛捐杂税,如对商业危害最为严重的厘金;另一方面,对县财政的主要税收来源作出规定。紧接着,国民党政府立法院于 1935 年颁布《财政收支系统法》,正式确定财政收支系统为中央、省、县三级制①,规定中央收入包括课税收入、专卖收入、特赋收入、惩罚及赔偿收入、归公绝产收入、规费收入、代管项下收入、代办项下收入、货品售价收入、租金使用费及特许费之收入、利息及利润收入、公有营利事业之盈余收入、协助收入、赠予及遗赠收入、财产及权利售价收入、收回资本收入、公债收入、长期赊借收入和其他收入等 19 项②,省级财政收入与中央财政相比,在项目方面,除了无专卖收入和归公绝产收入这两项外,其他 17 项均无区别。县级财政与省级财政收入项目相同,区别在于各项目包含的范围方面。按此规定,财政收支系统分为中央、省、县三级,各级财政关系得到了清晰的划分,可以说是国民党政府财政管理上的一大进步。

此外,《财政收支系统法》将田赋纳入了县级财政税收范围,而省财政以营业税作为财政的主要收入来源。按照省、县具体各项收入项目的分配原则:第一,对于省的收入来源,并未指定专一款项,而以土地税划归县市,仅以其纯收入总额 15%—45%归省,使得省的现有田赋收入将会损失 55%—85%,省的营业税又以 30%归县市,势必导致以田赋和营业税为主要来源的省财政落空。第二,虽然规定了县财政有独立的税源,但是省的职权与之前相比却未加具体的限制,省可以把诸多事项交办于县,让县经费处于艰窘的境地。第三,该法原来的目的在于实现财政收支内外相维,盈虚调剂,但是要在短时间内把各项收入按合理的比例分配到各级财政,是相当困难的。③ 因而,在公布这一规定时,就没有明确施行的时间,"试行日期以命令定之"④。随后,国民党政府为实施《财政收支系统

---

① 财政部财政年鉴编纂处编纂:《财政年鉴三编》,第十二篇地方财政,中央印务局 1948 年版,第 1 页。

② 《国闻周报》1935 年第 36 期第 12 卷。

③ 蔡次薛:《论我国国地财政的划分》,《财政知识》1943 年第 1 期。

④ 《国闻周报》1935 年第 36 期第 12 卷。

法》,于 1937 年 3 月又公布了《财政收支系统法施行条例》,但迫于日本全面侵华战争爆发,这一收支系统法被搁置一旁。

2. 全面抗战时期国民党政府的地方财政改革

"七七事变"后,国民党政府军事上节节失利,到 1938 年年底,"日寇便占领了中国土地的三分之一,农业生产的 40%,工业生产能力的 92%"[1]。1939 年 1 月,国民党五届五中全会召开,根据当时财政部部长孔祥熙的财政报告所言,"自二十六年七月起至二十七年十二月止,支出总数计为二十六万六千七百七十余万元,而同时期收入不过四万七千七百九十余万元,两抵计亏短二十一万八千九百八十余万元"[2]。由此可知,抗战之初中央财政严重亏短。与此同时,国民党政府所辖地方政府的战时财政也不尽如人意。地方财政常常因战地正常税捐的豁免、税务机构的失常及人民逃亡或规避等原因,税收大减,加之办理军需供应、防空、军训及救济等缘故,支出无限膨胀,因而不断倚赖中央的补助,成了中央财政的累赘。[3] 为了维持和强化地方财政实力,国民党政府有了重新划分国地财政收支系统、建立自治财政系统的打算。同时加紧地方财政整理,加强中央对地方财政的控制,增加地方对中央财政和战费的支援。

1937 年 8 月 30 日,国民党政府国防最高委员会会议通过的《总动员计划大纲关于财政金融实施方案》,在改革税制,改进旧税,维持固有收入;举办新税,另辟战时特别财源的同时;特别提出"整理地方财政,增加收入,紧缩支出,使有余力补助中央战费"[4]。不过未见具体政策、办法。

1938 年 8 月,国民党政府颁布的《抗战建国纲领财政金融实施方案》则有所不同,在制定"战时税制"的同时,为了保证"战时税制"顺利推行,制定了强化财政管理、改进财务行政的各项措施,包括调整税务机构、历

---

[1]　张公权:《中国通货膨胀的历史背景和综合分析》,《工商史料丛刊》第 1 辑,文史资料出版社 1983 年版,第 139 页;第 2 辑,第 183 页。

[2]　吴菊英:《国民党五届五中全会财政部财政报告》(1939 年 1 月),《民国档案》1986 年第 2 期。

[3]　尹文敬:《如何调整国地财政》,《财政评论》1939 年第 5 期。

[4]　中国第二历史档案馆编:《中华民国史档案资料汇编》第 5 辑第 2 编,财政经济(1),江苏古籍出版社 1997 年版,第 11—12 页。

行会计及公库制度、改进人事管理办法。

调整税务机构方面，一是货物税的稽征，除关税、盐税外，合并归一机关办理。各省原设统、矿、烟酒各税机关裁并改组。每省设置一省局（或每两省设一区局）专司税、盐两税外各种货物税务的监督。省局之下，设置分局或驻矿、驻厂专员，负直接稽征责任。

二是现行之所得税、印花税及将来举办之遗产税等直接税合并归一机构办理。将财政部所得税事务处改组为直接税处，每省或每两省设直接税局，省局以下视事务繁简酌设分局。

三是为海关便于稽征沦陷区域货品倾销内地起见，应添设转口税经征卡所，以资严密，并改进查验手续，力求简便。对于肩挑负贩之零星商货，悉予豁免转口税，以避苛扰。

四是添设盐务运输及存储机构，以济民食，而维税源，其要点大致如下：增设专员驻在扼要各地，负责筹办运盐事宜；于适宜地点添设储盐食栈尽量存储。

五是减少各税务机关公文承转手续，使部署命令直接递达于各级稽征机关，以增行政效率。中央所管货物税稽征机关承转周折手续繁多，亟应变更办法，使政府命令直接递达于各级执行机关：凡关军机税政及其他重要公务，各级征收机关均得径向财政部呈请核办；凡关军机税政及其他重要公务，财政部或主管署，得以命令径行主管下级机关遵照办理；凡关军人事经费及寻常公务，仍照向例经由各级承转机关办理。

六是分区设置税务署督察专员厉行督察制度，参照印花税督查办法，将全国划为若干区，每区设置税务署督察专员，随带助理人员分行督察，对于战区接近各地税务机关应付临时事变办法酌予指导，并随时调查各机关稽征情形、职员成绩，报部查核。

厉行会计及公库制度方面，一是所有各税收机关会计事宜，应即厘正系统确定组织，使居超然地位，实行会计独立。除海关原有会计制度暂缓置议外，所有盐务、税务等各个单位机关之会计部分，均于1938年度内施行。二是施行公库法。各机关收入应径由公库收纳，一切支出径由公库支付，公款出纳集中公库，以杜侵蚀浮滥之弊。

改进人事管理办法方面，一是严定财务人员铨选方法，所有财务人员，应一律考选合格人员，并先予以技术上、军事上之训练而后任用。拟于下年度内由部设立训练所，分别班级，授以技术上必需之课程，并予以军事上、精神上之锻炼。二是厘定财务人员任免、升调待遇及保障考成各规程，切实推行。三是财务机关人员之训练、任免、待遇、考成各事宜，于财政部添设人事司集中管理，力加整顿。①

1939 年 1 月，国民党五届五中全会决议"各级财政收支，当须切实调整"，并且指出要强化县级财政，"县财政制度之确立，县财政经费之增加，尤有迅速实施之必要"②，在抗战进入相持阶段后，国民党政府又进行了两次地方财政改革。

1939 年 9 月，国民党政府颁布《县各级组织纲要》，重新规定县财政收入为："(1)土地税之一部(在土地法未实施之县各种属于县有之田赋附加全额)；(2)土地陈报告后正附溢额田赋之全部；(3)中央划拨补助县地方之印花税三成；(4)土地改良物税(在土地法未实施之县为房捐)；(5)营业税之一部(在未依营业税法改定税率以前为屠宰税全额及其他营业税百分之二十以上)；(6)县公产收入；(7)县公营业收入；(8)其他依法许可之税捐。"③

上述规定与 1935 年的《财政收支系统法》相比，更具有可行性。第一，田赋县附加部分仍由县所有，不影响省财政；第二，关于土地陈报后正附溢额田赋全归县有，以及中央补助县印花税三成，这都是对既定事实而作出的规定，不会对现行财政系统有大的影响；第三，房捐过去多由县负责征收，数额有限，若依照《财政收支系统法》规定，该数款的 15%—45%归省，只会徒增麻烦而无补省库，因此将房捐定为县税更切合实际；第四，屠宰税全额归县，已是顺应当时各省之趋势。1940 年起，各省先后开始施行《县各级组织纲要》。如浙江省，参照本省具体情况，规划用三年时

①　中国第二历史档案馆编：《中华民国史档案资料汇编》第 5 辑第 2 编，财政经济(1)，江苏古籍出版社 1997 年版，第 15—17 页。

②　尹文敬：《如何调整国地财政》，《财政评论》1939 年第 5 期。

③　广西省政府：《广西省政府公报》1939 年第 603 期。

间分阶段推进此项财政改革。即于 1940 年划定 10 个县先行实施;次年扩大至 20 个县;第三年覆盖至余下县份。① 其中,因浙江省的税项中屠宰税、普通营业税、牙行营业税、自治经费(按现有普通营业税的规定收缴)等是由浙江省一并收缴的税款,因此省财政需拨补助县财政一定款项(见表 18-10)。②

表 18-10　浙江省省县财政划分的县份县款增加数及省款拨补事业费(1940 年)　(单位:法币元)

项目　　县别	依照田赋标准收四成自治经费	依照营业税标准征收二成自治经费及应征之二成数	二成牙行营业税	屠宰税全部	拨补三成印花税	省款拨补事业费	总计
孝丰	9966	1264	10	5551	5513	32000	54304
新昌	10370	8488	622	13075	381	41000	73937
永康	26082	23238	1872	24168	2359	—	77720
浦江	19678	4732	180	17500	—	29000	71101
龙游	31492	10838	660	17184	2094	—	63258
常山	15842	4998	226	10752	391	35000	67215
慈溪	38548	18007	1617	18748	—	—	76918
天台	12392	7059	243	9019	347	47000	76060
瑞安	31596	19028	2409	13799	8597	10000	85425
丽水	10065	18596	2577	11611	—	17000	59849
总计	206031	116248	10416	141407	19682	211000	705787

资料来源:尹红群:《民国时期的地方财政与地方政治——以浙江为个案》,湖南人民出版社 2008 年版,第 214—215 页表 4-2。

1940 年,浙江省已经实行省县划分的县份中,有 7 个县份仍需省财政拨补;1941 年浙江省实行省县财政划分县份达 20 个,经省政府观

---

①　尹红群:《民国时期的地方财政与地方政治——以浙江为个案》,湖南人民出版社 2008 年版,第 213 页。

②　尹红群:《民国时期的地方财政与地方政治——以浙江为个案》,湖南人民出版社 2008 年版,第 214 页。

察其开办新事业的具体情况后,认为有 8 县尚需省财政拨付款项(见表 18-11)。

表 18-11 1940 年与 1941 年浙江的财政拨补县款比较(单位:法币元)

县别	第一类		第二类	
	1940 年度 原列数	1941 年度 改拨数	县别	1941 年度 拨补数
孝丰	32000	25000	于潜	20000
新昌	41000	35000	桐庐	15000
浦江	29000	25000	东阳	5000
常山	35000	30000	建德	10000
天台	47000	40000	象山	10000
瑞安	10000	—	乐清	10000
丽水	17000	15000	龙泉	40000
总计	211000	170000	松阳	20000
			总计	130000

资料来源:尹红群:《民国时期的地方财政与地方政治——以浙江为个案》,湖南人民出版社 2008 年版,第 215 页表 4-3。

1939 年的渐进性县级财政改革,推进了县级财政的现代化转型,并为 1941 年财政两级制改革奠定了基础。此次财政改革原本旨在革除自近代以来中央财政大权旁落地方这一积弊,将中央的权力触角深入到地方;同时也想将西方财政体制中的"分税制"引入到中国,使中国的财政体制与世界接轨,增强国家各方面建设。无奈抗日战争旷日持久,令中央与地方的财政压力不断加重,导致此次财政改革效果尚未完全显现。1941 年战争依旧胶着,而国民党政府的财政状况却极度恶化,濒临崩溃。因此,国民党政府不得不再次调整财政政策。

为了挽救财政危局和最大限度地发挥县级政府在抗战中的自主性作用,坚持持久抗战,国民党政府于 1941 年 6 月召开了第三次全国财政会议。会期历时 9 天,共收到提案 148 件,其中以改进财政收支系统、整顿金融和整顿田赋居多。综合六会对众多提案的讨论、修正,此次全国财政

会议主要成果有三:

其一,改订财政收支系统。即"将全国财政划分为国家财政与自治财政两大系统,省级财政系统并入国家财政,自治财政则以县市为单位,并包括县以下各级地方自治团体"①。此外,还对国家税课收入在两大系统中的分配标准做了详细规定:印花税30%拨市县,遗产税25%拨市县,营业税30%拨市县,土地税及契税原属省收入部分悉归国家,其原属市县部分,暂仍其旧。屠宰税从营业税中划出,全额归市县。所得税悉归中央。②

其二,各省田赋暂行收归中央接管并改征实物。依据此次会议通过的《战时各省田赋征收实物暂行办法》,决定田赋由中央暂行接管,"各省田赋即土地陈报,一律三十年度内由中央接管,中央与各省市县分设田赋管理处"③。并且规定"田赋征实",具体征收办法"以1941年度田赋正附税额每元折征稻谷二市斗,产麦及杂粮地区得征等价小麦及杂粮。1942年度将此项标准提高为每元折征稻谷4市斗,或小麦二市斗八市升,增加了一倍左右"④。实际上,若将战时田赋征实所得换算为法币,则数额大大超过了各种税收获得的收入,最高的年份可达税收所得的4.5倍,最低的年份也约有2.5倍。⑤

其三,改进税政税制。关于改进税政、税制者的规定如下:(1)统一征收机构,于全国各县设立税务局,征收国税,并代征自治财政之各项税捐,由中央直接管辖监督。(2)取消各省原有通过税性质之捐税,改办战时消费税。(3)改订营业税法。(4)改进人事管理,普遍训练财务人员。⑥

---

① 财政部财政年鉴编纂处编纂:《财政年鉴三编》,第十二篇地方财政,中央印书局1948年版,第1页。
② 中国第二历史档案馆编:《中华民国史档案资料汇编》第5辑第2编,财政经济(1),江苏古籍出版社1997年版,第150页。
③ 中国第二历史档案馆编:《中华民国史档案资料汇编》第5辑第2编,财政经济(1),江苏古籍出版社1997年版,第147页。
④ 杨荫溥:《民国财政史》,中国财政经济出版社1985年版,第118页。
⑤ 杨荫溥:《民国财政史》,中国财政经济出版社1985年版,第121页。
⑥ 中国第二历史档案馆编:《中华民国史档案资料汇编》第5辑第2编,财政经济(1),江苏古籍出版社1997年版,第150—151页。

1941 年 11 月,国民党政府又公布《改订财政收支系统实施纲要》,议定 1942 年 1 月 1 日开始实行。① 其中对自治财政系统的规定,县市并未加以区别,县与乡镇也未作划分,所以自治财政的规定即县财政的规定。② 现将实施纲要中自治财政收支系统内容列举如下:

关于收入部分:(1)税课收入;(2)特赋收入;(3)惩罚及赔偿收入;(4)规费收入;(5)信托管理收入;(6)财产及权利收入;(7)公有营业之盈余收入;(8)公有事业收入;(9)补助收入;(10)地方性之捐献及赠予收入;(11)财产及权利之售价收入;(12)收回资本收入;(13)公债收入;(14)赊借收入;(15)其他收入。③

此次自治财政改革在各省所属县市及特别市地方收入分类预算中可更清楚地显示。表 18-12 至表 18-17 是 1943—1945 年地方收入分类预算,仔细分析各表项目一列,可知其不仅有自治税课收入项,还有分配县市国税收入项,而且其他各项大体也是按《改订财政收支系统实施纲要》中所列 15 项收入分类,可据此窥见该纲要的实施情况。

表 18-12　各省所属县市及特别市地方收入分类预算(一)(1943 年)

(单位:法币千元)

项目 \ 省别	总计*	安徽	浙江	江西	湖北	湖南	四川	河南
自治课税收入	81628	2335	4448	7283	3554	4061	31938	1599
分配县市国税收入	80476	2847	4537	3813	1970	8501	22712	5247
其他税捐收入	16379	1644	2760	—	1215	—	—	—
国税附加收入	17089	202	1707	1090	186	1566	9391	423
特赋收入	1513	—	0	11	68	—	161	—
规费收入	2874	45	451	160	25	216	232	44
惩罚及赔偿收入	1658	35	487	76	173	135	229	68
公有事业收入	800	—	73	270	28	—	18	29

---

① 财政部财政年鉴编纂处编纂:《财政年鉴三编》,第十二篇地方财政,中央印书局 1948 年版,第 1 页。

② 彭雨新:《县地方财政》,商务印书馆 1945 年版,第 11 页。

③ 国民党政府:《改订财政收支系统实施纲要》,《东南经济》1941 年第 11、12 期合刊,第 137 页。

项目 ＼ 省别	总计*	安徽	浙江	江西	湖北	湖南	四川	河南
公有营业之盈余收入	3711	36	141	441	2566	174	102	30
财产及权利售价收入	45151	2958	1818	2037	2143	3599	17482	7006
地方性之捐献及赠予收入	3215	—	1892	175	467	—	424	—
信托管理收入	175	—	130	—	—	—	—	—
辅助收入	9864	855	101	191	103	1572	5441	79
公债收入	38	—	0	—	—	—	—	—
收回资本收入	7	—	5	1	—	—	1	—
赊欠收入	572							
代办项下收入	0	—	—	—	—	—	0	—
各乡镇收入	16324	—	9565					
其他收入	40557	7793	5658	302	2498	8840	4715	1152
总计	322031	18753	33773	15850	14996	28664	92846	15677

表 18-13　各省所属县市及特别市地方收入分类预算（二）（1943 年）

（单位：法币万元）

项目 ＼ 省别	陕西	甘肃	福建	广东	广西	云南	宁夏	青海	重庆
自治课税收入	981	1156	3742	3633	10123	2960	28	6	3780
分配县市国税收入	6858	2856	3756	4471	3746	3569	1120	623	3850
其他税捐收入	184	292	4126	7	6149	—	—	2	—
国税附加收入	100	659	413	969	118	0	—	15	250
特赋收入	—	20	37	9	44	1013	150	—	—
规费收入	50	187	106	372	197	593	—	—	195
惩罚及赔偿收入	47	66	175	36	78	44	—	—	8
公有事业收入	88	—	160	—	54	80	—	—	—
公有营业之盈余收入	73	1	85	2	48	12	—	—	—
财产及权利售价收入	558	770	1980	431	294	4022	7	6	40
地方性之捐献及赠予收入	—	—	123	103	27	4	—	—	—
信托管理收入	—	—	4	3	1	37	—	—	—
辅助收入	5	173	—	390	519	415	—	20	—
公债收入	—	—	9	—	—	29	—	—	—
收回资本收入	—	—	—	—	—	0	—	—	—
赊欠收入	—	—	—	—	—	572	—	—	—
代办项下收入									

续表

项目＼省别	陕西	甘肃	福建	广东	广西	云南	宁夏	青海	重庆
各乡镇收入	—	—	—	6759	—	—	—	—	—
其他收入	5030	229	2253	76	307	844	17	479	364
总计	13974	6409	6969	17261	21705	14194	1322	1151	8487

注:本表以法币万元来统计,为便于计算,采用四舍五入方法; * 总计数为表18-12和表18-13中各
　　分项的实际加总数。

资料来源:郑成林选编:《民国时期经济统计资料汇编》第46册,国家图书馆出版社2016年版,第
　　48—49页。

表 18-14　各省所属县市及特别市地方收入分类预算(一)(1944 年)

（单位:法币万元）

项目＼省别	总计*	四川	浙江	湖南	江西	广东	安徽	河南	广西
自治税课收入	375581	130865	21402	12658	25975	17223	9344	5371	37227
分配县市国税收入	140720	33512	9516	15401	8460	6728	4723	7288	5661
国税附加	12219	5400	338	925	613	413	586	900	124
特赋收入	2010	780	0	—	18	19	—	—	73
规费收入	8764	353	965	107	432	442	62	275	450
惩罚及赔偿收入	6034	333	1624	168	254	69	93	375	131
财产及权利孳息收入	158265	38367	4403	9195	7740	1691	5265	14404	723
公有营业之盈余收入	23971	609	200	268	1572	75	252	181	778
公有事业收入	35102	234	60	16672	2029	90	5748	6563	120
辅助收入	30926	11908	84	4089	331	70	1400	79	8032
信托管理收入	1504	1	45	—	—	—	—	1447	1
地方性质捐款及赠予收入	27862	970	3440		720	7254			880
收回资本及基金收入	230	10	15	—		50		120	34
赊借收入	148	—				25			
公产公款收入	50					50			
公粮收入	16575							16575	
各乡镇收入	48424	—	47714						
其他收入	113906	10254	4063	73	14510	138	689	5922	1959
教育专款收入	2806	—	—						
地政收入	919	—	919						
积谷收入	1739	—	1739						
总计	1007755	233596	96527	59556	62654	34337	44737	42925	56193

表 18-15　各省所属县市及特别市地方收入分类预算（二）（1944 年）

（单位：法币万元）

项目 ＼ 省别	湖北	陕西	宁夏	甘肃	贵州	云南	福建	绥远	重庆
自治税课收入	18776	4490	39	6200	30242	27459	11315	309	16686
分配县市国税收入	7399	11747	1899	4878	5231	4298	8990	1139	3850
国税附加	521	424	—	300	449	19	1107	—	100
特赋收入	61	—	150	20	13	826	50	—	—
规费收入	59	188	—	251	260	3611	918	—	391
惩罚及赔偿收入	280	127	—	110	239	241	1299	25	666
财产及权利孳息收入	4625	1444	10	3431	8788	48521	9103	441	114
公有营业之盈余收入	15933	328	—	57	247	488	2945	—	38
公有事业收入	182	72	—	2	183	698	2362	—	87
辅助收入	—	156	—	3000	1291	486	—	—	—
信托管理收入	—	—	—	—	—	1	9	—	—
地方性质捐款及赠予收入	1501	2	—	—	479	531	12085	—	—
收回资本及基金收入	—	1	—	—	—	—	—	—	—
赊借收入	—	—	—	—	—	123	—	—	—
公产公款收入	—	—	—	—	—	—	—	—	—
公粮收入	—	—	—	—	—	—	—	—	—
各乡镇收入	—	—	—	—	—	—	—	710	—
其他收入	10100	23370	25	749	14385	8798	17029	1301	541
教育专款收入	—	—	—	—	—	2806	—	—	—
地政收入	—	—	—	—	—	—	—	—	—
积谷收入	—	—	—	—	—	—	—	—	—
总计	59437	42349	2123	18998	61807	98906	67212	3925	22473

注：本表以法币万元来统计，为便于计算，采用四舍五入方法。* 总计数为表 18-14 和表 18-15 中各
　　分项的实际加总数。

资料来源：郑成林选编：《民国时期经济统计资料汇编》第 46 册，国家图书馆出版社 2016 年版，第
　　50—51 页。

表 18-16　各省所属县市及特别市地方收入分类预算（一）（1945 年）

（单位：法币万元）

项目 ＼ 省别	总计*	四川	浙江	福建	广东	安徽	湖北	甘肃
税课收入	924845	321508	52475	24785	64936	53317	46724	16956
分配县市国税收入	391033	123532	13117	22495	6087	8823	11254	19578
国税附加收入	24481	17707	613	638	—	1766	313	619

续表

项目 \ 省别	总计*	四川	浙江	福建	广东	安徽	湖北	甘肃
特赋收入	10202	2702	1789	1280	31	—	—	100
工程收益费收入	3035	—	—	—	—	—	3035	—
惩罚及赔偿收入	17730	590	3489	3304	230	272	462	188
规费收入	53367	673	4701	2039	2760	595	111	314
信托管理收入	94	1	62	17	8	—	—	—
财产及权利之孳息收入	538984	84415	19405	27417	6040	19772	47745	4554
分配田赋实物售价收入	19613	—	—	19613	—	—	—	—
公共造产收入	—	—	—	—	—	—	—	—
市政捐收入	—	—	—	—	—	—	—	—
乡镇临时事业费	2370	—	—	—	—	—	—	—
教款收入	—	—	—	—	—	—	—	—
补配国税收入	—	—	—	—	—	—	—	—
公有事业之盈余收入	36035	1340	2318	709	19	1682	22870	156
公有事业收入	18216	982	655	61	158	14603	492	2
辅助及协助收入	70241	32911	109	—	—	4969	950	10765
地方性之捐献及赠予收入	165553	1416	130800	3114	9959	—	17134	—
其他收入	415268	129957	4342	53735	62092	10422	13609	428
财产及权利之售价收入	5676	11	30	—	—	—	—	—
收回资本收入	270	22	238	—	—	—	—	—
收回基金收入	120	—	120	—	—	—	—	—
公债收入	70	—	1	—	—	—	—	—
地政收入	—	—	—	—	—	—	—	—
积谷收入	—	—	—	—	—	—	—	—
县公粮收入	214545	—	112557	—	—	—	56213	—
总计	2932352	717766	346821	159207	152320	172434	164699	53460

表 18-17 各省所属县市及特别市地方收入分类预算(二)(1945 年)

(单位:法币万元)

项目 \ 省别	贵州	陕西	西康	宁夏	绥远	青海	云南	重庆
税课收入	127075	32255	12589	184	1800	13439	99159	57643
分配县市国税收入	9534	105973	14146	6229	3944	1873	15595	28853
国税附加收入	1553	918	163	45	33	33	0	280
特赋收入	14	—	—	—	—	—	4287	

续表

项目 \ 省别	贵州	陕西	西康	宁夏	绥远	青海	云南	重庆
工程收益费收入	—	—	—	—	—	—	—	—
惩罚及赔偿收入	821	166	67	26	45	—	6748	1322
规费收入	876	1404	152	—	—	—	35873	3869
信托管理收入	—	—	—	—	—	—	6	
财产及权利之孳息收入	6552	3639	11311	—	2706	5	305423	200
分配田赋实物售价收入	—	—	—	—	—	—	—	—
公共造产收入	—	—	—	—	—	—	—	—
市政捐收入	—	—	—	—	—	—	—	—
乡镇临时事业费	—	18000	—	—	75	3000	2095	—
教款收入	—	—	—	—	—	—	—	—
补配国税收入	—	—	—	—	—	—	—	—
公有事业之盈余收入	2807	497	777	—	96	—	2764	—
公有事业收入	77	124	—	—	—	—	1062	—
辅助及协助收入	108	1940	535	—	5676	—	187	12091
地方性之捐献及赠予收入	103	162	125	—	—	—	2742	—
其他收入	4302	77871	—	3750	—	—	54020	741
财产及权利之售价收入	—	—	—	—	—	—	5635	—
收回资本收入	—	—	—	—	—	—	10	—
收回基金收入	—	—	—	—	—	—	—	—
公债收入	—	—	—	—	—	—	69	—
地政收入	—	—	—	—	—	—	—	—
积谷收入	—	—	—	—	—	—	—	—
县公粮收入	43560	—	—	—	2016	—	—	—
总计	197182	242949	39865	10234	16391	18350	535675	104999

注:本表以法币万元来统计,为便于计算,采用四舍五入方法。* 总计数为表 18-16 和表 18-17 中各
　　分项的实际加总数。

资料来源:郑成林选编:《民国时期经济统计资料汇编》第 46 册,国家图书馆出版社 2016 年版,第
　　52—53 页。

关于支出部分:(1)政权行使支出;(2)立法支出;(3)司法支出;(4)教育及文化支出;(5)经济及建设支出;(6)卫生及治疗支出;(7)保育及救济支出;(8)营业投资及维持支出;(9)保育及救济支出;(10)财务支出;(11)债务支出;(12)公务人员退休及抚恤支出;(13)损失支出;(14)信托管理支出;(15)协助支出;(16)其他支出。[1]

国民党政府地方支出改革实施情况,可参见国民党政府各省市支出签发数额表。由表18-18和表18-19可知,1942—1944年的各省市支出已单独列出分配县市国税一项,这应是县级财政改革的直接体现之一。此外,在1942—1945年各省所属县市及特别市地方支出分类预算中(见表18-20至表18-27),其具体的支出项目也几乎依照《改订财政收支系统实施纲要》中支出部分各项规定实施。

表18-18　各省市支出签发数额(一)(1942—1943年)

(单位:法币万元)

项目 省市别	1942年				1943年				
	总计	省市 支出	分配县 市国税	省级公 粮支出	总计	省市 支出	分配县 市国税	省级公 粮支出	县市建 设费
四川	33223	11761	14462	7000	49075	19887	29188	—	
云南	13334	11625	1709	—	18833	15629	3204		
贵州	6893	4672	594	1627	10344	7334	3010		
广东	13502	10368	1801	1333	16462	12201	4261		
广西	11557	8856	1199	1502	12907	9316	3591		
湖南	10110	8750	1360	—	17723	2894	8229	6600	
湖北	9586	7838	1168	580	11850	11706	144	—	
山东	3554	3554			5156	2985	123	2048	
山西	4362	4362			5126	4486	640		
河南	8328	5519	931	1878	36011	9722	3387	22902	
河北	512	512			1538	851	—	687	
江苏	1906	1905	1	—	4978	3688	458	832	
浙江	12281	8490	2734	1057	14566	10348	4218	—	
福建	10502	8512	951	1039	14242	10851	3391		

[1]　国民党政府:《改订财政收支系统实施纲要》,《东南经济》1941年第11、12期合刊,第137页。

项目 省市别	1942 年				1943 年				
	总计	省市 支出	分配县 市国税	省级公 粮支出	总计	省市 支出	分配县 市国税	省级公 粮支出	县市建 设费
江西	9935	8916	1019	—	14220	12899	1321	—	—
安徽	5482	4642	523	317	9576	6866	2710	—	—
西康	4890	3327	123	1440	7605	6075	530	800	200
青海	770	754	16	—	1740	1359	381	—	—
陕西	7977	6105	1872	—	15718	9725	5993	—	—
甘肃	6586	4923	521	1142	11775	9337	2302	—	136
宁夏	864	654	209	—	2333	1346	987	—	—
绥远	733	683	50	—	1942	1652	290	—	—
察哈尔	151	151	—	—	373	231	—	142	—
辽宁	18	18	—	—	32	32	—	—	—
吉林	19	19	—	—	32	32	—	—	—
黑龙江	18	18	—	—	49	49	—	—	—
热河	18	18	—	—	31	31	—	—	—
重庆	6164	3965	2199	—	9322	4191	3748	1383	—
新疆	—	—	—	—	300	300	—	—	—
总计	183273	130917	33442	18915	293859	176023	82106	35394	336

表 18-19　各省市支出签发数额(二)(1944 年)　(单位:法币万元)

项目 省市别	1944 年				
	总计	省市支出	分配县市 国税	省级公粮 支出	县市建 设费
四川	137665	45624	35841	16200	40000
云南	37126	24979	4947	7200	—
贵州	26047	14983	5824	5040	200
广东	40722	26349	6388	7920	65
广西	41511	24387	9964	6660	500
湖南	56249	26793	16296	12600	560
湖北	33007	19080	5060	7200	1667
山东	9128	5611	1517	2000	—
山西	15311	10929	1332	3000	50
河南	52950	23635	7665	19500	2150
河北	4697	2447	—	1900	350

续表

项目 省市别	1944 年				
	总计	省市支出	分配县市国税	省级公粮支出	县市建设费
江苏	12215	6733	557	4859	66
浙江	35830	21505	7485	6480	360
福建	37052	21463	6889	8100	600
江西	46550	25619	10431	9900	600
安徽	25585	14500	4844	6066	175
西康	17218	12479	1089	2880	770
青海	5136	2983	428	1625	100
陕西	54077	30952	14157	8750	218
甘肃	33099	19703	5004	5000	3392
宁夏	8124	3937	1937	2250	—
绥远	6349	4078	392	750	1129
察哈尔	740	445	—	202	93
辽宁	96	52	—	44	
吉林	98	53	—	45	
黑龙江	77	49	—	28	
热河	86	52	—	34	
重庆	29959	14398	5653	8474	1434
新疆	3195	1279	1916	—	
总计	769890	405088	155616	154707	54479

注:本表以法币万元来统计,为便于计算,采用四舍五入方法。总计数以原表中各分项的实际加总为准。

资料来源:郑成林选编:《民国时期经济统计资料汇编》第 46 册,国家图书馆出版社 2016 年版,第 42—43 页。

表 18-20 各省所属县市及特别市地方支出分类预算(一)(1942 年)

(单位:法币万元)

项目 省别	总计	江苏	浙江	安徽	江西	湖北	湖南	四川	西康	山西
政权行使支出	944	3	108	—	—	296	—	171	42	—
行政支出	38398	166	2739	1978	1737	1207	2238	7940	435	579
立法支出	64	—	—	—	56	—	—	—	—	—
教育文化支出	31958	64	1103	818	1261	3124	1697	10803	528	167

续表

项目 \ 省别	总计*	江苏	浙江	安徽	江西	湖北	湖南	四川	西康	山西
经济及建设支出	9510	13	2231	157	718	332	370	1644	26	119
卫生及治疗支出	3454	12	248	67	213	158	230	617	26	7
保育及救济支出	2489	17	174	—	283	—	118	1318	37	—
营业投资及维持支出	1414	—	2	228	83	295	—	374	5	—
保安支出	16084	147	2050	612	659	1178	935	2725	189	304
财务支出	5000	10	234	200	193	129	253	1980	57	20
债务支出	128	49	24	—	3	—	—	35	—	—
公务员退休及抚恤支出	113	0	7	—	—	25	—	—	0	22
损失支出	34	—	—	—	—	—	—	—	—	—
信托管理支出	152	—	152	—	—	—	—	—	—	—
普通辅助及协助支出	3789	8	—	—	44	44	—	11	—	—
社会事业支出	490	—	—	—	—	—	251	—	—	—
特殊支出	240	—	—	—	—	—	—	—	—	—
其他支出	40400	0	255	418	2149	109	609	23921	23	369
预备金	1098	45	633	144	376	430	576	3717	254	129
未分配数	3073	10	593	—	413	—	—	952	503	—
总计	168717	545	10553	4622	8188	7578	7025	56208	2125	1716

表 18-21　各省所属县市及特别市地方支出分类预算（二）（1942 年）

（单位：法币万元）

科目 \ 省别	河南	陕西	甘肃	福建	广东	广西	云南	贵州	宁夏	青海	重庆
政权行使支出	—	—	—	176	75	43	31	—	—	—	—
行政支出	1205	2372	982	2058	1567	8165	1288	1343	178	—	221
立法支出	—	—	—	—	3	—	5	—	—	—	—
教育文化支出	2038	1543	917	2349	620	1794	1016	1754	48	—	314
经济及建设支出	456	96	182	740	469	1273	159	471	6	—	50
卫生及治疗支出	49	54	41	253	476	275	164	310	—	—	254
保育及救济支出	24	4	17	139	85	86	73	112	1	—	—
营业投资及维持支出	—	—	—	426	—	—	2	—	—	—	—
保安支出	888	1354	157	1418	917	747	1119	621	34	—	30
财务支出	195	35	33	502	332	310	114	160	—	—	243
债务支出	—	—	—	9	4	3	—	1	—	—	—
公务员退休及抚恤支出	—	—	—	10	6	15	17	5	—	—	5
损失支出	—	—	—	30	—	—	4	—	—	—	—
信托管理支出	—	—	—	—	—	—	—	—	—	—	—
普通辅助及协助支出	30	—	4	—	150	1420	26	—	—	—	2050

续表

科目＼省别	河南	陕西	甘肃	福建	广东	广西	云南	贵州	宁夏	青海	重庆
社会事业支出	48	—	—	—	—	—	—	—	—	—	192
特殊支出	—	—	—	—	—	—	—	—	—	—	240
其他支出	850	0	622	2818	5966	0	314	724	⁻9	0	1174
预备金	1188	200	351	713	483	534	742	353	39	0	75
未分配数	—	—	—	9	515	—	61	—	—	17	—
总计	6971	5658	3306	11650	11668	14665	5135	5854	385	17	4848

注:本表以法币万元来统计,为便于计算,采用四舍五入方法。* 总计数为表 18-20 和表 18-21 中各
　　分项的实际加总。

资料来源:郑成林选编:《民国时期经济统计资料汇编》第 46 册,国家图书馆出版社 2016 年版,第
　　56—57 页。

表 18-22　各省所属县市及特别市地方支出分类预算(一)(1943 年)

（单位:法币万元）

项目＼省别	总计*	浙江	安徽	江西	湖北	湖南	四川	河南
行政支出	63485	4234	3901	3131	4786	10301	13082	2743
立法支出	17	0	0	0	0	0	0	0
教育及文化支出	49862	2423	1960	2388	3723	4237	16213	3375
经济及建设支出	14310	837	302	1207	914	976	2256	270
卫生及治疗支出	6735	664	70	368	271	750	1077	224
社会及救济支出	5011	453	67	405	386	476	1651	38
保安支出	31306	6836	1913	1501	1870	3273	4778	1158
财务支出	8445	903	454	344	373	766	2600	326
公务员退休及抚恤支出	244	28	8	0	25	0	0	23
损失支出	140	14	0	0	0	0	0	0
债务支出	852	28	0	6	0	0	12	0
信托管理支出	131	87	0	0	0	0	0	0
营业投资及维持支出	1841	8	153	64	417	0	416	42
辅助支出	2894	0	0	0	101	0	11	105
各乡镇支出	16501	9381	0	0	0	0	0	0
其他支出	90841	5644	8267	5125	1557	4079	44504	3942
预备金	20520	2233	446	1182	574	1730	4813	3293
未分配数	8918	0	1212	129	0	2076	1432	140
总计	322053	33773	18753	15850	14997	28664	92845	15679

表 18-23 各省所属县市及特别市地方支出分类预算(二)(1943 年)

(单位:法币万元)

项目 \ 省别	陕西	甘肃	福建	广东	广西	云南	宁夏	青海	重庆
行政支出	3780	1681	2694	2427	7171	2656	348	305	245
立法支出	—	—	—	17	—	—	—	—	—
教育及文化支出	3018	1403	2253	773	3696	2893	249	462	796
经济及建设支出	1045	394	757	556	1115	2344	190	67	1080
卫生及治疗支出	135	55	402	499	1259	256	—	62	643
社会及救济支出	56	30	400	141	572	99	29	60	148
保安支出	1120	565	2897	1052	2162	1803	229	132	17
财务支出	157	177	588	451	589	335	34	31	317
公务员退休及抚恤支出	8	0	67	7	26	32	—	—	20
损失支出	—	—	29	—	2	95	—	—	—
债务支出	—	25	24	24	12	546	—	—	175
信托管理支出	—	—	—	0	2	42	—	—	—
营业投资及维持支出	—	—	683	57	—	1	—	—	—
辅助支出	—	8	—	140	—	1053	—	—	1476
各乡镇支出	—	—	—	7120	—	—	—	—	—
其他支出	3509	1740	4662	104	3630	421	222	—	3435
预备金	954	330	1406	498	1260	1622	12	32	135
未分配数	193	—	105	3394	209	19	9	—	—
总计	13975	6408	16967	17260	21705	14217	1322	1151	8487

注:本表以法币万元来统计,为便于计算,采用四舍五入方法。* 总计数为表 18-22 和表 18-23 中各分项的实际加总数。

资料来源:郑成林选编《民国时期经济统计资料汇编》第 46 册,国家图书馆出版社 2016 年版,第 58—59 页。

表 18-24 国民党政府各省所属县市及特别市地方支出分类预算(一)(1944 年)

(单位:法币万元)

项目 \ 省别	总计*	四川	浙江	湖南	江西	广东	安徽	河南
行政支出	152650	23766	7525	18798	6796	11211	7352	8733
教育文化支出	139530	25644	5644	7979	7547	4398	3896	8180
经济建设支出	40976	7374	1418	1249	4248	5060	2179	541
卫生支出	18149	1956	1439	982	1266	1681	179	469
社会及救济支出	20117	4407	1378	1946	1443	665	267	494

续表

项目 ＼省别	总计*	四川	浙江	湖南	江西	广东	安徽	河南
保安支出	84038	8648	14036	4831	4272	3364	6126	3652
财务支出	26856	4534	2058	1155	1458	1321	755	854
辅助及协助收入	11733	835	357	833	64	—	220	953
公务员退休及抚恤支出	657	—	58	—	25	36	17	56
营业投资及维持支出	22519	3506	119	—	623	100	488	593
乡镇临时事业费	67691	1636	47714	14481	2358	—	—	—
有永久性质之财产购置支出	2083	2040	—	—	—	—	—	—
公粮支出	16645	—	—	70	—	—	16575	—
信托管理支出	223	—	177	—	—	—	—	—
损失支出	515	—	—	—	—	—	—	—
新兴事业费	10887	—	—	—	—	—	—	—
其他支出	302625	123986	6544	4584	28268	4687	3636	11500
预备金	60670	10538	4504	1820	2763	621	1240	6898
未分配数	22114	14667	—	918	1516	1186	1807	—
积谷收入	1739	—	1739	—	—	—	—	—
特种事业费	870	—	870	—	—	—	—	—
地政支出	930	—	930	—	—	—	—	—
债务支出	119	54	17	—	9	7	—	—
总计	1004333	233591	96527	59646	62656	34337	44737	42923

表 18-25　国民党政府各省所属县市及特别市地方

支出分类预算(二)(1944 年)　　　　　（单位：法币万元）

项目 ＼省别	广西	湖北	陕西	宁夏	甘肃	贵州	云南	福建	绥远	重庆
行政支出	13771	12400	10193	623	3638	7392	14998	4413	640	401
教育文化支出	10749	11699	7374	398	2536	8466	30012	2994	232	1782
经济建设支出	3706	2525	2167	206	2342	2240	921	1241	159	3400
卫生支出	3337	1216	1208	—	150	1860	585	550	15	1256
社会及救济支出	4968	1029	431	45	130	1237	576	402	34	665
保安支出	4663	5292	5819	279	1388	7080	6512	7079	313	684
财务支出	1420	8900	411	38	424	1024	1240	807	4	453
辅助及协助收入	289	570	317	—	232	1110	5382	259	55	257
公务员退休及抚恤支出	67	46	28	0	48	95	150	1	30	
营业投资及维持支出	1182	415	—	—	—	100	15233	—	110	
乡镇临时事业费	—	557	—	—	—	6	939	—	—	—

续表

项目＼省别	广西	湖北	陕西	宁夏	甘肃	贵州	云南	福建	绥远	重庆
有永久性质之财产购置支出	29	—	—	—	—	—	—	14	—	—
公粮支出	—	—	—	—	—	—	—	—	—	—
信托管理支出	1	—	—	—	—	23	22	—	—	—
损失支出	—	—	—	—	—	—	515	—	—	—
新兴事业费	—	—	—	—	—	—	10887	—	—	—
其他支出	9075	8987	11001	495	7354	27879	8912	30225	2424	13068
预备金	2928	1802	3399	40	790	2777	17195	2938	49	368
未分配数	—	—	—	—	—	653	—	1367	—	—
积谷收入	—	—	—	—	—	—	—	—	—	—
特种事业费	—	—	—	—	—	—	—	—	—	—
地政支出	—	—	—	—	—	—	—	—	—	—
债务支出	5	—	—	—	13	11	0	—	—	—
总计	56190	55438	42348	2124	18997	61806	98905	67708	3926	22474

注:本表以法币万元来统计,为便于计算,采用四舍五入方法。* 总计数为表18-24和表18-25中各分项的实际加总数。

资料来源:郑成林选编:《民国时期经济统计资料汇编》第46册,国家图书馆出版社2016年版,第60—61页。

表 18-26　国民党政府各省所属县市及特别市地方支出分类预算(一)(1945 年)　(单位:法币万元)

项目＼省别	总计*	四川	浙江	福建	广东	安徽	湖北	甘肃
行政支出	342002	60878	39205	8734	19213	12281	17241	6987
教育文化支出	421693	53284	29084	6629	11861	5910	31991	3225
经济及建设支出	93126	18786	8734	3045	9393	8472	5324	3051
卫生支出	43433	8730	4967	955	6771	432	2128	352
社会及救济支出	35815	12582	3854	1020	1163	363	993	121
保安支出	229549	23911	63618	12371	6900	22067	8351	1844
财务支出	45708	13670	7681	1606	3816	1257	3015	974
债务支出	708	72	217	—	204	—	—	26
公务员退休及抚恤支出	4378	524	214	320	743	30	136	1
辅助及协助支出	27990	4268	1205	1477	1080	494	1815	675
信托管理支出	9284	—	525	—	—	—	—	—
其他支出	1060145	340591	32931	105724	85430	61215	84521	26055
预备金	169438	60198	12043	1288	1819	3066	6152	2040
乡镇临时事业费支出	30708	7024	—	—	3396	—	2397	—

续表

项目＼省别	总计*	四川	浙江	福建	广东	安徽	湖北	甘肃
权利购置支出	52	—	—	—	—	—	—	—
有永久性质财产购置支出	11080	10743	—	—	—	—	—	—
营业投资及资金支出	33840	19765	616	5138	530	634	634	
未分配数	93544	82741	—	—	—	—	—	
县公粮支出	211794	—	108294	—	—	56213	—	
新兴事业费	43160	—	33634	—	—	—	—	8110
总计	2923447	717767	346822	148307	152319	172434	164698	53461

表 18-27　国民党政府各省所属县市及特别市地方支出分类预算（二）（1945 年）　　　（单位：法币万元）

项目＼省别	贵州	陕西	西康	宁夏	绥远	青海	云南	重庆
行政支出	24132	70243	6100	857	1048	8392	63898	2793
教育文化支出	26844	24905	9481	550	457	1132	212605	3735
经济及建设支出	8480	11028	934	63	191	636	4058	10931
卫生支出	5940	3064	562	23	146	369	4325	4669
社会及救济支出	4375	559	1035	96	94	1786	6444	1330
保安支出	26288	19129	3195	546	260	823	38943	1303
财务支出	5288	876	853	48	2	79	6489	2054
债务支出	1	2	6	—	—	—	181	—
公务员退休及抚恤支出	340	90	18	—	100	120	857	885
辅助及协助支出	2071	1746	329	46	49	120	10808	1807
信托管理支出	53	8700	—	—	—	—	6	
其他支出	40874	87856	4199	5786	7279	4692	102755	70237
预备金	10935	14749	1453	150	83	201	50006	5255
乡镇临时事业费支出				150			17741	
权利购置支出							52	
有永久性质财产购置支出							336	
营业投资及资金支出							11523	
未分配数	—	—	12698	150	2955			
县公粮支出	43560				3727			
新兴事业费				1766			5650	
总计	197181	242947	40863	10231	16391	18350	536677	104999

注：本表以法币万元来统计，为便于计算，采用四舍五入方法。* 总计数为表 18-26 和表 18-27 中各
　　分项的实际加总数。

资料来源：郑成林选编：《民国时期经济统计资料汇编》第 46 册，国家图书馆出版社 2016 年版，第
　　62—63 页。

由收入和支出系统相关分项规定的内容可知,《改订财政收支系统实施纲要》融合了《财政收支系统法》和《县各级组织纲要》这两大文件的主要内容。第一,中央统筹管理田赋和营业税这两大原地方收入,并由中央分税款与地方,对税额分配有利无损。第二,改变了过去县财政没有独立税源而依附于省财政的状况,给予县财政体制上的独立地位。即使县财政出现困难,国家财政亦可补助,而不会出现过去省财政侵蚀县财政的现象,地方自治也能获得经济上的支持。加之1941年财政部拟定"战时三年计划",并规定了地方财政实施办法须坚守的几项原则:

(1)省与县之财政截然划分;

(2)省预算改由中央编制,作为国家附属预算;

(3)省之收支,由中央负责统筹调剂,以求平衡;

(4)县预算应依法编制,由省核定,并汇送中央核查;

(5)县之支出,应使管教养卫诸政分途发展,尤须特别注重地方经济建设之推进,县之收入,应以现实章制切实整理,并注意整顿扩充官产官业以期增进地方丰富之财源,不必悉赖税捐之收入;

(6)积极推行土地陈报;

(7)各地方具有通过税性质之捐税,应限期一律取消;

(8)严行监督,并限制地方发行公债。①

种种规定及措施,把财政收支系加以全面改订,县财政出现了更为规范化的变动。一是地方税制的统一。财政部先后颁布各税征收通则,以便各省遵照办理,统一了全国地方税制,一扫过去地方杂税名目繁多或名同实异等弊端。此情形下,县单独的税源为屠宰税、房捐、营业牌照税、使用牌照税、筵席及娱乐税(即行为取缔税改称)五种。二是实行划拨税款及补助,不同项目不同年份划拨税款比例各异。1942年中央划拨县市税款,除印花税按纯收入30%、遗产税按纯收入25%分配外,营业税系按纯收入30%、土地税(地价税或田赋)按各县市1941年度预算原额照拨;

① 中国第二历史档案馆编:《中华民国史档案资料汇编》第5辑第2编,财政经济(1),江苏古籍出版社1997年版,第144页。

契税照原有附加率估计照拨,但以附加率不超过正税半数者为限。1942年度中央对县市补助,以 1941 年度各县预算所列本省补助费原额为据,但在贫瘠县市因推行新政收入不敷者,由中央另拨特别补助费,此项特别补助费,由各省省政府就中央核给该省总额,斟酌各县市财政状况与施政情形统筹分配。1943 年度中央核给县市税款,除印花、遗产、契税照上度办理外,土地税(田赋地价税及土地增值税)按实收数 15% 拨给县市,其改征实物部分,实物乃归中央由中央按核定之实物平均价格拨给县款。①

上述划拨税款及补助的办法,使得将原归县级财政的主要收入划给中央后,县级的财政收入及需求仍能得到一定的保障,虽然各年度按比例所分拨的数量差异相当大,但是这属于战时的特殊措施,将来的分配将有利于县。②

3. 全面抗战期间国民党政府地方财政改革的成效

全面抗战期间国民党政府地方财政改革的成效,首先体现在县级财政自治权力的扩大。此前的省县财政关系中,省对于县实施极度集权的制度,地方税收,多归省有;县只能在附加与杂捐中谋取出路,或以非法摊派解决财政难题,无独立地位可言。县级政务日繁,经费却无从增加,地方自治的进展自然有限。正如当时学者周玉津所说,“吾国地方自治倡导有年,迄无成效,主要原因,系由于乡镇财政之尚无基础,遂至多重设施,徒有规章,不克实行”③。地方财政的变革显得十分重要,“不仅为县财政上之问题,亦可为整个县政建设之重要问题”④。朱博能的文章中也认为,一国国地财政的划分应与指导一国政治建设之原理相适应,“吾国中央与地方,向主均权之制,财政权自应适当分配与中央及地方,从而使得中央政府可以遂其发展,地方事业可以推进”⑤。经过 1935 年《财政收支系统法》、1939 年《县各级组织纲要》、1941 年确立自治财政系统等方

①　彭雨新:《县地方财政》,商务印书馆 1945 年版,第 14—15 页。
②　彭雨新:《县地方财政》,商务印书馆 1945 年版,第 15 页。
③　周玉津:《略论今后地方财政》,《大路半月刊》1943 年第 8 卷第 6 期。
④　李建昌:《论县收入之整理》《广东省银行季刊》1942 年第 2 卷第 12 期合刊。
⑤　朱博能:《地方财政与国家财政》,《闽政月刊》1941 年第 8 卷第 6 期。

式整理县级财政后,县财政的地位得到加强,县的收入也有了税制方面的保障,进而拥有相对充足的地方自治经费来推进地方自治。

其次,地方财政的改革有力地支持着前线的持久抗战。如"田赋征实"政策,"田赋改征实物,军粮公粮不虞匮乏,有助于抗战者甚巨"[1],具体而言,"自三十年下半年起,办理两届征实,一届征购,成效俱属优异,最近三十二年都征实征购开办不久,情形尤佳,以各年度实征数额言,均已超过以往田赋征收法币时期之成效"[2]。若把当时征收实物所得与法币加以换算对比,田赋征实的成效体现得更为明显。"各省之县地方田赋附加收数,未经造报,兹将按过去田赋附加约当田正税四分之三比例算之,约计为六千二百三十五万五千余元。照上所列,现在各省田赋正附加税之总额,约在一万五千万元。参照田赋改征实物征收标准原案每元折收稻麦二市斗计,则全国田赋正附加税改征实物之后可得稻麦三千万石,如果以每石平均一百元计算,则三千万石约可得三十万万元,约当全国本年度直接税之收入二十三倍而强;这个数目不能算小。"[3]田赋征实,一方面,令军需民用粮食的供应得以保障;另一方面,特别是经征官吏的贪污中饱,也大大加重了农民的负担,加速了农民的贫困化和农业生产的衰退、农村经济的凋敝。

抗战胜利后,战时的中央—县财政两级制并不适用于战后的财政格局。"我国幅员辽阔,县市单位,数约 2000,中央政令,必以省为枢纽,承上启下,其地位极属重要。"[4]如若战后中央和县之间依旧缺乏省级财政的链接,将会使得中央无法对县级财政进行有效的管控。因而"省财政之重建,乃下次改订收支系统之重点"[5]。故抗战结束后,国家的财政体制又恢复到战前的中央—省—县财政三级体制。

---

① 马寅初:《财政学与中国财政——理论与现实》上册,商务印书馆 2006 年版。

② 赵既昌:《田赋征实改良政策之运用与改进》,《财政评论》1944 年第 11 卷第 6 期。

③ 方家铭:《田赋征实与战时财政》,《行政干部》1941 年第 2 卷第 7—8 期合刊。

④ 马寅初:《财政学与中国财政——理论与现实》上册,商务印书馆 2006 年版,第169 页。

⑤ 马寅初:《财政学与中国财政——理论与现实》上册,商务印书馆 2006 年版,第169 页。

第二节　战后国民党政府财政的短暂过渡

　　日本宣布无条件投降，中国人民终于获得了抗战的伟大胜利。然而，惨遭日本帝国主义长达 14 年和 8 年的侵略、烧杀、破坏、摧毁、洗劫，中国国内特别是东北和关内沦陷区，城乡一片废墟，民生凋敝，经济萎缩，财政崩溃，百废待兴，各族人民渴望和平安宁、休养生息。国民党政府不顾百姓死活，急不可耐地要彻底消灭共产党和全国革命力量，以除心腹之患。面对日本帝国主义的残暴侵略和烧杀劫掠，国民党政府妥协退让，消极抗日、积极反共。日本宣布投降，国民党政府立即大打出手，抢摘桃子、夺占果实，并不择手段制造摩擦，侵蚀和进攻解放区，又联合和勾结日伪，搜查、抓捕中共地下工作者和抗日战士。

　　在财政方面，从抗战胜利到内战爆发的和平间隙期间，国民党政府先后对敌伪产业进行接收，对战后财政体系进行整理、规划与重建，分区设置和派遣财政金融特派员，随同军事人员前往各"驻在地"进行财政接收，采取"财政复员紧急措施"，推设收复区财务机关，订定库款收支办法，调整货物管理办法，并对台湾地区财政采取紧急措施。在此同时或稍后，国民党政府财政部各部门，分别为战后财政"复员"先后拟定、调整、完善了一系列政策措施，包括关务署的关税征收、税则改定、海关机构调整措施；盐政局的盐务管理、盐税征收、食盐运销改制措施；税务署的货物税税目、税率调整和课征改进办法；地方财政司的《民生主义的自治财政政策纲领草案》；国库署的推设公库制度、健全库政办法；等等。名目繁多，涉及战后财政接收、财务管理、税捐征收的方方面面。不过所有这些财政政策、措施、办法，因战后和平间隙短渐，一些调整或改良措施的实施，多是在内战爆发后，也有的单纯是纸上谈兵，或者变成国民党政府盘剥民众、拼凑战费的搜刮手段。

一、战后国民党政府的财政接收

抗战胜利,国民党政府首先面临的问题就是沦陷区的接收。早在抗战胜利之前,国民党政府就准备制定章程,接收沦陷区规模庞大的敌伪资产。如 1944 年由经济部颁布的《收复区敌产处理办法》就对如何接收做了明确规定,"凡敌国在中国之公私事业资产及一切权益一律接收,由中国政府管理或经营之","凡敌人在吾国沦陷各地所有之资本财产及一切权益,一律悉皆接收作为国有……凡与敌人合办之事业,不论公营或私营,一律由中国政府派员接收,分别性质。应归国营者移交国营事业机关,应归民营者移交正当民营事业组织接办"。① 随着抗战的胜利,国民党政府即开始启动对日伪统治地区的财政接收程序:

首先,建立接收机构。1945 年 8 月,国民党政府拟定的《行政院各部会署局派遣收复区接收人员办法》规定,行政院各部、会、署、局经陆军总司令部批准,可以派遣特派员或接收委员至沦陷区接收相应主管范围的日伪资产,特派员与接收委员的工作均受中国陆军总司令部的指导和监督。② 但因为国民党政府这一接收章程对相关主体和权责的规定比较模糊,而且接收工作常常伴随受降同时进行,导致其一开始接收工作不够规范。1945 年 9 月 5 日,为统一接收,国民党政府在陆军总部下设党政接收计划委员会作为全国性质的接收机构,各个省(市)成立省(市)接收委员会。10 月,经行政院长宋子文签请、蒋介石批准,成立了行政院收复区全国性事业接收委员会,由行政院副院长翁文灏主持该委员会工作,各地区、各省市则相应设立敌伪物资产业处理局。负责各地区敌伪物资产业接收,因此形成了陆军总司令部、行政院、各省市敌伪物资产业处理局三重接收架构。这个架构表面看似分工

---

① 中国第二历史档案馆编:《中华民国史档案资料汇编》第 5 辑第 3 编,财政经济(1),江苏古籍出版社 2000 年版,第 1 页。

② 《行政院各部会署局派遣收复区接收人员办法》,《交通公报》1945 年 8 月第 8 卷第 15 期。

协作、职责分明,而事实上,"由于胜利突然到来,各地区情况迥异,军队与政府、中央与地方同时插手接收,致使各地区接收机构林立"①。在实际接收工作开展中,还是出现了系统紊乱、权责不明的无组织状态。

国民党政府把全国划分"七区(苏浙皖区、湘鄂赣区、粤桂闽区、冀察热区、鲁豫晋区、东北区和台湾地区),各设接收机构"②。但是,财政领域的区划不同。在财政系统的接收过程中,根据行政院发布的《收复区财政金融复员紧急措施纲要》,将全国划分为京沪区(具体含三省两市,江苏省、安徽省、浙江省、南京市、上海市,驻上海);在东北地区设辽吉黑区(驻沈阳);在华北地方设冀鲁察热区(具体包含四省三市,河北省、山东省、察哈尔省、热河省、北平市、天津市、青岛市,驻天津);在中原地区设晋豫绥区(驻太原或郑州);在华中地区设鄂湘赣区(具体包含三省一市,湖北省、湖南省、江西省、汉口市,驻汉口);在华南地区设粤桂闽区(驻广州);以及台湾地区(驻台北)七区。③ 财政部下派财政金融特派员分赴七区负责财政接收。

其次,接收、清理敌伪财政金融。国民党政府在修改后的《收复区敌伪财政金融机构财产接收办法》中规定,"凡收复区内所有敌伪财政金融机构财产由财政部各区财政金融特派员商请各该收复区接收委员会核发接收证件接收之";"接收敌伪财政金融机构财产由接收机关通知当地军警机关协助办理。所接收之财产属于现金、票据、证券及珍贵物品者,应交当地国库或指定之当地财政、金融机关保管之;其为民生日用品或易于腐败之物品,得经报部核准,公开拍卖,保管其现金"。④ 这些规定,对于国民党政府在战后对敌伪财政的接收发挥了重要作用。

接收、清理敌伪财政金融,最重要的就是对沦陷区金融业的接收。抗

① 陆仰渊、方庆秋主编:《民国社会经济史》,中国经济出版社1991年版,第729页。

② 杨荫溥:《民国财政史》,中国财政经济出版社1985年版,第192页。

③ 中国第二历史档案馆编:《中华民国史档案资料汇编》第5辑第3编,财政经济(1),江苏古籍出版社2000年版,第2页。

④ 《收复区敌伪财政金融机构财产接收办法》,《上海市政府公报》1946年第2卷第13期。

战八年,广大地区多遭敌伪蹂躏,"如设立敌伪银行,发行敌伪钞票","胜利后对于敌伪此等在金融方面之措施,所予我国公私蒙受之损害,自应分别予以处理"。① 被接收、清理的敌伪银行中,属于伪政权的有联合准备银行、蒙疆银行、中央储备银行、华兴银行等②,属于外国侵略者的有横滨正金银行、朝鲜银行、德华银行等 92 家,两项合计,连同其分支机构,共944 家单位。据统计,截至 1946 年年底,已接收者为 629 家,尚未接收者为 315 单位。③ 据国民党政府财政部统计,伪中央储备银行被接收时,共库存黄金 55.4 万两、白银 763.9 万两、银元 371783 枚、美元 550 万;伪中央联合银行被接收时,共库存黄金 17 万两、美金 1 千万元、英钞2.7 万镑。④ 除此之外,国民党政府还对金融市场进行接收,据统计在苏浙皖区就接收黄金 5.1 亿两、白银 8.6 亿两、美元 9.2 万、日币 3.8 千万日元、法币 54.5 元、有价证券 23.5 亿元。⑤ 由于沦陷区一切金融机构和所属大量财产全都被国民党政府接收,使得国民党政府战后财政有了较大程度的改善。

最后,国民党政府对敌伪的工厂和物资进行接管。由于敌伪占领区多为中国富裕地区,且搜刮大量沦陷区人民的财产,其资产价值巨大,特别是敌伪工矿电商的大批物资。据 1946 年 6 月国民党政府经济部统计,该部接收工矿电商事业数量如表 18-28 所示。经济部接收了大量的工厂、企业,这些敌伪工厂、企业被国民党政府接收后,以直接经营、移管、标售及发还为原则来处理。据国民党政府经济部 1946 年年底统计,除东北区情形特殊无法知悉处理情形外,其余各区接收资产总计 2243 个单位。其中发还及标售的资产计 778 个单位,仅占接收总数的 34%;而直接经营

① 财政部财政年鉴编纂处编纂:《财政年鉴三编》,第一篇《财政政策综述》,中央印书局1948 年版,第 51 页。

② 财政部财政年鉴编纂处编纂:《财政年鉴三编》,第一篇《财政政策综述》,中央印书局1948 年版,第 51—52 页。

③ 财政部财政年鉴编纂处编纂:《财政部年鉴三编》,第 10 篇,中央印书局 1948 年版,第228—234 页。

④ 陆仰渊、方庆秋主编:《民国社会经济史》,中国经济出版社 1991 年版,第 732 页。

⑤ 陆仰渊、方庆秋主编:《民国社会经济史》,中国经济出版社 1991 年版,第 732 页。

及移转管理的资产,计1037个单位,占接收总数的46%。[①] 由表18-30中第14项"财产及物资售价收入"可知,1946年国民党政府出售所得高达6848亿元。其数值不但远远大于国民党政府1946年总预算收入中的任何一项,而且还远大于国民党政府财政收入中的关税、盐税、货物税三大主要税的总和。还有部分企业和工厂直接被国民党政府作为国营企业接收,在表18-30中,我们可以看出"公有营业盈余收入"同样高达1090亿元。

表18-28　国民党政府经济部接收工矿电商事业数量统计(1946年)

(单位:个)

业别＼区别	总计	苏浙皖	湘鄂赣	粤桂闽	鲁豫晋	冀热察绥	东北	台湾
工厂	1831	629	165	95	152	381	132	277
矿场	77	2	15	4	23	6	11	16
电器事业	45	19	6	10	2	5	2	1
公私行号	435	43	32		37	285	——	38
行政学术机关	13	7					3	3
总计	2401	700	218	109	214	677	148	335

资料来源:中国第二历史档案馆编:《中华民国史档案资料汇编》第5辑第3编,财政经济(1),江苏古籍出版社2000年版,第688页。

国民党政府对工厂和物资接收,让其战后财政收入有了较大规模的增加。以当时全国经济最为雄厚的苏浙皖区(含上海、南京)具体接收情况为例,截至1946年年底,该区域接收产业总估价竟达12649亿元法币[②],不包括遗产数额(各项详细估价见表18-29)。这个数字是相当惊人的,因为根据国民党政府主计处统计,1946年年度国民党政府国家预

---

① 中国第二历史档案馆编:《中华民国史档案资料汇编》第5辑第3编,财政经济(4),江苏古籍出版社2000年版,第692—693页。

② 杨荫溥:《民国财政史》,中国财政经济出版社1985年版,第192页。

算岁入总计 25249.4 亿元①（具体科目岁入详见表 18-30），而仅苏浙皖一区敌伪产业总估价 12649 亿元，约占 1946 年预算总计的 50%。由此可见，战后国民党的接收，使得战后国民党政府的财政相对战时大有改观。

表 18-29　苏浙皖区接收敌伪资产的估价（截至 1946 年年底）

业别 ＼ 项目	数额（法币亿元）	百分数（%）
工厂	4487	35.5
物资	3194	25.2
金银及首饰	1650	13.0
房地产	1348	10.7
码头仓库	1020	8.1
其他	950	7.5
总计	（＊）12 649	100

注：（＊）遗产未列入。

资料来源：杨荫溥：《民国财政史》，中国财政经济出版社 1985 年版，第 192 页表 4-14。

表 18-30　国民党政府总预算收入总表（1946 年）

（单位：法币亿元）

科目 ＼ 项目	经常收入	临时收入	总计
1. 土地税	945	—	945
2. 所得税	400	—	400
3. 非常时期过分利得税	50	—	50
4. 遗产税	30	—	30
5. 营业税	600	—	600
6. 印花税	130	—	130
7. 矿税	20	—	20
8. 关税	909	91	1000

---

①　中国第二历史档案馆编：《中华民国史档案资料汇编》第 5 辑第 3 编，财政经济（1），江苏古籍出版社 2000 年版，第 343 页。

项目 科目	经常收入	临时收入	总计
9. 货物税	2025	—	2025
10. 盐税	2000		2000
11. 罚款及赔偿收入	2	—	2
12. 规费收入	89	416	505
13. 财产利息收入	222	—	222
14. 财产及物资售价收入	—	6848	6848
15. 公有营业盈余收入	1090	—	1090
16. 公有事业收入	2	—	2
17. 捐献及赠予收入	—	830	830
18. 收回美军垫款收入	—	1500	1500
19. 征借实物收入	—	278	278
20. 其他收入	2	—	2
21. 债款收入	—	6771	6771
收入总计	8516	16734	25250

注:本表以法币亿元来统计,为便于统计,采用四舍五入方法。

资料来源:国民党政府主计部档案,见中国第二历史档案馆编:《中华民国史档案资料汇编》第5辑
　　第3编,财政经济(1),江苏古籍出版社2000年版,第342—343页统计表。

二、战后过渡时期国民党政府财政
体系的规划与重建

除了对沦陷区财政金融进行接收之外,战后国民党政府的财政工作
另一重要工作就是规划和重建战后财政系统。早在1945年5月5日召
开的国民党第六次全国代表大会上,其决议案中就包括"制定战后经济
建设总计划",涉及财政方面即"改革税制,简化稽征程序,厉行直接税,
按所得累进征收,并限制遗产数额"等内容①,这为国民党政府战后财政

---

① 中国第二历史档案馆编:《中华民国史档案资料汇编》第5辑第2编,政治(1),江苏古籍出版社1998年版,第814页。

系统的重建确定了方向。1945 年 9 月 6 日,国民党政府行政院颁布《收复区财政金融复员紧急措施纲要》,拟具的财政复员主要措施有三大项:一是"分区设置财政金融特派员",制定财政金融特派员公署组织规程,派遣财政金融特派员随同军事人员尽先搭机前往驻在地"执行任务";二是采取"金融复员紧急措施",包括供应收复区钞票,推设收复区行局,举办紧急贷款,处理敌伪钞票,处理敌伪金融机构及商业金融机构;三是采取"财政复员紧急措施",包括接收国有及敌伪财产,减免赋税,推设收复区财务机关(涵盖关税、盐务、税务、公债四个部分),订定库款收支办法,调整货物管理办法,以及采取台湾地区财政紧急措施。[①] 战后国民党政府财政系统重建的总体构想就是要求财政系统重构需符合国家经济运作总体布局。

财政部作为财政系统重构的负责部门,在抗战胜利后,一直不断调整财政政策。如在 1945 年 9 月 3 日财政部就宣布豁免沦陷区"本年度田赋一年",后方各省"准明年年度亦豁免"[②],即沦陷区 1945 年豁免田赋,其他后方省份则 1946 年豁免田赋,期望以此缓解抗战以来农民怨气,缓解农村社会矛盾;但由于 1946 年 6 月内战爆发,这项举措并未真正实行。

在其他税收方面,财政部所属各部门制定了一系列战后财政政策:1945 年 8 月 19 日,关务署拟定奢侈品加征附加税、统一进口货完税办法、改定关税税则、调整海关分支机构、健全调整缉私;8 月 21 日,盐政局详定盐务政策,将盐税定为"国税",地方政府不得附加任何税捐,调整税制,规定盐税"就仓征收",若近场本销,则应"就场征收"。简化盐税种类,调整税率,并就场产、仓坨设备建设,食盐运销做了具体规定;8 月 31 日,税务署研拟战后货物税政策,调整征税科目、税率,改进课征办法,简化稽征程序,"奖助工矿事业"。在直接税方面,拟定和完备所得税制,包括举办"综合所得税",取消营业税,取消非常时期过分利得税,调整营利

---

① 中国第二历史档案馆编:《中华民国史档案资料汇编》第 5 辑第 3 编,财政经济(1),江苏古籍出版社 2000 年版,第 2—6 页。
② 财政部财政年鉴编纂处编纂:《财政年鉴三编》,第 5 篇,中央印书局 1948 年版,第 57 页。

事业所得税税率,筹办农业所得税。同时改进遗产税制,"积极普遍推动现行总遗产税",举办赠予税,准备"加课"继承税。9月2日,地方财政司为"顺从世界潮流"、遵奉孙中山"遗教"、依照"已定国策",出台《民生主义的自治财政政策纲领草案》,决定于1946年后"积极实行"。该"自治财政政策纲领草案"除以实现民生主义为最高原则外,尚有三大目的:一是配合地方行政计划;二是促进地方经济建设;三是巩固国家财政基础。具体实施事项和方向:一是增加地方财政;二是划清国地财政界限;三是废除苛杂摊派;四是调剂地方财力;五是调整收支比例;六是发展地方事业;七是简化基层政治机构;八是建立基层人事制度;九是筹划乡镇财政;十是厉行预算制度;十一是健全财务行政;十二是加强民意机关监督;十三是加强中央与省监督;十四是建立补助制度。9月20日,国库署亦就推设公库制度、健全库政,拟具意见,包括推广公库网(涵盖国库、县市库两部分),设立集中库,分区设立国库署办事处等,"务使国家一切财政纳入正规,公库制度之基础益臻巩固",库款保管力求集中,库款运用力求灵活。①

以上措施的具体实行,主要是在内战爆发之后,这一时期国民党政府为适应战后经济运作的需要,对财政体制进行调整,开始由战时体制向战后体制的转变。主要反映以下三个方面。

首先,国民党政府进一步调整预决算制度。1945年7月,战争还未结束,国民党政府公布《三十五年度国家总预算编审原则》。此后不久,抗战胜利,行政院与主计处根据形势变化,将《战时国家总预算编审办法》及《三十五年度国家总预算编审原则》合并为《三十五年度国家总预算编审办法》,国民党政府于1945年8月通令执行。

其次,推广与完善公库制度。1945年9月,国民政府行政院拟定《收复区库款收支紧急处理办法》,要求收复区中央银行从速成立公库机构,并委托中国、交通、农民几家银行,各省市地区银行和邮局代理公库,同时

---

① 中国第二历史档案馆编:《中华民国史档案资料汇编》第5辑第3编,财政经济(1),江苏古籍出版社2000年版,第70—86页。

要求收复区在三年内完成县库网推广,鉴于收复区不同情况和粤、闽、浙、赣、皖五分库改为集中库办理的良好成效,国库署决定将各省分库指定为集中库,由其集中管理所有该区内库款调拨,而在边远省份筹设若干办事处,秉承部署命令,就近办理国库行政事务,以便及时纠正各机关违法收支等其他急需处理事宜。①1946年5月1日,国民党政府对《公库法》进行修正,使公库制度更趋于完善。1946年7月,财政部重新制定《国家、地方共分各税征收缴纳办法》,规定各地必须建立公库,承担分税缴款任务。

最后,筹划建立三级财政体制。抗战胜利后国民党政府财政部准备趁重建沦陷区机构之机,对地方财政体系进行调整。抗战胜利之后,国民党政府依旧实行的是战时的中央—县两级财政体制,地方财政以县为单位。同时财政部还对类似田赋、营业税等采取减免等措施,虽然营业税属于中央税,但却规定要将部分营业税返还给地方。随着相关税收的减免,地方财政数额减少,容易造成地方财政恐慌。为适应战后需要,国民党政府财政部开始将战时的收支体系进行调整。1946年3月,国民党六届二中全会作出了"迅速改变财政收支系统"的决议,将"财政收支系统,改为中央、省(市)、县(市)三级制"②,不过真正的三级财政体系却是在内战爆发后才推行。

三、过渡时期的财政状况与通货膨胀

通货膨胀是自抗战中后期开始困扰国民党政府的一大难题,这一难题除了在抗战胜利后得到短暂缓解之外,并未根本改变,特别是内战时期在国民党大规模调兵遣将发动战争的背景下,通货膨胀进一步恶化。

抗战胜利给全国人民带来了和平的希望,大后方的人民希望早日返回故乡,人民急于处理手中的物品,而且沦陷区的接收,使得法币的使用

---

① 中国第二历史档案馆编:《中华民国史档案资料汇编》第5辑第3编,财政经济(1),江苏古籍出版社2000年版,第85—86页。

② 荣孟源主编:《中国国民党历次代表大会及中央全会资料》(下),光明日报出版社1985年版,第1054页。

范围进一步扩大,导致大后方的物价一度急剧下降。如表 18-31 所示,1945 年 8 月重庆物价指数为 179300,而到了抗战胜利的 9 月,物价指数下跌到了 122600。而在收复区,由于法币币值的高估,使得物价指数同样出现下降的局势。上海的物价指数 9 月较 8 月下降 36%,这是自抗战中后期物价日益上涨情况下绝无仅有的现象。

表 18-31　抗战胜利前后"收复区"中储券与
后方法币实际购买力的比较

项目 年月	重庆批发物价指数 （1937＝100）	上海批发物价指数 （1936＝100）	上海为 重庆的倍数
1945 年 7 月	164500	4890351	29.7
1945 年 8 月	179300	9740248	54.3
1945 年 9 月	122600	6194634	50.5

资料来源:杨荫溥:《民国财政史》,中国财政经济出版社 1985 年版,第 191 页表 4-13。

　　但是这种情况并没有延续太长时间,由于"抗战胜利初期收复区人民心理上混乱的因素"以及"受国民党反动政府有意迟迟不公布伪币收换办法的影响",从而"致使市场上伪币对法币的交换比率,天天跌落"。中储券对法币的交换比率,在 9 月上旬跌至一百三四十元兑一元;至中旬更跌至二百余元兑一元。[1] 这样快的跌落速度,使广大沦陷区人民担心兑换比率还会下跌。所以在国民党政府财政部于 1945 年 9 月 27 日公布了法币与伪币的兑换比率为 1∶200 后,沦陷区人民就大量兑换法币。据《金融周报》记载,南京"全市各行局收换伪币已达一千二百余亿元,合法币六亿余元"[2]。由于高估法币的币值,大量法币随着对沦陷区的接收涌入沦陷区,物价上涨十分明显。上海物价指数(与战前相比)从 9 月的345 倍,暴涨至 11 月的 993 倍,上涨 1.87 倍,米价从每石 3725 元涨至10250 元,上涨 1.75 倍,上涨程度为抗战以来少有。[3] 但 200∶1 的兑换

---

① 杨荫溥:《民国财政史》,中国财政经济出版社 1985 年版,第 190 页。
② 《兑换伪币与东北流通券》,《金融周报》1946 年第 40 卷第 3 期。
③ 中国科学院上海经济研究所、上海社会科学院经济研究所编:《上海解放前后物价资料汇编(1921 年—1957 年)》,上海人民出版社 1958 年版,第 121、168 页。

率是极不合理的，这样也就使沦陷区人民手中货币的购买能力大打折扣，事实上是对沦陷区人民财产的一种劫收。

物价的上涨从根本上来说，是政府财政完全依赖货币发行的结果。战后出现的物价下跌情况不是简单地建立在政府减少货币发行的基础之上，而是市场所做的对和平期望的一种反应。随着内战的爆发，国民党政府大规模的调兵遣将，市场对国内的和平期望进一步降低，民众大量囤积物资，市场物价进一步上涨。如何处理战后大规模的通货膨胀以及产生的一系列的社会问题成为国民党政府战后过渡时期财政面临的最大难题。

国民党政府认为，物价上涨的关键在于政府的财政状况，时任国民党政府行政院院长的宋子文认为："胜利以后，健全财政，实为首要而必须求收支趋于平衡之途径，则通货膨胀，自可逐渐遏止，一切金融经济等问题，始可获得解决。"①因此宋子文经济政策的首要任务即"安定物价，平衡国家预算"。但由于国民党政府战后大规模调动军队，准备发动内战，军费在战后依旧占据国民党政府财政支出的重要比例。据统计，1945年军费支出（含特别支出）占国民党政府财政总支出的比例为71%，1946年军费支出（含特别支出）占国民党政府财政总支出的比例为54%。②军费自战后过渡时期开始，就成为国民党政府财政的"无底洞"，消耗了几乎所有国民政府财政资源，最终导致国民党经济事业和政府财政的崩溃。

国民党政府在战后还偿还了部分国内公债，但偿还公债的措施简直就是一种毫无底线的手段，国民党政府在完全不考虑通货膨胀率的前提下，采取1∶1的比率偿还战时公债。据《银行周报》记载，"沪市前公共租界工部局发行之西历1936年五厘半公债，业经沪市政府清理就绪，依照发行条例，定于本年六月三十日照票面还本，利息于开始付款时停支……"③。据《青岛市政府公报》记载，"查本市前于民国廿四年一月一

---

① 吴景平：《宋子文评传》，福建人民出版社1992年版，第484页。
② 吴冈编：《旧中国通货膨胀史料》，上海人民出版社1958年版，第153页。
③ 《前沪工部局五厘半公债定六月底偿还》，《银行周报汇编》1948年第32卷。

日发行市政公债一百五十万元,年息七厘,原定民国二十七年十二月底止,本息全数偿清,又于民国廿六年一月一日发行市政建设公债六百万元,年息六厘,定于三十三年十二月底本息偿清,嗣以"七七事变"起即行停支偿付,兹以该项公债发行时间过久,究应如何计算偿还,乃经电准财政部,本年五月十七日京财公二字第二四九五五号代电,复以该项公债仍按票面金额偿还,以符通案等由……"①。众所周知,在抗战中国民党政府为了弥补财政赤字和日益猛增的军费开支,发行大量纸币来弥补财政的亏空,但这些纸币发行量完全超出了当时国内的货币实际需要量,酿成了严重的通货膨胀和物价飞涨,纸币的购买力已经大不如从前,随着战事的继续纸币也持续贬值。因此,到战后同币值的纸币的购买力已经与战时购买国债时纸币的购买力大不相同,且当时国债的利息低得可怜,然而国民党政府仍然按照相同币值偿还国债,这引起了民众的不满,并对国民党政府的财政体系产生怀疑。

从 1945 年 8 月日本宣布投降到 1946 年 6 月国民党政府发动内战前,这一时期是国民党政府战后财政过渡时期。这一阶段国民党政府财政通过对敌伪资产的接收,获得巨额财政收入,也初步完成了对沦陷区财政机构的重建;但由于国民党政府忙于部署内战,对战后经济建设缺乏基本的安排。内战爆发后,国民党政府面临巨大的军费开支,再一次将财政转换成战时财政,将其通过接收所获得的财政收入投入到反人民的内战中,最终走向了财政的尽头。

第三节　战后国民党政府的财政穷途末路

国民党政府财政历经 8 年抗战磨难、加上大小官吏贪污中饱成风,早已千疮百孔,民穷财尽。抗战结束后,国民党政府无心医治战争创伤,将

---

① 《府财(36)伍二(10)第六六号》,《青岛市政府公报》1947 年第 4 卷第 26 期。

息调养,恢复元气,复被绑上反共反人民的内战战车,扩兵增税,官吏贪腐更变本加厉,旧病未除,又添新症,越加救治无方,国民党政府的财政迅速陷入穷途末路的绝境。

内战爆发后,国民党政府无意采取措施恢复经济、整肃吏治、严惩贪腐、增加岁入,摆脱财政困难,只是改变财政体制,调整中央与省、县地方的税收分配方法及比例,强化中央对财政税收的掌控;通过某种形式的放权,减轻中央对地方财政的承担责任;搜罗尽可能多的钱财、物资用于内战。国民党政府并未达到预期目的。因为内战,中央财政支出剧增,引发恶性通胀;省、县财政收入减少,捉襟见肘,凭借三级财政体制获得的财政权,滥征捐税,强制摊派,民众苦不堪言。且离心力增强,地方已不按既定政策征税、为战争筹款,地方财政恶性膨胀,中央无法控制。国民党政府为了进行内战,又大肆征发壮丁,搜罗物资,导致国民党统治区农业和工业凋敝,城乡税源愈趋枯竭。同时,国民党政府官吏在接收敌伪资产时刮起的贪腐邪风,愈演愈烈,并由此引发销赃黑市泛滥。国民党政府财政、物资被掏空,物价疯涨、通货恶性膨胀、财政赤字飙升。为填补亏空、摆脱财政危机,1947 年、1948 年国民党政府在大量增发法币的同时,相继颁布《国民政府经济紧急措施法案》等多项法案、方案、办法、计划,加征税捐,举借内外债。但见效甚微,甚至白费力气。到 1948 年夏,财政收支及财政赤字均成天文数字,财政濒临崩溃。国民党政府只得"死马当活马医",再次进行"货币改革",废弃法币,改发金圆券。未几,金圆券即步法币后尘,且过之而无不及,很快被民众和城乡市场抛弃,同国民党政权一同被丢进了历史的垃圾堆。

一、战后财政末路及其表现

(一) 三级财政体制的建立与瓦解

1946 年 7 月 2 日,国民党政府即颁布了改订后的《财政收支系统法》,并规定该法自公布日开始施行。改订后的《财政收支系统法》第二条规定"财政收支系统分为三级：一、中央。二、省及院辖市。三、县市级相当于县市之局"①。这样，国民党政府财政部对地方的财政体系进行了调整：将原来的中央—县两级财政体制改回到1941年以前的中央—省—县三级财政制。同时就如何划分国税与地税，也作出了相应安排。"中央税包括：一、所得税。二、遗产税。三、印花税。四、特种税。五、关税。六、货物税。七、盐税。八、矿税。"②"遗产税属中央税，但中央要分其收入予县市局30%、院辖市15%；营业税为省税及院辖市税，在省要以其总收入50%归所属县市局，在院辖市应以其总收入30%归中央；土地税在省县市局地方，应以其总收入额50%归县市局，30%归中央，20%归省，且省应以其土地税之一部分辅助贫瘠县市局。在院辖市应以其总收入额60%归市，40%归中央。"③还规定土地税50%归县市局，而在《实施改订财政收支系统会议述要》中又规定"各省政府为谋所属各县市局调剂盈虚平均起见，得于县级应得土地税总收入50%内酌提一部分为统筹调剂之用。其办法由各该省政府拟定咨商，财政粮食两部核定之"④。第十条规定市县局税包括"一、土地改良物税，在土地法为施行之区域为房捐。二、屠宰税。三、牌照税。四、使用牌照税。五、筵席及娱乐税"⑤。

从表面上看，经过这次调整划分，中央与地方关系日渐清晰，呈现出均权的趋势。这是国民党政府自1928年成立以来，财政体系真正意义上实现了法律和财政两大层面权属的明确。省财政从此脱离了中央，恢复独立，有利于推进省级事业的发展，同时，县级财政的收入来源进一步明确。除原有五项自治课税外，又分得土地税五成、营业税五成、遗产税三成及契税全部，并可依法开征因地制宜的特别课税。

不过结果并非如此，虽然三级财政体制恢复，但因内战中央政府财政

① 《财政收支系统法》，《审计部公报》1946年第1—2期。
② 《财政收支系统法》，《审计部公报》1946年第1—2期。
③ 《财政收支系统法》，《审计部公报》1946年第1—2期。
④ 《实施改订财政收支系统会议述要》，《粮政季刊》1947年第4期。
⑤ 《财政收支系统法》，《审计部公报》1946年第1—2期。

支出急剧增加,并引发恶性通货膨胀,连锁反应是省级、县级财政收入逐渐减少,而财政支出因内战日益扩大和物价飞涨无法控制。此外,"如公路之修复,水利之兴建,军属之优待,官廨校舍之重修,军粮军糈之运输,均为迫不及待之任务,动需巨款应付,仓卒饬办,经费多责自筹"。此类支出极其庞大,"自非县预备金所能救济。县则责乡筹,乡复转令保甲摊派"。① 地方财力有限,为了应付入不敷出的情况,地方政府就对自己所辖区域硬性摊派税款,无休止地征税以此扩大财政收入。具体体现在税捐实征数随着内战的扩大远远地超过了预算数,如较晚经历内战战火的广西省的情况(见表18-32)。

表18-32　广西各县市税捐预算及实征数比较(1946—1947年)

(单位:法币万元)

项目 税别	1946年			1947年		
	预算数	实征数	实征数占预算数之百分比(%)	预算数	实征数	实征数占预算数之百分比(%)
土地改良税	19125	6023	31.49	62240	60615	97.39
屠宰税	1326920	1190934	89.75	7002375	8306933	118.63
营业牌照税	44404	45178	101.74	115459	134319	116.33
使用牌照税	2682	2698	100.60	7367	5924	80.41
筵席及娱乐税	46489	34729	74.70	163979	258894	157.88
乡镇补助收入	620777	524109	84.43	1817687	3317309	182.50
总计	2060397	1803670	87.54	9169106	12083994	131.79

资料来源:广西省政府统计处编:《广西统计摘要》第三号,广西省三十七年(1948年)地方行政会议秘书处1948年9月印发,第33页表二。

①　马寅初:《财政学与中国财政——理论与现实》下册,商务印书馆2005年版,第625页。

从 1946 年、1947 年广西各县市税捐预算数和实征数的具体情况来看,1946 年情况较为正常,总体上实征数和预算数差距不大;而 1947 年,实征数总体上都超过了预算数,在征收税款方面,预算计划起的作用极其有限,地方财政恶性膨胀的现象极为明显。从广西省各县市税捐的预算数和实征数的比较,可以发现地方财政的税收逐渐变得没有计划可言,预算不起作用了。国家财政体系在重新划分为三级财政体制后,地方重新获得了财政权,其通过滥征苛捐杂税和硬性摊派的手段,地方财政尤其是县市的财政实力越来越强。地方财政的离心倾向也随之进一步加强,最终却导致地方财政的恶性膨胀,进而地方财政也走向了末路,难以控制。

因此,国地收支已非修订财政收支系统所能解决,地方不敷之数多依赖中央政府增多纸币给予补助。内战后期,地方财政已经不按照既定的财政政策征税,完全为战争自行筹款,广大民众对此苦不堪言。这也标志着国民党政府,战后财政体系重建失败,踏入了末路。

（二）财政困难的具体表现

虽然在抗战胜利初期,国民党政府的财政一度出现了好转的迹象,但是,抗日战争给整个国家财政经济所带来的巨大创伤,并非一朝一夕可以医治的。而且,国民党政府并没有利用财政力量逐渐恢复的时机,抓紧进行经济恢复和建设,相反,却发动了内战。客观来讲,在当时的环境下,无论是原抗日后方的国民党统治区 ,抑或是收复的“沦陷区”,都需要休养生息,均再也不能承受一个大规模的战争了。国民党政府在抗战胜利后不停地调运兵力,占领战略要地。这种种筹划内战的活动,耗费大量财政支出,进而引发了更为严重的通货膨胀,且破坏了正常的经济生产,从而又给短暂好转的国民党政府财政带来更为严重的困难,财政危机也再度出现,主要体现在以下几个方面:

其一,抗战胜利后,国民党政府并没有完全控制沦陷区,财源不如抗战前。国民党政府并未真正掌握东部富庶地区的税源,以山东为例,山东的盐场是由解放区民主政府实际控制着,其工业最发达的半岛地区已成为华中解放区的一部分。此外,解放区民主政府控制了一批大中城市和工矿区,如沈阳、抚顺、本溪、四平、长春、安东、旅大、烟台、临沂、清江、张家口、长治等城市;淄博、新汶线、焦作、六河沟、峰峰等煤矿,南墅铅矿,铁山、龙烟、鸡鸣山等铁矿。① 事实上,包括东北在内的许多中型工业城市已被解放。1945 年 11 月 7 日,毛泽东指出:"我们已得到了一些大城市和许多中等城市。掌握这些城市的经济,发展工业、商业和金融业,成了我党的重要任务。"②内战爆发后,国民党政府全面进攻解放区,虽然国民党军队先后占领了原来由人民解放军占领的大中城市。但是,到 1947 年夏季后,人民解放军由防御转为进攻,解放区迅速扩大,许多工商业城市转到人民解放军手中。国民党政府失去了对这些城市的控制权。解放区的财源已脱离了国民党政府的财政体系,国民党政府财政的收入受到极大的影响。

其二,国民党政府为了内战的需要,饮鸩止渴般征发壮丁和物资,导致国民党统治区农业和工业凋敝,暂时得到缓解的财政危机又陷入更严重的危机之中。

国民党政府为了应对内战,在各地抓壮丁,不断扩充兵员。导致农村劳力严重短缺,农业荒废。"山东鲁中区 1947 年 10 个县被抓走壮丁 14 万人,致使 120 亩土地无力耕种而荒芜。"③或为了战争,直接摧毁农田水利设施,破坏农业生产。如"苏北串场河两岸农田,一向靠沿河风车戽水灌溉,国民党军队却拆毁风车用作军用电杆或用作建筑碉堡的材料,结果无数良田受旱,无法耕种"。④ 国民党政府这种筹划内战、破坏农业生产的做法,致使政府财政收入减少,且丢失了民心。

在工业方面,据 1947 年 1 月不完全统计,国民党统治区的上海、天

---

① 陆仰渊、方庆秋主编:《民国社会经济史》,中国经济出版社 1991 年版,第 874 页。
② 《毛泽东选集》第四卷,人民出版社 1991 年版,第 1173 页。
③ 陆仰渊、方庆秋主编:《民国社会经济史》,中国经济出版社 1991 年版,第 871 页。
④ 陈烈炯:《试论抗战胜利后国统区的农业经济全面崩溃》,《浙江农业大学学报》1988年第 3 期。

津、重庆、汉口、广州等 20 个大城市,从 1946 年秋到年底,企业倒闭达 2.7 万家以上,到 1947 年,国民党统治区原有工业体系 80 ％已告瓦解, 1949 年,轻工业产值比抗日战争前减少 30 ％,重工业产值减少 70 ％, 其中钢铁产量减少 80 ％以上。[①] 各类企业纷纷倒闭,货物产量急剧下降,工业也出现了危机。农业和工业危机的出现,进一步加剧了税源的萎缩。

　其三,抗战胜利之后,国民党政府的财政政策,在某些方面,仍是战时财政政策的延续。国民党政府战后并未立即走向和平建设阶段的财政体系,战时的货物税并未因为抗战胜利而被放弃,反而在战后取代了关税和盐税的地位,一跃成为税收收入的重要来源之一(见表 18-33)。盐税和关税都已不占国税收入的首位地位,而被货物税取而代之,货物税跃居四项税收收入榜首。1947 年度货物税收入更是遥遥领先于另外三项税收,占了四项主要税收总数额的 45.1％,成为国民党政府收入的主要依靠。货物税涉及货物种类甚多,小到火柴、糖类、酒、烟草等生活日用品,大到煤铁、矿业等重工业品。由此也可以看出,战争破坏了国内的经济发展环境,使得中国的出口锐减(见表 18-34),抗战结束后,进口贸易远远超过出口贸易,进口总值占对外贸易总值的 79％,进口总值与出口总值的差额为 41170 万美元。抗战胜利后,对外贸易数额相对于 1936 年增加了 22000 万美元,这其中,进口贸易大幅度增加,出口贸易下降近半数。内战的局势使中国出口直线下降,处于严重入超状态,外汇不断外流,导致国民党政府难以利用国际市场发展经济获得收入,最后关税收入不如货物税,就只能通过对国内人民增加苛捐杂税来增加财政收入。这种竭泽而渔的方式也加速了国民党政府的败亡。

---

　① 李新、彭明等:《中国新民主主义革命时期通史》第 4 卷,人民出版社 1962 年版。陈烈炯:《试论抗战胜利后国统区的农业经济全面崩溃》,《浙江农业大学学报》1988 年第 3 期。

表 18-33　国民党政府四项主要税收的实收数及其
所占百分比（1946—1947 年）

项目　　年份	1946 年		1947 年	
	数额（法币亿元）	百分比（%）	数额（法币亿元）	百分比（%）
货物税	3975	35.1	46910	45.1
关税	3166	28.0	23370	22.4
盐税	2323	20.5	17830	17.1
直接税	1859	16.4	15920	15.4
总计	11323	100.0	104 030	100.0

资料来源：杨荫溥：《民国财政史》，中国财政经济出版社 1985 年版，第 176 页表 4-7。

表 18-34　抗日战争前后国民党统治区对外贸易总值（折合美元）的对比

项目　年份	进口总值		出口总值		总计	
	数额（万美元）	百分比（%）	数额（万美元）	百分比（%）	数额（万美元）	百分比（%）
1936	27980	57.2	20970	42.8	48950	100
1946	56060	79.0	14890	21.0	70950	100

资料来源：杨荫溥：《民国财政史》，中国财政经济出版社 1985 年版，第 179 页表 4-8。

其四，国民党政府内部大小官员在抗战胜利接收敌伪财产时贪污成风。"1946 年 8 月，国民政府派出'清查团'到各地清查接收情况时，到处都接到人民群众大量的揭发检举材料。其中，济南为 221 件，台湾为 384 件，上海为 400 件，平津两地则达 1300 余件。"①一些军政要员凭借手中的权力在战后大发横财，置国民经济生产于不顾，同时，囤积货物在黑市

①　孙宅巍：《国民政府经济接收述略》，《民国档案》1989 年第 3 期。

抛售。1946年上海市政府颁布了《沪字第三六号　为取缔证券黑市交易布告》①，1948年颁布了《奖励密报经营金银外汇纱布黑市交易办法》②和《超越限价及黑市交易查获概解法院严办》③，且1948年8月蒋介石任命蒋经国去上海担任经济特派员，到上海督促落实"币制改革"和"限价"措施。国民党政府想利用法律的形式和任命特派员的方式来处理囤积居奇和黑市操纵物品与价格的违法行为，但是由于国民党政府复杂的人员结构，此种措施效果极其有限。"孔祥熙的大儿子孔令侃所办扬子建业公司，大量囤积进口汽车、药品、呢绒以及各种纺织品、土特产、大米等，其违法之重，当为全上海之冠。但是，蒋经国将扬子建业公司查封后，立即受到蒋介石、宋美龄的直接干预。宋美龄由南京直飞上海，并将在北平主持军务的蒋介石也搬来上海，保孔令侃安全脱险。"④可见，很多措施是针对一些巨商大户和中下层官员的，当打击的矛头一旦触及皇亲国戚时，便无可奈何，最后导致国民党政府的信用急剧下跌，各项措施更加难以奏效。所以，尽管颁布了很多相关法规，由政府高层担任特派员，但是国民党政府官员贪污受贿、囤积居奇情况并没有得到改善。

　　在以上诸多因素的作用下，内战爆发后的国民党政府财政迅速恶化，最直接的表现就在于财政赤字年年攀升（见表18-35）。1948年仅1—3月，财政赤字就达到了实际支出的61%。实际支出远远超过预算且远远超过实际收入，财政赤字严重，预算的作用也非常有限。在1948年召开的国民党政府的"国民大会"上，时任国民党政府财政部部长的俞鸿钧也承认："1947年度执行的结果，因军事连续失利，支出大大增加，达四十亿之巨……此数已超过预算四倍有几。"⑤内战爆发后，国民党政府军费支出快速增加，收入却因内战的影响，战后并未增加，给国民党政府造成严重的财政危机。

---

①　《上海市公报》1946年第5卷，第341页。

②　《工商法规》1948年第1卷，第1266页。

③　《工商法规》1948年第1卷，第1253页。

④　陆仰渊、方庆秋主编：《民国社会经济史》，中国经济出版社1991年版，第833页。

⑤　狄超白主编：《中国经济年鉴》。太平洋经济研究社1948年版，第116页。

表 18-35　国民党政府实际财政收支及赤字(1946—1948 年 3 月)

（单位:法币亿元）

年份 \ 项目	岁入	岁出	赤字	赤字占岁入百分比（%）	赤字占岁出百分比（%）
1946	12791	55672	42881	335	77
1947	130000	400000	270000	208	68
1948（1—3 月）	197043	501709	304666	155	61

资料来源:1948 年 1—3 月据杨荫溥:《民国财政史》,中国财政经济出版社 1985 年版,第 171 页表 4-2 整理。

二、战后财政危机之穷途

为解决财政危机,国民党政府于 1947 年 2 月 17 日颁布了《国民政府经济紧急措施法案》。方案内容包括五个部分,维持和充裕财政居首:(1)关于平衡预算事项。缓发非紧迫性支出,严征现有税收特别是直接税,增开新税源,"以裕库受",分别性质和缓急,发行股票标卖国营事业或售与民营。(2)关于取缔投机买卖、安定金融市场事项。即日禁止黄金买卖,禁止外国券币在国内流通,加强金融管制,取缔投机,以控制信用,安定金融市场。(3)关于发展贸易事项。调整汇率,修正输入许可制度,改良输出品生产技术,采取货品标准化,降低成本,开发新市场。(4)关于物价工资事项。严格管制和稳定物价,限定工资,定量配给、配售城镇之衣食物品,禁止衣食物品囤积、投机、垄断,禁止闭厂罢工或怠工,违者从严处罚。(5)关于日用品供应事项。拟定民生日用必需品供应办法,政府对食米、面粉、纱布、燃料、食盐、白糖、食油 7 项"民生日用必需品充分供应",公教人员按月正当需要"勿使缺乏",但得按照供需及各地情形"随时增减之"。经济部、财政部、粮食部、资源委员会分别掌管民生日用必需品之供应。[1] 这种战时强制法案,虽然对国民党统治区财政经济起到某种作用,但

---

[1] 《经济紧急措施方案》,《金融汇报》1947 年第 44—45 期,第 19—26 页。

其成败与否,与国民党军队在内战中的表现密切相关。到 1947 年 4 月之后,随着国民党对解放区的全面进攻被迫转为重点进攻,市场方面再度陷于骚动,新的物价膨胀已似箭在弦上,一触即发。① 国民党政府为应付此项日益明显物价高涨的危机,很快就另行提出一项新的改革措施,即《经济改革方案》。1947 年 5 月 27 日,国民党六届三中全会决议通过并正式公布。

《经济改革方案》哀叹,"我国今日之经济,已面临严重之危机"。不过面对空前的危机局势,蒋介石国民党既未对自己悍然发动反革命内战的逆行作出反省,亦不清算日本侵略劫夺的罪责,而是颠倒黑白嫁祸自卫救国的共产党。污蔑"共产党蓄意造乱,利于国家之分崩,利于社会之动乱,以破坏民生为手段,以夺取政权为目标,视其一党之利高于一切,罔顾人民之疾苦,阴谋煽动武力争夺,无不用其极,使目前复员之工作,倍增困难……因而加重其危殆"。尽管如此,国民党政府也不得不承认,这种危机局势的形成和不断加剧,亦因政府政策措施不力,"缺点时现":作为"建国之大经大法"的民生主义"未能力行";对人力的发挥、物质的运用,"计划未周,不能造成生众食寡之经济基础";经济、财政、金融的各项措施"轻决多变",使人民对政府的信赖"减低";经济政策重点不明,财政金融制度未立,国营、民营畸轻畸重,宜存宜舍,孰后孰先,无明确划分和坚定决策,生产建设致受影响;财政问题的解决,本以增加生产为先,但过去不从充裕国民经济着手,"空套平衡预算之悬想",不免增发通货,复误认资金之真正用于生产者亦为通货膨胀,致未能以国家之力扶植生产,都市游资亦竞事投机,妨害生产;金融政策未能与经济政策紧密配合,以扶植农工,奖励生产,而是大部以商为主,趋逐近利,形成"不理农业敷衍工业与恶化商业"之病态;原为紧缩通货而抛售黄金,不意弄巧反拙,致"黄金领导物价上涨,造成市场之波澜"。总之,政府"缺乏久远之筹维与全盘之计划,舍本逐末,枝节应付,致使内地经济枯竭,资金集中一隅,造成不均不安之状态"。② 财政和经济完全陷于末途。

---

① 《经济改革新方案公布》,《经济评论》1947 年第 1 卷第 13 期,第 1 页。
② 中国第二历史档案馆编:《中华民国史档案资料汇编》第 5 辑第 3 编,财政经济(1),江苏古籍出版社 2000 年版,第 49—51 页。

　　针对国内的严重经济危机和政府政策"缺点",《经济改革方案》提出,方案,今后的"方策",应"根据民生主义之精神与其社会化之原则,处理一切经济问题"。民生主义虽欲节制资本,但当今生产建设必须"先求其有",以国家资本为中心,以国营事业任其难,领导私人资本,扶助民营事业。为了祛除政策"轻决多变"之弊,今后"凡一切有关财政、经济、金融之措施,应着重国家远大之利益,慎之于始,一经决定颁行,即不轻易变更"。

　　具体改革方案包括经济生产、金融制度、财政税收、交通运输、商业市场和经济组织6个方面,共计15个大项。(1)经济生产方面,保障并扶植农业、工业,改革农地分配,彻底推行"二五减租",尽量设法实现"耕者有其田",以水利为重点进行农业改革;发展工业"以民生工业为急切之图",逐渐发展到全盘制造的工业。尽量保护现有生产事业,"安定在业,防止失业",以达"发挥人力,增加生产"之目的。(2)金融制度方面,稳定币制,扩大存贷款业务,促进输出,充裕外汇基金;改革金融制度,调整和完善城乡金融网络,并特别注意为国家经济政策服务,以增加农工生产为其主要目的。(3)财政税收方面,保障并扶持农工生产,以裕田赋收入和直货两税收入;保障并扶持贸易与盐业,以裕关税收入和直货两税收入;重行改订国地财政税收结构,使地方财源足敷自力更生之需要;调整直、货、关、盐四税税率,增充税源,均平人民负担;停办各省市田赋征借,以减轻人民负担;调整征收机构,严密控制税源,简化稽征手续,革除积弊,以裕税课;迅速处理无须国家经营的企业,出售敌伪资产及剩余物资,整理税收,尽速弥补财政不足,防止通货膨胀。(4)交通运输方面,铁路、公路、航空、水运、电报、电话每个的情况,由中央、地方及民间协同经营,铁路干线由中央全力经营,支线许可并鼓励地方及民间经营;公路除连接各省会的国道由中央建造外,其余鼓励各省建造,或由省鼓励各县建造,公路运输鼓励人民经营;航空业的机场由政府经营,航空事业鼓励人民经营;水运、电报、长途电话等,均视情形采取相应措施。(5)商业市场方面,大力发展国内贸易,增加贸易总量,促进均衡发展;鼓励出口贸易,积极改善及扩张各种特产,增加出口,创收外汇,以平入超;责成全国合作社等同各国批发合作社联系,试行"物物交换制"。(6)经济组织方面,健全全国经济委员会的组织架构,改变以往行政院各部各自为政,而最高经济委员会等同虚设的局面,务使经济政策推行尽利,经济、财政、金融"息息相通,为一整体"。①《经济改革方案》全面、细微,但由于国民党政府主要精力集中于战场,以及国民党政府在内战战场已不占优,这次改革并无收效。

《经济改革方案》出笼后,随即有机构(抑或个人)撰文,就金融制度、生产经营对财政的关系,分析当时财政经济危局的成因与解决办法。认为中国80%以上的人口是农民,农业产业最为重要,如何使农业国趋向于工业化,是今后国家建设"最主要之课题"。农业生产要素有三,即土地、资本、劳力。中国地大物博、劳力充沛,倘有健全灵活的金融机构,与土地、劳力"配合得宜,即生产自可大增"。故现代经济结构"不可一日无适当金融之滋养政策与金融经济政策,殆如一物之两面,不可须臾或离"。然而中国近年的金融与经济明显"分离与脱节",包括旨在"复兴农村"的中国农民银行,1934年成立后"早已变质易辙";工业金融概不接受机器押款;商业金融的栈单押款限制甚严,商汇亦陷于停顿。概而言之,当今金融政策"不理农业、敷衍工业与恶化商业"。欲改变此种状况,非"彻底改造金融机构,并重新确立金融政策不为功"。

经济生产的关键在于组织。在自由经济社会中,多有私人企业家在其牟利动机下,尽其组织之能事。在统制经济社会中,则须由国家负此组织的主要责任,将土地、资本、劳力三种加以适当的配合,以增进生产,完成三民主义建设之目的。故经济金融政策,自应从大多数人民之利益及利用大多数人民之能力着手,各尽所能,劳必有获。"庶几,本末先后,合乎正道,生产繁荣,税收自裕,国家预算归于平衡,币值稳定,而物价日趋平稳矣。"②

---

① 中国第二历史档案馆编:《中华民国史档案资料汇编》第5辑第3编,财政经济(1),江苏古籍出版社2000年版,第51—60页。
② 中国第二历史档案馆编:《中华民国史档案资料汇编》第5辑第3编,财政经济(1),江苏古籍出版社2000年版,第50—64页。

　　尽管国民党政府深知,政策"轻决多变"是导致当时财政经济陷入危局的一个主要原因,但新的决策仍然无效,又不能坐以待毙,只得另谋出路。正所谓病急乱投医,庸医乱开方,结果政策"轻决多变"照旧,而且变化更多更快。作为国民党和中央政府最高决策的《经济改革方案》,出台实施半年多,亦无多少成效。国民党政府又于1948年1月28日制定公布《主要财政经济改革计划》,全部有十项内容。财政方面的主旨为:开源节流,节减政府一切支出,包括法币及外币支出,改善国税、省税地方税及其管理,以期达到增加收入与平均负担的目标。[①] 只过了半年多,危局不仅没有丝毫松缓,反而呈加速度恶化,法币几成废纸,只得死马当活马医,立即动大手术,发行金圆券,用以取代形同废纸的法币。同时于8月19日出台《关于整理财政及加强管制经济办法》33条。其核心是增加收入、缩减开支、稳定物价,加强和集中钱财、物资管制,以平衡国库收支。第一条即开宗明义:"政府为平衡国库收支,调节国际收支,并加强管理物价、薪资、金融业务,特制定此法。"第二条规定,"切实增进各种税收",其税率低于战前标准者,应参照战前标准调整。第四条规定,各种国营事业应竭力节省浪费,裁汰冗员,所有盈余悉数解交国库。第五条再次重申,剩余物资及接收敌伪产业,"应尽量加速出售,以裕国库收入"。第九条规定的输入管理办法:输入限额自第七季起,照第五、第六两季平均标准,至少核减1/4;凡可供输出之物资,应奖励增加生产,并限制国内消费。而输出所得外汇,全部结售于中央银行。该办法一个特殊任务是为即将发行的金圆券保驾护航,规定出口所得外汇、华侨汇款均按金圆汇率,结存于中央银行;各种物品及劳动价格均按规定折合金圆,不得加价;文武公教人员待遇和国营、民营员工薪资,一律折合金圆支给。第七条还特别规定,1948年下半年度国家岁入岁出总算,应于金圆券发行后,依照本紧急处分令,按金圆改编。"因实际情形必需变通办理者,应由行政院咨请立法院修正。"[②]

---

　　① 《论行政院长十项经济改革计划》,《银行周报》1948年第32卷第6期,第3页。
　　② 中国第二历史档案馆编:《中华民国史档案资料汇编》第5辑第3编,财政经济(1),江苏古籍出版社2000年版,第65—69页。

　　然而,所有这些措施实施后均未见多大效果,反而是财政支出越大,财政赤字越大。如 1948 年上半年预算支出,较 1947 年一年的实际支出增加了一倍,即为 96 万亿元;更有甚者,到 1948 年 7 月底,即币制改革前夕,实际支出已达 655 万余亿元,几为预算支出数的 8 倍,从而形成了 434 万余亿元的赤字。[①]

　　在面临严重的财政赤字的情况下,国民党政府在推行上述一系列调整财政经济金融政策(包括发行金圆券)的同时,又进一步采取加征捐税、举借内外债,以维持巨额军费需求。

（一）加征捐税

　　为了挽救赤字愈演愈烈的财政危局,填补骤增的军费开支,国民党政府财政部增设新税、普遍提高税率外,还大肆强派苛捐杂税。

　　首先,开征全国统一的新税,提高征税额。1945 年 8 月 19 日,关务署呈准就奢侈品、非必需品于进口时加征"临时特种赋税"。允许进口的各项奢侈品、非必需品,原在应纳关税之外,已另纳税率为 10%—25% 的"战时消费税"。现为"节约人民消费,减少其输入",一律另征相当关税 50% 的特种附加税,"期能寓禁于征"。[②] 1946 年 3 月,国民党政府提出增税方案,自 10 月起,扩大货物税征收范围,开征麦粉、水泥、皮毛、茶叶、锡箔及迷信用纸、饮料品、化妆品 7 项新税,尽管这些税目中,许多在抗战后方实施过,但对沦陷收复区来说,完全是新税,是国民党政府剥削地域范围的扩大。[③] 1947 年,国民党政府财政部将调整税制、健全机构、简化稽征手续、扩大税源、增加岁入作为年度施政方针的重点,主要事项包括:(1)积极实施特种过分利得税、交易所税及交易所交易税;(2)加强和推进遗产税及综合所得税;(3)举办丝织品统税,调查并筹征属于奢侈及半

---

　　① 　张公权:《中国通货膨胀史(一九三七——一九四九年)》,杨志信译,文史资料出版社 1986 年版,第 101 页。

　　② 　中国第二历史档案馆编:《中华民国史档案资料汇编》第 5 辑第 3 编,财政经济(1),江苏古籍出版社 2000 年版,第 70—71 页。

　　③ 　杨荫溥:《民国财政史》,中国财政经济出版社 1985 年版,第 182 页。

奢侈的机制品统税；（4）促进完税货品原料（如制卷烟的熏烟叶、制糖的甘蔗等）的增产，以繁荣农村经济，增与税收；（5）划一全国盐税征率，推进自由运销政策，建设盐场，加强缉私，并以剩余盐斤输出国外，以增加税收，并换取建设物资。① 另外，国民党政府财政会议决定开征特种营业税和建国特捐（即原拟财产税）等，恢复抗日战争时期的田赋征实和征借。恢复田赋征实极不得人心，田赋已划归地方税系统，而且 1945 年年底国民党政府已宣布免除原沦陷区 1945—1947 年、后方 1946—1947 年田赋，但并未真正实行，因而引起农村骚动，并加剧中央和地方的矛盾。1948 年 10 月，又提高卷烟、熏烟叶、锡箔、洋啤酒、国产酒类、烟丝等 7 种商品征税额，并允许商人将增加税款加入货价发售。由于货物税税率的不断提高及征收范围的扩大，其收入快速增加。

其次，增辟地方性新税。南京政府行政院于战后发出训令，批准各县市可"以各县市境内特产为课税对象"，举办"因地制宜捐税"。号令一下，各省各县闻风而动。仅江苏省在 1946 年内即有溧阳、江都、宜兴、句容、江阴、吴县、常熟、吴江、南通、泰县 10 县征收土布、丝绸、山货、水产、锡箔、茶花、植物油等类物产的捐税。江苏南通一地，即有赁房捐、人力捐、住常费、临时费、枪械子弹费、办公费、特别费、门牌费、遗产税、烟酒税、田产税、营业资本税、营业收入税等名目繁多的 20 多种捐税。② 其他地方亦如是，只是摊派名称不尽相同。随着战局的日益恶化，国民党政府将一些地方税收归省财政，而各县则另增新税。由于苛捐杂税甚重，民怨鼎沸，社会动荡，也导致国民党政府统治合法性日渐丧失，最终倒台。

最后，调整原有各税征收办法，加重纳税者负担。如营业税，不以交易行为为课征对象，而是货物每经一手即课以一税，并不分整卖零卖，课以相同税率。如印花税，1943 年规定货物满 250 万元以上者，超过部分每百元贴 2 角；满 1 千万元以上者，超过部分每百元贴 1 角。但自 1946 年 4 月起，该税则改为一律每千元贴 3 元，"层累而进，漫无止境，则等于

_____

① 中国第二历史档案馆编：《中华民国史档案资料汇编》第 5 辑第 3 编，财政经济（1），江苏古籍出版社 2000 年版，第 91—92 页。

② 陆仰渊、方庆秋主编：《民国社会经济史》，中国经济出版社 1991 年版，第 802 页。

重收一次营业税"①。广大工商业者不堪重负,纷纷要求降低课征率。同时对民营工商业进行强制摊派与募捐。以上海轻纺工业民营厂家为例,1948年1月,第四区面粉工业同业工会认募"戡乱建国文化事业捐款"法币2亿元,以每生产一袋面粉需认9734元的标准分摊到各会员厂;7月,上海区面粉工业同业公会认募救济特捐500亿元,以每生产一袋面粉需认216414元的标准,分摊给各会员厂;10月,上海区救济特捐募集委员会又根据行政院救济特捐督导委员会关于认缴外汇救济特捐的精神,规定所有领受外汇的企业,概以领受外汇的2%,作为认缴救济特捐。② 繁重的赋税和捐税使得一些小工商业者纷纷破产,民族工业深受打击。同时,多数的特权商人,通过某种特权来规避摊派,致使国民党政府的摊派对象进一步集中于广大贫苦农民、手工业者和中小型民族工业主及商人等中小财产所有者。税捐负担的不公平,使民众失去了对国民党政府的信心。

（二）举借内外债

为弥补巨额财政赤字,国民党政府还不得不大量举借内外债。但因战前和战时大批内外债需要偿本付息,国民党政府已经不堪重负。战后再次举借新债,更加困难。

战后国民党政府发行的内债有债券、国库券、公债等,名称各异,且计划发行数额都非常庞大(见表18-36)。由于严重通货膨胀,国民党政府已无法发行法币公债。1946—1949年,国民党政府发行的国内公债,除1946年9月的第二期土地债券以法币为本位外,其他如"同盟胜利公债""美金公债""黄金公债"等债券,均采用黄金、美元或实物计值。抗战胜利后,人民饱受战争之苦,对国民党政府的和平建国深信不疑,因此在抗战胜利后的短时期内许多人开始大量认购建国公债。但随着国民党挑起内战,和平被撕裂,人们开始拒绝认购国民党政府所发售的公债。尽管国

---

① 陆仰渊、方庆秋主编:《民国社会经济史》,中国经济出版社1991年版,第801页。

② 陆仰渊、方庆秋:《民国社会经济史》,中国经济出版社1991年版,第805页。

民党政府在发行公债时,都会先发布告,强调不得摊派,但由于承购者寥寥,国民党政府不得不将公债的购买方式由自愿购买转变为强制摊派。但现实情况是,1947年发行的公债,销售额仅为发行额的14.2%,政府公债收入只占财政收入的4.3%。[①] 1948—1949年发行的公债,更是无人问津。

表18-36 国民党政府所借内债统计(1946—1949年)

（单位:法币亿元）

债务名称	项目 发行日期	发行额	
		发行定额	实发行额
1 民国三十五年第二期土地债券	1946年9月	法币3亿元	法币3亿元
2 增发三十一年同盟胜利美金公债	1946年10月	4亿美元	8000万美元
3 绥靖区土地债券	1947年3月	1000万石	1000万石
4 民国三十六年短期库券	1947年4月1日、10月1日	3亿美元	—
5 民国三十六年美金公债	1947年4月1日、10月1日	1亿美元	—
6 民国三十七年整理公债	1948年10月1日	金圆券5.23亿元	—
7 民国三十七年短期国库券	1948年12月	无定额	—
8 民国三十八年黄金短期公债	1949年2月1日、6月1日	黄金200万市两	—
9 民国三十八年整理美金公债	1949年4月1日	1.36亿美元	1.36亿美元

资料来源:千家驹编:《旧中国公债史资料(一八九四——一九四九年)》,财政经济出版社1955年版,第378页统计表。

外债和外援部分,战后国民党政府主要向美国和加拿大举借外债,数额不大,多被指定购买美、加原料、船只和机器设备等,对弥补财政赤字作用不大。更重要的是,各种形式的美国援助和"救济"。日本投降后,在战争中发了大财的美国,面临着两个新的任务,一是处理数量庞大的战争剩余物资,减轻负担;二是取代日本,变中国为美国的独占殖民地。而当

[①] 张公权:《中国通货膨胀史(一九三七——一九四九年)》,杨志信译,文史资料出版社1986年版,第109页。

时的蒋介石国民党,正想仰仗美国的援助、利用美国的先进武器,排解财政和经济困局,彻底消灭共产党,实现国民党一党专政。这样,美国既能迅速处理战争剩余物资,又能控制蒋介石,打败共产党,变中国为美国的独占殖民地,一举两得、一本万利。结果,国民党政府成为战争剩余物资的最大买家和受主。表 18-37 真实地反映了战后时期国民党政府所背负的美债、美援的包袱情况。

表 18-37　国民党政府所借外债统计(1946—1949 年)

外债项 / 债项明细	借款时间	借款数额(万美元)	利率	用途
1 中加信用借款	1946 年 2 月 7 日	6000(万加元)	3 厘	2500 万购买加方剩余物资,3500 万购买"建设器材"及支付劳务费用
2 中美棉借款	1946 年 3 月 14 日	3300	2.5 厘	采购美国棉花
3 美国售卖国外物资清理委员会造船厂设备贷款	1946 年 5 月 15 日	410①	—	购买美国售卖国外物资清理委员会造船厂设备
4 改进海港借款	1946 年 5 月	1500	—	改进海港
5 中美铁道购料借款	1946 年 6 月 3 日	1665	3 厘	购买铁路修复器材
6 中美租借剩余物资借款	1946 年 6 月 14 日	5890	2 又 3/8 厘(2.375%)	订购美国民用设备、物资
7 美国空军援助之飞机装备成本及训练费用	1946 年 6 月 28 日	30775	—	支付飞机装备成本及训练费用
8 中美购买发电机借款	1946 年 7 月 16 日	880	3 厘	购买美方发电机 10 副
9 美国"赠予"271 艘舰艇及售卖在华剩余军火	1946 年 7 月	80000②	—	美国 271 艘海军舰艇及购买美国在华剩余军火
10 中美购船借款	1946 年 8 月 5 日	260	3.5 厘	购买美方商船 16 艘
11 中美煤矿设备借款	1946 年 8 月 26 日	150	3 厘	购买美方采煤设备及器材

外债项＼债项明细	借款时间	借款数额（万美元）	利率	用途
12	美国售卖民用剩余物资借款(共5笔)	1946年8月30日	17500③	—	购买美国海外和中国华西剩余物资
13	民生公司加拿大购船借款	1946年10月30日	1275（万加元）	3厘	民生公司为恢复和扩大战后运输能力,向加方借款造船
14	美军在华固定设备"转让"折值	1947年5月8日	8400	—	支付美军在华固定设备"转让"费用
15	租借物资折款	1947年2月1日	69400	—	1942年租借物资总额中"未商定部分"
16	美国"对外救济"初期经费	1947年5月31日	2840	—	购买美国的谷物、种子、杀虫剂、药品等
17	美国售卖子弹价款	1947年6月27日	590.9931	—	购买1.3亿发子弹
18	中美船舶借款(共4笔)	1947年7月—1948年3月	1650	3.5厘	购买美方旧船
19	中美救济协定贷款	1947年10月27日	2770	—	具体用途不详
20	美国"让售"空军剩余器材	1947年11月6日	75	—	购买美国空军剩余器材
21	美国"移让"海军船只	1947年12月8日	14130④	—	"移让"的131艘海军船只原购价
22	美国"对外救济"初期经费的附加经费	1947年12月19日	1800	—	购买美国的谷物、种子、杀虫剂、药品等
23	美国"让售"运输机	1947年12月26日	75	—	购买美国150架运输机
24	联合国善后救济总署救济物资	1947年12月31日	65840⑤	—	支付联合国善后救济总署救济物资折价
25	美国对华秘密"防务援助"款	1947年	77763.8292	—	支付抗战结束至1947年6月30日秘密"防务援助"费用
26	中美购买轮船借款	1948年3月29日	424.375	3.5厘	购买美方10艘轮船

续表

外债项　　债项明细		借款时间	借款数额（万美元）	利率	用途
27	美国对华"经济援助"	1948 年 4 月 3 日—6 月 28 日	19047 年 5 日	—	采购的米麦棉石油肥料煤等
28	美国对华"特别赠款"援助	1948 年 6 月 28 日	12500	—	购买美国军用物资
29	美国对华租售、"移让"物资	1946 年 6 月 28 日—1948 年 6 月 30 日	69470⑥	—	美国租售、"移让"物资折款及各种服务、垫支费用
30	美国售卖剩余军事装备	截至 1948 年 11 月 30 日	659. 683	—	购买美国剩余军事装备
总计			489766. 3803（万美元）、7275（万加元）		

注：①此贷款为计息贷款，30 年本息清运（利率不详）。协定同时规定，美国亦可要求中国以某些货物及服务供给美国海军和政府其他船舶，所有费用作为中国每年应付本息的一部分。

②此系美联社华府通讯依据美国国务院公布的估计数字。原资料确数不可考，据《中美关系资料汇编》第一辑记载，实际移让海军船只 131 艘，原购价 14130 万美元，则属于军火售价（原购价）为 65870 万美元。

③ 其中 15000 万美元同美国对中国战时欠款相互冲销；中国政府在 20 年内，以与 2000 万美元等值的货币偿还美国，以供美国在华进行研究、文化和教育工作之用；中国政府在 20 年内，以与 2000 万美元等值的货币偿还美国，以供美国在华购置财产和支付经常费用。但美国同意指拨 3000 万美元支付为接收这些移让财产的运费和相关技术上的服务费。故美国"实得数"为 17500 万美元。

④其中约 3600 万美元为前已租借给中国的船只之价值。

⑤ 美国对联合国善后救济总署的经费负担 72%，65840 万美元中，美国占 47400 万美元。

⑥原总数为 781040922. 32 美元，剔除重复部分后为 69470 万美元，其中 18100 万美元必须偿还。

资料来源：据世界知识出版社编：《中美关系资料汇编》第一辑，世界知识出版社 1957 年版，第 1069—1075 页；沙英编著：《中国四大家族的危机》，光华书店 1948 年版，第 90—92 页；刘秉麟编著：《近代中国外债史稿》，武汉大学出版社 2007 年版，第 223—236 页；许毅主编：《从百年屈辱到民族复兴——南京国民政府外债与官僚资本》第 3 卷，经济科学出版社 2006 年版，第 388—398 页；财政部财政年鉴编纂处编纂：《财政年鉴三编》（1946），中央印书局 1948 年版，第九篇国债，第 15—18 页；中国第二历史档案馆编：《中华民国史档案资料汇编》第 5 辑第 3 编，财政经济（1），江苏古籍出版社 1997 年版，第 983—1073 页相关资料相互参照、综合整理、编制。

　　抗日战争结束后的三年多时间里，国民党政府举借的外债（主要是美债），接受的美援、"救济"，名目繁多、内容繁杂、千头万绪，难以一一罗列、统计。表 18—37 按时间顺序，一共列有 30 宗（项），总计 489766.4 万美元、7275 万加元。30 宗中,有的一宗(项)包括若干笔贷款或物资购售、赠予、移让等。按其性质,表中 30 宗外债、美援、"救济"等,大致分为 3 类:(1)信用贷款。共计 11 宗,其中美国贷款 9 宗,计 14629.375 万美元;加拿大贷款 2 宗,计 7275 万加元。这些贷款均须计算利息,严格规定按期(分期)偿还本息。除一宗外,其余 10 宗均列明了利率(年息 2.5—3.5 厘不等)。债款主要用于购买两国剩余产品、支付相关劳务费用。(2)购买、租借美国让售、出租的战争剩余物资(包括飞机、舰艇、船舶、武器装备、弹药、食品和其他某些民用物资等)之价款、租金,以及美方指定支付的各种费用,一共 10 宗,计 178949.683 万美元。(1)(2)两项合计 21 宗、193579.058 万美元及 7275 万加元,分别占总宗数和总金额的 70% 和 39.5%。(3)美国和联合国善后救济总署(其资金和物资亦主要由美国提供)移让、赠送、援助、救济物资折价和相关费用,计 9 宗、296187.3223 万美元,分别占总宗数和总金额的 30% 和 60.5%。这类称之为移让、赠送、援助、救济的物资,自然名义上是无偿的、免费提供的,至少相关协议没有规定偿还时间或要求。不过世上没有免费的午餐。事实上,国民党政府接受美国(联合国善后救济总署的相关物资亦主要来自美国)的数量巨大但毕竟有限的援助或"救济"物资,是同时或准备以无限的国家资源和国家主权偿还为条件的。

美国为了支持和援助国民党政府消灭共产党,将中国变为美国的独占殖民地,贷款和售卖、赠送战争剩余物资中,重点始终是军事装备和武器弹药。其总额 489766.3803 万美元中,365913.8803 万美元属于军事装备和武器弹药,占总额的 74.7%,即近 3/4。这些武器装备和相关费用,使用目的集中、明确,就是在抗日战争胜利后,帮助国民党政府"收复各解放地区,和解除日军武装,并将之遣送回国"。十分明显,收复解放区、消灭共产党,是压倒一切的中心任务。因此,日本一投降,魏德迈的头等大事就是亲自"指导",将原先分散在后方各地的国民党军队"经由空运送到各收复地区担任新的任务"。据统计,仅这笔运输费用就达 3 亿美元。同时,美国又抓紧军用地面物资和装备、飞机和航空设备的"移让",以协助蒋介石国民党"创建一个现代化的空军"。1946 年的军事援助协定,规定在国民党政府偿还贷款的条件下,继续"军事租借"。该项协定明确规定,2500 万美元作为 1946 年 6 月 30 日至 10 月 30 日之间"收复中国解放区域的费用";另有 1500 万美元作为 1946 年 6 月 30 日至 1947 年 12 月 31 日之间训练国民党陆海空军人员的费用。自抗日战争胜利至 1948 年 6 月 30 日为止,美国"移让"给国民党政府的"租借物资",总计 78104 万余美元,几乎全是军事费用,包括兵器和军事装备、国防用具、坦克和汽车、船只和其他水上交通工具,以及相关服务和垫支费用等,而农业工业用和其他民用商品仅 3791.9 万美元,只占 4.85%。[1]

资料显示,抗日战争胜利以后,除 1945 年 3 月 21 日至 1946 年 3 月 13 日间 7 宗民用工矿业、交通运输业,以及棉花等民用物资的信用贷款(计 8280 万美元)外[2],对国民党统治区工农业生产、社会经济的恢复和政府财政困局的缓解,并没有什么帮助,美国自然也无法实现"收复"解放区、消灭共产党、变中国为美国独占殖民地的狼子野心。随着战事的扩大和战争形势的改变,到 1947 年夏季后,中国人民解放军开始战略反攻,且势如破竹,国民党统治区范围迅速缩小,财政、经济濒临崩溃,国民党政权摇摇欲坠。美国帮助国民党政府消灭共产党、变中国为美国独占殖民地的希望也越来越渺茫,向国民党政府提供的借款数额也不断减少,不过并未完全放弃,而是改为帮助蒋介石国民党寻找退路。1948 年年末,由于国民党政权在华北华中的军事形势急剧恶化,装运国民党统治区的物资装备"有落入共产党手中之虞",美国应国民党政府请求,此后将"所有运华物资一概改运台湾",以期做最后挣扎,幻想东山再起。[3]

举借内外债的财政政策曾在抗战时期发挥了重要作用,国民党政府本想故技重施,以度过战后的财政困境,但战后举借内外债的措施也使得原本在抗战时就已经负债累累的财政越加不堪重负。事实上,发行国债

---

① 世界知识出版社编:《中美关系资料汇编》第一辑,世界知识出版社 1957 年版,第 1074—1075 页。

② 世界知识出版社编:《中美关系资料汇编》第一辑,世界知识出版社 1957 年版,第 1070 页。

③ 世界知识出版社编:《中美关系资料汇编》第一辑,世界知识出版社 1957 年版,第 997 页。

只是国民党政府在内战前意欲解决所有财政赤字的一种设想,随着战事的扩大,财政赤字加大,仅仅依靠发行国债远远不能补充巨额的财政赤字。国民党政府的财政已经濒于崩溃。

(三) 金圆券改革和限价政策失败

由于在战场上节节败退,国民党政府管辖区域加速度缩小,经济面临崩溃,物价飞涨,法币大幅贬值。据南京国民政府全国经济委员会称,仅1947年全国物价即经历了4次涨风:第1次为年初至2月底,物价总指数上升68%;第2次为4月下旬至7月中旬,上升100%;第3次为9月中旬至10月下旬,上升74%,第4次为11月中旬至年底,上升30%。1947年2月,每两黄金的市价为61.1万元;到年底已涨到850万元,上涨了12.9倍;1948年8月,更涨至53960万元,比1947年底又涨了62倍,与1947年2月相比则上涨882倍。恶性通货膨胀,物价飞涨,法币的职能尽失。[1]

为了挽救财政经济,蒋介石经与"行政院长"翁文灏、"财政部部长"王云五、"中央银行"总裁俞鸿钧研讨,行使《动员戡乱时期临时条款》中关于"总统"在"戡乱时期"可"紧急处分"的特权,于1948年8月19日发布《财政经济紧急处分令》,规定"自即日起,以金圆为本位币十足准备发行金圆券。限期收兑已发行之法币及东北九省流通券"[2]。同日颁布《金圆券发行办法》《人民所有金银外币处理办法》《中华民国人民存放国外外汇资产登记管理办法》和《整理财政及加强管制经济办法》等条例。

根据上述办法规定,金圆券发行额为20亿元,每元法定含量为纯金0.22217公分,300万元法币兑换金圆券1元,30万元东北流通券兑换金圆券1元,限1948年11月20日前兑换。[3] 黄金、白银、银币在中国境内禁止流通、买卖或持有,必须在规定期限内兑换成金圆券或购买美金公债、存储于中央银行;黄金、白银每市两分兑金圆券200元和3元,银元每

---

① 陆仰渊、方庆秋主编:《民国社会经济史》,中国经济出版社1991年版,第809—810页。
② 《总统颁布财政经济紧急处分令》,《金融周报》1948年第19卷第8期,第13页。
③ 《金圆券发行办法》,《法令周刊》1948年第11卷第34期,第1页。

元兑 2 元,美元每元兑 4 元;一切金银、外币只有中央银行及其委托的银行有权收兑和保管;兑换期限截至 9 月 30 日,过期未兑、未存或未购美金公债者,经查出,即予没收。所有中国人(华侨除外)外汇资产,均需于 12 月 31 日前向中央银行或其委托银行申报登记,并接受管理。① 与此同时,国民党政府实施"限价政策",各地物价一律冻结在 1948 年 8 月 19 日各该地物价水平。通过金圆券改革,武力强制执行限价,收缴金银外币,截至 1948 年 10 月底,国民党政府中央银行共收兑 17961.2 万美元,其中黄金 167.7 万盎司、白银 888.1 万盎司、银元 2356.4 万元、美钞 4985.2 万美元、港钞 8609.7 万元、菲币 78.6 万比索、外币存款 1069.8 万美元。②

但是,由于金银和外币黑市价格不断上涨,民众对政府的强制收购政策极为不满,富商大贾顽强抵制,国民党政府收兑金银外币的政策最终破产。1948 年 11 月 13 日,国民党政府公布法令,重新允许民众持有金银、外币等,引发社会以金圆券兑换金银、外币热潮,并因拥挤过甚而发生惨剧。而金圆券发行一个月之内,就达到了近限额的半数。"据金圆券发行监理委员会的第二次检查公告,截至九月卅日止,金圆券的发行总额是九亿五千六百七十五万二千四百九十四元四角。从八月廿三日金圆券正式出世到九月底止,为时不到四十天。在这短短的四十天中间,新币发行的数额,即达九亿五千余万元,合法币二千八百余万亿。"③对此,国民党政府不得不对《金圆券发行办法》进行修正,于 1948 年 11 月 13 日颁布《修正金圆券发行办法》。其主要内容就是废除了最高限额 20 亿元的限制。④ 取消限制,是为了支撑反革命内战,"至 1949 年 4 月 20 日,金圆券的发行额已达 110891223 万余元,并一次申请增发 8 万亿元"⑤。

由于金圆券的迅速贬值,一些地方政府公开拒用,台湾、广东、四川、

---

① 中国人民银行总行参事室编:《中华民国货币史资料》第 2 辑,上海人民出版社 1991 年版,第 574 页。

② 张公权:《中国通货膨胀史(一九三七——一九四九年)》,杨志信译,文史资料出版社 1986 年版,第 208 页。

③ 娄立斋:《关于制度改革》,《工商天地》1948 年第 3 卷第 6—7 期,第 7 页。

④ 姜庆湘:《论金圆券的发行额》,《新人旬刊》1948 年第 2 卷第 3 期,第 9 页。

⑤ 陆仰渊、方庆秋主编:《民国社会经济史》,中国经济出版社 1991 年版,第 819 页。

云南等地明令限制金圆券入境和限制汇兑;军队发饷则直接使用黄金或外币;广西、福建等地已实行以 1 斤大米为交易单位的原始办法。① 这标志着金圆券彻底崩溃,被历史所抛弃,也标志着国民党政府构筑的财政金融体系全面彻底地崩溃。

第四节　1937—1949 年国民党政府财政收支

　　抗日民族战争和解放战争两个时期的国民党政府财政收支,其收入来源、支出结构、平衡状况均有一个共同特点,收入来源主要靠加重税课、扩大发行,杀鸡取卵;支出均以军费为大头;平衡状况皆支大于收、入不敷出,赤字财政成为常态。

　　抗日战争开始时,国民党政府原本辖有除台湾、东北以外的国土疆域和税收财源。但因战前国民党政府推行"攘外必先安内"的反动政策,全力"围剿"苏区,残酷镇压民众抗日运动,对日本侵略退让妥协,备战得过且过,"七七事变"爆发,迫于中国共产党和全国人民的强大压力,匆促应战,并无顽强抗敌、誓死卫国之志,故每战必败,且一败涂地。大好河山迅即沦丧,中央政府被迫龟缩西南一隅。如此,国民党政府统辖地域、财税来源大幅萎缩,而军费需求急迫,财政入不敷出。垦荒扩耕,冬播增产,杯水车薪,唯有加重税课,增发纸币,募捐借债,杀鸡取卵,饮鸩止渴。1941年税制调整后的税项和田赋征实等折合法币合计,从 1941—1942 年的62.7 亿元增至 1944—1945 年的 1368.7 亿元,增加 20.8 倍,其中田赋征实、征购、征借所得收入,估计平均为税收的 3—4 倍;法币发行额从 1937年的 16 亿元增至 1945 年的 10319 亿元,增加 643.9 倍。② 结果物价猛

---

① 陆仰渊、方庆秋主编:《民国社会经济史》,中国经济出版社 1991 年版,第 820 页。
② 杨荫溥:《民国财政史》,中国财政经济出版社 1985 年版,第 146、150、120、157 页。

涨,通货恶性膨胀,生产衰退,经济萎缩,人民贫困,财政困窘,赤字财政不仅成为常态,而且财政赤字与日俱增,从 1937—1938 年的法币 12.76 亿元增至 1944 年的 1331.86 亿元,增加了 103.4 倍,占支出的比重也从61%增至 77.6%。① 只因全国人民浴血抗战,加上国际反法西斯阵线支援,才终于将日本侵略者赶出中国,国民党政府财政亦得以苟延到抗战胜利。

　　日本投降、抗日战争结束后,国民党政府不走国共合作、和平建国的光明大道,悍然撕毁"双十协定",挑起内战,将本已百孔千疮的政府财政绑上战车,走上不归路。为了发动和进行内战,大幅增加包括军饷在内的军费开支。内战爆发前,1946 年 1—5 月,每月军饷 1500 亿元,6 月为2600 亿元。内战爆发后,自 7 月起,军饷急速增加,下半年每月平均 5000亿元。与上半年合计,外加弹药、运费等,全年共计 4.88 万亿元。② 军费开支占财政总支出的 60%。③ 不久战争形势逆转,战场上连连失败,国民党统治区呈加速度收缩之势,税源大幅消减,财政支出持续增加,入不敷出日甚,深陷赤字财政泥淖。1948 年 1—7 月份同 1945 年比较,收入从12413.89 亿元增至 2209054.75 亿元,增加 177 倍;支出从 23480.85 亿元增至 6554710.87 亿元,增加 282.4 倍;赤字额由 11066.96 亿元增至4345656.12 亿元,增加 391.6 倍,占支出比重从 41.7%增至 66.3%,在赤字财政泥淖中愈陷愈深。④ 1948 年 8 月,国民党政府推行货币改革,废止法币,发行金圆券,但除 10 月份情况稍有好转外,财政赤字以更快的速度飙升,占支出比重从 1948 年 1—7 月份的 66.3%飙升至 12 月的 83%。1949 年国民党政府逃遁广州期间,金圆券已被人民完全唾弃,国民党政

---

　　① 张公权:《中国通货膨胀史(一九三七——一九四九年)》,杨志信译,文史资料出版社1986 年版,第 80 页。
　　② 狄超白主编:《中国经济年鉴》(1947 年),见杨荫溥:《民国财政史》,中国财政经济出版社 1985 年版,第 173—174 页。
　　③ 张公权:《中国通货膨胀史(一九三七——一九四九年)》,杨志信译,文史资料出版社1986 年版,第 102—103 页。
　　④ 张公权:《中国通货膨胀史(一九三七——一九四九年)》,杨志信译,文史资料出版社1986 年版,第 101 页。

府改用银本位,据报道,1949 年下半年,政府支出为 255846154 银元,收入为 31738420 银元,只为支出的 12.4%,财政赤字相当于支出的 87.6%,达于顶峰。[①] 这应该是国民党政权逃离大陆前最后一组财政收支数据。从经济和财政的角度说,国民党政权在 1949 年逃离大陆前,早已彻底崩溃。

一、1937—1945 年国民党政府财政收支概况及其结构

1937 年全面抗战爆发后,国民党政府继东北沦陷,又丢失大片国土,华北平原和东南沿海等经济发达地区,全部为日本帝国主义所侵占,国民党政府被迫退居西南,财政收入急剧减少,被迫由和平时期的以税收为主的财政收入转变为银行垫款和借款为主。同时,由于军事费用的快速增加以及后方相关建设的需要,国民党政府的财政支出也快速扩大,财政支出远大于财政收入。国民党政府财政出现了严重赤字。

和平时期,国民党政府财政收入主要依靠赋税收入,但由于日军入侵,作为国民党政府财政收入重要税源的东南沿海地区快速沦陷,传统的关税、盐税和统税征额锐减,而国民党政府因其政府信用不高,公债发行效果不佳。为支撑抗战,国民党政府不得不依靠以"四行二局"为核心的银行体系的银行垫款来支撑财政。整个抗战时期,国民党政府财政收入主要依靠租税收入、债款收入、银行垫款和其他收入,其他收入具体包括田赋、商品专卖和政府经营收入等。[②]

由表 8-38 可知,整个抗战时期,国民党政府主要的财政收入来自银行垫款,总计 12621 亿元,占战时财政总收入的 81.77%,1941 年达到最高峰为 87.81%。但由于以"四行二局"为核心的银行系统存款有限,国民党政府不得不采取大规模增发法币的方法来解决日益严重的财政危机,造成了物价飞涨和严重的通货膨胀。如表 18-39 所示,以战时首都

---

① 张公权:《中国通货膨胀史(一九三七——一九四九年)》,杨志信译,文史资料出版社 1986 年版,第 111—113 页。

② 杨荫溥:《民国财政史》,中国财政经济出版社 1985 年版,第 116、150、163 页。

重庆为例,物价指数从 1938 年的 1.64 激增到 1945 年的 2133.2,而法币的购买力也从 1938 年的 0.6 锐减到 1945 年的 0.0005。

表 18-38　国民党政府财政收入结构(1937—1945 年)

（单位:法币百万元）

项目 年度	银行垫款		借款收入		租税收入		其他收入		总收入
	垫款额	百分比（%）	收入额	百分比（%）	收入额	百分比（%）	收入额	百分比（%）	
1937	1195	59.45	256	12.74	451	22.44	108	5.37	2010
1938	854	73.05	18	1.54	212	18.14	85	7.27	1169
1939	2311	75.75	25	0.82	484	15.86	231	7.57	3051
1940	3834	74.32	8	0.16	267	5.18	1050	20.35	5159
1941	9444	87.81	127	1.18	667	6.20	517	4.81	10755
1942	200811	78.73	156	0.61	2807	11.0	2462	9.65	125506
1943	40873	66.72	3871	5.32	12169	19.86	4348	7.10	61261
1944	140133	78.60	1947	1.09	30849	17.30	5367	3.01	178296
1945	1043257	83.05	62818	5.00	99984	7.96	50081	3.99	1256140
总计	1262189	81.77	69226	4.48	147890	9.58	64249	4.16	1543554

注:本表是根据杨荫溥著的《民国财政史》和陆仰渊、方庆秋主编的《民国社会经济史》的数据整合而成。总收入是银行垫款和债款计算在内的收入。

资料来源:杨荫溥:《民国财政史》,中国财政经济出版社 1985 年版,第 116 页表 3-10、第 150 页表 3-34、第 163 页表 3-39;陆仰渊、方庆秋主编:《民国社会经济史》,中国经济出版社 1991 年版,第 555 页统计表。

表 18-39　根据重庆物价指数计算的法币购买力
指数(1937—1945 年 6 月)

项目 年份	重庆趸售物价指数（1937 年上半年＝1）	法币购买力指数（1937 年上半年＝1）
1937	0.98	1.0172
1938	1.54	0.6097
1939	3.55	0.2813
1940	12.76	0.0783
1941	27.37	0.0365
1942	77.76	0.0128

续表

项目 年份	重庆趸售物价指数 （1937 年上半年＝1）	法币购买力指数 （1937 年上半年＝1）
1943	209.30	0.0047
1944	587.74	0.0017
1945 年 6 月	2133.20	0.0005

资料来源：杨荫溥：《民国财政史》，中国财政经济出版社 1985 年版，第 159 页表 3-37。

在国民党政府战时财政收入中占据第二位的是租税收入，据表 18-38 可知，1937—1945 年总计 1479 亿元，占战时总收入的 9.58%，最高年份为战争刚刚爆发的 1937 年，为 22.44%。此后逐年下降，到 1942—1944 年略有回升。这主要是因为抗战初期，民众抗日积极性高涨，而到了 1938 年，武汉、广州的沦陷，中国华北、华东、华中等国土被日本侵略者占领。国民党政府的租税大幅度减少，国民党政府不得不实行战时财政体制，调整税收政策。1941 年 8 月 15 日，国民党政府召开第三次全国财政会议，并作出重大决定：(1)将田赋收归中央接管，彻底整顿，中央与各省市县分设田赋管理处。(2)田赋改征实物，以统筹战时军糈民食，收缩货币流通数量，平抑物价。(3)改定财政收支系统，将全国财政收支分为国家财政与自治财政两大系统，原国家预算及省预算的一切收支，统为国家财政收支，从国家税课中分配一部分与市县，作为自治财政收支。(4)改进税政税制，统一征收机构，取消各省通过税性质的捐税，改办战时消费税，由中央依消费物品之性质，统筹课税，改订营业税法，酌增税率，改进征收方法。改进人事管理，训练财务人员，提高其薪给，以增进效率，杜绝贪腐。[1] 由于 1941 年的财政改革，所以抗战时期，国民党政府税收结构在 1941 年之后发生了重大变革。

战前在国民党政府的租税收入中，关税、盐税、统税占租税各项收入 90% 以上[2]，但随着战争的爆发，关、盐、统三税收入锐减。如表 18-40 所

---

① 中国第二历史档案馆藏：《国民政府财政部档案》，《中华民国史档案资料汇编》第 5 辑第 2 编，《财政经济》(1)，江苏古籍出版社 1997 年版，第 147-151 页。

② 杨荫溥：《民国财政史》，中国财政经济出版社 1985 年版，第 47 页。

示,1937 年国民党政府三税收入预算为 77400 万元,而实际只有 410 万元,到 1938 年三税更是锐减到 192 万元。由于三税收入锐减,严重影响了国民党政府的财政收入,故在 1940 年,国民党政府用以食盐战时附加税、货物税和直接税这三种新税取代旧三税,成为国民党政府财政收入的重要来源。

表 18-40 国民党关税、盐税、统税收入情况(1937—1940 年)

(单位:法币百万元)

项目\年份	关税			盐税			统税			实收总额
	预算(A)	实收(B)	B/A(%)	预算(A)	实收(B)	B/A(%)	预算(A)	实收(B)	B/A(%)	
1937	369	239	64.8	229	141	61.7	176	30	17.0	410
1938	185	128	69.3	115	48	42.7	88	16	18.2	192
1939	243	349	143.6	83	61	73.5	32	22	68.8	432
1940	259	38	14.7	100	80	80.0	(1)	—	—	118
总计	1056	754	71.4	527	330	62.6	296	68	23.0	1152

注:1940 年改为货物税。

资料来源:杨荫溥:《民国财政史》,中国财政经济出版社 1985 年版,第 104 页表 3-3。实收总额系引者计算。

总体而言,整个抗战时期国民党政府的财政收入变化与国内外局势有密切联系。由表 18-41 可知,战争初期,随着国土的大面积沦陷,广大富庶的东部地区,迅速沦为日本控制的沦陷区。特别是 1938 年抗战进入战略相持阶段,该年度国民党政府中央财政预算,相较 1937 年缩水14.41%(见表 18-40)。为扩大财政收入,支持抗战,国民党政府实行战时财政体制,调整税收政策,所以 1939 年财政预算收入大幅上涨,较 1938年上升 63.74%,其总数是 1938 年的 1.6 倍。1940 年财政预算收入较1939 年上涨达 208.58%,其总数是 1938 年的 3.42 倍。1941 年全面实行战时财政政策,中央财政收入快速上涨。1945 年财政收入的快速回升,与本年度抗日战争结束,东中部地区重新纳入国民党政府财税征收区域,以及国民党政府大量接受敌伪资产是密不可分的。

表 18-41 国民党政府财政实际收支规模和盈亏统计（1937—1945 年）

（单位:法币百万元）

项目 年份	总收入	总支出	收支盈亏
1937	2010	2091	−81
1938	1169	1169	0
1939	3051	2797	254
1940	5159	5288	−129
1941	10755	10003	752
1942	25713	24511	1202
1943	61261	58816	2445
1944	178296	171689	6607
1945	1256140	1215089	41051

注:（1）1937—1945 年:财政实际收入是连债款和银行垫款收入计算在内的总岁入。

（2）财政实际支出是现金结存除外的实际总支出。

（3）1938 年度，只包括 1938 年 7—12 月半年数字，因从 1939 年起，会计年度改为"历年制"，即以各年 1—12 月为会计年度。

资料来源:杨荫溥:《民国财政史》,中国财政经济出版社 1985 年版,第 102 页表 3-1、第 116 页表 3-10。

从财政税收结构来看,战争导致国民党依赖盐、关、统三税作为财政收入的主要来源转换为依赖借款为主的财政收入模式。而且在抗战进程中,国民党政府不断调整战时政策,最后形成了除债款收入项外,其他常项岁入之大宗就是盐税、货物税、直接税三大系统的岁入结构。同时国民党政府也向国内外借债形成特殊的战时收入,确保国民党政府的战时收入来源,战时的财政结构虽然是由战争被迫形成,但正是这种畸形的财政收入结构保证了国民党政府得以坚持长期抗战。

二、1937—1945 年国民党政府支出内容与收支平衡

抗战时期国民党政府中央财政岁出内容和项目随着国民党政府的财

政体制改革而发生调整。1937—1939 年延续战前的岁出科目分类；其后从 1940 年开始，国民党政府面对岁入不断减少的战争局面，开始调整岁出项目，特别是 1941 年召开第三次全国财政会议，对财政岁出系统正式进行调整，岁出项目分类更细，增加了较多科目。但按照用途可以分为军费、建设费、债务费和政务费四大类，另外还有一些临时性的预算外支出。

首先，1937—1939 年这一时段。从整体上来看，本时段即在抗日战争初期，国民党政府最重要的岁出科目是建设事业专款、军务费、财务费三项。由表 18—42 可知，建设事业专款在这三年中除 1938 年外，其他两年均是第一位的支出科目。而军务费和债务费各年具体支出数额排名有所变化。1937 年军务费支出位居第二位，其支出数额高于债务费。1938年则是军务费支出项最高，其次是建设事业专款，债务费支出数额是第三位的。1939 年岁出前三项分别是建设事业专款、债务费、军务费。

表 18-42　主要岁出科目统计（1937—1939 年）　（单位：法币万元）

年份＼科目	建设事业专款	军务费	债务费	财务费	教育文化费
1937	49879	41972	35314	705	4368
1938	36548	59134	23388	26778	2078
1939	86614	47151	52850	4990	4810

资料来源：国民政府主计处统计局编：《中华民国统计年鉴》，中国文化事业公司 1948 年铅印本，第232 页。

战争初期，建设事业专款的大幅度增加，这主要是用于迁移沿海地区受到战争威胁地区的机器和工厂来装备西南大后方工矿企业，以及为西南内地交通打下基础，主要围绕经济复兴、农业复兴和交通建设。如表 18-42 所示，在具体的建设项目中，战争初期经济和水利建设还是保持较高投入，分别占岁出的 4.98% 和 2.73%，这说明抗战之初国民党政府还是从财政上给民营工业和农业提供了相应的支持。由此可以看出，建设事业的支出对大后方生产发展、开辟税源，发挥了相当大的作用。更为重要的是，使经济结构向战时状态改变，从而改变资源配置格局，对缓解财政困局、支持长期抗战有一定帮助。

　　这一时段,由于抗战需要,军费支出主要用于士兵征集、武器装备购置以及军队日常开支。自"七七事变"以来,国民党政府对日退让妥协的消极态度有所转变,军费增加。至 1938 年武汉、广州会战,国民党政府的军费开支也在该年达到抗战初期的最高峰。随着广州、武汉相继沦陷,日本的侵略方针由大规模的军事进攻为主转为对华北敌后抗日根据地的围剿、扫荡,并全面推行"三光政策",对蒋介石则改为政治诱降为主、军事为辅,国民党政府在正面战场的压力减轻。因此,1939 年国民党政府军费开支有所下降。

　　其次,1940—1945 年这一时段,国民党政府除以上军费、建设事业费之外,还开设了一项新的支出科目即特别支出,包括战务费、公务员生活补助费、公务员平价米代金等 8 项(见表 18-43 的资料来源,特别支出项)。这一支出科目是 1940 年新设,至 1944 年废止,每项支出均有其具体用途。所谓战务费的开设不难理解,乃因战时环境所致。另外几项支出费用则多同物价、米价有关,由此可见这段时期通货膨胀严重,物价高涨,国民党政府不得不为维持公务员生活以及物价水平而设立名目众多的财政补贴。而且,本时段内特别支出项一直是财政支出的第一大支出科目,远高于居第二位的建设事业专款。总之,比较本时段各年度支出科目,其主要支出项一直是特别支出、建设事业专款、军务费、债务费四项支出科目。

　　虽然特别支出一直占据这一时段国民党政府财政支出的首位,但因为物价上涨、通货膨胀严重,如按不变价格计算,各项支出的实际值是下降的。早在 1940 年,公务员、教师以及士兵等的实际收入,2/3 为通货膨胀所吞噬。到 1943 年,公务员已濒临饥饿线,实际收入降低到战前的 1/10,教师和士兵的情况也好不了多少,实际工资尚不及战前的 1/5。[①]结果造成政府行政效率低下,纪律松弛,吏治腐败,军纪败坏,士气低落,战斗力低下。

---

　　①　张公权:《中国通货膨胀史(一九三七——一九四九年)》,杨志信译,文史资料出版社 1986 年版,第 43 页。

表 18-43 特别支出科目统计（1940—1944 年）

（单位：法币百万元）

项目 ＼ 年份	1940	1941	1942	1943	1944
战务费	1475	2145	3558	6901	—
粮食费	—	1451	4571	12858	
缉私团队经费			44		
易货偿债费	—	989	987	—	
公务员生活补助费	11	30	292	1600	
公务员平价米代金	0.15	5	530		
官价米亏损	—		70		
物价平准基金	—		270	1000	
总计	1486.15	4620	10322	22359	46324

资料来源：国民政府主计处统计局编：《中华民国统计年鉴》，中国文化事业公司 1948 年铅印本，第 234 页。

　　前文中分别分析了 1937—1945 年国民党政府财政收入和支出的主要内容，对其财政收支的内部结构，特别是财政收支中的支柱性项目及其占比情况，也一并进行分析介绍。抗战期间，由于国民党政府各项支出规模不断增加，特别是战时军费开支，给国民党政府带来了巨大的财政压力，而国民党政府由于战争初期丢失东部财源，收入急剧减少，国民党政府财政赤字急剧增加。

　　从表 18-44 可以明显看出，国民党政府在抗战时期的财政状况，出现严重的财政赤字，整个抗战时期的财政收支不敷程度大多在 70% 以上，最高达 87%。具体来说，前 4 年（1937—1940 年）平均约 74%；后五年（1941—1945 年）平均为 81%，这说明国民党政府自 1941 年后财政赤字更为严重。而且，1939—1943 年，各年财政赤字均较上年度翻了一番。1944 年财政赤字增长了 3.20 倍，1945 年最高竟达到了 7.86 倍。可见，自抗日战争开始后，国民党政府财政收支不仅未达到基本平衡，而且呈现财政赤字不断扩大的态势。与财政赤字不断增大的状况相联系，银行垫款规模也持续扩大。从表18-45中的银行垫款数据，可以看出银行垫款上涨幅度同财政赤字增加速度基本是同步的。1937—1945年，国民党政府银行垫款数额，平均各年占财政赤字的比重达到了98.5%。由此可以想见，在整个抗战时期，一方面，国民党政府无法承受巨额财政支出和巨大赤字带来的沉重压力；另一方面，为了继续抗战，维护统治，又被迫持续扩大财政赤字，在实际收入不断萎缩的情况下，用银行垫款的扬汤止沸之法，弥补财政亏空。

表18-44　国民党政府财政收支（1937—1945年）

（单位：法币百万元）

项目 年份	财政收支数额				物价指数	折合战前币值		
	实际支出	实际收入	财政赤字	占总支出比（%）		实际支出	实际收入	财政赤字
1937	2091	559	1532	73.3	1.03	2030.10	542.72	1487.38
1938	1169	297	872	74.6	1.31	892.37	226.72	665.65
1939	2797	715	2082	74.4	2.20	1271.36	325.00	946.36
1940	5288	1317	3971	75.1	5.13	1030.80	256.73	774.07
1941	10003	1184	8819	88.2	12.96	771.84	91.36	680.48
1942	24511	5269	19242	78.5	39.00	628.49	135.10	493.39
1943	58816	16517	42299	71.9	125.4	469.03	131.71	337.31
1944	171689	36216	135473	78.9	431.97	397.46	83.84	313.62
1945	1215089	150065	1065024	87.6	1631.6	744.72	91.97	625.75

注：实际支出是指现金结存除外的支出；实际收入是除银行垫款和债款以外的收入；物价指数以
　　1937年1—6月为1；1938年为半年度。
资料来源：根据杨荫溥：《民国财政史》，中国财政经济出版社1985年版，第102页（财政收支数额）；
　　　　　张公权：《中国通货膨胀史（一九三七——一九四九年）》，杨志信译，文史资料出版社
　　　　　1986年版，第242页（物价指数）综合整理编制。折合战前币值系引者计算编制。

　　虽然国民党政府采用银行垫款的方法来弥补财政亏空，但由于"四行二局"为核心的银行体系的实际存款不足，国民党政府不得不在抗战爆发后，大规模增发法币，采用通货膨胀的手段缓解因战争爆发而带来的财政压力。如表18-45所示，全面抗战时期，除1937年战争刚刚爆发，法

币发行增幅较小之外,其他年份,国民党政府都是大规模增发货币来应对财政困难。

表 18-45　国民党政府财政赤字、银行垫款、法币
增发数统计(1937—1945 年)

（单位：法币亿元）

项目 年份	财政 赤字	银行垫款及占 财政赤字（%）		法币增发数及 占银行垫款（%）	
		银行垫款 （ *1）	百分数 （%）	法币增发数	百分数 （%）
1937	15	12	80.0	（ *2）3	25.0
1938	9	9	100.0	6	66.7
1939	21	23	109.5	20	87.0
1940	40	38	95.0	36	94.7
1941	88	94	106.8	72	76.6
1942	192	201	104.7	193	96.0
1943	423	409	96.7	410	100.0
1944	1355	1401	103.4	1141	81.4
1945	10650	10433	98.0	8484	81.3
总计	12793	12620	98.6	10305	81.6

注：（ *1）1937—1939 年各年度,称"借入款";1940 年起,改称"银行借垫款"。"债款"或内债收入
　　另列有项目,不在"借入款"之内。
　　（ *2）国民党政府的财政年度从 1939 年开始改采"历年"制。本表 1937—1938 年数值是修正后
　　的数值。
资料来源：根据杨荫溥：《民国财政史》,中国财政经济出版社 1985 年版,第 163 页表 3-39、第 164 页
　　　　　表 3-40 综合整理、编制。

三、1946—1949 年国民党政府收入与支出情况

（一）1946—1949 年国民党政府的收入情况

抗战胜利后,国民党政府因接收日伪资产,其财政收入竣抗战时期有了较大改善,但国民党政府不以医治战争创伤、恢复和发展经济生产为中心,却在美国的支持下悍然发动反革命内战,本已脆弱至极的政府财政又

被绑上战车,财政收入由于国民党政府在战场上节节失败,税源一天比一天狭窄,城乡税收加速度萎缩,在财政收入地位中日趋下降,再次迅速形成依靠通货膨胀支撑的泡沫财政。

抗战结束后,国民经济逐渐走出战时体制,国家财政收入进入调整时期。同时由于战后接收沦陷区物资和财政,以及法币滥发严重、通货膨胀惊人等因素的存在,财政总收入仍然延续抗战时期快速增长的态势。随后,由于内战的影响,财政收入更是出现了加速扩大的现象。1947年国家财政总收入是1937年的6200倍,是1946年的3.71倍,总额达到法币93704亿元。到1948年仅上半年的财政收入就是1947年全年的10.27倍,增长速度极快。1948年下半年废法币实行金圆券,财政收入大幅缩水,只有8.731亿元。随后由于金圆券迅速贬值,到1949年5月,财政收入高达8133300亿元金圆券。最后由于国民党政府在内战中彻底失败,导致其财政体系的灭亡。

表18-46　国民党政府财政实际收支规模和盈亏统计(1946—1949年)

(单位:亿元法币;1948年9—12月、1949年1—5月,亿元金圆券)

年份 \ 科目	总收入	总支出	收支盈亏
1946	21519	71969	−50450
1947	120100	409100	−28900
1948年1—6月	800000	3400000	−2600000
1948年9—12月	8.731	39.507	30.776
1949年1—5月	813300	—	—

注:(1)1946—1949年1—5月:本期内的财政收支数据是杨荫溥从当时的书籍报刊等资料中搜集而得。

(2)金圆券1元=法币300万元。

资料来源:杨荫溥:《民国财政史》,中国财政经济出版社1985年版,第172页表4-4、第215页表4-26、第224页表4-32、第227页表4-33。

抗战胜利后,国民党政府税收还是依靠抗战时的四大税源,即盐税、关税、货物税和直接税。从表18-47可以看出,战后国民党政府税收来源中,货物税稳居首位,都在 32% 以上。而其他如直接税、关税稳步提升,这说明国民党政府对直接税抱有极大期待,而且抗战胜利后,中国对外贸易有所恢复。而作为传统的重要财税来源的盐税则呈现下降趋势,这主要是因为在抗战胜利后,国民党政府未能完全控制住国内盐场,导致盐税在预算中的比重和地位持续下降。

表 18—47　国民党政府四项税收预算统计(1946—1948 年上半年)

(单位:法币百亿元)

项目＼年份	1946		1947		1948 年上半年	
	数额	百分数(%)	数额	百分数(%)	数额	百分数(%)
货物税	2025	32.3	12476	37.3	97880	32.6
直接税	1230	19.7	9430	28.2	96420	32.1
关税	1000	16.0	6214	18.6	65975	22.0
盐税	2000	32.0	5350	15.9	40000	13.3
总计	6255	100	33470	100	300275	100

资料来源:杨荫溥:《民国财政史》,中国财政经济出版社 1985 年版,第 176 页表 4—7。

由于国民党政府在战场上的失败,税收日渐减少,"估计四税税收之损失,截至本年(1948 年)三月上旬,达二万四千余亿元"[①]。尽管国民党政府极力希望增加财政收入,但随着国民党统治区的面积逐渐缩减,财政收入在其每年岁入中所占比重越来越低。

此外,这一时期公营企业营业之盈余收入也是重要的岁入项目,在 1947 年于总岁入中所占比重接近 10%。这主要是因为战后国民党政府接收大量工矿企业,将其收归国营或大量变卖。具体分析此时期的六项主要岁入科目,按其所占比重排名来看大致是这样一个顺序,第一位是物品售价收入,其次是偿款收入,再者是统税及公营企业营业之盈余收入,还有盐税和关税。

---

①　中华年鉴社编:《中华年鉴》(1948),中华年鉴社 1949 年版,第 1076 页。

为了应付内战，国民党政府的军费开支激增。为此在国内外发行债券，通过借债来增加财政收入。由于通货膨胀，战时国民党借债被迅速还清，但是国民党政府的信用也就被民众抛弃。国民党政府战后更多依靠外债的支撑。抗战胜利后美国向南京国民党政府提供各种贷款和援助，数额空前，据综合统计，其中信用贷款为 14219.3 万美元，"美援"包括售让、赠予、"救济"和物质援助等项在内，为 305064 万美元，两项合计达 319283.3 万美元。[1] 由于战后国民党政府忙于内战，无暇顾及国内经济，军费开支浩大，美国贷款与援助金额虽然巨大，但仍然无法解决国民党政府的庞大财政赤字和支出需求，以支撑其财政体系的正常运转。

（二） 1946—1949 年国民党政府的支出情况和收支平衡

抗战胜利后，国民党政府财政收支难抵、入不敷出的状况更加严重。1945 年下半年抗战胜利至国民党政府废止法币流通，推出金圆券作为新的货币（1948 年 8 月），这个时段是国民党政府财政经济，由恢复转到战争直至崩溃的时段。本时段内的财政经济有其自身的特征，即延续了抗战后期高通胀、高赤字、高法币发行量的态势，并在此基础上加速恶化。此时通货膨胀极其严重，法币发行数额巨大，再加上居高不下的军事开支等，导致了财政总收支数额极其庞大。而且这一时段国民党政府为掩饰真相，财政实际支出情况并没有准确的记录。不过通过对比分析相关资料，可探知本时段财政支出的大概面貌。

1946—1949 年，由于国民党发动反人民的内战，这一时期国民党政府的各项支出中，以"国防"费用为最大支出项，其次还有债务费、经济开发支出及行政一般支出等，具体情况如表 18-48 所示，国防支出从 1946 年的 59.9%上升到 1948 年上半年的 68.5%，虽然 1948 年下半年后的军费开支无具体数据证实，但是由于当时正处于国共内战关键时期，考虑当时战争规模，国民党政府军费开支肯定高于 1948 年上半年。1946—1948

---

① 潘国琪:《论战后国民政府的"美债"与"美援"》,《广西师范大学学报（哲学社会科学版）》2003 年第 2 期。

年上半年国民党政府财政支出结构(%)、国防费用所占比重及其变化，详见表18-48。

表18-48　国民党政府财政支出结构(1946—1948年上半年)　(单位:%)

项目 ＼ 年份	1946	1947	1948年上半年
国防支出	59.9	54.8	68.5
债务费	0.6	1.2	2.6
经济开发支出	11.0	14.3	5.2
行政和一般支出	28.5	29.7	23.7

资料来源:张公权:《中国通货膨胀史(一九三七——一九四九年)》,杨志信译,文史资料出版社1986年版,第102页。

　　总体而言,在所有支出中,军费支出占绝大比重,这反映出1946—1949年国民党政府财政的军事性。庞大的军费支出给国民党政府财政和经济带来巨大灾难,军事支出的膨胀,导致巨额财政赤字。国民党政府唯有增发纸币一途,而增发纸币又造成恶性通货膨胀,沉重地打击民族工商业和农村经济,从根本上动摇了国民党政府的财政和经济基础。

　　总之,抗战结束后,国民党政府的财政压力有所减轻,有过短暂的复苏;但战争遗留下来的致命财政问题并未解决,如极其严重的通货膨胀、纸币无节制地滥发等,并且随即又进入战争状态。随着战争的持续,此时的财政危局可谓"旧病未愈,新病又发",财政已到了难以为继的地步。所以,纵使推行"货币改革"也无力回天,最终随着国民党政府军事上的失败,其财政也彻底崩溃。

中册图表索引